Schriftenreihe

Schriften zum Handels- und Gesellschaftsrecht

Band 29

ISSN 1860-8868

Verlag Dr. Kovač

Andreas Decker

Ad-hoc-Publizität bei öffentlichen Übernahmen

Das Verhältnis der Ad-hoc-Publizitätspflichten aus § 15 WpHG und § 10 WpÜG

Verlag Dr. Kovač

Hamburg
2008

VERLAG DR. KOVAČ
FACHVERLAG FÜR WISSENSCHAFTLICHE LITERATUR

Leverkusenstr. 13 · 22761 Hamburg · Tel. 040 - 39 88 80-0 · Fax 040 - 39 88 80-55

E-Mail info@verlagdrkovac.de · Internet www.verlagdrkovac.de

Bibliografische Information der Deutschen Nationalbibliothek
Die Deutsche Nationalbibliothek verzeichnet diese Publikation
in der Deutschen Nationalbibliografie;
detaillierte bibliografische Daten sind im Internet
über http://dnb.d-nb.de abrufbar.

ISSN: 1860-8868

ISBN: 978-3-8300-3460-5

Zugl.: Dissertation des Fachbereichs Rechtswissenschaft der Universität Trier, 2007

Meinen Eltern

Vorwort

Die vorliegende Arbeit wurde im Wintersemester 2007/2008 vom Fachbereich Rechtswissenschaft der Universität Trier als Dissertation angenommen.

Mein besonderer Dank gilt meinem Doktorvater, Herrn Professor Dr. Gregor Bachmann, LL.M., für die Übernahme und vorzügliche Betreuung dieser Arbeit. Ebenfalls möchte ich Herrn Prof. Dr. Peter Reiff für die Übernahme und schnelle Erstellung des Zweitgutachtens danken.

Nicht unerwähnt bleiben darf mein Dank an die Interessengemeinschaft Frankfurter Kreditinstitute, die sich an der Übernahme der Druckkosten beteiligt hat.

Mein besonderer Dank gilt meinen Eltern Ulrike und Ernst Decker, die mich während dieser Arbeit wie in jeder Phase meines Lebens unterstützt und gefördert haben. Sie haben mir nicht nur das Studium ermöglicht, sondern mir vor allem dann zur Seite gestanden, wenn ich ihre Hilfe besonders benötigte. Ihnen ist diese Arbeit gewidmet.

Karben, im Januar 2008 — Andreas Decker

Inhalt

Abkürzungsverzeichnis

a.A.	anderer Ansicht
a.a.O.	am angeführten Ort
A.F.	alter Fassung
ABl.	Amtsblatt der Europäischen Gemeinschaften
Abs.	Absatz
AG	Aktiengesellschaft; Die Aktiengesellschaft, Zeitschrift für das gesamte Aktienwesen
AktG	Aktiengesetz
Anh.	Anhang
Anl.	Anlage
Anm.	Anmerkung
Art.	Artikel
Aufl.	Auflage
Az.	Aktenzeichen
BAFin	Bundesanstalt für Finanzdienstleistungsaufsicht
BAWe	Bundesaufsichtsamt für den Wertpapierhandel
BB	Betriebs-Berater: Zeitschrift für Wirtschaft und Recht
Bd.	Band
Bde.	Bände
Bearb.	Bearbeiter
Begr.	Begründung
Begr. RegE.	Begründung zum Regierungsentwurf
Bek.	Bekanntmachung
BGB	Bürgerliches Gesetzbuch
BGBl.	Bundesgesetzblatt

BGH	Bundesgerichtshof
BGHSt	Sammlung der Entscheidungen des Bundesgerichtshofs in Strafsachen
BGHZ	Sammlung der Entscheidungen des Bundesgerichtshofs in Zivilsachen
BKR	Zeitschrift für Bank- und Kapitalmarktrecht
BMF	Bundesministerium der Finanzen
BMJ	Bundesministerium der Justiz
BörsG	Börsengesetz
BörsO	Börsenordnung
BörsZulVo	Börsenzulassungs-Verordnung
BReg	Bundesregierung
BSK	Börsensachverständigenkommission
BT	Bundestag, Besonderer Teil
BT-Drucks.	Bundestags-Drucksachen
BVerfG	Bundesverfassungsgericht
BVerfGE	Sammlung der Entscheidungen des Bundesverfassungsgerichts
bzw.	beziehungsweise
ca.	circa
CAPM	Capital Asset Pricing Model
d.h.	das heißt
DAI	Deutsches Aktieninstitut
DAX	Deutscher Aktienindex
DB	Der Betrieb
DepotG	Depotgesetz
ders.	derselbe

DGAP	Deutsche Gesellschaft für Ad-hoc-Publizität mbH
dies.	dieselben
Diss.	Dissertation
DJT	Deutscher Juristen Tag
DOK KOM	Dokumente der Kommission der Europäischen Gemeinschaften
DStR	Deutsches Steuerrecht (Zeitschrift)
E.	Entwurf
Ed.	Edition
EDGAR	Electronic Data Gathering, Analysis and Retrieval
EG	Europäische Gemeinschaft
EGV / EG	Vertrag zur Gründung der Europäischen Wirtschaftsgemeinschaft
Einf.	Einführung
Einl.	Einleitung
ESC	European Securities Commitee
etc.	et cetera
EU	Europäische Union
EuGH	Gerichtshof der Europäischen Gemeinschaften
EuR	Europarecht
EuZW	Europäische Zeitschrift für Wirtschaftsrecht
EWG	Europäische Wirtschaftsgemeinschaft
EWiR	Entscheidungen zum Wirtschaftsrecht
EWS	Europäisches Wirtschafts- und Steuerrecht
EZB	Europäische Zentralbank
f., ff.	folgend(e), fortfolgende
FA	Finanzausschuss

FAZ	Frankfurter Allgemeine Zeitung
FB	Finanz-Betrieb
FFG	Finanzmarktförderungsgesetz
FG	Festgabe
Fn.	Fußnote
FS	Festschrift
FSA	Financial Serivces Authority (UK)
FWB	Frankfurter Wertpapierbörse
gem.	gemäß
GG	Grundgesetz
ggf.	gegebenenfalls
GmbH	Gesellschaft mit beschränkter Haftung
GmbHG	Gesetz betreffend die Gesellschaften mit beschränkter Haftung
GmbHR	GmbH-Rundschau
grds.	grundsätzlich
GroßKomm	Großkommentar
h.A.	herrschende Ansicht
h.L.	herrschende Lehre
h.M.	herrschende Meinung
Halbs., Hs.	Halbsatz
Hdb.	Handbuch
Hess VGH	Hessischer Verwaltungsgerichtshof
HGB	Handelsgesetzbuch
Hrsg.	Herausgeber
hrsg.	Herausgegeben
HV	Hauptversammlung

i.d.F.	in der Fassung
i.d.R.	in der Regel
i.d.S.	in diesem Sinne
i.E.	im Ergebnis
i.e.S.	im engeren Sinne
i.S.d.	im Sinne der/des
i.S.v.	im Sinne von
i.V.m.	in Verbindung mit
i.w.S.	im weiteren Sinne
Insb.	insbesondere
IPO	Initial Public Offering
J.Bus.Law	Journal of Business Law
Jg.	Jahrgang
JuS	Juristische Schulung
JZ	Juristenzeitung
Kap.	Kapitel
KG	Kommanditgesellschaft
KGaA	Kommanditgesellschaft auf Aktien
Komm.	Kommentar
KonTraG	Gesetz zur Kontrolle und Transparenz im Unternehmensbereich
KWG	Gesetz über das Kreditwesen
Lfg.	Lieferung
LG	Landgericht
Lit.	Literatur

Losebl.	Loseblattwerk
LSE	London Stock Exchange

M&A	Mergers and Acquisitions
m.w.Nachw.	mit weiteren Nachweisen
MDAX	Midcap-DAX
MitbestG	Mitbestimmungsgesetz
MünchKomm	Münchener Kommentar

n.F.	neuer Fassung
NJW	Neue Juristische Wochenschrift
NJW-RR	NJW-Rechtsprechungs-Report Zivilrecht
Nr.	Nummer
NYSE	New York Stock Exchange
NZG	Neue Zeitschrift für Gesellschaftsrecht

OLG	Oberlandesgericht
OVG	Oberverwaltungsgericht
OWiG	Gesetz über Ordnungswidrigkeiten

Rdn., Rn.	Randnummer
RefE	Referentenentwurf
RegE.	Regierungsentwurf
Rep.	Report
RG	Reichsgericht
RiL	Richtlinie
Rspr.	Rechtsprechung

S.	Seite
s.o.	siehe oben
s.u.	siehe unten
SEC	Securities and Exchange Commission
Slg.	Amtliche Sammlung der Entscheidungen des EuGH
Str.	streitig
TransPuG	Gesetz zur weiteren Reform des Aktien- und Bilanzrechts, zu Transparenz und Publizität
u.	und, unten, unter
u.a.	unter anderem
u.U.	unter Umständen
u.U.	Unter Umständen
unstr.	unstrittig
Urt.	Urteil
usw.	und so weiter
v.	von, vom
Verf.	Verfasser
VerkProspG	Wertpapier-Verkaufsprospektgesetz
VG	Verwaltungsgericht
vgl.	vergleiche
Vorbem.	Vorbemerkung
vs.	versus
VwGO	Verwaltungsgerichtsordnung
VwVfG	Verwaltungsverfahrensgesetz
WiKG	Gesetz zur Bekämpfung der Wirtschaftskriminalität

WKN	Wertpapierkennnummer
WM	Wertpapiermitteilungen: Zeitschrift für Wirtschafts- und Bankrecht
WpHG	Wertpapierhandelsgesetz
WpÜG	Wertpapiererwerbs- und Übernahmegesetz
WuB	Entscheidungssammlung zum Wirtschafts- und Bankrecht
XETRA	Exchange Electronic Trading
z.B.	Zum Beispiel
ZBB	Zeitschrift für Bankrecht und Bankwirtschaft
ZGR	Zeitschrift für Unternehmens- und Gesellschaftsrecht
ZHR	Zeitschrift für das gesamte Handels- und Wirtschaftsrecht
Ziff.	Ziffer
ZIP	Zeitschrift für Wirtschaftsrecht und Insolvenzpraxis
zit.	zitiert
ZPO	Zivilprozessordnung
zust.	zustimmend

Einleitung

Die Zahl der national und international durchgeführten Fusionen und Übernahmen steigt kontinuierlich an, so dass bisweilen von einem eigenen Weltmarkt für Unternehmen gesprochen wird.[1] Auch wenn die Anzahl der grenzüberschreitenden Akquisitionen deutlich geringer ist machen ihre hohen Transaktionsvolumina deutlich, welche Bedeutung dem internationalen, europäischen als auch deutschen Markt für Unternehmenskontrolle zukommt.

Der gegenwärtig stattfindende Expansionsprozess betrifft den Kapitalmarkt, die an ihm agierenden Marktteilnehmer und die Allgemeinheit gleichermaßen. Dabei ist ein funktionsfähiger Markt für Unternehmenskontrolle von gesamtwirtschaftlichem Nutzen. Zahlreiche Unternehmen verfolgen mit der Konsolidierung eine Expansion der eigenen Geschäftstätigkeit und einen Ausbau der Marktposition[2], so dass sich der Erwerb oder die Veräußerung von Unternehmensteilen oder –beteiligungen als ein wichtiges Instrument strategischer Unternehmensführung darstellt.[3] Oft stellt sich die Internationalisierung der eigenen Geschäftstätigkeit als ein wichtiger Faktor dar, um auf den globalisierten Märkten bestehen zu bleiben. Daneben sollen Firmenübernahmen die Nutzung von Synergiepotentialen ermöglichen. Mit der angestrebten Übernahme sollen Wertschöpfungsketten vereinheitlicht[4] und damit Produktion und Dienstleistungen kostengünstiger werden. Damit kommt es auf der einen Seite zu einer Steigerung des Unternehmenswertes der übernehmenden Gesellschaft, die sich im Falle einer Börsennotierung auch in steigenden Kursen bemerkbar macht. Auf der anderen Seite sind nicht selten Kosteneinsparungen und die Verringerung von Arbeitsplätzen direkte Folge. Doch stehen Unternehmen selbst unter einem erhöhten Konsolidierungsdruck. Übernahme- und Fusionsabsichten entspringen nicht zuletzt der Markterwartung, dass das Unternehmen zur Sicherung der eigenen Überlebensfähigkeit die Marktposition

---

[1] Vgl. *Picot*, in: Picot, Handbuch Mergers & Acquisitions (2. Aufl. 2002), S. 3. Zur Entwicklung von Fusionen und Übernahmen für das Jahr 2005 vgl. Monatsbericht der EZB, Juli 2006, S. 39 ff.; Monatsbericht der EZB, Dezember 2006, S. 44 ff.

[2] *Müller-Graff*, ZHR 170 (2006), S. 365.

[3] *Meerkatt/Roos/Wieland*, in: Triebel, Mergers & Acquisitions, S. 3.

[4] *Picot*, in: Picot, Handbuch Mergers & Acquisitions (2. Aufl. 2002), S. 3.

durch Unternehmenszukäufe ausbaut und damit nicht selbst potentielles Ziel einer feindlichen Übernahme wird.

Der Markt für Fusionen und Übernahmen wird darüber hinaus durch zwei wesentliche Faktoren begünstigt. Zum einen verfügen mehrere Gesellschaften nach erfolgreich durchgeführter Sanierung häufig über erhebliche Liquidität, die ihnen die Übernahme hoher Transaktionskosten ermöglicht.[5] Zum anderen ist die Entwicklung des Übernahmemarktes nicht zuletzt durch ein verstärktes Auftreten von Beteiligungsgesellschaften (*Private Equity*)[6] und sog. *Hedgefonds*[7] geprägt. Der Beteiligungserwerb geschieht jedoch in den seltensten Fällen durch den Einsatz des eingesammelten Kapitals. Vielmehr wird der Anteilserwerb weit überwiegend durch die Aufnahme von Fremdkapital finanziert.[8] Durch den Auftritt von Private Equity – Gesellschaften am deutschen Markt sind auch deutsche Unternehmen einem verstärkten Druck durch drohende feindliche Übernahmen ausgesetzt, der auch vor großen Konzernen nicht mehr Halt macht.[9]

Von der Entwicklung an den Übernahmemärkten sind auch die Kapitalmärkte nicht unbetroffen. Der Gesetzgeber hat auf diese Entwicklung mit der Schaffung des Wertpapiererwerbs- und Übernahmegesetzes (WpÜG) und der Umsetzung der auf europäischer Ebene ergangenen Übernahmerichtlinie reagiert. Trotz dieses Regelungsrahmens besteht im Vorfeld von öffentlichen Angeboten die verstärkte Gefahr einer Beeinträch-

---

[5] Vgl. *Dries*, „Übernahmefieber", FAZ Nr. 273 v. 23.11.2005, S. 13. Diese Sanierung ist nicht allein darauf zurückzuführen, dass sich die Unternehmen durch eine verstärkte Konzentration auf die Kerngeschäftsfelder zu Abspaltungen und dem Verkauf von Gesellschaftsteilen gezwungen sahen. Zum anderen befindet sich das gegenwärtige Zinsniveau auf einem äußerst tiefen Niveau, welches die Aufnahme von Fremdkapital erleichtert und fremdfinanzierte Transaktionen in erheblichem Maße begünstigt, vgl. dazu Monatsbericht der EZB, November 2005, S. 81 ff. Dies erklärt auch die bedeutende Stellung, die Banken und anderen Finanzdienstleistungsunternehmen auf diesem Gebiet zukommt.

[6] Dazu Monatsbericht der EZB, Oktober 2005, S. 23 ff.

[7] Zum Teil werden Hedgefonds definiert als Fonds, deren Manager performanceabhängige Gebühren einnehmen und verschiedene aktive Investmentstrategien frei verfolgen können, um mit jedweder Kombination aus Hebelwirkungen von Fremdkapital, Derivaten, Kauf- und Verkaufspositionen bei Wertpapieren oder anderen Vermögenswerten positiven absolute Renditen zu erzielen, vgl. Monatsbericht der EZB, Januar 2006, S. 71, 73; Zur Zulassung von Hedgefonds auf dem deutschen Markt *BaFin*, Jahresbericht 2006, S. 159 f.

[8] „Muskelspiele mit Milliarden. Private Equity schwimmt in Geld. Schon fürchten deutsche Großkonzerne feindliche Übernahmen", FAS Nr. 28 v. 16.07.2006, S. 29. Für den Fall einer Firmenübernahme wird dabei von einem *Leverage Buy Out* gesprochen.

[9] „Beteiligungsfonds wagen mehr Großübernahmen", FAZ Nr. 25 v. 30.01.2007, S. 19.

tigung der Integrität der Kapitalmärkte durch Insidergeschäfte. Angesichts der Tatsache, dass Firmenübernahmen eine erhebliche Auswirkung auf den Aktienkurs der involvierten Unternehmen haben können, besteht die Möglichkeit einer missbräuchlichen Ausnutzung von vertraulichen Informationen durch involvierte Personen.[10] Diese Gefahr wird auch durch das immer wieder anzutreffende Auftreten von Gerüchten deutlich, die vor der tatsächlichen Ankündigung durch die beteiligten Unternehmen an den Kapitalmärkten auftreten.

Die nachfolgende Darstellung versucht dahingehend die Frage zu beantworten, wie durch das Zusammenspiel von Übernahme- und Insiderrecht ein ausreichender Schutz der Kapitalmärkte und der an ihm agierenden Teilnehmer im Vorfeld von öffentlichen Angeboten sichergestellt werden kann und welche Publizitätspflichten sowohl den Bieter als auch die Zielgesellschaft im Vorfeld eines Angebotsverfahrens treffen. Dabei soll in einem ersten Schritt ein kurzer Blick auf das geltende Wertpapiererwerbs- und Übernahmegesetz geworfen werden (Kapitel 1 A), gefolgt von einem Versuch, die Publizitätspflichten der beteiligten Gesellschaften im Lichte der allgemeinen Grundsätze des WpÜG zu sehen (Kapitel 1 B). In dem darauf folgenden Abschnitt wird versucht, sich der insiderrechtlichen Ad-hoc-Publizität in ihrer Entwicklung als auch in ihrer Zielrichtung anzunähern (Kapitel 1 C). Daran anschließend wird die Ad-hoc-Publizitätspflicht des Bieters erläutert. Zunächst ist dabei der Frage nachzugehen, wann den Bieter die Veröffentlichungspflicht des § 10 WpÜG trifft, also wann eine zu veröffentlichende Entscheidung vorliegt (Kapitel 2 A). Während darauf folgend die Möglichkeit einer ergänzenden Publizitätspflicht des Bieters im Vorfeld der Entscheidungsveröffentlichung diskutiert wird (Kapitel 2 B), werden sowohl die Voraussetzungen einer ergänzenden Publizitätspflicht beim Vorliegen einer den Bieter unmittelbar betreffenden Insiderinformation nach § 15 Abs. 1 Satz 1 WpHG (Kapitel 2 C) als auch die Publizitätspflicht bei der Weitergabe von Insiderinformationen (Kapitel 2 D) erläutert. Daran schließt sich die Darstellung der Möglichkeit einer Selbstbefreiung des Bieters von seiner Veröffentlichungspflicht nach § 15 Abs. 3 WpHG an (Kapitel 2

[10] „Insiderhandel bei Übernahmen macht Sorgen“, FAZ Nr. 106 v. 8.05.2007, S. 23; „Börsenaufseher in London nehmen Fusionen ins Visier“, FAZ Nr. 296 v. 20.12.2006, S. 21; *BaFin*, Jahresbericht 2006, S. 167.

E). In einem letzten Schritt wird die Publizitätspflicht der Zielgesellschaft dargestellt und unter Zugrundelegung der zuvor gewonnenen Erkenntnisse ermittelt, wann eine die Zielgesellschaft unmittelbar betreffende Insiderinformation vorliegt, die Zielgesellschaft einer damit entstehenden Publizitätspflicht nach § 15 WpHG unterliegt und inwiefern ihr die Möglichkeit einer Selbstbefreiung nach § 15 Abs. 3 WpHG verbleibt (Kapitel 3).

Kapitel 1: Grundlagen

A. Das Recht der öffentlichen Angebote nach dem WpÜG

I. Die Entwicklung zu einem Wertpapiererwerbs- und Übernahmegesetz

Vor der Schaffung des Wertpapiererwerbs- und Übernahmegesetzes (WpÜG) gab es in Deutschland keine gesetzliche Grundlage, welche die Regelung von öffentlichen Angeboten zum Erwerb von Wertpapieren und Unternehmensübernahmen zum Gegenstand hatte. Nachdem die Börsensachverständigenkommission beim Bundesministerium der Finanzen (BSK) aufgrund des Einflusses des sog. *Pennington Entwurfs*[11] im Jahre 1979 Leitsätze für Unternehmensübernahmen[12] aufgestellt hatte, die als reine Wohlverhaltensregeln kaum Beachtung fanden, trat am 1. Oktober 1995 ein freiwilliger Übernahmekodex in Kraft.[13] Dieser enthielt im Gegensatz zu den Leitsätzen auch Vorschriften über ein Pflichtangebot für Minderheitsaktionäre[14] und wurde für eine Gesellschaft nur dann verbindlich, wenn diese sie anerkannt hatte.[15] Ebenso wie die Leitsätze für Unternehmensübernahmen wurde dem Übernahmekodex jedoch von der überwiegenden Zahl der börsennotierten Aktiengesellschaften diese Anerkennung verweigert.[16] Aufgrund dieser Lage und im Zusammenhang mit der Übernahme der Man-

---

[11] EG-Komm. Dok. XI/56/74-E. Dazu *Behrens*, ZGR 1975, S. 433 ff.; Bess, AG 1976, S. 169 ff., 206 ff.; *Hilmer*, Die Übernahmerichtlinie und ihre Umsetzung, S. 3 ff.

[12] „Leitsätze für öffentliche freiwillige Kauf- und Umtauschangebote bzw. Aufforderungen zur Abgabe derartiger Angebote im amtlich notierten oder im geregelten Freiverkehr gehandelten Aktien bzw. Erwerbsrechten", abgedruckt bei *Baumbach/Hopt*, HGB (29. Aufl. 1995), Nr. 18.

[13] Verhaltensregeln für freiwillige öffentliche Übernahmeangebote v. 14.07.1995, abgdr. in ZIP 1995, S. 1467 ff.; *Baumbach/Hopt*, HGB (30. Aufl. 2000), Anhang 18, S. 1644 ff.; dazu *Thoma*, ZIP 1996, S. 1725 ff.

[14] Begr. RegE. WpÜG, BT-Drucks. 14/7034, S. 27; *Schuster*, in: Zschocke/Schuster, Hdb. z. Übernahmerecht, S. 21 f.; *Zehetmeier-Müller*, in: Geibel/Süßmann, WpÜG, Einl. Rn. 5.

[15] Begr. RegE. WpÜG, BT-Drucks. 14/7034, S. 27; *Koch*, Auswirkungen des WpÜG auf den Erwerb eigener Aktien, S. 110.

[16] *Hopt*, ZHR 166 (2002), S. 383, 384; Begr. RegE. WpÜG, BT-Drucks. 14/7034, S. 27, darauf hinweisend, dass dem Übernahmekodex nicht die gleiche Anerkennung zuteil wurde wie anderen Selbstregulierungen in anderen Staaten, so bspw. dem City Code on Takeovers and Mergers in Großbritannien. So auch *Schuster*, in: Zschocke/Schuster, Hdb. z. Übernahmerecht, S. 6 f.; *Kleindiek*, ZGR 2002, S. 546, 553 f.; *Kirchner/Ehricke*, AG 1998, S. 105, 110 ff.; *Hilmer*, Die Übernahmerichtlinie und ihre Umsetzung, S. 10 f., hinweisend auf die insoweit fehlende Sanktionierbarkeit des Übernahmekodex.

nesmann AG durch die britische Vodafone AirTouch plc.[17] entschied sich der Gesetzgeber[18], nach dem Scheitern einer Übernahmerichtlinie auf europäischer Ebene[19] eine eigenständige und verbindliche gesetzliche Regelung von öffentlichen Angeboten zu schaffen. Daraufhin wurde das WpÜG am 15.11.2001 als Art. 1 des Gesetzes zur Regelung von öffentlichen Angeboten zum Erwerb von Wertpapieren und Unternehmensübernahmen[20] vom Bundestag verabschiedet und trat am 01.01.2002 in Kraft. Flankiert wird das WpÜG von insgesamt sechs Verordnungen[21], die die im WpÜG enthaltenen Regelungen konkretisieren.

II. Der sachliche Anwendungsbereich und wesentliche Ziele des Übernahmegesetzes

Der sachliche Anwendungsbereich des WpÜG ist allein dann eröffnet, wenn ein öffentliches Angebot zum Erwerb von Wertpapieren, die von einer Zielgesellschaft ausgegeben wurden und zum Handel an einem organisierten Markt zugelassen sind, angestrebt wird (§ 1 Abs. 1 WpÜG). Angebote werden dabei in § 2 Abs. 1 WpÜG legaldefiniert als freiwillige oder auf Grund einer Verpflichtung nach diesem Gesetz erfol-

---

[17] *Steinmayer*, in: Steinmayer/Häger, WpÜG (2. Aufl. 2007), Einl. Rn. 13; *Hilmer*, Die Übernahmerichtlinie und ihre Umsetzung, S. 11.

[18] Auch die Börsensachverständigenkommission empfahl dem Gesetzgeber, Übernahmeregelungen durch ein Gesetz verbindlich zu regeln, vgl. Begr. RegE. WpÜG, BT-Drucks. 14/7034, S. 27.

[19] Die seit den 70er Jahren bestehenden Bestrebungen zur Schaffung einer europäischen Rechtsgrundlage für öffentliche Unternehmensübernahmen im Wege einer Übernahmerichtlinie scheiterten am 04. Juli 2001 aufgrund fehlender Zustimmung des Europäischen Parlaments, welches den vorher durch den Vermittlungsausschuss gebilligten gemeinsamen Entwurf ablehnte.

[20] Gesetz zur Regelung von öffentlichen Angeboten zum Erwerb von Wertpapieren und von Unternehmensübernahmen vom 20.12.2001, BGBl. I 2001, S. 3822.

[21] Verordnung über den Inhalt der Angebotsunterlage, die Gegenleistung bei Übernahmeangeboten und Pflichtangeboten und die Befreiung von der Verpflichtung zur Veröffentlichung und zur Abgabe eines Angebots (WpÜG-AngebV) v. 01.01.2002, BGBl. I 2001, S. 4263; Verordnung über die Anwendbarkeit von Vorschriften betreffend Angebote im Sinne des § 1 Abs. 2 des Wertpapiererwerbs- und Übernahmegesetzes (WpÜG-AnwendV) v. 17.07.2006, BGBl. I 2006, S. 1698; Verordnung über den Zeitpunkt sowie den Inhalt und die Form der Mitteilung und der Veröffentlichung der Entscheidung einer Zielgesellschaft nach § 1 Abs. 5 Satz 1 und 2 des Wertpapiererwerbs- und Übernahmegesetzes (WpÜG-BMV) v. 13.10.2006, BGBl. I 2006, S. 2266; Verordnung über die Zusammensetzung, die Bestellung der Mitglieder und das Verfahren des Beirats bei der Bundesanstalt für Finanzdienstleistungsaufsicht (WpÜG-BeirV) v. 27.12.2001, BGBl. I 2001, S. 4259, zuletzt geändert durch die Neunte Zuständigkeitsanpassungsverordnung v. 31.10.2006, BGBl. I 2006, S. 2407; Verordnung über die Zusammensetzung und das Verfahren des Widerspruchausschusses bei der Bundesanstalt für Finanzdienstleistungsaufsicht (WpÜG-WidV) v. 27.12.2001, BGBl. I 2001, S. 4261, zuletzt geändert durch die Änderungsverordnung v. 26.06.2003, BGBl. I 2003, S. 1006; Verordnung über Gebühren nach dem Wertpapiererwerbs- und Übernahmegesetz (WpÜG-GebV) v. 27.12.2001, BGBl. I 2001, S. 4267; zuletzt geändert durch die Erste Änderungsverordnung v. 27.07.2005, BGBl. I 2005, S. 2417.

gende öffentliche Kauf- oder Tauschangebote zum Erwerb von Wertpapieren einer Zielgesellschaft. Auf eine Definition der Öffentlichkeit des Angebots hat der Gesetzgeber bewusst[22] verzichtet. Teilweise wird die Öffentlichkeit des Angebots dann angenommen, wenn es sich um ein standardisiertes Angebot handelt, welches über die Medien verbreitet wird und sich an eine Vielzahl von Wertpapierinhabern richtet.[23] Dabei sollte jedoch nicht auf das Erfordernis einer einzelfallbezogenen Auslegung[24] verzichtet werden. In Anlehnung an die Begriffsbestimmung eines öffentlichen Angebots bei der Emission von Wertpapieren in § 2 Nr. 2 WpPG sollte die Öffentlichkeit dann bejaht werden, wenn sich das Angebot an das (Börsen-)Publikum in seiner Gesamtheit richtet. Die Kapitalmarktbezogenheit wird dadurch hergestellt, dass das Angebot über den Kapitalmarkt an die Aktionäre der Zielgesellschaft übermittelt wird. Auch der Anteilserwerb erfolgt hier im Gegensatz zu einem privaten Paketerwerb über den Kapitalmarkt. Die Öffentlichkeit eines Angebots ergibt sich damit aus der Adressierung des Kapitalmarkts und der an ihm agierenden Teilnehmer.[25]

Der Gesetzgeber verfolgte mit der Schaffung des WpÜG die Anforderungen der Finanzmärkte an eine übernahmerechtliche Regelung angemessen zu erfüllen und dadurch zu einer Stärkung des Wirtschaftsstandorts und Finanzplatzes Deutschland im internationalen Wettbewerb beizutragen.[26] Die Stärke eines Finanzmarktes hängt im bedeutenden Maße von dem Vertrauen der an ihm agierenden Akteure ab. Deshalb sollte das WpÜG Leitlinien für ein faires und geordnetes Angebotsverfahren schaffen,

---

[22] Begr. RegE. WpÜG, BT-Drucks. 14/7034, S. 33: „Eine gesetzliche Definition ist angesichts der Vielgestaltigkeit der möglichen Sachverhalte kaum möglich; der Verzicht auf eine solche Definition vermeidet zudem die ansonsten bestehende Gefahr von Umgehungsmöglichkeiten."

[23] *Noack*, in: *Schwark*, Kapitalmarktrechtskommentar (3. Aufl. 2004), § 1, 2 WpÜG Rn. 14. Zum Begriff des öffentlichen Angebots siehe auch: *Fleischer*, ZIP 2001, 1653 ff.; *Versteegen*, in: KölnKomm z. WpÜG, § 2 Rdnr. 45; *Schüppen,* in: Haarmann/Schüppen, WpÜG (2. Aufl. 2005), § 2 Rn. 11.

[24] *Thaeter*, in: Thaeter/Brandi, Öffentliche Übernahmen, S. 12 ff.

[25] Damit ist das WpÜG vornehmlich dem Kapitalmarktrecht zuzuweisen, auch wenn sich eine alleinige Zuordnung nicht zwingend ergibt, weil daneben auch das Gesellschafts-, Umwandlungs- und Konzernrecht betroffen sein können, vgl. *Steinmayer*, in: Steinmayer/Häger, WpÜG (2. Aufl. 2007), Einl. Rn. 24.

[26] Begr. RegE. WpÜG, BT-Drucks. 14/7034, S. 27; *Hopt*, ZHR 166 (2002), S. 383, 385; *Schuster*, in: Zschocke/Schuster, Hdb. z. Übernahmerecht, S. 8; *Steinmayer*, in: Steinmayer/Häger, WpÜG (2. Aufl. 2007), Einl. Rn. 21.

Information und Transparenz verbessern[27] und die rechtliche Stellung von Minderheitsaktionären bei Unternehmensübernahmen stärken.[28]

Dabei kommt der ausreichenden Informationsversorgung der Kapitalmarktteilnehmer mittels Publizität eine entscheidende Bedeutung zu. Die Wertpapierinhaber der Zielgesellschaft sollen durch eine ausreichende Informationsversorgung in die Lage versetzt werden, in Kenntnis der Sachlage über das Angebot entscheiden zu können.[29] Eine Ausprägung dieses allgemeinen Grundsatzes findet sich in den umfassenden Informationspflichten[30], die den Bieter gegenüber den Aktionären der Zielgesellschaft treffen. Neben einem Schutz der Aktionäre der Zielgesellschaft soll eine angemessene Unterrichtung der Arbeitnehmer der Zielgesellschaft als auch des Bieters gewährleistet sein. Neben der unverzüglichen Information über die Angebotsentscheidung des Bieters steht den Arbeitnehmern der Zielgesellschaft darüber hinaus die Möglichkeit offen, im Rahmen der vom Vorstand und Aufsichtsrat abzugebenden begründeten Stellungnahme zu dem Angebot nach § 27 WpÜG ihre eigene Stellungnahme zu veröffentlichen.

Das Gesetz verfolgt damit einen doppelten Zweck, nämlich einen *Funktions- und Individualschutz* bei öffentlichen Angeboten.[31] Auf der einen Seite geht es ihm um die Sicherstellung eines ordnungsgemäßen Angebotsverfahrens und damit eines Regelungsrahmens für den Markt für Unternehmenskontrolle (Funktionsschutz). Dieser Funktionsschutz erfolgt im Übernahmerecht nicht nur über umfassende und rechtzeitige Informationspflichten des Bieters[32] und die übernahmerechtlichen Grundsätze des § 3 WpÜG, sondern insbesondere durch eine Beteiligung der Bundesanstalt für Finanzdienstleistungsaufsicht (*Bundesanstalt* oder *BaFin*), die im Rahmen ihrer Befugnisse tätig wird und ihre Aufgaben nach § 4 Abs. 2 WpÜG ausschließlich im öffentlichen Interesse wahrnimmt.[33] Dieses öffentliche Interesse besteht vor allem darin, das Ver-

---

27 Begr. RegE. WpÜG, BT-Drucks. 14/7034, S. 1.
28 *Hopt*, ZHR 166 (2002), S. 383, 386.
29 Begr. RegE. WpÜG, BT-Drucks. 14/7034, S. 1.
30 Begr. RegE. WpÜG, BT-Drucks. 14/7034, S. 29.
31 *Hopt*, ZHR 166 (2002), S. 383, 386.
32 So *Berding*, Anlegerschutz im Übernahmerecht, S. 9.
33 Mit § 4 Abs. 2 WpÜG sind damit subjektiv-öffentliche Rechte Dritter generell ausgeschlossen, vgl. OLG Frankfurt a.M., NZG 2003, S. 729, 730 (ProSiebenSat1); NZG 2004, S. 243, AG 2003, 515; NZG 2003, S. 1120; *Ihrig*, ZHR 167 (2003), S. 315, 325; *Schnorbus*, ZHR 166 (2002), S. 72, 86 f.;

trauen der Investoren in eine ordnungsgemäße Abwicklung von öffentlichen Angeboten zum Erwerb von Wertpapieren und von Unternehmensübernahmen zu sichern, da gerade dies für die Erhaltung und Funktionsfähigkeit des Kapitalmarktes von entscheidender Bedeutung ist.[34] Neben dem übernahmerechtlichen Funktionsschutz wird auch ein Schutz der von einem öffentlichen Angebot betroffenen Parteien hergestellt (Individualschutz). Zu diesem individuellen Anlegerschutz zählt neben der Verpflichtung zur Erstellung und Unterbreitung einer Angebotsunterlage auch die Verpflichtung zur unverzüglichen Veröffentlichung der Entscheidung zur Abgabe eines Angebots nach § 10 WpÜG[35], mit dem eine rechtzeitige Information der potentiellen und aktuellen Anleger der Zielgesellschaft sichergestellt werden soll.[36]

III. Die Angebotsarten des WpÜG

Nach der Vorgabe des WpÜG sind drei wesentliche Angebotsarten zu unterscheiden. Das einfache Erwerbsangebot, das freiwillige Übernahmeangebot sowie das Pflichtangebot.[37] Allen ist gemeinsam, dass sie auf den Erwerb von Wertpapieren[38] einer Zielgesellschaft gerichtet sind. Die Angebotsarten unterscheiden sich allein danach, ob sie freiwillig erfolgen oder dem Bieter durch Gesetz auferlegt sind. Ein einfaches Erwerbsangebot ist ein Angebot, dass auf den Erwerb einer unterhalb der Kontrolle gerichteten Beteiligung gerichtet ist, während das Übernahmeangebot gerade auf der Motivation beruht, die Kontrolle an der Zielgesellschaft i.S.d. § 29 Abs. 2 WpÜG zu erwerben.[39] Während sowohl das einfache Erwerbsangebot als auch das auf den Erwerb der Kontrolle gerichtete Übernahmeangebot an eine autonome Entscheidung des

---

Linke (Stögmüller), in: Haarmann/Riehmer/Schüppen, WpÜG (2. Aufl. 2005), § 4 Rn. 39. Kritik daran äußernd *Liebscher*, ZIP 2001, S. 853, 858.

[34] Begr. RegE. WpÜG, BT-Drucks. 14/7034, S. 36.

[35] *Berding*, Anlegerschutz im Übernahmerecht, S. 9.

[36] *Mühle*, Wertpapiererwerbs- und Übernahmegesetz, S. 195.

[37] Vgl. hierzu die Legaldefinition des § 2 Abs. 1 WpÜG, wonach Angebote freiwillige oder auf Grund einer Verpflichtung nach diesem Gesetz erfolgende öffentliche Kauf- oder Tauschangebote zum Erwerb von Wertpapieren einer Zielgesellschaft sind.

[38] Nach Erwägungsgrund 11 der Übernahmerichtlinie 2004/25/EG soll die Verpflichtung zur Abgabe eines Angebots nicht für den Erwerb von Wertpapieren gelten, die kein Stimmrecht in der ordentlichen Hauptversammlung verleihen. Damit werden Vorzugsaktien ohne Stimmrecht (§ 139 Abs. 1 AktG) aus dem Pflichtangebot ausgenommen.

[39] *Thaeter*, in: Thaeter/Brandi, Öffentliche Übernahmen, S. 14. Dabei wird Kontrolle in § 29 Abs. 2 WpÜG definiert als das Halten von mindestens 30 Prozent der Stimmrechte an der Zielgesellschaft.

Bieters anknüpfen, wird das Pflichtangebot gerade durch die Erlangung der Kontrolle angestoßen, vgl. § 35 Abs. 2 WpÜG.

Eine weitere Unterscheidung der unterschiedlichen Angebotsarten ist danach vorzunehmen, ob es sich bei dem angestrebten Verfahren um ein freundliches oder feindliches Angebot handelt. Soweit das Übernahmeangebot mit der Geschäftsführung der Zielgesellschaft abgestimmt ist, wird von einem freundlichen oder koordinierten Angebot gesprochen.[40] Strebt der Bieter dagegen die Abgabe eines Angebots ohne die vorherige Abstimmung mit der Geschäftsführung der Zielgesellschaft an, liegt ein feindliches oder unkoordiniertes Übernahmeangebot vor.[41] In Bezug auf die Entscheidungsveröffentlichung des Bieters liegt der wesentliche Unterschied zwischen den beiden Angebotsarten darin, dass der Zielgesellschaft die Angebotsabsichten des Bieters bei einem unkoordinierten Angebot erst zum Zeitpunkt der Entscheidungsveröffentlichung bekannt werden. Eine Abstimmung mit dem Bieter hat hier gerade nicht stattgefunden. Es stellt sich dahingehend die Frage, welche Unterschiede sich zwischen beiden Angebotsarten in Bezug auf die Veröffentlichungspflicht der Beteiligten ergeben.

Eine weitere Unterscheidung kommt hinsichtlich der den Aktionären der Zielgesellschaft angebotenen Gegenleistung in Betracht. Soweit den Aktionären Geld als Gegenleistung für die von der Zielgesellschaft emittierten Aktien angeboten wird, handelt es sich um ein Barangebot, während bei einer Gegenleistung durch Aktien von einem Umtauschangebot[42] gesprochen wird. Soweit das Angebot auf den Erwerb der Kon-

---

[40] *Picot*, BFuP 2002, S. 433, 434; *Stumpf*, Das deutsche Übernahmerecht, S. 182.

[41] *Assmann/Bozenhardt*, in: Assmann/Basaldua/Bozenhardt/Peltzer, Übernahmeangebote, S. 1, 8; *Michalski*, AG 1997, S. 152; *Daum*, Die unkoordinierte Übername, S. 5 ff.; *Ebenroth/Daum*, DB 1991, S. 1105, 1106; *Blättchen*, in: Blättchen/Wegen, Übernahme börsennotierter Unternehmen, S. 6 f.; *Kübler/Assmann*, Gesellschaftsrecht (6. Aufl. 2006), S. 506. Umfassend *Bästlein*, Feindlichkeit öffentlicher Übernahmeangebote, S. 296 ff.

[42] Dabei kann der Bieter, soweit es sich um eine Aktiengesellschaft handelt, die Aktionäre sowohl mit von ihm emittierten Vorzugsaktien als auch Stammaktien, Inhaber oder Namensaktien abfinden. Mit der Abfindung mittels Vorzugsaktien ist es ihm möglich, den Einfluss der Neuaktionäre in seiner Gesellschaft zu begrenzen, da die Vorzugsaktien grundsätzlich kein Stimmrecht gewähren. Inwieweit dieser Vorzug ausgestaltet ist, muss in der Satzung des Bieters geregelt werden. Zu beachten bleibt, dass der Bieter im Rahmen eines Tauschangebots nach § 4 Abs. 2 Nr. 2 WpPG nicht dazu verpflichtet, neben der Angebotsunterlage ein Wertpapierprospekt hinsichtlich der von ihm angebotenen Wertpa-

trolle gerichtet ist, muss bei Tauschangeboten die angebotene Gegenleistung in liquiden Aktien bestehen, die zum Handel an einem organisierten Markt zugelassen sind.[43] In Bezug auf den Informationsaustausch zwischen den beiden involvierten Parteien ist darauf hinzuweisen, dass bei einem Tauschangebot die Zielgesellschaft ebenso ein Interesse an einer umfassenden Unternehmensbewertung des Bieters hat[44], um die Angemessenheit der angebotenen Gegenleistung sicherstellen zu können. Die Frage einer Publizitätspflicht von Bieter und Zielgesellschaft stellt sich hier dann, sofern durch einen gegenseitigen Informationsaustausch Insiderinformationen weitergegeben werden und die Chancengleichheit der Marktteilnehmer eine Veröffentlichung erforderlich macht.

IV. Der zeitliche Ablauf eines öffentlichen Angebotsverfahrens und die Einteilung in Angebotsphasen

Der Ablauf eines freiwilligen Erwerbs- und Übernahmeangebotsverfahrens wird ab der Entscheidung des Bieters zur Abgabe eines öffentlichen Angebots durch das Gesetz in drei Stufen unterteilt. Dazu gehören die Vorangebotsphase, die Angebotsphase sowie die Nachangebotsphase.[45] Mit der Veröffentlichung der Entscheidung des Bieters zur Abgabe eines öffentlichen Angebots nach § 10 WpÜG beginnt das freiwillige Angebotsverfahren.[46] Mit der Entscheidungsveröffentlichung tritt die vierwöchige Frist des § 14 Abs. 1 Satz 1 WpÜG in Kraft, innerhalb derer der Bieter die Angebotsunterlage der Bundesanstalt zu übermitteln und danach zu veröffentlichen hat. Dabei sieht § 14 Abs. 1 Satz 2 WpÜG eine Verlängerungsmöglichkeit durch die Bundesanstalt dann vor, wenn dem Bieter die Einhaltung der Frist aufgrund eines grenzüber-

---

piere zu erstellen. Eine ausreichende Information ist hier durch die Veröffentlichung der Angebotsunterlage sichergestellt, vgl. Begr. RegE., BT-Drucks. 15/4999, S. 30.

[43] § 31 Abs. 2 Satz 1 WpÜG. Eine weitere Einschränkung der Tauschmöglichkeit findet sich in § 31 Abs. 2 Satz 2 WpÜG, wonach den Inhabern von stimmberechtigten Aktien der Zielgesellschaft im Gegenzug Aktien angeboten werden müssen, die ebenso ein Stimmrecht gewähren.

[44] *Nick*, in: Blättchen/Wenger, Übernahme börsennotierter Unternehmen, S. 93.

[45] Zu dieser Einteilung siehe *Assmann*, ZGR 2002, S. 697, 700. Die Planungsphase in zusätzlich in eine Prüfungs- und Entscheidungsphase einteilend *Walz (Riehmer)*, in: Haarmann/Schüppen, WpÜG (2. Aufl. 2005), § 10 Rdn. 22.

[46] *Schrell*, in: Triebel, Mergers & Acquisitions, S. 295, 301; *Kübler/Assmann*, Gesellschaftsrecht (6. Aufl. 2006), S. 510, 511.

schreitenden Angebots oder insoweit erforderlicher Kapitalmaßnahmen[47] nicht möglich ist. Dem Bieter steht damit eine Höchstfrist von acht Wochen zur Verfügung, eine Angebotsunterlage zu erstellen, welche die von § 11 WpÜG geforderten Angaben enthalten und den Anforderungen der WpÜG-Angebotsverordnung entsprechen muss.

Mit der Veröffentlichung der Angebotsunterlage und deren Übermittlung an die Zielgesellschaft[48] beginnt die eigentliche Angebotsphase. Dabei ist die Veröffentlichung[49] der Angebotsunterlage dem Bieter nur nach vorheriger Gestattung durch die Bundesanstalt möglich.[50] Erst mit der Veröffentlichung beginnt das Angebot[51] als solches und die damit verbundene Angebotsfrist[52] zu laufen. Dabei darf die Angebotsfrist nach § 16 Abs. 1 Satz 1 WpÜG nicht weniger als vier Wochen betragen. Dem Bieter ist es nach § 21 WpÜG jedoch grundsätzlich möglich, das Angebot und die an das Angebot geknüpften Bedingungen bis zu einem Werktag vor dem Ablauf der Annahmefrist zu ändern. Soweit es während der Annahmefrist zu einem konkurrierenden Angebot kommt, verlängert sich die Annahmefrist für das Angebot bis zu dem Tag, an dem das konkurrierende Angebot endet, § 22 Abs. 2 Satz 1 WpÜG. Während der Angebotsphase, also innerhalb der Annahmefrist, ist der Bieter dazu verpflichtet, die Anzahl der von ihm direkt oder indirekt gehaltenen Wertpapiere sowie die Anzahl der sich aus den ihm zugegangenen Annahmeerklärungen ergebenden Wertpapiere nach § 23 Abs.

[47] Gemeint sind damit solche Kapitalmaßnahmen, welche aufgrund der Finanzierung des Angebots durch eigene Gesellschaftsanteile des Bieters erforderlich werden, vgl. Begr. RegE. WpÜG, BT-Drucks. 14/7477, S. 52; *Geibel*, in: Geibel/Süßmann, WpÜG, § 14 Rn. 18.

[48] Mit der Übermittlung der Angebotsunterlage an die Zielgesellschaft besteht für deren Vorstand und Aufsichtsrat nach § 27 Abs. 1 WpÜG die Verpflichtung, unverzüglich eine begründete Stellungnahme zu dem Angebot abzugeben und nach Maßgabe des § 14 Abs. 3 Satz 1 WpÜG zu veröffentlichen.

[49] Die Veröffentlichung der Angebotsunterlage ist nach Maßgabe des § 14 Abs. 3 Satz 1 WpÜG vorzunehmen. Dabei ist die Angebotsunterlage durch Bekanntgabe im Internet als auch durch Abdruck in einem überregionalen Börsenpflichtblatt oder durch Bereithalten zur kostenlosen Ausgabe bei einer geeigneten Stelle im Inland zu veröffentlichen. Hinsichtlich der Bekanntgabe im Internet ist zu beachten, dass der Bieter schon im Rahmen der Entscheidungsveröffentlichung nach § 10 Abs. 3 Satz 2 WpÜG dazu verpflichtet ist, die Internetadresse anzugeben, unter der die Veröffentlichung der Angebotsunterlage erfolgen wird.

[50] Eine Gestattungsfiktion besteht dann, wenn seit dem von der Bundesanstalt zu bestätigenden Eingang der Angebotsunterlage zehn Werktage verstrichen sind, ohne dass die Bundesanstalt das Angebot untersagt hat, § 14 Abs. 2 Satz 1 WpÜG.

[51] Die Angebotsunterlage stellt das rechtlich bindende Angebot i.S.d. § 145 BGB dar und bedarf der Annahme durch die Anteilseigner der Zielgesellschaft.

[52] Die Annahmefrist beginnt nach § 16 Abs. 1 Satz 2 WpÜG mit der Veröffentlichung der Angebotsunterlage nach § 14 Abs. 3 Satz 1 WpÜG. Diese verlängert sich nach § 16 Abs. 3 Satz 1 WpÜG auf insgesamt zehn Wochen, wenn im Zusammenhang mit dem Angebot nach der Veröffentlichung der Angebotsunterlage die Hauptversammlung der Zielgesellschaft einberufen wird.

1 Satz 1 Nr. 1 WpÜG zu veröffentlichen, sog. *Wasserstandsmeldungen.*[53] Mit dem Ablauf der Annahmefrist[54] endet die Angebotsphase und es beginnt die Nachangebotsphase, in welcher der Bieter zur Veröffentlichung des Ergebnisses des Angebots verpflichtet ist sowie die durch Angebot und Annahme zustande gekommenen Verpflichtungsgeschäfte zu erfüllen sind.

Die Darstellung zeigt, wie detailliert der Gesetzgeber die Angebotsphase geregelt hat. Eine Regelung des Stadiums vor der Entscheidungsveröffentlichung[55] ist dagegen anders als in anderen Rechtsordnungen[56] unterblieben[57], obwohl gerade hier eine Regelung hinsichtlich der Geheimhaltung der Angebotsabsicht von entscheidender Bedeutung ist. Diese hohe Bedeutung wird nicht nur durch die Gefahr des Aufkommens von Gerüchten in der Planungsphase und damit einhergehenden erheblichen Kursschwankungen deutlich.[58] In dieser Phase besteht auch die besondere Gefahr der missbräuchlichen Ausnutzung von Insiderwissen. So wird der Bieter im Falle einer freundlichen Übernahme schon im Vorfeld der Entscheidung daran interessiert sein, eine Due Diligence und eine daran anschließende Unternehmensbewertung[59] vorzunehmen. In die Angebotsvorbereitungen involvierte Personen können hier der Versuchung unterliegen, auf der Grundlage der ihnen zur Verfügung stehenden Informationen Wertpapiergeschäfte vorzunehmen oder Insiderinformationen unbefugt weiterzugeben. Eine auf dem Marktverzerrungsverbot basierende allgemeine Verhaltenspflicht sowohl für den

[53] *Witt*, NZG 2000, S. 809 ff.
[54] Mit dem Ablauf der Annahmefrist ist der Bieter nach § 23 Abs. 1 Satz 1 Nr. 3 WpÜG dazu verpflichtet, alle von ihm direkt oder indirekt gehaltenen Anteile sowie die Anzahl der sich aus den ihm gegenüber abgegebenen Annahmeerklärungen ergebenden Anteile unverzüglich zu veröffentlichen. Damit obliegt es ihm, das Ergebnis des Angebotsverfahrens zu veröffentlichen.
[55] Sog. Vorlaufstadium, vgl. *Hopt*, ZHR 166 (2002), S. 383, 401.
[56] Vgl. die insoweit bestehende Geheimhaltungspflicht nach Rule 2.1 des City Code (Takeover Code, Stand: 20.Mai 2006): *„The vital importance of absolute secrecy before an announcement must be emphasised. All persons privy to confidential information, and particularly price-sensitive information, concerning an offer or contemplated offer must treat that information as secret and may only pass it to another person if it is necessary to do so and if that person is made aware of the need for secrecy. All such persons must conduct themselves so as to minimise the chances of an accidental leak of information."*
[57] *Assmann*, ZGR 2002, S. 697, 700.
[58] *Steinhardt*, in: Steinmayer/Häger, WpÜG (2. Aufl. 2007), § 10 Rn. 17.
[59] Zum Verhältnis zwischen einer Due Diligence und der Unternehmensbewertung *Pack*, in: Picot, Handbuch Mergers & Acquisitions, S. 267, 295 ff.

Bieter als auch für die Zielgesellschaft sieht das WpÜG jedoch nicht vor.[60] Deshalb stellt sich in diesem Stadium in besonderer Weise die Frage, ob die insoweit zu konstatierende Regelungslücke sowohl durch das Insiderhandelsverbot des § 14 WpHG, die Ad-hoc-Publizität des § 15 WpHG in seiner präventiven Funktion als auch durch die speziellen gesellschafts-[61] und dienstvertraglichen Pflichten geschlossen werden kann. Es stellt sich konkret die Frage, inwiefern dem Wertpapierhandelsrecht eine Ergänzungs- und Auslegungsfunktion gegenüber den wertpapierangebotsrechtlichen Regelungen zukommt.

V. Öffentliche Angebote und Insiderrecht

Aufgrund des Bestehens einer Regelungslücke im Vorfeld der Entscheidungsveröffentlichung stellt sich die Frage einer Wechselwirkung zwischen dem Übernahmerecht und dem die Integrität des Kapitalmarkts schützenden wertpapierhandelsrechtlichen Vorschriften der Insiderüberwachung. Zwar hat der Gesetzgeber selbst in einigen Bereichen bei der Auslegung von Regelungen des WpÜG einen vergleichenden Maßstab anhand der Regelungen des WpHG erwogen.[62] In einigen Bereichen wiederum sieht er die Regelungen des WpÜG ausdrücklich als lex specialis an.[63]

Dabei hat eine Trennung zwischen den repressiven Insiderhandelsverboten und der rein präventiv wirkenden Veröffentlichungspflicht nach § 15 WpHG zu erfolgen. Denn die Frage einer exklusiven Geltung des Übernahmerechts stellt sich allein dort, wo verschiedene Veröffentlichungspflichten ineinander greifen. So ist die Ausnutzung von Spezialwissen auf Seiten der in die Übernahmetransaktion involvierten Personen

---

[60] *Steinhardt*, in: Steinmayer/Häger, WpÜG (2. Aufl. 2007), § 3 Rn. 17. Ein allgemein geltendes Marktverzerrungsverbot ablehnend *Baums/Hecker*, in: Baums/Thoma, WpÜG, § 3 Rn. 51.

[61] Eine Geheimhaltungspflicht obliegt dem Vorstand einer Aktiengesellschaft nach § 93 Abs. 1 Satz 3 AktG. Gleiches gilt über § 116 Satz 1 AktG i.V.m. § 93 Abs. 1 Satz 3 AktG für die Mitglieder des Aufsichtsrats.

[62] Vgl. Begr. RegE. WpÜG, BT-Drucks. 14/7034, S. 39, welche bei der Bestimmung des maßgeblichen Zeitpunkts für den Eintritt der Veröffentlichungspflicht bei mehrstufigen Entscheidungsprozessen auf der Seite des Bieters nach § 10 WpÜG auf die zu § 15 WpHG entwickelten Grundsätze verweist.

[63] So mit der Regelung des § 10 Abs. 6 WpÜG, der die Anwendbarkeit des § 15 WpHG beim Vorliegen der Entscheidung zur Abgabe eines Angebots ausschließt und allein § 10 WpÜG für anwendbar erklärt.

kein übernahmerechtliches, sondern allein ein insiderrechtliches Problem. Erwerben Mitarbeiter des Bieters oder der Zielgesellschaft Wertpapiere der beteiligten oder betroffenen Gesellschaften, handeln diese unter Ausnutzung von Spezialwissen, und, sofern den entsprechenden Umständen ein Kursbeeinflussungspotential unterstellt werden kann, gegen das Insiderhandelsverbot des § 14 Abs. 1 Nr. 1 WpHG.[64] Etwas anderes gilt bei Anteilserwerben des Bieters vor der Entscheidungsveröffentlichung. Zwar ist der Bieter nach § 23 Abs. 1 Satz 1 Nr. 1 WpÜG dazu verpflichtet, die von ihm direkt oder indirekt gehaltenen Stimmrechtsanteile in der ersten Woche nach Veröffentlichung der Angebotsunterlage wöchentlich zu veröffentlichen, so dass er auch die von ihm schon vor dem Angebotsverfahren erworbenen Stimmrechte offen legen muss. Auch ist er nach § 21 WpHG zu einer entsprechenden Mitteilung gegenüber der Zielgesellschaft gezwungen, soweit der Anteilserwerb die von § 21 Abs. 1 Satz 1 WpHG aufgestellten Schwellenwerte[65] erreicht oder übersteigt. Regelungen, aus denen die übernahmerechtliche Zulässigkeit des vorherigen Anteilserwerbs hervorgehen könnte, sind jedoch nicht gegeben. Soweit der Bieter selbst Aktien der Zielgesellschaft im Vorfeld der Entscheidung erwirbt, soll darin kein Verstoß gegen das Insiderhandelsverbot des § 14 Abs. 1 Nr. 1 WpHG zu sehen sein, da zwar der geplante Anteilserwerb eine Insiderinformation darstelle, der Bieter jedoch in diesem Fall nicht diesen von ihm selbst geschaffenen Umstand ausnutze, sondern allein seine eigene Beteiligungsabsicht verfolge.[66] Dabei ergibt sich die Zulässigkeit nicht durch eine Bezugnahme auf § 4 WpÜG-AngebVO, welcher eine Berücksichtigung von Vorerwerben im Rahmen der den Aktionären zu gewährenden Gegenleistung fordert[67], denn dieser setzt nicht voraus, dass der Bieter zu dem Erwerbszeitpunkt bereits eine Angebotsabsicht

[64] *Assmann*, ZGR 2002, S. 697, 707.

[65] Aufgrund der Änderungen durch das Transparenzrichtlinie-Umsetzungsgesetz wurden für die Mitteilungspflichten nach §§ 21 ff. WpHG neue Schwellenwerte eingefügt. Der Aktionär ist nun dazu verpflichtet, sowohl dem Emittenten als auch der Bundesanstalt das Erreichen, Über- oder Unterschreiten von 3 Prozent, 5 Prozent, 10 Prozent, 15 Prozent, 20 Prozent, 25 Prozent, 30 Prozent, 50 Prozent oder 75 Prozent unverzüglich, spätestens innerhalb von vier Handelstagen mitzuteilen. Dazu *Schlitt/Schäfer*, AG 2007, S. 227, 230.

[66] *Assmann/Cramer*, in: Assmann/Schneider, WpHG (2. Auf. 1999), § 14 Rdn. 81; *Assmann*, ZGR 2002, S. 697, 701 f.; *ders.*, AG 1994, S. .237, 252; *Wittich*, in: v. Rosen/Seifert, Übernahme börsennotierter Unternehmen, S. 377, 381; *Schrell*, in: Triebel, Mergers & Acquisitions, S. 295, 300; Hopt, FS Lutter, S. 1361, 1395; *ders.*, ZGR 1991, S. 17, 33; *Schäfer*, in: Schäfer, WpHG, BörsG, VerkProspG, § 14 WpHG Rn. 74; *Brandi/Süßmann*, AG 2004, S. 642, 644; *Hager*, Die wertpapierangebotsrechtliche Vorankündigung, S. 178.

[67] So aber *Hager*, Die wertpapierangebotsrechtliche Vorankündigung, S. 178.

verfolgte. Der Bieter handelt hier vielmehr aus der Verfolgung eines Gesamtplans heraus. So kann dem Erwägungsgrund 30 der Marktmissbrauchsrichtlinie 2003/6/EG[68] die grundsätzliche Wertung entnommen werden, dass die Umsetzung einer eigenen Entscheidung, die jedem Wertpapiererwerb notwendigerweise vorausgeht, nicht als unzulässige Verwendung einer Insiderinformation zu werten ist. Bestehen damit vor der konkreten Entscheidung über die Durchführung eines Angebotsverfahrens bereits nicht näher spezifizierte Angebotsabsichten auf Seiten des Bieters, verstößt dieser nicht gegen das Verwendungsverbot des § 14 Abs. 1 Nr. 1 WpHG, sofern er im Vorfeld der Entscheidung Wertpapiere der Zielgesellschaft erwirbt. Zwar wird insofern gesehen, dass der Bieter damit die Möglichkeit erhält, die Wertpapiere der Zielgesellschaft im Vorfeld der Entscheidung wesentlich günstiger zu erwerben, als er dies nach einer entsprechenden Veröffentlichung seiner Entscheidung tun müsste.[69] Doch kann dagegen eingewandt werden, dass der Bieter ohnehin nur den durchschnittlichen Börsenkurs der letzten drei Monate vor der Entscheidungsveröffentlichung bei der Bestimmung der Gegenleistung berücksichtigen muss (§ 5 WpÜG-AngVO) und damit eine Auswirkung der Angebotsabsichten auf die Gegenleistung nicht gegeben ist. Ein Erwerb von Wertpapieren der Zielgesellschaft durch den Bieter selbst stellt daher kein insiderrechtliches Problem dar.

Mit der Feststellung, dass der Bieter selbst nicht gegen das Insiderhandelsverbot des § 14 Abs. 1 Nr. 1 WpHG verstoßen kann, ihm damit ein vor der Entscheidungsveröffentlichung erfolgender Erwerb möglich ist, ist allerdings nicht gesagt, dass er nicht gegen die übrigen Tatbestände des Insiderhandelsverbots nach § 14 WpHG verstoßen kann. So besteht die Möglichkeit eines Verstoßes gegen das Weitergabeverbot des § 14 Abs. 1 Nr. 2 WpHG, soweit er den Umstand der eigenen Angebotsabsicht im Vorfeld der Entscheidung anderen Personen unbefugt mitteilt. Dieses insiderrechtliche Problem stellt sich insbesondere beim sog. *Warehousing*, bei welchem der Bieter Dritte mit dem Erwerb von Wertpapieren der Zielgesellschaft beauftragt, um diese später selbst

---

[68] Nach Erwägungsgrund 30 der Marktmissbrauchsrichtlinie 2003/6/EG geht dem Erwerb oder der Veräußerung von Finanzinstrumenten notwendigerweise eine entsprechende Entscheidung der Erwerbers oder Veräußerers voraus, so dass die Tatsache des Erwerbs oder der Veräußerung als solche nicht als eine Verwendung von Insiderinformationen gelten sollte.
[69] *Assmann*, ZGR 2002, S. 697, 700.

von diesen zu erwerben.[70] Mit einer solchen Vorgehensweise möchte der Bieter das Gelingen der Übernahme sicherstellen.[71] Das Warehousing wirft in besonderer Weise insiderrechtliche Fragen hinsichtlich seiner Zulässigkeit auf, weil der Bieter damit Dritten die eigene Angebotsabsicht und damit eine potentielle Insiderinformation mitteilt, was nicht allein als ein Verstoß gegen das Weitergabeverbot nach § 14 Abs. 1 Nr. 2 WpHG gewertet werden könnte, sondern gleichermaßen die Gefahr erhöht, dass diese Informationen durch Insidergeschäfte ausgenutzt werden.[72] Zwar gilt schon hier eine allgemeine Geheimhaltungspflicht für die involvierten Organe des Bieters[73] als auch die ihn beratenden Experten aus gesellschafts- und dienstvertraglichen Pflichten.[74] Die Weitergabe der Angebotsabsicht bedingt jedoch immer die Gefahr einer missbräuchlichen Ausnutzung durch den Informationsempfänger. Dieser Gefahr tritt auch die Vorschrift des § 15 Abs. 1 Satz 4 WpHG entgegen, welche eine Veröffentlichungspflicht dann statuiert, wenn eine Insiderinformation durch den Emittenten oder eine in seinem Auftrag oder für seine Rechnung handelnde Person zwar befugt weitergegeben wird, die Vertraulichkeit der Insiderinformation jedoch nicht gewahrt ist. Auch wenn die Vorschrift allein für Emittenten und für in seinem Auftrag oder auf seine Rechung handelnde Personen gilt, könnte die Weitergabe den Bieter zu einer frühzeitigen Veröffentlichung seiner Angebotsabsichten zwingen.

In einem insiderrechtlichen Kontext stehen auch vor der Entscheidungsveröffentlichung auftretende Gerüchte. Im Zusammenhang mit dem Aufkommen von Gerüchten am Kapitalmarkt über die tatsächlich bestehenden Angebotsvorbereitungen des Bieters stellt sich die Frage, inwiefern der Bieter oder im Falle eines koordinierten Angebots die Zielgesellschaft zu einer entsprechenden Klarstellung oder Stellungnahme verpflichtet sein könnten, um aufkommende Marktverzerrungen zu vermeiden. Die Ge-

---

[70] *Wittich*, in: v. Rosen/Seifert, Übernahme börsennotierter Unternehmen, S. 377, 382.

[71] *Schacht*, Insiderhandelsverbot bei öffentlichen Übernahmen, S. 24.

[72] Den Wertpapiererwerb beim Warehousing als Insiderdelikt einstufend *Assmann/Cramer*, in: Assmann/Schneider, WpHG (2. Aufl. 1999), § 14 Rn. 84; *Wittich*, in: v. Rosen/Seifert, Übernahme börsennotierter Unternehmen, S. 377, 382; *Hager*, Die wertpapierangebotsrechtliche Vorankündigung, S. 179.

[73] Diese waren nach alter Rechtslage als Primärinsider i.S.d. § 13 Abs. 1 WpHG a.F. einzustufen. Eine Unterscheidung zwischen Primärinsidern und Sekundärinsidern findet sich nun allein auf der Rechtsfolgenseite im Rahmen der §§ 38, 39 WpHG.

[74] *Hopt*, ZGR 2002, S. 333, 336.

fahr von Insiderverstößen im Vorfeld eines Angebotsverfahrens besteht hier im besonderen Maße. Denn die Gerüchte werden in der Regel dazu geeignet sein, Kursschwankungen in Bezug auf die betroffenen Wertpapiere auszulösen. Diese Kursschwankungen könnten wiederum von Insidern ausgenutzt werden. Die Frage einer vorgeschobenen, präventiven Veröffentlichungspflicht zur Vermeidung von Marktverzerrungen und deren Ausnutzung stellt sich daher bei Gerüchten in besonderem Maße.

Eine vergleichbare Gefahrenlage besteht auf Seiten der Zielgesellschaft, sofern diese in die Angebotsvorbereitungen involviert ist. Ebenso wie der Bieter hat sie mit dem Beginn der Vorgespräche mit dem Bieter zu prüfen, ob die von ihnen vorzunehmenden Handlungen insiderrechtlich relevant sind. Diese Frage stellt sich nicht nur in Bezug auf die Beauftragung von Beratern und die damit einhergehende Weitergabe von Insiderinformationen, sondern insbesondere auch dann, wenn die Zielgesellschaft im Rahmen der Angebotsvorbereitung eigene Aktien erwirbt oder einen Dritten beauftragt, ein konkurrierendes Angebot abzugeben (sog. *white knight*)[75], und diesem Insiderinformationen weitergibt, die bereits dem Erstbieter mitgeteilt wurden. Sie Suche nach einem konkurrierenden Angebot ist für sich betrachtet zulässig[76] (§ 33 Abs. 1 Satz 2 Alt. 2 WpÜG) und liegt im Interesse der Aktionäre der Zielgesellschaft, die dadurch eine Wahlmöglichkeit zwischen den konkurrierenden Angeboten erhalten.[77] Doch bedingt die Informationsweitergabe die Frage, ob diese Weitergabe als befugt zu betrachten ist[78], und daran anschließend, ob nicht trotz bestehender Befugnis eine Veröffentlichungspflicht auf Seiten der weitergebenden Zielgesellschaft besteht. Erwirbt der konkurrierende Zweitbieter Wertpapiere der Zielgesellschaft im Vorfeld einer von ihm vorzunehmenden Entscheidungsveröffentlichung könnte dieser Erwerb anders als der Voraberwerb des Bieters einen Verstoß gegen das Insiderhandelsverbot darstellen.

Genau in solchen Konstellationen wird das Zusammenspiel zwischen dem Übernahmerecht und den insiderrechtlichen Regelungen entscheidend. Es stellt sich die Frage,

---

[75] Zum *white knight* als Abwehrmaßnahme gegen feindliche Übernahmeangebote *Hopt*, ZGR 1993, S. 534, 556 ff.; *Michalski*, AG 1997, S. 152, 160.
[76] *BaFin*, Jahresbericht 2006, S. 184.
[77] *Geibel*, in: Triebel, Mergers & Acquisitions, S. 162.
[78] Bejahend *Assmann*, ZGR 2002, S. 697, 706 f., dabei auf das Interesse an einem funktionsfähigen Übernahmemarkt hinweisend.

welchem der beiden Rechtsmaterien der Vorrang einzuräumen ist, ob die Integrität des Kapitalmarktes ein gänzliches Verbot solcher Maßnahmen rechtfertigt oder ein funktionsfähiger Markt für Unternehmenskontrolle eine solche Vorgehensweise gerade erfordert. Explizit geht es darum, ob die Untersagung eines solchen Verhaltens dem Gesetzeszweck des WpÜG, zur Stärkung des Finanzmarktes im internationalen Wettbewerb beizutragen[79], entgegenstehen könnte. Eine Entscheidung für oder gegen einen Vorrang eines der beiden Regelungsmaterien ist dabei nicht angezeigt. Vielmehr hat eine einzelfallbezogene Auslegung der das Übernahmeverfahren regelnden Vorschriften und der diese flankierenden insiderrechtlichen Regelungen zu erfolgen. Die Auslegung hat sich dabei an den zwei entscheidenden Schutzgütern zu orientieren: Der Integrität des Kapitalmarktes auf der einen Seite und der Funktionsfähigkeit des Marktes für Unternehmenskontrolle auf der anderen Seite. Dabei kann allerdings eine Auslegung, die im Wege einer praktischen Konkordanz einen Ausgleich zwischen den betroffenen Schutzgütern anstrebt, nicht zweckmäßig sein. Entweder die Integrität des Kapitalmarktes steht einer Maßnahme entgegen oder nicht. Sie kann nicht in der Weise reduziert werden, dass der Markt für Unternehmenskontrolle eine Einschränkung der Marktintegrität rechtfertigt. Die Marktintegrität kann nur dort zurückstehen, wo der Gesetzgeber diese Möglichkeit ausdrücklich einräumt. Diese Wertung folgt aus dem Umstand heraus, dass der Markt für Unternehmenskontrolle selbst Teil des Kapitalmarktes ist. Er kann folglich nicht ohne diesen existieren bzw. beruht auf dessen Akzeptanz durch die Kapitalmarktteilnehmer. Konkret führt dies zu der Annahme, dass die übernahmerechtlichen Regelungen dort einen Vorrang genießen, wo der Gesetzgeber einen Sachverhalt abschließend geregelt hat. Hat er dies unterlassen und besteht das Bedürfnis nach einer ergänzenden Anwendung der wertpapierhandelsrechtlichen Insiderregeln, stellt sich allein die Frage, ob die Marktintegrität eine solche Anwendung gebietet. Eine Konkurrenzlage kann somit nur dort entstehen, wo der Gesetzgeber übernahmerechtliche Regelungen geschaffen hat. Ansonsten bleibt es bei der generellen Geltung des Kapitalmarktrechts.

[79] Begr. RegE. WpÜG, BT-Drucks. 14/7034, S. 27.

VI. Die Änderungen durch die europäische Übernahmerichtlinie und dem darauf beruhenden Übernahmerichtlinie-Umsetzungsgesetz

1. Der Weg zu einer europäischen Übernahmerichtlinie

Weitreichende Veränderungen hat das WpÜG mit dem Inkrafttreten des Übernahmerichtlinie-Umsetzungsgesetzes[80] am 14. Juli 2006 erfahren, mit dem die Vorgaben der europäischen Übernahmerichtlinie 2004/25/EG[81] umgesetzt wurden. Zwar war schon zuvor versucht worden, auf europäischer Ebene eine Richtlinie zur Regelung von Unternehmensübernahmen zu schaffen. Nach einem umfangreichen Konsultationsverfahren wurde ein dahingehender Kommissionsvorschlag vom Europäischen Parlament am 04. Juli 2001 jedoch abgelehnt.[82] Die daraufhin eingesetzte Gruppe von Gesellschaftsrechtsexperten unter der Leitung von *Jaap Winter* (sog. Winter Gruppe)[83] erarbeitete eine Reihe von Vorschlägen hinsichtlich einer Neuregelung der Übernahmerichtlinie, die sich mit den umstrittensten Fragen des Übernahmerechts befassten, so namentlich der Schaffung von gleichen Angebotsbedingungen in den Mitgliedstaaten (*level playing field*) und die damit zusammenhängende Problematik von bestehenden Übernahmehindernissen wie Mehrstimmrechten, Höchststimmrechten, der Vinkulierung von Gesellschaftsanteilen oder dem Bestehen von sog. *Golden Shares*.[84] Auf den Winter-

---

[80] Gesetz zur Umsetzung der Richtlinie 2004/25/EG des Europäischen Parlaments und des Rates vom 21.04.2004 betreffend Übernahmeangebote v. 8.7.2006 (Übernahmerichtlinie-Umsetzungsgesetz), BGBl. I 2006, 1426.

[81] Richtlinie 2004/25/EG des Europäischen Parlaments und des Rates vom 21.04.2004 betreffend Übernahmeangebote, Abl. EG Nr. L 142/12 vom 30. 04.2004.

[82] Die Ablehnung des Kommissionsvorschlags beruhte vor allem darauf, dass die Leitung der Zielgesellschaft für Abwehrmaßnahmen gegen ein Übernahmeangebot nach der Bekanntgabe des Angebots die Zustimmung der Aktionäre benötigte, soweit es für europäische Gesellschaften kein „*level playing field*" bei öffentlichen Übernahmeangeboten gab. Zum anderen wurde der Schutz der Arbeitnehmer der bei den von einem Übernahmeangebot beteiligten Gesellschaften als unzureichend angesehen sowie die unterschiedlichen Ausgangsbedingungen für Übernahmeangebote in den USA und Europa als Argument gegen die Bestimmungen der Übernahmerichtlinie vorgebracht, vgl. Vorschlag für eine Richtlinie des Europäischen Parlaments und des Rates betreffend Übernahmeangebote, KOM (2002) 534 endg., Abl. EU C 45 E v. 25.02.2003, S. 1.

[83] *Hilmer*, Die Übernahmerichtlinie und ihre Umsetzung, S. 8 ff.

[84] Zum Begriff der Golden Shares siehe *Krause*, NJW 2002, S. 2747 ff., mit Bezug zur Übernahmerichtlinie; *Grundmann/Möslein*, BKR 2002, S. 758 ff.; *dies.* ZGR 2003, S. 317 ff. Zur Gemeinschaftsrechtswidrigkeit von goldenen Aktien siehe EuGH, NJW 2002, Urt. v. 04.06.2002, S. 2303 f. = NZG 2002, S. 624 ff. – Kommission/ Königreich Belgien (Goldene Aktien I); NJW 2002, Urt. v. 04.06.2002, S. 2305 f. = NZG 2002, S. 628 ff. – Kommission/Französische Republik (Goldene Aktien

Bericht[85] aufbauend unterbreitete die europäische Kommission im Oktober 2002 einen neuen Richtlinienvorschlag.[86] Der EU-Ministerrat verständigte sich am 27. November 2003 nach mehreren Konsultationen auf einen Kompromissvorschlag, welcher durch das EU-Parlament am 16. Dezember 2003 gebilligt und vom EU-Ministerrat am 30. März 2004 angenommen wurde.[87] Nach dann insgesamt fünf Richtlinien-Vorschlägen der Europäischen Kommission bestand nun eine übernahmerechtliche Regelung auf europäischer Ebene, welche dann allein der Umsetzung durch die einzelnen Mitgliedstaaten bedurfte. Der deutsche Gesetzgeber ist diesem Umsetzungsbedürfnis mit dem Übernahmerichtlinien-Umsetzungsgesetz gefolgt.

2. Wesentliche Neuerungen

Mit der Umsetzung der Übernahmerichtlinie ist eine Reihe von Änderungen der bis dahin bestehenden Rechtslage verbunden. Neben der Einführung des Rechts des Bieters nach § 39a WpÜG, nach der Durchführung eines Übernahme- oder Pflichtangebots die in der Gesellschaft verbliebenen Aktionäre auf Antrag aus der Gesellschaft auszuschließen (sog. *Squeeze Out*)[88], haben die in der Gesellschaft verbliebenen Gesellschafter ihrerseits nach § 39c WpÜG das Recht, drei Monate nach dem Ablauf der Annahmefrist dem Bieter ihre Wertpapiere durch die Annahme des Angebots anzudie-

II); NJW 2002 , Urt. v. 04.06.2002, = NZG 2002, S. 632 ff. – Kommission/Portugiesische Republik (Goldene Aktien III).

[85] Bericht der hochrangigen Gruppe von Experten auf dem Gebiet des Gesellschaftsrechts über die Abwicklung von Übernahmeangeboten vom 10. Januar 2002. Die von der Winter-Gruppe unterbreiteten Vorschläge wurden jedoch nicht vollumfänglich umgesetzt. So wurde bspw. vorgeschlagen, Golden Shares und Mehrstimmrechte von der Durchbrechungsregelung, welche nach dem Angebot erfolgende Abwehrmaßnahmen außer Kraft setzt, auszunehmen. Diesem Vorschlag ist die Kommission nicht gefolgt.

[86] Vorschlag für eine Richtlinie des Europäischen Parlaments und des Rates betreffend Übernahmeangebote, KOM (2002) 534 endg., Abl. EU C 45 E, S. 1 ff. v. 25.02.2003.

[87] Weitergehende Darstellung der Gesetzgebungsgeschichte bei *Maul/Muffat-Jeandet*, AG 2004, S. 221, 223 ff.; *Wiesner*, ZIP 2004, S. 1 ff.

[88] Schon vor der Umsetzung der Übernahmerichtlinie fand sich in den Regelungen der §§ 327a ff. AktG die Möglichkeit zum Ausschluss der Minderheitsaktionäre, soweit dem Hauptaktionär 95 Prozent des Grundkapital gehörten. Diese Ausschlussmöglichkeit erfordert jedoch im Gegensatz zu der Regelung des § 39a WpÜG einen Hauptversammlungsbeschluss der Gesellschaft. Die entscheidende Neuerung liegt darin begründet, dass der Hauptversammlungsbeschluss eines aktienrechtlichen Squeeze-Outs neben der generellen Möglichkeit eines Spruchverfahrens gegen die den Minderheitsaktionären angebotene Gegenleistung darüber hinaus dem Risiko der Anfechtung unterliegt.

nen (sog. *Sell Out* oder Andienungsrecht).[89] Als eine der wesentlichsten Neuerungen sind jedoch die Änderungen zum Anwendungsbereich des WpÜG bei Angebotsverfahren mit grenzüberschreitendem Bezug zu nennen. Dabei gehen die Änderungen auf die Vorgabe des Art. 4 der Übernahmerichtlinie zurück. Nach Art. 1 Abs. 1 der Übernahmerichtlinie werden von ihr alle Übernahmeangebote erfasst, die für die Wertpapiere einer Gesellschaft, die dem Recht eines Mitgliedstaats untersteht, abgegeben werden, wenn deren Wertpapiere alle oder zum Teil zum Handel an einem geregelten Markt[90] in einem oder mehreren Mitgliedstaaten zugelassen sind. Mit der Neufassung der § 1 Abs. 2 und 3 WpÜG als auch der Bestimmung in § 2 Abs. 3 Nr. 2 WpÜG, wonach Zielgesellschaften auch solche Gesellschaften mit Sitz in einem anderen Staat des Europäischen Wirtschaftsraums sein können, ist es zu einer erheblichen Änderung der kollisionsrechtlichen Vorschriften gekommen. Nach alter Rechtslage bestand mit §§ 1, 2 Abs. 3, 7 WpÜG a.F. mit der Definition des Anwendungsbereichs des WpÜG eine einseitige Kollisionsnorm[91], die die grundsätzliche Anwendbarkeit des WpÜG auf Angebote zum Erwerb von am an einem organisierten Markt zugelassenen Aktien einer inländischen Zielgesellschaft beschränkte. Nach der Neufassung gelten auch Gesellschaften, die ihren Sitz in einem anderen Staat des europäischen Wirtschaftsraums haben, als Zielgesellschaften i.S.d. WpÜG, soweit es sich bei dem Angebot um ein europäisches Angebot[92] zum Erwerb stimmberechtigter Wertpapiere handelt und die stimmberechtigten Wertpapiere entweder ausschließlich im Inland oder sowohl im

---

[89] Mit dem Andienungsrecht soll es den Minderheitsaktionären möglich sein, aus der Gesellschaft auszutreten, ohne ihre Aktien an einem illiquiden Markt anbieten zu müssen und dadurch Vermögensnachteile zu erleiden, vgl. *Maul/Muffat-Jeandet*, AG 2004, S. 306, 317; *Meyer*, WM 2006, S. 1135, 1143.

[90] Der Begriff des geregelten Marktes hat sich an der Begriffsbestimmung in Art. 1 Nr. 13 der Wertpapierdienstleistungsrichtlinie (93/22/EWG) zu orientieren. In Deutschland gehören zu den davon erfassten Wertpapieren all diejenigen, welche zum Handel im amtlichen oder geregelten Markt einer deutschen Wertpapierbörse zugelassen sind, wobei vom europäischen Rechtsbegriff abweichend von einem organisierten Markt gesprochen wird.

[91] *v. Hein*, ZGR 2005, S. 528, 531; *Baums/Fischer*, in: Baums/Thoma, WpÜG, Einl. WpÜG, Rn. 2.1; *Ekkenga/Kuntz*, WM 2004, S. 2427, 2430 ff.; *Schüppen*, in: Haarmann/Riehmer/Schüppen, WpÜG (1. Aufl. 2002), § 1 Rn. 6; *Versteegen*, in: KölnKomm WpÜG, § 1 Rn. 41; *Wackerbarth*, in: MünchKomm z. AktG, § 1 WpÜG Rn. 10; *Mülbert*, ZIP 2001, S. 1221, 1228; *Hahn*, RIW 2002, S. 741; a.A. *Steinmeyer/Häger*, WpÜG, § 1 Rn. 26; *Oechsler*, in: Ehricke/Ekkenga/Oechsler, WpÜG, § 1 Rn. 3a („allseitige Kollisionsnorm").

[92] Der Begriff des europäischen Angebots ist in § 2 Abs. 1a WpÜG legaldefiniert als ein Angebot zum Erwerb von Wertpapieren einer Zielgesellschaft i.S.d. § 2 Abs. 3 Nr. 2 WpÜG, das nach dem Recht des Staates des Europäischen Wirtschaftsraums, in dem die Zielgesellschaft ihren Sitz hat, als Angebot im Sinne des Art. 2 Abs. 1 lit. a der Übernahmerichtlinie gilt.

Inland als auch an einem anderen Staat des europäischen Wirtschaftsraums zum Handel an einem organisierten Markt zugelassen sind (§ 1 Abs. 3 WpÜG).[93] Sowohl der europäische[94] als auch der deutsche Gesetzgeber haben es dabei jedoch unterlassen zu klären, ob hinsichtlich des Sitzes auf den tatsächlichen Verwaltungssitz[95] oder den Satzungssitz[96] der Gesellschaft abzustellen ist[97], soweit diese auseinanderfallen. Richtigerweise ist auf den Satzungssitz der Gesellschaft abzustellen. Damit sind als Zielgesellschaften i.S.d. WpÜG auch solche Gesellschaften anzusehen, deren Wertpapiere zwar zum Handel an einem inländischen organisierten Markt zugelassen sind, ihren satzungsmäßigen Sitz jedoch in einem anderen Staat des Europäischen Wirtschaftsraums haben.

Bei einer Doppelzulassung finden die Vorschriften des WpÜG jedoch nur in Bezug auf Fragen der Gegenleistung, des Inhalts der Angebotsunterlage und des Angebotsverfahrens Anwendung, § 1 Abs. 3 Satz 2 WpÜG. Eine diesbezügliche Konkretisie-

---

[93] Soweit die stimmberechtigten Wertpapiere der Zielgesellschaft sowohl im Inland als auch in einem anderen Staat des europäischen Wirtschaftsraums zum Handel an einem organisierten Markt zugelassen sind, ist das WpÜG nur dann anwendbar, wenn entweder die Zulassung zuerst im Inland erfolgte oder die Zulassungen gleichzeitig erfolgten und die Zielgesellschaft sich für die Zuständigkeit der Bundesanstalt als zuständige Aufsichtsbehörde entschieden hat (§ 1 Abs. 3 Satz 1 Nr. 2 WpÜG). Die Zielgesellschaft trifft diese Entscheidung nach Ansicht des Gesetzgebers zum Zeitpunkt der Zulassung der Wertpapiere zum Handel an einem organisierten Markt, vgl. BT-Drucks. 16/1003, S. 17.

[94] Die Übernahmerichtlinie spricht in Art. 4 Abs. 2 lit. a und e Satz 2 selbst nur vom Sitz der Gesellschaft.

[95] So *Angerer*, in: Geibel/Süßmann, WpÜG, § 1 Rn. 40 ff.; *Oechsler*, in: Ehricke/Ekkenga/Oechsler, WpÜG, § 1 Rn. 6; *Schüppen*, in: Haarmann/Riehmer/Schüppen, WpÜG (1. Aufl. 2002), § 2 Rn. 28; *v. Hein*, AG 2001, S. 213, 231. Gegen den Verwaltungssitz der Zielgesellschaft als Anknüpfungspunkt: Stellungnahme des Deutschen Anwaltsvereins durch den Handelsrechtsausschuss zum Diskussionsentwurf eines Gesetzes zur Umsetzung der Übernahmerichtlinie, Februar 2006, Stellungnahme Nr. 04/06, NZG 2006, S. 177; *Baums/Hecker*, in: Baums/Thoma, WpÜG, § 2 Rn. 87 ff.

[96] Für ein Abstellen auf den Satzungssitz: *Habersack*, Stellungnahme zum Regierungsentwurf eines Gesetzes zur Umsetzung der Richtlinie 2004/25/EG betreffend Übernahmeangebote (BT-Drucks. 16/1003) vom 2. Mai 2006, S. 2; *Merkt*, Stellungnahme zur öffentlichen Anhörung in Berlin am 10. Mai 2006 zum Gesetzentwurf der Bundesregierung (BT-Drucks. 16/1003) hinsichtlich des Entwurfs eines Gesetzes zur Umsetzung der Richtlinie 2004/25/EG des Europäischen Parlaments und des Rates vom 21. April 2004 betreffend Übernahmeangebote vom 08.05.2006, S. 10; *Mülbert*, NZG 2004, S. 633, 638; *Maul*, NZG 2005, S. 151, 158; *Seibt/Heiser*, ZGR 2005, S. 200, 208.; *Cahn/Senger*, Der Finanzbetrieb 2002, S. 277, 279; a.A. *Schüppen*, in: Haarmann/Riehmer/Schüppen, WpÜG, § 2 Rn. 28.

[97] Diesbezügliche Kritik auch bei Habersack, Stellungnahme zum Regierungsentwurf eines Gesetzes zur Umsetzung der Richtlinie 2004/25/EG betreffend Übernahmeangebote (BT-Drucks. 16/1003) vom 2. Mai 2006, S. 2. Der Entwurf übernehme damit eine Unklarheit, welche schon in der Richtlinie selbst angelegt sei. Abstellend auf die englische Sprachfassung, die vom *„registered office"* spreche, sei von der Maßgeblichkeit des Satzungssitzes auszugehen. I.E. ebenso *Mülbert*, NZG 2004, S. 633, 638; *Holzborn/Peschke*, BKR 2007, S. 101, 102.

rung der insoweit anzuwendenden Vorschriften ist durch die WpÜG-Anwendbarkeitsverordnung[98] erfolgt. Eine besondere Bestimmung enthält § 1 Abs. 5 WpÜG für Gesellschaften, deren stimmberechtigte Wertpapiere zwar im Inland und gleichzeitig in einem anderen Staat des Europäischen Wirtschaftsraums zugelassen sind, die jedoch ihren Sitz in einem Staat haben, in dem eine solche Zulassung nicht erfolgt ist. Die Gesellschaft hat in einem solchen Fall eigenständig zu entscheiden, welche der betroffenen Aufsichtsstellen für die Beaufsichtigung des europäischen Angebots zuständig ist und diese Entscheidung sowohl der Bundesanstalt mitzuteilen als auch zu veröffentlichen. Der Zeitpunkt als auch die Art und Weise der Mitteilung und der Veröffentlichung sind in der WpÜG-Beaufsichtigungsmitteilungsverordnung[99] geregelt.

Neben dem Problem der Doppelzulassung in mehren europäischen Staaten hat der Gesetzgeber auch den Sachverhalt geregelt, dass eine inländische Zielgesellschaft ihre stimmberechtigten Wertpapiere ausschließlich in einem anderen Staat des europäischen Wirtschaftsraums zugelassen hat. Nach § 1 Abs. 2 WpÜG ist das WpÜG bei Übernahme- und Pflichtangeboten in diesem Fall nur dann anzuwenden, soweit es um die Kontrolle, die Verpflichtung zur Abgabe eines Angebots und hiervon abweichende Regelungen, die Unterrichtung der Arbeitnehmer[100] der Zielgesellschaft oder des Bieters, Handlungen des Vorstands der Zielgesellschaft, durch die der Erfolg eines Angebots verhindert werden könnte und andere gesellschaftsrechtliche Fragen geht.

---

[98] Verordnung über die Anwendbarkeit von Vorschriften betreffend Angebote im Sinne des § 1 Abs. 2 und 3 des Wertpapiererwerbs- und Übernahmegesetzes (WpÜG-Anwendbarkeitsverordnung) vom 17.Juli 2006, BGBl. I 2006, S. 1698.

[99] Verordnung über den Zeitpunkt sowie den Inhalt und die Form der Mitteilung und der Veröffentlichung der Entscheidung einer Zielgesellschaft nach § 1 Abs. 5 Satz 1 und 2 des Wertpapiererwerbs- und Übernahmegesetzes (WpÜG-Beaufsichtigungsmitteilungsverordnung) vom 13. Oktober 2006, BGBl. I 2006, S. 2266. Danach hat die Zielgesellschaft der Bundesanstalt ihre Entscheidung spätestens am ersten Tag des Handels ihrer stimmberechtigten Wertpapiere an einem organisierten Markt im Inland mitzuteilen sowie ihre Entscheidung durch Bekanntgabe im Internet als auch über ein elektronisch betriebenes Informationsverbreitungssystem, das bei Kreditinstituten, Finanzdienstleistungsinstituten, nach § 53 Abs. 1 des Gesetzes über das Kreditwesen tätigen Unternehmen, anderen Unternehmen, die ihren Sitz im Inland haben und an einer inländischen Börse zur Teilnahem am Handel zugelassen sind, und Versicherungsunternehmen weit verbreitet ist.

[100] Fragen der Unterrichtung der Arbeitnehmer sind im Gesetz im Zusammenhang mit der Veröffentlichung der Entscheidung zur Abgabe eines Angebots in § 10 Abs. 5 WpÜG enthalten, auch im Zusammenhang mit der Veröffentlichung der Angebotsunterlage (§ 14 Abs. 4 WpÜG), der Änderung des Angebots (§ 21 Abs. 2 Satz 2, § 14 Abs. 4 WpÜG) und der Stellungnahme der Leitungsorgane der Zielgesellschaft (§ 27 Abs. 3 Satz 2 WpÜG).

Die danach erfassten konkreten Regelungen werden in der WpÜG-Anwendbarkeitsverordnung näher konkretisiert. Die Entscheidungsveröffentlichung ist bei Übernahme- und Pflichtangeboten ausdrücklich aus dem Anwendungsbereich ausgeschlossen, was seine grundsätzliche Anwendbarkeit bei einfachen Erwerbsangeboten indiziert.

3. Auswirkungen auf die Entscheidungsveröffentlichung

a) Inhaltliche Auswirkungen

Inhaltliche Auswirkungen auf die Entscheidungsveröffentlichung sind kaum zu verzeichnen. Zwar wird schon in den Erwägungsgründen der Übernahmerichtlinie die besondere Bedeutung der Entscheidungsveröffentlichung zur Bekämpfung von Insidergeschäften hervorgehoben[101] und eine entsprechende Entscheidungsveröffentlichung in Art. 6 Abs. 1 Satz 1 der Übernahmerichtlinie explizit vorgeschrieben. Damit scheinen sich aber vordergründig keine Veränderungen hinsichtlich der Entscheidungsveröffentlichung aufgrund der Vorgaben der Übernahmerichtlinie zu ergeben. Anpassungsbedarf bestand lediglich in Bezug auf § 10 Abs. 3 WpÜG a.F., der entgegen der jetzigen Bestimmung eine Bekanntgabe im Internet nicht vorsah und lediglich die Bekanntgabe in mindestens einem überregionalen Börsenpflichtblatt forderte. Auch wurde in § 10 Abs. 5 Satz 3 WpÜG eine Unterrichtungspflicht gegenüber den Arbeitnehmern des Bieters eingefügt.[102]

Bemerkenswert erscheint daneben die Vorgabe des Art. 3 Abs. 1 lit. e der Übernahmerichtlinie, welcher bestimmt, dass der Bieter vor der Angebotsankündigung sicherzustellen hat, dass er die gegebenenfalls als Gegenleistung gebotenen Geldleistungen im vollen Umfang leisten kann, und alle gebotenen Maßnahmen zu treffen hat, um die

---

[101] Nach Erwägungsgrund 12 der Übernahmerichtlinie sollte der Bieter dazu verpflichtet werden, seinen Beschluss, ein Angebot zu unterbreiten, so früh wie möglich bekannt zu geben und die Aufsichtsstelle von dem Angebot zu unterrichten, um die Möglichkeiten für Insidergeschäfte zu verringern.

[102] Art. 6 Abs. 1 Satz 3 Übernahmerichtlinie. Dazu *Kindler/Horstmann*, DStR 2004, S. 866, 872 f.; *Mülbert*, NZG 2004, S. 633, 640.

Erbringung aller sonstigen Arten von Gegenleistungen[103] garantieren zu können. Denn damit scheint der europäische Gesetzgeber die Pflicht zur Entscheidungsveröffentlichung unter die Bedingung der Finanzierbarkeit des Angebots zu stellen. Auch das deutsche Übernahmerecht kennt einen Finanzierungsvorbehalt, doch bezieht sich dieser auf den Zeitraum vor der Veröffentlichung der Angebotsunterlage.[104] Damit kann Art. 3 Abs. 1 lit. e der Übernahmerichtlinie zwar nicht zur Auslegung darüber herangezogen werden, wann eine Entscheidung des Bieters vorliegt, doch kann sie bei der Bestimmung des Zeitpunkts der entsprechenden Veröffentlichungspflicht helfen. Der Bieter ist unverändert zu einer unverzüglichen Veröffentlichung und Übermittlung seiner Entscheidung zur Abgabe eines Angebots verpflichtet. Die Unverzüglichkeit kann daher in richtlinienkonformer Auslegung dahingehend interpretiert werden, dass ein schuldhaftes Zögern als Konkretisierung der Unverzüglichkeit[105] aufgrund der vorherigen Absicherung der Finanzierung des Angebots ausgeschlossen ist.

b) Räumlicher Anwendungsbereich des WpÜG

Entscheidender könnten die Auswirkungen mit der Ausweitung des räumlichen Anwendungsbereichs des WpÜG sein. Neben der bisher bestehenden Anwendbarkeit des § 10 WpÜG auf Angebote zum Erwerb von Wertpapieren, die von einer inländischen Zielgesellschaft ausgegeben wurden und zum Handel an einem organisierten Markt[106]

---

[103] Als sonstige Gegenleistung käme die Ausgabe von Wertpapieren des Bieters in Betracht. Der Bieter müsste in einem solchen Fall sicherstellen, dass er die – unter Umständen durch eine Kapitalerhöhung erst noch zu schaffenden - Gesellschaftsanteile leisten kann. Die dafür unter Umständen erforderlichen Hauptversammlungsbeschlüsse müssen eingeholt sein.

[104] Nach § 13 Abs. 1 Satz 1 WpÜG hat der Bieter vor der Veröffentlichung der Angebotsunterlage die notwendigen Maßnahmen zu treffen, um sicherzustellen, dass ihm die zur vollständigen Erfüllung des Angebots notwendigen Mittel zum Zeitpunkt der Fälligkeit des Anspruchs auf die Gegenleistung zu Verfügung stehen. Diese Finanzierungsverantwortlichkeit trifft den Bieter also in der Phase zwischen der Entscheidungsveröffentlichung und der Veröffentlichung der Angebotsunterlage, nicht jedoch vor der Entscheidungsveröffentlichung.

[105] Vgl. § 121 Abs. 1 Satz 1 BGB.

[106] Die Begriffsbestimmung in § 2 Abs. 7 WpÜG knüpft dabei sowohl an den inländischen organisierten Markt, also den amtlichen Handel und den geregelten Markt, als auch an den europäischen Begriff des geregelten Marktes an, der in Art. 4 Abs. 1 Nr. 14 der Richtlinie über Märkte für Finanzinstrumente definiert wird als ein von einem Marktbetreiber betriebenes und/oder verwaltetes multilaterales System, das die Interessen einer Vielzahl Dritter am Kauf und Verkauf von Finanzinstrumenten innerhalb des Systems und nach seinen nichtdiskretionären Regeln in einer Weise zusammenführt oder das Zusammenführen fördert, die zu einem Vertrag in Bezug auf Finanzinstrumente führt, die gemäß den Regeln und/oder den Systemen des Marktes zum Handel zugelassen wurden, sowie eine Zulassung

zugelassen sind (§ 1 Abs. 1 i.V.m. § 2 Abs. 3 Nr. 1 WpÜG), könnte über die Ausweitung der Anwendbarkeit des WpÜG auf Zielgesellschaften mit Sitz im Inland, deren stimmberechtigte Wertpapiere ausschließlich in einem anderen Staat des europäischen Wirtschaftsraums zum Handel zugelassen sind, auch die Anwendbarkeit des §10 WpÜG auf solche Angebote erstreckt worden sein. Eine Anwendbarkeit der Entscheidungsveröffentlichung nach § 10 WpÜG könnte sich nach dem Wortlaut des § 1 Abs. 2 WpÜG daraus ergeben, als dass dieser die Anwendbarkeit des WpÜG insofern anordnet, sofern dieses Fragen der Unterrichtung der Arbeitnehmer der Zielgesellschaft oder des Bieters regelt. Zwar ist mit der Entscheidungsveröffentlichung unmittelbar die Unterrichtung der Arbeitnehmer der Zielgesellschaft nach § 10 Abs. 5 Satz 2 WpÜG als auch die Unterrichtung der Arbeitnehmer des Bieters nach § 10 Abs. 5 Satz 3 WpÜG verbunden, so dass eine Entscheidungsveröffentlichung auch bei Vorliegen der Voraussetzungen des § 1 Abs. 2 WpÜG vorzunehmen sein könnte. § 10 WpÜG ist jedoch mit § 1 WpÜG-Anwendbarkeitsverordnung (WpÜG-AnwendV)[107] ausdrücklich aus dem Anwendungsbereich ausgenommen. Eine Berücksichtigung der Unterrichtung der Arbeitnehmer sowohl der Zielgesellschaft als auch des Bieters findet über § 1 Nr. 10 WpÜG-AnwendV nur bei Pflichtangeboten statt, sodass § 10 WpÜG dann keine Anwendung findet, soweit sich das Übernahmeangebot auf eine inländische Gesellschaft bezieht, deren Wertpapiere ausschließlich in einem anderen Staat des Europäischen Wirtschaftsraums zum Handel an einem organisierten Markt zugelassen sind. Auf ein freiwilliges einfaches Erwerbsangebot hat die Regelung des § 1 Abs. 2 WpÜG dagegen keine Auswirkung. Weil das WpÜG hier ohne jede Einschränkung gilt[108], hat der Bieter eine Entscheidungsveröffentlichung nach § 10 WpÜG auch dann vorzunehmen, wenn die inländische Zielgesellschaft ihre Wertpapiere ausschließlich in einem anderen Staat des europäischen Wirtschaftsraums zum Handel an einem organisierten Markt zugelassen hat.

---

erhalten hat und ordnungsgemäß und gemäß den Bestimmungen des Titels III der Richtlinie (Rechte von Wertpapierfirmen) funktioniert.

[107] Verordnung über die Anwendbarkeit von Vorschriften betreffend Angebote im Sinne des § 1 Abs. 2 und 3 des Wertpapiererwerbs- und Übernahmegesetzes (WpÜG-Anwendbarkeitsverordnung) v. 17. Juli 2006, BGBl. I 2006, S. 1698.

[108] BT-Drucks. 16/1003, S. 16; *Meyer*, WM 2006, S. 1135, 1137; *Santelmann*, in: Steinmayer/Häger, WpÜG (2. Aufl. 2007), § 1 Rn. 33.

Differenzierter ist die Lage bei einer ausländischen Zielgesellschaft zu betrachten. Soweit die stimmberechtigten Wertpapiere einer Zielgesellschaft mit Sitz in einem anderen Staat des europäischen Wirtschaftsraums ausschließlich im Inland zum Handel an einem organisierten Markt zugelassen sind, ist der räumliche Anwendungsbereich des WpÜG dann eröffnet, soweit es sich um ein europäisches Angebot i.S.d. § 2 Abs. 1a WpÜG[109] handelt (§ 1 Abs. 3 Satz 1 Nr. 1 WpÜG). Sind die von einer Gesellschaft mit Sitz in einem anderen Staat des europäischen Wirtschaftsraums emittierten Wertpapiere sowohl im Inland als auch in einem anderen Staat des europäischen Wirtschaftsraums zugelassen und handelt es sich um ein europäisches Angebot i.S.d. § 2 Abs. 1a WpÜG, ist der sachliche Anwendungsbereich des WpÜG dann eröffnet, wenn die Zulassung zum Handel an einem organisierten Markt zuerst im Inland erfolgte (§ 1 Abs. 3 Satz 1 Nr. 2 b) aa) WpÜG) oder die Zielgesellschaft sich für die Zuständigkeit der Bundesanstalt entschieden hat (§ 1 Abs. 3 Satz 2 Nr. 2 b) bb) WpÜG). Sowohl für den Fall einer ausschließlichen Zulassung im Inland als auch für den Fall einer Doppelzulassung ist der Anwendungsbereich des WpÜG allein dann eröffnet, sofern von ihm Fragen der Gegenleistung, des Inhalts der Angebotsunterlage oder des Angebotsverfahrens geregelt werden, § 1 Abs. 3 Satz 2 WpÜG, wobei eine Konkretisierung der danach anzuwendenden Vorschriften ebenfalls über die WpÜG-AnwendV erfolgt ist. Auch hier ist § 10 WpÜG mit § 2 WpÜG-AnwendV ausdrücklich aus dem Anwendungsbereich ausgeschlossen. Eine Einschränkung auf Übernahmeangebote ist nicht gegeben, so dass der Ausschluss der Anwendbarkeit auch einfache Erwerbsangebote umfasst. Damit ist der Begriff der Zielgesellschaft hinsichtlich der Entscheidungsveröffentlichung auf inländische Gesellschaften beschränkt. Sind die von der Zielgesellschaft emittierten Wertpapiere ausschließlich in einem anderen Staat des europäischen Wirtschaftsraums zum Handel an einem organisierten Markt zugelassen, findet § 10 WpÜG ebenfalls keine Anwendung, soweit mit dem Angebot der Erwerb der Kontrolle beabsichtigt ist.

[109] Entscheidend für die Qualifizierung eines europäisches Angebot i.S.d. § 2 Abs. 1a WpÜG ist, dass das Recht des Staates des Europäischen Wirtschaftsraums, in dem die Zielgesellschaft ihren Satzungssitz besitzt, als Angebote i.S.d. Art. 2 Abs. 1 lit. a der Übernahmerichtlinie 2004/25/EG gelten.

VII. Zusammenfassung

Die Regelungen des WpÜG, die ein ordnungsgemäßes Angebotsverfahren sicherstellen wollen, werden durch die die Marktintegrität schützenden Regelungen der Insiderüberwachung ergänzt. Das Insiderhandelsverbot des § 14 WpHG gilt hier uneingeschränkt. Fraglich ist allein, ob dies auch für die Veröffentlichungspflicht des § 15 WpHG gilt. Die Frage einer Wechselwirkung der unterschiedlichen Veröffentlichungspflichten stellt sich dort, wo eine übernahmerechtliche Regelung unterblieben ist. Dies gilt in besonderem Maße für die Regelungslücke im Vorfeld der Entscheidungsveröffentlichung. Denn dort besteht in besonderer Weise die Gefahr eines Verstoßes gegen die insiderrechtlichen Verbote. Dies wird auch durch die Übernahmerichtlinie verdeutlicht, die eine frühe Entscheidungsveröffentlichung gerade aufgrund der Gefahr von Insiderverstößen bestimmt. Der vor dieser Veröffentlichung bestehende Zeitraum bleibt trotzdem ungeregelt. Entsprechend stellt sich die Frage, ob nicht die Regelungen des WpÜG abschließend sind, indem eine entsprechende Anwendung der allgemeinen Grundsätze in § 3 WpÜG Regelungslücken schließt bzw. durch sie vorhandene Veröffentlichungs- und Verhaltenspflichten konkretisiert werden können. Denn die Möglichkeit einer ergänzenden Publizitätspflicht der an einem Angebotsverfahren Beteiligten kann mit den Regelungen des WpHG allein dann erreicht werden, wenn die übernahmerechtlichen Regelungen nicht abschließend sind. Dem folgend ist zunächst zu klären, welche Funktion den allgemeinen Grundsätzen zukommt und welche Wirkung von ihnen ausgeht.

B. Die Veröffentlichungspflichten von Bieter und Zielgesellschaft im Lichte der allgemeinen übernahmerechtlichen Grundsätze

I. Der Regelungscharakter der allgemeinen Grundsätze

Für jedes öffentliche Angebotsverfahren gelten die in § 3 WpÜG genannten allgemeinen Grundsätze, welche bei einfachen Erwerbsangeboten, Übernahme- als auch Pflichtangeboten[110] zu beachten sind. Diese allgemeinen Grundsätze sollen in erster Linie die bei der Auslegung einzelner Vorschriften die zu beachtenden Wertungen des Gesetzgebers wiedergeben.[111] Damit können sie bei der Bestimmung unbestimmter Rechtsbegriffe herangezogen werden, um die gesetzlichen Veröffentlichungspflichten präzisieren zu können.

Ob darüber hinaus die allgemeinen Grundsätze eine unmittelbare Geltung für die Rechte und Pflichten der an einem Angebotsverfahren Beteiligten beanspruchen und in der Lage sind, vorhandene Regelungslücken auszufüllen[112], oder ob sie als reine Programmsätze zu verstehen sind, welchen ein eigenständiger materieller Regelungscharakter fehlt, ist umstritten. Gegen den Charakter reiner Programmsätze wird vorgetragen, dass die Regelungen klare Ge- und Verbote aussprechen würden, welche nach dem Willen des Gesetzgebers bei jedem Angebot zu beachten seien.[113] Aufgrund der in der Gesetzesbegründung ausführlich angesprochenen verfolgten Ziele des Gesetzgebers[114] würde die Einstufung der allgemeinen Grundsätze als rein formale Regelungen deren Einfügung in das Gesetz überflüssig machen, denn soweit sie der bloßen Auslegung dienen sollen, könnte dies auch über die Gesetzesbegründung und den darin zum Ausdruck gekommenen gesetzgeberischen Willen erfolgen.[115]

[110] *Baums/Hecker*, in: Baums/Thoma, WpÜG, § 3 Rn. 1.
[111] Begr. RegE. WpÜG, BT-Drucks. 14/7034, S. 35, welche auf die insoweit in anderen Rechtsordnungen bestehenden allgemeinen Grundsätze verweist; *Hopt*, ZHR 166 (2002), S. 383, 400; *Baums/Hecker*, in: Baums/Thoma, WpÜG, § 3 Rn. 1; *Pötzsch*, in: Assmann/Pötzsch/Schneider, WpÜG, § 3 Rn. 4; *Steinhardt*, in: Steinmayer/Häger, WpÜG (2. Aufl. 2007), § 3 Rn. 1.
[112] *Pötzsch*, in: Assmann/Pötzsch/Schneider, WpÜG, § 3 Rn. 4; *Steinhardt*, in: Steinmayer/Häger, WpÜG (2. Aufl. 2007), § 3 Rn. 1.
[113] *Baums/Hecker*, in: Baums/Thoma, WpÜG, § 3 Rn. 2.
[114] Begr. RegE. WpÜG, BT-Drucks. 14/7034, S. 28.
[115] *Baums/Hecker*, in: Baums/Thoma, WpÜG, § 3 Rn. 2; *Versteegen*, in: KölnKomm z. WpÜG, § 3 Rdn. 2 ff.

Bei der Beantwortung dieser Frage ist zunächst zu differenzieren zwischen den Adressaten der Grundsätze, nämlich zwischen der Bundesanstalt als allgemeiner Marktaufsichtsbehörde und den an einem Angebotsverfahren beteiligten Parteien. In Bezug auf die Bundesanstalt spricht für eine Qualifizierung als materielle Regelungen das Verhältnis zu § 4 WpÜG. Die Bundesanstalt soll nicht nur dann tätig werden können, soweit das Gesetz dies ausdrücklich vorsieht, sondern auch dann, wenn Missstände entstehen, welche die ordnungsgemäße Durchführung eines Angebotsverfahrens beeinträchtigen oder erhebliche Nachteile für den Wertpapiermarkt bewirken können, § 4 Abs. 1 Satz 2 WpÜG. Dabei bleibt § 4 WpÜG Ermächtigungsgrundlage für ein Handeln der Behörde. Bei der Konkretisierung der von ihr zu sanktionierenden Pflichtenverstöße kommt jedoch § 3 WpÜG klarstellende Bedeutung zu, soweit sich die Bundesanstalt bei ihren Anordnungen auf die allgemeinen Grundsätze stützt.[116] Darüber hinaus sollen diese der Bundesanstalt im Rahmen des ihr durch die Regelungen des WpÜG eingeräumten Ermessens behilflich sein und insoweit eine ermessensleitende Funktion beanspruchen.[117] Im Gegensatz dazu werden sie für die Beteiligten eines Angebotsverfahrens keine konkreten Handlungsanweisungen begründen können. Vielmehr kommt ihnen die Funktion zu, als verbindliche Leitlinien den Beteiligten als Auslegungshilfe bei der Bestimmung der Reichweite der durch das WpÜG vorgegebenen Pflichten zu dienen.[118] Ein aus der Verletzung dieser allgemeinen Grundsätze entspringender Haftungsanspruch von betroffenen Wertpapierinhabern wird ebenso zu verneinen sein.[119] Dieses Ergebnis lässt sich auch mit der fehlenden Präzision der allgemeinen Grundsätze rechtfertigen. Sie sind für sich betrachtet zu unbestimmt, als dass aus ihnen eine konkrete Rechtspflicht entspringen könnte. Sie können allein bei der Auslegung von bestehenden Rechtspflichten herangezogen werden. Ansonsten bestände für den Rechtsanwender die hohe Gefahr der Rechtsunsicherheit. Dieser wird in der Regel nicht erkennen können, welche konkrete Handlungsanweisung aus den allgemeinen Grundsätzen hervorgeht. Er wird eine solche allein aus einer konkreten Regelung ablesen können. Wenn aber ein materieller Regelungscharakter in Bezug auf

---

[116] *Schüppen*, in: Haarmann/Riehmer/Schüppen, WpÜG, § 3 Rn. 2.
[117] *Baums/Hecker*, in: Baums/Thoma, WpÜG, § 3 Rn. 3; *Versteegen,* in: KölnKomm z. WpÜG, § 3 Rn. 3.
[118] *Fuchs*, in: Baums/Cahn, Umsetzung der Übernahmerichtlinie, S. 110, 119 f.
[119] *Pötzsch*, in: Assmann/Pötzsch/Schneider, WpÜG, § 3 Rn. 4.

die Beteiligten eines Angebotsverfahrens zu verneinen ist, dann können die allgemeinen Grundsätze für sich keine zusätzlichen Veröffentlichungspflichten statuieren. Sie können lediglich bei den bestehenden Pflichten als Auslegungshilfe herangezogen werden.

II. Der Gleichbehandlungsgrundsatz, § 3 Abs. 1 WpÜG

§ 3 Abs. 1 WpÜG statuiert dem § 53a AktG nachgebildet einen kapitalmarktrechtlichen und das Übernahmerecht entscheidend prägenden[120] Gleichbehandlungsgrundsatz.[121] Im Gegensatz zu diesem soll § 3 Abs. 1 WpÜG jedoch keinen Schutz der Aktionäre vor der Verwaltung der Zielgesellschaft gewährleisten.[122] Nach § 3 Abs. 1 WpÜG sind die Inhaber von Wertpapieren der Zielgesellschaft, die derselben Gattung angehören, gleich zu behandeln. Den Bieter als Adressat der Gleichbehandlungspflicht[123] trifft aus dem Gleichbehandlungsgrundsatz die Pflicht, alle Aktionäre hinsichtlich seiner Informationspolitik gleich zu behandeln und den Aktionären die gleichen Informationen zur Verfügung zu stellen. Der allgemeine Gleichbehandlungsgrundsatz[124] wird dadurch zu einem zentralen Element des Übernahmerechts und dient

---

[120] Als „*Magna Charta des Übernahmerechts*" bezeichnet bei: *Schwennicke*, in: Geibel/Süßmann, WpÜG, § 3 Rn. 3; *Habersack*, ZIP 2003, S. 1123, 1124; *Paefgen*, ZIP 2002, S. 1509, 1517; *Fleischer*, ZIP 2001, S. 1653, 1658.

[121] Das Gleichbehandlungsgebot, welches die Zielgesellschaft in einem Angebotsverfahren gegenüber ihren Aktionären trifft, folgt schon aus dem aktienrechtlichen Gleichbehandlungsgebot aus § 53a AktG, so: *Paefgen*, ZIP 2002, S. 1509, 1517 f.; *Schüppen*, in: Haarmann/Riehmer/Schüppen, WpÜG, § 3 Rn. 3; *Versteegen*, in: KölnKomm z. WpÜG, § 3 Rn. 16; *Schwennicke*, in: Geibel/Süßmann, WpÜG, § 3 Rn. 15; a.A. *Steinmeyer/Häger*, WpÜG (1. Aufl. 2002), § 3 Rn. 3; *Fleischer*, ZIP 2002, S. 651, 654.

[122] *Oechsler*, in: Ehricke/Ekkenga/Oechsler, WpÜG, § 3 Rn. 1, der herausstellt, dass die Gleichbehandlungspflicht nicht mit der mitgliedschaftlichen Stellung des Bieters begründet werden kann. Der gesellschaftsrechtliche Gleichbehandlungsgrundsatz gelte erst dann, soweit der herrschende Aktionär in der Lage sei, seinen Willen ohne Rücksicht auf die anderen Mitglieder in der Gesellschaft durchzusetzen. Für eine dogmatische Fundierung komme allein eine kapitalmarktrechtliche Begründung des Gleichbehandlungsgrundsatzes in Betracht. I.E. ebenso *Fleischer*, ZIP 2002, S. 651, 654.

[123] *Baums/Hecker*, in: Baums/Thoma, WpÜG, § 3 Rn. 5; *Versteegen*, in: KölnKomm z. WpÜG, § 3 Rn. 16; *Hopt*, ZHR 166 (2002), S. 383, 399; *Paefgen*, ZIP 2002, S. 1509, 1517.

[124] Spezielle Ausprägungen zur Gleichbehandlung der Aktionäre der Zielgesellschaft finden sich in § 19 (verhältnismäßige Zuteilung bei einem Teilangebot), § 21 Abs. 4 (gesetzliches Rücktrittsrecht bei Änderungen des Angebots), § 22 Abs. 3 (gesetzliches Rücktrittsrecht bei konkurrierenden Angeboten), § 31 Abs. 3 – 5 (Gleichbehandlung aller Aktionäre bei Vor-, Parallel- und Nacherwerben im Zusammenhang mit Übernahme- und Pflichtangeboten) und § 32 (Verbot von Übernahme- und Pflichtangeboten, die sich nur auf einen Teil der von der Zielgesellschaft emittierten Aktien erstrecken). Dazu soll auch die Verpflichtung zum Barangebot nach § 31 Abs. 3 WpÜG zählen, vgl. Begr. RegE. WpÜG,

dazu, dass die Entscheidung der Aktionäre über das Angebot auf der Grundlage unternehmensbezogener Gesichtspunkte getroffen wird.

An der Statuierung eines übernahmerechtlichen Gleichbehandlungsgebots ist grundsätzlich Kritik geäußert worden, nicht zuletzt deswegen, weil ein solches im Privatrecht generell die Ausnahme[125] bilde und einen nicht zu rechtfertigenden Eingriff in die Privatautonomie darstelle.[126] Dem Kapitalmarktrecht ist ein derartiges Gebot jedoch nicht fremd. In der Primärmarktpublizität wird eine Anlegergleichbehandlung nicht nur durch den insoweit nach § 3 WpPG zu erstellenden Prospekt gewährleistet, der eine Information aller potentiellen Anleger über entscheidungsrelevante Umstände[127] sicherstellen soll, sondern auch über die gesetzliche Vorgabe nach § 5 WpPG, wonach die im Prospekt enthaltenen Angaben allgemein zugänglich und allgemein verständlich sein müssen.[128] Auch im Rahmen der wertpapierhandelsrechtlichen Regelungen wird über das Verbot des Insiderhandels und die Verpflichtung zur Ad-hoc-Publizität eine Anlegergleichbehandlung bewirkt. Diese Anlegergleichbehandlung soll die Chancengleichheit der Marktteilnehmer erhöhen und damit zu größerem Vertrauen beitragen. Der Deutsche Corporate Governance Kodex statuiert ebenfalls eine informationelle Gleichbehandlung aller Anleger.[129] Der übernahmerechtliche Gleichbehandlungsgrundsatz findet seine Begründung folglich in der Vermeidung von Informationsasymmetrien, dem Schutz der Anleger vor einem kollektiven Entscheidungsdruck und der Verhinderung des Entstehens von Minderheitspositionen.[130] Diese Aspekte sind bei der Auslegung der übernahmerechtlichen Veröffentlichungspflichten im Einzelfall heranzuziehen.

BT-Drucks. 14/7034, S. 55; *Bachmann*, ZHR 170 (2006), S. 144, 149; *Marsch-Barner*, in: Baums/Thoma, WpÜG, § 31 Rn. 71.

[125] Beispielhaft §§ 19, 20 GWB, welche einen Kontrahierungszwang beim Bestehen einer marktbeherrschenden Stellung konstituieren. Daneben ist das Allgemeine Gleichbehandlungsgesetz (AGG) zu nennen, welches insbesondere im Bereich des Arbeitsrechts eine allgemeine Gleichbehandlungspflicht begründet und Diskriminierungen vermeiden will.

[126] *Noack*, in: Schwark, Kapitalmarktrechtskommentar (3. Aufl. 2004), § 3 WpÜG Rn. 3

[127] Die allgemeine Prospektpflicht wird flankiert durch die Nachtragspflicht des Emittenten nach § 16 WpPG, welcher bestimmt, dass bewertungserhebliche Umstände, welche nach der Billigung des Wertpapierprospekts durch die Bundesanstalt auftreten, in einem Nachtrag zum Prospekt zu veröffentlichen sind.

[128] *Bachmann*, ZHR 170 (2006), S. 144, 147.

[129] Ziffer 6.3 des Deutschen Corporate Governance Kodex: *„Die Gesellschaft wird die Aktionäre bei Informationen gleich behandeln.“*.

[130] *Oechsler*, in: Ehricke/Ekkenga/Oechsler, WpÜG, § 3 Rn. 18.

Nicht verständlich erscheint die Ansicht, welche aus dem Gleichbehandlungsgrundsatz die Verpflichtung der Zielgesellschaft schließt, einem konkurrierenden Bieter die gleichen Informationen zur Verfügung zu stellen wie dem Erstbieter.[131] Eine derartige Bietergleichbehandlung verstößt nicht nur gegen den Wortlaut, der eine alleinige Gleichbehandlung der Aktionäre[132] der Zielgesellschaft anordnet. Sie verstößt auch gegen den Willen des Gesetzgebers, welcher in den §§ 19, 31, 32 WpÜG gesetzliche Ausprägungen des Gleichbehandlungsgrundsatzes sieht.[133] Auch diese Vorschriften bezwecken einen alleinigen Schutz der Aktionäre der Zielgesellschaft. Auch der Sinn und Zweck der Vorschrift spricht gegen eine solche Ansicht. Mit dem Gleichbehandlungsgrundsatz soll vielmehr die Integrität der Finanzmärkte gesichert werden, indem potentielle Kapitalanleger davon ausgehen können, im Rahmen von öffentlichen Angeboten fair behandelt und vor unfairen Praktiken geschützt zu werden.[134] Der Gleichbehandlungsgrundsatz soll damit die Allokationsfunktion des Kapitalmarkts und damit seine Funktionsfähigkeit sichern. Eine Informationspflicht der Zielgesellschaft gegenüber einem konkurrierenden Bieter kann aus dieser Sicherungsfunktion nicht geschlossen werden.[135]

Die Zielgesellschaft trifft aus § 3 Abs. 1 WpÜG auch nicht die Verpflichtung, die dem Bieter im Rahmen einer Due Diligence zur Verfügung gestellten Informationen an die übrigen Wertpapierinhaber durch eine entsprechende Veröffentlichung weiterzuleiten.

---

[131] *Schwennicke*, in: Geibel/Süßmann, WpÜG, § 3 Rn. 14. Diese Ansicht scheint sich auf die Vorgängervorschrift des Art. 2 Abs. 2 des Übernahmekodex zu stützen, welcher die Regelung enthielt, dass der Vorstand der Zielgesellschaft nach pflichtgemäßem Ermessen und im Interesse der Wertpapierinhaber bei einem laufenden öffentlichen Angebot anderen Personen, die ihrerseits ein ernsthaftes Interesse an der Übernahme der Zielgesellschaft glaubhaft gemacht haben, die gleichen Informationen wie dem ursprünglichen Bieter zur Verfügung zu stellen hat.

[132] Ebenso *Hemeling*, ZHR 169 (2005), S. 274, 290. Die insoweit denkbare Situation, dass der konkurrierende Bieter bereits Aktionär der Zielgesellschaft ist, kann einem solchen Verständnis nicht entgegenstehen. Denn auch hier gilt allein der aktienrechtliche Gleichbehandlungsgrundsatz aus § 53a AktG.

[133] Begr. RegE. WpÜG, BT-Drucks. 14/7034, S. 35.

[134] *Baums/Hecker*, in: Baums/Thoma, WpÜG, § 3 Rn. 4; *Oechsler*, in: Ehricke/Ekkenga/Oechsler, WpÜG, § 3 Rn. 1, der mit dem Gleichbehandlungsgrundsatz die künstliche Fehlallokation beim Austausch von Gesellschaftsanteilen verhindert wissen will.

[135] Zwar wird zum Teil aus einzelnen Vorschriften des WpÜG ein Prinzip der „Bietergleichbehandlung" geschlossen, dazu: *Fleischer*, ZIP 2002, S. 651, 654; *Hopt*, ZGR 2002, S. 333, 358. Dabei soll die Zielgesellschaft dazu verpflichtet sein, dem konkurrierenden Bieter die gleichen Informationen zur Durchführung einer Due Diligence zur Verfügung zu stellen wie dem Erstbieter. Dieses Prinzip kann jedoch nicht aus dem Gleichbehandlungsgrundsatz des § 3 Abs. 1 WpÜG abgeleitet werden.

Selbst wenn der Bieter bereits Aktionär der Zielgesellschaft ist, kann sich eine Informationspflicht der Zielgesellschaft nur aus § 27 Abs. 1 Satz 1 WpÜG ergeben, welcher dem Vorstand und dem Aufsichtsrat der Zielgesellschaft die Verpflichtung auferlegt, zu dem Angebot eine begründete Stellungnahme abzugeben. Dabei hat die Stellungnahme nach § 27 Abs. 1 Satz 2 WpÜG die für die Beurteilung des Angebots bedeutsamen Informationen zu enthalten, die regelmäßig auch dem Bieter zur Verfügung gestellt wurden.[136] Eine über diese Informationspflicht hinausgehende Verpflichtung trifft die Zielgesellschaft aber nicht, da eine ausreichende Informationsversorgung der Wertpapierinhaber durch § 27 Abs. 1 WpÜG sichergestellt ist.

Zwar ist eine Gleichbehandlung nur innerhalb der Wertpapierinhaber von Aktien derselben Gattung geboten, womit Bezug genommen wird auf § 11 Abs. 2 AktG, wonach Aktien, die mit gleichen Rechten ausgestattet sind, eine Gattung bilden. Inhaber von Stammaktien können damit anders behandelt werden als die Inhaber von stimmrechtslosen Vorzugsaktien.[137] Diese Ungleichbehandlung kann sich jedoch nicht auf die den Aktionären zur Verfügung gestellten Informationen beziehen. Eine Einschränkung der Gleichbehandlung hinsichtlich der den Aktionären zur Verfügung zu stellenden Informationen ist nicht angestrebt.[138] Ebenso ist eine Ungleichbehandlung bei Übernahme- und Pflichtangeboten[139] nach § 32 WpÜG (i.V.m. § 39 WpÜG) dahingehend ausgeschlossen, als dass sich diese auf alle Aktien der Zielgesellschaft erstrecken müssen

---

[136] *Baums/Hecker*, in: Baums/Thoma, WpÜG, § 3 Rn. 9.

[137] *Baums/Hecker*, in: Baums/Thoma, WpÜG, § 3 Rn. 13; *Steinhardt*, in: Steinmeyer/Häger, WpÜG (2. Aufl. 2007), § 3 Rn. 6; *Versteegen*, in: KölnKomm z. WpÜG, § 3 Rn. 18. Stimmrechtslose Vorzugsaktien können dem Bieter nicht die Kontrolle i.S.d. § 29 Abs. 2 WpÜG vermitteln, da der übernahmerechtliche Kontrollbegriff auf das Halten von 30 Prozent der bei der Gesellschaft vorhandenen Stimmrechte abstellt. Eine Kontrollerlangung ist insoweit erst dann möglich, wenn die Vorzugsaktien in Stammaktien umgewandelt werden. Zu beachten ist auch, dass dem Vorzugsaktionär auch dadurch, dass der Vorzugsbetrag in einem Jahr nicht oder nicht vollständig gezahlt und der Rückstand im nächsten Jahr nicht neben dem vollen Vorzug dieses Jahres nachgezahlt wird, nach § 140 Abs. 2 Satz 1 AktG ein Stimmrecht zuwächst. Damit entsteht die Situation, dass – eine entsprechende Beteiligungshöhe vorausgesetzt – der Vorzugsaktionär durch die Nichtauszahlung dazu verpflichtet werden kann, gegenüber den übrigen Aktionären ein Pflichtangebot nach §§ 35 ff. WpÜG abzugeben.

[138] *Schwennicke*, in: Geibel/Süßmann, WpÜG, § 3 Rn. 9.

[139] Soweit bei einem freiwilligen Erwerbsangebot der Bieter sein Angebot lediglich auf einen Teil der von der Zielgesellschaft emittierten Anteile erstreckt, liegt ein sog. Teilangebot vor. Der Bieter hat die ihm gegenüber abgegebenen Annahmeerklärungen anteilig zu berücksichtigen, soweit die Anzahl der von den Annehmenden gehaltenen Aktien die Anzahl derjenigen Aktien übersteigt, die zu erwerben er sich verpflichtet hat, § 19 WpÜG. Es erfolgt dann eine Zuteilung pro rata, vgl. Begr. RegE. WpÜG, BT-Drucks. 14/7034, S. 48, der eine anderweitige Zuteilung, insbesondere nach dem Prioritätsprinzip, für unzulässig erklärt; *Hopt*, ZHR 166 (2002), S. 383, 405.

und Teilangebote, die nur auf einen Teil der emittierten Aktien gerichtet sind, unzulässig sind.

III. Informationsanspruch der Aktionäre der Zielgesellschaft, § 3 Abs. 2 WpÜG

Das in § 3 Abs. 2 WpÜG bestehende und im englischen Recht ebenso bestehende[140] Transparenzgebot bestimmt, dass die Inhaber von Wertpapieren der Zielgesellschaft über genügend Zeit und ausreichende Informationen verfügen müssen, um in Kenntnis der Sachlage über das Angebot entscheiden zu können. Den Anlegern soll nach dem Willen des Gesetzgebers[141] die Möglichkeit gegeben werden, die häufig umfangreichen Angebotsunterlagen zu prüfen und auf dieser Grundlage eine sachlich fundierte Entscheidung treffen zu können. Damit wird gleichzeitig die hohe Bedeutung herausgestrichen, welche der Gesetzgeber der Informationstransparenz bei der Auslegung der einzelnen Vorschriften zuspricht.[142] Das Gebot der ausreichenden Information der Angebotsadressaten soll zusammen mit dem Gleichbehandlungsgrundsatz für ein faires und den Erwartungen der Marktteilnehmer entsprechendes Angebotsverfahren sorgen.[143] Das Transparenzgebot[144] ist spezialgesetzlich in der generellen Verpflichtung zur Erstellung und Veröffentlichung einer Angebotsunterlage nach §§ 11 WpÜG[145] und der Veröffentlichung der sog. Wasserstandsmeldungen nach § 23 WpÜG geregelt. Gleiches soll für die Berichtigungspflicht nach § 12 Abs. 3 Nr. 3 WpÜG als auch für

[140] Rule 23 des City Code on Mergers and Acquisitions: „*Shareholders must be given sufficient information and advice to enable them to reach a properly informed decision as to the merits or demerits of an offer.*".

[141] Begr. RegE. WpÜG, BT-Drucks. 14/7034, S. 35.

[142] *Oechsler*, in: Ehricke/Ekkenga/Oechsler, WpÜG, § 3 Rn. 19.

[143] *Baums/Hecker*, in: Baums/Thoma, WpÜG, § 3 Rn. 24.; *Oechsler*, in: Ehricke/Ekkenga/Oechsler, WpÜG, § 3 Rn. 20, der herausstreicht, dass die Gerechtigkeit des Marktes und seine Akzeptanz durch die Anleger von seiner Informationseffizienz abhängt. Der Informationsanspruch der Aktionäre stehe daher in einem unmittelbaren Zusammenhang mit der Allokationseffizienz des Kapitalmarkts, so dass dem Transparenzgebot eine zentrale Bedeutung für das Funktionieren des Marktmechanismus zukommt.

[144] *Steinhardt*, in: Steinmeyer/Häger, WpÜG (2. Aufl. 2007), § 3 Rn. 8 ff; *Schwennicke*, in: Geibel/Süßmann, WpÜG, § 3 Rn. 16; *Cahn/Senger*, Der Finanzbetrieb 2002, S. 277, 281.

[145] Neben der generellen Verpflichtung des Bieters, in die Angebotsunterlage alle Angaben aufzunehmen, welche notwendig sind, um in Kenntnis der Sachlage über das Angebot entscheiden zu können (§ 11 Abs. 1 Satz 2 WpÜG), müssen die im Angebot enthaltenen Informationen in einer Form abgefasst sein, die ihr Verständnis und ihre Auswertung erleichtert (§ 11 Abs. 1 Satz 4 WpÜG).

die Stellungnahmepflicht der Verwaltung der Zielgesellschaft nach § 27 WpÜG gelten.[146]

Ob auch die Entscheidungsveröffentlichung eine Ausprägung des allgemeinen Transparenzgebotes darstellt[147], ist demgegenüber äußerst fraglich. Der Gesetzeswortlaut und die ihm zugrunde liegende europäische Vorgabe in Art. 3 Abs. 1 lit. b der Übernahmerichtlinie scheinen insofern dagegen zu sprechen, als dass sie lediglich die ausreichende Kenntnisnahmemöglichkeit durch die Wertpapierinhaber zum Zwecke einer angemessenen Entscheidung über das Angebot sicherstellen wollen. Eine Kenntnisnahmemöglichkeit über das Angebot hinaus kommt darin nicht zum Ausdruck. Vielmehr kann die mit dem Transparenzgebot zum Ausdruck kommende gesetzgeberische Wertung nicht so verstanden werden, dass die Aktionäre ihr Investitionsverhalten schon vor der Veröffentlichung der Angebotsunterlage an der Entscheidungsveröffentlichung ausrichten können. Ebenso ist eine Auslegung dahingehend, dass das Transparenzgebot zusätzliche inhaltliche Anforderungen an die Veröffentlichungspflichten der Beteiligten stellt, nicht angezeigt.[148] Der Informationsanspruch der Aktionäre kann daher eine zusätzliche Veröffentlichungspflicht nicht statuieren und ist allein darauf gerichtet, den Aktionären eine genaue Beurteilung des Angebots zu ermöglichen sowie über den Stand des Verfahrens und seine Akzeptanz informiert zu werden.[149] Das Transparenzgebot entfaltet damit ausschließlich in der Angebotsphase eine entspre-

---

[146] Begr. RegE. WpÜG, BT-Drucks. 14/7034, S. 52; *Baums/Hecker*, in: Baums/Thoma, WpÜG, § 3 Rn. 25; *Versteegen*, in: KölnKomm z. WpÜG, § 3 Rn. 28; *Steinhardt*, in: Steinmeyer/Häger, WpÜG (2. Aufl. 2007), § 3 Rn. 9; *Steinmeyer*, in: Steinmeyer/Häger, WpÜG (2. Aufl. 2007), § 27 Rn. 5; *Schwennicke*, in: Geibel/Süßmann, WpÜG, § 3 Rn. 20; *Schüppen*, in: Haarmann/ Schüppen, WpÜG (2. Aufl. 2005), § 3 Rn. 8; *Cahn/Senger*, Der Finanzbetrieb 2002, S. 277, 281; *Harbarth*, ZIP 2004, S. 3.

[147] So *Thaeter/Barth*, NZG 2001, S. 545, 547; *Steinhardt*, in: Steinmayer/Häger, WpÜG (2. Aufl. 2007), § 3 Rn. 9. Dem widersprechend *Santelmann/Steinhardt*, in: Steinmayer/Häger, WpÜG (2. Aufl. 2007), § 3 Rn. 3.

[148] *Baums/Hecker*, in: Baums/Thoma, WpÜG, § 3 Rn. 25; *Versteegen*, in: KölnKomm z. WpÜG, § 3 Rn. 30 ff.; *Schüppen*, in: Haarmann/ Schüppen, WpÜG (2. Aufl. 2005), § 3 Rn. 12 („Anwendung bei der Auslegung unbestimmter Begriffe"); *Möllers*, in: KölnKomm z. WpÜG, § 12 Rn. 41 ff. Aus § 3 Abs. 2 WpÜG wird zum Teil die Verpflichtung zur Aktualisierung der Angebotsunterlage abgeleitet, vgl. *Thoma*, in: Baums/Thoma, WpÜG, § 12 Rn. 28; *Möllers*, ZGR 2002, S. 664, 675; a.A. *Versteegen*, in: KölnKomm z. WpÜG, § 3 Rn. 32 (für eine analoge Anwendung der §§ 11, 13 VerkProspG); *Möllers*, in: KölnKomm z. WpÜG, § 12 Rn. 53 (Aktualisierungspflicht aus § 11 Abs. 1 Satz 3 WpÜG); ebenso *Häger/Steinhardt*, in: Steinmeyer/Häger, WpÜG (2. Aufl. 2007), § 11 Rn. 16; *Schröder*, in: Haarmann/Riehmer/Schüppen, WpÜG, § 21 Rn. 11.

[149] *Möllers*, ZGR 2002, S. 664, 679.

chende Wirkung. Der Regelungszweck des § 3 Abs. 2 WpÜG erschöpft sich damit in seiner Klarstellungsfunktion.

IV. Handeln im Interesse der Zielgesellschaft, § 3 Abs. 3 WpÜG

Vorstand und Aufsichtsrat der Zielgesellschaft müssen nach § 3 Abs. 3 WpÜG während des Angebotsverfahrens im Interesse der Zielgesellschaft handeln. Zwar kommt dem Gebot insbesondere im Zusammenhang mit Abwehrmaßnahmen entscheidende Bedeutung zu. Dass diese Verpflichtung jedoch schon nach aktienrechtlichen Regelungen besteht und keiner eigenständigen Klarstellung[150] bedurft hätte, hat der Gesetzgeber selbst erkannt[151], auf eine Aufnahme in das Gesetz trotzdem nicht verzichtet. Weitaus wesentlicher scheint jedoch die gesetzgeberische Wertung zu sein, dass sowohl der Vorstand als auch der Aufsichtsrat der Zielgesellschaft die Interessen der Aktionäre, der Arbeitnehmer und die Interessen der Gesellschaft insgesamt zu berücksichtigen haben.[152] Damit kommt zum Ausdruck, dass es neben den Individualinteressen der einzelnen Beteiligten[153] ein eigenes Interesse der Gesellschaft gibt, welches bei den Entscheidungen der Verwaltung Berücksichtigung finden muss. Zwar wird generell an der Tauglichkeit der Rechtsfigur des Unternehmensinteresses gezweifelt, die Pflichten der Organmitglieder zu konkretisieren.[154] Der gesetzgeberische Wille scheint für den Bereich des Übernahmerechts jedoch von seiner Geltung auszugehen. Neben der generellen Verpflichtung der Vorstands- und Aufsichtsratsmitglieder nach § 33 Abs. 1 Satz 1 WpÜG, keine den Erfolg des Angebots gefährdenden Maßnahmen vor-

---

[150] Diesbezügliche Klarstellung bei *Baums/Hecker*, in: Baums/Thoma, WpÜG, § 3 Rn. 30; *Versteegen*, in: KölnKomm z. WpÜG, § 3 Rn. 34 („Klarstellungsfunktion"); *Cahn/Senger*, Der Finanzbetrieb 2002, S. 277, 281; *Hopt*, ZHR 166 (2002), S. 383, 400; *Schüppen*, in: Haarmann/ Schüppen, WpÜG (2. Aufl. 2005), § 3 Rn. 14.

[151] Begr. RegE. WpÜG, BT-Drucks. 14/7034, S. 35.

[152] Begr. RegE. WpÜG, BT-Drucks. 14/7034, S. 35; so auch Art. 3 Abs. 1 lit. c der Übernahmerichtlinie, welches das Leitungs- bzw. Verwaltungsorgan einer Zielgesellschaft dazu verpflichtet, im Interesse der *gesamten* Gesellschaft zu handeln.

[153] Neben der allgemeinen Sorgfaltspflicht der Vorstands- und Aufsichtsratsmitglieder ist in Rechtsprechung und Literatur anerkannt, dass diese darüber hinaus einer allgemeinen Treuepflicht bei der Ausübung ihrer Tätigkeit unterliegen, vgl. BGHZ 10, 187, 192 f.; BGHZ 49, 30, 31; *Ulmer*, NJW 1980, S. 1603, 1604; *Mertens*, in: KölnKomm z. AktG, § 93 Rn. 27; *Hopt*, in: GroßKomm z. AktG, § 93 Rn. 144.

[154] *Mülbert*, ZGR 1997, S. 129, 154 f. *Hefermehl/Spindler*, in: MünchKomm z. AktG, § 76 Rn. 59.

zunehmen[155], liegt auch in der Verpflichtung der Zielgesellschaft zur Abgabe einer begründeten Stellungnahme nach § 27 Abs. 1 WpÜG[156] eine Konkretisierung der Verpflichtung auf das Unternehmensinteresse der Zielgesellschaft, wobei sich die Orientierung am Unternehmensinteresse schon aus §§ 76, 93, 116 AktG ergibt.[157] Eine ausschließlich an Individualinteressen, namentlich der Interessen der Anteilsinhaber der Zielgesellschaft, orientierte Stellungnahmepflicht wird teilweise abgelehnt[158] und wäre mit dem Willen des Gesetzgebers wohl nicht vereinbar[159], wobei sich allerdings die Frage stellt, wann die Interessen der Gesellschaft bei einer bloßen Änderung der Beteiligungsverhältnisse beeinträchtigt sein können.[160]

Aus alledem lässt sich schließen, dass die Mitglieder sowohl des Vorstands als auch des Aufsichtsrats bei allen Handlungen, die sie im Zusammenhang mit dem Angebotsverfahren vornehmen, dazu verpflichtet sind, das Unternehmensinteresse zu berücksichtigen und nicht allein einer Interessengruppe, insbesondere nicht den Interessen der Aktionäre, den Vorrang einzuräumen haben. Die Zielgesellschaft hat dies bei einer

155 Mit der generellen Festlegung auf ein über den Individualinteressen stehendes Unternehmensinteresse ist das Verbot geknüpft, selbstständig und unter Umgehung der in §§ 33, 33a WpÜG vorgesehenen Bestimmungen feindliche Übernahmeversuche durch entsprechende Maßnahmen im Vorfeld der Veröffentlichung der Angebotsabsicht zu verhindern, vgl. Winter/Harbarth, ZIP 2002, S. 1, 4; *Versteegen*, in: KölnKomm z. WpÜG, § 3 Rn. 36, 39; *Baums/Hecker*, in: Baums/Thoma, WpÜG, § 3 Rn. 40; a.A. *Schwennicke*, in: Geibel/Süßmann, WpÜG, § 33 Rn. 61; *Röh*, in: Haarmann/Riehmer/Schüppen, WpÜG, § 33 Rn. 55. Dies gilt auch dann, wenn die Durchführung des Angebots nicht im Interesse der Gesellschaft liegt, vgl. *Versteegen*, in: KölnKomm z. WpÜG, § 3 Rn. 37.

156 Soweit bei den Verwaltungsmitgliedern Interessenkonflikte bestehen, ist deren Offenlegung im Rahmen der Stellungnahme über das Angebot erforderlich, vgl. *Hirte*, in: KölnKomm z. WpÜG, § 27 Rn. 22; *Harbarth*, in: Baums/Thoma, WpÜG, § 27 Rn. 31. Eine Stellungnahmepflicht wird jedoch dann generell verneint, soweit es sich um einen gravierenden Interessenkonflikt handelt, vgl. *Möllers*, ZIP 2006, S. 1615, 1618. Wann es sich um einen gravierenden Interessenkonflikt handelt, wird jedoch nicht näher ausgeführt.

157 *Baums/Hecker*, in: Baums/Thoma, WpÜG, § 3 Rn. 38. vgl. auch die dahingehende Gesetzesbegründung zu § 27 WpÜG, Begr. RegE. WpÜG, BT-Drucks. 14/7034, S. 52: *„Durch die Stellungnahme kommt der Vorstand zugleich seiner gesellschaftsrechtlichen Verpflichtung zur sachgerechten Wahrnehmung der in der Gesellschaft zusammentreffenden Interessen nach, deren Träger neben den Aktionären die Arbeitnehmer und das Gemeinwohl sind und deren gegebenenfalls divergierenden Interessen im Wege praktischer Konkordanz auszugleichen sind.*".

158 *Baums/Hecker*, in: Baums/Thoma, WpÜG, § 3 Rn. 38; *Harbarth*, ZIP 2004, S. 3, 10 f.; a.A. *Versteegen*, in: KölnKomm z. WpÜG, § 3 Rn. 38.

159 Für diese Ansicht wird ebenfalls vorgetragen, dass die Stellungnahme nach § 27 Abs. 1 Satz 2 Nr. 2 WpÜG auch auf die voraussichtlichen Folgen eines erfolgreichen Angebots für die Zielgesellschaft, die Arbeitnehmer und ihre Vertretungen, die Beschäftigungsbedingungen und die Standorte der Zielgesellschaft einzugehen hat, vgl. *Baums/Hecker*, in: Baums/Thoma, WpÜG, § 3 Rn. 38.

160 *Versteegen*, in: KölnKomm z. WpÜG, § 3 Rn. 39. Etwas anderes kann allein dann gelten, wenn der Bieter mit dem Erwerb unmittelbar auf die Geschäftsführung einwirken will, und damit die Interessen der Gesellschaft schon mit dem Angebot unmittelbar betroffen sind.

sie möglicherweise treffenden Publizitätspflicht zu berücksichtigen. Wäre eine sie treffende Ad-hoc-Publizität im Rahmen eines bevorstehenden Angebotsverfahrens zu bejahen, könnte die Verpflichtung auf das Unternehmensinteresse zu einer Selbstbefreiungsmöglichkeit führen, soweit der Zielgesellschaft berechtigte Interessen an einem Aufschub der von ihr zu erfüllenden Veröffentlichungspflicht zuzusprechen sind. Auch wenn in der Phase vor der Angebotsankündigung die Verpflichtung auf das Unternehmensinteresse nach § 3 Abs. 3 WpÜG noch nicht gilt, weil es zeitlich auf das Angebotsverfahren beschränkt ist, so wirkt es doch zurück bei der Bestimmung des Unternehmensinteresses im Rahmen der §§ 76, 93, 116 AktG, die den Vorstand als auch den Aufsichtsrat ebenso zu einem Handeln im Gesellschafts- oder Unternehmensinteresse verpflichten. Wenn das Gebot des § 3 Abs. 3 WpÜG auf alle Handlungen im Zusammenhang mit dem Angebotsverfahren eine Bedeutung zukommen soll, so muss dies auch für alle das Angebotsverfahren vorbereitenden Maßnahmen gelten. Die Zielgesellschaft hat sich daran bei den von ihr zu treffenden unternehmerischen Entscheidungen zu orientieren.

V. Gebot der raschen Durchführung des Angebotsverfahrens und Verbot der unangemessen langen Behinderung der Zielgesellschaft, § 3 Abs. 4 WpÜG

Der Bieter und die Zielgesellschaft sind nach § 3 Abs. 4 Satz 1 WpÜG daran gehalten, das Angebotsverfahren rasch durchzuführen. Aufgrund der Tatsache, dass Angebotsverfahren eine erhebliche Belastung für die Geschäftstätigkeit der Zielgesellschaft darstellen, die Zielgesellschaft in ihrer Tätigkeit aufgrund der besonderen Verhaltenspflichten des Vorstands und des Aufsichtsrats Beschränkungen unterliegt[161], die Interessen der an einem Angebotsverfahren Beteiligten in erheblichen Maße berührt werden[162], die Aktionäre mit zunehmender Zeitdauer einem verstärkten Verkaufsdruck

[161] Begr. RegE. WpÜG, BT-Drucks. 14/7034, S. 35, wo der Gesetzgeber auch von der Gefahr spricht, dass ein Übernahmeverfahren auch als Mittel der Wettbewerbsbehinderung eingesetzt werden kann.
[162] *Baums/Hecker*, in: Baums/Thoma, WpÜG, § 3 Rn. 41, 42, die eine Behinderung der Geschäftstätigkeit der Zielgesellschaft gerade in der Stellungnahmepflicht von Vorstand und Aufsichtsrat nach § 27 WpÜG sehen: „Zusätzliche Inanspruchnahme der personellen und finanziellen Ressourcen der Zielgesellschaft“, so auch *Steinhardt*, in: *Steinmeyer/Häger*, WpÜG (2. Aufl. 2007), § 3 Rn. 14; *Versteegen*, in: KölnKomm z. WpÜG, § 3 Rn. 40.

ausgesetzt sind[163] und auch der Kapitalmarkt[164] als solcher ein Interesse an einer raschen Durchführung des Angebotsverfahrens hat, sollte dessen Dauer auf einen kurzen Zeitraum beschränkt werden. Die genannten Interessen werden im Rahmen der zahlreichen Einzelbestimmungen[165], welche den Grundsatz der raschen Durchführung des Verfahrens sicherstellen, berücksichtigt.

Fraglich ist, ob auch der unverzüglichen Veröffentlichungspflicht nach § 10 Abs. 1 Satz 1 WpÜG die Bedeutung zukommt, das Angebotsverfahren rasch durchzuführen. Dafür könnte sprechen, dass die Zielgesellschaft gerade bei einem feindlichen Übernahmeangebot ein besonderes Interesse daran hat, frühzeitig über die Absichten des Bieters informiert zu werden. Soweit es sich um ein koordiniertes Angebotsverfahren handelt, die Gesellschaften ihr Verhalten also abgesprochen haben und die Zielgesellschaft dem Bieter Einblick in ihre Geschäftsunterlagen im Rahmen einer Due Diligence gewährt, kann ebenso ein Interesse der Zielgesellschaft an einer raschen Entscheidung des Bieters bejaht werden. Denn soweit sie im Unklaren ist über die Absichten des Bieters unterliegt sie immer dem Risiko eines Scheitens der Angebotsvorbereitungen und dem insoweit möglichen Vorwurf der Anteilseigner, dem Bieter Unternehmensinterna verfrüht offenbart zu haben. Dagegen spricht jedoch die damit bewirkte Vorverlagerung der dem Bieter auferlegten Pflichten. Denn der Grundsatz der raschen

---

[163] *Baums/Hecker*, in: Baums/Thoma, WpÜG, § 3 Rn. 42. In der Literatur wird verbreitet auch von einem *Gefangenendilemma* gesprochen. Der Nachteil der kollektiven Entscheidungssituation auf Seiten der Aktionäre ermögliche es dem Bieter, die Angebotsbedingungen zu seinen Gunsten zu diktieren und die Anteilseigner zu einem möglichst schnellen und nicht immer überlegten Handeln zu veranlassen. Das Gefangenendilemma entsteht dadurch, dass der Aktionär nicht wissen kann, wie sich die übrigen Aktionäre verhalten werden. Ein entscheidender Druck werde auf die Aktionäre auch durch die zunehmende Unverkäuflichkeit ihrer Wertpapiere ausgeübt. Vgl. dazu *Oechsler*, in: Ehricke/Ekkenga/Oechsler, WpÜG, § 3 Rn. 14, 15.

[164] Begr. RegE. WpÜG, BT-Drucks. 14/7034, S. 35.

[165] Zu diesen Einzelbestimmungen gehören § 14 Abs. 1 Satz 1 WpÜG (Angebotsunterlage ist der Bundesanstalt innerhalb von vier Wochen nach der Veröffentlichung der Entscheidung nach § 10 WpÜG zu übermitteln), § 35 Abs. 2 Satz 1 WpÜG (Angebotsunterlage ist der Bundesanstalt innerhalb von vier Wochen nach der Erlangung der Kontrolle zu übermitteln), die Annahmefrist nach § 16 Abs. 1 WpÜG (nicht mehr als zehn Wochen), § 21 Abs. 5 WpÜG (Verlängerung der Annahmefrist bei einer Änderung des Angebots), § 22 Abs. 2 WpÜG (Annahmefrist bei konkurrierenden Angeboten), § 25 Abs. 2 WpÜG (Unverzügliche Herbeiführung eines Gesellschafterbeschlusses des Bieters), § 16 Abs. 4 WpÜG (Erleichterung bei der Einberufung der Hauptversammlung der Zielgesellschaft) und § 27 Abs. 3 WpÜG (Pflicht zur unverzüglichen Stellungnahme von Vorstand und Aufsichtsrat der Zielgesellschaft). Neben diesen Ausprägungen des Gebots der raschen Durchführung soll § 3 Abs. 4 Satz 1 WpÜG kein eigenständiger Anwendungsbereich verbleiben, vgl. *Versteegen*, in: KölnKomm z. WpÜG, § 3 Rn. 43; *Schüppen*, in: Haarmann/Schüppen, WpÜG (2. Aufl. 2005), § 3 Rn. 21; *Baums/Hecker*, in: Baums/Thoma, WpÜG, § 3 Rn. 43.

Durchführung soll grundsätzlich nur für die Dauer des Angebotsverfahrens gelten, nicht jedoch für den Zeitraum davor. Ein dahingehendes Verständnis würde den Bieter auch unnötig unter Entscheidungsdruck setzen, denn sähe er sich mit der Gefahr konfrontiert, seine Entscheidung nicht ausreichend abwägen zu können, sondern vielmehr mit den Sanktionen einer verspäteten Entscheidungsveröffentlichung rechnen zu müssen, könnte dieser unter Umständen zu einer unüberlegten oder überhasteten Veröffentlichung hingerissen werden, an welcher der Kapitalmarkt ohnehin kein Interesse haben kann. Die Verpflichtung zur unverzüglichen Entscheidungsveröffentlichung kann daher nicht als Ausprägung des Grundsatzes der raschen Verfahrensdurchführung angesehen werden. Der Grundsatz hat im Übrigen auch keine Auswirkungen auf eine eventuell bestehende Veröffentlichungspflicht im Vorfeld der Entscheidungsveröffentlichung, er kann eine solche auch nicht begründen.

Neben dem Grundsatz der raschen Verfahrensdurchführung darf die Zielgesellschaft nach § 3 Abs. 4 Satz 2 WpÜG nicht über einen angemessenen Zeitraum hinaus in ihrer Geschäftstätigkeit behindert werden.[166] Damit wird einerseits gesehen, dass eine Beeinträchtigung der Geschäftstätigkeit der Zielgesellschaft durch ein öffentliches Angebot fast automatisch verbunden ist. Andererseits sollen diesen Beeinträchtigungen zeitliche Grenzen gesetzt werden, um Schäden der Gesellschaft zu vermeiden, welche als gänzlich unangemessen gegenüber dem vom Bieter verfolgten Zweck angesehen werden müssen. Damit sind Beeinträchtigungen, welche auf bloßen Scheinankündigungen und Scheinangeboten (sog. *paralysing offers*) beruhen, als generell unangemessen anzusehen, da ihr Zweck allein darin besteht, die Wettbewerbsfähigkeit der Zielgesellschaft auf Zeit zu beeinträchtigen.[167] Soweit also ein vermeintlicher Bieter eine Scheinankündigung nach Maßgabe des § 10 Abs. 1 Satz 1 WpÜG vornimmt, um damit seine Absicht vorzutäuschen, ein öffentliches Angebot abzugeben, wird darin ein Ver-

[166] Der Gesetzgeber hat darauf verzichtet, dem Bieter die Verpflichtung aufzuerlegen die die Zielgesellschaft treffenden Beeinträchtigungen gering zu halten, sondern hat der Behinderung der Gesellschaft lediglich eine zeitliche Grenze gesetzt. Für die Auslegung des § 4 Abs. 4 Satz 2 WpÜG als Gebot der Geringhaltung der Beeinträchtigungen siehe: *Schwennicke,* in: Geibel/Süßmann, WpÜG, § 3 Rn. 41.

[167] *Baums/Hecker*, in: Baums/Thoma, WpÜG, § 3 Rn. 48. Scheinangebote lösen nach einhelliger Ansicht nicht die Beschränkungen der §§ 33 ff. WpÜG sowie das Verbot der Einflussnahme auf die Zusammensetzung des Aktionärskreises aus, vgl. *Baums/Hecker*, in: Baums/Thoma, WpÜG, § 3 Rn. 48; *Schwennicke*, in: Geibel/Süßmann, WpÜG, § 3 Rn. 41, § 33 Rn. 40.

stoß gegen das Verbot der unangemessenen Beeinträchtigung der Zielgesellschaft zu sehen sein. Damit allein wird durch das Gebot dem Tatbestandsmerkmal der Entscheidung aber bereits ein Merkmal zugesprochen: die Ernsthaftigkeit hinsichtlich der Durchführung des Angebotsverfahrens. Der Bieter kann nur dann einer Veröffentlichungspflicht hinsichtlich der von ihm getroffenen Entscheidung unterliegen, soweit seine Angebotsabsichten hinsichtlich ihrer Verwirklichung ein Stadium erreicht haben, in welchem der Bieter von einer Durchführung nicht mehr willkürlich abrücken wird.

VI. Grundsatz der Vermeidung von Marktverzerrungen, § 3 Abs. 5 WpÜG

Nach § 3 Abs. 5 WpÜG dürfen beim Handel mit Wertpapieren der Zielgesellschaft, der Bietergesellschaft oder anderer durch das Angebot betroffener Gesellschaften keine Marktverzerrungen geschaffen werden.[168] Die Bundesanstalt ist nach § 4 Abs. 1 Satz 3 WpÜG dazu befugt, alle Maßnahmen der Missstandsaufsicht zu ergreifen, soweit ein Verstoß gegen dieses Marktverzerrungsverbot vorliegt.[169] Nach der Regierungsbegründung zum WpÜG besteht der Regelungszweck des Marktverzerrungsverbots darin, Wertpapierinhaber davor zu schützen, zu sachlich ungerechtfertigten Entscheidungen verleitet zu werden.[170] Auch im Hinblick auf den in § 3 Abs. 5 WpÜG niedergelegten Grundsatz finden sich spezielle Ausprägungen im Gesetz, wie etwa in dem Angebotsvereitelungsverbot der §§ 33 Abs. 1 Satz 1, 60 Abs. 1 Nr. 8 oder im Hinblick auf die Regelung des § 10 Abs. 1 Satz 3, derzufolge eine Befreiung von der Pflicht des Bieters zur Veröffentlichung der Entscheidung zur Abgabe eines Angebots nur dann erteilt werden darf, wenn der Bieter durch geeignete Vorkehrungen sicherstellt, dass Marktverzerrungen nicht zu befürchten sind. Spezialgesetzliche Ausprägungen dieses Grundsatzes sollen sich nach Ansicht des Gesetzgebers auch außerhalb

---

[168] Damit ist § 3 Abs. 5 WpÜG, der schon vor der Umsetzung der Übernahmerichtlinie in dieser Form bestand, fast wortgleich mit der Vorgabe der Übernahmerichtlinie, welche in Art. 3 Abs. 1 lit. d) bestimmt, dass beim Handel mit den Wertpapieren der Zielgesellschaft, der Bietergesellschaft oder anderer durch das Angebot betroffener Gesellschaften keine Marktverzerrungen durch künstliche Beeinflussung der Wertpapierkurse und durch Verfälschung des normalen Funktionierens der Märkte herbeigeführt werden dürfen.

[169] *Baums/Hecker*, in: Baums/Thoma, WpÜG, § 3 Rn. 52; *Versteegen*, in: KölnKomm z. WpÜG, § 3 Rn. 53; *Assmann*, ZGR 2002, S. 697, 722; *ders.*, AG 2002, S. 114, 116.

[170] Begr. RegE. WpÜG, BT-Drucks. 14/7034, S. 35; *Baums/Hecker*, in: Baums/Thoma, WpÜG, § 3 Rn. 49.

des WpÜG finden, etwa in Gestalt des Insiderhandelsverbots nach §§ 14, 38 Abs. 1 WpHG und des Kursmanipulationsverbots des § 20a WpHG.[171] Mit der Begründung kommt zum Ausdruck, dass die §§ 14, 38, 20a WpHG speziellere Regelungen treffen und ihr Anwendungsbereich mit dem wertpapierübernahmerechtlichen Marktverzerrungsverbot nicht verkürzt werden soll. Jedoch sollten von diesen Regelungen nicht erfasste Verhaltensweisen nicht automatisch im Angebotsverfahren erlaubt sein.[172]

1. Der Begriff der Marktverzerrung

Der Begriff der Marktverzerrung wird vom Gesetz selbst nicht definiert. Nach einem teilweise erwogenen Bestimmungsversuch wird sie definiert als ein Marktergebnis, welches durch markt- und wettbewerbsfremde Prozesse zustande kommt und dieses Ergebnis gerade auf der Beeinträchtigung oder Ausschaltung dieser Marktmechanismen beruht.[173] Nach § 3 Abs. 1 lit. d der Übernahmerichtlinie liegt eine Marktverzerrung bei einer künstlichen Beeinflussung der Kurse bzw. einer Verfälschung des normalen Funktionierens der Märkte vor. Verzerrt ist der Markt also dann, wenn der Kurs bzw. Preis für die Wertpapiere der in § 3 Abs. 5 WpÜG genannten Gesellschaften infolge der Einwirkungshandlung nicht marktgerecht, d.h. falsch oder künstlich ist.[174] Teilweise wird der Begriff der Marktverzerrung mit demjenigen des Marktmissbrauchs gleichgesetzt.[175] Um eine Abgrenzung dieser beiden Begriffe zu erreichen, sollte eine Marktverzerrung allein darin gesehen werden, dass der aktuelle Wertpapierpreis ungerechtfertigt nicht alle bewertungserheblichen Umstände enthält und der Wertpapierpreis damit die Markteffizienz beeinträchtigt ist. Auf der anderen Seite sollte ein Marktmissbrauch in jeder Handlung gesehen werden, die auf der Kenntnis dieser Marktverzerrung aufbaut oder zumindest in deren Kenntnis vorgenommen wird. Dazu gehören nach der Begriffsdefinition der Marktmissbrauchsrichtlinie Insidergeschäfte

---

[171] Begr. RegE. WpÜG, BT-Drucks. 14/7034, S. 35; der insoweit zitierte § 88 BörsG a.F. ist mit dem Vierten Finanzmarktförderungsgesetz vom 20.06.2002 (BGBl. I, 2010) in das WpHG integriert worden und findet sich im Verbot der Kurs- und Marktpreismanipulation des § 20a WpHG wieder.
[172] *Baums/Hecker*, in: Baums/Thoma, WpÜG, § 3 Rn. 51.
[173] *Oechsler*, in: Ehricke/Ekkenga/Oechsler, WpÜG, § 3 Rn. 33.
[174] *Baums/Hecker*, in: Baums/Thoma, WpÜG, § 3 Rn. 57.
[175] *Baums/Hecker*, in: Baums/Thoma, § 3 Rn. 51.

als auch Kursmanipulationen,[176] die die Integrität der Finanzmärkte verletzen und das Vertrauen der Öffentlichkeit in Wertpapiere und Derivate untergraben.[177]

2. Der Tatbestand des Marktverzerrungsverbots

Der Tatbestand des Marktverzerrungsverbots bezieht sich auf den Handel mit Wertpapieren. Dabei soll das Handeln den Erwerb und die Veräußerung erfassen, also sowohl die Verpflichtungs- als auch die Verfügungsgeschäfte[178], wobei ein unmittelbarer Zusammenhang zwischen dem Handel und der Marktverzerrung bestehen sollen muss.[179] Anderer Ansicht nach erstreckt sich das Verbot der Marktverzerrung nicht lediglich auf den Handel mit den entsprechenden Wertpapieren. Vielmehr seien von dem Verbot sämtliche Handlungen erfasst, welche sich marktverzerrend auf den Handel mit den Wertpapieren auswirken könnten.[180] Verboten seien daher alle Einwirkungen auf den börslichen und außerbörslichen Wertpapierhandel während des Angebotsverfahrens, welche Marktverzerrungen herbeiführen können.[181] Dementsprechend wird

[176] Erwägungsgrund 12 der Marktmissbrauchsrichtlinie 2003/6/EG.

[177] Erwägungsgrund 2 der Marktmissbrauchsrichtlinie 2003/6/EG. Bei der Konkretisierung des Begriffs der Marktverzerrung kann ein Vergleich mit dem Missstandsbegriff des § 4 WpÜG hilfreich sein. Hinsichtlich des Begriffs des Missstands wird vertreten, dass dieser dem Gefahrenbegriff des allgemeinen Polizeirechts entspreche und deshalb stets im Zusammenhang mit einer Gefährdung der geschützten Rechtsgüter des § 4 WpÜG interpretiert werden müsse. Er sei demzufolge unter Berücksichtigung der mit dem WpÜG verfolgten Ziele zu definieren. Auch hinsichtlich des Zeitpunkts, zu dem die Bundesanstalt die ihr zur Verfügung stehenden Missstandsanordnungen zu treffen hat, sei anhand der im Polizeirecht entwickelten Grundsätze zu bestimmen, so dass eine konkrete Gefahr vorliegen muss, also ein Zustand, der nach verständigem Ermessen in absehbarer Zeit das Eintreten einer Störung erwarten lässt. Das Vorliegen eines Missstands setzt deshalb zunächst voraus, dass ein bestimmtes Verhalten den vom WpÜG festgelegten Grundsätzen zuwiderläuft, also insbesondere den in § 3 WpÜG genannten Prinzipien. Ein Missstand kann ebenfalls vorliegen, wenn gegen sonstige im WpÜG normierte Pflichten verstoßen wird, denn auch dann kann zu befürchten sein, dass die ordnungsgemäße Durchführung des Verfahrens beeinträchtigt wird oder erhebliche Nachteile für den Wertpapiermarkt drohen. Soweit eine hinreichende Wahrscheinlichkeit dafür bestehe, dass das regelwidrige Verhalten die ordnungsgemäße Durchführung eines öffentlichen Kauf- oder Tauschangebots beeinträchtigen oder erhebliche Nachteile für den Wertpapiermarkt bewirken kann, sei ein Einschreiten der Bundesanstalt angezeigt, vgl. *Baums/Hecker*, in: Baums/Thoma, § 4 Rn. 9 ff.

[178] *Oechsler*, in: Ehricke/Ekkenga/Oechsler, WpÜG, § 3 Rn. 31.

[179] *Versteegen*, in: KölnKomm z. WpÜG, § 3 Rn. 48 ff.; *Oechsler*, in: Ehricke/Ekkenga/Oechsler, WpÜG, § 3 Rn. 31.

[180] *Baums/Hecker*, in: Baums/Thoma, WpÜG, § 3 Rn. 54. In diese Richtung *Steinhardt*, in: Steinmayer/Häger, WpÜG (2. Aufl. 2007), § 3 Rn. 17 ff.

[181] *Baums/Hecker*, in: Baums/Thoma, WpÜG, § 3 Rn. 54, 55, die aufgrund der Unterscheidung zwischen direkten und indirekten Einwirkungen zu den nach § 3 Abs. 5 WpÜG verbotenen Handlungen auch das Verbreiten von falschen oder unvollständigen Informationen als auch das Schüren von Gerüchten zählen.

auch eine Einschränkung auf angebotsbezogene Handlungen abgelehnt und vertreten, dass die Einwirkungshandlung weder durch das Angebot veranlasst sein müsse noch dass sie eine Auswirkung auf das Angebotsverfahren habe.[182] Gegen die letztgenannte Ansicht könnte bereits der Wortlaut der Vorschrift sprechen, welcher von einer Marktverzerrung „beim Handel“ mit den Wertpapieren spricht. Die Marktverzerrung müsste bei einem solchen Gesetzesverständnis aus dem Handel resultieren, nicht diesen lediglich beeinflussen. Gegen eine derartige Interpretation spricht jedoch der Wille des Gesetzgebers, welcher in den wertpapierhandelsrechtlichen Vorschriften der §§ 14, 38 und 20a WpHG spezialgesetzliche Konkretisierungen des Marktverzerrungsverbots erblickt. Da diese Vorschriften eine Marktmanipulation nicht allein darin erblicken, dass mit den entsprechenden Wertpapieren Handel betrieben wird, sondern auch darin, dass hinsichtlich dieser Wertpapiere falsche oder irreführende Informationen verbreitet werden[183], muss die historische Interpretation auch nach europarechtskonformer Auslegung[184] der Vorschrift dazu führen, dass mit dem Marktverzerrungsverbot alle Handlungen erfasst sein sollen, welche sich marktverzerrend auswirken. Wenn eine Marktverzerrung definiert wird als ein Zustand, in dem nicht alle bewertungserheblichen Umstände in den Wertpapierpreis eingeflossen sind, dann muss die Marktverzerrung nicht aus dem Handel der Wertpapiere entspringen, sondern aus jeder Einwirkungshandlung auf den am Kapitalmarkt gebildeten Preis.[185] Das Verbreiten von falschen oder unvollständigen bewertungserheblichen Informationen ist daher ausreichend, um einen Verstoß gegen das Marktverzerrungsverbot annehmen zu können. Aus dem Gebot der Vermeidung von Marktverzerrung lässt sich ein subjektives Element als Voraussetzung nicht erkennen.[186] Das Gebot soll vielmehr alle Handlungen erfassen, ohne

[182] *Baums/Hecker*, in: Baums/Thoma, WpÜG, § 3 Rn. 55.

[183] Anders *Assmann*, in: Assmann/Pötzsch/Schneider, WpÜG, § 3 Rn. 61, wonach nur solches Verhalten als marktverzerrend anzusehen sein soll, das auf Grund des Handels mit Wertpapieren der Zielgesellschaft, der Bietergesellschaft oder anderer durch das Angebot betroffener Gesellschaften über die Vorteilhaftigkeit der Gegenleistung für ein eigenes oder fremdes öffentliches An- oder Verkaufsangebot eines Vermögenswerts irreführt.

[184] Das Erfordernis einer europarechtskonformen Auslegung resultiert aus der Vorgabe durch Art. 3 Abs. 1 lit. d der Übernahmerichtlinie 2004/25/EG, die eine Einschränkung dahingehend, dass die Marktverzerrung gerade auf einem Handel mit den entsprechenden Wertpapieren beruhen muss, nicht stützt.

[185] Ähnlich *Assmann*, AG 2002, S. 114, 116 Fn. 13, der als marktverzerrend auch die Abgabe von nicht ernstlich gemeinten konkurrierenden Angeboten ansieht.

[186] *Assmann*, in: Assmann/Pötzsch/Schneider, WpÜG, § 3 Rn. 60; anders *Versteegen* , in: KölnKomm WpÜG, § 3 Rn. 49; *Baums/Hecker*, in: Baums/Thoma, WpÜG, § 3 Rn. 54.

Rücksicht darauf, ob der Handelnde sich der Möglichkeit einer Beeinflussung des Wertpapierkurses bewusst ist. Vielmehr genügt die rein unbewusste Unterlassung einer Veröffentlichung, die sich auf den Handel der Wertpapiere deswegen auswirkt, weil ein bewertungserheblicher Umstand keinen Eingang in die Bewertung gefunden hat.

4. Die Pflichten des Bieters und der Zielgesellschaft zur Vermeidung von Marktverzerrungen

Unklar scheint, welche Pflichten den Bieter im Rahmen des Angebotsverfahrens zur Vermeidung von Marktverzerrungen treffen. So wird vertreten, dass schon im Stadium der Entscheidungsvorbereitung zu kurserheblichen Marktgerüchten Stellung genommen werden müsse, soweit der potentielle Bieter nicht für eine hinreichende Geheimhaltung gesorgt habe.[187] Denn der Bieter sei aus dem allgemeinen Marktverzerrungsverbot zur Geheimhaltung seiner Absichten schon im Vorfeld einer Entscheidung zur Abgabe eines öffentlichen Angebots verpflichtet.[188] Mit der Pflicht zur Entscheidungsveröffentlichung sei die Öffentlichkeit frühzeitig über marktrelevante Daten zu informieren, um ein Ausnutzen von Spezialwissen zu verhindern.[189] Damit bildet § 10 WpÜG eine Konkretisierung des Marktverzerrungsverbots aus § 3 Abs. 5 WpÜG.[190] Der Bieter unterliegt damit der generellen Verpflichtung zur Vermeidung von Marktverzerrungen im Vorfeld der Angebotsunterbreitung. Diese Verpflichtung trifft ihn nicht nur im Hinblick auf die von ihm vorzunehmende Entscheidungsveröffentlichung, sondern auf alle bewertungserheblichen Umstände, die bei unterstellter Nichtveröffentlichung im Vorfeld der Entscheidung der Gefahr des missbräuchlichen Ausnutzens unterliegen. Könne der Bieter die ihm generell auferlegte Geheimhaltungspflicht nicht erfüllen und kommt es zu aus seiner Sphäre stammenden Gerüchten am Kapitalmarkt über seine Absichten, soll ihn generell die Pflicht treffen, seine Absichten zu veröf-

---

[187] *Noack*, in: Schwark, Kapitalmarktrechts-Kommentar, § 3 WpÜG Rn. 24, der jedoch eine generelle Vorverlagerung der Bieterpflichten unter Berufung auf zu erwartende Marktverzerrungen ablehnt.

[188] Steinmayer/Häger, WpÜG (1. Aufl. 2002), § 10 Rn. 8; *Steinhardt*, in: Steinmayer/Häger, WpÜG (2. Aufl. 2007), § 3 Rn. 19. a.A. *Oechsler*, in: Ehricke/Ekkenga/Oechsler, WpÜG, § 10 Rn. 30.

[189] So auch Erwägungsgrund 12 der Übernahmerichtlinie 2004/25/EG.

[190] *Hirte*, in: KölnKomm WpÜG, § 10 Rn. 2; *Wackerbarth*, in: MünchKomm z. AktG, § 10 WpÜG Rn. 1; *Santelmann/Steinhardt*, in: Steinmayer/Häger, WpÜG (2. Aufl. 2007), § 10 Rn. 3.

fentlichen.[191] Dem Bieter oder der Zielgesellschaft eine Veröffentlichungspflicht allein aufgrund des Bestehens von Gerüchten aufzuerlegen erscheint jedoch verfehlt. Zum einen kommt den allgemeinen Grundsätzen ein materieller Regelungscharakter nicht zu. Das Marktverzerrungsverbot kann eine konkrete, zusätzliche Veröffentlichungspflicht damit nicht begründen. Auf der anderen Seite ist eine Marktverzerrung erst dann anzunehmen, wenn ein bewertungserheblicher Umstand nicht bereits Eingang in den an den Kapitalmärkten gebildeten Wertpapierpreis gefunden hat. Mit der Bestimmung in § 10 WpÜG hat der Gesetzgeber jedoch bestimmt, dass eine Veröffentlichungspflicht allein dann besteht, wenn eine endgültige Entscheidung des Bieters getroffen ist. Eine zeitliche Vorverlagerung der dem Bieter aufzuerlegenden Veröffentlichungspflichten allein aufgrund des allgemeinen Marktverzerrungsverbots kommt daneben nicht in Betracht und stimmt auch nicht mit dem Willen des Gesetzgebers überein, der den Regelungen des WpÜG allein die Funktion zuschreibt, für ein ordnungsgemäßes Angebotsverfahren zu sorgen. Vor diesem Verfahren, dass mit der Entscheidung beginnt, kann das WpÜG keine Anwendung erlangen. Eine Veröffentlichungspflicht wird dem Bieter erst mit dem Zeitpunkt des Vorliegens einer Entscheidung aufzuerlegen sein.

VII. Zusammenfassung der Ergebnisse

Die dem Bieter und der Zielgesellschaft mit dem WpÜG auferlegten Veröffentlichungspflichten sind bei ihrer Auslegung immer im Lichte der ihnen zugrunde liegenden allgemeinen Grundsätze zu betrachten. Für die an dem Angebotsverfahren Beteiligten können sie zwar keine zusätzlichen Handlungsanweisungen begründen. Sie sind dennoch in der Lage, auf den Zeitpunkt einer Veröffentlichung und bei der Auslegung von unbestimmten Rechtsbegriffen dienlich zu sein. Der Gefahr von Insidergeschäften und der Beeinträchtigung der Marktintegrität im Vorfeld der Entscheidung kann über eine Anwendung der übernahmerechtlichen Grundsätze nicht begegnet werden. Will man aber genau diesen Zeitraum von einer insiderrechtlichen Veröffentlichungspflicht erfasst sehen, kann dieser allein durch eine entsprechende Anwendung des § 15 WpHG wirksam geschützt werden. Bei der Bestimmung der Veröffentlichungspflich-

[191] *Steinhardt*, in: Steinmayer/Häger, WpÜG (2. Aufl. 2007), § 3 Rn. 19.

ten der an einem Angebotsverfahren beteiligten Personen sind also auch die Regelungsziele zu beachten, die mit der wertpapierhandelsrechtlichen Ad-hoc-Publizität verfolgt werden.

C. Gesetzgebungsgeschichte und ökonomische Grundlagen der Ad-hoc-Publizitätspflicht

I. Europäische und deutsche Rechtsentwicklung in Bezug auf die Ad-hoc-Publizität

1. Die Ad-hoc-Publizität vor dem Hintergrund der Integration des europäischen Finanzmarktes

Die wertpapierhandelsrechtliche Ad-hoc-Publizität nach § 15 WpHG beruht auf der Umsetzung von europäischen Richtlinien.[192] Diesen kommt im Kapitalmarktrecht eine immer entscheidendere Bedeutung zu. Wesentliches Ziel aller kapitalmarktrechtlichen Richtlinien ist die Schaffung eines integrierten Kapitalmarkts[193] durch eine fortschreitende Harmonisierung der nationalen Vorschriften. Eine erste Konkretisierung der für diese Integration erforderlichen Schritte fand sich im *Segré-Bericht* aus dem Jahre 1966.[194] Schon im *Segré-Bericht* findet sich die Erwartung, durch einen integrierten Kapitalmarkt, der sich durch Anlegervertrauen, höhere Transaktionsvolumina, vielfältigere Angebote und niedrigere Transaktionskosten auszeichnet, erhebliche gesamtwirtschaftliche Vorteile zu realisieren.[195] Damit kommt zum Ausdruck, welche herausragende Bedeutung ein funktionsfähiger Kapitalmarkt für eine Volkswirtschaft besitzt. Im Jahre 1999 verabschiedete die Europäische Kommission einen Aktionsplan für Finanzdienstleistungen (*Financial Services Action Plan, FSAP*)[196], in dem weitere Rechtssetzungsvorhaben[197] für die Schaffung eines Finanzbinnenmarktes angekündigt wurden. Die auf diesen Aktionsplan folgenden Richtlinien formulieren alle die hohe Bedeutung eines integrierten und leistungsfähigen, liquiden und allokationseffizienten

---

[192] *Assmann*, in: Assmann/Schütze, Handbuch des Kapitalanlagerechts (2. Aufl. 1997), § 1 Rn. 82; *Möllers*, in: Möllers/Rotter, Ad-hoc-Publizität, § 4 Rn. 9. Zur Kritik an einer zu einengenden Regulierung: *Schlitt/Singhof/Schäfer*, BKR 2005, S. 251 („Regulierungsflut").

[193] Die Schaffung eines integrierten europäischen Kapitalmarktes ist Teil der Verwirklichung des europäischen Binnenmarktes, der in Art. 2 EG als Aufgabe der Gemeinschaft definiert ist. Speziell zur Finanzmarktintegration Jahresbericht der EZB 2006, S. 156 ff.; *Müller*, Die Bank 4.2007, S. 14 ff.

[194] Europäische Wirtschaftsgemeinschaft – EG Kommission, Der Aufbau eines Europäischen Kapitalmarkts – Bericht einer von der EWG – Kommission eingesetzten Sachverständigengruppe, 1966 (Segré-Bericht).

[195] Segré-Bericht, S. 42 ff.

[196] Aktionsplan Finanzdienstleistungen, KOM (1999) 232 v. 11.05.1999.

[197] Insgesamt wurden 42 Regelungsvorhaben angekündigt.

gemeinsamen Kapitalmarktes[198], der über die Rechtsangleichung hinaus erhebliche Auswirkungen auf die Finanzmarktstabilität hat.[199] In Umsetzung der im Aktionsplan festgelegten Umsetzungsziele und aufgrund des durch ihn vorgegebenen engen Zeitrahmens wurde ein für das Kapitalmarktrecht neues Rechtssetzungsverfahren entwickelt, gründend auf dem sog. *Lamfalussy-Bericht*[200], der das bisherige Rechtssetzungsverfahren als nicht effizient genug einstufte und ein vierstufiges Verfahren[201] vorschlug, um den schnellen Entwicklungen an den Finanzmärkten Rechnung tragen zu können. Insbesondere das Mitendscheidungsverfahren nach Art. 251 EG wurde dabei als zu mühselig und langsam[202] angesehen. Die wesentliche Neuerung[203] dieses sog. *Komitologieverfahrens* liegt dabei in der Ermächtigung der Kommission, unter Umgehung des herkömmlichen Gesetzgebungsverfahrens, nämlich unter Ausschluss des Rates und des Europäischen Parlaments, aber unter Beteiligung von beratenden Ausschüssen[204], technische Durchführungsbestimmungen zu erlassen, die die zuvor im

---

[198] Erwägungsgrund 1 der Richtlinie 2003/6/EG vom 28.01.2003 des Europäischen Parlaments und des Rates über Insider-Geschäfte und Marktmanipulation (Marktmissbrauchsrichtlinie), Abl L 96/16; Erwägungsgrund 4 der Richtlinie 2003/71/EG des Europäischen Parlaments und des Rates vom 04.11.2003 betreffend den Prospekt, der beim öffentlichen Angebot von Wertpapieren oder bei deren Zulassung zum Handel zu veröffentlichen ist, und zur Änderung der Richtlinie 2001/34/EG (Prospektrichtlinie), ABl. L 345/64; Erwägungsgründe 44, 48, 71 der Richtlinie 2004/39/EG vom 21.04.2004 über Märkte für Finanzinstrumente, zur Änderung der Richtlinien 85/611/EWG und 93/6/EWG des Rates und der Richtlinie 2000/12/EG des Europäischen Parlaments und des Rates und zur Aufhebung der Richtlinie 93/22/EWG des Rates (Finanzdienstleistungsrichtlinie – MIFID), ABl L 145/1; Erwägungsgrund 1 der Richtlinie 2004/109/EG des Europäischen Parlaments und des Rates vom 15.12.2004 zur Harmonisierung der Transparenzanforderungen in Bezug auf Informationen über Emittenten, deren Wertpapiere zum Handel auf einem geregelten Markt zugelassen sind, und zur Änderung der Richtlinie 2001/34/EG (Transparenzrichtlinie), ABl. L 390/38.

[199] Europäische Zentralbank, Jahresbericht 2006, S. 156.

[200] Schlussbericht des Ausschusses der Weisen über die Regulierung der europäischen Wertpapiermärkte vom 15.02.2001.

[201] Diese vier Stufen lassen sich wie folgt unterteilen. Bei der ersten Stufe handelt es sich um die Verabschiedung von Richtlinien und Verordnungen, die im normalen Gesetzgebungsverfahren der EU zu verabschieden sind und die allgemeinen Rahmengrundsätze festlegen sollen. Auf der zweiten Stufe findet eine Konkretisierung dieser Rahmengesetzgebung durch detaillierte Umsetzungsmaßnahmen statt. Die dritte Stufe ist durch eine verstärkte Zusammenarbeit der europäischen Aufsichtsbehörden gekennzeichnet, die eine effektive Umsetzung der auf Stufe 1 und 2 erfolgten Gesetzgebung garantieren soll. Auf der vierten Stufe finden Maßnahmen der Europäischen Kommission statt, die zu einer Stärkung des Gemeinschaftsrechts beitragen sollen und auf eine verbesserte Zusammenarbeit zwischen den Mitgliedstaaten und den Regulierungsbehörden hinwirken. Dazu *Seitz*, BKR 2002, S. 340, 341; *Schmolke*, NZG 2005, S. 912, 913 f.

[202] Aktionsplan Finanzdienstleistungen, S. 16.

[203] *Seitz*, BKR 2002, S. 340, 342; *Schulte*, in: Möllers/Rotter, Ad-hoc-Publizität, § 4 Rn. 5 ff.; *Binder/Broichhausen*, ZBB 2006, S. 85, 88.

[204] Die Europäische Kommission hat mit Beschluss vom 06.06.2001 den EU-Wertpapierausschuss (European Securities Committee – ESC) als auch den Ausschuss der EU-Wertpapierregulierungsbehörden (Committee of European Securities Regulators – CESR) als Bera-

Mitentscheidungsverfahren ergangenen Rahmenrichtlinien konkretisieren sollen.[205] Für den Rat und das Europäische Parlament besteht damit die Möglichkeit, sich im Rahmen des Mitentscheidungsverfahrens auf die wesentlichen Regelungsinhalte der von ihnen erlassenen Rahmenrichtlinie zu konzentrieren[206] und die Konkretisierung der von ihnen vorgegebenen Regelungsziele marktnäheren Entscheidungsträgern zu überlassen.

In Abkehr von der früher verfolgten Mindestharmonisierung lässt sich mit dem beschriebenen Gesetzgebungsverfahren grundsätzlich die These vertreten, dass der europäische Gesetzgeber im Bereich des Kapitalmarktrechts eine Maximalharmonisierung anstrebt[207], die zwar dem nationalen Gesetzgeber einen eigenen Entscheidungsspielraum in weiten Teilen entzieht, den Marktteilnehmern allerdings die Möglichkeit eröffnet, sich auf einen einheitlichen Rechtsrahmen innerhalb der Europäischen Gemeinschaft verlassen zu können, so dass sie ihre Tätigkeit ungehindert von nationalen Grenzen entfalten können. Die Maximalharmonisierung ist dabei dahingehend zu verstehen, dass der europäische Gesetzgeber eine weitestgehende Angleichung des kapitalmarktrechtlichen Rechtsrahmens anstrebt, um bestehende Differenzen der nationalen Gesetze kategorisch zu beseitigen. Die Auslegung kapitalmarktrechtlicher Regelungen hat sich daher immer an ihrem gemeinschaftsrechtlichen Hintergrund zu orientieren.[208]

---

tungsausschüsse eingesetzt. Dabei dient der EU-Wertpapierausschuss auch als Regelungsausschuss im Sinne des Komitologiebeschlusses (Ratsbeschluss 1999/468, ABl. 1999 Nr. L 184, 23).

[205] Die Ermächtigung zum Erlass von Durchführungsbestimmungen findet sich in Art. 202, 3. Spiegelstrich EGV, die durch den sog. *Komitologiebeschluss* konkretisiert wurde.

[206] *Seitz*, BKR 2002, S. 340, 342.

[207] *Binder/Broichhausen*, ZBB 2006, S. 85, 87 („Renaissance der Maximalharmonisierung"). Für den Bereich des Übernahmerechts durch die Übernahmerichtlinie *Wiesner*, ZIP 2004, S. 343, 344 („Vollharmonisierung des Übernahmerechts").

[208] Zur richtlinienkonformen Auslegung des Insiderrechts *Figiel*, Die Weitergabe von Insiderinformationen, S. 79 ff.

2. Die Publizitätspflicht nach § 44a BörsG a.F.

Eine allgemeine Ad-hoc-Publizitätspflicht wurde im deutschen Recht erstmals in § 44a BörsG a.F. mit dem Börsenzulassungsgesetz vom 16.12.1986[209] festgelegt, mit welchem die Bestimmungen der Börsenzulassungsrichtlinie 79/279/EWG[210] umgesetzt wurden. Nach § 44a Abs. 1 Satz 1 BörsG a.F. mussten alle Emittenten, deren Wertpapiere zum amtlichen Handel[211] zugelassen waren, unverzüglich alle in ihrem Tätigkeitsbereich eingetretenen neuen Tatsachen veröffentlichen, sofern sie wegen der Auswirkungen auf die Vermögens- oder Finanzlage oder auf den allgemeinen Geschäftsverlauf des Emittenten zu erheblichen Kursänderungen der von ihm emittierten Wertpapiere führen konnten. Die Veröffentlichungspflicht galt dabei unabhängig davon, ob es sich um einen in- oder ausländischen Emittenten handelte.[212] Der Gesetzgeber maß der Regelung den Zweck zu, mit der unverzüglichen Veröffentlichung von wichtigen Tatsachen die Regelpublizität zu ergänzen[213] und wurde auch später noch als mit dieser systemverwandt angesehen.[214] Die Vorschrift war jedoch in ihrer Bedeutung verhältnismäßig gering[215], auch wenn ihr teilweise die Eigenschaft als Schutzgesetz i.S.d. § 823 Abs. 2 BGB zugesprochen wurde.[216]

---

[209] Gesetz zur Einführung eines neuen Marktabschnitts an den Wertpapierbörsen und zur Durchführung der Richtlinien des Rates der Europäischen Gemeinschaften vom 5. März 1979, vom 17. März 1980 und vom 15. Februar 1982 zur Koordinierung börsenrechtlicher Vorschriften, BGBl. 1986 I, S. 2487 ff.

[210] Richtlinie 79/279/EWG des Rates vom 5.März 1979 zur Koordinierung der Bedingungen für die Zulassung von Wertpapieren zur amtlichen Notierung an einer Wertpapierbörse (Börsenzulassungsrichtlinie), ABl. Nr. L 066 vom 16.03.1979.

[211] Diese Publizitätspflicht galt nach §§ 76, 44a BörsG a.F. auch für den geregelten Markt, dabei über die Vorgaben der Börsenzulassungsrichtlinie hinausgehend, die sich in ihrem sachlichen Anwendungsbereich lediglich auf Emittenten mit Zulassung zum amtlichen Handel bezog, vgl. Erwägungsgrund 1 der Börsenzulassungsrichtlinie 79/279/EWG.

[212] *v. Klitzing*, Die Ad-hoc-Publizität, S. 56; *Braun*, in: Möllers/Rotter, Ad-hoc-Publizität, S. 141.

[213] Begr. RegE. BT-Drucks. 10/4296, S. 16; zur Verwandtschaft der Ad-hoc-Publizität zu den kapitalmarktrechtlichen Regelpublizitätsvorschriften vgl. *Struck*, Ad-hoc-Publizitätspflicht zum Schutz der Anleger, S. 31; *Mörsdorf*, Die zivilrechtliche Verantwortlichkeit für Verstöße gegen die Ad-hoc-Publizitätspflicht gemäß § 15 WpHG, S. 52; zum neuen Recht siehe *Hellgardt*, ZIP 2005, S. 2000, 2001.

[214] Begr. RegE. 2. FFG, BT-Drucks. 12/6679, S. 35; Beschlussempfehlung und Bericht des Finanzausschusses, BT-Drucks. 12/7918, S. 95; *Struck*, Ad-hoc-Publizitätspflicht zum Schutz der Anleger, S. 31.

[215] *Hopt*, ZHR 159 (1995), S. 135, 147; *Pellens/Fülbier*, in: Baetge, Insiderrecht und Ad-hoc-Publizität, S. 23, 34; *Fülbier*, Regulierung der Ad-hoc-Publizität, S. 38; *Möllers*, in: Möllers/Rotter, Ad-hoc-Publizität, § 3 Rn. 2; *Gehrt* , Die neue Ad-hoc-Publizität, S. 27, der als Begründung anführt, dass es an einer zentralen Marktaufsicht gefehlt habe, welche die Erfüllung der Veröffentlichungs-

2. Die Schaffung des WpHG mit dem 2. Finanzmarktförderungsgesetz

Die Ad-hoc-Publizitätspflicht aus § 44a BörsG trat nach Art. 2 Nr. 20 des Zweiten Finanzmarktförderungsgesetzes (2. FFG)[217] am 01.01.1995 außer Kraft und wurde durch den neu geschaffenen § 15 WpHG ersetzt. Mit dem 2. FFG wurden sowohl die Vorgaben der bis dahin bestehenden Beteiligungstransparenz-Richtlinie[218] als auch diejenigen der Insiderrichtlinie[219] umgesetzt. Mit der Schaffung des Wertpapierhandelsgesetzes durch das 2. FFG als dessen Kernstück[220] verfolgte der deutsche Gesetzgeber das Ziel, die Leistungs- und Funktionsfähigkeit des deutschen Kapitalmarkts zu gewährleisten und voranzutreiben[221], wobei er insbesondere dessen wichtige Bedeutung für die internationale Wettbewerbsfähigkeit einer Volkswirtschaft hervorhob.[222] Dabei erkannte der Gesetzgeber, dass die Funktionsfähigkeit eines Finanzmarktes entscheidend von dem ihm entgegengebrachten Vertrauen der Anleger abhängt und dieses Vertrauen auf der Zusicherung beruhe, dass die Marktteilnehmer gleichbehandelt und gegen die unrechtmäßige Verwendung einer Insiderinformation geschützt werden.[223] Mit der Einführung der Ad-hoc-Publizitätspflicht in Abschnitt 3 als § 15 WpHG, welcher den Titel „Insiderüberwachung" trägt, wurde die Funktion der Ad-hoc-Publizität als Präventivmaßnahme gegen den Insiderhandel deutlich gemacht.[224] Dem liegt die Überlegung zu Grunde, dass sich die Möglichkeit zur Vornahme von Insidergeschäften in dem Maße reduziert, wie eine schnelle Informationsversorgung aller Kapitalmarktteilnehmer sichergestellt ist und sich auf dem Kapitalmarkt durch diese Transpa-

---

pflicht überwachen und Verstöße gegen sie hätte sanktionieren können; So auch Begr. RegE. 2. FFG, BT-Drucks. 12/6679, S. 35.

[216] *Baumbach/Hopt*, HGB (29. Aufl. 1995), Anh. 14, § 44a BörsG Rn. 1; *Schäfer*, ZIP 1987, S. 953, 956; *Schwark*, NJW 1987, S. 2041, 2045; a.A. *Schwark*, BörsG (2. Aufl. 1994), § 44a Rn. 12.

[217] Gesetz über den Wertpapierhandel und zur Änderung börsenrechtlicher und wertpapierrechtlicher Vorschriften (Zweites Finanzmarktförderungsgesetz) v. 26.07.1994, BGBl. I, S. 1749.

[218] Richtlinie 88/627/EWG über die bei Erwerb und Veräußerung einer bedeutenden Beteiligung an einer börsennotierten Gesellschaft zu veröffentlichenden Informationen, ABl. Nr. L 348 v. 17.12.1988, S. 62 ff.

[219] Richtlinie 89/592/EWG des Rates v. 13.11.1989 zur Koordinierung der Vorschriften betreffend Insider-Geschäfte, ABl. Nr. L 334 v. 18.11.1989, S. 30 ff.

[220] *Möllers*, in: Möllers/Rotter, Ad-hoc-Publizität, § 3 Rn. 4.

[221] *Hopt*, ZHR 159 (1995), S. 135, 163; *Möllers*, in: Möllers/Rotter, Ad-hoc-Publizität, § 3 Rn. 4: „Etablierung des Kapitalmarktrechts als eigenständiges Rechtsgebiet.".

[222] Begr. RegE. 2. FFG, BT-Drucks. 12/6679, S. 33.

[223] Begr. RegE. 2. FFG, BT-Drucks. 12/6679, S. 33.

[224] *Möllers*, in: Möllers/Rotter, Ad-hoc-Publizität, § 3 Rn. 5; *Fülbier*, Regulierung der Ad-hoc-Publizität, S. 219.

renz ein Wertpapierpreis einstellt, der den tatsächlich bestehenden, bewertungserheblichen Umständen entspricht. Mit der Einfügung in den insiderrechtlichen Funktionszusammenhang brachte der Gesetzgeber seinen Willen zum Ausdruck, Insiderhandel nicht lediglich mit repressiven Mitteln zu bekämpfen, sondern ihnen bereits im Vorfeld die Grundlage zu entziehen.[225] Mit der Veröffentlichung soll der Zeitraum verkürzt werden, in welchem eine verbotswidrige Ausnutzung nicht öffentlich bekannter Insiderinformationen möglich ist.[226] Dabei stellte § 15 Abs. 6 WpHG a.F. im Gegensatz zu dessen Vorgängervorschrift des § 44a BörsG a.F. ausdrücklich dessen fehlende Schutzgesetzeigenschaft klar.[227] Der Emittent wurde damit von einer möglicherweise drohenden Schadensersatzhaftung aufgrund eines Verstoßes gegen die Ad-hoc-Publizitätspflicht befreit.[228] Dies unterstreicht, dass der Gesetzgeber zu diesem Zeitpunkt der Ad-hoc-Publizität allein die Funktion zusprach, dem Kapitalmarkt in seiner Gesamtheit zu dienen. Der Schutz der einzelnen Anleger stand dagegen nicht im Vordergrund. Vielmehr war der Vertrauensschutz[229], dem die Ad-hoc-Publizität dienen sollte, darauf gerichtet, die Funktion des Kapitalmarkts als solche zu erhalten bzw. diese zu schützen.

---

[225] Begr. RegE. 2. FFG, BT-Drucks. 12/6679, S. 35.

[226] *Assmann*, ZGR 1994, S. 494, 528; *Burgard*, ZHR 162 (1998), S. 51, 54; *Claussen*, Insiderhandelsverbot und Ad-hoc-Publizität, Rn. 100; *Fürhoff/Wölk*, WM 1997, S. 449; *Geibel*, in: Schäfer, WpHG, BörsG, VerkProspG, § 15 WpHG Rn. 4; *Kümpel/Assmann*, in: Assmann/Schneider, WpHG (3. Aufl. 2003), § 15 Rn. 22.

[227] Diese Regelung geht auf den Finanzausschuss des deutschen Bundestages zurück, der in der Statuierung eines Schutzgesetzcharakters eine Gefährdung der Sanierung von Not leidenden Unternehmen befürchtete, vgl. 2. FFG, Ausschussempfehlung des Finanzausschusses, BT-Drucks. 12/7918, S. 96. Vgl. auch *Assmann*, ZGR 1994, S. 494, 529, der auf das Erfordernis einer solchen Klarstellung ausdrücklich hinweist.

[228] *Fülbier*, Regulierung der Ad-hoc-Publizität, S. 63.

[229] Um diesem Vertrauensschutz ausreichend Rechnung zu tragen wurde mit dem 2. FFG das Bundesaufsichtsamt für den Wertpapierhandel (BAWe) geschaffen, zu dessen Aufgaben unter anderem die Verfolgung und präventive Bekämpfung von Insider-Geschäften sowie die Überwachung der Ad-hoc-Publizität der börsennotierten Unternehmen gehören sollte, vgl. Begr. RegE. 2. FFG, BT-Drucks. 12/6679, S. 1, 34.
Dabei gingen die vom BAWe wahrgenommenen Aufgaben mit § 1 des Gesetzes über die Bundesanstalt für Finanzdienstleistungsaufsicht (Finanzdienstleistungsaufsichtsgesetz – FinDAG), welches als Art. 1 des Gesetzes über die integrierte Finanzdienstleistungsaufsicht (BGBl. I 2002, S. 1310) erging, auf die Bundesanstalt für Finanzdienstleistungsaufsicht über.

3. Änderungen durch das 4. Finanzmarktförderungsgesetz

Das Wertpapierhandelsgesetz wurde durch das vierte Finanzmarktförderungsgesetz (4. FFG) vom 21.06.2002[230] weitreichend geändert und ergänzt. Insbesondere sollte der Inhalt von Ad-hoc-Veröffentlichungen konkretisiert werden, um ungewollte Werbemaßnahmen und eine unzulässige Öffentlichkeitsarbeit durch diese zu unterbinden und dadurch das Ziel der Ad-hoc-Publizität in Form möglichst transparenter Kapitalmärkte besser zu erreichen.[231] So verlangte das Gesetz nun in § 15 Abs. 1 Satz 2 WpHG a.F., dass die in Ad-hoc-Veröffentlichungen genutzten Kennzahlen im Geschäftsverkehr üblich sind und einen Vergleich mit den zuletzt verwendeten ermöglichen. Die Neuregelung sollte sicherstellen, dass die Empfänger der Veröffentlichung ein klares Bild von der neu eingetretenen Tatsache erhielten.[232] Daneben untersagte § 15 Abs. 1 Satz 3 WpHG a.F. explizit die allein zu Werbezwecken dienende Ad-hoc-Publizität. Nach § 15 Abs. 1 Satz 4 WpHG a.F. sollten in Ad-hoc-Veröffentlichungen enthaltene unwahre Tatsachen unverzüglich im Wege entsprechender Veröffentlichungen berichtigt werden.

Als eine der wesentlichen Neuerungen durch das 4. FFG stellt sich allerdings die Schaffung der §§ 37b und 37c WpHG dar, mit denen der Gesetzgeber zwei spezialgesetzliche Anspruchsgrundlagen schuf, die es den Anlegern erlauben, den Emittenten wegen unterlassener oder verspäteter Veröffentlichung kursbeeinflussender Tatsachen oder wegen der Veröffentlichung unwahrer Tatsachen im Wege einer Ad-hoc-Veröffentlichung in Anspruch zu nehmen. Der Gesetzgeber hielt die Schaffung dieser spezialgesetzlichen Anspruchsgrundlagen deshalb für unumgänglich, weil er einerseits Anleger bei der unterlassenen oder verspäteten Veröffentlichung oder der unrichtigen

---

[230] Gesetz zur weiteren Fortentwicklung des Finanzplatzes Deutschland - Viertes Finanzmarktförderungsgesetz (4. FFG) v. 21.06.2002, BGBl. I 2002, S. 2010.

[231] Begr. RegE. 4. FFG, BT-Drucks. 14/8017, S. 63; *Möllers*, in: Möllers/Rotter, Ad-hoc-Publizität, § 3 Rn. 21.

[232] Begr. RegE. 4. FFG, BT-Drucks. 14/8017, S. 87. Zwar ließ das Gesetz offen, wann eine „Üblichkeit“ der Kennzahlen vorliegt. Die BaFin hatte daraufhin in einem Rundschreiben vom 26. November 2002 jedoch versucht, die Anforderungen an die Erfüllung des § 15 Abs. 1 Satz 2 WpHG festzulegen, um eine einheitliche Auslegung und Anwendung der Neuregelung sicherzustellen, vgl. Rundschreiben der BaFin vom 26.11. 2002 zur Konkretisierung üblicher Kennzahlen im Sinne von § 15 Abs. 1 Satz 2 WpHG (aufgehoben).

Behauptung solcher Tatsachen bislang als nur unzureichend geschützt ansah und andererseits das Publizitätsverhalten einiger börsennotierter Unternehmen starke Mängel aufwies.[233] Darin kommt die Wertung zum Ausdruck, dass spezialgesetzliche Haftungsnormen zu einer wirksamen Sanktionierung von unterlassenen oder unrichtigen Veröffentlichungen beitragen können. Sie bilden damit einen Baustein des kapitalmarktrechtlichen Funktionsschutzes, indem sie sich auf das Veröffentlichungsverhalten insgesamt auswirken und damit die Transparenz erhöhen. Auf der anderen Seite macht der Gesetzgeber deutlich, dass er auch den einzelnen Anleger im Blick hat, der im Vertrauen auf die ordnungsgemäße Erfüllung der Publizitätspflichten des Emittenten handelt. Mit der Schaffung von spezialgesetzlichen Haftungsansprüchen ist es damit zu einer erheblichen Ausweitung des kapitalmarktrechtlichen Anlegerschutzes in Bezug auf die insiderrechtliche Ad-hoc-Publizität gekommen. Neben dem Schutz des Kapitalmarkts als solchem kommt durch die Schadensersatzansprüche zum Ausdruck, dass die Ad-hoc-Publizität auch dem Schutz einer rationalen Entscheidungsfindung des einzelnen Anlegers dient.

4. Die Marktmissbrauchsrichtlinie und die Änderungen des WpHG durch das Anlegerschutzverbesserungsgesetz

Wesentliche Änderungen hat die Ad-hoc-Publizität durch das Anlegerschutzverbesserungsgesetz vom 28.10.2004[234] erfahren, welches der Umsetzung der Marktmissbrauchsrichtlinie vom 28.01.2004[235] sowie den zu dieser von der Europäischen Kommission erlassenen Durchführungs-Richtlinien[236] dient. Die Rechtsetzung auf der eu-

---

[233] Begr. RegE. 4. FFG, BT-Drucks. 14/8017, S. 64.

[234] Gesetz zur Verbesserung des Anlegerschutzes (Anlegerschutzverbesserungsgesetz – AnSVG) v. 28.10.2004, BGBl. I 2004, S. 2630 ff.

[235] Richtlinie 2003/6/EG vom 28.01.2003 über Insider-Geschäfte und Marktmanipulation (Marktmissbrauch), ABl. EG Nr. L 96 vom 12.04.2003, S. 16 ff.

[236] Richtlinie 2003/124/EG v. 22.12.2003 zur Durchführung der Richtlinie 2003/6/EG betreffend die Begriffsbestimmung und die Veröffentlichung von Insider-Informationen und die Begriffsbestimmung der Marktmanipulation, ABl. EG Nr. L 339 v. 24.12.2003, S. 70; Richtlinie 2003/125/EG v. 22.12.2003 zur Durchführung der Richtlinie 2003/6/EG in Bezug auf die sachgerechte Darbietung von Anlageempfehlungen und die Offenlegung von Interessenkonflikten, ABl. EG Nr. L 339 v. 24.12.2003, S. 73; Richtlinie 2004/72/EG v. 29.04.2004 zur Durchführung der Richtlinie 2003/6/EG – Zulässige Marktpraktiken, Definition von Insider-Informationen in Bezug auf Warenderivate, Erstellung von Insiderverzeichnissen, Meldung von Eigengeschäften und Meldung verdächtiger Transaktionen, ABl. EG Nr. L 162 v. 30.04.2004, S. 70.

ropäischen Ebene erfolgte hier zum ersten Mal im Wege des sog. *Komitologieverfahrens*.[237] Ziel dieser Richtlinien ist die Vollendung eines europäischen Binnenmarktes für Finanzdienstleistungen durch eine Vereinheitlichung der Vorschriften auf den Gebieten des Insiderrechts, der Marktmanipulation und der Finanzanalysen.[238]

Der Kernbereich des Anlegerschutzverbesserungsgesetzes liegt in der Novellierung des Insiderrechts[239] und der Ad-hoc-Publizitätsvorschrift des § 15 WpHG, mit der die Herstellung einer bestmöglichen Markttransparenz, die Einschränkung von verbotenen Insidergeschäften als auch die Förderung der Integrität der Finanzmärkte erreicht werden soll.[240] Neben der Ausweitung der Pflicht zur Veröffentlichung von Geschäften des Führungspersonals des Emittenten[241] und der Einführung einer Pflicht zur Führung von Insiderverzeichnissen[242] wurde der Begriff der Insidertatsache durch denjenigen der Insiderinformation ersetzt, welche in § 13 Abs. 1 Satz 1 WpHG legaldefiniert wird als konkrete Information über nicht öffentlich bekannte Umstände, die sich auf einen oder mehrere Emittenten von Insiderpapieren[243] oder auf die Insiderpapiere selbst bezieht und die geeignet ist, im Falle ihres öffentlichen Bekanntwerdens den Börsen-

---

[237] Zur Kritik an einer nur unzureichenden Berücksichtigung der Lamfalussy-Vorschläge in Bezug auf die Beteiligung von Marktpraktikern vor der Annahme des Richtlinienvorschlags durch die Komission: Marktmissbrauchsrichtlinie, Stellungnahme WSA, ABl. C 80 v. 03.04.2002, S. 61, 63.

[238] So auch Begr. RegE. BT-Drucks. 15/3174, S. 26.

[239] *Kirschhöfer*, Der Konzern 2005, S. 22, 23.

[240] Begr. RegE. AnSVG, BT-Drucks. 15/3174, S. 34.

[241] Aufgrund der Ausweitung des sachlichen Anwendungsbereichs des § 15a WpHG werden nun sämtliche Personen mit Führungsaufgaben beim Emittenten erfasst.

[242] In Umsetzung von Art. 6 Abs. 3 Satz 3 und 4 der Marktmissbrauchsrichtlinie wurde die Pflicht zur Führung von Insiderverzeichnissen neu in das WpHG eingefügt. Nach § 15b Abs. 1 Satz 1 WpHG sind Emittenten und in ihrem Auftrag oder für ihre Rechnung handelnde Personen dazu verpflichtet, Verzeichnisse über solche Personen zu führen, die für sie tätig sind und bestimmungsgemäß Zugang zu Insiderinformationen haben, dazu *Schneider/v. Buttlar*, ZIP 2004, S. 1621 ff. Umstritten ist die Bestimmung derjenigen Personen, die im Auftrag oder für Rechnung des Emittenten tätig sind. Nach e.A. sind Vertragspartner oder sonstige „nicht im Lager des Emittenten" stehende Personen nicht von der Regelung erfasst: Sie sind weder für den Emittenten tätig noch handeln sie in seinem Auftrag. So soll auch der potentielle Bieter, der ein Übernahmeangebot für den Emittenten plant, nicht zur Führung eines Insiderverzeichnisses verpflichtet sein, vgl. *Koch*, DB 2005, S. 267, 270.

[243] Auch die Definition des Insiderpapiers wurde neu gefasst. Während nach altem Recht nur Wertpapiere sowie bestimmte Rechte und Terminkontrakte als Insiderpapiere gelten konnten, wird nun in § 12 WpHG n.F. als auch in § 15 WpHG auf den einheitlichen Begriff des Finanzinstruments abgestellt, welcher in § 2 Abs. 2b WpHG legaldefiniert wird und neben Wertpapieren (§ 2 Abs. 1 WpHG), von Wertpapieren zu unterscheidende Geldmarktinstrumente (§ 2 Abs. 1a WpHG), Derivate (§ 2 Abs. 2 WpHG), Rechte auf Zeichnung von Wertpapieren sowie alle sonstigen Instrumente erfasst, die zum Handel zu einem organisierten Markt im Inland oder in einem anderen Mitgliedstaat der Europäischen Union zugelassen sind oder für die eine solche Zulassung beantragt wurde.

oder Marktpreis der Insiderpapiere erheblich zu beeinflussen. Die schon im alten Recht vorhandene Unterscheidung zwischen Primär- und Sekundärinsidern spielt nur noch auf der Rechtsfolgenseite im Rahmen des § 38 WpHG n.F. eine Rolle.[244]

Die Ad-hoc-Publizitätspflicht des Emittenten bezieht sich direkt auf den Begriff der Insiderinformation. Während nach alter Rechtslage Tatsachen ad-hoc zu publizieren waren, die im Tätigkeitsbereich des Emittenten eingetreten waren, nicht öffentlich bekannt waren und wegen der Auswirkungen auf die Vermögens- oder Finanzlage oder auf den allgemeinen Geschäftsverlauf des Emittenten geeignet waren, den Börsenpreis der Wertpapiere erheblich zu beeinflussen, unterliegt der Emittent nun einer Veröffentlichungspflicht bei Insiderinformationen, die ihn unmittelbar betreffen. Durch den Wegfall des Erfordernisses einer Kausalität zwischen den Auswirkungen auf die Vermögenslage oder den Geschäftsverlauf des Emittenten einerseits und der Eignung zur erheblichen Kursbeeinflussung andererseits ist es somit zu einer erheblichen Ausweitung der Ad-hoc-Publizitätspflicht gekommen.[245] Die in § 13 WpHG legaldefinierte Insiderinformation wird damit der zentrale Bezugspunkt sowohl für die insiderrechtlichen Verbotsnormen des § 14 WpHG als auch für die Ad-hoc-Publizität nach § 15 WpHG.[246] Die Herstellung der Markteffizienz wird jedoch nicht uneingeschränkt gewährleistet. Während dem Emittenten vor dem AnSVG nur die Möglichkeit eines Befreiungsantrags nach § 15 Abs. 1 Satz 5 WpHG a.F. offenstand, wird ihm nun mehr Eigenverantwortlichkeit hinsichtlich der Entscheidung über die Veröffentlichung von Insiderinformationen übertragen.[247] Denn dem Emittenten steht nun mit der Regelung des § 15 Abs. 3 Satz 1 WpHG die Möglichkeit offen, bei Vorliegen von berechtigten

---

[244] Mit der Verlagerung der Unterscheidung zwischen Primärinsidern und Sekundärinsidern spielt sie nur noch eine Rolle im Rahmen des Straftatbestands des § 38 WpHG und des Ordnungswidrigkeitentatbestands des § 39 WpHG. Zwar ist sowohl für Primär- als auch für Sekundärinsider der Erwerb oder die Veräußerung unter Verwendung einer Insiderinformation (§ 14 Abs. 1 Nr. 1 WpHG) strafbar. Eine Ausnahme gilt allerdings für das Weitergabe- und Empfehlungsverbot (§ 14 Abs. 1 Nr. 2 WpHG), welches nur noch für Primärinsider nach § 38 Abs. 1 Nr. 2 WpHG strafbar ist, vgl. Cahn, Der Konzern 2005, S. 5, 11. Gleichzeitig ist es zu einer Erweiterung des Kreises der Primärinsider gekommen, da nach § 38 Abs. 1 Nr. 2 d) WpHG eine vorsätzlicher Verstoß gegen das Weitergabe- und Empfehlungsverbot auch für denjenigen strafbar ist, welcher auf Grund der Vorbereitung oder Begehung einer Straftat über eine Insiderinformation verfügt. Nach § 38 Abs. 3 WpHG ist bereits der Versuch einer Straftat nach § 38 Abs. 1 WpHG strafbar.

[245] Begr. RegE. AnSVG, BT-Drucks. 15/3174, S. 35; *Kuthe*, ZIP 2004, S. 883, 885; *Cahn*, Der Konzern 2005, S. 5, 6; Emittentenleitfaden der BaFin, S. 40.

[246] *Simon*, Der Konzern 2005, S. 13, 14; *Assmann*, AG 2006, S. 261, 263.

[247] Begr. RegE. AnSVG, BT-Drucks. 15/3174, S. 35.

Interessen eine Befreiung von der Veröffentlichungspflicht selbst vorzunehmen und die Veröffentlichung aufzuschieben, bis die berechtigten Interessen an einem Aufschub nicht mehr vorliegen oder die weiteren Voraussetzungen des Befreiungstatbestandes entfallen sind.

5. Änderungen durch das Transparenzrichtlinie-Umsetzungsgesetz

Eine letzte Novellierung hat die wertpapierhandelsrechtliche Ad-hoc-Publizität durch das Transparenzrichtlinie-Umsetzungsgesetz[248] erfahren. Neben der zusätzlich eingeführten Übermittlungspflicht von Insiderinformationen gegenüber dem Unternehmensregister im Sinne des § 8b HGB (§ 15 Abs. 1 Satz 1 HS. 2 WpHG) stellt die Einführung des sog. Herkunftslandprinzips[249] die wesentlichste Neuerung dar. Die Einführung des Herkunftslandprinzips führt dazu, dass die Überwachung der kapitalmarktrechtlichen Pflichten eines Emittenten allein derjenigen nationalen Behörde übertragen wird, in deren räumlichen Zuständigkeitsbereich der Emittent seinen Sitz hat. Der Zweck dieses Prinzips besteht darin, die Erfüllung der an den Emittenten gestellten kapitalmarktrechtlichen Anforderungen durch eine einzige nationale Behörde zu überwachen und dem Emittenten somit die Kapitalmarktteilnahme zu erleichtern. Mit § 15 Abs. 1 Satz 1 WpHG n.F. wird die Veröffentlichungspflicht bei den Emittenten unmittelbar betreffenden Insiderinformationen auf Inlandsemittenten beschränkt, die in § 2 Abs. 7 legaldefiniert werden. Der Begriff des Inlandsemittenten ist dabei mit der Feststellung des Herkunftsstaats verknüpft. Danach sind Inlandsemittenten Emittenten, deren Herkunftsstaat die Bundesrepublik Deutschland ist, soweit ihre Wertpapiere nicht ausschließlich an einem ausländischen geregelten Markt zugelassen sind (§ 2 Abs. 7 Nr. 1 WpHG). Als Inlandsemittent gilt allerdings auch derjenige, dessen Sitz sich zwar nicht in der Bundesrepublik Deutschland befindet, dessen Wertpapiere je-

[248] Gesetz zur Umsetzung der Richtlinie 2004/109/EG des Europäischen Parlaments und des Rates vom 15. Dezember 2004 zur Harmonisierung der Transparenzanforderungen in Bezug auf Informationen über Emittenten, deren Wertpapiere zum Handel auf einem geregelten Markt zugelassen sind, und zur Änderung der Richtlinie 2001/34/EG (Transparenzrichtlinie-Umsetzungsgesetz, TUG) v. 05.01.2007, BGBl. I 2007, S. 10.

[249] Zur Kritik an der fehlenden Einführung des Herkunftslandprinzips durch die Marktmissbrauchsrichtlinie: Marktmissbrauchsrichtlinie, Stellungnahme WSA, ABl. C 80 v. 03.04.2002, S. 61, 65 („Eine Alternative wäre festzulegen, dass hauptsächlich die Behörde zuständig sein sollte, wo der Marktteilnehmer ansässig ist (*Ursprungslandprinzip*)".); *Büche*, Pflicht zur Ad-hoc-Publizität, S. 157.

doch ausschließlich an einem inländischen organisierten Markt zugelassen sind (§ 2 Abs. 7 Nr. 2 WpHG). Die Feststellung des Herkunftsstaats erfolgt über § 2 Abs. 6 WpHG, der für Emittenten festlegt, wann die Bundesrepublik Deutschland ihr Herkunftsstaat ist. Entscheidend ist aufgrund des Erfordernisses einer Zulassung von Finanzinstrumenten nach § 15 Abs. 1 Satz 1 WpHG allein die Feststellung nach § 2 Abs. 6 Nr. 1 lit. a WpHG, wonach der Sitz der Gesellschaft für die Feststellung des Herkunftsstaates entscheidend ist. Der Begriff des Inlandsemittenten ist damit entscheidend von der Zulassung zu einem inländischen, organisierten Markt abhängig. Entscheidend ist bei einem entsprechenden Binnenmarktbezug primär der Sitz der Gesellschaft. Sind die Finanzinstrumente des Emittenten jedoch ausschließlich im Ausland zugelassen, gelten die Veröffentlichungsvorschriften des ausländischen Staates. Umgekehrt begründet die Zulassung von Finanzinstrumenten ausländischer Emittenten eine Anwendung der deutschen Vorschriften dann, wenn diese Zulassung ausschließlich im Inland besteht.[250] Dies ermöglicht es der Bundesanstalt, ihre Aufsicht über das Veröffentlichungsverhalten der Emittenten auf den inländischen Kapitalmarkt zu beschränken.

6. Zusammenfassung

Der Blick auf die Entwicklung der kapitalmarktrechtlichen Ad-hoc-Publizität zeigt deutlich, wie sehr sie durch europäische Vorgaben und die Bestrebung nach einer vollständigen Integration des europäischen Binnenmarktes geprägt ist. Die Entwicklungsgeschichte zeigt aber auch, wie sehr sich ihre Funktion von einer die Regelpublizität ergänzenden Veröffentlichungspflicht zu einer verstärkt insiderrechtlichen Präventivmaßnahme, konkret in Verbindung mit der Statuierung spezifischer Schadensersatzansprüche, gewandelt hat. Diese Funktion wird weiter durch eine ganz entscheidende Ausweitung ihres Anwendungsbereichs und des Umfangs der von ihr erfassten Informationen deutlich. Die Herstellung staatlicher Aufsicht über die Einhaltung der Veröffentlichungspflichten in Verbindung mit der Ahndung von Insiderverstößen unterstreicht diese Bedeutung. Damit stellt sich aber die Frage, welchen konkreten Schutzzielen die insiderrechtliche Ad-hoc-Publizität zu dienen bestimmt ist.

---

[250] Vg. *BaFin*, Jahresbericht 2006, S. 146.

II. Ad-hoc-Publizität als Teil der kapitalmarktrechtlichen Publizität

1. Klassifizierung der kapitalmarktrechtlichen Publizitätspflichten

Der Begriff der Publizität[251] kann in verschiedener Weise verwandt werden. Zum einen kann er den Vorgang des Offenlegens bzw. der Veröffentlichung bezeichnen, zum anderen den Zustand der Bekanntheit bzw. des Öffentlichseins.[252] Ihr Sinn und Zweck wird zumeist danach bestimmt, an welchen Adressatenkreis sie sich wendet. Kapitalmarktrechtliche Publizitätspflichten werden zunächst hinsichtlich ihres Regelungszwecks danach unterschieden, ob sie der Information des Primärmarktes oder des Sekundärmarktes dienen. Dabei wird die Publizität auch in eine Markteintritts- und Marktteilnahmepublizität unterteilt.[253] Der *Primärmarkt* oder Emissionsmarkt bezeichnet den Markt für den Eintritt von Wertpapieren in den Kapitalmarkt durch Vertrieb und Zulassung. Dabei wird primärmarktrechtliche Publizität vor allem durch den vom Emittenten bei der Bundesanstalt einzureichenden und danach zu veröffentlichenden Wertpapierprospekt hergestellt.[254] Der *Sekundärmarkt* hingegen umfasst den Handel mit Wertpapieren nach deren Eintritt in den Kapitalmarkt.[255] Sekundärmarktrechtliche Publizität umfasst damit all diejenigen Publizitätspflichten, die den Emittenten aufgrund seiner Börsenzulassung und der Aufnahme in den Handel treffen. Sie knüpft damit an seine Marktteilnahme an. Die sekundärmarktrechtliche Publizität kann

[251] Der Begriff der Publizität ist des Weiteren von demjenigen der Transparenz klar abzugrenzen. Transparenz im rechtlichen Sinne meint Durchschaubarkeit von Entscheidungsabläufen in Politik, Wirtschaft, Verwaltung bzw. Justiz. Auch hier besteht eine Überschneidung mit dem Begriff der Publizität, denn Publizität hat durchweg die Herstellung oder Steigerung von Transparenz zum Ziel. Publizität ist jedoch nur eines von mehreren Mitteln, mit denen Transparenz erreicht werden kann, vgl. *Merkt*, Unternehmenspublizität, S. 289.

[252] Vgl. *Brellochs*, Publizität und Haftung, S. 5; *Merkt*, Unternehmenspublizität, S. 6; *Fülbier*, Regulierung der Ad-hoc-Publizität, S. 21.

[253] *Merkt*, Unternehmenspublizität, S. 141. Während die Primärmarktpublizität den Eintritt eines Wertpapiers in den Kapitalmarkt zum Gegenstand hat, erfasst der Sekundärmarkt den gesamten Vorgang des Handels mit Wertpapieren und somit die Marktteilnahme, vgl. *Brellochs*, Publizität und Haftung, S. 6.

[254] Das Wertpapierprospektgesetz gilt hinsichtlich seines Anwendungsbereichs nur für öffentliche Angebote und Angebote auf einem organisierten Markt, den das Wertpapierprospektgesetz in § 2 Nr. 16 WpPG ebenso wie § 2 Abs. 5 WpHG als einen Markt definiert, der von staatlich anerkannten Stellen geregelt und überwacht wird, regelmäßig stattfindet und für das Publikum unmittelbar oder mittelbar zugänglich ist. Erfasst werden damit nur Angebote am amtlichen oder geregelten Markt, hingegen nicht solche im Freiverkehr.

[255] *Brellochs*, Publizität und Haftung, S. 6.

des Weiteren eingeteilt werden in eine anlassbezogene[256] und eine Regelpublizität.[257] Während die kapitalmarktrechtliche Regelpublizität alle regelmäßig wiederkehrenden Publizitätspflichten des Emittenten erfasst, gehören zur Anlasspublizität all diejenigen Publizitätspflichten, welche sich auf bestimmte kapitalmarktrelevante Vorgänge beziehen, nicht an den Ablauf bestimmter Zeiträume gebunden sind sondern vielmehr aperiodisch in Erscheinung treten.[258] Zur sekundärmarktbezogenen Regelpublizität gehört die Zwischenberichtspflicht nach § 40 BörsG, die durch die Transparenzrichtlinie 2004/109/EG neu eingefügten Jahres- und Halbjahresfinanzberichtspflichten in den §§ 37v, 37w WpHG und die Veröffentlichung eines jährlichen Dokuments nach § 10 WpPG. Zur sekundärmarktbezogenen Anlasspublizität gehören vor allem die insiderrechtlichen Veröffentlichungspflichten wie die Veröffentlichung von Geschäften von Führungspersonen (sog. *Directors' dealings*) nach § 15a WpHG und die Ad-hoc-Publizität nach § 15 WpHG und die wertpapierhandelsrechtliche Beteiligungspublizität.[259] Auch die Entscheidungsveröffentlichung nach § 10 WpÜG ist zu dieser sekundärmarktbezogenen Anlasspublizität zu zählen.

2. Die Trennung von Publizität und Information

Publizität und Information werden oft als zentrale Bedingungen für die Funktionsfähigkeit des Kapitalmarkts genannt.[260] Der Begriff der Publizität ist dabei von demjenigen der Information streng zu trennen. Publizität dient der Übertragung von Informationen[261], die für sich betrachtet ein eigenes ökonomisches Gut darstellen[262], weil sie

[256] Auch die primärmarktbezogenen Publizität kennt mit der Nachtragspflicht des Emittenten nach § 16 WpPG eine Anlasspublizität. So hat der Emittent jeden wichtigen neuen Umstand oder jede wesentliche Unrichtigkeit in Bezug auf die im Prospekt enthaltenen Angaben, die die Beurteilung der Wertpapiere beeinflussen könnten und die nach der Billigung des Prospekts und vor dem endgültigen Schluss des öffentlichen Angebots oder der Einführung oder Einbeziehung in den Handel auftreten oder festgestellt werden, in einem Nachtrag zu veröffentlichen.

[257] Vgl. zur Unterscheidung nach Anlass- und Regelpublizität: *Brellochs*, Publizität und Haftung, S. 6, 7.

[258] *Fülbier*, Regulierung der Ad-hoc-Publizität, S. 23.

[259] Die börsenrechtliche Beteiligungspublizität ist in den §§ 21 ff. WpHG geregelt. Auch das Aktienrecht kennt eine Beteiligungspublizität in den §§ 20, 21 AktG, die den Aktionär zu einer Unterrichtung der Gesellschaft über eine bedeutende Beteiligung verpflichten. Wird der Gesellschaft eine solche Beteiligung mitgeteilt, muss sie dies in ihren Gesellschaftsblättern veröffentlichen.

[260] *Brellochs*, Publizität und Haftung, S. 1.

[261] *Merkt*, Unternehmenspublizität, S. 8.

[262] Vgl. *Heinze*, Europäisches Kapitalmarktrecht. Recht des Primärmarktes, S. 13 f.

Unsicherheit vermeiden und dem Anleger das Treffen einer rationalen Anlageentscheidung ermöglichen. Der Sinn und Zweck kapitalmarktrechtlicher Publizität besteht damit darin, etwaig entstehende Informationsasymmetrien[263] abzubauen[264] und den Marktteilnehmern ungehinderten Zugang zu denjenigen Informationen zu verschaffen, die sie zur Verfolgung ihrer Interessen benötigen.

In der Informationsökonomie versteht man unter Information zunächst alles, was den handelnden Wirtschaftssubjekten hilft, Unsicherheit zu reduzieren, und damit von den Individuen dazu benutzt werden kann, ihre Entscheidungen zu verbessern.[265] Dabei sind Informationen klar von den Erwartungen der einzelnen Marktteilnehmer abzugrenzen. Informationen werden in der Regel als objektives Wissen über die Welt verstanden. Demgegenüber stellen Erwartungen individuell gebildete subjektive Interpretationen von objektiven Informationen dar.[266] Daneben findet sich eine Unterscheidung zwischen privater und öffentlicher Information. Bei privater Information handelt es sich um eine Information, die nur einem Marktteilnehmer oder einer bestimmten Gruppe exklusiv zugänglich ist, bei öffentlicher Information dagegen um eine Information, die gleichzeitig allen Marktteilnehmern zugänglich ist.[267] Bei der Statuierung von kapitalmarktrechtlichen Publizitätspflichten geht es also im Wesentlichen darum, private Information, die nur einem Marktteilnehmer oder einer bestimmten Gruppe exklusiv zugänglich ist[268], in öffentliche Information, die allen Marktteilnehmern zugänglich ist, zu verwandeln.[269]

---

[263] Von asymmetrischer Informationsverteilung spricht man, wenn eine Gruppe von Individuen qualitativ bessere oder quantitativ mehr Informationen als eine andere Gruppe hat, von einer heterogenen Informationsstruktur bereits, wenn sie nur Zugang zu unterschiedlichen Informationen haben, vgl. *Behrens*, Informationsnutzen im Aktienmarkt, S. 19.

[264] *Merkt*, Unternehmenspublizität, S. 8.

[265] *Behrens*, Informationsnutzen im Aktienmarkt, S. 17; *Fülbier*, Regulierung der Ad-hoc-Publizität, S. 108, der Informationen als zweckorientiertes Wissen definiert, wobei der Zweck der Information in der Entscheidungsvorbereitung oder in der Entscheidungsverbesserung liegen soll. Zum Verhältnis zwischen Information und Wertpapierpreisen *Zhang*, Information uncertainty and stock returns, Journal of Finance, 2006, Vol. 61, p. 105 – 137.

[266] *Behrens*, Informationsnutzen im Aktienmarkt, S. 18.

[267] *Behrens*, Informationsnutzen im Aktienmarkt, S. 26.

[268] Dies wird neben der generellen Verpflichtung zur Veröffentlichung von Insiderinformationen nach § 15 Abs. 1 Satz 1 WpHG erreicht, sondern daneben auch durch die Veröffentlichungsverpflichtung bei der selektiven Weitergabe von Insiderinformationen nach den § 15 Abs. 1 Satz 3 u. 4 WpHG.

[269] Zur Unterscheidung private – öffentliche Information, vgl. *Behrens*, Informationsnutzen im Aktienmarkt, S. 26. *Hopt* hat entgegen dieser Differenzierung Publizität in eine *Allgemein-* und *Individualpublizität* unterteilt. Allgemeinpublizität bezeichne die Offenlegung von Daten durch das Unterneh-

Aufbauend auf dieser begrifflichen Trennung unterstreicht *Merkt*, dass sich Publizität immer an ein Publikum richte und nie individuell auf die Offenlegung von Informationen gegenüber einem einzelnen Anleger ausgerichtet sei.[270] Eine Offenlegung gegenüber einer Einzelperson sei immer nur eine Informierung, aber keine Publikation, auch wenn sie sich nicht publizierter Daten bediene und die Publikationen des Unternehmens zur Grundlage und zum Ausgangspunkt der individuellen Beratung nehme. Dies führt *Merkt*[271] zu der These, dass der wesentliche Unterschied zwischen Publizität und Information darin liege, dass Publizität immer an das bloße Eintreten in den Markt anknüpfe, und damit als Korrelat der Marktteilnahme zu begreifen sei. Information setze demgegenüber immer das Bestehen eines vertraglichen bzw. vorvertraglichen Schuldverhältnisses voraus. Der Begriff der Marktteilnahme ist dabei nicht lediglich darauf beschränkt nur solche Tätigkeiten zu erfassen, die auf die reine Finanzierung eines Unternehmens gerichtet sind. Marktteilnahme umfasst auch das reine Agieren auf dem Kapitalmarkt, soweit es seinem Umfang nach so wesentlich ist, dass eine Information der übrigen Kapitalmarktteilnehmer angezeigt erscheint. Dies ist nicht nur dann der Fall, wenn der Kapitalanleger eine bedeutende Beteiligung erwirbt, veräußert oder diese ausbaut, sondern bereits dann, wenn dieser noch keine Beteiligung hält, dies jedoch in Form eines öffentlichen Angebots anstrebt. Derjenige, der die Abgabe eines öffentlichen Angebots und die damit bewirkte Durchführung eines Angebotsverfahrens anstrebt, ist allein deswegen zu einer Veröffentlichung dieses Umstands verpflichtet, weil er sich der Mittel des Kapitalmarkts bedient und damit auf diesem auftritt. Damit wird der Bieter in dem Moment zu einem Kapitalmarktteilnehmer, in dem er seine Entscheidung hinsichtlich der Durchführung des Angebotsverfahrens getroffen hat.

---

men gegenüber dem allgemeinen Publikum, wobei es keinen Unterschied mache, ob diese Publizität einer gesetzlichen Pflicht oder aufgrund eines freiwilligen Entschlusses erfolge, vgl. *Hopt*, Kapitalanlegerschutz, S. 94 f. Demgegenüber bezeichne Individualpublizität die Weitergabe von Informationen gegenüber den Aktionären aufgrund aktienrechtlicher Pflichten sowie die Aufklärung und Beratung bei der Anlageentscheidung des Anlegers durch Kreditinstitute und andere Anlagehelfer. Dieser Unterscheidung folgend spricht *Ekkenga* von den Aufklärungsprogrammen, die dem Publikum *in toto* angeboten werden (Allgemeinpublizität), und andererseits von den persönlichen Entscheidungshilfen (Individualpublizität), vgl. *Ekkenga*, Anlegerschutz, S. 396.

[270] *Merkt*, Unternehmenspublizität, S. 10.

[271] *Merkt*, Unternehmenspublizität, S. 11.

Wenn aber die kapitalmarktrechtliche Anlasspublizität immer an den Eintritt des Veröffentlichungsverpflichteten anknüpft, muss die Entscheidung des Bieters zur Abgabe eines öffentlichen Angebots als genau dieser Eintritt begriffen werden. Zwar richtet sich die sekundärmarktbezogene Publizitätspflicht meist an den Emittenten, und gründet dementsprechend auf einer bereits stattfindenden Marktteilnahme. Die Veröffentlichungspflicht nach § 10 WpÜG statuiert dagegen eine jedermann treffende Veröffentlichungspflicht, unabhängig von einer bestehenden Börsenzulassung. Die Begründung eines Markteintritts wird durch den Zweck der Entscheidungsveröffentlichung verdeutlicht, da sie dazu beitragen soll, dass Insider ihren Wissensvorsprung nicht durch Insidergeschäfte ausnutzen können[272], also der Prävention von Insiderhandel dient.[273] Die Entscheidung zur Abgabe eines öffentlichen Angebots ist ein kapitalmarktrelevanter Vorgang, dessen Veröffentlichung sich meist erheblich auf die Wertpapierpreise des Bieters als auch der Zielgesellschaft auswirkt. Wenn aber in diesem Bereich eine Verantwortlichkeit für die Prävention von Insidergeschäften geschaffen wird, kann die Entscheidung als ausreichend relevante Marktteilnahme begriffen werden. Die Entscheidungsveröffentlichung ist damit Teil der sekundärmarktrechtlichen Anlasspublizität.

3. Publizität als Voraussetzung rationaler Anlageentscheidungen

Aufgrund ihrer Funktion, bestehende Informationsasymmetrien abzubauen und das Vertrauen der Anleger in den Kapitalmarkt zu stärken, trägt Publizität dazu bei, den Anlegern das Treffen einer rationalen Anlageentscheidung zu ermöglichen.[274] Je umfassender die Information des Anlegers ist, umso rationaler wird auch dessen Anlageentscheidung.[275] Neben diesen Erwägungen spricht für einen individuellen Anlegerschutz das den europäischen Richtlinien zu Grunde liegende Leitbild des rationalen

---

[272] *Geibel/Süßmann*, BKR 2002, S. 52, 55 f.; *Veil*, ZHR 167 (2003), S. 365, 367.

[273] In Erwägungsgrund 12 der Übernahmerichtlinie 2004/25/EG wird die Prävention von Insidergeschäften durch eine solche Entscheidungspublizität ausdrücklich hervorgehoben.

[274] Begr. RegE. 4. FFG, BT-Drucks. 14/8017, S. 87; *Hopt*, ZHR 141 (1977), S. 389, 415; *Assmann*, in: Assmann/Schütze, Handbuch des Kapitalanlagerechts, § 1 Rn. 62; *ders.*, ZBB 1989, S. 49, 59; *Mülbert*, Aktiengesellschaft, Unternehmensgruppe und Kapitalmarkt, S. 111; *Möllers*, AG 1999, S. 433, 434; *Kümpel*, in: Assmann/Schneider, WpHG (2. Aufl. 1999), § 15 Rn. 2.

[275] *Hager*, Die wertpapierangebotsrechtliche Vorankündigung, S. 30.

Anlegers (*homo oeconomicus*).[276] Dieser soll durch eine ausreichende Informationsversorgung in die Lage versetzt werden, eine rationale Anlageentscheidung zu treffen.[277] Aufgrund einer ausreichenden Informationsversorgung wird der Anleger somit davor geschützt, Transaktionen auf der Grundlage von unvollständigen oder unrichtigen Informationen zu tätigen. Es ist daher insgesamt von einem weiten Anlegerschutzbegriff auszugehen, der sowohl den individuellen Anlegerschutz als auch den Schutz des Anlegerpublikums in seiner Gesamtheit umfasst.[278] Dabei strebt das Kapitalmarktrecht nicht nur den Schutz des aktuellen Anlegers an. Vielmehr ist mit ihm auch ein Schutz des potentiellen Anlegers[279] verbunden, der allein an einer Kapitalanlage interessiert ist, diese aber noch nicht vorgenommen hat.[280] Dies zeigen schon die Vorschriften zur Emissionspublizität, die einen Schutz des neu in die Gesellschaft eintretenden Anlegers durch umfassende Informationspflichten des Emittenten bezwecken.

Soweit sich aber kapitalmarktrechtliche Publizität mit der Marktteilnahme des Publizitätspflichtigen rechtfertigt wird sich die weitergehende These aufstellen lassen, dass die Marktteilnahme die Pflicht zum Schutz von rationalen Anlageentscheidungen bedingt. Erst die Marktteilnahme kann dazu führen, dass jemand einer Veröffentlichungspflicht obliegt. Damit ist aber gleichzeitig gesagt, dass eine Ad-hoc-Publizität zum Schutz einer rationalen Anlageentscheidung allein dann gegeben sein kann, wenn der Verpflichtete bereits am Kapitalmarkt aufgetreten ist. Dies ist bei § 15 WpHG zwar ohnehin der Fall, da sich dieser allein an einen Emittenten richtet. Gleiches muss

---

[276] Zum homo oeconomicus als Anlegerleitbild: *Assmann*, in: Assmann/Schütze, Handbuch des Kapitalanlagerechts, § 1 Rn. 59, der herausstreicht, dass der Anleger sich vielmehr als Finanzier unternehmerischer Projekte begreift denn als ein Gesellschafter, dem das Gesellschaftsrecht Mitwirkungs- und Kontrollrechte zuweist; *Möllers*, AG 1999, S. 433, 434; *ders.*, ZGR 1997, S. 334, 338; *Schwarze*, in: Baetge: Insiderrecht und Ad-hoc-Publizität, S. 97, 105 („mündiger Anleger"); *Mülbert*, Aktiengesellschaft, Unternehmensgruppe und Kapitalmarkt, S. 108.

[277] Erwägungsgrund 1 der Transparenzrichtlinie 2004/109/EG („Die rechtzeitige Bekanntgabe zuverlässiger und umfassender Informationen über Wertpapieremittenten stärkt das Vertrauen der Anleger nachhaltig und ermöglicht eine fundierte Beurteilung ihres Geschäftsergebnisses und ihrer Vermögenslage. Dies erhöht sowohl den Anlegerschutz als auch die Markteffizienz.").

[278] *Hopt*, Kapitalanlegerschutz, S. 51 f.; *Assmann*, ZBB 1989, S. 48, 56; *Koller*, in: Assmann/Schneider, WpHG (3. Aufl. 2003), vor § 31 Rn. 11.

[279] Erwägungsgründe 9, 11 der Richtlinie 2001/34/EG des Europäischen Parlaments und des Rates vom 28.05.2001 über die Zulassung von Wertpapieren zur amtlichen Börsennotierung und über die hinsichtlich dieser Wertpapiere zu veröffentlichenden Informationen (Kapitalmarktpublizitätsrichtlinie), ABl. L 184/1.

[280] *Brellochs*, Publizität und Haftung, S. 16.

aber auch für § 10 WpÜG gelten. Indem der Gesetzgeber dem Bieter hier eine Veröffentlichungspflicht beim Vorliegen einer Entscheidung auferlegt, stellt er klar, dass er diese Entscheidung als einen ausreichenden Marktteintritt betrachtet. Erst in diesem Moment ist der Bieter verpflichtet, das Treffen rationaler Anlageentscheidungen zu ermöglichen. Etwas anderes kann allein dann gelten, wenn eine Marktteilnahme seinerseits bereits stattgefunden hat.

III. Die Schutzziele kapitalmarktrechtlicher Informationspflichten

1. Individual- und Funktionsschutz als Schutzprinzipien des Kapitalmarktrechts

Kapitalmarktrecht ist darauf ausgerichtet, die Organisationen der Kapitalmärkte sowie die marktbezogenen Tätigkeiten und das marktbezogene Verhalten der Marktteilnehmer zu regeln.[281] Um diese Funktion erfüllen zu können ist es erforderlich, die notwendigen rechtlichen Vorkehrungen für ein Funktionieren des Kapitalmarkts zur Verfügung zu stellen.[282] Kapitalmarktrechtliche Informationspflichten unterliegen dabei einer doppelten Zielkonzeption: Zum einen verfolgen sie die Sicherung der Funktionsfähigkeit des Kapitalmarkts, zum anderen den Schutz der kapitalbereitstellenden Anleger.[283] Sowohl der Anleger- als auch der Funktionsschutz werden als Grundprinzipien sowohl der europäischen[284] als auch aller anderen Kapitalmarktrechtsordnungen ange-

[281] Ähnlich *Hopt*, ZHR 141 (1977), 389, 431: „*Kapitalmarktrecht kann danach als die Gesamtheit der Grundsätze und Normen gelten, die sich mit dem öffentlichen Vertrieb und Umlauf von Unternehmensbeteiligungen und verbrieften bzw. öffentlich registrierten Geldforderungstiteln – kurz fungiblen Kapitalmarktpapieren – befassen, um den Individualschutz der Kapitalanleger und den Funktionenschutz von Kapitalmarkt und Wirtschaft zu gewährleisten.*"

[282] *Assmann*, in: GroßKomm z. AktG, Einl. Rn. 356; *Bonin*, Leitung der Aktiengesellschaft, S. 339.

[283] Erwägungsgrund 2 Börsenzulassungsprospektrichtlinie 80/390/EWG v. 17.03.1980, ABl. Nr. L 1000, S. 1; Erwägungsgründe 10, 12, 16, 18, 19, 20, 21, 27, 29 der Prospektrichtlinie 2003/71/EG v. 4.11.2003; Erwägungsgründe 1, 17, 26, 31, 41, 44 der Finanzmarktrichtlinie 2004/39/EG v. 21.04.2004; Erwägungsgründe 1, 5, 7, 27 der Transparenzrichtlinie 2004/109/EG vom 15.12.2004; *Binder/Broichhausen*, ZBB 2006, S. 85, 88, die den Schutz funktionsfähiger Kapitalmärkte als Hauptziel definieren und den Anlegerschutz als damit untrennbar verbundenes Sekundärziel ausmachen. Grundlegend zur Doppelfunktion des Kapitalmarktrechts: *Hopt*, Kapitalanlegerschutz, 334 ff.; *ders.*, ZHR 141 (1977), S. 389, 415; *ders.*, DJT-Gutachten (1976), S. 47 ff.

[284] Erwägungsgrund 1 und Art. 14 Abs. 1 Börsenzulassungsrichtlinie 79/279/EWG v. 5.03.1979; Erwägungsgrund 2 Zwischenberichtsrichtlinie 82/121/EWG v. 15.02.1982, ABl. Nr. L 48, S. 26; Erwägungsgrund 1 Beteiligungstransparenzrichtlinie 88/627/EWG v. 17.12.1988, ABl. Nr. L 348, S. 62; Erwägungsgründe 1 bis 3 Wertpapierverkaufsprospektrichtlinie 89/298/EWG v. 17.04.1989, ABl. Nr.

sehen.[285] Aufgrund dessen wird insofern zwischen einem dem einzelnen Anleger dienenden Individualschutz und einem dem Kapitalmarkt in seiner volkswirtschaftlichen Funktion dienenden Funktionsschutz unterschieden. Hinsichtlich des individuellen Anlegerschutzes habe die Rechtsordnung die Voraussetzungen dafür zu schaffen, dass der einzelne Anleger eine möglichst optimale Anlageentscheidung treffen kann. Der institutionelle Anlegerschutz ziele demgegenüber darauf ab, das Vertrauen in die Kapitalmärkte zu sichern und die Effizienz des Kapitalmarkts zu fördern.[286]

a) Der kapitalmarktrechtliche Anlegerschutz

Soweit also kapitalmarktrechtliche Publizitätspflichten einen Schutz der am Markt auftretenden Anleger bezwecken stellt sich die Frage, ob von diesem Schutz der individuelle Anleger oder die Marktteilnehmer in ihrer Gesamtheit erfasst sein sollen. Nach *Schwark*[287] ist Anlegerschutz der Schutz der Interessen breiter Kreise, die Geld und Investivkapital bei Kapitalmarkteinrichtungen oder unmittelbar bei Produktionsunternehmen anlegen. Der Schutz erstreckt sich dabei auf die Gesamtheit der Anleger und stellt daher einen Teil des kapitalmarktrechtlichen Funktionsschutzes dar.[288] Neben dem Schutz des Anlegerpublikums soll das Kapitalmarktrecht aber auch einen *individuellen Anlegerschutz* verfolgen, der sich auf den Schutz des einzelnen Anlegers beschränkt.[289] Dieser individuelle Anlegerschutz wurde zunächst mit *sozialstaatlichen Argumenten* begründet[290] und wies dementsprechend eine Nähe zum Verbraucherschutz auf.[291] Aufgrund der auf Seiten des Einzelanlegers bestehenden Informationsdefizite und allgemeiner Marktgefahren müsse ein ausreichender Schutz hergestellt wer-

---

L 124, S. 8; Erwägungsgrund 1 der Transparenzrichtlinie 2004/109/EG v. 15.12.2004, ABl. Nr. L 390, S. 38; Erwägungsgründe 17, 44, 71 der Finanzmarktrichtlinie 2004/39/EG v. 21.04.2004.

[285] *Brellochs*, Publizität und Haftung, S. 14.

[286] vgl. *Möllers*, ZGR 1997, S. 334, 337; *Caspari*, in: Grundmann/Schwintowski/Singer/Weber, Anleger und Funktionsschutz, S. 7, 8 f.; Erwägungsgründe 1 bis 4 Insiderrichtlinie 89/592/EWG v. 13.11.1989, ABl. Nr. L 224, S. 30.

[287] *Schwark*, Anlegerschutz, S. 1.

[288] *Kümpel*, Bank- und Kapitalmarktrecht, Rn. 8.388 ff.; *Brellochs*, Publizität und Haftung, S. 15; *Caspari*, NZG 2005, S. 98.

[289] *Mülbert*, Aktiengesellschaft, Unternehmensgruppe und Kapitalmarkt, S. 108 f.; a.A. *Schönenberger*, Ökonomische Analyse, S. 16 f., eine Unterscheidung zwischen Individual- und Funktionsschutz in Bezug auf den Emissionsmarkt ablehnend.

[290] *Kübler*, AG 1977, S. 84, 87; *ders.*, Gesellschaftsrecht (5. Aufl. 1998), § 31 II, S. 390; *Hopt*, Kapitalanlegerschutz, S. 261 ff., 284 ff; *ders.*, DJT-Gutachten (1976), S. 47 f.

[291] Vgl. *Kübler*, AG 1977, S. 84, 87.

den, um dem Anleger die Möglichkeit einer sicheren Vermögensvorsorge zu geben.[292] Der individuelle Anlegerschutz stellt damit auch ein sozialpolitisches Ziel dar. Von dieser Sichtweise hat sich jedoch die kapitalmarktrechtliche Literatur weitestgehend gelöst.[293] Der Schutz des einzelnen Anlegers muss nicht notwendigerweise auf sozialstaatlichen Motiven gründen, sondern kann sich auch als wirksames Mittel des Funktionsschutzes darstellen.[294] Mit der Einräumung von Einzelansprüchen der Anleger würde auch das Vertrauen in den Kapitalmarkt gestärkt. Der Schutz des individuellen Anlegers wirkt damit auf den Funktionsschutz ein und umgekehrt. Diesbezüglich spricht die Rechtsprechung auch von einem Rechtsreflex: Die kapitalmarktrechtlichen Regelungen entfalteten mittelbar anlegerschützende Wirkung als Reflex des kapitalmarktrechtlichen Funktionsschutzes[295], indem öffentliche Information die Informationsasymmetrien zwischen der Unternehmensleitung und den Anlegern beseitigt.

b) Die Funktionsfähigkeit des Kapitalmarkts

aa) Kapitalmarktrechtliche Funktionsschutzziele

Die Ad-hoc-Publizität dient neben dem individuellen Anlegerschutz auch der Sicherung der Funktionsfähigkeit des Kapitalmarktes. Die Funktionsfähigkeit des Kapitalmarkts wird gemeinhin im Sinne einer Leistungsfähigkeit der kapitalmarktbezogenen Einrichtungen und Ablaufmechanismen verstanden.[296] Die zu diesem Zweck erforderlichen kapitalmarktrechtlichen Regelungen beziehen sich vorwiegend auf Marktinformation, Publizität und Transparenz. Diese zu schützende Funktionsfähigkeit besteht aus drei Säulen: der institutionellen, der operationalen und der allokativen Funktionsfähigkeit.

---

[292] *Möllers*, ZGR 1997, S. 334, 337; *Kübler*, Gesellschaftsrecht (5. Aufl. 1998), § 31 II S. 390.

[293] *Assmann*, ZBB 1989, S. 49, 61 ff.; *ders.*, in: Assmann/Schütze, Handbuch des Kapitalanlagerechts, § 1 Rn. 62 f.; *Brellochs*, Publizität und Haftung, S. 17; *Mülbert*, Aktiengesellschaft, Unternehmensgruppe und Kapitalmarkt, S. 111 f.

[294] *Assmann*, ZBB 1989, S. 49, 60 ff.; *ders.*, Prospekthaftung, S. 24; *Brondics/Mark*, AG 1989, S. 339, 343; *Hommelhoff*, ZGR 2000, S. 749, 771 ff.; *Pellens/Fülbier*, ZGR 2000, S. 572, 581; *Keusch/Wankerl*, BKR 2003, S. 744, 745.

[295] BVerfG, Urt. v. 24.09.2002, ZIP 2002, S. 1986, 1988 („Met@box"); OLG München, Urt. v. 01.10.2002, ZIP 2002, S. 1989, 1991 („Infomatec II") .

[296] Vgl. *Leisch*, Informationspflichten nach § 31 WpHG, S. 22.

Die *allokative Funktionsfähigkeit* bezeichnet die Fähigkeit eines Kapitalmarktes, das Investitionsvermögen dorthin fließen zu lassen, wo es am produktivsten eingesetzt wird und damit am meisten Rendite erwirtschaftet.[297] Die allokative Funktion eines Finanzmarkts liegt daher in seiner Steuerungsleistung, also der Lenkung von Investitionskapital zu produktiven Investitionen.[298] Als eine der wichtigsten Voraussetzungen der allokativen Funktionsfähigkeit stellen sich die ausreichende Information der Kapitalmarktteilnehmer und die damit einhergehende Markttransparenz dar.[299] Denn nur dann, wenn der Kapitalmarkt durch Information und Transparenz in der Lage ist, ein für die Kapitalbereitstellung erforderliches Vertrauen der Anleger zu schaffen, wird er seine Steuerungsleistung erfüllen können.[300] Eine unmittelbare Kapitalbeschaffungsfunktion über den Kapitalmarkt kann zwar lediglich durch den Primärmarkt erfolgen. Doch trägt der Sekundärmarkt mittelbar zur Allokationsfähigkeit bei, indem die auf ihm stattfindende Preisbildung die Emissionsbedingungen und die Kapitalbeschaffungskosten der Emittenten beeinflusst.[301] Kapitalmarktrechtliche Publizität ist damit in der Lage, unmittelbar auf die Finanzierung eines Unternehmens einzuwirken.

Die *institutionelle Funktionsfähigkeit* des Kapitalmarkts bezieht sich dagegen auf dessen Rahmenbedingungen. Der Kapitalmarkt muss zuallererst die notwendigen Voraussetzungen dafür schaffen, dass Anleger überhaupt bereit sind, ihr Kapital über den Markt zu investieren. Als eine dieser notwendigen Voraussetzungen wird ein effizientes Informationsproduktions- und –übermittlungssystem angesehen. Neben einer ausreichenden Marktbreite und –tiefe[302] müssten die Risikofaktoren der Anlageobjekte für

[297] *Kübler/Assmann*, Gesellschaftsrecht (6. Aufl. 2006), § 32 II S. 469; *Assmann*, in: GroßKomm AktG (4. Aufl. 2004), Einl. Rn. 358; *ders.*, in: Assmann/Schütze, Handbuch des Kapitalanlagerechts, (2. Aufl. 1997), § 1 Rn. 24; Hopt, DJT-Gutachten (1976), S. 48.

[298] *Brellochs*, Publizität und Haftung, S. 20.

[299] *Brellochs*, Publizität und Haftung, S. 21; *Assmann*, in: GroßKomm AktG (4. Aufl. 2004), Einl. Rn. 358.

[300] *Schörner*, Gesetzliches Insiderhandelsverbot, S. 60.

[301] *Fülbier*, Regulierung der Ad-hoc-Publizität, S. 142.

[302] Eine ausreichende Marktbreite ist dann gegeben, wenn der Kapitalmarkt eine Vielfalt an Angeboten bereit hält, also die Fähigkeit besitzt, unterschiedliche Anlagen und Marktteilnehmer aufzunehmen. Die Markttiefe bezeichnet die Fähigkeit eines Kapitalmarkts zur Aufnahme und Bereitstellung einer großen Menge von Angeboten und Marktteilnehmern und der Stabilität der Preise und Kurse auf lange Sicht, vgl. dazu *Leisch*, Informationspflichten nach § 31 WpHG, S. 22; *Brellochs*, Publizität und Haftung, S. 21; *Assmann*, in: Assmann/Schütze, Handbuch des Kapitalanlagerechts, (2. Aufl. 1997), § 1 Rn. 26; *Wackerbarth*, ZGR 2005, S. 686, 688 f.

den Investor berechenbar sein.[303] Der Anleger werde erst dann bereit sein, sein Kapital zu investieren, wenn seiner Investitionsentscheidung eine hinreichende Informationsversorgung zu Grunde liegt und er annehmen kann, auf der Grundlage einer ausreichenden Information zu handeln.[304]

Die *operationale Funktionsfähigkeit* bezeichnet die Fähigkeit des Kapitalmarktes, die Transaktionskosten, die durch den An- und Verkauf von Wertpapieren entstehen, so gering wie möglich zu halten.[305] Dieses Erfordernis resultiert daraus, dass die Höhe der Transaktionskosten dem Zustandekommen von Wertpapiergeschäften hemmend oder hindernd entgegenstehen kann.[306] Um diese Transaktionskosten zu gering wie möglich zu halten und damit die Renditemöglichkeiten zu optimieren sind sie demjenigen aufzuerlegen, der sie am besten vermeiden oder reduzieren kann.[307] Mit der Statuierung von Publizitätspflichten kommt es zu einer Senkung dieser Transaktionskosten, weil die damit veröffentlichten Informationen den kapitalbereitstellenden Anlegern die Suche nach einer attraktiven Anlage erleichtern. Dabei werden dem Emittenten die Publizitätspflichten auferlegt, da es ihm unter Kostengesichtspunkten am leichtesten fällt, die ihn betreffende Information zu veröffentlichen und damit die Transaktionskosten zu senken.[308]

Zu bedenken ist jedoch, dass mit einer Überproduktion von Informationen die operationale Funktionsfähigkeit beeinträchtigt werden kann, weil sie zu Irritationen und damit einer Ineffektivität des Marktes führen würde.[309] Die Informationsversorgung muss daher in einem ausgewogenen Verhältnis zu dem mit ihr verfolgten Zweck stehen. Damit ist die Problematik der sog. *Hüh- und Hott-Publizität* angesprochen, bei der eine Information zunächst veröffentlicht wird, um später durch eine daran anknüpfende Veröffentlichung wieder revidiert oder modifiziert zu werden. Eine solche Ver-

---

[303] *Assmann*, in: GroßKomm AktG (4. Aufl. 2004), Einl. Rn. 360.
[304] *Merkt*, Unternehmenspublizität, S. 307.
[305] *Brellochs*, Publizität und Haftung, S. 21.
[306] *Assmann*, in: GroßKomm AktG (4. Aufl. 2004), Einl. Rn. 359.
[307] *Brellochs*, Publizität und Haftung, S. 21; *Assmann*, in: GroßKomm AktG (4. Aufl. 2004), Einl. Rn. 359; *ders.*, in: Assmann/Schütze, Handbuch des Kapitalanlagerechts, (2. Aufl. 1997), § 1 Rn. 25.
[308] *Brellochs*, Publizität und Haftung, S. 21; *Kübler/Assmann*, Gesellschaftsrecht (6. Aufl. 2006), § 32 II S. 469.
[309] *Merkt*, Unternehmenspublizität, S. 308; *Zimmer*, Internationales Gesellschaftsrecht, S. 43.

öffentlichungspraxis kann zu Irritationen am Markt führen, die den Kapitalmarkt beeinträchtigen, weil sie zu einem Misstrauen der Marktteilnehmer führt.[310] Aus Gründen des Funktionsschutzes wird daher auch vertreten, dass eine Veröffentlichung von Umständen, die einer späteren Änderung unterliegen können, zu vermeiden sei.[311] Vielmehr sei Publizität zur Herstellung eines ausreichenden Funktionsschutzes dann gegeben, wenn eine Änderung nicht mehr möglich sei. Dagegen spricht jedoch der mit den kapitalmarktrechtlichen Publizitätspflichten verfolgte Zweck. Diese besteht allein aufgrund der Verpflichtung, rationale Anlageentscheidungen zu ermöglichen. Zu diesem Zweck sind den Marktteilnehmern diejenigen Informationen mitzuteilen, die diese für eine rationale Anlageentscheidung benötigen. Dabei kann es nicht darauf ankommen, ob der Veröffentlichungspflichtige diese Information als irritierend betrachtet oder nicht. Es kommt allein auf das Vorliegen der Information an, nicht auf die Bewertung durch den Verpflichteten. Die Gefahr, dass sich einzelne Anleger auf das sichere Bestehen von noch nicht abgeschlossenen Sachverhalten verlassen, kann nicht zu einem Wegfall der Veröffentlichungspflicht führen. Denn geschützt wird allein die rationale Anlageentscheidung, nicht jedoch diejenigen Entscheidungen, die auf Vermutungen beruhen.

Zusammenfassend lässt sich feststellen, dass die einzelnen Funktionsschutzziele nicht getrennt voneinander betrachtet werden können, sondern vielmehr in einem engen Zusammenhang stehen.[312] Um die allokative Funktionsfähigkeit und damit den Kapitalfluss zu garantieren, ist es erforderlich, auch die institutionellen Rahmenbedingungen für die Schaffung von Information und Transparenz und damit von Vertrauen des anlagesuchenden Publikums zu schaffen. Kapital wird allerdings nur dann bereitgestellt werden, wenn die die Investition begleitenden Kosten so gering wie möglich sind oder am besten gar nicht den Investor treffen. Publizität und Information sind somit Mittel, um alle drei Funktionsschutzziele zu verwirklichen und damit einen starken und wettbewerbsfähigen Kapitalmarkt zu schaffen. Denn nur dort, wo das Vertrauen der Inves-

[310] *Happ/Semler*, ZGR 1998, S. 116, 123; *Cahn*, ZHR 162 (1998), S. 1, 25 ff. („Gefahr der Überinformation"); a.A. *Burgard*, ZHR 162 (1998), S. 51, 61.
[311] *Hopt*, ZHR 159 (1995), S. 135, 152; *Burgard*, ZHR 162 (1998), S. 51, 83; *Cahn*, ZHR 162 (1998), S. 1, 26 („Gefahr der Überinformation").
[312] *Brellochs*, Publizität und Haftung, S. 22.

toren in die Stabilität und die Integrität des Marktes gestärkt und erhalten bleibt, kommt es überhaupt zum Austausch von Investitionskapital.

bb) Das Modell des idealen Marktes und Informationseffizienzthese

Sowohl der europäischen als auch der deutschen Kapitalmarktrechtsentwicklung liegt das Modell eines idealen Marktes zu Grunde. Nach dem Modell des idealen Marktes wird angenommen, dass dieser vollständig transparent ist[313] und sämtliche Marktteilnehmer über vollständige und gleichartige Informationen verfügen, die für den Wert eines Finanzinstruments relevant sind.[314] Auf dem idealen Markt wird sich daher ein Gleichgewichtspreis in Höhe des angemessenen Preises einstellen, so dass der dem Finanzinstrument innewohnende Wert dem ihm von den Marktteilnehmern zugemessenen entspricht (sog. *Preiswahrheit*).[315] Dabei ist dieser Wert nicht mit dem Fundamentalwert einer Aktie zu verwechseln. Aktienkurse entsprechen nicht immer ihrem fundamentalen Wert, also dem Gegenwartswert heutiger und künftig zu erwartender Renditen. Denn der Anleger ist möglicherweise bereit, einen höheren Preis für eine Aktie zu zahlen, da sie erwarten, die Aktie zu einem höheren Preis wieder verkaufen zu können.[316] Man spricht in diesem Fall von einer spekulativen Blase, bei der die Aktienkurse über dem Fundamentalwert einer Aktie liegen. Mit anderen Worten können nicht nur Informationen den Wert einer Aktie beeinflussen, sondern auch die aus ihnen gewonnenen Erwartungen des Anlegerpublikums (*soft information*).[317] Dies steht jedoch nicht der Feststellung entgegen, dass die an den Kapitalmärkten vorhandenen Informationen dazu beitragen sollen, den Wert eines Finanzinstruments bestimmen zu können. Diese Funktion wird nur dann erfüllt werden können, wenn den Marktteilnehmern die gleichen Informationen zur Verfügung stehen und keine asymmetrische Informationsverteilung gegeben ist. Eine asymmetrische Informationsverteilung führt dazu, dass die Qualität eines Finanzinstruments nicht hinreichend bestimmt werden

---

313 *Fülbier*, Regulierung der Ad-hoc-Publizität, S. 115.
314 *Büche*, Pflicht zur Ad-hoc-Publizität, S. 29.
315 *Büche*, Pflicht zur Ad-hoc-Publizität, S. 30.
316 *Blanchard/Illing*, Makroökonomie, S. 454.
317 Dazu *Ekkenga*, ZGR 1999, S. 165, 191, der sich gegen die Veröffentlichung von „weichen Informationen" ausspricht, weil mit ihnen die Gefahr einer Irreführung und damit einer Fehlallokation von betrieblich nutzbaren Ressourcen verbunden sei.

kann[318] und ein Abwanderungsprozess einsetzt, der im Ergebnis zu einem Zusammenbrechen des Marktes führt (*adverse selection*). Wenn dem Kapitalmarktrecht also das Modell eines idealen Marktes zu Grunde liegt, so kann sein Zweck vor allem darin gesehen werden, aufgrund von Information und Transparenz zur Schaffung von realistischen Wertpapierpreisen beizutragen. Die Wirtschaftswissenschaften sprechen hier von der sog. *Markteffizienz*[319], deren Grundaussage darin besteht, dass der jeweilige Preis eines Wertpapiers den wahren Wert dieses Wertpapiers auf der Grundlage öffentlicher Informationen immer richtig wiedergibt.[320] Alle öffentlich zugänglichen Informationen werden danach sofort nach ihrem Bekanntwerden im Wertpapierpreis abgebildet.[321] Der Information der Kapitalmarktteilnehmer durch Publizität kommt damit eine Preisbildungsfunktion zu. Dabei werden drei Formen der Kapitalmarkteffizienz unterschieden, die Informationseffizienz im schwachen Sinn, die Informationseffizienz im mittelstrengen Sinn sowie die Informationseffizienz im strengen Sinn.[322] Ohne auf die Kritik an dieser These[323] eingehen zu wollen wird durch sie die starke Beziehung zwischen öffentlicher Information und den an den Wertpapiermärkten gebildeten Preisen deutlich. Öffentliche Information trägt damit zu einem Gleichgewichtspreis bei,

---

[318] Zum Phänomen des *lemon market* aufgrund asymmetrischer Informationsverteilung *Akerlof*, The Market for „Lemons". Quality, Uncertainty and Market Mechanism, Qu. J. of Econ. 84 (1970), S. 488 ff. Dazu: *Merkt*, Unternehmenspublizität, S. 348 ff.; *Assmann*, in: Assmann/Schütze, Handbuch des Kapitalanlagerechts, § 1 Rn. 63; *ders.*, Prospekthaftung, S. 23 f.; *Caspari*, ZGR 1999, S. 530, 533; *Mülbert*, Aktiengesellschaft, Unternehmensgruppe und Kapitalmarkt, S. 110 ff.; *Fritsch/Wein/Ewers*, Marktversagen und Wirtschaftspolitik (3. Aufl. 1999), S. 262 ff.

[319] Die Markteffizienz wird von verschiedenen kapitalmarktrechtlichen Richtlinien als erklärtes Regelungsziel genannt, vgl. Erwägungsgrund 2 der Marktmissbrauchsrichtlinie 2003/6/EG; Erwägungsgrund 10 der Prospektrichtlinie 2003/71/EG; Erwägungsgrund 5 der Finanzmarktrichtlinie 2004/39/EG („Gesamteffizienz des Finanzsystems"); Erwägungsgrund 1 der Transparenzrichtlinie 2004/109/EG. Zur Herstellung von Markteffizienz durch insiderrechtliche Regelungen *Fishman/Hagerty*, Insidertrading and the Efficiency of Stock Prices, in: the RAND Journal of Economics, Vol. 23, 1992, pp. 106-122.

[320] *Vaupel*, WM 1999, S. 521, 525.

[321] *Sauer*, ZBB 2005, S. 24, 26.

[322] Der Kapitalmarkt ist dann schwach informationseffizient, wenn der aktuelle Marktpreis eines Wertpapiers alle Informationen über frühere Preise enthält. Bei der mittelstrengen Informationseffizienz sind neben den Informationen über frühere Preise alle öffentlich verfügbaren Informationen im Marktpreis enthalten. Bei der strengen Form der Effizienzhypothese wird angenommen, dass neben den öffentlich verfügbaren Informationen auch alle wesentlichen Informationen im Marktpreis eines Wertpapiers enthalten sind, auch wenn sie nur einigen wenigen Kapitalmarktteilnehmern bekannt sind. Zu den verschiedenen Formen der Markteffizienz vgl. *Sauer*, Haftung für Falschinformation des Sekundärmarktes, S. 127 ff.

[323] Zusammenfassung der Kritik bei *Hager*, Die wertpapierangebotsrechtliche Vorankündigung, S. 51 ff. Gegen die Informationseffizienz als notwendig Bedingung des Kapitalmarktes *Schneider*, DB 1993, S. 1429 ff.

der sich bei unterstellter Richtigkeit der den Informationen zu Grunde liegenden Umstände als realistisch im Sinne des Modells des idealen Marktes darstellt. Allein aufgrund der Tatsache, dass der Marktpreis eines Wertpapiers in einem entwickelten Kapitalmarkt zu jeder Zeit alle verfügbaren Informationen über die gehandelten Finanzinstrumente widerspiegelt (*Efficient Capital Market Hypothesis*) wird der durchschnittliche Anleger angesichts der Tatsache, dass der aktuelle Marktpreis in einem effizienten Kapitalmarkt zu jedem Zeitpunkt die bestmögliche Schätzung des zukünftigen Preises des entsprechenden Wertpapiers ermöglicht, keine weiteren Informationen über das Unternehmen benötigen, um eine vernünftige Anlageentscheidung treffen zu können. Der Anleger ist damit in der Lage, sich bei seiner Anlageentscheidung vollständig auf den aktuellen Marktpreis zu verlassen (Marktmodell der Anlageentscheidung; *Market Model of the Investment Decision*).[324] Die Grundsaussage dieses Modells besteht allerdings darin, dass das traditionelle Modell von einer Fehleinschätzung ausgeht, indem es die Beschaffung und sorgfältige Auswertung von Informationen als rationales Anlegerverhalten begreift. Der durchschnittliche Privatanleger verfüge weder über die Zeit noch über das erforderliche Wissen, um die umfangreichen und komplexen Unternehmensinformationen auswerten zu können. Der Kapitalmarkt selbst übernehme diesen Bewertungsprozess, indem der aktuelle Marktpreis zu jedem Zeitpunkt die beste Schätzung des zukünftigen Preises darstelle. Das rationale Verhalten des durchschnittlichen Anlegers käme daher allein dadurch zum Ausdruck, dass er den jeweiligen Marktpreis als richtig akzeptiert und sich bei seiner Entscheidung auf diesen verlässt.[325] Die Erfahrung zeige, dass der durchschnittliche Anleger weder die zum Teil schwer verständlichen Pflichtveröffentlichungen lese noch sich mit der Auswertung

[324] *Fischel*, Use of Modern Finance Theory in Securities Fraud Cases Involving Actively Traded Securities, 38 Bus. Law. 1, (1982). Die US-amerikanische Rechtsprechung reagiert auf diese Feststellung, indem sie dem Anleger eine Beweiserleichterung an die Hand gibt. Soweit ein effizienter Kapitalmarkt dazu führt, dass alle öffentlichen Informationen in den Wertpapierpreis einfließen, gilt dies auch für Falschinformationen durch den Emittenten. Weil sich aber der Anleger auf die Integrität eines effizienten Kapitalmarktes verlässt und damit auf die Preiswahrheit der gehandelten Wertpapiere, besteht eine widerlegbare Vermutung für die Kausalität zwischen der Falschdarstellung und dem Anlegerschaden (sog. *fraud-on-the-market-theory*). Siehe dazu Basic v. Levinson, 485 U.S. 224, 241 ff; Blackie v. Barrack, 524 F.2d 891, 907 (9th Circuit 1975); *Findeisen/Backhaus*, WM 2007, S. 100, 106 f. Der BGH hat nun in zwei neueren Entscheidungen ausdrücklich gegen die Anwendung der fraud on the market – Theorie im Deliktsrecht ausgesprochen, vgl. BGH, Urt. v. 04. 06. 2007, Az.: II ZR 147/05 und 173/05.

[325] *Fischel*, 38 Bus. Law. 1, 4 f. (1982); *MacKerron*, 69 Or. L. Rev. 177, 194 ff. (1990); *Schulte*, 70 Iowa L. Rev. 975, 981 ff. (1985); *Grzebielski*, 36 Baylor L. Rev. 335, 344 ff. (1984); *Lynn*, 50 Geo. Wash. L. Rev. 627, 646 ff. (1982).

von umfangreichen Unternehmensinformationen beschäftige, bevor er eine Anlageentscheidung trifft.[326] Vielmehr bevorzugt der Privatanleger die Hilfe professioneller Marktteilnehmer. Zusammenfassend trägt eine regulierte Ad-hoc-Publizitätspflicht dazu bei, dass der Kapitalmarkt vollständig transparent ist, die für die Preisbildung der Wertpapiere erheblichen Informationen in die Wertpapierpreise eingeflossen sind und sich der Anleger auf diesen Preis verlassen kann, weil er den wahren Wert des Wertpapiers widerspiegelt.[327]

cc) Ad-hoc-Publizität als Teil der externen Unternehmenskontrolle[328] durch den Kapitalmarkt

Kapitalgesellschaften zeichnen sich grundsätzlich dadurch aus, dass die Geschäftsführung von der Gesellschafterstellung getrennt ist (Fremdorganschaft). Dies wird insbesondere dort augenscheinlich, wo eine Vielzahl von Gesellschaftern der Geschäftsführung gegenübersteht (*dispersed stockownership*). Damit kommt es zu einer Trennung von wirtschaftlichem Eigentum und der Verfügungsgewalt über die Gesellschaft (*separation of ownership and control*)[329], die eine hinreichende Kontrolle der Geschäftsführung erforderlich macht. Zwar findet in der Aktiengesellschaft eine Kontrolle des Vorstands durch die von der Hauptversammlung gewählten Mitglieder des Aufsichtsrats statt. Dies allein kann jedoch eine effiziente Beaufsichtigung des Vorstands nicht ermöglichen. Allein dadurch, dass Eigentum und Verwaltung getrennt werden und ein dem Treuhandverhältnis vergleichbares Verhältnis (*principal/agent – Verhältnis*)[330]

---

[326] *Rützel*, AG 2003, S. 69, 74.

[327] *Baums*, ZHR 167 (2003), S. 139, 180 f.

[328] Bezüglich des Begriffs der Unternehmenskontrolle sind grundsätzlich zwei Arten von Unternehmenskontrolle zu unterscheiden. Zum einen meint Unternehmenskontrolle die Kontrolle der Geschäftsführung eines Unternehmens durch *sog. interne* als auch *externe Kontrollinstrumente*. Diese sind das Gesellschaftsrecht und das Kapitalmarktrecht. Zum anderen kann Unternehmenskontrolle die Kontrolle eines Unternehmens durch einen Mehrheitsgesellschafter meinen. Diese Unternehmenskontrolle wird maßgeblich durch das Konzernrecht, das Umwandlungsrecht und das Recht der öffentlichen Übernahmen geregelt. Zur Funktionsweise des market for corporate control vgl. *Lohrer*, Unternehmenskontrolle und Übernahmerecht, S. 72 ff.; *Hopt*, ZGR 1993, S. 534, 542 ff. Der Markt für Unternehmenskontrolle bezeichnet den zweiten genannten Regelungskomplex, den Markt für bedeutende Beteiligungen an Unternehmen. Der Begriff der Unternehmenskontrolle soll hier im erstgenannten Sinn verstanden werden.

[329] *Berle/Means*, The Modern Corporation and Private Property, S. 47 ff.

[330] Nach der mikroökonomischen Firmentheorie ist ein Unternehmen ein Bündel von Vertragsverhältnissen. Dabei wird das Verhältnis von Anteilseignern und Unternehmensleitung als „Agency"-

entsteht, erwächst daraus das Bedürfnis nach einer wirkungsvollen Durchsetzung der Interessen der Aktionäre und einer effizienten Überwachung des Managements, um eine Missachtung der Aktionärsinteressen durch die Unternehmensleitung zu verhindern.[331] Ein wichtiges Instrument stellt dabei die Informationsversorgung der Anteilseigner dar. Die Informationsversorgung soll gerade dazu beitragen, dass bestehende Informationsasymmetrien zwischen der Geschäftsführung und den Anteilseigners abgebaut werden (*value reporting*).[332] Die Gefahr, dass das Management der Zielgesellschaft nicht die Interessen der Aktionäre verfolgt, sondern lediglich an der Sicherung der eigenen Position im Unternehmen interessiert ist[333], besteht in besonderer Weise dann, sofern das Management eine Fusion oder Übernahme anstrebt oder einer solchen gegenübersteht. Gerade hier kann die Unternehmensführung der Versuchung unterliegen, nicht ausschließlich die Interessen der Gesellschaft zu verfolgen, sondern in besonderer Weise ausschließlich Eigeninteressen berücksichtigen. Allein aufgrund dieser Sachlage entsteht ein besonderes Bedürfnis nach einer wirksamen Kontrolle der Unternehmensleitung. Die Überwachung des Managements (*monitoring*)[334] kann dabei sowohl durch unternehmensinterne als auch durch unternehmensexterne Kontrollme-

Beziehung bezeichnet. Die Unternehmensleitung handelt als Vertreter (*agent*) der Gesellschafter (*principal*). Dieses sog. *Principal-Agent-Verhältnis* bedarf einer Beaufsichtigung der Agents durch die Gesellschafter, da die Interessen der beiden Gruppen divergieren können: Die Interessen der Gesellschafter sind primär darauf gerichtet, dass sie eine maximale Profiterzielung unter angemessener Risikoberücksichtigung ihrer Anlage erzielen, sie einen möglichst hohen Anteil am Gewinn zugeschrieben bekommen und die freie Handelbarkeit ihrer Wertpapiere gesichert ist. Demgegenüber kann die Unternehmensleitung das Ziel verfolgen, Größe und Wachstum des von ihnen kontrollierten Unternehmens zu maximieren anstatt lediglich den an die Aktionäre ausgeschütteten Gewinn zu steigern (*empire building*). Aufgrund des Interessengegensatzes zwischen den beiden Parteien muss der Prinzipal den Agenten bei der Erfüllung seiner Tätigkeit beaufsichtigen. Dadurch entstehen sog. *Agency-costs*, die sich aus den Überwachungskosten auf Seiten des Prinzipals, den Bonding-costs des Agents – also denjenigen Kosten, die dem Agenten dadurch entstehen, dass er den Prinzipal von seiner fortdauernden Loyalität überzeugen muss - sowie dem aufgrund der nicht vollständigen Lösbarkeit des Principal-Agent-Konfliktes verbleibenden Verlustes (*residual loss*) zusammensetzen. Diese Agency-costs gilt es gering zu halten. Dazu *Wiedemann*, ZGR 2006, S. 240, 244.

331 *Meier-Schatz*, ZHR 149 (1985), S. 76, 89; *Mai*, Aktionärsschutz und Minderheitenschutz, S. 162 f.

332 Zur Informationsversorgung als Instrument der Vermeidung von principal-agent-Konflikten: *Wirth*, Auslösung der Ad-hoc-Publizität, S. 23 ff. Zum Begriff des value reporting, *Wirth*, Auslösung der Ad-hoc-Publizität, S. 170. *"[...] Value Reporting wird insoweit verstanden als all jene gesetzlich vorgeschriebenen und freiwilligen Komponenten der Berichterstattung [...], mit denen die auf dem Kapitalmarkt zwischen Unternehmensleitung und den Kapitalgebern bestehenden Informationsasymmetrien abgebaut und die wertorientierte Ausrichtung der Unternehmensführung kommuniziert werden sollen.*"

333 *Hopt*, in: Baetge: Insiderrecht und Ad-hoc-Publizität, S. 1, 7; *ders.*, AG 1995, S. 353, 356.

334 *Easterbrook/Fischel*, The Economic Structure of Corporate Law, S. 263; *Hopt*, AG 1995, S. 353, 356.

chanismen[335] erreicht werden. Unternehmensinterne Kontrollinstrumente sind dabei solche, die durch die interne Struktur des Unternehmens, die Verpflichtungen des Managements gegenüber den Gesellschaftern, Einsichts- und Auskunftsrechte sowie andere subjektive Rechte aus der Mitgliedschaft, vorgegeben sind.[336] Unternehmensexterne Kontrollinstrumente sind solche, die auf die regulativen Kräfte des Kapitalmarktes vertrauen. Es handelt sich dabei um eine Kontrolle der Geschäftsführung durch den Kapitalmarkt.[337] Unternehmensexterne Kontrollinstrumente setzen daher das Vorhandensein eines funktionierenden, informationseffizienten Kapitalmarktes voraus, ohne den eine Kontroll- und Überwachungsfunktion nicht bestehen kann. Die beiden Kontrollsysteme können daher parallel wirken, auch wenn im Einzelnen umstritten ist, inwieweit die unternehmensinterne Kontrolle durch die Einflüsse des Kapitalmarktes in den Hintergrund verschoben oder gänzlich ersetzt wird.[338] Wenn aber eine wirksame Unternehmenskontrolle durch den Kapitalmarkt dessen Informationseffizienz voraussetzt, so ist diese untrennbar verbundenen mit einem ausreichenden Transparenz- und Publizitätsregime. Der Kapitalmarkt wird nur dann in der Lage sein, seine Kontrollfunktion auszuüben, wenn er mit ausreichenden und zeitnahen Informationen versorgt wird.[339] Die Ad-hoc-Publizität stellt sich dadurch als Teil der externen Kontrolle des Unternehmens durch den Kapitalmarkt dar[340] und erlangt gerade dann eine entscheidende Bedeutung, wenn die Geschäftsführung die Übernahme einer anderen Gesellschaft anstrebt.

---

[335] Zur Unterscheidung: *Hopt*, ZGR 2000, S. 779, 782 ff.; *Klein/Coffee*, Business Organization and Finance, S. 174.

[336] *Lüßmann*, Unternehmenskontrolle, Kapitalmärkte und Fair Value Accounting, S. 35. Zur internen Unternehmenskontrolle vgl. *Becker*, Verwaltungskontrolle durch Gesellschafterrechte, in § 20 mit besonderem Bezug zu den Informationsrechten der Gesellschafter.

[337] *Lüßmann*, Unternehmenskontrolle, Kapitalmärkte und Fair Value Accounting, S. 36. Teil dieser externen Kontrolle durch den Kapitalmarkt ist auch der Markt für Unternehmensübernahmen. Die Unternehmenskontrolle wird hier durch die Gefahr von feindlichen Übernahmen ausgeübt, vgl. *Hopt*, in: Baetge: Insiderrecht und Ad-hoc-Publizität, S. 1, 7. Der Gedanke, dass Unternehmenskontrolle durch den Markt für Unternehmensübernahmen (*market for corporate control*) ausgeübt werden kann, somit die Überwachung des Managements durch den Übernahmemarkt stattfindet, wurde zuerst von *H.G. Manne* entwickelt, vgl. *Manne*, 73 J.Pol.Econ 1965, S. 110 ff. Zusammenfassung bei *Meier-Schatz*, ZHR 149 (1985), S. 76, 94. Nach der „*Pruning deadwood*" - Theorie besteht der Sinn und Zweck von feindlichen Übernahmen auf dem Markt für Unternehmenskontrolle darin, schwache Unternehmensleitungen auszutauschen und durch ein effizienteres Management zu ersetzen, vgl. *Meier-Schatz*, ZHR 149 (1985), S. 76, 95.

[338] *Wagner*, Aufsichtsgremien im Gesellschaftsrecht, S. 122.

[339] *Lüßmann*, Unternehmenskontrolle, Kapitalmärkte und Fair Value Accounting, S. 43.

[340] *Fülbier*, Regulierung der Ad-hoc-Publizität, S. 148.

2. Das Verhältnis von Individual- und Funktionsschutz in Bezug auf die Ad-hoc-Publizität

In Bezug auf die Ad-hoc-Publizität stellt sich die Frage, ob sie mit der Ergänzung der Regelpublizität und der Prävention von Insidergeschäften[341] allein dem Funktionsschutz[342] verpflichtet ist oder darüber hinaus auch dem individuellen Anlegerschutz dient. Mit der Veröffentlichung von Insiderinformationen wird neben der Ergänzung der Regelpublizität der Gefahr vorgebeugt, dass Insiderwissen ausgenutzt[343] und die Integrität des Kapitalmarktes verletzt wird.[344] Mit der Bildung realistischer Wertpapierpreise durch Markttransparenz[345] und die Beseitigung von Informationsasymmetrien soll zugleich die Allokationsfunktion aufrechterhalten bleiben[346], indem die Ad-hoc-Publizität den Informationsstand der Kapitalmarktteilnehmer verbessert und deren Unsicherheit über die Qualität eines Wertpapiers reduziert.[347] Sie dient damit im wichtigen Maße dem Funktionsschutz.[348]

Schwieriger zu beantworten ist die Frage, ob die Ad-hoc-Publizität auch einen individuellen Anlegerschutz verfolgt. Zwar hat sich der Gesetzgeber des 2. FFG dahingehend geäußert, dass der Normzweck des § 15 WpHG ausschließlich in der Sicherung

[341] Zur Ad-hoc-Publizität als insiderrechtliche Präventivmaßnahme vgl. *Krause*, ZGR 2002, S. 799, 800; *Assmann*, in: Assmann/Schneider, WpHG (4. Aufl. 2004), § 15 Rn. 32 ff.; *Kümpel*, Bank- und Kapitalmarktrecht (3. Aufl. 2004), Rn. 16.217 ff.

[342] Begr. RegE. 2. FFG, BT-Drucks. 12/6679, S. 48; OLG München, ZIP 2002, S. 1989, 1994 („Infomatec II“); *Zimmer*, in: Schwark, Kapitalmarktrechtskommentar (3. Aufl. 2004), § 15 WpHG Rn. 8; Emittentenleitfaden der BaFin, S. 38.

[343] Beschlussempfehlung und Bericht des Finanzausschusses des Bundestages zum RegE. 2. FFG, BT-Drucks. 12/7918, S. 102; Begr. RegE. 2. FFG, BT-Drucks. 12/6679, S. 48; Begr. RegE. AnSVG, BT-Drucks. 15/3174, S. 34; *Kümpel*, Bank- und Kapitalmarktrecht (3. Aufl. 2004), Rn. 16.217; *ders.*, in: Assmann/Schneider, WpHG (2. Aufl. 1999), § 15 Rn. 7; *Ehricke*, in: Hopt/Voigt, Prospekt- und Kapitalmarktinformationshaftung, S. 251.

[344] *Möllers*, in: Möllers/Rotter, Ad-hoc-Publizität, § 2 Rn. 33, § 3 Rn. 43; *Assmann*, in: Assmann/Schneider, WpHG, § 15 Rn. 32 ff.; Emittentenleitfaden der BaFin, S. 38; *Simon*, Der Konzern 2005, S. 13.

[345] Beschlussempfehlung und Bericht des Finanzausschusses des Bundestages zum RegE. 2. FFG, BT-Drucks. 12/7918, S. 96, 102.

[346] *Möllers*, in: Möllers/Rotter, Ad-hoc-Publizität, § 3 Rn. 48; *Fülbier*, Regulierung der Ad-hoc-Publizität, S. 144 f.; *Nicodem*, Doppellisting und Anlegerschutz, S. 93.

[347] *Fülbier*, Regulierung der Ad-hoc-Publizität, S. 148.

[348] *Ehricke*, in: Hopt/Voigt, Kapitalmarktinformationshaftung, S. 250; *Hellgardt*, ZIP 2005, S. 2000, 2001; *Assmann*, in: Assmann/Schneider, WpHG (4. Aufl. 2006), § 15 Rn. 27 ff., 307.

der Funktionsfähigkeit des Kapitalmarkts[349] bestehe und damit nur dem Anlegerpublikum als Gesamtheit der potentiellen Anleger diene.[350] Richtig ist auch, dass sich der Gesetzgeber mit der Regelung des § 15 Abs. 6 Satz 1 WpHG dafür entschieden hat, § 15 WpHG keine Schutzgesetzeigenschaft im Rahmen eines deliktsrechtlichen Schadensersatzanspruches zuzugestehen.[351] Individuelle Anlegerinteressen seien allein aufgrund eines Rechtsreflexes[352] geschützt. Allein dies kann jedoch die Frage nicht beantworten, ob die Ad-hoc-Publizität nicht doch dem Individualschutz dient. Denn die Frage einer individualschützenden Funktion muss von der Frage der Schutzgesetzeigenschaft[353] des § 15 WpHG unterschieden werden.[354] In den Erwägungsgründen der Marktmissbrauchsrichtlinie wird deutlich, dass der europäische Gesetzgeber den Individualschutz der Insidervorschriften gleichrangig neben den von ihnen verfolgten Funktionsschutz gestellt hat.[355] Mit der Einräumung eines Schadensersatzanspruchs der Anleger für den Fall von unterlassenen oder falschen Ad-hoc-Veröffentlichungen[356] hat der Gesetzgeber des 4. FFG darüber hinaus klargestellt, dass

---

[349] Begr. RegE. 2. FFG, BT-Drucks. 12/6679, S. 48; *Kümpel*, Bank- und Kapitalmarktrecht (3. Aufl. 2004), Rn. 16.220; Beschlussempfehlung und Bericht des Finanzausschusses des Bundestages zum RegE. 2. FFG, BT-Drucks. 12/7918, S. 96, 102, mit dem Hinweis darauf, dass die Einräumung einer Schutzgesetzeigenschaft die Sanierung von existenzbedrohten Unternehmen gefährden würde.

[350] *Kümpel*, Bank- und Kapitalmarktrecht (3. Aufl.2004), Rn. 16.220; *Assmann*, in: Assmann/Schneider, WpHG (4. Aufl. 2006), § 15 Rn. 27 ff.

[351] Bericht des Finanzausschusses des deutschen Bundestages zum 2. FFG, BT-Drucks. 12/7918, S. 102; Begr. RegE. 4. FFG, BT-Drucks. 14/8017, S. 87; Begr. RegE. 4. FFG, BT-Drucks. 14/8017, S. 87; BVerfG, ZIP 2002, S. 1986 („Met@box"); *Zimmer*, in: Schwark, Kapitalmarktrechtskommentar (3. Aufl. 2004), § 15 WpHG, Rn. 8; *Assmann*, in: Assmann/Schneider, WpHG (4. Aufl. 2006), § 15 Rn. 307.

[352] *Zimmer*, in: Schwark, Kapitalmarktrechtskommentar, § 15 WpHG Rn. 8; *Kümpel*, in: Assmann/Schneider, WpHG (2. Aufl. 1999), § 15 Rn. 17.

[353] Umfassende Darstellung einer möglichen Schutzgesetzeigenschaft des § 15 WpHG bei *Hewicker*, Ad-hoc-Publizität: Haftung des Vorstands, S. 50 ff.

[354] So auch *Merkt*, Unternehmenspublizität, S. 286 ff., der hinsichtlich der Ad-hoc-Publizität zuförderst die Haftungsdogmatik (Rechtsfolgenseite) von der primären Publizitätspflicht unterscheidet. Die Fixierung der dogmatischen Diskussion auf die Haftungsdogmatik und damit allein auf der Rechtsfolgenseite habe dazu geführt, dass allgemein der Eindruck entstanden sei, die kapitalmarktrechtliche Ad-hoc-Publizität diene allein abstrakten, überindividuellen Schutzzielen und nicht dem Schutz von konkret-individuellen Interessen. Seiner Meinung nach wird die Diskussion um die Haftung dazu verwendet, gegen einen Individualschutz der Ad-hoc-Publizität zu plädieren, um eine Ausweitung der Haftung zu verhindern. Das Argument, die Gefahr von Schadensersatzansprüchen könne die Wirksamkeit der Ad-hoc-Publizität bei der Bekämpfung von Insidergeschäften schwächen, indem das Haftungsrisiko den Emittenten zu Befreiungsanträgen zwingen und somit das Bundesaufsichtsamt für Wertpapierhandel in seiner Arbeit beeinträchtigen würde, wäre mit der Schaffung der §§ 37b, 37c WpHG überholt und könne überdies keine Aussage über die individualschützende Wirkung treffen.

[355] Erwägungsgrund 12 der Marktmissbrauchsrichtlinie 2003/6/EG.

[356] §§ 37b, 37c WpHG. Die Marktmissbrauchsrichtlinie hat von dem Erfordernis einer zivilrechtlichen Sanktion bei einem Verstoß gegen die Veröffentlichungspflicht abgesehen und fordert allein nach Art.

die Ad-hoc-Publizität keine rein funktionsschützende Regelung, sondern auch und gerade eine Norm des individuellen Anlegerschutzes darstellt.[357] Mit der Einräumung eines spezialgesetzlichen Schadensersatzanspruchs wird deutlich, dass die Ad-hoc-Publizität auch den Interessen der einzelnen Anleger zu dienen bestimmt ist, die im Vertrauen[358] auf deren Richtigkeit, Vollständigkeit und Unverzüglichkeit ihr Investitionsverhalten ausrichten. So spricht auch die Funktion der Ad-hoc-Publizität, eine rationale Anlageentscheidung zu ermöglichen, für einen individualschützenden Charakter. Der Ad-hoc-Publizität ist damit sowohl ein institutioneller als auch individueller Anlegerschutzzweck zuzusprechen.[359] In seiner funktionsschützenden Wirkung kommt der Ad-hoc-Publizität damit die Funktion zu, den Kapitalmarkt schnellstmöglich mit kurserheblichen Informationen zu versorgen[360] und damit zur Bildung realistischer Wertpapierpreise beizutragen, möglicherweise drohenden Insiderhandel aufgrund von Informationsasymmetrien zu verhindern[361] und damit das Vertrauen in den Kapitalmarkt als solchen zu gewährleisten. Als individualschützende Regelung kommt ihr gleichzeitig die Funktion zu, sowohl die gegenwärtigen als auch die potentiellen Anleger unverzüglich zu informieren und damit sicherzustellen, dass diese ihre Investitionsentscheidungen auf der Grundlage einer ausreichenden und umfassenden Informationsgrundlage treffen.[362]

14 Abs. 1 Satz 1, dass bei Verstößen gegen die Veröffentlichungspflichten gegen die verantwortlichen Personen geeignete Verwaltungsmaßnahmen ergriffen oder im Verwaltungsverfahren zu erlassende Sanktionen verhängt werden können.

[357] *Hahn*, Neue Ansätze im Anlegerschutz, S. 81; *Figiel*, Die Weitergabe von Insiderinformationen, S. 85; a.A. *Assmann*, in: Assmann/Schneider, WpHG (4. Aufl. 2006), § 15 Rn. 27 ff.; *Caspari*, ZGR 1999, S. 530, 532 ff.; *Mülbert/Steub*, WM 2005, S. 1633, 1635.

[358] *Nicodem*, Doppellisting und Anlegerschutz, S. 93.

[359] *Hahn*, Neue Ansätze im Anlegerschutz, S. 79 ff.; *v. Klitzing*, Die Ad-hoc-Publizität, S. 53, 54.

[360] *Ehricke*, in: Hopt/Voigt, Kapitalmarktinformationshaftung, S. 250; *Hellgardt*, ZIP 2005, S. 2000, 2001; *Assmann*, in: Assmann/Schneider, WpHG (4. Aufl. 2006), § 15 Rn. 27 ff., 307.

[361] Emittentenleitfaden der BaFin, S. 38, die den Zweck der Ad-hoc-Publizitätspflicht darin sieht, dass ein gleicher Informationsstand der Marktteilnehmer durch eine schnelle und gleichmäßige Unterrichtung des Marktes erreicht werden soll, damit sich keine unangemessenen Börsen- oder Marktpreise aufgrund fehlerhafter oder unvollständiger Unterrichtung des Marktes bilden. Die Ad-hoc-Publizität sei gleichzeitig eine wichtige Präventivmaßnahme gegen den Missbrauch von Insiderinformationen.

[362] *Cahn*, ZHR 162 (1998), S. 1, 21.

3. Ad-hoc-Publizität und das Verbot der Kurs- und Marktpreismanipulation des § 20a WpHG

Die funktions- und individualschützende Funktion der Ad-hoc-Publizität wird auch durch ihr Verhältnis zum Verbot der Marktmanipulation nach § 20a WpHG[363] augenscheinlich, wonach es verboten ist, unrichtige oder irreführende Angaben zu machen oder Umstände entgegen bestehenden Rechtsvorschriften zu verschweigen, wenn dieses Verschweigen dazu geeignet ist, auf den Börsen- oder Marktpreis eines Finanzinstruments einzuwirken. Das enge Verhältnis zwischen der Ad-hoc-Publizität und dem Verbot der Marktmanipulation wird gerade durch die Regelung des § 2 Abs. 2 MaKonV[364] deutlich, der ad-hoc bekannt gemachte Informationen als regelmäßig bewertungserheblich i.S.d. § 20a Abs. 1 Nr. 1 WpHG einstuft. Selbiges gilt nach § 2 Abs. 2 und 4 MaKonV für die Entscheidung zur Abgabe eines öffentlichen Wertpapiererwerbsangebotes und die Kontrollerlangung, die ebenfalls als regelmäßig bewertungserheblich eingestuft werden. Das Unterlassen einer Ad-hoc-Veröffentlichung oder falsche oder irreführende Angaben in einer vorgenommenen Veröffentlichung erfüllen damit regelmäßig den Tatbestand einer Marktmanipulation i.S.d. § 20a Abs. 1 Nr. 1 WpHG.[365] Gleiches muss für die unterlassene Entscheidungsveröffentlichung nach § 10 Abs. 1 Satz 1 WpÜG gelten.

---

[363] Auch hier ist der Individualschutz des § 20a WpHG von der Schutzgesetzeigenschaft zu trennen. Zwar stellt das Verbot der Marktmanipulation kein Schutzgesetz i.S.d. § 823 Abs. 2 BGB dar, vgl. OLG München, ZIP 2002, S. 1989 („Infomatec II"). Der Funktionsschutz wirkt sich hier jedoch auch auf den einzelnen Anleger aus. Mit der Schutzrichtung der Norm, die Zuverlässigkeit und Wahrheit der Preisbildung zu gewährleisten, bewirkt einen mittelbaren Schutz des Kapitalanlegers, vgl. BT-Drucks. 10/318, S. 46; OLG München, ZIP 2002, S. 1989, 1991.

[364] Verordnung zur Konkretisierung des Verbotes der Marktmanipulation (Marktmanipulations-Konkretisierungsverordnung – MaKonV) v. 01.03.2005, BGBl. I 2005, Nr. 15 v. 10.03.2005, S. 515 f.

[365] *Mörsdorf*, Zivilrechtliche Verantwortlichkeit für Verstöße gegen die Ad-hoc-Publizitätspflicht gemäß § 15 WpHG, S. 74, 75; Emittentenleitfaden der BaFin, S. 90; *Hellgardt*, ZIP 2005, S. 2000, 2001 f.

4. Ergänzungsfunktion gegenüber der Beteiligungstransparenz

Der Ad-hoc-Publizität kommt auch bei der kapitalmarktrechtlichen Beteiligungstransparenz[366] eine Ergänzungsfunktion zu. Denn während die Regelungen der §§ 21 ff. WpHG dazu führen, dass der Kapitalmarkt aufgrund der langen Meldefristen[367] erst spät über Änderungen bei bedeutenden Beteiligungen informiert wird[368], stellt die Ad-hoc-Publizität eine unverzügliche Informierung des Börsenpublikums sicher. Damit ist die Veröffentlichungspflicht nach § 15 WpHG neben der Beteiligungstransparenz nach den §§ 21 ff. WpHG anwendbar.[369] Kommt es daher zu einer Berührung der in § 21 WpHG aufgeführten Schwellenwerte, ist der Aktionär, soweit es sich bei ihm um ein börsennotiertes Unternehmen handelt[370], ebenso zu einer Ad-hoc-Veröffentlichung unter Beachtung der nach § 15 Abs. 7 Satz 1 WpHG i.V.m. § 5 WpAIV erforderlichen Form verpflichtet.

IV. Zusammenfassung

Sowohl die wertpapierhandelsrechtliche Ad-hoc-Publizität des § 15 WpHG als auch die Entscheidungsveröffentlichung nach § 10 WpÜG dienen der Prävention von Insidergeschäften. Aufgrund ihrer Zweckrichtung sind sie darauf ausgerichtet, die dem

---

[366] Die kapitalmarktrechtliche Beteiligungstransparenz ist von der aktienrechtlichen nach den §§ 20, 21 AktG zu trennen. Die kapitalmarktrechtliche Beteiligungstransparenz richtet sich ausschließlich an börsennotierte Gesellschaften i.S.d. § 21 Abs. 2 WpHG. Eine Beschränkung dieser Veröffentlichungspflicht auf Gesellschaften, deren Aktien ausschließlich im amtlichen Handel notiert sind, ist durch Art. 2 Nr. 1 des Gesetzes zur Regelung von öffentlichen Angeboten zum Erwerb von Wertpapieren und von Unternehmensübernahmen vom 20.12.2001 (BGBl. I, S. 3822, 3837) aufgehoben worden.

[367] *Möllers*, in: Möllers/Rotter, Ad-hoc-Publizität, § 2 Rn. 34.

[368] Während dem Aktionär hinsichtlich seiner Mitteilungspflicht ein Zeitraum von sieben Kalendertagen eingeräumt wird, muss die börsennotierte Gesellschaft ihrer Veröffentlichungspflicht innerhalb von neun Kalendertagen nach dem Zugang der Mitteilung nachkommen. Damit entsteht ein Zeitfenster von maximal sechzehn Kalendertagen, das es Eingeweihten ermöglicht, auf der Grundlage der noch geheimen Informationen ihr Wissen durch Insidergeschäfte auszunutzen, vgl. *Schneider*, in: Assmann/Schneider, WpHG, Vor § 21 Rn. 35.

[369] *Schneider*, in: Assmann/Schneider, WpHG (3. Aufl. 2003), vor §§ 21 Rn. 34 ff.; *Möllers*, in: Möllers/Rotter, Ad-hoc-Publizität, § 2 Rn. 34; *Schneider*, in: Assmann/Schneider, WpHG, Vor § 21 Rn. 35 ff.; *Burgard*, ZHR 162 (1998), S. 51, 74 (Fn. 130a); *Opitz*, in: Schäfer/Hamann, Kapitalmarktgesetze, § 21 WpHG Rn. 44, der darauf hinweist, dass die die Mitteilungspflicht nach § 21 WpHG begründenden Umstände auch weitere Mitteilungs- und Veröffentlichungspflichten auslösen können und eine spezialgesetzliche Konkurrenz, die eine Anwendbarkeit der Ad-hoc-Publizität auf Beteiligungsveränderungen ausschließen könnte, verneint.

[370] *Schneider*, in: Assmann/Schneider, WpHG (4. Aufl. 2006), Vor § 21 Rn. 34.

Emittenten oder Bieter zur Verfügung stehenden Informationen den Marktteilnehmern zugänglich zu machen, und damit den Zeitraum zu verkürzen, in welchem Insiderinformationen missbräuchlich ausgenutzt werden können. Der insiderrechtlichen Publizität kommt damit eine präventive Funktion zu.

Neben dieser präventiven Funktion hat sie aber auch Auswirkungen auf die Preisbildung am Kapitalmarkt. Dieser ist durch eine unverzügliche Informationsversorgung in der Lage, den tatsächlichen Verhältnisses des Emittenten entsprechende Wertpapierkurse zu bilden. Publizität dient damit der Herstellung einer erhöhten Markteffizienz, die sich durch einen unverzüglichen Eingang veröffentlichter Informationen in die gehandelten Wertpapierpreise auszeichnet. Die Akteure am Kapitalmarkt können damit darauf vertrauen, dass die am Markt gebildeten Kurse den zu diesem Zeitpunkt verfügbaren Informationen entsprechen bzw. diese in korrekter Weise widerspiegeln. Damit kommt es nicht nur zu einem Schutz des Marktes als solchem, der auf das Vertrauen seiner Teilnehmer angewiesen ist, sondern gleichzeitig zu einem Schutz der individuellen Anleger, die gerade in ihrem Vertrauen auf einen fairen Preis und die ihm zugrundeliegenden Informationen geschützt sind. Dieser individuelle Anlegerschutz wird unterstrichen durch die Haftungssanktionen der §§ 37b, 37c WpHG, die zu einem verbesserten Publizitätsverhalten des Emittenten beitragen sollen. Daneben kommt es zu einer Verbesserung der Kontrollfunktion des Kapitalmarktes. Mit der unverzüglichen Übermittlung von Insiderinformationen ist es ihm möglich, Entscheidungen der Geschäftsführung zu honorieren oder abzustrafen. Diese Funktion ist vor allem dort von Bedeutung, wo die Geschäftsführung die Übernahme eines anderen Unternehmens anstrebt. Ad-hoc-Publizität dient damit nicht nur den Marktakteuren, sondern auch den gegenwärtigen Aktionären des Emittenten. Damit dienen § 10 WpÜG und § 15 WpHG neben dem reinen Funktionsschutz auch dem individuellen Anlegerschutz. Auch wenn beide Schutzziele untrennbar miteinander verbunden sind, der Funktionsschutz gerade darauf aufbaut, dass die einzelnen Anleger in die Integrität des Kapitalmarktes vertrauen, hat sich eine Auslegung der insiderrechtlichen Publizität immer an diesen beiden Schutzzielen zu orientieren.

Kapitel 2: Die Veröffentlichungspflicht des Bieters

A. Die Veröffentlichungspflicht nach § 10 WpÜG

Nach § 10 Abs. 1 Satz 1 WpÜG hat der Bieter, welcher in § 2 Abs. 4 WpÜG legaldefiniert ist, seine Entscheidung zur Abgabe eines Angebots unverzüglich zu veröffentlichen. Die Art der Veröffentlichung richtet sich nach § 10 Abs. 3 Satz 1 WpÜG, wonach die Veröffentlichung der Entscheidung in mindestens einem überregionalen Börsenpflichtblatt sowie über ein elektronisch betriebenes Informationsverbreitungssystem[371] vorzunehmen ist. § 10 Abs. 3 Satz 2 WpÜG bestimmt, dass der Bieter auch die Adresse anzugeben hat, unter der die Veröffentlichung der Angebotsunterlage im Internet erfolgen wird. Nach § 10 Abs. 3 Satz 3 WpÜG darf eine anderweitige Veröffentlichung nicht vor der Veröffentlichung nach § 10 Abs. 3 Satz 3 WpÜG vorgenommen werden (*Verbot der Vorveröffentlichung*).

Ebenso wie § 15 Abs. 3 WpHG sieht § 10 WpÜG eine Befreiungsmöglichkeit des Bieters hinsichtlich seiner Veröffentlichungspflicht vor. Nach § 10 Abs. 1 Satz 3 WpÜG kann die Bundesanstalt dem Bieter auf Antrag gestatten, eine Veröffentlichung erst nach dem Beschluss der Gesellschafterversammlung vorzunehmen, wenn der Bieter durch geeignete Vorkehrungen sicherstellt, dass durch die Befreiung Marktverzerrungen nicht zu befürchten sind. Neben den Veröffentlichungspflichten des Bieters bestehen für diesen auch damit einhergehende Mitteilungspflichten. Vor der Veröffentlichung hat der Bieter die Entscheidung den Geschäftsführungen der Börsen, an denen die Wertpapiere des Bieters, der Zielgesellschaft und anderer durch das Angebot unmittelbar betroffener Gesellschaften zugelassen sind, mitzuteilen. Gleiches gilt gegenüber den Terminbörsen, an denen Derivate mit Bezug zu den genannten Wertpapieren gehandelt werden. Eine Mitteilungspflicht besteht gleichfalls gegenüber der Bundesanstalt. Während die Mitteilung an die Börsengeschäftsführungen diesen die Möglich-

[371] Dieses Informationsverbreitungssystem muss bei Kreditinstituten, Finanzdienstleistungsinstituten, nach § 53 Abs.1 des Gesetzes über das Kreditwesen tätigen Unternehmen, anderen Unternehmen, die ihren Sitz im Inland haben und an einer inländischen Börse zur Teilnahme am Handel zugelassen sind, und Versicherungsunternehmen weit verbreitet sein.

keit geben soll, Kursaussetzungen der betroffenen Wertpapiere zu verfügen[372], sofern dies erforderlich scheint, soll die Mitteilung gegenüber der Bundesanstalt dazu beitragen, dass diese ihre Aufsichtsfunktion (§ 4 WpÜG) erfüllen kann.[373]

I. Der Regelungszweck des § 10 Abs. 1 Satz 1 WpÜG

Die Verpflichtung zur Veröffentlichung der Entscheidung besteht sowohl bei einfachen öffentlichen Angeboten als auch über § 34 WpÜG bei Übernahmeangeboten.[374] Dass das Pflichtangebot von der Veröffentlichungsverpflichtung ausgenommen ist, folgt zum einen aus der gesetzlichen Vorschrift des § 39 WpÜG, der neben der allgemeinen Verweisung auf die Vorschriften des dritten Abschnitts die Regelung des § 10 Abs. 1 Satz 1 WpÜG ausdrücklich ausnimmt. Zum anderen aus dem Umstand, dass das Angebotsverfahren bei einem Pflichtangebot mit der Erlangung der Kontrolle beginnt[375] und daher keine Entscheidung des Bieters voraussetzt. Das Pflichtangebot gründet gerade darauf, dass der Bieter keine autonome Entscheidung über die Durchführung eines Angebotsverfahrens trifft, sondern vielmehr dazu gesetzlich verpflichtet sein soll, soweit er die Kontrolle[376] über die Zielgesellschaft erlangt hat.

Dabei ist die Vorschrift nach der Gesetzesbegründung[377] der Regelung des § 15 WpHG nachgebildet, was ihre *insiderrechtliche Funktion* unterstreicht. Ebenso wie

---

372 § 10 Abs. 2 Satz 2 WpÜG.

373 Begr. RegE. WpÜG, BT-Drucks. 14/7034, S. 40.

374 *Hirte*, in: KölnKomm z. WpÜG, § 10 Rn. 17; *Thoma/Stöcker*, in: Baums/Thoma, WpÜG, § 10 Rn. 8; *Assmann*, in: Assmann/Pötzsch/Schneider, WpÜG, § 10 Rn. 9.

375 Bei Pflichtangeboten gilt jedoch die Regelung des § 35 WpÜG. § 35 Abs. 1 WpÜG statuiert die Pflicht desjenigen, welcher unmittelbar oder mittelbar die Kontrolle über eine Zielgesellschaft erlangt hat, dies unter Angabe seines Stimmrechtsanteils unverzüglich gemäß § 10 Abs. 3 Satz 1 und Satz 2 WpÜG zu veröffentlichen. Darauf folgend fordert § 35 Abs. 2 WpÜG, dass der Bieter vier Wochen nach der Veröffentlichung der Erlangung der Kontrolle über eine Zielgesellschaft der BaFin eine Angebotsunterlage zu übermitteln und nach § 14 Abs. 2 Satz 1 WpÜG ein Angebot zu veröffentlichen hat. Die unverzügliche Veröffentlichung hat damit sowohl beim freiwilligen öffentlichen Angebot und einem freiwilligen Übernahmeangebot als auch beim Pflichtangebot die Aufgabe, das Angebotsverfahren zu eröffnen.

376 Der Begriff der Kontrolle wird in § 29 Abs. 2 WpÜG legaldefiniert als das Halten von mindestens 30 Prozent der Stimmrechte an der Zielgesellschaft. Ähnlich wie bei den Stimmrechtsmitteilungen nach den §§ 21 ff. WpHG kommt es auch hier auf den dinglichen Erwerb der Wertpapiere an, ein dem Erwerb vorangehendes Verpflichtungsgeschäft, dass dem Erwerber einen Anspruch auf den Erwerb einräumt, ist damit unerheblich. Eine Befreiung von der Verpflichtung zur Abgabe eines Angebots kommt nur auf schriftlichen Antrag des Bieters bei der Bundesanstalt nach § 37 WpÜG in Betracht.

377 Begr. RegE. WpÜG, BT-Drucks. 14/7034, S. 39.

diese soll § 10 WpÜG das Ausnutzen von Spezialwissen durch eine frühzeitige Unterrichtung der Öffentlichkeit über einen marktrelevanten Umstand verhindern. Sie dient daher einem präventiven Zweck, nämlich der Verhinderung des Insiderhandels nach § 14 WpHG durch Ausnutzung von Spezialwissen.[378] Das enge Verhältnis der beiden Vorschriften zueinander wird auch dadurch augenscheinlich, dass § 10 Abs. 6 WpÜG ausdrücklich darauf hinweist, dass § 15 WpHG nicht für Entscheidungen zur Abgabe eines Angebots gilt. Auch aus diesem Grund wird vertreten, die übernahmerechtliche Ad-hoc-Publizität diene der Herstellung der sog. *Bereichsöffentlichkeit*.[379] Insofern handele es sich bei der Pflicht zur Entscheidungsveröffentlichung um eine Ausprägung des Marktverzerrungsverbots aus § 3 Abs. 5 WpÜG.[380] Dieses Verständnis wird auch durch die ausdrückliche Erwähnung der Marktverzerrung in § 10 Abs. 1 Satz 3 WpÜG augenscheinlich. Wenn aber die Entscheidungsveröffentlichung den Zweck verfolgt, Insidergeschäfte durch eine frühzeitige Information der Kapitalmarktteilnehmer zu unterbinden, dann führt sie darüber hinaus zu einer Steigerung der Markteffizienz. Indem die Entscheidung sofort nach ihrer Entstehung in die Preise der gehandelten Wertpapiere einfließen kann, können sich die Kapitalmarktteilnehmer darauf verlassen, dass der Wertpapierpreis realistisch ist. Damit sichert die Entscheidungsveröffentlichung neben der Prävention von Insidergeschäften auch das Treffen von rationalen Anlageentscheidungen.[381]

Die Vorschrift des § 10 WpÜG hat neben der insiderrechtlichen Zweckrichtung im Gegensatz zum Regelungszweck des § 15 WpHG[382] auch eine *verfahrenseröffnende Funktion*. Bei freiwilligen öffentlichen (Übernahme-)Angeboten beginnt mit der Veröffentlichung der Entscheidung die Frist des § 14 WpÜG, wonach der Bieter der BaFin binnen vier Wochen nach Veröffentlichung der Entscheidung eine Angebotsunter-

---

[378] *Steinmayer/Häger*, WpÜG, § 10 Rn. 1; *Hirte*, in: KölnKomm z. WpÜG, § 10 Rn. 2; *Geibel*, in: Geibel/Süßmann, WpÜG, § 10 Rn. 3; *Assmann*, in: Assmann/Pötzsch/Schneider, WpÜG, § 10 Rn. 5; *Thoma/Stöcker*, in: Baums/Thoma, WpÜG, § 10 Rn. 7; *Wackerbarth*, in: MünchKomm z. AktG, § 10 WpÜG Rn. 1. So auch Erwägungsgrund 12 der Übernahmerichtlinie, wonach die Verpflichtung des Bieters, seinen Beschluss zur Unterbreitung eines Angebots so früh wie möglich bekannt zu geben, die Möglichkeiten für Insidergeschäfte verringern soll.

[379] *Steinmayer/Häger*, WpÜG, § 10 Rn. 5.

[380] *Steinmayer/Häger*, WpÜG, § 10 Rn. 3; *Hirte*, in: KölnKomm z. WpÜG, § 10 Rn. 2.

[381] Zur Markteffizienz als Voraussetzung rationaler Anlageentscheidungen vgl. oben unter Kapitel 1 C III 1 b) bb).

[382] *Geibel*, in: Geibel/Süßmann, WpÜG, § 10 Rn. 9; *Stöcker*, NZG 2003, S. 993.

lage zu übermitteln und diese nach deren Gestattung nach § 14 Abs. 2 Satz 1 WpÜG unverzüglich zu veröffentlichen hat.[383] Mit der Entscheidungsveröffentlichung setzt der Bieter daher das Angebotsverfahren in Gang.[384] Neben dem Beginn der Erstellungs- und Veröffentlichungsfrist begründet der Bieter auch die Neutralitätspflicht des Vorstands der Zielgesellschaft, welche nach § 33 Abs. 1 WpÜG mit der Veröffentlichung der Entscheidung zur Abgabe eines Angebots beginnt und vom Vorstand bis zur Veröffentlichung des Angebotsergebnisses nach § 23 Abs. 1 Satz 1 Nr. 2 WpÜG einzuhalten ist. Die verfahrenseröffnende Funktion hat daher nicht nur Auswirkungen auf den Bieter, sondern konstituiert auch die grundsätzlich neutrale Verhaltenspflicht des Vorstands der Zielgesellschaft. Darüber hinaus findet mit der Entscheidungsveröffentlichung eine Einwirkung auf die den Aktionären der Zielgesellschaft zu gewährende Gegenleistung statt, denn nach § 5 Abs. 1 AngebotsVO muss sich diese an dem Durchschnittskurs der letzten drei Monate vor der Entscheidungsveröffentlichung orientieren. Sie setzt damit den Schlusspunkt des für die Bewertung maßgeblichen Zeitraums.

Neben der Anerkennung der insiderrechtlichen als auch der verfahrenseröffnenden Funktion stellt sich die Frage, ob der Regelung des § 10 WpÜG auch eine *vertragsrechtliche Funktion* zukommt. Nach der Systematik der §§ 10 ff. WpÜG folgt auf die Entscheidungsveröffentlichung des Bieters automatisch dessen Pflicht zur Erstellung und Veröffentlichung einer Angebotsunterlage und damit zur Unterbreitung eines Angebots. Aus dem bloßen Willen, ein Angebot in naher Zukunft abzugeben, könnte damit auch eine Pflicht zur Abgabe eines Vertragsangebots zu folgern sein.[385] Das englische Recht kennt eine derartige Selbstbindung des Bieters, wonach der Bieter mit dem Angebotsverfahren fortfahren muss, solange nicht das Takeover Panel ihm einen

---

[383] *Thaeter/Barth*, NZG 2001, S. 545, 547.

[384] *Riehmer*, in: Haarmann/Riehmer/Schüppen, WpÜG, § 10 Rn. 23; *Stöcker*, NZG 2003, S. 993; *Hirte*, in: KölnKomm z. WpÜG, § 10 Rn. 2; *Thoma/Stöcker*, in: Baums/Thoma, WpÜG, § 10 Rn. 6; *Assmann*, in: Assmann/Pötzsch/Schneider, WpÜG, § 10 Rn. 9; *Kübler/Assmann*, Gesellschaftsrecht (6. Aufl. 2006), S. 511; *Wackerbarth*, in: MünchKomm z. AktG, § 10 WpÜG Rn. 1.

[385] *Wackerbarth*, in: MünchKomm AktG, § 10 WpÜG, Rn. 6, der jedoch darauf abstellt, dass eine Willenserklärung hinsichtlich ihrer Wirksamkeit zumindest deren Abgabe voraussetzt. Das Wirksamwerden einer Willenserklärung, die gegenüber einem Abwesenden erklärt wird, setzt nach § 130 Abs. 1 Satz 1 BGB deren Abgabe und Zugang beim Erklärungsempfänger voraus. Doch kann auf die fehlende Wirksamkeit einer Willenserklärung in Form eines Angebots dann nicht abgestellt werden, wenn schon die Voraussetzungen eines Angebots nicht vorliegen.

Rückzug vom Verfahren gestattet.[386] Dabei ist zunächst festzuhalten, dass es sich bei der Veröffentlichung der Entscheidung nicht um ein Angebot i.S.d. § 145 BGB handelt. Allein die Angebotsunterlage stellt ein solches Angebot dar.[387] Die Entscheidung selbst entfaltet keine rechtsgeschäftlichen Bindungswirkungen und stellt demgemäß keine rechtsgeschäftliche Willenserklärung dar.[388] Würde eine derartige Bindungswirkung in Bezug auf die künftige Abgabe eines Angebots angenommen, würde dies einen unzulässigen Eingriff in die Vertragsfreiheit des Bieters darstellen. Die Entscheidungsveröffentlichung ist vielmehr als eine Ankündigung eines bevorstehenden Angebots zu verstehen, die vereinzelt auch als *Absichtserklärung gegenüber dem Kapitalmarkt* charakterisiert wird.[389] Ihr kann darüber hinaus auch nicht der Charakter einer *invitatio ad offerendum* zugesprochen werden. Denn der Bieter möchte mit seiner Entscheidung niemanden auffordern, ihm gegenüber Vertragsangebote zu machen[390], ohne dabei an seine gemachte Aufforderung gebunden zu sein.[391] Eine entsprechende Bindungswirkung, welche einem Antrag nach § 145 BGB innewohnt, kann erst dann angenommen werden, wenn sämtliche für die mögliche Annahme des Antrags erforderlichen Einzelheiten (*essentialia negotii*) feststehen[392], so dass der Angebotsempfänger das Angebot einfach annehmen kann.[393] Dem möglichen vertragsrechtlichen Cha-

---

[386] Vgl. Rule 2.7 des City Code of Mergers and Acquisitions.

[387] *Geibel*, in: Geibel/Süßmann, WpÜG, § 11 Rn. 2; *Geibel/Süßmann*, BKR 2002, S. 52, 57; *Seydel*, in: KölnKomm z. WpÜG, § 11 Rn. 20; *Noack*, in: Schwark, Kapitalmarktrechtskommentar (3. Aufl. 2004), § 11 WpÜG Rn. 3; *Renner*, in: Haarmann/Riehmer/Schüppen, WpÜG (1. Aufl. 2002), § 11 Rn. 11; *Steinmeyer/Häger*, WpÜG, § 11 Rn. 5; *Thoma*, in: Baums/Thoma, WpÜG, § 11 Rn. 6; *Oechsler*, ZIP 2003, S. 1330.

[388] *Assmann*, in: Assmann/Pötzsch/Schneider, WpÜG, § 10 Rn. 11; *Thoma/Stöcker*, in: Baums/Thoma, WpÜG, § 10 Rn. 12; *Hirte*, in: KölnKomm z. WpÜG, § 10 Rn. 2; *Oechsler*, ZIP 2003, S. 1330, 1333.

[389] *Thoma/Stöcker*, in: Baums/Thoma, WpÜG, § 10 Rn. 12; *Stöcker*, NZG 2003, S. 993.

[390] Zur *invitatio ad offerendum*: *Medicus*, Allgemeiner Teil des BGB, Rn. 358.

[391] In der Literatur ist die Frage aufgeworfen worden, ob der Bieter mit seiner Veröffentlichung eine Situation schafft, die derjenigen entspricht, die für eine vorvertragliche Vertrauenshaftung nach § 311Abs. 2 BGB erforderlich ist. Es wird insofern vertreten, dass die Möglichkeit einer Haftung aus *culpa in contrahendo* nach den §§ 280 Abs. 1 S. 1, 311 Abs. 2, 241 Abs. 2 BGB dann in Betracht kommt, wenn der Bieter das berechtigte Vertrauen erweckt hat, dass es zu einem Abschluss des Vertrages kommen wird, was jedoch nur dann in Betracht in Erwägung zu ziehen ist, wenn außergewöhnliche Umstände vorliegen, so etwa eine besonders gestaltete Vorankündigung, in der sich der Bieter über das gesetzlich vorgeschriebene Maß hinaus festlegt habe, vgl. *Oechsler*, in: Ehricke/Ekkenga/Oechsler, WpÜG, § 10 Rn. 13; *ders.*, ZIP 2003, 1330, 1333. Diese Ansicht ist aufgrund des insgesamt fehlenden vertragsrechtlichen Charakters der Entscheidungsveröffentlichung abzulehnen. Zu erwägen bleibt einzig eine deliktsrechtliche Haftung des Bieters, soweit er in sittenwidriger Absicht mit der Entscheidungsveröffentlichung eine Schädigung der Aktionäre der Zielgesellschaft anstrebte.

[392] *Hirte*, in: KölnKomm WpÜG, § 10 Rn. 20.

[393] *Medicus*, Allgemeiner Teil des BGB (7. Aufl. 1997), § 26 II 1 Rn. 358 ff.

rakter der Vorschrift wird darüber hinaus entgegengehalten, es handele sich bei ihr lediglich um eine kapitalmarktrechtliche Regelung, die allein dem Schutz des Kapitalmarkts und der Anleger der Zielgesellschaft zu dienen bestimmt sei.[394] Ihr komme nicht die Funktion zu bestimmen zu können, inwieweit der Bieter an seine Entscheidung gegenüber den Adressaten des Angebots gebunden ist.[395] Dies sei allein Sache des allgemeinen Vertragsrechts. Daher folge aus § 10 WpÜG auch keine Pflicht, ein Erwerbs- oder Übernahmeangebot durchzuführen, wobei sich dies auch aus einem Vergleich mit der Vorschrift des § 15 WpHG ergäbe, welcher ebenso wenig die Pflicht statuiere, eine angekündigte, im Stadium der Vorbereitung befindliche Maßnahme tatsächlich durchzuführen.[396] Der Entscheidungsveröffentlichung einen vertragsrechtlichen Charakter zuzusprechen, kommt somit nicht in Betracht. Ihr kommt allein die Funktion zu, den Kapitalmarkt frühzeitig über die Entscheidung zu unterrichten, die Gefahr von Insidergeschäften zu verhindern und das Angebotsverfahren zu eröffnen.

II. Der Bieterbegriff des § 2 Abs. 4 WpÜG

Die Veröffentlichungspflicht des § 10 Abs. 1 Satz 1 WpÜG setzt tatbestandlich die Entscheidung eines Bieters zur Abgabe eines Angebots voraus. Der Bieter wird in § 2 Abs. 4 WpÜG legaldefiniert als natürliche oder juristische Person oder Personengesellschaft, die allein oder gemeinsam mit anderen Personen ein Angebot abgibt, ein solches beabsichtigt oder zur Abgabe eines Angebots verpflichtet ist.[397] Der Bieterbegriff knüpft somit nicht daran an, ob der Bieter bereits am Kapitalmarkt auftritt oder aufgetreten ist, oder seine von ihm emittierten Wertpapiere an einem organisierten Markt gehandelt werden[398], so dass in Bezug auf die Veröffentlichungspflicht von einer *kapitalmarktrechtlichen Jedermannspflicht*[399] gesprochen wird. Der kapitalmarkt-

---

[394] *Wackerbarth*, in: MünchKomm WpÜG, § 10 Rn. 7; *Hirte*, in: KölnKomm z. WpÜG, § 10 Rn. 19 f.

[395] *Wackerbarth*, in: MünchKomm WpÜG, § 10 Rn. 7.

[396] *Hirte*, in: KölnKomm WpÜG, § 10 Rn. 20.

[397] Die in § 2 Abs. 4 WpÜG enthaltene Aufzählung wird teilweise für überflüssig gehalten, da ein Erwerbs-, Übernahme- oder Pflichtangebot ohnehin nur derjenige abgeben könne, wer rechtsfähig und damit Träger von Rechten und Pflichten sein kann, vgl. *Baums/Hecker*, in: Baums/Thoma, WpÜG, § 2 Rn. 94.

[398] *Sentelmann/Steinhardt*, in: Steinmeyer/Häger, WpÜG (2. Aufl. 2007), § 10 Rn. 2.

[399] So *Wackerbarth*, in: MünchKomm z. AktG, § 10 WpÜG Rn. 13; vgl. auch *Steinmeyer/Häger*, WpÜG (1. Aufl. 2002), § 10 Rn. 2.

rechtliche Bezug wird allein über die Börsenzulassung der Zielgesellschaft hergestellt. Mit der Absicht, in Zukunft ein öffentliches Angebotsverfahren durchzuführen, tritt der Bieter in den Kapitalmarkt ein. Ebenso wie die Prospektpflicht im Bereich der Primärmarktpublizität knüpft die Entscheidungsveröffentlichung an den Markteintritt an. Dass eine Veröffentlichungspflicht nicht erst mit der Abgabe des Angebots einsetzt resultiert aus der insiderrechtlichen Funktion, weil anders als im Falle der Primärmarktpublizität eine Börsennotierung der von dem Angebot betroffenen Gesellschaft schon vorliegt. Die Prävention von Insidergeschäften macht es daher erforderlich, bereits denjenigen als Bieter zu betrachten, welcher die Abgabe eines Angebots dem Kapitalmarkt mit der Entscheidungsveröffentlichung signalisiert hat. Zwar wird der Bieter in Art. 2 Abs. 1 lit. c der Übernahmerichtlinie definiert als jede natürliche oder juristische Person des öffentlichen Rechts oder des Privatrechts, die ein Angebot abgibt. Diese Begriffsbestimmung erscheint allerdings zu eng, weil sie die Phase vor der Angebotsveröffentlichung ausnimmt. Richtigerweise ist in Übereinstimmung mit der Legaldefinition in § 2 Abs. 4 WpÜG, wonach die Bietereigenschaft schon dann besteht, soweit ein Angebot beabsichtigt ist, bei einem freiwilligen öffentlichen Erwerbs- oder Übernahmeangebot davon auszugehen, dass mit der getroffenen Entscheidung über die Abgabe eines solchen Angebots dem Entscheidungsträger die Eigenschaft als Bieter zuwächst. Dieses Verständnis entspricht auch der Systematik des Wertpapiererwerbs- und Übernahmegesetzes, dessen sachlicher Anwendungsbereich mit der Entscheidungsveröffentlichung einsetzt.[400] Grundsätzlich ist im Rahmen der Entscheidungsveröffentlichung derjenige als Bieter anzusehen, welcher als natürliche Person die Entscheidung über die Abgabe eines freiwilligen Angebots trifft oder wem als juristische Person oder Personengesellschaft diese Entscheidung zugerechnet wird.

III. Die Zielgesellschaft

Zielgesellschaften sind börsennotierte Aktiengesellschaften und Kommanditgesellschaften auf Aktien mit Sitz im Inland (§ 2 Abs. 3 Nr. 1 WpÜG). Dazu gehört auch, trotz fehlender ausdrücklicher Bestimmung, die inländische Europäische Gesellschaft

[400] *Thoma/Stöcker*, in: Baums/Thoma, WpÜG, § 10 Rn. 6.

(Societas Europaea - SE)[401], welche über Art. 10 der Verordnung (EG) Nr. 2157/2001 des Rates vom 08.10.2001 über das Statut der SE[402] wie eine Aktiengesellschaft zu behandeln ist, soweit sie nach dem Recht ihres Sitzstaates gegründet wurde. Mit der Bestimmung des sachlichen Anwendungsbereichs in § 1 Abs. 1 WpÜG müssen diese Gesellschaften Wertpapiere ausgegeben haben, welche zum Handel an einem organisierten Markt[403] im Inland[404] zugelassen sind. Der inländische organisierte Markt ist hinsichtlich seiner Begriffsbestimmung auf den amtlichen Handel und den geregelten Markt beschränkt, so dass der sachliche Anwendungsbereich des WpÜG allein dann eröffnet ist, wenn eine Zulassung zu diesen Marktsegmenten besteht. Sind die Wertpapiere ausschließlich in einem anderen Staat des europäischen Wirtschaftsraums zugelassen, ist § 10 WpÜG allein dann anwendbar, wenn es sich nicht um ein Übernahmeangebot handelt (vgl. § 1 Abs. 2 WpÜG). Handelt es sich dagegen um ausländische Gesellschaften, so ist der Anwendungsbereich des § 10 WpÜG auch dann nicht eröffnet, wenn diese ihre Wertpapiere ausschließlich zum Handel an einem inländischen organisierten Markt zugelassen haben.

IV. Die Entscheidung zur Abgabe eines Angebots

1. Begriff der Entscheidung zur Abgabe eines Angebots

Der Bieter muss sich zur Abgabe eines Angebots entschieden haben. Wann eine derartige Entscheidung vorliegt bestimmt sich danach, ob es sich bei ihm um eine natürliche oder juristische Person handelt oder, sofern es sich bei ihm um eine Gesellschaft han-

---

[401] *Seibt/Heiser*, AG 2006, S. 301, 302.

[402] Verordnung (EG) Nr. 2157/2001 des Rates vom 8. Oktober 2001 über das Statut der Europäischen Gesellschaft (SE), Amtsblatt Nr. L 294 vom 10/11/2001 S. 1 ff.; ergänzt durch die Richtlinie 2001/86/EG des Rates vom 8. Oktober 2001 zur Ergänzung des Statuts der Europäischen Gesellschaft hinsichtlich der Beteiligung der Arbeitnehmer, Amtsblatt Nr. L 294 vom 10/11/2001 S. 22 ff. Die Verordnung ist am 8. Oktober 2004 in Kraft getreten. Auch wenn sie aufgrund ihrer Eigenschaft als Verordnung nach Art. 249 EGV in den Mitgliedstaaten unmittelbare Geltung beansprucht, machte sie aufgrund der Einräumung von zahlreichen Regelungsaufträgen und Wahlrechten für den nationalen Gesetzgeber eine Umsetzung durch ein nationales Gesetz erforderlich, dem der Gesetzgeber mit dem Gesetz zur Einführung der Europäischen Gesellschaft (SEEG) vom 28.12.2004, BGBl. 2004 I, S. 3675, nachgekommen ist.

[403] § 2 Abs. 7 WpÜG.

[404] Zur Beschränkung des räumlichen Anwendungsbereichs auf den inländischen organisierten Markt, vgl. Kapitel 1 A VI 3 b).

delt, welche Rechtsform diese Gesellschaft hat. Eine Entscheidung setzt davon unabhängig voraus, dass der Bieter ernsthafte Überlegungen hinsichtlich der Durchführung des Angebotsverfahrens angestellt hat und diese Überlegungen zu einem positiven Entschluss geführt haben. Sie steht damit am Ende eines umfangreichen Analyse- und Willensbildungsprozesses.[405] Teilweise wird daraus gefolgert, dass sich die Angebotsabsicht des Bieters so weit verdichtet haben müsse, dass für diesen ein Abrücken von dem Plan zur Abgabe eines Angebots nicht mehr ernstlich in Betracht komme.[406] Davon abweichend wird die Ansicht vertreten, die Entscheidung müsse sich aus Gründen der Rechtssicherheit in einem objektiven Vorgang manifestiert haben, was bspw. dann der Fall wäre, wenn der Bieter seine Absicht in einer die Öffentlichkeit tangierenden Weise kundtut.[407] Gegen diese Ansicht spricht jedoch schon das Verbot der Vorabveröffentlichung nach § 10 Abs. 3 Satz 3 WpÜG, gegen das bei einer solchen Manifestation verstoßen würde.[408]

Bei der konkreten Bestimmung des Entscheidungszeitpunkts besteht nur vordergründig ein Interesse des Bieters daran, den Veröffentlichungszeitpunkt so lange wie möglich hinauszuzögern.[409] Sicherlich ist ihm zuzubilligen, eine genauere Analyse[410] des Zielunternehmens vorzunehmen und erst auf Grund der daraus gewonnenen Erkenntnisse zu entscheiden, ob ein Angebotsverfahren durchgeführt wird. In dieser Phase ist ihm ein hinreichendes Geheimhaltungsinteresse zuzusprechen. Nicht zweckmäßig dürfte es allerdings sein, dem Bieter schon die konkrete Vorbereitung der Angebotsunterlage zu ermöglichen[411], was dazu führen würde, eine Veröffentlichungspflicht erst dann anzunehmen, wenn der Bieter auch die Frage entschieden hat, wie das Angebot konkret ausgestaltet wird. Die Hauptbedeutung der Vorschrift liegt nicht darin, Ange-

---

[405] *Thoma/Stöcker*, in: Baums/Thoma, WpÜG, § 10 Rn. 11.

[406] *Liebscher*, ZIP 2001, S. 853, 860; *Hamann*, ZIP 2001, S. 2249, 2250, Fn. 14; *Geibel/Süßmann*, BKR 2002, S. 52, 56; *Hirte*, in: KölnKomm z. WpÜG, § 10 Rn. 27; *Thoma/Stöcker*, in: Baums/Thoma, WpÜG, § 10 Rn. 17. Ablehnend *Geibel*, in: Geibel/Süßmann, WpÜG, § 10 Rn. 9 ff.

[407] *Wackerbarth*, in: MünchKomm z. AktG, § 10 WpÜG Rn. 24 ff.; *Steinmeyer/Häger*, WpÜG, § 10 Rn. 10 ff.

[408] *Steinmeyer/Häger*, WpÜG, § 10 Rn. 12.

[409] So *Thoma/Stöcker*, in: Baums/Thoma, WpÜG, § 10 Rn. 14 f.

[410] *Geibel*, in: Geibel/Süßmann, WpÜG, § 10 Rn. 7; *Noack*, in: Kapitalmarktrechtskommentar, § 10 WpÜG Rn. 6; *Oechsler*, in: Ehricke/Ekkenga/Oechsler, WpÜG, § 10 Rn. 6.

[411] So aber *Wackerbarth*, in: MünchKomm z. AktG, § 10 WpÜG Rn. 21, der in Rn. 18 einen ausreichenden Schutz der Wertpapierinhaber der Zielgesellschaft durch das Insiderrecht des WpHG gewährleistet sieht.

botsabsichten ausschließlich bei einer feindlichen Übernahme zu veröffentlichen[412], sondern den Kapitalmarkt über die bevorstehende Maßnahme rechtzeitig zu informieren, damit die Gefahr von Marktverzerrungen nicht entsteht und die Kapitalmarktteilnehmer anhand der Information ihr Anlageverhalten ausrichten können. Dieses Informationsbedürfnis besteht sowohl bei freundlichen als auch bei feindlichen Angebotsabsichten gleichermaßen.

Zwar kann vertreten werden, dass der Bieter an einer möglichst späten Veröffentlichung seiner Entscheidung interessiert ist, insbesondere deshalb, weil ihn aufgrund der verfahrenseröffnenden Funktion die sich anschließenden Pflichten, insbesondere die Pflicht zur Erstellung einer Angebotsunterlage innerhalb einer vierwöchigen Frist, trifft.[413] Auf der anderen Seite besteht bei einer äußerst spät vorgenommenen Entscheidungsveröffentlichung die Gefahr der Entstehung von Marktverzerrungen. Denn solange der Entscheidungsfindungsprozess hinausgezögert wird, besteht die Möglichkeit, dass möglicherweise vorhandenes Spezialwissen ausgenutzt wird[414] und Insidergeschäfte vorgenommen werden, welche gerade nach dem Willen des Gesetzgebers durch die Vorschrift des § 10 WpÜG verhindert werden sollen. Im Übrigen hat der Bieter selbst ein Interesse daran, die Veröffentlichung vorzunehmen, bevor entsprechende Gerüchte den Markt erreicht haben und dadurch zu einer Steigerung des Börsenkurses der Wertpapiere der Zielgesellschaft führen. Denn nach § 5 Abs. 1 WpÜG-AngebotV hat der Bieter bei der Bestimmung der Gegenleistung den gewichteten durchschnittlichen inländischen Börsenkurs der Aktien der Zielgesellschaft zu berücksichtigen.[415] Der Entscheidungsfindungsprozess ist daher auch im Interesse des Bieters zügig abzuschließen.[416] Zusammenfassend lässt sich allerdings festhalten, dass bis zum Abschluss des Entscheidungsfindungsprozesses hinsichtlich der Frage, ob ein Angebotsverfahren durchgeführt wird, noch keine Entscheidung vorliegt, die veröffentlicht

[412] So *Wackerbarth*, in: MünchKomm z. AktG, § 10 WpÜG Rn. 17 ff.
[413] *Geibel*, in: Geibel/Süßmann, WpÜG, § 10 Rn. 9;
[414] *Thoma/Stöcker*, in: Baums/Thoma, WpÜG, § 10 Rn. 15.
[415] *Thoma/Stöcker*, in: Baums/Thoma, WpÜG, § 10 Rn. 15.
[416] A.A. *Geibel*, in: Geibel/Süßmann, WpÜG, § 10 Rn. 9, der dieses Gebot allein schon deswegen ablehnt, weil es kaum justitiabel sein dürfte. Eine Verpflichtung zur Veröffentlichung bestehe allein dann, wenn aus der Sicht des Bieters keinerlei Zweifel mehr daran bestehen, dass es zur Abgabe eines Angebots kommen wird. Gegen eine Berücksichtigung der Sicht des Bieters *Wackerbarth*, in: MünchKomm z. AktG, § 10 WpÜG Rn. 23.

werden müsste, wobei sich die Entscheidung allein darauf zu beziehen hat, ob das Angebotsverfahren tatsächlich durchgeführt werden wird.

a) Natürliche Personen

Handelt es sich bei dem Bieter um eine natürliche Person, so liegt eine Entscheidung i.S.d. § 10 WpÜG dann vor, wenn er sich entschlossen hat, ein Angebot abzugeben, wonach dies einen *subjektiv unbedingten Handlungswillen*[417] des Bieters zur Abgabe des Angebots voraussetzen soll.[418] Um der Interessenlage des Bieters gerecht zu werden erscheint es gerechtfertigt, die Voraussetzungen der Entscheidung dem inneren Tatbestand einer Willenserklärung anzugleichen, d.h. die Entscheidung einer natürlichen Person dann als gegeben zu betrachten, wenn die Voraussetzungen zur Abgabe einer Willenserklärung vorliegen. Dies ist deshalb interessengerecht, weil die Entscheidung wie die Willenserklärung auf die Erzielung einer Rechtsfolge[419] gerichtet ist, nämlich den Beginn des Angebotsverfahrens mit den daraus resultierenden Pflichten des Bieters, was ihre Eigenschaft als kapitalmarktrechtliche Absichtserklärung begründet. In die gleiche Richtung geht der Bestimmungsversuch, die Entscheidung einer natürlichen Person dann anzunehmen, wenn sie einen *verbindlichen und endgültigen Entschluss zur Abgabe eines Angebots* gefasst habe.[420] Im Ergebnis liegt eine Entscheidung dann vor, wenn der Bieter den konkreten Entschluss gefasst hat, ein Angebot abzugeben (Handlungswille), er sich bewusst ist, dass dieser Entschluss eine rechtserhebliche Tatsache darstellt (Erklärungswille) und er mit diesem Entschluss die Rechtsfolgen einer Entscheidung herbeiführen will (Geschäftswille). Dazu muss der

[417] Unter einem Handlungswillen ist das Handlungsbewusstsein zu verstehen, womit der auf die Vornahme eines äußeren Verhaltens gerichtete bewusste Willensakt gemeint ist, vgl. *Brox*, Allgemeiner Teil des BGB, S. 52. Der Handlungswille bildet mit dem Erklärungs- und Geschäftswillen zusammen den inneren Tatbestand einer Willenserklärung. Der Erklärungswille bezeichnet das Bewusstsein des Erklärenden, dass seine Handlung irgendeine rechtserhebliche Erklärung darstellt. Der Geschäftswille bezeichnet den Willen, mit der Erklärung eine bestimmte Rechtsfolge herbeizuführen.

[418] *Assmann*, in: Assmann/Pötzsch/Schneider, WpÜG, § 10 Rn. 12.

[419] Eine Willenserklärung wird definiert als eine Willensäußerung, die auf die Erzielung einer Rechtsfolge gerichtet ist, vgl. *Brox*, Allgemeiner Teil des BGB, S. 52.

[420] So *Riehmer*, in: Haarmann/Riehmer/Schüppen, WpÜG, § 10 Rn. 19; *Thoma/Stöcker*, in: Baums/Thoma, WpÜG, § 10 Rn. 17; *Hager*, Die wertpapierangebotsrechtliche Vorankündigung, S. 107, der die Entscheidung lediglich als Wahl zwischen mindestens zwei möglichen Richtungen des Handelns oder Reagierens versteht.

interne Willensbildungsprozess des Bieters abgeschlossen[421] und zu einem positiven Ergebnis hinsichtlich der Durchführung des Verfahrens gekommen sein.[422]

b) Gesellschaften

Handelt es sich bei dem Bieter um eine Gesellschaft, so muss zur Bestimmung des Vorliegens einer zu veröffentlichenden Entscheidung zwischen den unterschiedlichen Gesellschaftsarten unterschieden werden. Gesellschaften zeichnen sich gerade dadurch aus, dass bestimmte Entscheidungen nicht lediglich von einer Person getroffen werden, sondern ein gesellschaftsinterner Willensbildungsprozess durchlaufen werden muss, an dessen Ende eine wirksame Entscheidung vorliegt. Um zu einer wirksamen Entscheidung zu gelangen sind damit mehrere Stationen zu durchlaufen. Damit stellt sich aber die Frage, welche dieser Stationen als veröffentlichungspflichtige Entscheidung angesehen werden muss. Der Gesetzgeber weißt darauf hin[423], zur Bestimmung des Zeitpunkts der Veröffentlichungspflicht bei Gesellschaften auf die zu § 15 WpHG entwickelten Grundsätze zurückzugreifen, soweit es sich bei der Entscheidung um einen mehrstufigen Entscheidungsprozess handelt. Eine derartige Vorgehensweise ist jedoch nur dann zwingend, wenn innerhalb der Gesellschaft ein mehrstufiger Entscheidungsprozess tatsächlich stattfinden muss. Es muss daher für die einzelnen Gesellschaftsarten ermittelt werden, wann bei ihnen eine veröffentlichungspflichtige Entscheidung vorliegt.

[421] So zutreffend: *Geibel*, in: Geibel/Süßmann, WpÜG, § 10 Rn. 6.

[422] Nicht abzustellen ist darauf, dass die Entscheidung der natürlichen Person nach außen getreten sein muss. Die Entscheidungsveröffentlichung setzt keine Gefahrenlage für Insidergeschäfte voraus, sondern soll diese verhindern. Anders *Wackerbarth*, in: MünchKomm z. AktG, § 10 WpÜG Rn. 24 ff.; *Steinmeyer/Häger*, WpÜG, § 10 Rn. 12, allerdings in Rn. 12 einräumend, dass eine derartige Manifestation einen Verstoß gegen das Vorveröffentlichungsverbot nach § 10 Abs. 3 Satz 3 WpÜG darstellen würde.

[423] Begr. RegE. WpÜG, BT-Drucks. 14/7034, S. 39.

aa) Personengesellschaften und GmbH

(1) Personengesellschaften

Soweit es sich bei dem Bieter um eine Personengesellschaft handelt, ist die Ankündigung eines Erwerbs- oder Übernahmeangebots in der Regel[424] ein so genanntes *außergewöhnliches Geschäft*, welches grundsätzlich der Zustimmung aller Gesellschafter bedarf.[425] Der Bieter hat in diesem Fall nach § 10 Abs. 1 Satz 3 WpÜG die Möglichkeit, bei der Bundesanstalt zu beantragen, die Veröffentlichung abweichend von Satz 2 erst nach der Zustimmung der Gesellschafterversammlung vornehmen zu müssen. Die Gesetzesbegründung hat diese Möglichkeit ausdrücklich für Personengesellschaften mit einem kleinen Gesellschafterkreis im Auge.[426] Daraus ist aber im Umkehrschluss zu folgern, dass der Gesetzgeber die Entscheidung des geschäftsführenden[427] Gesellschafters einer Personengesellschaft grundsätzlich als ausreichende Entscheidung i.S.d. § 10 Abs. 1 Satz 1 WpÜG ansieht. Selbst wenn es sich bei dem Angebotsverfahren um ein sog. außergewöhnliches Geschäft handelt, ist der gesellschaftsinterne Willensbildungsprozess nicht maßgeblich für die Veröffentlichungspflicht. Entscheidend ist hier allein die Ebene der Geschäftsführung. Hat also eine Personengesellschaft lediglich einen geschäftsführenden Gesellschafter, so liegt eine Entscheidung im Sinne der Vorschrift dann vor, wenn in seiner Person alle Voraussetzungen erfüllt sind, die

[424] Eine Ausnahme gilt dann, wenn die Gesellschaft gerade zu dem Zweck gegründet würde, größere Beteiligungen an börsennotierten Gesellschaften zu erwerben und die Satzung für diesen Fall die Entscheidung eines Gesellschafters oder eines Teils der Gesellschafter für ausreichend erachtet. Den Gesellschaftern muss dabei allerdings die entsprechende Geschäftsführungsbefugnis zustehen.

[425] *Hager*, Die wertpapierangebotsrechtliche Vorankündigung, S. 107 f.

[426] Begr. RegE. WpÜG, BT-Drucks. 14/7034, S. 39. Nicht vom Gesetzeswillen erfasst sind wohl Publikumspersonengesellschaften mit einem großen Gesellschafterkreis. In diesem Fall wäre es für die Gesellschaft schwierig, die Angebotsabsicht geheim zu halten und damit die Vermeidung von Marktverzerrungen zu gewährleisten. In diesem Fall sollte auf die Entscheidung der geschäftsführenden Gesellschafter abgestellt werden.

[427] Entscheidend ist also die Geschäftsführungsbefugnis des Gesellschafters, nicht dessen Vertretungsmacht. Die Geschäftsführungsbefugnis des Gesellschafters einer OHG ist nach § 116 Abs. 1 HGB auf Handlungen beschränkt, die der gewöhnliche Geschäftsbetrieb mit sich bringt. Alle darüber hinausgehenden Handlungen bedürfen eines Beschlusses sämtlicher Gesellschafter, § 116 Abs. 2 HGB. Zwar ist ein Angebotsverfahren für die OHG im Zweifel ein außergewöhnliches Geschäft, welches die Zustimmungspflicht sämtlicher Gesellschafter auslöst. Doch bezieht sich diese Zustimmung nur auf die Durchführung des Angebotsverfahrens, nicht auf die Entscheidungsveröffentlichung. Die Entscheidung liegt allein in den Händen der geschäftsführenden Gesellschafter, die Zustimmung der übrigen Gesellschafter findet allein im Rahmen des § 10 Abs. 1 Satz 3 WpÜG Berücksichtigung.

für das Vorliegen einer Entscheidung bei einer natürlichen Person entscheidend sind. Sind dagegen alle Gesellschafter zur Geschäftsführung berechtigt, liegt eine Entscheidung nur dann vor, wenn alle[428] Gesellschafter der Durchführung des Angebotsverfahrens zugestimmt haben.[429] Gleiches muss für die Bietergemeinschaft[430] gelten.

(2) GmbH

Handelt es sich bei dem Bieter um eine GmbH ohne Aufsichtsrat, liegt mit der Entscheidung des oder der Geschäftsführer ebenfalls eine unternehmerische Entscheidung vor, die der Veröffentlichungspflicht des § 10 Abs. 1 Satz 1 WpÜG unterliegt. Dem Geschäftsführer ist hinsichtlich der Herbeiführung der eigenen Entscheidung ein erhebliches Handlungsermessen zuzubilligen.[431] Gleiches muss dann gelten, wenn die Gesellschafterversammlung einen entsprechenden Beschluss fasst, denn wenngleich die Vertretungsbefugnis des Geschäftsführers unbeschränkbar ist, so ist der Geschäftsführer im Innenverhältnis den Weisungen der Gesellschafter grundsätzlich unterworfen, § 37 Abs. 1 GmbHG.[432] Trifft also die Gesellschafterversammlung den Beschluss, ein öffentliches Angebotsverfahren durchzuführen, so ist der Geschäftsführer verpflichtet, diesen Beschluss unverzüglich im Rahmen des § 10 WpÜG zu veröffentlichen. Fraglich ist, ob dieses Ergebnis auch dann gilt, wenn die GmbH als weiteres Organ einen mitbestimmten oder fakultativen Aufsichtsrat besitzt, und diesem ein Zu-

---

[428] Die Willensbildung innerhalb einer Personengesellschaft erfolgt nach dem Einstimmigkeitsprinzip, wonach Gesellschafterbeschlüsse grundsätzlich einstimmig zu fassen sind. Zum Einstimmigkeitsgrundsatz bei Personengesellschaften siehe: *Hueck/Windbichler*, Gesellschaftsrecht, § 14 III Rn. 10; *Kübler/Assmann*, Gesellschaftsrecht (6. Aufl. 2006), S. 23.

[429] Diese Unterscheidung wirkt sich so aus, dass der allein geschäftsführungsbefugte Gesellschafter mit seiner Entscheidung zwar die Voraussetzungen für die Veröffentlichungspflicht schafft, sich aber von dieser nach den Vorgaben des § 10 Abs. 1 Satz 3 WpÜG befreien lassen kann. Haben alle Gesellschafter das Recht zur Geschäftsführung, entsteht eine Veröffentlichungspflicht erst mit der Zustimmung aller Gesellschafter, so dass es eines Befreiungsantrags gar nicht erst bedarf.

[430] *Oechsler*, in: Ehricke/Ekkenga/Oechsler, WpÜG, § 10 Rn. 5; *Steinmeyer/Häger*, WpÜG, § 10 Rn. 16.

[431] Zum Handlungsermessen des Geschäftsführers einer GmbH vgl. OLG Oldenburg, Urt. v. 22.06.2006, Aktz. 1 U 34/03, welches dieses Ermessen in Bezug auf den Erwerb eines anderen Unternehmens dann als überschritten ansieht, soweit die Grundlagen, Chancen und Risiken der Investitionsentscheidung nicht ausreichend aufgeklärt worden sind. Der Geschäftsführer sei daher zur Durchführung einer Due Diligence verpflichtet, soweit nicht ausreichende gesicherte Erkenntnisse über das zu erwerbende Unternehmen vorhanden sind oder die vorhandenen Informationen Unklarheiten aufweisen. Dazu *Böttcher*, „Nur gut informiert handeln", FAZ v. 18.04.2007, Nr. 90, S. 27; *Elfring*, JuS 2007, Beil. z. Heft 5, S. 10.

[432] *Flume*, Die juristische Person, S. 61; *Kübler/Assmann*, Gesellschaftsrecht (6. Aufl. 2006), S. 285.

stimmungsvorbehalt bei außergewöhnlichen Geschäftsmaßnahmen eingeräumt wurde[433], auch wenn ein solcher Zustimmungsvorbehalt selbst bei einem mitbestimmten Aufsichtsrat die Weisungsgebundenheit der Geschäftsführer nicht beseitigen kann.[434] Die Frage stellt sich wie bei Aktiengesellschaft, die das Bestehen eines Aufsichtsrats zwingend vorschreibt. Es ist daher auf die zum Vorliegen einer Entscheidung bei der Aktiengesellschaft gemachten Ausführungen zu verweisen.

bb) Die Entscheidung einer Aktiengesellschaft als mehrstufiger Entscheidungsprozess

(1) Das Vorliegen einer konkreten Information bei mehrstufigen Entscheidungsprozessen und gestreckten Sachverhalten

(a) Das Vorliegen eines mehrstufigen Entscheidungsprozesses bei Willensbildungen innerhalb der Aktiengesellschaft

Nach dem Willen des Gesetzgebers ist zur Bestimmung des Zeitpunktes der Veröffentlichungspflicht von Gesellschaften auf die zu § 15 WpHG entwickelten Grundsätze zurückzugreifen, sofern es sich bei der Entscheidung um einen mehrstufigen Entscheidungsprozess handelt.[435] Unter mehrstufigen Entscheidungsprozessen sind unternehmerische Entwicklungs- und Planungsprozesse zu verstehen, bei denen mehrere Stufen innerhalb des Unternehmens durchlaufen werden müssen und an denen verschiedene Gremien wie Vorstand und Aufsichtsrat beteiligt sind.[436] Bei gestreckten Sachverhalten hängt dagegen die Realisierung eines Vorhabens von einem Ereignis außerhalb des Unternehmens ab[437], so bspw. die Genehmigung von Fusionsvorhaben durch das Bundeskartellamt.[438]

---

[433] Die Zulässigkeit eines solchen Vorbehalts ergibt sich aus der Verweisung des § 52 Abs. 1 GmbHG auf § 111 AktG.

[434] BVerfGE 50, 290, 346; BGHZ 89, 48, 57; *Zöllner*, in: Baumbach/Hueck, GmbHG, § 37 Rn. 10; *Mertens*, in: Hachenburg, GmbHG (8. Aufl. 1997), § 37 Rn. 21.

[435] Begr. RegE. WpÜG, BT-Drucks. 14/7034, S. 39.

[436] *Cahn*, ZHR 162 (1998), S. 1, 21; *Caspari*, in: Baetge, Insiderrecht und Ad-hoc-Publizität, S. 65, 69; *Braun*, in: Möllers/Rotter, Ad-hoc-Publizität, § 8 Rn. 25, der zwischen unternehmensinternen und unternehmensexternen gestreckten Sachverhalten unterscheidet und letztere als mehrstufige Entscheidungsprozesse bezeichnet.

[437] *v. Klitzing*, Die Ad-hoc-Publizität, S. 80; *Braun*, in: Möllers/Rotter, Ad-hoc-Publizität, § 8 Rn. 92.

[438] *Assmann*, in: Assmann/Schneider, WpHG (3. Aufl. 2003), § 13 Rn. 36a.

Bei einer Aktiengesellschaft stellt sich die Problematik eines mehrstufigen Entscheidungsprozesses aufgrund der Situation, dass dem Vorstand einer Aktiengesellschaft nach den §§ 76, 77 AktG die umfassende Geschäftsführungs- und Leistungsfunktion in der Gesellschaft zusteht.[439] Während von der Geschäftsführung jede tatsächliche oder rechtsgeschäftliche Tätigkeit erfasst ist[440], geht es bei der Leitungsfunktion um die Unternehmensplanung, -kontrolle und –koordination.[441] Damit steht dem Vorstand auch grundsätzlich die Entscheidungskompetenz hinsichtlich der Abgabe eines Angebots zu.[442] Demgegenüber ist der Aufsichtsrat auf die Überwachung der Geschäftsführung nach § 111 Abs. 1 AktG weitestgehend beschränkt. Er ist lediglich Kontrollorgan der Gesellschaft[443], der nur in Ausnahmefällen zur Geschäftsführung befugt ist.[444] Die Satzung oder der Aufsichtsrat hat jedoch nach § 111 Abs. 4 Satz 2 AktG bestimmen, dass bestimmte Arten von Geschäften nur mit seiner Zustimmung vorgenommen werden dürfen, so dass grundsätzlich die Möglichkeit besteht, dem Aufsichtsrat hinsichtlich der Durchführung eines öffentlichen Angebotsverfahrens einen satzungsmäßigen Zustimmungsvorbehalt einzuräumen. Die Problematik des mehrstufigen Entscheidungsprozesses stellt sich mithin nur dort, wo dem Aufsichtsrat ein solcher Zustimmungsvorbehalt eingeräumt wurde.

Der Hauptversammlung kommt ebenfalls eine originäre Geschäftsführungskompetenz nicht zu.[445] Eine Ausnahme davon kommt nur dann in Betracht, wenn die Geschäftsführungsmaßnahme mit besonders schwerwiegenden Eingriffen in die Aktionärsrechte verbunden ist.[446] Mit der Regelung des § 10 Abs. 1 Satz 2 WpÜG wird jedoch deut-

---

439 *Hefermehl/Spindler*, in: MünchKomm z. AktG, § 77 Rn. 1

440 *Kort*, in: GroßKomm z. AktG, § 77 Rn. 3; *Mertens*, in: KölnKomm z. AktG, § 77 Rn. 2; *Hüffer*, AktG (7. Aufl. 2006), § 77 Rn. 3.

441 *Hüffer*, AktG (7. Aufl. 2006), § 76 Rn. 8; *Schindera*, Die Kompetenzverteilung der Organe einer Aktiengesellschaft im Übernahmeverfahren (2002), S. 51.

442 *Walz (Riehmer)*, in: Haarmann/Schüppen, WpÜG (2. Aufl. 2005), § 10 Rn. 24.

443 *Semler*, in: MünchKomm z. AktG, § 111 Rn. 1.

444 So bspw. bei der Vertretung der Gesellschaft gegenüber den Vorstandsmitgliedern nach § 112 AktG.

445 *Kubis*, in: MünchKomm z. AktG, § 119 Rn. 18; *Hüffer*, AktG (7. Aufl. 2006), § 119 Rn. 11.

446 BGHZ 83, 122, 125 = NJW 1982, S. 1703 (Holzmüller); BGHZ 159, 30 = NJW 2004, S. 1860; BGH, NZG 2004, S. 575 (Gelatine I + II). Abweichend von der gesetzlichen Vorgabe in § 119 Abs. 1 AktG hat der Vorstand in diesem Fall die Zustimmung der Hauptversammlung einzuholen und hat diesbezüglich kein Ermessen. Der Hauptversammlung soll in diesem Fall eine ungeschriebene Entscheidungskompetenz zustehen. Das Erfordernis der Zustimmung durch Hauptversammlungsbeschluss soll auch dann gelten, wenn die Aktiengesellschaft einen Börsenrückzug (Delisting) anstrebt, vgl.

lich, dass die Zustimmung der Hauptversammlung hinsichtlich des Vorliegens einer Entscheidung unerheblich ist, so dass sich allein die Frage stellt, ob eine Entscheidung bei einer gesellschaftsintern bestimmten Zustimmung des Aufsichtsrats vorliegt oder bereits bei dem ihr vorausgehenden Vorstandsbeschluss.

(b) Meinungslage zum Vorliegen einer veröffentlichungspflichtigen Insiderinformation vor dem AnSVG

Bei mehrstufigen Entscheidungen stellt sich damit die Frage, ob eine Veröffentlichungspflicht schon bei jedem einzelnen Entwicklungsschritt besteht oder erst dann angenommen werden kann, wenn der mehrstufige Entscheidungsprozess abgeschlossen ist. Vor den Änderungen durch das AnSVG wurden in der Literatur zum Vorliegen einer zu veröffentlichenden Insidertatsache bei mehrstufigen Entscheidungsprozessen verschiedene Ansichten vertreten. Nach der sog. *Endgültigkeitstheorie* waren Insiderinformationen von der Veröffentlichungspflicht solange ausgenommen, wie der betreffende verbandsinterne Entscheidungsprozess noch nicht abgeschlossen war.[447] Hauptargument dieser Ansicht, der sich auch das BAWe anschloss[448], war die Beeinträchtigung der Entschließungsfreiheit der zuständigen Organe und damit der aktienrechtlichen Kompetenzordnung durch eine frühzeitige Veröffentlichung.[449] Würde jeder einzelne Entwicklungsschritt als veröffentlichungspflichtiger Umstand angesehen, entstünde die Gefahr der Irreführung und Verunsicherung des Publikums durch im Zweifel erforderliche Korrekturmeldungen.[450] Nach der Gegenansicht sollten auch die sog. „inneren Tatsachen“ und damit jeder einzelne Entscheidungsschritt veröffentlicht wer-

BGHZ 153, 47 = NJW 2003, 1032 = DStR 2003, 990 (Macrotron), gerade auch deshalb, weil die Verkehrsfähigkeit einer Aktie verfassungsrechtlichen Schutz genießt, BVerfGE 100, 289 = NJW 1999, 3769.

[447] *Happ*, JZ 1994, S. 240, 242 f.; *ders./Semler*, ZGR 1998, S. 116, 130 f.; *Hopt*, ZHR 159 (1995), S. 135, 152; *ders.*, in: Schimansky/Bunte/Lwowski, Bankrechtshandbuch (1. Auf. 1997), § 107 Rn. 49; *ders.*, in: Hadding/Hopt/Schimansky, 2. FFG, S. 3, 22; Deutsche Börse AG, WM 1994, S. 2038, 2043; *Wittich*, AG 1997, S. 1, 3; *Cahn*, ZHR 162 (1998), S. 1, 24, 26; *v. Klitzing*, Die Ad-hoc-Publizität, S. 79, 80.

[448] *BAWe/Deutsche Börse AG* (Hrsg.), Leitfaden: Insiderhandelsverbote und Ad-hoc-Publizität (2. Aufl. 1998), S. 33.

[449] *Burgard*, ZHR 162 (1998), S. 51, 55, der neben der Überwachungsfunktion des Aufsichtsrats auch auf dessen Beratungsfunktion gegenüber dem Vorstand hinweist, so dass über das Abwarten der Zustimmung des Aufsichtsrats auch die Entschließungsfreiheit des Vorstands geschützt werde.

[450] *Hopt*, ZHR 159 (1995), S. 135, 152; *Happ/Semler*, ZGR 1998, S. 116, 123; *Cahn*, ZHR 162 (1998), S. 1, 25, 26.

den[451], soweit die Tatsache aufgrund ihrer Auswirkungen auf die Vermögens- und Finanzlage oder den allgemeinen Geschäftsverlauf des Emittenten geeignet sei, die Kurse der Wertpapiere des Emittenten zu beeinflussen.[452] Diese Ansicht wurde vor allem damit begründet, dass der Kapitalmarkt das Erreichen bestimmter Entwicklungsschritte mit dem endgültigen Vollzug gleichsetze[453] und daher die Marktteilnehmer ein berechtigtes Interesse an einer frühzeitigen Information über solche Maßnahmen besäßen.[454] Nach einer vermittelnden Ansicht sollte eine Veröffentlichungspflicht des Emittenten dann vorliegen, wenn die Zustimmung des Aufsichtsrats und damit die Umsetzung des angestrebten Verfahrens hinreichend wahrscheinlich seien.[455] Insgesamt sei von einer Publizitätspflicht dann auszugehen, wenn die künftige Auswirkung auf die Vermögens- oder Finanzlage oder den allgemeinen Geschäftsverlauf hinreichend wahrscheinlich sei. Dies sei bei einer Entscheidung des Vorstands zu bejahen, da sich der unternehmensinterne Entscheidungsprozess so weit konkretisiert habe, dass eine unverzügliche Veröffentlichung aufgrund der erhöhten Gefahr von Insiderverstößen erforderlich sei.[456]

(c) Die Änderungen aufgrund des AnSVG und seiner europarechtlichen Vorgaben

Der Gesetzgeber hat mit der Umsetzung der Marktmissbrauchsrichtlinie und der auf ihr beruhenden Durchführungsrichtlinien die Frage, wann ein konkreter Umstand im

---

451 *Fürhoff/Wölk*, WM 1997, S. 449, 453; *Pananis*, WM 1997, S. 460, 462; *Assmann*, in: Assmann/Schneider, WpHG (3. Aufl. 2003), § 13 Rn. 36a; *Braun*, in: Möllers/Rotter, Ad-hoc-Publizität, § 8 Rdnr. 22, 36, 78 ff.

452 *Caspari*, in: Baetge, Insiderrecht und Ad-hoc-Publizität, S. 65, 69; *Hirte*, in: Hadding/Hopt/Schimansky, 2. FFG, S. 47, 59 f.; *Pananis*, WM 1997, S. 460, 463, unter Berufung auf die Regierungsbegründung zum 2. FFG, BT-Drucks. 12/6679, S. 48, welcher bei Ereignissen, dessen Konsequenzen noch nicht feststünden, weil ihre Wirksamkeit noch durch andere Umstände aufgehoben werden könnten oder noch wirksame Gegenmaßnahmen möglich seien, regelmäßig keine Tatsachen darstellen würden, die eine Auswirkung auf die Vermögens- oder Finanzlage oder den Geschäftsverlauf haben. Vgl. auch *Braun*, in: Möllers/Rotter, Ad-hoc-Publizität, § 8 Rn. 78, zutreffend darauf hinweisend, dass diese Auswirkung schon beim Eintritt der Tatsache definitiv feststeht.

453 *Kümpel*, WM 1996, S. 653, 654; *Assmann*, in: Assmann/Schneider, WpHG (3. Aufl. 2003), § 13 Rn. 36a.

454 *Braun*, in: Möllers/Rotter, Ad-hoc-Publizität, § 8 Rn. 88, 89, darauf hinweisend, dass Auswirkungen auf die Vermögens- oder Finanzlage des Emittenten nur dann zu erwarten seien, wenn die Zustimmung des Aufsichtsrats mit hoher Wahrscheinlichkeit erfolgen würde.

455 *Kiem/Kotthoff*, DB 1995, S. 1999, 2002 f.; *Schander/Lucas*, DB 1997, S. 2109, 2110; *Caspari*, in: Baetge, Insiderrecht und Ad-hoc-Publizität, S. 65, 77; *Kümpel*, in: Assmann/Schneider, WpHG (2. Aufl. 1999), § 15 Rn. 50a ff.; *ders.*, AG 1997, S. 66, 68 f.

456 *Kiem/Kotthoff*, DB 1995, S. 1999, 2001 ff.

Sinne des § 13 WpHG bei mehrstufigen Entscheidungen vorliegt, beantwortet. Entsprechend der Vorgabe durch § 15 Abs. 7 WpHG konkretisiert § 6 WpAIV das Vorliegen von berechtigten Interessen des Emittenten an einem Aufschub der Veröffentlichung nach § 15 Abs. 3 Satz 1 WpHG anhand zweier Regelbeispiele. Nach § 6 Satz 2 Nr. 2 WpAIV[457] liegen berechtigte Interessen des Emittenten an einem Aufschub der Veröffentlichung nach § 15 Abs. 3 WpHG insbesondere dann vor, wenn durch das Geschäftsführungsorgan des Emittenten abgeschlossene Verträge oder andere getroffene Entscheidungen zusammen mit der Ankündigung bekannt gegeben werden müssten, dass die für die Wirksamkeit der Maßnahme erforderliche Zustimmung eines anderen Organs des Emittenten noch aussteht, und dies die sachgerechte Bewertung der Information durch das Publikum gefährden würde. Dem Emittenten wird dadurch immer ein berechtigtes Interesse an einem Aufschub der Veröffentlichung zugestanden, soweit ein mehrstufiger Entscheidungsprozess noch nicht zu seinem Abschluss gekommen ist.

Im Umkehrschluss aus § 6 Satz 2 Nr. 2 WpAIV ist damit jede einzelne Stufe eines mehrstufigen Entscheidungsprozesses als eine präzise Information anzusehen[458], welche nur dann nicht nach § 15 WpHG veröffentlicht werden muss, wenn die Befreiungsvoraussetzungen nach § 15 Abs. 3 WpHG kumulativ vorliegen.[459] Der Gesetzgeber hat sich damit gegen die vormals herrschende Endgültigkeitstheorie entschieden und die Entscheidung des Vorstands trotz ausstehender und erforderlicher Zustimmung durch den Aufsichtsrat für grundsätzlich veröffentlichungspflichtig erklärt. Der gesetzgeberischen Wertung wird entgegengehalten, dass dem Beschluss des Vorstands allein nicht die Eigenschaft als entscheidende präzise Information zugesprochen werden könne.[460] Diesem wohne für sich genommen nicht das für eine Insiderinformation nötige Kursbeeinflussungspotential inne. Dies liege erst in dem Ereignis, auf das der mehrstufige Entscheidungsprozess hinauslaufe. Als zukünftiges Ereignis müsse die Zustimmung des Aufsichtsrats eine hinreichende Eintrittswahrscheinlichkeit aufweisen, um eine Insiderinformation darstellen zu können. Die hinreichende Eintrittswahr-

[457] In Umsetzung des Art. 3 Abs. 1 b) der Durchführungsrichtlinie 2003/124/EG.
[458] Emittentenleitfaden der BaFin, S. 19.
[459] *Möllers*, WM 2005, S. 1393, 1394; *Büche*, Pflicht zur Ad-hoc-Publizität, S. 175.
[460] *Büche*, Pflicht zur Ad-hoc-Publizität, S. 175.

scheinlichkeit allein aufgrund der Zustimmung des Vorstands zu bejahen sei allerdings nicht angezeigt.[461]

Der Gesetzgeber hat sich aber gerade gegen die Wahrscheinlichkeitstheorie ausgesprochen. Abzustellen ist vielmehr auf den jeweiligen Einzelschritt. Dieser allein unterliegt einer Veröffentlichungspflicht. Gegen eine derartige Auffassung spricht auch, dass das Anlegerpublikum durchaus dem einzelnen Beschluss des Vorstands im Einzelfall ein ausreichendes Kursbeeinflussungspotential beimessen kann. Es kommt somit gar nicht darauf an, ob das zukünftige Ereignis eine präzise Information darstellt oder nicht. Vielmehr ist hier auf die Entscheidung des Vorstands abzustellen, eine Maßnahme durchzuführen, auch wenn diese noch der Zustimmung durch den Aufsichtsrat bedarf.[462]

(d) Auswirkungen auf das Vorliegen einer veröffentlichungspflichtigen Entscheidung

Soweit es damit zu einer Änderung hinsichtlich der Veröffentlichungspflicht bei mehrstufigen Entscheidungsprozessen gekommen ist, kann diese nicht ohne Auswirkungen auf die Entscheidungsveröffentlichung nach § 10 WpÜG bleiben. Zwar wird dem Emittenten im Rahmen von mehrstufigen Entscheidungen ein berechtigtes Interesse an einem Aufschub der ihm obliegenden Veröffentlichung eingeräumt. Doch steht dies nicht der Qualifizierung des Vorstandsbeschlusses als maßgebliche Entscheidung i.S.d. § 10 WpÜG entgegen. Sofern sich der europäische Gesetzgeber dafür entschieden hat jedem Entwicklungsschritt eines mehrstufigen Entscheidungsprozesses die

[461] *Büche*, Pflicht zur Ad-hoc-Publizität, S. 176.

[462] Etwas anderes kann allein dann gelten, wenn der Aufsichtsrat für eine den Vorstand betreffende Entscheidung allein zuständig ist, vgl. OLG Stuttgart, Entscheidung vom 15.02.2007, Az. 901 Kap 1/06. In der Entscheidung des OLG Stuttgart hatten Anleger der Daimler Crysler AG versucht, diese aufgrund einer zu spät veröffentlichten Insiderinformation auf Schadensersatz in Anspruch zu nehmen. Die Gesellschaft habe das Ausscheiden ihres damaligen Vorstandsvorsitzenden Schrempp zu spät publiziert, was eine Schadensersatzhaftung nach § 37b WpHG ausgelöst habe. Das Gericht wies den Anspruch zurück mit der Begründung, eine zu veröffentlichende Insiderinformation habe erst mit dem Beschluss des Aufsichtsrats als dem allein zuständigen Gremium vorgelegen. Eine Absprache zwischen dem Vorstandsvorsitzenden und dem Aufsichtsratsvorsitzenden, das vorzeitige Ausscheiden sowie die Nachfolge in der nächsten Aufsichtsratssitzung vorzuschlagen, stelle allein keine Insiderinformation dar. Die hinreichende Wahrscheinlichkeit eines Ausscheidens des Vorstandsvorsitzenden war aber erst mit der Beschlussfassung des Aufsichtsrats gegeben, so dass erst dann eine Veröffentlichungspflicht der Gesellschaft vorlag.

Qualität einer präzisen Information einzuräumen, hat dies Auswirkungen auf die Auslegung der Entscheidungsveröffentlichung. Denn diese ist in ihrer insiderrechtlichen Funktion dem § 15 WpHG nachgebildet und wird demnach durch diesen konkretisiert. Die nachträgliche Novellierung dieser Vorschrift und der sie flankierenden und konkretisierenden Vorschriften hat ebenso Auswirkungen auf die Entscheidungsveröffentlichung wie auf jede andere verbandsinterne Willensbildung. Entgegen der vormals h.M.[463] ist der Vorstandsbeschluss als Entscheidung i.S.d. § 10 WpÜG anzusehen.

Dem Vorrang der kapitalmarktrechtlichen Publizität kann auch nicht entgegengehalten werden, dass der Gesetzgeber selbst mit dem Hinweis auf die vor dem AnSVG bestehende h.M. bei der Bestimmung des maßgeblichen Zeitpunkts auf die Zustimmung des Aufsichtsrats verweist und eine solche bei unterstellter gesellschaftsrechtlicher Erforderlichkeit für das Vorliegen einer Entscheidung zu verlangen scheint.[464] In europarechtskonformer Auslegung der Veröffentlichungspflicht hinsichtlich der Entscheidung des Bieters besteht ihr Regelungszweck vorrangig in der Vermeidung von Insidergeschäften.[465] Will sie diesen Zweck in ausreichendem Maße erfüllen[466], ist eine Anknüpfung an die Zustimmung des Aufsichtsrats nicht angezeigt. Vielmehr muss die Entscheidung des Geschäftsführungsorgans ausreichend sein, um eine Veröffentlichungspflicht zu begründen. Der Qualifizierung des zustimmenden Vorstandsbe-

---

463 So die bislang h.M. zum Vorliegen einer Entscheidung vgl. *Hopt*, ZGR 2002, S. 333, 342 ff.; *Zinser*, WM 2002, S. 15, 17; *Braun*, in: Möllers/Rotter, Ad-hoc-Publizität, § 7 Rn. 24; *Geibel*, in: Geibel/Süßmann, WpÜG, § 10 Rn. 12; *Riehmer*, in: Haarmann/Riehmer/Schüppen, WpÜG (1. Aufl. 2002), § 10 Rn. 24; *Liebscher*, ZIP 2001, S. 853, 860; *Hopt*, ZHR 166 (2002), S. 383, 402; *Steinmeyer/Häger*, WpÜG, § 10 Rn. 16; *Noack*, in: Schwark, Kapitalmarktrechtskommentar, § 10 WpÜG Rn. 7; *Schrell*, in: Triebel, Mergers & Acquisitions, S. 295, 302; *Geibel*, in: Geibel/Süßmann, WpÜG, § 10 Rn. 12; *Oechsler*, in: Ehricke/Ekkenga/Oechsler, WpÜG, § 10 Rn. 7; *Thoma/Stöcker*, in: Baums/Thoma, WpÜG, § 10 Rn. 20; *Assmann*, in: Assmann/Pötzsch/Schneider, WpÜG, § 10 Rn. 15 ff.; *Hirte*, in: KölnKomm z. WpÜG, § 10 Rn. 35: „*Denn jedenfalls für die Entscheidung zur Abgabe eines Angebots ist angesichts ihrer typischerweise großen Tragweite davon auszugehen, dass sie erst mit einer (aus diesem Grunde typischerweise erforderlichen) Zustimmung des Aufsichtsrats den Grad an Konkretheit erlangt hat, der ihre Veröffentlichung erforderlich macht.*“; *Mühle*, Das Wertpapier- und Übernahmegesetz, S. 209 f. Für eine frühe Veröffentlichungspflicht schon nach alter Rechtslage: *Hopt*, ZHR 159 (1995), S. 135, 152; *Land/Hasselbach*, DB 2000, S. 1747, 1749; *Wackerbarth*, in: MünchKomm z. AktG, § 10 WpÜG Rn. 39 f.; *Santelmann/Steinhardt*, in: Steinmeyer/Häger, WpÜG (2. Aufl. 2007), § 10 Rn. 16, die eine Veröffentlichungspflicht dann annehmen, wenn die Zustimmung des Aufsichtsrats als sicher gilt.

464 Begr. RegE. WpÜG, BT-Drucks. 14/7034, S. 39.

465 Erwägungsgrund 12 der Übernahmerichtlinie 2004/25/EG.

466 Auf die erhöhte Gefahr von Insidergeschäften in der Phase zwischen dem Vorstandsbeschluss und der Zustimmung des Aufsichtsrats hinweisend *Burgard*, ZHR 162 (1998), S. 51, 56.

schlusses als hinreichende Entscheidung im Rahmen des § 10 WpÜG kann ebenso wenig entgegengehalten werden, dass es damit aufgrund der noch ausstehenden Zustimmung des Aufsichtsrats zu einer Beeinträchtigung des kapitalmarktrechtlichen Funktionsschutzes durch eine dadurch zu befürchtende „Hüh- und Hott-Publizität"[467] komme. Denn zum einen wird mit dieser Feststellung nur zum Ausdruck gebracht, dass mit dem Vorstandsbeschluss bereits ein hinreichend insiderrelevanter Sachverhalt vorliegt, dessen Veröffentlichungspflichtigkeit erst danach entschieden werden muss, und zum anderen wird, selbst wenn eine Veröffentlichungspflicht zu bejahen ist, eine Beeinträchtigung des Marktvertrauens darin nicht zu sehen sein, wenn die Veröffentlichung einen Hinweis auf die noch ausstehende und insoweit erforderliche Zustimmung des Aufsichtsrats enthält.

Daran kann auch der Einwand nichts ändern, aus einem Umkehrschluss aus der Veröffentlichungspflicht bei noch ausstehender Zustimmung der Gesellschafterversammlung nach § 10 Abs. 1 Satz 2 WpÜG sei zu schließen, dass eine Entscheidungsveröffentlichung solange nicht vorgenommen werden dürfe, wie eine möglicherweise erforderliche Zustimmung des Aufsichtsrats noch nicht getroffen sei.[468] Ein derartiger Umkehrschluss würde gegen den eindeutigen gesetzgeberischen Willen verstoßen, dem Vorstandsbeschluss die Qualität einer Insiderinformation zuzusprechen. Einer derartigen Auslegung kann ebenso nicht entgegengehalten werden, der Bieter müsse Herr der Entscheidung über die Verfahrenseinleitung bleiben.[469] Diese Verfahrensherrschaft würde ihm aber genommen, würde schon bei einem Vorstandsbeschluss das Bestehen einer Entscheidung bejaht und eine Veröffentlichungspflicht angenommen. Dieser Ansatz widerspricht der insiderrechtlichen Funktion der Entscheidungsveröffentlichung. Sicherlich muss an dem generell geltenden Grundsatz der Verfahrensherrschaft des Bieters festgehalten werden, auch wenn er den durch die gesetzlichen Vorgaben eingeleiteten Automatismus schwerlich zu kontrollieren vermag. Gerade aber weil dem Bieter die Möglichkeit offensteht, seine Vorankündigung unter der Bedingung der Zu-

---

[467] Zu diesem Begriff vgl. die Darstellung oben unter Kapitel 1 C III 1 b) aa).

[468] So aber *Assmann*, in: Assmann/Pötzsch/Schneider, WpÜG, § 10 Rn. 15; *Oechsler*, in: Ehricke/Ekkenga/Oechsler, WpÜG, § 10 Rn. 7, unter Verweis auf Begr. RegE. WpÜG, BT-Drucks. 14/7034, S. 39.

[469] So *Steinmeyer/Häger*, WpÜG (1. Aufl. 2002), § 10 Rn. 9, 12; *Hager*, Die wertpapierangebotsrechtliche Vorankündigung, S. 129.

stimmung des Aufsichtsrats abzugeben, ist eine Veröffentlichung zum Zeitpunkt des Vorstandsbeschlusses kein Eingriff in diese Stellung. Vielmehr noch ist es wichtig zu sehen, dass der Bieter sich aufgrund des eingeschrittenen Erwerbsweges, nämlich der Bedienung des offenen Kapitalmarkts, dazu entschlossen hat, sich den kapitalmarktrechtlichen Publizitätsvorschriften zu unterwerfen. Dem Bieter hier nun eine besondere Stellung einzuräumen, nur um seine Verfahrensherrschaft zu schützen, käme einer Unterordnung des kapitalmarktrechtlichen Informationsgefüges unter eine gesellschaftsrechtliche Verbandsorganisation gleich, die nicht bezweckt sein kann.

Die Entscheidung über die Abgabe eines öffentlichen Angebots liegt damit bei einem der Durchführung des Angebotsverfahrens zustimmenden Vorstandsbeschluss vor.[470] Eine insofern erforderliche Zustimmung des Aufsichtsrats ist nicht erforderlich, auch wenn es dadurch faktisch zu einer Einschränkung des Aufsichtsrats in seiner Kontrollfunktion kommt. Die insiderrechtliche Funktion, welche der Entscheidungsveröffentlichung zukommt, macht eine solch frühzeitige Veröffentlichung erforderlich. Auf die hinreichende Eintrittswahrscheinlichkeit eines zustimmenden Aufsichtsratsbeschlusses kommt es daher nicht an.[471] Denn nach dem gesetzgeberischen Willen ist der Information des Kapitalmarkts der Vorrang vor gesellschaftsinternen Kompetenzverteilungen einzuräumen.

(2) Entscheidung des Vorstands einer Aktiengesellschaft und Sorgfaltspflicht nach § 93 Abs. 1 Satz 1 AktG

Diese Entscheidung des Vorstands i.S.d. § 10 WpÜG ist grundsätzlich als eine *Führungsentscheidung* einzustufen. Diese wird definiert als jede Entscheidung, die eine erhebliche Bedeutung für die Ertragslage, die Vermögenslage, die Finanzlage oder die Belegschaft hat.[472] Insbesondere wird mit der Entscheidung zur Abgabe eines öffentli-

---

[470] Zwischen Übernahmeangeboten und einfachen Erwerbsangeboten unterscheidend und eine Zustimmung des Aufsichtsrats grundsätzlich nur bei Übernahmeangeboten fordernd *Walz (Riehmer)*, in: Haarmann/Schüppen, WpÜG (2. Aufl. 2005), § 10 Rn. 24. Bei einfachen Erwerbsangeboten sei die Zustimmung des Aufsichtsrats nur dann erforderlich, soweit das Volumen der Transaktion eine ausreichende Bedeutung besitze.

[471] A.A. *Santelmann/Steinhardt*, in: Steinmeyer/Häger, WpÜG (2. Aufl. 2007), § 10 Rn. 16

[472] *Semler*, in: Semler/Peltzer, Arbeitshandbuch für Vorstandsmitglieder, § 1 Rn. 218.

chen Angebots eine ganz erhebliche Bedeutung für die Finanzlage des Bieters verbunden sein. Die Vorstandsmitglieder sind nach § 93 Abs. 1 Satz 1 AktG bei ihren Entscheidungen daran gehalten, die Sorgfalt eines ordentlichen und gewissenhaften Geschäftsleiters anzuwenden. Soweit der Vorstand diese Verhaltenspflicht einhält, kommt eine Haftung gegenüber der Gesellschaft bei Fehlentscheidungen nur dann in Betracht, wenn der durch § 93 Abs. 1 Satz 1 AktG eingeräumte Ermessensspielraum überschritten wurde.[473] Eine Verletzung dieser Sorgfaltspflicht liegt nach § 93 Abs. 1 Satz 2 AktG[474] dann vor, wenn das Vorstandsmitglied bei einer unternehmerischen Entscheidung vernünftigerweise annehmen durfte, auf der Grundlage angemessener Information zum Wohle der Gesellschaft zu handeln (sog. *Business Judgement Rule*).[475] Unternehmerische Entscheidungen[476] verlangen daher immer, dass der Vorstand auf der Grundlage angemessener Information handelt, um sich dem Vorwurf einer Pflichtverletzung entziehen zu können. Damit besteht immer die Pflicht zur sorgfältigen Ermittlung der Entscheidungsgrundlagen.[477] Was unter einer angemessenen In-

---

[473] *Roth*, Unternehmerisches Ermessen und Haftung des Vorstands, S. 29; *Mutschler/Mersmann*, DB 2003, S. 79 f.; *Grundei/Werder*, AG 2005, S. 825. Damit wird hinsichtlich des Verhaltensmaßstabs nicht darauf abgestellt, ob sich der mit der Geschäftsführungsmaßnahme bezweckte Erfolg tatsächlich einstellt. Fehlentscheidungen sollen dann sanktionslos bleiben, wenn der Verhaltensmaßstab des § 93 Abs. 1 Satz 1 AktG eingehalten wurde. Der Vorstand soll bezüglich seiner Entscheidungen keiner Erfolgshaftung unterliegen, vgl. *Hefermehl/Spindler*, in: MünchKomm z. AktG, § 93 Rn. 3; *Grundei/Werder*, AG 2005, S. 825 (Fn. 5). Dies ist allein schon deshalb sachgerecht, weil jede Geschäftsentscheidung sowohl dem Erfolg als Chance als auch dem Misserfolg als Risiko unterliegt. Würde sich die Haftung des Vorstands als Erfolgshaftung darstellen, wäre er nicht mehr bereit Geschäftsentscheidungen zu treffen, welche einem potentiellen Risiko unterliegen, was im Umkehrschluss dazu führen würde, dass potentielle Geschäftschancen nicht mehr wahrgenommen würden. Der Gesetzgeber sieht dies ebenso und führt aus, dass das Gesetz den Mut zum unternehmerischen Risiko nicht behindern soll, vgl. Begr. RegE. UMAG, BT-Drucks. 15/5092, S. 12. Eine Pflichtverletzung soll nur dann vorliegen, wenn das mit der unternehmerischen Entscheidung eingegangene Risiko in völlig unverantwortlicher Weise falsch beurteilt wurde, BGHZ 135, 244, 253 (ARAG/Garmenbeck).

[474] Diese auch als *Safe Harbour* – Regelung bezeichnete Regelung wurde eingefügt durch das Gesetz zur Unternehmensintegrität und Modernisierung des Anfechtungsrechts (UMAG) v. 22.September 2005, BGBl. I 2005, S. 2802 ff.

[475] Zu diesem Begriff vgl. *Kindler*, ZHR 162 (1998), S. 101, 107; *Hopt*, in: GroßKomm z. AktG, § 93 AktG Rn. 83; *Kort*, in: GroßKomm z. AktG, § 76 Rn. 51; *Fleischer*, ZIP 2004, S. 685, 686; *Paefgen*, AG 2004, S. 245 ff. Grundlegend für das Handlungsermessen des Vorstands im Rahmen seiner Leitungsaufgabe BGHZ 135, 244.

[476] Unter unternehmerischen Entscheidungen sind diejenigen Maßnahmen der Geschäftsführung zu verstehen, die nicht einfach Vollzug von Gesetz und Satzung sind, sondern wie bei der Vertragfreiheit der Willensautonomie des Entscheidenden entspringen, vgl. *Lutter*, GmbHR 2000, S. 301, 306. Ähnlich *Paefgen*, AG 2004, S. 245, 251, der das entscheidende Merkmal einer unternehmerischen Entscheidung in deren Gegensätzlichkeit zu einer rechtlich gebundenen Entscheidung sieht.

[477] BGHZ 75, 96, 109 f.; 135, 244, 253; *Lutter*, GmbHR 2000, S. 301, 307; *Fleischer*, ZIP 2004, S. 685, 691; *Hommelhoff*, Konzernleitungspflicht, S. 173 f.; *Hefermehl/Spindler*, in: MünchKomm z. AktG, § 93 Rn. 25; *Semler*, Leitung und Überwachung der Aktiengesellschaft (2. Aufl. 1996), S. 49;

formationsgrundlage zu verstehen ist, lässt der Gesetzgeber des UMAG offen. Er äußert sich lediglich dahingehend, dass die Frage der Angemessenheit der Informationsgrundlage einer Vorstandsentscheidung unter Berücksichtigung anerkannter betriebswirtschaftlicher Verhaltensmaßstäbe zu beantworten ist.[478] Wenn aber der Vorstand sichergehen will, sich einer Pflichtverletzung gegenüber der Gesellschaft nicht schuldig zu machen, so hat er hinsichtlich seiner Entscheidung zur Abgabe eines öffentlichen Angebots[479] sicherzustellen, auf der Grundlage angemessener Information zu handeln. Um eine Einschränkung des dem Vorstand zuzusprechenden Ermessensspielraums zu vermeiden und dem Vorstand die Möglichkeit einzuräumen, hinsichtlich seiner Entscheidung die an ihn gerichteten Sorgfaltsanforderungen zu erfüllen, ist es angezeigt, eine Entscheidung nach § 10 WpÜG erst dann anzunehmen, wenn der Entscheidung die Kenntnis und Auswertung entscheidungsrelevanter Informationen zugrunde liegen und dem Vorstand anderweitige Informationen nicht zugänglich waren.[480] Der Entscheidung zur Abgabe eines öffentlichen Angebots muss daher eine ausreichende Informationsauswertung grundsätzlich vorausgehen. Die Beurteilung der Angemessenheit der Informationsgrundlage hat durch das Vorstandsmitglied freiverantwortlich zu erfolgen.[481] Dabei hat es zu berücksichtigen, welchen Charakter das Angebotsverfahren hat, also ob es mit dem Vorstand der Zielgesellschaft abgestimmt ist (freundliches Angebot) oder ob es sich um ein unkoordiniertes Angebot handelt

---

Henze, BB 2000, S. 209, 215; *Hüffer*, FS Raiser (2005), S. 163, 179; *Thümmel*, DB 2004, S. 471, 472; *Ulmer*, DB 2004, S. 859, 860; *Böttcher*, NZG 2005, S. 49, 52; *ders.*, Verpflichtung des Vorstands einer Aktiengesellschaft zur Durchführung einer Due Diligence, S. 209.

[478] Begr. RegE. UMAG, BT-Drucks. 15/5092, S. 12.

[479] Bei der Entscheidung zur Abgabe eines öffentlichen Angebots handelt es sich grundsätzlich um eine sog. *strategische Entscheidung*. Strategische Entscheidungen werden als grundlegende Weichenstellungen definiert, die mit einem intensiven Ressourceneinsatz verbunden sind oder von denen nachhaltige Auswirkungen auf das Gesamtunternehmen ausgehen und die sich insbesondere dadurch auszeichnen, dass sie von einer besonderen Komplexität und Unstrukturiertheit geprägt sind, so dass sie keiner einzig richtigen Lösung zugeführt werden können. Bei strategischen Entscheidungen wird dem Vorstand grundsätzlich ein weites Ermessen eingeräumt, vgl. *Roth*, Unternehmerisches Ermessen und Haftung des Vorstands, S. 48 ff.; *Hefermehl/Spindler*, in: MünchKomm z. AktG, § 93 Rn. 28; *Grundei/Werder*, AG 2005, S. 826, 827.

[480] Ebenso *Fleischer*, FS Wiedemann (2002), S. 827, 840; *Paefgen*, AG 2004, S. 245, 248, der die dem Vorstand obliegende Sorgfaltspflicht verfahrensbezogen als Informationsbeschaffungs- und Sachprüfungspflicht versteht. *Hopt*, ZHR 166 (2002), S. 383, 401(„Pflicht zur Selbstinformation"); *Walz (Riehmer)*, in: Haarmann/Schüppen, WpÜG (2. Aufl. 2005), § 10 Rn. 22, die von einer der Entscheidung vorausgehenden Prüfungsphase durch den Bieter sprechen.

[481] Begr. RegE. UMAG, BT-Drucks. 15/5092, S. 12. Auch *Hemeling*, ZHR 169 (2005), S. 274, 277, wonach der Vorstand von einer Durchführung einer Due Diligence absehen kann, sofern er im Rahmen einer allgemeinen Risikoabwägung zu dem Schluss kommt, dass der Erwerb auch ohne vorheriges Due Diligence – Verfahren im Unternehmensinteresse liegt.

(feindliches Angebot). Soll das Angebotsverfahren mit der Geschäftsführung der Zielgesellschaft abgestimmt werden, so wird dem Vorstand zuzubilligen sein, erst nach Durchführung einer Due Diligence und der Bewertung der durch das Angebot eintretenden wirtschaftlichen Auswirkungen auf die Unternehmung des Bieters eine Entscheidung zu treffen.[482] Die vorangehende Feststellung, dass eine Entscheidung lediglich voraussetzt, dass das Angebotsverfahren angestrebt wird, ohne gleichzeitig geklärt zu haben, in welcher Weise die Durchführung erfolgt, kann daran nichts ändern. Denn erst eine ausreichende Unternehmensbewertung und die genauere Bestimmung der möglichen Vorteile des angestrebten Erwerbs werden dem Vorstand die Möglichkeit einräumen, eine Entscheidung zu treffen, die auf einer hinreichenden Tatsachengrundlage basiert und die Vor- und Nachteile einer Durchführung ausreichend abwägt. Erst dies wird zu einer ausreichenden Klärung hinsichtlich der Frage des „Ob“ einer Durchführung führen können. Anders ist dies bei einem unkoordinierten Angebotsverfahren. Die Zielgesellschaft wird hier dem Bieter gerade nicht die Möglichkeit einräumen, eine Due Diligence durchführen zu können. Hier bleibt dem Bieter letztlich nur die Möglichkeit einer Prüfung der von der Zielgesellschaft vorgenommenen Unternehmenspublizität und der Berücksichtigung des Kurses der von der Zielgesellschaft emittierten Aktien und sonstiger kapitalmarktlicher Finanzierungsinstrumente, um eine Entscheidung zu treffen, die auf einer angemessenen Informationsbasis und damit einer soliden Grundlage[483] beruht. Dabei kann der Vorstand freiverantwortlich darüber entscheiden, welche Informationen in seine Entscheidungsfindung einfließen und welchen Umfang der von ihm vorzunehmende Analyseprozess haben muss. Damit liegt es insgesamt in seinem Ermessen, wann ein zustimmender Vorstandsbeschluss herbeigeführt wird.

(3) Beschlusserfordernisse

Die Geschäftsführungsbefugnis des Vorstands resultiert aus § 77 AktG. Danach sind sämtliche Vorstandsmitglieder nur gemeinschaftlich zur Geschäftsführung befugt, so-

---

[482] *Walz (Riehmer)*, in: Haarmann/Schüppen, WpÜG (2. Aufl. 2002), § 10 Rn. 22.

[483] *Böttcher*, Verpflichtung des Vorstands einer Aktiengesellschaft zur Durchführung einer Due Diligence, S. 253, 280.

fern der Vorstand aus mehreren Personen besteht (mehrgliedriger Vorstand). Der Vorstand darf in einem solchen Fall eine Handlung allein dann vornehmen, wenn alle Mitglieder der entsprechenden Maßnahme zugestimmt haben.[484] Eine Ausnahme gilt nach § 77 Abs. 1 Satz 2 AktG allein dann, sofern die Satzung oder die Geschäftsordnung eine davon abweichende Regelung enthält. Weil aber in der Regel die Entscheidung über die Abgabe eines öffentlichen Angebots nicht einem einzelnen Vorstandsmitglied übertragen wird, die Entscheidung vielmehr eine Maßnahme der Gesamtgeschäftsführung ist, verbleibt es bei dem Erfordernis eines einstimmigen Beschlusses des Vorstands für das Vorliegen einer Entscheidung. Dieses Erfordernis kann allein durch eine satzungsmäßige Klausel oder eine entsprechende Regelung in der Geschäftsordnung erfolgen, wenn diese einen Mehrheitsbeschluss auch bei bedeutenden Geschäftsführungsentscheidungen genügen lässt. Dabei wird es jedoch vorteilhaft sein, eine einfache Mehrheit nicht ausreichen zu lassen, sondern vielmehr eine qualifizierte Mehrheit zu fordern, die der Bedeutung und Tragweite der Entscheidung am ehesten entspricht.

(4) Die Möglichkeit einer Selbstbefreiung von der Veröffentlichungspflicht bis zur Zustimmung des Aufsichtsrats

(a) Die Möglichkeit einer Selbstbefreiung des Bieters nach § 15 Abs. 3 WpHG

Aufgrund seiner insiderrechtlichen Funktion und der engen Verwandtschaft zu § 15 WpHG liegt damit eine Entscheidung schon dann vor, soweit der Vorstand der Durchführung des Angebotsverfahrens zugestimmt hat. Die Entscheidungsveröffentlichung knüpft damit an einen äußerst frühen Zeitpunkt an. Aufgrund des noch nicht abgeschlossenen verbandsinternen Entscheidungsprozesses stellt sich die Frage, ob dem Bieter nicht die Möglichkeit eines Aufschubs der von ihm vorzunehmenden Veröffentlichung bis zum zustimmenden Aufsichtsratsbeschluss eröffnet sein könnte.

Dem Bieter könnte dahingehend die Möglichkeit einer Selbstbefreiung nach § 15 Abs. 3 Satz 1 WpHG offenstehen, welcher es dem Emittenten ermöglicht, bei Vorliegen

---

[484] *Hüffer*, AktG (7. Aufl. 2006), § 77 Rn. 6; *Semler*, in: Semler/Peltzer, Arbeitshandbuch für Vorstandsmitglieder, § 1 Rn. 218.

von berechtigten Interessen einen eigenständigen Aufschub seiner Veröffentlichung zu erwirken. Eine Entscheidung dieser Frage hat mit Blick auf die mit der Entscheidungsveröffentlichung verfolgten Funktionen zu erfolgen. Dabei bereitet die insiderrechtliche Funktion keine Probleme, weil sich mit dem Vorliegen der Voraussetzungen des Befreiungstatbestandes, insbesondere die Gewährleistung der Vertraulichkeit der Insiderinformation und die fehlende Irreführung der Öffentlichkeit, die Gefahr von Insidergeschäften bis zur Zustimmung des Aufsichtsrats nicht einstellt.

Schwieriger zu beantworten ist die Frage, ob die Selbstbefreiung nicht zu einer Beeinträchtigung der verfahrenseröffnenden Funktion führt. Wenn mit der Entscheidungsveröffentlichung das Angebotsverfahren angestoßen werden soll und die damit einhergehenden Pflichten von Bieter und Zielgesellschaft beginnen, könnte eine Selbstbefreiung zu einer Verzögerung dieser einsetzenden Pflichten führen, was einen Verstoß gegen den Grundsatz der raschen Durchführung des Angebotsverfahrens nach § 3 Abs. 4 Satz 1 WpÜG darstellen könnte. Auch wenn die Entscheidungsveröffentlichung auf dem Grundsatz der raschen Durchführung des Angebotsverfahrens beruht würde die Einräumung der Selbstbefreiungsmöglichkeit diesen Zweck gefährden, wenn damit auch die möglichst rasche Veröffentlichung des Verfahrens bezweckt ist. Die angebotsrechtliche Entscheidungsveröffentlichung sieht eine Befreiungsmöglichkeit selbst in § 10 Abs. 1 Satz 3 WpÜG vor. Die Befreiung erfolgt hier jedoch nicht auf einem freiverantwortlichen Entschluss des Bieters, sondern durch die Bundesanstalt nach ordnungsgemäß gestelltem Antrag. Die Einräumung einer direkten Möglichkeit der Selbstbefreiung würde damit eine Umgehung des durch das WpÜG vorgegebenen Veröffentlichungsverfahrens darstellen. Genau dies kann aber nicht bezweckt sein. Denn mit § 10 Abs. 6 WpÜG hat der Gesetzgeber erkennbar zum Ausdruck gebracht, dass § 15 WpHG nicht für die Entscheidung zu Abgabe eines öffentlichen Angebots gilt. Damit sieht der Gesetzgeber die Möglichkeit einer Kollision, und löst diese zugunsten eines Anwendungsvorrangs der Entscheidungsveröffentlichung. Zwar könnte mit der Bestimmung in § 10 Abs. 6 WpÜG eine Auslegung dahingehend vorgenommen werden, dass diese lediglich der Gefahr einer Doppelpublizität entgegentreten will und der Bieter mit ihr der Situation entgeht, zwei inhaltsgleiche Veröffentlichungen vorzunehmen. Diese teleologische Reduktion stößt jedoch an die Grenzen der Gesamtauslegung der Vorschrift des § 10 WpÜG. Wenn eine solche Auslegung dazu führen würde, dass der Bieter bis zur Zustimmung des Aufsichtsrats eine Veröffentlichung unter den Voraussetzungen des § 15 Abs. 3 WpHG aufschieben kann, würde § 10 WpÜG im Ergebnis durch die wertpapierhandelsrechtliche Publizität modifiziert. Durch die übernahmerechtlichen Vorschriften soll aber gerade den Besonderheiten eines Angebotsverfahrens Rechnung getragen werden. Damit ist nicht nur die direkte Anwendbarkeit, sondern auch die Möglichkeit einer analogen Anwendung des § 15 Abs. 3 WpHG auf den vorliegenden Sachverhalt zu verneinen.

Vielmehr noch als diese Argumente würde es eine nicht sachgerechte Ungleichbehandlung darstellen, würde einer börsennotierten Gesellschaft die Möglichkeit einer Selbstbefreiung bis zur Zustimmung des Aufsichtsrats eingeräumt, während bei anderen Aktiengesellschaften schon mit dem Vorstandsbeschluss eine Entscheidungsveröffentlichung vorgenommen werden müsste. Mit § 10 WpÜG soll eine frühzeitige Information der Kapitalmarktteilnehmer erreicht werden, um damit die Markteffizienz zu fördern und den Marktteilnehmern die Möglichkeit einzuräumen, ihr Anlageverhalten an der publizierten Information auszurichten. Warum dies gerade bei einer börsennotierten Gesellschaft zu einem späteren Zeitpunkt erfolgen soll, ist nicht ersichtlich. Die Möglichkeit einer direkten Anwendung des § 15 Abs. 3 WpHG für den Bieter als börsennotierte Gesellschaft ist daher abzulehnen.[485]

(b) Die Möglichkeit einer analogen Anwendbarkeit des § 10 Abs. 1 Satz 3 WpÜG

Dem Bieter könnte jedoch in entsprechender Anwendung des § 10 Abs. 1 Satz 3 WpÜG die Möglichkeit offenstehen, bei der Bundesanstalt eine Befreiung von der Veröffentlichungspflicht bis zur Zustimmung des Aufsichtsrats zu beantragen. Anders als die Befreiungsmöglichkeit des § 15 Abs. 3 WpHG sieht § 10 Abs. 1 Satz 3 WpÜG die Möglichkeit vor, auf Antrag bei der Bundesanstalt die Veröffentlichungspflicht zu

[485] A.A. *Brandi/Süßmann*, AG 2004, S. 642, 652, die die berechtigten Interessen des Bieters an einem Aufschub der Veröffentlichung in der möglichen Verteuerung der Gegenleistung aufgrund der vorgezogenen Veröffentlichung sehen. Diese Verteuerung könne den Bieter veranlassen, von der Abgabe eines Angebots abzusehen. Daher sei dem Bieter die Möglichkeit einzuräumen, seine Entscheidungsveröffentlichung immer bis zur Zustimmung des Aufsichtsrats aufschieben, sofern die übrigen Voraussetzungen des Befreiungstatbestandes vorlägen.

suspendieren, sofern eine insoweit erforderliche Zustimmung der Gesellschafterversammlung noch nicht vorliegt. Der Bieter hat dabei bis zum zustimmenden Beschluss der Gesellschafterversammlung sicherzustellen, dass durch die aufgeschobene Veröffentlichung Marktverzerrungen nicht zu befürchten sind. § 10 Abs. 1 Satz 3 WpÜG stellt seinem Wortlaut nach ausschließlich auf die Zustimmung der Gesellschafterversammlung ab. Damit stellt sich die Frage, ob nicht durch eine analoge Anwendung der Vorschrift dem Bieter die Möglichkeit einzuräumen ist, bei der Bundesanstalt einen Aufschub der Veröffentlichung bis zur Zustimmung durch den Aufsichtsrat zu beantragen bzw. eine Veröffentlichungspflicht ganz entfallen zu lassen, soweit der Aufsichtsrat seine Zustimmung versagt.

So findet sich vereinzelt die Ansicht, dass die der Befreiungsmöglichkeit nach § 10 Abs. 1 Satz 2 und 3 WpÜG niedergelegten Grundsätze auch auf vergleichbare Sachverhalte anwendbar seien, sofern die Realisierung des Vorhabens trotz bestehender Grundsatzentscheidung über die Durchführung von weiteren Faktoren abhängig sei.[486] Legt man diese Ansicht zu Grunde müssten allerdings die Voraussetzungen einer entsprechenden Anwendung vorliegen. Entscheidend ist dabei, dass der Bieter aufgrund dieser Faktoren in einer dem § 10 Abs. 1 Satz 3 WpÜG vergleichbaren Lage ist. Zwar liegt es an ihm, die für die Durchführung des Verfahrens notwendigen Schritte zu unternehmen, doch kann ihm die Durchführung aufgrund der insoweit fehlenden Zustimmung der Aufsichtsratsmitglieder unmöglich sein, weil er sich ansonsten über deren Zustimmungskompetenz hinwegsetzen würde. Zwar ändert dies nichts daran, dass die Entscheidung bereits getroffen ist, die Veröffentlichungspflicht also bereits besteht. Doch kann im Interesse einer ordnungsgemäßen Durchführung des Verfahrens und einer nicht erforderlichen Beeinträchtigung der Zielgesellschaft in ihrer Tätigkeit eine Veröffentlichung aufgeschoben werden, sofern nicht allein dem Bieter, sondern auch der Zielgesellschaft und dem Informationsbedürfnis des Kapitalmarkts berechtigte Interessen an einem Aufschub der Veröffentlichung zuzusprechen sind. Auch wenn der Kapitalmarkt grundsätzlich ein Interesse daran hat, rechtzeitig und vollumfänglich über kurserhebliche Maßnahmen unterrichtet zu werden, so tritt dieses Interesse dort zurück, wo die endgültige Durchführung der Maßnahme nicht sicher ist und die Nicht-

---

[486] *Hirte*, in: KölnKomm z. WpÜG, § 10 Rn. 44.

durchführbarkeit den Bieter zu einer erneuten Veröffentlichung zwingen würde. Eine Beeinträchtigung der dem WpÜG zu Grunde liegenden Regelungsziele ist durch die Möglichkeit einer analogen Anwendung des § 10 Abs. 1 Satz 3 WpÜG nicht gegeben, weil insbesondere eine frühzeitige Unterrichtung der Zielgesellschaft und deren Arbeitnehmerschaft nicht verhindert werden. Diesen ist ein Informationsinteresse grundsätzlich nur dann zuzubilligen, wenn eine Durchführung des Verfahrens nicht von weiteren Umständen abhängt, die so wesentlich sind, dass mit ihren die Durchführung steht oder fällt.

Damit ist bei einer fehlenden und insofern erforderlichen Zustimmung des Aufsichtsrats eine vergleichbare Interessenlage zu bejahen, die eine analoge Anwendung der Befreiungsmöglichkeit des § 10 Abs. 1 Satz 3 WpÜG ermöglicht. Der Vorstand ist damit dazu verpflichtet, bei der Bundesanstalt einen Antrag dahingehend zu stellen, seine Veröffentlichungspflicht bis zur endgültigen Entscheidung des Aufsichtsrats aufzuschieben und eine Veröffentlichung erst dann vornehmen zu können, sofern dessen Zustimmung vorliegt. Er hat dabei jedoch neben der Antragstellung alles dafür zu tun, dass Marktverzerrungen nicht eintreten. Der Bieter sollte hier die zu § 15 Abs. 3 WpHG vorgegebenen Voraussetzungen beachten. Kommt es trotz der Vorkehrungen des Bieters zu Marktverzerrungen, hat er seine Entscheidung unverzüglich zu veröffentlichen.

(5) Mögliche Verpflichtung des Vorstands zur raschen Herbeiführung der Zustimmung des Aufsichtsrats

Fraglich erscheint im Hinblick auf die Tatsache, dass dem Vorstand ein Aufschub der Veröffentlichung bis zur Zustimmung des Aufsichtsrats grundsätzlich einzuräumen ist, soweit der Bieter die in § 10 Abs. 1 Satz 3 WpÜG enthaltenen Anforderungen erfüllt, ob der Vorstand auf eine rasche Entscheidung des Aufsichtsrats hinwirken muss. Eine solche Verpflichtung könnte sich aus dem Grundsatz der raschen Durchführung des Angebotsverfahrens nach § 3 Abs. 4 Satz 1 WpÜG ergeben. Dieser kann jedoch nur dann Geltung beanspruchen, wenn eine Entscheidungsveröffentlichung bereits vorgenommen wurde. Erst zu diesem Zeitpunkt wird die Zielgesellschaft in einer das Beschleunigungsgebot rechtfertigenden Weise von der Angebotsabsicht des Bieters betroffen, weil insbesondere der Vorstand erst dann dem Neutralitätsgebot des § 33 WpÜG unterliegt. Auch und gerade aufgrund der Klarstellungsfunktion des § 3 Abs. 4 Satz 1 WpÜG, dass Angebotsverfahren aufgrund der Inanspruchnahme von Ressourcen der Zielgesellschaft sich nachteilig auf diese auswirken können, und allein deshalb eine rasche Verfahrensdurchführung angezeigt sei[487], kann eine rasche Herbeiführung eines zustimmenden Aufsichtsratsbeschlusses nicht begründen, denn für den Zeitraum der Planungsphase ist eine Beeinträchtigung der Zielgesellschaft nicht ersichtlich.

Dem Vorstand könnte allein aufgrund der mit dem Aufschub entstandenen Gefahrenlage für die Marktintegrität eine derartige Beschleunigungspflicht obliegen. Eine Beschleunigungspflicht könnte demnach dem Marktverzerrungsverbot des § 3 Abs. 5 WpHG entspringen. Die Gefahr von Insidergeschäften besteht hier in gleicher Weise wie bei der noch ausstehenden Zustimmung durch die Gesellschafterversammlung. Der Bieter ist auch dort daran gehalten, dass eine Aufschubmöglichkeit nur so lange besteht, wie Marktverzerrungen nicht zu befürchten sind. Der Zeitraum, innerhalb dessen Insidergeschäfte drohen, verlängert sich umso mehr, wie die Zustimmung des Aufsichtsrats ausbleibt. Sowohl aus dem allgemeinen Marktverzerrungsverbot des § 3 Abs. 5 WpÜG als auch dessen spezialgesetzlicher Ausprägung in § 10 Abs. 1 Satz 3 WpÜG kann damit der Schluss gezogen werden, dass der Vorstand auf eine zügige Zustimmung des Aufsichtsrats hinzuwirken hat.

(6) Die Veröffentlichung der Entscheidung des Aufsichtsrats

Ungeachtet der Möglichkeit des Bieters, bis zum zustimmenden Aufsichtsratsbeschluss einen Aufschub der Erfüllung seiner Veröffentlichungspflicht zu beantragen, stellt sich die Frage, inwiefern der Bieter eine Veröffentlichungspflicht unterliegt, sofern ihm die Möglichkeit eines Aufschubs nicht offenstand und der Aufsichtsrat über die Durchführung des Angebotsverfahrens entschieden hat. Die Beantwortung der Frage einer Veröffentlichungspflicht hängt zum einen von einem Blick auf die Rechtslage beim nachträglichem Wegfall einer zuvor ad-hoc veröffentlichten Insiderinforma-

[487] Begr. RegE. WpÜG, BT-Drucks. 14/7034, S. 35.

tion ab, zum anderen von der Veröffentlichungspflicht bei einem Gesellschafterbeschluss unter vorherigem Aufschub der Veröffentlichung nach § 10 Abs. 1 Satz 3 WpÜG.

(a) Positive Entscheidung des Aufsichtsrats

Die nach bereits ergangener Veröffentlichung der Vorstandsentscheidung getroffene Zustimmung des Aufsichtsrats unterliegt keiner eigenen Publizitätspflicht. Zwar gibt Art. 2 Abs. 3 der Durchführungsrichtlinie 2003/124/EG vor, dass erhebliche Veränderungen im Hinblick auf eine bereits offen gelegte Insiderinformation unverzüglich nach dem Eintreten dieser Veränderungen ebenfalls ad-hoc bekannt zu geben sind. Doch wird der Emittent nach Art. 2 Abs. 2 der Durchführungsrichtlinie dann von einer nochmaligen Veröffentlichungspflicht befreit, wenn eine Veröffentlichung hinsichtlich des zukünftigen Ereignisses schon stattgefunden hat. Denn insoweit hat das veröffentlichte zukünftige Ereignis schon im Kurs des betreffenden Finanzinstruments seinen Niederschlag gefunden, so dass eine nochmalige Veröffentlichung hinsichtlich seines Abschlusses unzweckmäßig erschiene.[488] War der Vorstand demnach gezwungen, vor dem Aufsichtsratsbeschluss eine Veröffentlichung vorzunehmen, so wird die Zustimmung keine weitere Veröffentlichungspflicht auslösen.

(b) Negatives Votum des Aufsichtsrats

Anders ist die Sachlage für den Fall eines ablehnenden Votums[489] des Aufsichtsrats zu beurteilen. Aufgrund seiner Funktion, den Kapitalmarkt über kurserhebliche Umstände

---

[488] So auch *Büche*, Pflicht zur Ad-hoc-Publizität, S. 188.

[489] Dabei gilt zu beachten, dass der Aufsichtsrat aufgrund seiner Sorgfaltspflicht nach § 116 AktG i.V.m. § 93 AktG zu einem negativen Votum gezwungen sein kann. Nach Ansicht des BGH verletzt der Aufsichtsrat einer AG seine organschaftlichen Pflichten dann, wenn er ohne gebotene Information und darauf aufbauender Chancen- und Risikoabschätzung seine Zustimmung zu nachteiligen Geschäften erteilt, vgl. BGH, Urt. v. 10.12.2006, NZG 2007, S. 187. Der Aufsichtsrat wird demnach nur dann eine positive Zustimmung zu dem vom Vorstand anvisierten Angebotsverfahren erteilen können, wenn der Vorstand im Vorfeld eine Due Diligence durchgeführt hat und die daraus gewonnen Erkenntnisse dem Aufsichtsrat vorgelegt werden, so dass dieser seine Entscheidung daran ausrichten kann. Der Aufsichtsrat entgeht der Gefahr einer Schadensersatzpflicht daher allein dann, wenn er seine Zustimmung an die Durchführung einer Due Diligence knüpft und seine Entscheidung auf der Grundlage der damit gewonnenen Erkenntnisse trifft.

unverzüglich zu informieren und damit im Sinne der Markteffizienz diese Umstände in den gegenwärtigen Wertpapierkurs einfließen zu lassen ist es angebracht, dem Bieter hier eine Veröffentlichungspflicht allein dann aufzuerlegen, wenn der vorherige Vorstandsbeschluss bereits im Rahmen einer Entscheidungsveröffentlichung nach § 10 WpÜG veröffentlicht wurde. Aus der Veröffentlichung muss sich ergeben, dass der zuvor veröffentlichte Umstand nicht eingetreten ist bzw. nicht zu seiner Rechtswirksamkeit gelangt ist und die Veröffentlichung eine diesbezügliche Korrekturmeldung darstellt. Wenn aber die grundsätzlich bestehende Veröffentlichungspflicht bei einer negativen Entscheidung des Aufsichtsrats bejaht wird, stellt sich die Frage, nach welcher Vorschrift die Veröffentlichung zu erfolgen hat. Weil aber eine Veröffentlichung allein auf der Grundlage des § 15 Abs. 1 Satz 1 WpHG zu einer zu starken Einschränkung aufgrund der dafür notwendigen Emittenteneigenschaft des Veröffentlichungsverpflichteten führen würde, ist auch hier eine Veröffentlichung unter analoger Anwendung des § 10 Abs. 1 Satz 1 WpÜG angezeigt. Diese würde nicht nur eine unverzügliche Information des Kapitalmarkts sicherstellen, sondern zugleich auch zu einer Kenntnisnahmemöglichkeit der Arbeitnehmer sowohl der Zielgesellschaft als auch des Bieters führen.

Etwas anderes gilt dann, sofern die Entscheidung des Vorstands noch nicht nach außen gedrungen ist. In Bezug auf die Veröffentlichungspflicht bei fehlender Zustimmung der Gesellschafterversammlung findet sich die Ansicht, dass eine Veröffentlichung der ablehnenden Entscheidung durch die Gesellschafterversammlung eine Fehlinformation des Kapitalmarkts darstellen würde.[490] Zwar ist mit der Veröffentlichung nicht automatisch eine Fehlinformation in dem Sinne verbunden, dass die Kapitalmarktteilnehmer durch sie in welcher Weise auch immer zu einem Fehlverhalten veranlasst werden könnten. Der Kapitalmarkt hat jedoch kein Interesse daran, über Umstände, die nicht zu ihrer Entstehung gelangen werden, und die sich lediglich in einem Stadium befanden, die für die Vergangenheit ein erhebliches Kursbeeinflussungspotential aufwiesen, informiert zu werden. Damit wird ein negatives Votum des Aufsichtsrats die Veröffentlichungspflicht des Bieters gänzlich entfallen lassen.

---

[490] *Thoma/Stöcker*, in: Baums/Thoma, WpÜG, § 10 Rn. 48.

(7) Zwischenergebnis

Handelt es sich bei dem Bieter um eine Aktiengesellschaft, so liegt mit dem das Angebotsverfahren zustimmenden Vorstandsbeschluss eine Entscheidung i.S.d. § 10 Abs. 1 Satz 1 WpÜG vor. Diese Entscheidung unterliegt einer grundsätzlichen Veröffentlichungspflicht durch den Vorstand. Dem Vorstand ist allerdings bei einer erforderlichen Zustimmung des Aufsichtsrats die Möglichkeit einzuräumen, bei der Bundesanstalt einen Aufschub der Veröffentlichung bis zur endgültigen Zustimmung des Aufsichtsrats unter analoger Anwendung des § 10 Abs. 1 Satz 3 WpÜG zu beantragen. Dabei hat er alles dafür zu tun, dass der bestehende Vorstandsbeschluss nicht an anderer Weise als nach § 10 WpÜG vorgesehen an die Öffentlichkeit gelangt. Gelangen entsprechende Gerüchte an den Kapitalmarkt und kann der Bieter nicht ausschließen, dass diese Gerüchte aus seiner Sphäre stammen, so wird ihm grundsätzlich die Verpflichtung zu einer unverzüglichen Veröffentlichung zuzusprechen sein.[491] Soweit der Aufsichtsrat sich gegen die Durchführung des Angebotsverfahrens ausspricht, unterliegt der Bieter dann keiner Veröffentlichungspflicht, wenn die Vorstandsentscheidung noch nicht publiziert wurde. Zwar liegt eine Entscheidung in Form des Vorstandsbeschlusses noch vor, doch kann dieser nicht mehr die mit § 10 WpÜG verfolgte Wirkung, insbesondere die verfahrenseröffnende Funktion, entfalten, weil der Gesellschaft nicht mehr die Eigenschaft als Bieter zukommt.

d) Die Entscheidungsveröffentlichung bei Konzernsachverhalten

Schwierig erscheint es, das Vorliegen einer Entscheidung und die daraus resultierende Veröffentlichungspflicht bei Konzernsachverhalten zu bestimmen. Damit sind diejenigen Sachverhalte gemeint, bei denen innerhalb eines Konzernverbundes ein Willensbildungsprozess zur Abgabe eines Angebots stattfindet und das eigentliche Angebot und damit auch seine Ankündigung von nur einem der konzernverbundenen Unternehmen abgegeben wird. Meistens dürfte es sich um die Situation handeln, dass ein herrschendes Unternehmen ein abhängiges Unternehmen anweist, ein öffentliches An-

[491] Zur möglichen Veröffentlichungspflicht des Bieters bei Gerüchten im Vorfeld der Entscheidung vgl. unten unter Kapitel 2 C II 1 a) cc) und Kapitel 2 E II 3 b).

gebot abzugeben.[492] Die in der Literatur geführte Diskussion, wer in diesem Fall als Bieter anzusehen ist, orientiert sich dabei an der Abgrenzung zwischen dem materiellen und dem formellen Bieterbegriff. Nach dem *materiellen Bieterbegriff* ist derjenige als Bieter i.S.d. § 2 Abs. 4 WpÜG anzusehen, von dem die Entscheidung zur Abgabe eines Angebots wirtschaftlich ausgeht.[493] Danach ist bei der Bestimmung des Vorliegens einer Entscheidung auf die Entscheidung innerhalb der Muttergesellschaft abzustellen, soweit der Wertpapiererwerb durch eine zwischengeschaltete Holdinggesellschaft erfolgen soll, dies auch dann, wenn die Holdinggesellschaft als Bieter auftritt.[494] Nach dem *formellen Bieterbegriff* ist derjenige als Bieter anzusehen, welcher das Angebotsverfahren formell durchführt und das Angebot im eigenen Namen abgibt.[495] Auf die Entscheidung eines hinter dem Bieter stehenden Unternehmens soll es daher nicht ankommen. Für den formellen Bieterbegriff wird vorgetragen, dass es der Bundesanstalt als Überwachungsbehörde regelmäßig nicht möglich sei, die tatsächlichen Verhältnisse der hinter dem Angebot stehenden Unternehmen zu untersuchen.[496]

Der materielle Bieterbegriff wird der Systematik des WpÜG nicht gerecht. Das Gesetz stellt nicht darauf ab, von wem das Angebotsverfahren wirtschaftlich ausgeht, sondern knüpft die von ihm aufgestellten Verhaltenspflichten an den das Angebotsverfahren konkret Durchführenden. Für einen formellen Bieterbegriff spricht im Übrigen der Gesetzeswortlaut. Die Entscheidung, ein konzernabhängiges Unternehmen zur Abgabe eines öffentlichen Angebots zu bewegen, ist nicht mit der Entscheidung zur Abgabe eines öffentlichen Angebots gleichzusetzen. Selbst wenn die abhängige Gesellschaft lediglich der Weisung der herrschenden Gesellschaft Folge leistet, trifft es doch mit der Weisungsbefolgung zumindest konkludent eine eigene Entscheidung über die Durchführung des Angebotsverfahrens. Der Bieterbegriff ist demnach formell zu

---

[492] Stellvertretend sei hier auf das öffentliche Übernahmeangebot der Bayer AG gegenüber den Aktionären der Schering AG hingewiesen. Die Bayer AG selbst trat nicht als Bieter in Erscheinung, sondern ließ das Angebot durch die Dritte Beteiligungs GmbH abgeben, vgl. Entscheidungsveröffentlichung der Dritte BV GmbH v. 23. März 2006.

[493] *Versteegen*, in: KölnKomm WpÜG, § 2 Rn. 130; Steinmeyer/Häger, WpÜG (1. Aufl. 2002), § 2 Rn. 9.

[494] *Steinmayer/Häger*, WpÜG (1. Aufl. 2002), § 10 Rn. 15.

[495] *Oechsler*, in: Ehricke/Ekkenga/Oechsler, § 2 Rn. 11; *Versteegen*, in: KölnKomm z. WpÜG, § 2 Rn. 130.

[496] *Oechsler*, in: Ehricke/Ekkenga/Oechsler, § 2 Rn. 11.

bestimmen und bezieht sich bei Konzernsachverhalten auf dasjenige konzernverbundene Unternehmen, welches die Entscheidungsveröffentlichung im eigenen Namen vornimmt. Für die Entscheidungsveröffentlichung kommt es daher darauf an, dass eine Entscheidung des das Angebotsverfahren konkret durchführenden Unternehmens vorliegt.

e) Zusammenfassung

Die Entscheidung als Anknüpfungspunkt der Veröffentlichungspflicht steht am Ende eines Analyse- und Willensbildungsprozesses und verlangt von einer natürlichen Person, dass die Voraussetzungen des inneren Tatbestandes einer Willenserklärung vorliegen. Sie muss sich insbesondere der Rechtsfolgen bewusst sein, die eine Entscheidung bewirkt. Bei Gesellschaften ist regelmäßig auf die Entscheidung der Geschäftsführung abzustellen. Dies gilt auch für die GmbH trotz der bei ihr bestehenden Besonderheit, dass deren Gesellschafter den Geschäftsführern eine entsprechende Weisung erteilen können und diese Weisung für sich aufgrund der Weisungsgebundenheit der Geschäftsführer als hinreichende Entscheidung betrachtet werden kann. Die Maßgeblichkeit der Entscheidung auf der Geschäftsführungsebene rechtfertigt sich zum einen aus einem Umkehrschluss zu § 10 Abs. 1 Satz 2 WpÜG, der die Zustimmung der Gesellschafterversammlung für unerheblich erklärt, zum anderen aus dem Vergleich mit dem Vorliegen einer Insiderinformation bei mehrstufigen Entscheidungsprozessen, die nach den Vorgaben durch § 6 WpAIV schon bei jedem einzelnen Entwicklungsschritt angenommen werden kann, sofern diesem ein erhebliches Kursbeeinflussungspotential unterstellt werden kann. Anders ist dies bei Konzernsachverhalten, bei denen das herrschende Unternehmen einem von ihm beherrschten Unternehmen die Weisung zur Durchführung eines Angebotsverfahrens erteilt. Hier kommt es aufgrund der alleinigen Geltung des formellen Bieterbegriffs allein auf die autonome Entscheidung des Verfahrensdurchführenden an.

2. Die Möglichkeit einer bedingten Entscheidung und Veröffentlichungspflicht

Im Vorfeld einer Entscheidung über die Abgabe eines öffentlichen Angebots kann sich der Bieter in der Situation befinden, noch nicht alle mit der Durchführung im Zusammenhang stehenden Fragen geklärt zu haben. Die Klärung dieser Fragen kann jedoch von so grundlegender Bedeutung für den Bieter sein, dass mit ihnen die Durchführung des Verfahrens steht oder fällt. Mit der Pflicht zur Entscheidungsveröffentlichung nach § 10 WpÜG wird der Zweck verfolgt, sowohl die Möglichkeit für Insidergeschäfte im Wege einer frühzeitigen Information des Kapitalmarkts zu verhindern als auch das Angebotsverfahren anzustoßen. Die insiderrechtliche Funktion kann mit der verfahrenseröffnenden Funktion dort in Konflikt geraten, wo die Durchführung des Angebotsverfahrens nicht sicher erscheint, weil sie von Bedingungen abhängt, auf die der Bieter keinen Einfluss hat oder auf die der Bieter nur bedingt Einfluss nehmen kann. In diesem Fall könnte die verfahrenseröffnende Funktion in Zusammenhang mit dem Grundsatz der Durchführung eines ordnungsgemäßen Angebotsverfahrens hinter die insiderrechtliche Funktion zurücktreten und eine Entscheidungsveröffentlichung auch dann erforderlich sein, wenn der Eintritt bestimmter Bedingungen noch nicht feststeht. Daher ist es fraglich, ob der Bieter seine Entscheidung von Bedingungen abhängig machen kann, und ob in diesem Fall überhaupt eine zu veröffentlichende Entscheidung i.S.d. § 10 Abs. 1 Satz 1 WpÜG vorliegt. Diese Frage stellt sich insbesondere dann, wenn es sich um Bedingungen handelt, die vom Bieter zumindest teilweise selbst herbeigeführt werden können, so bspw. dann, wenn die Finanzierung des öffentlichen Angebots durch Fremdkapital noch nicht gesichert ist oder das Angebot durch eigene Aktien des Bieters durchgeführt werden soll und die dazu erforderliche Entscheidung der Hauptversammlung zur Durchführung der dazu erforderlichen Kapitalerhöhung noch aussteht.

Die Möglichkeit einer bedingten Entscheidung könnte sich aus einer entsprechenden Anwendung des § 18 WpÜG ergeben. Nach § 18 Abs. 1 WpÜG darf ein Angebot nicht von Bedingungen abhängig gemacht werden, deren Eintritt der Bieter, mit ihm gemeinsam handelnde Personen oder deren Tochterunternehmen oder im Zusammenhang mit dem Angebot für diese Personen oder Unternehmen tätige Berater ausschließlich selbst herbeiführen können. Die Verknüpfung von Widerrufs- oder Rücktrittsvorbehalten mit dem Angebot ist nach der Regelung des § 18 Abs. 2 WpÜG generell unzulässig. Diesbezüglich stellt sich die Frage, ob die Regelung des § 18 WpÜG auch auf die Veröffentlichung der Entscheidung analog angewendet werden kann. Soweit die Möglichkeit einer Analogie bejaht wird könnte dies zu dem Ergebnis führen, dass solche Vorbehalte zulässig sind, die auch als zulässige Bedingungen für das endgültige Angebot in Betracht kommen, wobei insbesondere neben der Zustimmung der Gesellschafterversammlung des Bieters (§§ 10 Abs. 1 Satz 2, 25 WpÜG) auch nicht vom Bieter selbst herbeiführbare Bedingungen in Betracht kommen könnten.[497]

a) Das Vorliegen einer Entscheidung bei Finanzierungsvorbehalten

aa) Bisheriger Meinungsstand

In der Literatur wird diskutiert, ob eine nach § 10 WpÜG zu veröffentlichende Entscheidung auch dann schon vorliegt, wenn die Durchführung des Angebotsverfahrens noch unter dem Vorbehalt steht, dass die Finanzierung von dritter Seite gesichert wird. Dabei liegt nach einer Ansicht eine veröffentlichungspflichtige Entscheidung dann vor, wenn die Entscheidung nur noch von Umständen abhängt, die der Bieter selbst oder die ihm nach § 18 Abs. 1 WpÜG zuzurechnenden Personen oder Unternehmen nicht ausschließlich selbst herbeiführen können.[498] Dafür wird vorgebracht, die noch von externen Faktoren abhängige Entscheidung könne bereits kursbeeinflussende Wirkung haben und sei deshalb entsprechend des Regelungszwecks des § 10 WpÜG zu veröffentlichen, um in diesem Zeitraum drohende Insidergeschäfte zu unterbinden.[499] Im Übrigen zeige die Regelung des § 10 Abs. 1 Satz 2 WpÜG, dass der Gesetzgeber der Marktinformation gegenüber der Verbindlichkeit der Entscheidung das größere Gewicht beimesse.[500] Dagegen wird das Argument erhoben, dass von einer Entschei-

---

[497] *Hirte*, in: KölnKomm WpÜG, § 10 Rn. 28.

[498] *Thoma/Stöcker*, in: Baums/Thoma, WpÜG, § 10 Rn. 18; *Stöcker*, NZG 2003, S. 993, 995.

[499] *Hirte*, in: KölnKomm WpÜG, § 10 Rn. 31; *Thoma/Stöcker*, in: Baums/Thoma, WpÜG, § 10 Rn. 18.

[500] *Hirte*, in: KölnKomm WpÜG, § 10 Rn. 31, 37, unter Verweis auf die Regelung des § 10 Abs. 1 Satz 2 WpÜG, der eine Veröffentlichungspflicht auch dann statuiert, wenn die insoweit erforderliche Zustimmung der Gesellschafterversammlung noch ausstehe. Der Gesetzgeber habe damit der Marktin-

dung des Bieters kaum gesprochen werden könne, solange die Finanzierung des öffentlichen Angebots noch nicht gesichert sei.[501] Der Bieter würde sich nicht nur in Anbetracht der Frist des § 14 Abs. 1 WpÜG in eine ausbeutbare Zwangslage bringen, indem er innerhalb kürzester Zeit die Finanzierung sicherstellen müsste. Durch eine derartige Entscheidungsveröffentlichung würde im Übrigen der Schutz der Zielgesellschaft nach § 3 Abs. 4 Satz 2 WpÜG unterlaufen, da deren Vorstand durch unkonkrete und nicht hinreichend sichere Vorankündigungen in seinen Handlungsbefugnissen nach § 33 Abs. 1 WpÜG beschränkt würde.[502] Da dies mit dem Sinn und Zweck der Regelung des § 10 WpÜG unvereinbar sei, könne nur dann von einer Entscheidung gesprochen werden, wenn auch die Finanzierung des Angebots gesichert sei und die Entscheidung nicht unter einem entsprechenden Finanzierungsvorbehalt gestellt würde.

bb) Sinn und Zweck der Entscheidungsveröffentlichung

Eine Entscheidung dieses Meinungsstreits muss sich an der Definition der Entscheidung des Bieters sowie am Sinn und Zweck der Entscheidungsveröffentlichung orientieren. Soweit eine Entscheidung dann vorliegt, wenn der interne Willensbildungsprozess des Bieters abgeschlossen und zu einem positiven Ergebnis gekommen ist, es daher nicht auf die Begleitumstände des Angebotsverfahrens ankommt, liegt eine Entscheidung auch dann vor, wenn die Finanzierung des Angebots noch nicht gesichert ist oder die Art und Weise der Finanzierung noch nicht feststeht. Eine Entscheidung ist bereits dann gegeben, wenn hinsichtlich der Abgabe der Entscheidung noch gewisse Unsicherheitsfaktoren bestehen, welche nicht aus dem Herrschaftsbereich des Bieters stammen.[503] Auch der Sinn und Zweck der Entscheidungsveröffentlichung spricht für diese Einschätzung.[504] Vorrangig geht es darum, den Markt über das geplante Angebotsverfahren zu informieren, ein Ausnutzen der durch eine Nichtveröffentlichung

---

formation den Vorrang vor dem Risiko eingeräumt, dass das Angebot im Nachhinein nicht verbindlich wird.

[501] *Oechsler*, in: Ehricke/Ekkenga/Oechsler, WpÜG, § 10 Rn. 6; *Geibel*, in: Geibel/Süßmann, WpÜG, § 10 Rn. 10.

[502] *Oechsler*, in: Ehricke/Ekkenga/Oechsler, WpÜG, § 10 Rn. 6.

[503] *Hirte*, in: KölnKomm z. WpÜG, § 10 Rn. 30 ff.; *Thoma/Stöcker*, in: Baums/Thoma, WpÜG, § 10 Rn. 18.

[504] *Hirte*, in: KölnKomm z. WpÜG, § 10 Rn. 31.

entstehenden Insiderinformation zu verhindern[505] und dadurch Marktverzerrungen schon im Vorfeld der Vorankündigung zu vermeiden.[506]

cc) Vergleich mit der Veröffentlichungspflicht trotz ausstehender Gesellschafterzustimmung, § 10 Abs. 1 Satz 2 WpÜG

Dieser Vorrang wird auch durch die Veröffentlichungspflicht trotz fehlender und insoweit erforderlicher Zustimmung der Gesellschafterversammlung nach § 10 Abs. 1 Satz 2 WpÜG deutlich. Wenn der Gesetzgeber aber schon bei der Frage, ob das Angebot überhaupt durchgeführt wird, allein auf die Entscheidung der Geschäftsführung abstellt, kann bei der Frage, wie es finanziert wird, nichts anderes gelten. Die Veröffentlichungspflicht wäre in sich nicht verständlich, würde auf der einen Seite die Veröffentlichung trotz ausstehender und insoweit erforderlicher Gesellschafterversammlung verlangt, auf der anderen Seite aber die Finanzierung des Angebots als die Veröffentlichung hindernder Grund angesehen. Im Ergebnis ist damit festzuhalten, dass die Entscheidung zur Abgabe eines öffentlichen Angebots auch dann vorliegt, wenn die Finanzierung des Angebotsverfahrens noch nicht feststeht. Gleiches hat dann zu gelten, sofern die Durchführung des Angebotsverfahrens von anderen Faktoren abhängig gemacht wird, deren Eintritt aus der Sicht des Bieters nicht hinreichend sicher ist.

dd) Vergleich mit der Veröffentlichungspflicht des Emittenten nach § 15 WpHG bei gestreckten Sachverhalten

Während vor den Änderungen durch das AnSVG wie bei mehrstufigen Entscheidungsprozessen auch bei gestreckten Sachverhalten, bei denen der endgültige Eintritt eines Umstands von außerhalb des Emittenten liegenden Ereignissen abhängt, eine publizitätspflichtige Insidertatsache erst bei deren endgültigen Abschluss angenommen

---

[505] *Riehmer*, in: Haarmann/Riehmer/Schüppen, Öffentliche Übernahmeangebote (2002), § 10 Rn. 1; Diesen Zweck hervorhebend auch Erwägungsgrund 12 der Übernahmerichtlinie 2004/25/EG.

[506] *Geibel*, in: Geibel/Süßmann, WpÜG, § 10 Rn. 3; *Hirte*, in: KölnKomm z. WpÜG, § 10 Rn. 2; *Thoma/Stöcker*, in: Baums/Thoma, WpÜG, § 10 Rn. 7.

wurde[507], wird eine ad-hoc zu publizierende Insiderinformation nun bei jedem einzelnen Entwicklungsschritt anzunehmen sein, sofern ihr ein erhebliches Kursbeeinflussungspotential zukommt. Wenn aber bei einer Gesellschaft zur Ermittlung des Zeitpunkts für den Eintritt der Veröffentlichungspflicht nach § 10 WpÜG auf die zu § 15 WpHG entwickelten Grundsätze zurückgegriffen werden kann[508], ist eine veröffentlichungspflichtige Entscheidung schon dann anzunehmen, wenn die Endgültigkeit der Entscheidung aufgrund des Bestehens eines gestreckten Sachverhaltes oder eines mehrstufigen Entscheidungsprozesses noch nicht feststeht. Wie bei gestreckten Sachverhalten hängt die Entscheidungsveröffentlichungspflicht jedoch davon ab, dass die Geschäftsführung den Eintritt des Umstands nicht ausschließlich selbst herbeiführen kann.

ee) Zwischenergebnis

Neben dem Sinn und Zweck der Entscheidungsveröffentlichung und der Bestimmung des § 10 Abs. 1 Satz 2 WpÜG, wonach die Zustimmung der Gesellschafterversammlung für die Entscheidungsveröffentlichung irrelevant ist, liegt eine Entscheidung des Bieters dann vor, wenn diese unter eine Bedingung gestellt wird. Dabei ist die Veröffentlichung mit dem Hinweis zu versehen, dass die Entscheidung noch von Bedingungen abhängt, auf die der Bieter nicht ausschließlich selbst Einfluss hat und die Entscheidung demnach von Entwicklungen abhängt, deren Ausgang von ihm nicht hinreichend sicher prognostiziert werden kann. Eine Entscheidung liegt demnach auch dann vor, wenn sie unter eine aufschiebende oder auflösende Bedingung gestellt wird.

b) Rücktritts- und Widerrufsvorbehalte in Angebotsankündigungen

Neben der Frage des Vorliegens einer veröffentlichungspflichtigen Entscheidung bei Finanzierungsvorbehalten stellt sich die Frage, ob der Bieter seine Entscheidung mit

[507] *Pananis*, WM 1997, S. 460, 463, die verbandsinterne Entscheidung für eine Veröffentlichungspflicht nicht ausreichend betrachtend, weil deren Wirksamkeit noch durch wirksame Gegenmaßnahmen aufgehoben werden könne; a.A. *Kiem/Kothoff*, DB 1995, S. 1999, 2001; *Cahn*, ZHR 162 (1998), S. 1, 24, der zutreffend darauf hinweist, dass bei einem derartigen Verständnis eines Veröffentlichung viel zu spät komme.

[508] Begr. RegE. WpÜG, BT-Drucks. 14/7034, S. 39.

einem Widerrufs- oder Rücktrittsvorbehalt versehen kann und ob damit zusammenhängend die Regelung des § 18 WpÜG auch auf die Entscheidung zur Abgabe eines Angebots Anwendung findet. Da bei öffentlichen Erwerbs- und Übernahmeangeboten eine zu veröffentlichende Entscheidung schon dann vorliegt, wenn hinsichtlich der Abgabe des Angebots noch Unsicherheiten bestehen, die nicht aus der Sphäre des Bieters stammen, würde eine Entscheidung auch bei solchen Bedingungen vorliegen. Dies vorausgesetzt könnte die Veröffentlichung der Entscheidung von Bedingungen abhängig gemacht werden, die dem Bieter insbesondere die Möglichkeit eines Rücktritts von seinem Vorhaben ermöglichen könnten. Da es sich bei der Entscheidung zur Abgabe eines Erwerbs- oder Übernahmeangebots nicht um eine vertragsrechtliche Willenserklärung, sondern um eine rein kapitalmarktrechtliche Absichtserklärung[509] handelt, erscheint es fraglich, ob auch diese unter eine Bedingung gestellt werden kann, deren Nichteintritt den Bieter zu einem Abbruch des Angebotsverfahrens in der Vorangebotsphase berechtigt.[510]

Das Gesetz sieht eine Rücknahmemöglichkeit nicht vor[511], was den Eindruck erweckt, dass der Automatismus des Angebotsverfahrens mit der Angebotsankündigung unaufhaltsam einsetzt[512] und ein Rückzug nur unter Inkaufnahme einer möglichen Untersagung des Angebots nach § 15 Abs. 1 Nr. 3 WpÜG[513] und der Bußgeldsanktion des § 60 Abs. 1 Nr. 2 lit. a WpÜG möglich ist.[514] Gegen die Vermutung, dass aus der Bußgeldsanktion des § 60 Abs. 1 Nr. 2 lit. a WpÜG eine Pflicht zur Weiterverfolgung des

---

509 *Thaeter*, in: Thaeter/Brandi, Öffentliche Übernahmen (2003), Teil 2 Rn. 70; *Stöcker*, NZG 2003, S. 993; *Oechsler*, in: Ehricke/Ekkenga/Oechsler, WpÜG, § 10 Rn. 11.

510 Dabei ist es unerheblich, ob es sich um eine auflösende oder aufschiebende Bedingung handelt. In beiden Fällen sind die Aktionäre der Zielgesellschaft der Unsicherheit über die Durchführung des Angebotsverfahrens ausgesetzt.

511 *Geibel*, in: Geibel/Süßmann, WpÜG, § 10 Rn. 9; *Stöcker*, NZG 2003, S. 993.

512 *Hopt*, ZHR 166 (2002), S. 383, 401; *Thoma*, NZG 2002, S. 105, 107; *Thaeter*, in: Thaeter/Brandi, Öffentliche Übernahmen (2003), Teil 2 Rn. 65; *Stöcker*, NZG 2003, S. 993; *Hirte*, in: KölnKomm z. WpÜG, § 10 Rn. 19; *Thoma/Stöcker*, in: Baums/Thoma, WpÜG, § 10 Rn. 61.

513 Die Untersagung des Angebots führt nach § 26 Abs. 1 Satz 1 WpÜG zu einer einjährigen Sperrfrist, in welcher ein erneutes Angebot unzulässig ist. Die Bundesanstalt kann den Bieter auf Antrag nach § 26 Abs. 2 WpÜG nur dann von dieser Sperrfrist befreien, soweit die Zielgesellschaft dem zustimmt. Zur Untersagung aufgrund nicht übermittelter Angebotsunterlage vgl. auch *Lenz/Behnke*, BKR 2003, S. 43, 44.

514 *Seydel*, in: Köln Komm z. WpÜG, § 15 Rn. 39; *Geibel*, in: Geibel/Süßmann, WpÜG, § 10 Rn. 128; *Hager*, Die wertpapierangebotsrechtliche Vorankündigung, S. 113, eine generelle Rückzugsmöglichkeit verneinend.

Angebotsverfahrens nach der Entscheidungsveröffentlichung bestehe, ist aber zu Recht vorgebracht worden, dass die Sanktion nach § 60 Abs. 1 Nr. 2 lit. a WpÜG das Bestehen einer Angebotsunterlage voraussetze.[515] Aus ihr ist lediglich die Verpflichtung abzuleiten, eine vom Bieter erstellte Angebotsunterlage einzureichen. Daraus könne aber nicht die Pflicht zur Erstellung einer Angebotsunterlage abgeleitet werden.[516] Soweit der Bieter also das Angebotsverfahren nach der Entscheidungsveröffentlichung nicht weiter verfolgt begeht er keine Ordnungswidrigkeit nach § 60 Abs. 1 Nr. 2 lit. a WpÜG.

Schwerer wiegt der Einwand, der Automatismus des Angebotsverfahrens resultiere aus der Untersagungsverpflichtung der Bundesanstalt[517] nach § 15 Abs. 1 Nr. 3 WpÜG. Zwar könnte eingewandt werden, dass der Bieter ohnehin kein weiteres Interesse mehr an einer Weiterverfolgung seiner Angebotsabsichten habe, soweit die Übermittlung und Veröffentlichung der Angebotsunterlage nicht vorgenommen werde. Doch kann dem Bieter trotz der Aufgabe an einer Weiterverfolgung gelegen sein, wenn er in strategischer Hinsicht an einem Erwerb der Wertpapiere interessiert und der Bedingungseintritt innerhalb der Einjahresfrist erfolgen kann.

Mit der Untersagung nach den § 15 Abs. 1 Nr. 3 und 4 WpÜG soll bei Übernahmeangeboten verhindert werden, dass der Bieter sanktionslos durch seine Veröffentlichung nach § 10 WpÜG die in § 33 WpÜG enthaltenen besonderen Verhaltenspflichten von Vorstand und Aufsichtsrat der Zielgesellschaft auslöst, im weiteren Verlauf aber kein Angebot abgibt.[518] Zwar ist aufgrund des Wortlauts der Entwurfsbegründung eine teleologische Reduktion des § 15 Abs. 1 Nr. 3 WpÜG auf Übernahme- und Pflichtange-

---

[515] *Hirte*, in: KölnKomm z. WpÜG, § 10 Rn. 19.

[516] *Hirte*, in: KölnKomm z. WpÜG, § 10 Rn. 19, der auch auf die sprachliche Unterscheidung zwischen Erstellung und Veröffentlichung der Angebotsunterlage in § 14 Abs. 1 WpÜG hinweist; a.A. *Stöcker*, NZG 2003, S. 993.

[517] Nach dem ausdrücklichen Willen des Gesetzgebers steht der Bundesanstalt bei der Entscheidung über die Untersagung des Angebots kein Ermessen zu, vgl. Begr. RegE. WpÜG, BT-Drucks. 14/7034, S. 45. Der Gesetzgeber begründet dies damit, dass das Angebotsverfahren bereits mit der Entscheidungsveröffentlichung für die Zielgesellschaft sehr weitreichende Wirkungen habe, was die Anordnung einer gebundenen Entscheidung rechtfertige.

[518] Begr. RegE. WpÜG, BT-Drucks. 14/7034, S. 45; *Scholz*, in: Haarmann/Schüppen, WpÜG (2. Aufl. 2005), § 15 Rn. 40.

bote erwogen worden[519], so dass einfache Erwerbsangebote von der Vorschrift nicht erfasst sein sollen, doch spricht dagegen neben dem Wortlaut der Vorschrift auch die systematische Stellung im Gesetz[520], denn eine sprachliche Unterscheidung zwischen einfachen Erwerbsangeboten, Übernahme- oder Pflichtangeboten enthält § 15 WpÜG nicht. Mit der Stellung im dritten Abschnitt des WpÜG und damit im allgemeinen Teil des Gesetzes ist eine teleologische Reduktion ebenfalls nicht vereinbar, denn der Gesetzgeber wollte erkennbar eine für alle nach dem WpÜG vorgesehenen Angebotsarten geltende Regelung schaffen. Die teleologische Reduktion auf Übernahme- und Pflichtangebote kommt nach allem nicht in Betracht.[521]

Es stellt sich daher die Frage, inwiefern sich der Bieter aus dem Angebotsverfahren zurückziehen kann, ohne die Sanktion des § 15 Abs. 1 Nr. 3 und 4 WpÜG i.V.m. § 26 WpÜG fürchten zu müssen. Im Schrifttum wird diesbezüglich eine analoge Anwendung des § 18 Abs. 2 WpÜG erwogen.[522] Nach § 18 Abs. 1 WpÜG ist es dem Bieter verwehrt, sein Angebot von Bedingungen abhängig zu machen, deren Eintritt der Bieter, mit ihm gemeinsam handelnde Personen oder deren Tochterunternehmen oder im Zusammenhang mit dem Angebot für diese Personen oder Unternehmen tätige Berater ausschließlich selbst herbeiführen können. Damit ist es dem Bieter verwehrt, sog. subjektive Bedingungen[523] in das Angebot aufzunehmen. Durch § 18 Abs. 2 WpÜG wird ausdrücklich klargestellt, dass das Angebot nicht unter dem Vorbehalt eines Widerrufs oder Rücktritts abgegeben werden kann. Das generelle Verbot von Rücktritts- und Widerrufsvorbehalten ist jedoch dahingehend teleologisch zu reduzieren, dass ein Angebot dann mit einem Rücktritts- oder Widerrufsvorbehalt versehen werden kann, wenn der Bieter oder ihm zuzurechnende Personen die an den Rücktritt bzw. den Widerruf geknüpften Bedingungen nicht ausschließlich selbst herbeiführen können.[524]

---

[519] *Riehmer*, in: Haarmann/Riehmer/Schüppen, WpÜG (1. Aufl. 2002), § 15 Rn. 15.
[520] *Thoma/Stöcker*, in: Baums/Thoma, WpÜG, § 10 Rn. 63.
[521] *Seydel*, in: KölnKomm z. WpÜG, § 15 Rn. 39; *Thoma/Stöcker*, in: Baums/Thoma, WpÜG, § 10 Rn. 63.
[522] *Thoma/Stöcker*, in: Baums/Thoma, WpÜG, § 10 Rn. 64 ff.; a.A. *Assmann*, in: Assmann/Pötzsch/Schneider, WpÜG, § 10 Rn. 52.
[523] *Hasselbach*, in: KölnKomm z. WpÜG, § 18 Rn. 2.
[524] *Thoma/Stöcker*, in: Baums/Thoma, WpÜG, § 10 Rn. 64.

Die aufgrund der Beschränkung des § 18 WpÜG auf die Angebotsunterlage zu konstatierende Regelungslücke in Bezug auf die Entscheidungsveröffentlichung sei insofern auch als planwidrig zu betrachten, was das Beispiel der noch ausstehenden erforderlichen Zustimmung der Gesellschafterversammlung nach § 10 Abs. 1 Satz 2 WpÜG zeige.[525] Würde die insoweit erforderliche Zustimmung der Gesellschafterversammlung des Bieters verweigert, so bliebe der Bieter weiterhin dazu verpflichtet, der Bundesanstalt eine Angebotsunterlage zu übermitteln, um die ihm drohenden Sanktionen zu vermeiden.[526] Die Angebotsunterlage müsste dann erneut unter die Bedingung einer Zustimmung der Gesellschafterversammlung gestellt werden. Dabei würde sich die Frage stellen, ob sich diese Bedingung noch auf ein zukünftiges ungewisses Ereignis bezieht, wobei insbesondere die Ungewissheit desjenigen Umstandes, von dem die Wirkung des Rechtsgeschäfts abhängen soll[527], als das wesentliche Merkmal einer Bedingung fraglich erscheint. Aufgrund der schon vorangegangenen negativen Entscheidung der Gesellschafterversammlung sei diese Ungewissheit nicht gegeben, so dass das Angebot entweder als unbedingt abgegeben zu gelten habe oder aber unwirksam sei.[528] Eine planwidrige Regelungslücke liegt damit vor. Zwar wird gegen die vergleichbare Interessenlage vorgebracht, dass es sich bei der von § 10 Abs. 1 Satz 1 WpÜG geforderten Ankündigung nicht um eine auf einen rechtsgeschäftlichen Erfolg gerichtete Willenserklärung handelt, sondern als reine Absichtserklärung gegenüber dem Kapitalmarkt einer Bedingung nicht zugänglich ist. Es erscheint jedoch fraglich, warum der Bieter an seine Entscheidungsveröffentlichung stärker gebunden sein sollte als an das eigentliche Angebot.[529] Der Bieter ist aufgrund der unverzüglich zu erfüllenden Veröffentlichungsverpflichtung zu einem äußerst frühen Zeitpunkt[530] zur Veröffentlichung verpflichtet. Um einen angemessenen Ausgleich zwischen dem Informa-

---

[525] *Stöcker*, NZG 2003, S. 993, 995 f.; *Thoma/Stöcker*, in: Baums/Thoma, WpÜG, § 10 Rn. 66.
[526] *Hirte*, in: KölnKomm z. WpÜG, § 10 Rn. 19; *Thoma/Stöcker*, in: Baums/Thoma, WpÜG, § 10 Rn. 66.
[527] *Medicus*, Allgemeiner Teil des BGB, Rn. 828.
[528] *Thoma/Stöcker*, in: Baums/Thoma, WpÜG, § 10 Rn. 66.
[529] So *Thoma/Stöcker*, in: Baums/Thoma, WpÜG, § 10 Rn. 68; *Stöcker*, NZG 2003, S. 993, 995; *Oechsler*, in: Ehricke/Ekkenga/Oechsler, WpÜG, § 10 Rn. 14.
[530] *Peltzer*, in: Assmann/Basaldua/Bozenhardt/Peltzer, Übernahmeangebote, S. 179, 200; *Oechsler*, in: Ehricke/Ekkenga/Oechsler, WpÜG, § 10 Rn. 11. Wohl a.A. *BaFin*, Jahresbericht 2006, S. 183, wonach die öffentliche Ankündigung dazu führe, dass das Angebotsverfahren vollständig durchzuführen sei. Das Verfahren könne allein durch eine Gestattung oder Untersagung des Angebots durch die BaFin beendet werden.

tionsinteresse der Zielgesellschaft als auch des Kapitalmarkts und dem Interesse des Bieters an einem für ihn durchführbaren Angebotsverfahren herzustellen ist es daher angezeigt, zwar das Informationsinteresse durch eine unverzügliche Veröffentlichung zu befriedigen, auf der anderen Seite aber dem Bieter die Möglichkeit von Rücktrittsvorbehalten einzuräumen.

Die Bestimmung des § 18 Abs. 2 WpÜG ist damit analog auf die Entscheidungsveröffentlichung anzuwenden, was unter teleologischer Reduktion dieser Vorschrift dazu führt, dass der Bieter seine Entscheidung unter einen Widerrufs- oder Rücktrittsvorbehalt stellen kann, sofern dieser von Bedingungen abhängt, auf die der Bieter keinen Einfluss hat. Keine Ausnahme gilt für die Bedingung einer Zustimmung durch die Gesellschafterversammlung. Zwar darf der Bieter in diesem Fall von einer Rückzugsmöglichkeit nicht missbräuchlich Gebrauch machen[531], schon allein deshalb, weil eine nicht ernst gemeinte, lediglich zum Zwecke der Kursbeeinflussung der Wertpapiere der Zielgesellschaft abgegebene Angebotsankündigung einen Verstoß gegen das Verbot der unangemessenen Behinderung der Zielgesellschaft nach § 3 Abs. 4 Satz 2 WpÜG darstellt.[532] Stand dem Bieter die Möglichkeit einer Befreiung nach § 10 Abs. 1 Satz 3 WpÜG ganz offensichtlich zu und hat er von dieser Möglichkeit keinen Gebrauch gemacht, so wird ihm die Aufnahme einer entsprechenden Bedingung ebenso zuzubilligen sein, als wenn er diese Möglichkeit nicht besessen hätte. Es kann keinen Unterschied machen, ob der Bieter seine Veröffentlichung aufschiebt und erst nach der Zustimmung vornimmt oder die entsprechende Bedingung einer Zustimmung in die Veröffentlichung aufnimmt. Ein entsprechendes Verständnis würde zu einer Verkennung der Befreiungsmöglichkeit führen.[533] Ein rechtsmissbräuchliches Verhalten wird allein darin zu sehen sein, dass der Bieter schon zum Zeitpunkt der Veröffentlichung sicher weiß, dass es zu einem Eintritt der Bedingung nicht kommen wird und die Veröffentlichung zu dem alleinigen Zweck vorgenommen wird, auf den Kurs der Wertpapiere der Zielgesellschaft einzuwirken. Ein solches Verhalten stünde dem

[531] *Thoma/Stöcker*, in: Baums/Thoma, WpÜG, § 10 Rn. 90.
[532] Vgl. dazu die Darstellung oben unter § 2 V.
[533] A.A. *Thoma/Stöcker*, in: Baums/Thoma, WpÜG, § 10 Rn. 93.

Marktverzerrungsverbot des § 3 Abs. 5 WpÜG entgegen und würde ein Einschreiten der Bundesanstalt rechtfertigen.

c) Die Veröffentlichung des Rücktritts- bzw. des Widerrufs

Wenn es aber zu der Situation kommt, dass das Angebotsverfahren widerrufen wird oder der Bieter von ihm zurücktritt, weil es zum Eintritt auflösender Bedingungen oder zum Wegfall aufschiebender Bedingungen gekommen ist, stellt sich die Frage, inwieweit dies dem Kapitalmarkt, insbesondere den Aktionären der Zielgesellschaft, mitzuteilen ist. Denn ein sanktionsloser Rückzug ist dem Bieter nur dann einzuräumen, wenn er den Kapitalmarkt darüber hinreichend informiert.[534] Dazu wird vertreten, dass die Rücknahme der Entscheidung entsprechend § 10 Abs. 1 Satz 1 WpÜG zu veröffentlichen ist.[535] Etwas anderes solle dann gelten, wenn die Erledigung des Angebots auf Gründen beruht, die nicht auf den Bieter zurückzuführen sind, wie z.B. rechtsformwechselnde Umwandlungen der Zielgesellschaft.[536] Hier sei eine Veröffentlichung nach § 15 WpHG vorzunehmen. Für eine Veröffentlichung der Rücknahme nach § 10 WpÜG spricht neben dem *actus contrarius – Gedanken*[537] die Wirkung der Veröffentlichung, die neben der vorherigen Mitteilung an die Bundesanstalt, die Börsengeschäftsführungen und die Zielgesellschaft vor allem die Arbeitnehmer der Zielgesellschaft trifft. Mit einer Veröffentlichung nach § 15 WpHG würde zwar die Information des Kapitalmarkts sichergestellt. Eine unverzügliche Unterrichtung der Arbeitnehmer, wie sie durch die Regelung des § 10 Abs. 5 Satz 1 u. 2 WpÜG sichergestellt

---

[534] *Thoma/Stöcker*, in: Baums/Thoma, WpÜG, § 10 Rn. 71 ff, die den Bieter für den Fall des Unterlassens einer solchen Veröffentlichung weiterhin nach § 14 WpÜG zur Erstellung, Übermittlung und Veröffentlichung der Angebotsunterlage verpflichtet sehen. Im Übrigen kämen Schadensersatzansprüche der Aktionäre der Zielgesellschaft nach den Grundsätzen der culpa in contrahendo (§ 311 Abs. 2 i.V.m. § 280 Abs. 1 BGB) in Betracht, sofern diese im Vertrauen auf die Veröffentlichung der Angebotsunterlage von einem Verkauf ihrer Aktien abgesehen haben. So auch *Seydel*, in: KölnKomm z. WpÜG, § 14 Rn. 79.

[535] *Hirte*, in: KölnKomm z. WpÜG, § 10 Rn. 21; *Thoma/Stöcker*, in: Baums/Thoma, WpÜG, § 10 Rn. 71 ff.; *Stöcker*, NZG 2003, S. 993, 997 f.; anders *Oechsler*, in: Ehricke/Ekkenga/Oechsler, WpÜG, § 10 Rn. 12, der den Bieter in der Pflicht sieht, den durch die Vorankündigung geschaffenen Schwebezustand durch eine Veröffentlichung nach § 15 WpHG zu beseitigen.

[536] *Hirte*, in: KölnKomm z. WpÜG, § 10 Rn. 22.

[537] Diesen Gedanken aufwerfend *Thaeter*, in Thaeter/Brandi, Öffentliche Übernahmeangebote, Teil 2 Rn. 68; *Stöcker*, NZG 2003, S. 993, 997; *Thoma/Stöcker*, in: Baums/Thoma, WpÜG, § 10 Rn. 71, die die Wirksamkeit eines Widerrufs davon abhängig machen, dass dieser in derselben Weise publiziert wird wie die Entscheidung selbst.

ist, kann § 15 WpHG nicht leisten. Auch setzt § 15 WpHG die Emittenteneigenschaft des Bieters voraus, was nicht zwingend gegeben ist und eine Gefährdung der Marktintegrität darstellen würde, soweit es sich bei dem Bieter nicht um einen Emittenten handelt, dessen Wertpapiere zum Handel an einem organisierten Markt zugelassen sind. Im Übrigen wird durch eine entsprechende Überschrift sichergestellt, dass ein sofortiger Bezug zur vorangegangenen Entscheidungsveröffentlichung hergestellt werden kann. Eine ergänzende Publizitätspflicht der Zielgesellschaft besteht dagegen nicht, wenn die Rücknahme oder der Widerruf durch den Bieter veröffentlicht wurde und eine Insiderinformation aufgrund der dadurch bewirkten öffentlichen Bekanntheit nicht mehr vorliegt.

d) Zwischenergebnis

Das Vorliegen einer Entscheidung zur Durchführung eines Angebotsverfahrens wird nicht dadurch berührt, dass sie unter eine Bedingung gestellt wird. Eine Entscheidung liegt vielmehr auch dann vor, wenn sie von Umständen abhängig gemacht wird, auf die der Bieter keinen Einfluss hat und deren Eintritt sich von ihm nicht hinreichend sicher prognostizieren lässt. In analoger Anwendung des § 18 Abs. 2 WpÜG ist es dem Bieter insbesondere möglich, seine Entscheidung unter einen Widerrufs- und Rücktrittsvorbehalt zu stellen, sofern die daran geknüpfte Bedingung nicht ausschließlich durch den Bieter selbst herbeigeführt werden kann. Kommt es zum Eintritt dieser auflösenden Bedingungen oder dem Nichteintritt einer aufschiebenden Bedingung, ist der entsprechende Widerruf oder Rücktritt nach § 10 Abs. 1 i.V.m. Abs. 3 WpÜG zu veröffentlichen. Allein dadurch wird eine ausreichende Unterrichtung sowohl des Kapitalmarkts, der Zielgesellschaft als auch der Arbeitnehmer der betroffenen Gesellschaften sichergestellt.

V. Die Unbeachtlichkeit der Entscheidung der Gesellschafterversammlung nach § 10 Abs. 1 Satz 2 WpÜG und Befreiungsmöglichkeit nach § 10 Abs. 1 Satz 3 WpÜG

Nach § 10 Abs. 1 Satz 2 WpÜG besteht die Verpflichtung des Bieters zur Veröffentlichung seiner Entscheidung auch dann, wenn für diese Entscheidung ein Beschluss der

Gesellschafterversammlung des Bieters erforderlich ist und ein solcher Beschluss noch nicht erfolgt ist. Der Bieter hat unter den engen Voraussetzungen des § 10 Abs. 1 Satz 3 WpÜG die Möglichkeit, bei der Bundesanstalt einen Befreiungsantrag dahingehend zu stellen, dass die Veröffentlichung erst nach dem Beschluss der Gesellschafterversammlung zu erfolgen hat[538], wenn durch geeignete Vorkehrungen des Bieters sichergestellt ist, dass es aufgrund der Verzögerung nicht zu Marktverzerrungen kommen wird.

1. Unbeachtlichkeit einer noch ausstehenden Gesellschafterversammlung

Mit der Regelung des § 10 Abs. 1 Satz 2 WpÜG hat der Gesetzgeber insbesondere die Hauptversammlung einer Aktiengesellschaft im Blick gehabt. Die Vorschrift soll verhindern[539], dass aufgrund der mit einer Einberufung der Hauptversammlung einhergehenden vorherigen Veröffentlichung der Tagesordnung und damit der Bekanntgabe der Absicht des Bieters zur Abgabe eines öffentlichen Angebots gegenüber allen Aktionären Marktverzerrungen entstehen.[540] Denn mit der Ladung zur Hauptversammlung würden die Informationen über das Vorhaben nur die gegenwärtigen Aktionäre erreichen, nicht aber auch potentielle Aktienkäufer,[541] was dem Sinn und Zweck der Vorschrift, alle Marktbeteiligten rasch und umfassend zu informieren, zuwiderlaufen würde. Der Zweck der Regelung liegt in der Verhinderung einer Umgehung des durch § 10 WpÜG vorgegebenen Veröffentlichungsverfahrens. Damit dient § 10 Abs. 1 Satz 2 WpÜG unmittelbar dem Marktverzerrungsverbot aus § 3 Abs. 5 WpÜG.[542] Mit der Regelung stellt der Gesetzgeber aber auch klar, dass die Entscheidung zur Durchführung eines Angebotsverfahrens auf Seiten der Geschäftsführung für ihn eine Insiderin-

---

[538] Im gleichen Sinne ist es dem Bieter nach § 25 WpÜG gestattet, das Angebot unter die Bedingung des Beschlusses der Gesellschafterversammlung zu stellen, sofern dieser Beschluss bis zum fünften Werktag vor Ablauf der Annahmefrist herbeigeführt wird.

[539] Begr. RegE. WpÜG, BT-Drucks. 14/7034, S. 39.

[540] *Geibel*, in: Geibel/Süßmann, WpÜG, § 10 Rn. 19; *Assmann*, in: Assmann/Pötzsch/Schneider, WpÜG, § 10 Rn. 32.

[541] *Oechsler*, in: Ehricke/Ekkenga/Oechsler, § 10 Rn. 7, unter Berufung auf die Regierungsbegründung Begr. RegE. WpÜG, BT-Drucks. 14/7034, S. 39.

[542] *Thoma/Stöcker*, in: Baums/Thoma, WpÜG, § 10 Rn. 25.

formation darstellt[543], deren Veröffentlichung nur unter Beachtung der Vorgaben des § 10 Abs. 1 Satz 3 WpÜG aufgeschoben werden kann.

2. Befreiungsmöglichkeit durch Ausnahmegenehmigung, § 10 Abs. 1 Satz 3 WpÜG

Die Gefahr von Marktverzerrungen ist umso geringer, je überschaubarer der Gesellschafterkreis des Bieters ist, insbesondere dann, wenn eine öffentliche Bekanntmachung vor der Einberufung der Hauptversammlung nicht erforderlich ist.[544] Der Gesetzgeber erkennt insoweit, dass ein Befreiungsbedürfnis bei Personengesellschaften und Gesellschaften mit beschränkter Haftung bestehen kann[545], soweit der Kreis der Gesellschafter überschaubar und eine Einladung durch öffentliche Bekanntmachung nicht angezeigt ist.[546] Der Gesetzgeber hat damit den Interessenkonflikt gelöst, der dadurch entsteht, dass bei noch ausstehender Gesellschafterversammlung der Kapitalmarkt zwar nicht unverzüglich über ein beabsichtigtes Angebot informiert wird, dieser jedoch bei vorgenommener Veröffentlichung und anschließender Ablehnung des Angebotsvorhabens durch die Gesellschafterversammlung stark irritiert würde.[547] Die Gesetzeslage entspricht auch den zu den mehrstufigen Entscheidungsprozessen gemachten Ausführungen, welche der Marktinformation einen Vorrang vor einer eventuell bestehenden gesellschaftsinternen Kompetenzverteilung einräumen. Das Risiko einer Marktverzerrung durch eine spätere Ablehnung des Angebotsverfahrens durch die Gesellschafterversammlung wird allein deshalb in Kauf genommen, um den Kapitalmarkt nicht Irritationen auszusetzen, die diesen weitaus mehr belasten könnten als eine nicht zeitnahe Veröffentlichung.[548]

---

[543] *Hirte*, in: KölnKomm WpÜG, § 10 Rn. 37, der darauf hinweist, dass mit der Regelung auch der Tatsache Rechnung getragen werde, dass die Gesellschafterversammlung einer Publikums(aktien)gesellschaft typischerweise in ihrer Entscheidung nicht von derjenigen der Verwaltung abweicht und mit der Entscheidung der Verwaltung eine schon hinreichend große Realisierungswahrscheinlichkeit für die Maßnahme gegeben sei.
[544] *Assmann*, in: Assmann/Pötzsch/Schneider, WpÜG, § 10 Rn. 33.
[545] Begr. RegE. WpÜG, BT-Drucks. 14/7034, S. 39.
[546] Begr. RegE. WpÜG, BT-Drucks. 14/7034, S. 39; *Geibel*, in: Geibel/Süßmann, WpÜG, § 10 Rn. 21; *Assmann*, in: Assmann/Pötzsch/Schneider, WpÜG, § 10 Rn. 33.
[547] *Assmann*, in: Assmann/Pötzsch/Schneider, WpÜG, § 10 Rn. 33.
[548] *Assmann*, in: Assmann/Pötzsch/Schneider, WpÜG, § 10 Rn. 33.

a) Antragserfordernis

Der Bieter muss einen Aufschub von seiner ihn treffenden Veröffentlichungspflicht bei der Bundesanstalt beantragen. Dabei ist die Veröffentlichungspflicht des Bieters bei einem nicht missbräuchlich gestellten Antrag bis zur Entscheidung der Bundesanstalt suspendiert.[549] Auch treffen den Bieter keine Mitteilungspflichten nach § 10 Abs. 2 WpÜG.[550] Sachlich gerechtfertigt erscheint es allerdings, dem Bieter die Pflicht aufzuerlegen, die Möglichkeit zur Veröffentlichung der Entscheidung im Wege einer Ad-hoc-Veröffentlichung nach § 10 WpÜG jederzeit sicherzustellen, um somit auch für den Zeitraum der Suspendierung seiner Veröffentlichungspflicht während des Antragsverfahrens der Gefahr von Marktverzerrungen entgegenzutreten. Der Bieter ist hier in einer ähnlichen Situation wie der Emittent, der sich aufgrund seiner eigenen Entscheidung von seiner Veröffentlichungspflicht nach § 15 Abs. 3 Satz 1 WpHG befreit. Auch dieser hat eine unverzügliche Veröffentlichung dann vorzunehmen, wenn während des Befreiungszeitraums die Vertraulichkeit der Insiderinformation nicht mehr gewährleistet werden kann und das alleinige Bestehen von berechtigten Interessen des Emittenten an einem Aufschub die Veröffentlichung nicht mehr hindern können.

Der Antrag des Bieters muss die Zielgesellschaft konkret benennen. Andernfalls würde die Bundesanstalt in ihrer Marktaufsichtsfunktion beeinträchtigt. Eine rein abstrakte Umschreibung der Zielgesellschaft ist daher nicht ausreichend.[551] Zwar wird dagegen vorgebracht, dass eine konkrete Benennung der Zielgesellschaft allein dann zu verlangen sei, wenn aus der Sicht des Bieters die Gefahr einer Ausnutzung dieser Information bestünde und der BaFin die Möglichkeit einer Marktaufsicht in Bezug auf die Wertpapiere der Zielgesellschaft gegeben werden müsse.[552] Dagegen spricht jedoch,

[549] *Geibel,* in: Geibel/Süßmann, WpÜG, § 10 Rn. 28; *Riehmer*, in: Haarmann/Riehmer/Schüppen, WpÜG (1. Aufl. 2002), § 10 Rn. 33; *Thoma/Stöcker,* in: Baums/Thoma, WpÜG, § 10 Rn. 44; *Hirte*, in: KölnKomm z. WpÜG, § 10 Rn. 43, unter Bezugnahme auf die vor dem Anlegerschutzverbesserungsgesetz bestandene Regelung des § 15 Abs. 1 Satz 5 WpHG a.F., der dem Emittenten ebenfalls die Möglichkeit einräumte, einen Antrag auf Befreiung von seiner Ad-hoc-Publizitätspflicht zu stellen und damit die Veröffentlichung aufzuschieben.

[550] *Assmann*, in: Assmann/Pötzsch/Schneider, WpÜG, § 10 Rn. 41.

[551] So aber *Thoma/Stöcker*, in: Baums/Thoma, WpÜG, § 10 Rn. 43.

[552] *Thoma/Stöcker*, in: Baums/Thoma, WpÜG, § 10 Rn. 43.

dass die Gefahr einer Marktverzerrung die Befreiungsmöglichkeit insgesamt aufheben würde. Auch muss es der Bundesanstalt möglich sein, den Kapitalmarkt bis zum Wegfalls der Aufschubvoraussetzungen in Bezug auf die Wertpapiere der Zielgesellschaft zu überwachen und beim Verdacht von Insidergeschäften einzuschreiten.

Der Antrag des Bieters muss daher beinhalten, dass von Seiten der Geschäftsführung eine Entscheidung zur Abgabe eines öffentlichen Angebotes in Bezug auf eine konkrete Zielgesellschaft gefallen ist und diese Entscheidung einer Zustimmung durch die Gesellschafterversammlung bedarf. Aus den Angaben muss sich die Erforderlichkeit eines zustimmenden Gesellschafterbeschlusses schließen lassen können.[553]

b) Erforderlichkeit eines Gesellschafterbeschlusses

Zur Abgabe eines Angebots muss innerhalb der Gesellschaft ein entsprechender Beschluss der Gesellschafterversammlung erforderlich sein. Eine derartige Erforderlichkeit besteht zunächst unstreitig dann, wenn das für den Bieter maßgebliche Gesellschaftsrecht oder der Gesellschaftsvertrag für die Durchführung des Angebotsverfahrens einen Beschluss der Gesellschafter erfordert.[554] Eine Ausnahme davon sei dann zu machen, wenn die Zustimmung der Gesellschafterversammlung eine reine Formsache darstellt, weil die Gesellschaft gerade zu dem Zweck gegründet wurde, das Angebotsverfahren durchzuführen.[555] Bei Personengesellschaften (GbR[556], OHG, KG) ist eine Erforderlichkeit der Zustimmung nur dann gegeben, wenn es sich bei dem beabsichtigten Angebotsverfahren um ein sog. außergewöhnliches Geschäft handelt[557], welches außerhalb des normalen Rahmens der Geschäftstätigkeit liegt und nicht zu einer Änderung der Vertragsgrundlagen führt. Handelt es sich dagegen nicht um ein außergewöhnliches Geschäft, so bspw. allein deswegen, weil der Erwerb von bedeutenden

---

[553] *Thoma/Stöcker*, in: Baums/Thoma, WpÜG, § 10 Rn. 43.
[554] *Thoma/Stöcker*, in: Baums/Thoma, WpÜG, § 10 Rn. 29; *Assmann*, in: Assmann/Pötzsch/Schneider, WpÜG, § 10 Rn. 36; *Oechsler*, in: Ehricke/Ekkenga/Oechsler, WpÜG, § 10 Rn. 7.
[555] *Thoma/Stöcker*, in: Baums/Thoma, WpÜG, § 10 Rn. 96.
[556] Ist bei der GbR eine Regelung hinsichtlich der Geschäftsführung im Gesellschaftsvertrag unterblieben, so steht die Geschäftsführung allen Gesellschaftern zu, was dazu führt das für jedes Geschäft die Zustimmung aller Gesellschafter erforderlich ist, § 709 Abs. 1 BGB.
[557] Für die OHG und die KG folgt dieses Zustimmungserfordernis bei ungewöhnlichen Geschäften aus § 116 Abs. 2 HGB.

Beteiligungen gerade im Gesellschaftszweck liegt, so wird eine Zustimmung der nicht geschäftsführenden Gesellschafter nicht erforderlich sein.[558] Gleiches gilt für die GmbH, bei der eine Zustimmung der Gesellschafterversammlung dann erforderlich ist, wenn es sich bei dem angestrebten Vorhaben um eine ungewöhnliche Geschäftsführungsmaßnahme handelt[559], was bei einem öffentlichen Angebotsverfahren in der Regel der Fall sein dürfte.[560]

Hinsichtlich der Erforderlichkeit eines Hauptversammlungsbeschlusses bei der Aktiengesellschaft gilt es zunächst zu differenzieren. Die Aufschubmöglichkeit ist allein dann gegeben, sofern der Gesellschafterkreis überschaubar ist, es sich also nicht um eine sog. Publikumsaktiengesellschaft handelt. Die Aufschubmöglichkeit steht daher nur kleinen Aktiengesellschaften offen. Die Erforderlichkeit eines zustimmenden Beschlusses der Hauptversammlung ist darüber hinaus nicht nur dann gegeben, sofern dieser gesetzlich vorgeschrieben ist, sondern auch dann, sofern diese sich unter entsprechender Anwendung des § 119 Abs. 2 AktG nach den sog. *Holzmüller-Grundsätzen*[561] geboten ist.[562] Eine bloß freiwillige Beteiligung ist dagegen nicht ausreichend. Dies ergibt sich schon aus dem Gebot des § 3 Abs. 4 Satz 1 WpÜG, das Angebotsverfahren rasch durchzuführen, gegen das durch gesetzlich nicht gebotene Maßnahmen des Bieters verstoßen würde.[563] Der Schutz der Zielgesellschaft gebietet daher eine einschränkende Auslegung des Tatbestandsmerkmals „erforderlich", so dass da-

[558] Auch wenn eine Zustimmung der Gesellschafter nicht erforderlich ist, wird der geschäftsführende Gesellschafter dazu verpflichtet sein, den übrigen Gesellschaftern seine Entscheidung anzuzeigen und über die möglichen Folgen des Angebotsverfahrens zu informieren. Diese Auskunftspflicht ergibt sich aus der Verweisung des § 713 BGB auf § 666 BGB.

[559] *Altmeppen*, in: Roth/Altmeppen, GmbHG (4. Aufl. 2003), § 37 Rn. 22; *Lutter/Hommelhoff*, GmbHG (16. Aufl. 2004), § 37 Rn. 10 f.; *Wolff*, in: Münch Hdb. GesR III, GmbH (2. Aufl. 2003), § 37 Rn. 58 ff., der eine Unterscheidung zwischen den unterschiedlichen Arten von möglichen außergewöhnlichen Geschäften vornimmt und einen Gesellschafterbeschluss dann für erforderlich hält, soweit das Geschäft wegen seiner außerordentlichen wirtschaftlichen Bedeutung und dem damit eingegangenen hohen Risiko Ausnahmecharakter hat; a.A. *Zöllner*, in: Baumbach/Hueck, GmbHG (17. Aufl. 2000), § 37 Rn. 6a.

[560] *Geibel*, in: Geibel/Süßmann, WpÜG, § 10 Rn. 25.

[561] BGHZ 83, 122 = NJW 1982, 1703 (Holzmüller); Eine Konkretisierung dieser Grundsätze ist durch die Gelatine-Urteile des BGH erfolgt, vgl. BGHZ 159, 30 = NJW 2004, 1860 = BGH, NZG 2004, 571; BGH NZG 2004, S. 575; vgl. dazu *Becker/Horn*, JuS 2005, S. 1067 ff.

[562] Eine Berufung auf die Holzmüllergrundsätze ist nur dort angezeigt, wo eine öffentliche Einberufung der Hauptversammlung nicht gesetzlich verlangt wird und es sich bei der Gesellschaft nicht um eine große Publikumsaktiengesellschaft handelt. Bei einer solchen steht dem Bieter die Möglichkeit eines Aufschubs der Veröffentlichung ohnehin nicht offen.

[563] *Oechsler*, in: Ehricke/Ekkenga/Oechsler, WpÜG, § 10 Rn. 7.

mit nur der Fall erfasst sein soll, dass die Geschäftsführung aufgrund gesetzlicher oder satzungsmäßiger Bestimmungen zu einer Einberufung der Gesellschafterversammlung gezwungen ist.[564] Gegen die Erforderlichkeit einer Gesellschafterversammlung bei einem rein freiwilligem Beschluss der Gesellschafterversammlung spricht im Übrigen die Möglichkeit, die Angebotsankündigung unter eine Bedingung zu stellen, soweit diese nicht ausschließlich durch den Bieter selbst herbeigeführt werden kann. Nach § 25 WpÜG hat der Bieter, soweit er das Angebot unter der Bedingung eines Beschlusses seiner Gesellschafterversammlung abgegeben hat, den Beschluss unverzüglich, spätestens bis zum fünften Werktag vor Ablauf der Annahmefrist, herbeizuführen. § 25 WpÜG setzt damit gerade die Möglichkeit des Bieters voraus, dass der Bieter sein Angebot unter der Bedingung eines Beschlusses der Gesellschafterversammlung abgibt. Diese Regelung wird als Kompensation des Bieters für dessen äußerst früh einsetzende Veröffentlichungspflicht verstanden.[565] Denn er ist aufgrund der Regelung des §10 Abs. 1 Satz 2 WpÜG zu einer Angebotsankündigung schon dann gezwungen, wenn ein für die Entscheidung erforderlicher Gesellschafterbeschluss noch aussteht. § 25 WpÜG gewährt dem Bieter damit ausnahmsweise die Zulässigkeit einer *Potestativbedingung* in seiner Angebotsunterlage und damit in analoger Anwendung die Zulässigkeit der Aufnahme einer solchen in die Angebotsankündigung. Eine derartige Ausnahme rechtfertige sich jedoch nur dann, wenn die Zustimmung der Gesellschafterversammlung zwingend ist.[566] Zwar kann für das Erfordernis einer zwingenden Erforderlichkeit der Zustimmung der Gesellschafterversammlung nicht der Grundsatz der raschen Verfahrensdurchführung nach § 3 Abs. 5 Satz 1 WpÜG herangezogen werden, weil dieser keine Ausstrahlungswirkung auf vor der Entscheidungsveröffentlichung liegende Maßnahmen hat. Für eine einschränkende Auslegung der Erforderlichkeit der Zustimmung durch die Gesellschafterversammlung spricht jedoch auch der kapitalmarktrechtliche Funktionsschutz. Je länger eine Veröffentlichung hinauszögert wird, umso eher besteht die Gefahr des missbräuchlichen Ausnutzens von Spezialwissen. Die Gefahr von Marktverzerrungen rechtfertigt daher eine Beschränkung des Erforderlichkeitskriteriums auf gesetzlich oder satzungsmäßig vorgeschriebene Zustimmungen.

---

[564] *Assmann*, in: Assmann/Pötzsch/Schneider, WpÜG, § 10 Rn. 36.
[565] *Thoma/Stöcker*, in: Baums/Thoma, WpÜG, § 10 Rn. 91.
[566] *Oechsler*, in: Ehricke/Ekkenga/Oechsler, WpÜG, § 10 Rn. 7.

c) Vorkehrungen gegen zu befürchtende Marktverzerrungen

Ebenso wie bei der Befreiungsmöglichkeit des Emittenten nach § 15 Abs. 3 Satz 1 WpHG kommt ein Aufschub der Entscheidungsveröffentlichung nur dann in Betracht, wenn der Bieter durch geeignete Vorkehrungen sicherstellt, dass dadurch Marktverzerrungen nicht zu erwarten sind. Konkret bedeutet dies, dass der bereits bestehende Beschluss der Geschäftsführung in anderer Weise als durch § 10 WpÜG vorgesehen nicht an die Öffentlichkeit gelangt ist. Das Erfordernis, dass er zur Grundlage individueller Investitionsentscheidungen gemacht wurde, besteht dabei nicht. Ausreichend ist eine Gefahr für die Marktintegrität, nicht deren konkrete Beeinträchtigung. Dabei sind die zu der Gesellschafterversammlung einzuberufenden Gesellschafter darauf aufmerksam zu machen, dass Ihnen schon mit der Einladung – soweit diese einen Hinweis auf das beabsichtigte Angebotsverfahren enthält - Insiderinformationen mitgeteilt werden, und diese Informationen nicht zu verbotenen Insidergeschäften i.S.d. § 14 WpHG ausgenutzt werden dürfen.[567] Andere verlangen, dass die Gesellschafter ausdrücklich auf den Ausnahmefall des § 10 Abs. 1 Satz 3 WpÜG hinzuweisen sind und ihnen ihre Pflicht zur vertraulichen Behandlung der übermittelten Informationen sowie ihrer Entscheidung verdeutlicht wird.[568] Aufgrund der engen Verwandtschaft der Vorschrift zum Befreiungstatbestand des § 15 Abs. 3 Satz 1 WpHG sollten die dort angesprochenen Erfordernisse auch hier gelten.[569]

d) Die Veröffentlichungspflicht nach dem Beschluss der Gesellschafterversammlung und negative Entscheidung der Bundesanstalt

Kommt es nach der Antragstellung des Bieters zu einer Ablehnung des Antrags, so hat der Bieter seine Entscheidung zur Abgabe eines Angebots unverzüglich nach § 10 Abs. 1 Satz 1 WpÜG zu veröffentlichen. Der Bieter hat die Möglichkeit, die Entscheidung der Bundesanstalt mit den Rechtsmitteln des Widerspruchs und der Beschwerde anzugreifen. Über den Widerspruch entscheidet dabei der Widerspruchsausschuss der

567 *Hirte*, in: KölnKomm z. WpÜG, § 10 Rn. 41.
568 *Assmann*, in: Assmann/Pötzsch/Schneider, WpÜG, § 10 Rn. 37.
569 Zu den gesetzlich vorgegebenen Anforderungen hins. der Vermeidung von Marktverzerrungen s. unten unter Kapitel 2 E II 4.

BaFin, § 6 Abs. 1 Satz 2 WpÜG. Die Beschwerde hat nach § 49 WpÜG dann aufschiebende Wirkung, wenn die Befreiung bei zunächst positiv beschiedenem Antrag nach § 10 Abs. 1 Satz 3 WpÜG widerrufen wurde. Doch kann die Bundesanstalt nach § 50 Abs. 1 WpÜG die sofortige Vollziehung anordnen, sofern dies im öffentlichen Interesse oder im überwiegenden Interesse eines Beteiligten geboten ist.

Soweit die Gesellschafterversammlung nach der Genehmigung der Bundesanstalt der Entscheidung der Geschäftsführung zur Abgabe des Angebots zugestimmt hat, ist die Entscheidung nach § 10 Abs. 1 Satz 1 WpÜG unverzüglich zu veröffentlichen.[570] Etwas anderes soll dann gelten, wenn die Zustimmung verweigert wird. Soweit das Votum der Gesellschafterversammlung jedoch negativ ausfällt und die Gesellschafter sich gegen die Entscheidung zur Abgabe eines Angebots aussprechen, soll den Bieter einzig eine Mitteilungspflicht gegenüber der Bundesanstalt treffen.[571] Eine Veröffentlichung der ablehnenden Entscheidung durch die Gesellschafterversammlung über die dann überholte Entscheidung der Geschäftsführung würde eine Fehlinformation des Kapitalmarkts darstellen.[572] Für die Veröffentlichung besteht auch kein Bedürfnis. Die Entscheidung der Geschäftsführung hat sich nicht auf die betroffenen Wertpapiere ausgewirkt, so dass eine Veröffentlichung nicht zur Herstellung der Markteffizienz erforderlich ist.

e) Zusammenfassung

Dem Bieter bleibt die Möglichkeit eines Aufschubs seiner Veröffentlichungspflicht nach § 10 Abs. 1 Satz 3 WpÜG allein dann, wenn sich die Erforderlichkeit einer Zustimmung der Gesellschafterversammlung aus dem Gesetz oder dem Gesellschaftsvertrag ergibt. Gleiches gilt für die Zustimmungskompetenz der Hauptversammlung nach den Holzmüller-Grundsätzen. Im Übrigen steht der Geschäftsführung einer Gesellschaft allein dann die Aufschubmöglichkeit zu, sofern der Gesellschafterkreis überschaubar ist, was dann nicht der Fall ist, wenn es sich um eine sog. Publikumsgesell-

[570] *Thoma/Stöcker*, in: Baums/Thoma, WpÜG, § 10 Rn. 47.
[571] *Thoma/Stöcker*, in: Baums/Thoma, WpÜG, § 10 Rn. 48.
[572] *Thoma/Stöcker*, in: Baums/Thoma, WpÜG, § 10 Rn. 48.

schaft handelt. Während des Befreiungszeitraums hat der Bieter sicherzustellen, dass aufgrund der Gefahr von Marktverzerrungen eine unverzügliche Veröffentlichung seiner Entscheidung sichergestellt ist. Die Veröffentlichungspflicht lebt mit der Zustimmung der Gesellschafterversammlung wieder auf. Lehnt die Gesellschafterversammlung die Durchführung eines Angebotsverfahrens dagegen ab, hat der Bieter dies allein der Bundesanstalt mitzuteilen, ohne zu einer entsprechenden Veröffentlichung verpflichtet zu sein.

VI. Zeitpunkt und Inhalt der Entscheidungsveröffentlichung

1. Zeitpunkt der Veröffentlichung

§ 10 Abs. 1 Satz 1 WpÜG bestimmt, dass die Veröffentlichung unverzüglich und somit ebenso wie bei § 15 WpHG *ohne schuldhaftes Zögern* i.S.d. § 121 Abs. 1 Satz 1 BGB zu erfolgen hat. Anders als bei § 35 WpÜG hat der Gesetzgeber auf die Vorgabe einer Höchstfrist verzichtet. Insoweit wird vorgeschlagen[573], aufgrund der Verwandtschaft des § 10 WpÜG zu § 15 WpHG auf die Grundsätze zur Unverzüglichkeit der Veröffentlichung einer Insiderinformation zurückzugreifen. Dabei wird unter Bezugnahme auf die vor dem AnSVG bestehende Rechtslage vor allem auf das Schreiben des damaligen Bundesaufsichtsamtes für den Wertpapierhandel vom 08. Februar 2002 an die Vorstände aller zum Handel an einer inländischen Börse zugelassenen Unternehmen hingewiesen.[574] In diesem wies das Bundesaufsichtsamt darauf hin, dass ein „beschleunigtes Handeln“ erforderlich sei, welches keine Rücksicht auf die bestehenden Börsenhandelszeiten nehmen dürfe und „nur unter besonderen Umständen des Einzelfalls ein Zuwarten rechtfertige“.[575] Das Schreiben zählte zu diesen besonderen Umständen insbesondere die Prüfung der Frage, ob überhaupt eine ad hoc zu publizierende Insidertatsache vorliege. Dies ist bei der Veröffentlichung der Entscheidung jedoch nicht angezeigt, denn der Bieter hat schon im Vorfeld der Entscheidung die Mög-

---

[573] *Thoma/Stöcker*, in: Baums/Thoma, WpÜG, § 10 Rn. 51.

[574] *Assmann*, in: Assmann/Pötzsch/Schneider, WpÜG, § 10 Rn. 44; *Thoma/Stöcker*, in: Baums/Thoma, WpÜG, § 10 Rn. 51.

[575] *BAWe*, Schreiben vom 08.02.2002.

lichkeit prüfen zu lassen, ab wann eine Entscheidung vorliegt und wie diese zu veröffentlichen ist.[576]

Die Bundesanstalt hat zur neuen Rechtslage in ihrem Emittentenleitfaden zur Unverzüglichkeit der Veröffentlichung einer Insiderinformation Stellung genommen und ist der Ansicht, dass der Emittent unabhängig von den Börsenhandelszeiten zur Vorabmitteilung und Veröffentlichung verpflichtet ist. Dabei sieht sie den Emittenten dazu verpflichtet, organisatorische Vorkehrungen dafür zu treffen, dass eine unverzügliche Veröffentlichung vorgenommen werden kann.[577] Der Emittent hat also wie schon zur alten Rechtslage alle in seinem Wirkungskreis stehenden Schritte zu unternehmen, um die Veröffentlichung der Entscheidung unverzüglich herbeizuführen. Übertragen auf den rechtsformunabhängigen Bieter bedeutet dies, dass er schon in der Planungsphase, in der die Entscheidung des Bieters vorbereitet wird, dazu verpflichtet ist, die geeigneten Vorkehrungen für einen schnellen und reibungslosen Informationsaustausch mit den für die Veröffentlichung vorgesehenen Medien zu treffen, um im Falle des Entstehens der Entscheidung sofort in der Lage zu sein, diese zu einer Veröffentlichung anzuhalten.

2. Inhalt der Veröffentlichung, § 10 Abs. 1 Satz 1, Abs. 3 Satz 2 WpÜG

Der Inhalt der Entscheidungsveröffentlichung bestimmt sich nach § 10 Abs. 1 Satz 1 und Abs. 3 Satz 2 WpÜG. Zwar ergibt sich daraus lediglich die Verpflichtung, die Entscheidung zur Abgabe eines Angebots zu publizieren. Daraus kann jedoch die Verpflichtung geschlossen werden, sowohl den Bieter, die Zielgesellschaft und die betroffenen Wertpapiere genau zu bezeichnen.[578] Eine Verpflichtung dahingehend, bereits den konkreten Inhalt des Angebots in die Veröffentlichung aufzunehmen, besteht

---

[576] *Assmann*, in: Assmann/Pötzsch/Schneider, § 10 Rn. 44.
[577] Emittentenleitfaden der BaFin, S. 66.
[578] Begr. RegE. WpÜG, BT-Drucks. 14/7034, S. 39; *Hirte*, in: KölnKomm z. WpÜG, § 10 Rn. 23; *Riehmer*, in: Haarmann/Riehmer/Schüppen, WpÜG, § 10 Rn. 54; *Steinmayer/Häger*, WpÜG, § 10 Rn. 23; *Geibel*, in: Geibel/Süßmann, WpÜG, § 10 Rn. 33; *Thoma/Stöcker*, in: Baums/Thoma, WpÜG, § 10 Rn. 52; *Assmann*, in: Assmann/Pötzsch/Schneider, WpÜG, § 10 Rn. 45.

nicht.[579] Liegen jedoch bereits bestimmte Eckpunkte des Angebots vor, deren Veröffentlichung auch im Interesse des Kapitalmarkts liegt[580], sollen diese ebenfalls in die Entscheidungsveröffentlichung aufzunehmen sein.[581] Nach dem Willen des Gesetzgebers soll dadurch eine zusätzliche Ad-hoc-Publizitätspflicht des Bieters vermieden werden, soweit es sich bei diesen Eckdaten um Informationen handelt, die ein entsprechendes Kursbeeinflussungspotential besitzen.[582] Zwar spricht der Wille des Gesetzgebers für eine Aufnahme von bereits feststehenden Eckdaten in die Angebotsankündigung. Wenn er aber dadurch eine weitere Veröffentlichung nach Maßgabe des § 15 WpHG vermeiden will, so kann eine generelle Veröffentlichungsverpflichtung nicht angenommen werden. Denn der Bieter kann im Zweifel ein berechtigtes Interesse[583] daran haben, diese Eckdaten bis zur Abgabe des Angebots geheim zu halten, was es ihm ermöglicht, die Veröffentlichung bis zur Veröffentlichung der Angebotsunterlage aufzuschieben, soweit er die Vertraulichkeit der Eckdaten gewährleisten kann und eine Irreführung der Öffentlichkeit nicht zu befürchten ist. Zwar wird dem Bieter von einigen Stimmen in der Literatur die Möglichkeit eingeräumt, sich in der Angebotsankündigung eine Änderung dieser Eckdaten vorzubehalten.[584] Andere sehen dies durch eine

---

[579] *Assmann*, AG 2002, S. 114, 117; *Geibel*, in: Geibel/Süßmann, WpÜG, § 10 Rn. 33; *Land*, DB 2001, S. 1707, 1709; *Riehmer*, in: Haarmann/Riehmer/Schüppen, WpÜG, § 10 Rn. 54; *Steinmayer/Häger*, WpÜG, § 10 Rn. 23; *Assmann*, in: Assmann/Pötzsch/Schneider, WpÜG, § 10 Rn. 47.

[580] *Hirte*, in: KölnKomm z. WpÜG, § 10 Rn. 23.

[581] Begr. RegE. WpÜG, BT-Drucks. 14/7034, S. 39; dagegen *DAV*, Stellungnahme zum WpÜG, abgedruckt in NZG 2001, S. 1003, 1004; *Thoma/Stöcker*, in: Baums/Thoma, WpÜG, § 10 Rn. 54, eine ergänzende Publizitätspflicht nach § 15 WpHG annehmend, soweit diesen Eckdaten neben der Tatsache eines bevorstehenden Angebots ein zusätzliches Kursbeeinflussungspotential zukommt. *Hager*, Die wertpapierangebotsrechtliche Vorankündigung, S. 174. Die gegenwärtige Veröffentlichungspraxis deutet darauf hin, dass die den Aktionären anzubietende Gegenleistung schon zum Zeitpunkt der Entscheidungsveröffentlichung vorliegt, denn insoweit enthalten die meisten der vorgenommenen Veröffentlichen einen Hinweis auf die vom Bieter beabsichtigte Gegenleistung vgl. Entscheidungsveröffentlichung der QXL GmbH zur Übernahme der ricardo.de AG vom 18.05.2007; Entscheidungsveröffentlichung der SAPARDIS S.A. zur Übernahme der Puma AG Rudolf Dassler Sport vom 10.04.2007; Entscheidungsveröffentlichung der Siemens AG zur Übernahme der IBS AG vom 04.04.2007; Entscheidungsveröffentlichung der pertus Zehnte GmbH zur Übernahme der MME Moviement AG vom 27.02.2007.

[582] Begr. RegE. WpÜG, BT-Drucks. 14/7034, S. 39, die als Beispiel für ein entsprechendes Kursbeeinflussungspotential Konditionen des Angebots anführt, die über den Erwartungen des Kapitalmarktes liegen. Auch *BAWe*, Rundschreiben v. 26.04.2002, NZG 2002, S. 563, 564; *Hopt*, ZGR 2002, S. 333, 344; *Oechsler*, in: Ehricke/Ekkenga/Oechsler, WpÜG, § 10 Rn. 27.

[583] Das berechtigte Interesse des Emittenten an einem Aufschub der Veröffentlichung ergibt sich bereits daraus, dass durch die Nennung in der Angebotsankündigung bereits eine Bindung in Bezug auf das endgültige Angebot ergeben kann, vgl. *Assmann*, in: Assmann/Pötzsch/Schneider, WpÜG, § 10 Rn. 47.

[584] *Thoma/Stöcker*, in: Baums/Thoma, WpÜG, § 10 Rn. 55.

analoge Anwendung des § 21 Abs. 1 Satz 1 WpÜG gewährleistet, der unter bestimmten Voraussetzungen die Änderung des Angebots ermöglicht.[585] Allein dies kann jedoch der Gefahr nicht entgegentreten, dass sich die Kapitalmarktteilnehmer und insbesondere die Aktionäre der Zielgesellschaft auf die insoweit veröffentlichten Eckdaten verlassen und aufgrund der nachträglichen Änderung Irritationen auftreten, die einer Irreführung der Öffentlichkeit gleichkommen. Dem Bieter ist somit insgesamt die Möglichkeit einzuräumen, die bereits bei Veröffentlichung der Entscheidung vorliegenden Eckdaten des Angebots nicht in die Entscheidungsveröffentlichung aufzunehmen.

Soweit die Entscheidung zur Abgabe von weiteren Bedingungen abhängt, sind diese ebenfalls in die Veröffentlichung aufzunehmen.[586] Dasselbe hat dann zu gelten, wenn erst das Angebot unter eine entsprechende Bedingung gestellt werden soll, und dies schon bei der Entscheidungsveröffentlichung feststeht.[587] Die Veröffentlichung hat nach § 10 Abs. 3 Satz 1 WpÜG in deutscher Sprache zu erfolgen. Der Bieter ist gleichfalls dazu verpflichtet anzugeben, ob es sich um ein einfaches Erwerbsangebot oder ein Übernahmeangebot handelt.[588] Die Veröffentlichung hat einen Hinweis darauf zu enthalten, unter welcher Internetadresse die Veröffentlichung der Angebotsunterlage vorgenommen wird, § 10 Abs. 3 Satz 2 WpÜG, wodurch ein unmittelbarer und rascher Zugriff auf die für die Beurteilung des Angebots maßgeblichen Daten ermöglicht werden soll.[589]

---

[585] *Hasselbach*, in: KölnKomm z. WpÜG, § 21 Rn. 11.

[586] *Hirte*, in: KölnKomm z. WpÜG, § 10 Rn. 23; *Thoma/Stöcker*, in: Baums/Thoma, WpÜG, § 10 Rn. 52; a.A. *Riehmer*, in: Haarmann/Riehmer/Schüppen, WpÜG, § 10 Rn. 54, der eine dahingehende Verpflichtung verneint.

[587] A.A. *Assmann*, in: Assmann/Pötzsch/Schneider, WpÜG, § 10 Rn. 48, der insbesondere keinen Hinweis auf eine noch ausstehende und erforderliche Genehmigung durch die Gesellschafterversammlung verlangt. Gerade dies erscheint allerdings mit dem Sinn und Zweck der Entscheidungsveröffentlichung nicht vereinbar, wenn mit ihr auch eine umfassende Information des Kapitalmarkts über kursbeeinflussende Maßnahmen sichergestellt werden soll. Dass die Gesellschafterversammlung der Abgabe des Angebots noch zuzustimmen hat, stellt für sich genommen eine Tatsache dar, welcher der Kapitalmarkt allein schon deshalb große Bedeutung zumisst, weil ein negatives Votum die Durchführung des Angebotsverfahrens verhindern würde.

[588] *Hirte*, in: KölnKomm z. WpÜG, § 10 Rn. 24; Steinmayer/Häger, WpÜG (1. Aufl. 2002), § 10 Rn. 23; *Thoma/Stöcker*, in: Baums/Thoma, WpÜG, § 10 Rn. 53.

[589] Begr. RegE. WpÜG, BT-Drucks. 14/7034, S. 40.

VII. Zusammenfassung

Die Änderung der wertpierhandelsrechtlichen Insidervorschriften und deren Ausrichtung auf den Zentralbegriff der Insiderinformation hat dazu geführt, dass das Vorliegen einer veröffentlichungspflichtigen Entscheidung neu beurteilt werden muss. So ist allein darauf abzustellen, dass bei einer Gesellschaft die Geschäftsführung über die Durchführung eines Angebotsverfahrens entschieden hat. Damit kommt es weder auf eine Zustimmung durch den Aufsichtsrat noch einen bestätigenden Beschluss der Hauptversammlung an. Dem Bieter verbleibt jedoch die Möglichkeit, seine Veröffentlichungspflicht bis zum Abschluss des gesellschaftsinternen Willensbildungsprozesses durch einen Antrag bei der Bundesanstalt aufzuschieben. Ebenso wie bei der Befreiungsmöglichkeit nach § 10 Abs. 1 Satz 3 WpÜG hat er jedoch dafür zu sorgen, dass durch den Aufschub der Veröffentlichung Marktverzerrungen nicht entstehen. Auch während des Aufschubs hat er Vorkehrungen dafür zu treffen, dass eine jederzeitige Veröffentlichung erfolgen kann. Eine Entscheidung ist auch dann gegeben, sofern die Durchführung des Verfahrens noch von wesentlichen Punkten abhängig ist, auf die der Bieter keinen Einfluss hat. Der Bieter hat die Möglichkeit, seine Entscheidung unter eine Bedingung zu stellen und dem Kapitalmarkt so zu signalisieren, dass die Durchführung noch scheitern kann. Tritt die Bedingung später ein, hat der Bieter dies unter entsprechender Anwendung des § 10 Abs. 3 WpÜG zu veröffentlichen. Ebenso trifft ihn eine dahingehende Mitteilungspflicht im Vorfeld der Veröffentlichung.

B. Die Möglichkeit einer ergänzenden Publizitätspflicht des Bieters nach § 15 WpHG im Vorfeld der Entscheidungsveröffentlichung

I. Die generelle Verdrängung des § 15 WpHG durch § 10 Abs. 6 WpÜG

Nach der Regelung des § 10 Abs. 6 WpÜG gilt § 15 WpHG nicht für Entscheidungen zur Abgabe eines Angebots. Die Entscheidung zur Abgabe eines Angebots ist danach ausschließlich nach den Vorgaben des § 10 WpÜG zu veröffentlichen und löst keine Veröffentlichungspflicht nach § 15 WpHG aus.[590] Dabei ist die Entscheidung zur Abgabe eines öffentlichen Angebots für den Bieter als Emittenten unabhängig davon zu veröffentlichen, ob es sich bei diesem Umstand um eine Insiderinformation handelt, die ein erhebliches Kursbeeinflussungspotential für die von ihm emittierten Wertpapiere aufweist.[591] Die Frage nach einem potentiellen Kursbeeinflussungspotential sowohl in Bezug auf die Finanzinstrumente der Zielgesellschaft als auch diejenigen des Bieters stellt sich nicht. Dieses wird vielmehr vorausgesetzt. Der Bieter wird dadurch in die Lage versetzt, ein und dieselbe Information nicht durch zwei inhaltsgleiche Veröffentlichungen publizieren zu müssen, soweit es sich bei ihm um einen börsennotierten Emittenten handelt.[592] Damit ist aber nicht die Frage beantwortet, wie sich die wertpapierhandelsrechtliche Publizität bei angebotsvorbereitenden Maßnahmen darstellt und ob ihr eine Ergänzungsfunktion gegenüber den angebotsspezifischen Regelungen zukommt. Diese Frage stellt sich in besonderem Maße für den der Entscheidung vorangehenden Zeitraum, in dem die Möglichkeiten eines Angebotsverfahrens analysiert und Vorbereitungen getroffen werden, die eine Durchführung des Verfahrens erleichtern sollen. Gerade hier scheint die Gefahr von Insidergeschäften besonders groß, was die Möglichkeit einer ergänzenden, präventiven Publizitätspflicht begründen könnte. Es stellt sich damit die Frage, ob der Bieter schon im Vorfeld der Entscheidung zu einer Veröffentlichung allein aufgrund der Regelung des § 15 WpHG

---

[590] Begr. RegE. WpÜG, BT-Drucks. 14/7034, S. 40; *Hirte*, in: KölnKomm z. WpÜG, § 10 Rn. 99; *Steinmayer/Häger*, WpÜG, § 10 Rn. 46; *Thoma/Stöcker*, in: Baums/Thoma, WpÜG, § 10 Rn. 147; *Oechsler*, in: Ehricke/Ekkenga/Oechsler, WpÜG, § 10 Rn. 27; *Assmann*, in: Assmann/Pötzsch/Schneider, WpÜG, § 10 Rn. 77.

[591] *Hirte*, in: KölnKomm z. WpÜG, § 10 Rn. 99; *Hager*, Die wertpapierangebotsrechtliche Vorankündigung, S. 169.

[592] *Brandi/Süßmann*, AG 2004, S. 642, 651.

verpflichtet sein könnte, weil bereits Insiderinformationen vorliegen, die ihn unmittelbar betreffen und die Gefahr einer unzulässigen Ausnutzung dieses Spezialwissens durch Insidergeschäfte besteht.

II. Die Anwendbarkeit des § 15 WpHG im Vorfeld der Entscheidungsveröffentlichung und möglicher Ausschluss nach § 10 Abs. 6 WpÜG

1. Das Erfordernis einer Veröffentlichungspflicht im Vorfeld der Entscheidung

Die Veröffentlichungspflicht des Bieters nach § 10 WpÜG setzt eine Entscheidung des Bieters zur Abgabe eines öffentlichen Angebots voraus. Mit der Entscheidungsveröffentlichung tritt die Planungsphase in die Vorangebotsphase ein, die in Gestalt der Veröffentlichung der Angebotsunterlage nach § 14 WpÜG und dem Beginn der Angebotsphase ihren Abschluss findet.[593] Eine Regelung von etwaig bestehenden Veröffentlichungspflichten des Bieters oder der Zielgesellschaft für den Zeitraum der die Entscheidung vorbereitenden Planungsphase ist unterblieben. Die damit einsetzende Problematik resultiert daraus, dass § 10 WpÜG anders als § 15 WpHG allein voluntative Umstände nicht ausreichen lässt, um eine Veröffentlichungspflicht zu begründen. Soweit der Bieter den Plan verfolgt, ein öffentliches Angebot in naher Zukunft abzugeben, besteht damit allein noch nicht die Verpflichtung, diese Absicht in der Öffentlichkeit kundzutun. Diese Verpflichtung besteht allein dann, wenn der Bieter hinsichtlich seines Entscheidungsfindungsprozesses so weit fortgeschritten ist, dass sich für ihn die Frage, ob die Durchführung des Verfahrens vorgenommen wird, vollständig beantwortet hat.[594] Wenn aber erst auf den endgültigen Entschluss des Bieters dessen Veröffentlichungspflicht folgt, werden von ihr nicht die im Vorfeld bestehenden Absichten und Pläne erfasst. Selbst wenn die Durchführung des Angebotsverfahrens hinreichend sicher ist, kann eine Veröffentlichung nicht verlangt werden, denn sie knüpft an einen objektiven Umstand an, der den Analyse- und Willensbildungsprozess des Bieters abschließt.

---

[593] *Assmann*, ZGR 2002, S. 697, 700.

[594] Zu den Voraussetzungen des Vorliegens einer Entscheidung i.S.d. § 10 WpÜG siehe oben unter Kapitel 2 A IV 1.

2. Die Reichweite der Ausschlussfunktion des § 10 Abs. 6 WpÜG

Aufgrund dieser Gefahrenlage stellt sich die Frage, ob der Ad-hoc-Publizität nach § 15 WpHG eine Ergänzungsfunktion dort zukommt, wo eine gesetzliche, spezifisch angebotsbezogene Regelung unterblieben ist. Die Frage der generellen Anwendbarkeit des § 15 WpHG neben der Publizitätspflicht nach § 10 Abs. 1 Satz 1 WpÜG stößt sich dabei an der Regelung des § 10 Abs. 6 WpÜG. Will man eine generelle Anwendbarkeit der ergänzenden Ad-hoc-Publizität annehmen, kommt es darauf an, dass die Auslegung des § 10 Abs. 6 WpÜG dieses Ergebnis stützt. Die Klärung des Verhältnisses zwischen § 15 WpHG und § 10 WpÜG hinsichtlich der Publizitätspflichten des Bieters hat sich daher vor allem an der Auslegung des § 10 Abs. 6 WpÜG zu orientieren.

a) Wortlautinterpretation

Der generelle Ausschluss einer ergänzenden Ad-hoc-Veröffentlichungspflicht hat sich zunächst am Sinngehalt des Wortlauts des § 10 Abs. 6 WpÜG nach seinem allgemeinen Sprachgebrauch[595] zu orientieren. Dabei zieht der Sprachgebrauch des täglichen Lebens eine äußerste Grenze der Gesetzesinterpretation.[596] § 10 Abs. 6 WpÜG spricht jedoch lediglich aus, dass § 15 WpHG nicht für Entscheidungen zur Abgabe eines Angebots gilt. Der Wortlaut deutet darauf hin, den Ausschluss der Anwendbarkeit des § 15 WpHG nur dort anzunehmen, wo der Bieter zu einer Entscheidung gelangt ist und daher ohnehin nach § 10 Abs. 1 Satz 1 WpÜG zu einer Veröffentlichung verpflichtet ist. Eine weitergehende Ausschlussfunktion kommt dem § 10 Abs. 6 WpÜG aufgrund seines Wortlauts, der eine generelle Erstreckung auf mit der Entscheidung im Zusammenhang stehende Umstände nicht deckt, nicht zu. Die Wortlautinterpretation führt daher dazu, die Anwendbarkeit des § 15 WpHG nur dort auszuschließen, wo eine Entscheidung des Bieters vorliegt. Der Wortlaut deckt keinen Ausschluss von Veröffentlichungspflichten sowohl im Vorfeld der Entscheidung als auch in Bezug auf Umstände,

[595] *Larenz*, Methodenlehre der Rechtswissenschaft (6. Aufl. 1991), S. 320; *Bydlinski*, Juristische Methodenlehre (2. Aufl. 1991), S. 437 ff.

[596] BVerfGE 73, 206 (235) = NJW 1987, S. 43: „Der mögliche Wortsinn des Gesetzes markiert die äußerste Grenze zulässiger richterlicher Interpretation; er ist aus der Sicht der Bürger zu bestimmen."

die mit der Entscheidung in Zusammenhang stehen, von der Entscheidungsveröffentlichung aber nicht erfasst sind.

b) Systematische Interpretation

Die systematische Interpretation soll dazu führen, die Stellung einer Vorschrift in Zusammenhang mit anderen Vorschriften oder im Gesamtzusammenhang mit der Struktur eines Gesetzestextes zu untersuchen.[597] Entscheidend sind hierbei die Stellung im Gesetz, der Regelungszusammenhang mit anderen Gesetzen[598] sowie allgemeine Prinzipien, die das Rechtsgebiet beherrschen. Die Stellung am Ende des § 10 WpÜG vermag nichts über die Spezialität gegenüber der wertpapierhandelsrechtlichen Ad-hoc-Veröffentlichungspflicht auszusagen. Doch könnte die generelle Stellung im WpÜG Aufschluss über ihren Anwendungsbereich liefern. Mit der Klarstellung eines Ausschlusses der Anwendbarkeit des § 15 WpHG durch § 10 Abs. 6 WpÜG könnte ein genereller Ausschluss im Zusammenhang mit dem Angebot beabsichtigt sein, so dass sich eine Veröffentlichungspflicht des Bieters vor der Veröffentlichung der Angebotsunterlage lediglich aus § 10 WpÜG ergeben könnte.[599] Das Angebotsverfahren wird nach der Systematik des WpÜG jedoch erst mit der Entscheidungsveröffentlichung des Bieters eingeleitet, so dass, will man die Regelungen des WpÜG auf diesen zeitlichen Rahmen beschränken, allein ab diesem Zeitpunkt ein Ausschluss einer ergänzenden Ad-hoc-Publizität in Betracht kommt.

Entscheidender könnten hier jedoch allgemeine Rechtsprinzipien sein, die das Publizitätssystem des Kapitalmarktrechts beherrschen. Um einer Verdoppelung von Informationspflichten entgegenzuwirken und im Interesse der Vermeidung eines überkomplizierten und –regulierten Publizitätssystems ist vorgeschlagen worden[600], angebotsbezogene Publizitätspflichten lediglich den durch das WpÜG vorgegebenen Regelungen zu unterwerfen und aus der Anwendbarkeit des § 15 WpHG herauszunehmen. Dieser

---

[597] *Bydlinski*, Juristische Methodenlehre (2. Aufl. 1991), S. 442 ff.
[598] *Pawlowski*, Methodenlehre für Juristen (3. Aufl. 1999), S. 362.
[599] *Wackerbarth*, in: MünchKomm z. AktG, § 10 WpÜG, Rn. 80.
[600] *Assmann*, ZGR 2002, S. 697, 713 f.; *Assmann/Kümpel*, in: Assmann/Schneider, WpHG (3. Aufl. 2003), § 15 Rn. 112; *Assmann*, in: Assmann/Pötzsch/Schneider, WpÜG, § 10 Rn. 79.

Grundsatz der Spezialität der Regelungen des WpÜG lasse sich gerade der Regelung des § 10 Abs. 6 WpÜG entnehmen.[601] Dieser Ansicht ist jedoch zu Recht widersprochen worden.[602] Das WpÜG verfolgt nicht den Zweck, allgemeine kapitalmarktrechtliche Vorschriften zu verdrängen, sondern will lediglich Regelungen bereitstellen, die ein ordnungsgemäßes Angebotsverfahren ermöglichen.[603] Die Frage einer Spezialität des WpÜG gegenüber dem WpHG stellt sich nur dort, wo Publizitätsvorschriften zu inhaltlich gleichen Veröffentlichungen und damit zu einer Überinformation des Kapitalmarktes führen würden.[604]

Damit ist die operationale Funktionsfähigkeit des Kapitalmarktes angesprochen. Diese wird allein dann beeinträchtigt, wenn es aufgrund einer nicht zu rechtfertigenden Doppelpublizität in Bezug auf ein und denselben Sachverhalt zu einer Überproduktion von Publizität kommt. Der Emittent kann sich einer Veröffentlichungspflicht allein dann entziehen, wenn diese Gefahrenlage vorliegt. Diese wird jedoch im Vorfeld der Entscheidung nicht gegeben sein. Eine zu veröffentlichende Entscheidung liegt gerade nicht vor, die Veröffentlichungspflicht kann sich demnach allein auf die die Entscheidung vorbereitenden Schritte beziehen. Dass diese Publizität die Anleger irritieren kann, wenn es nach dem Abschluss der Planungsphase zu einer negativen Entscheidung kommt, kann dem nicht entgegenstehen, denn der Emittent ist lediglich dazu verpflichtet, bestehende Insiderinformationen zu veröffentlichen. Ihm wird nicht die Aufgabe zuzusprechen sein, diese Informationen danach zu unterscheiden, ob mit ihrer Veröffentlichung eine Irreführung der Kapitalmarktteilnehmer verbunden sein könnte, weil sie sich darauf verlassen, dass es zu einer positiven Entscheidung in Bezug auf die Durchführung des Angebotsverfahrens kommen wird. Diese Überlegung kann erst auf einer zweiten Stufe zum Tragen kommen, nämlich dort, wo trotz des Vorliegens einer Insiderinformation eine vorübergehende Befreiung von der Veröffentlichungspflicht möglich erscheint. Allein diesem Umstand trägt die Regelung des § 10 Abs. 6 WpÜG Rechnung. Sowohl die systematische Stellung als auch das Verhältnis der ka-

[601] *Assmann*, in: Assmann/Pötzsch/Schneider, WpÜG, § 10 Rn. 79.
[602] *Noack*, in: Schwark, Kapitalmarktrechtskommentar (3. Aufl. 2004), § 10 WpÜG Rn. 40.
[603] Begr. RegE. WpÜG, BT-Drucks. 14/7034, S. 28.
[604] *Assmann*, in: Assmann/Pötzsch/Schneider, WpÜG, § 10 Rn. 79.

pitalmarktrechtlichen Publizitätsvorschriften zueinander können somit eine Ausschlussfunktion im Vorfeld der Entscheidung nicht begründen.

c) Historische Interpretation

Die historische Auslegung von Gesetzen hat sich am Willen des Gesetzgebers[605] zu orientieren. Dabei ist vor allem die Entstehungsgeschichte einer Norm entscheidend. Bei der Schaffung des § 10 Abs. 6 WpHG betonte der Gesetzgeber zunächst den Charakter der Regelung, welche klarstelle, dass § 10 WpÜG gegenüber § 15 WpHG als eine ausschließliche Sonderregelung anzusehen ist.[606] Gleich darauf stellt er jedoch klar, dass der spezialgesetzliche Charakter nur so weit reiche, wie die Veröffentlichung nach § 10 WpÜG vorgenommen wurde. Eine ergänzende Publizitätspflicht nach § 15 WpHG komme dann in Betracht, wenn Eckdaten des beabsichtigten Angebots vorlägen und diese nicht in die Entscheidungsveröffentlichung aufgenommen worden seien.[607] Der gesetzgeberische Wille deutet darauf hin, eine Spezialität zwischen § 10 WpÜG und § 15 WpHG nur dort anzunehmen, wo es um die konkrete Entscheidung des Bieters geht.[608] Eine generelle Spezialität in dem Sinne, dass eine generell bestehende Veröffentlichungspflicht schon im Vorfeld der Entscheidung ausgeschlossen sei, scheint nicht beabsichtigt zu sein. Dies wird mit der Einschränkung deutlich, die der Gesetzgeber der Spezialität setzt, indem er diese auf den Umfang beschränkt, in welchem eine Veröffentlichung nach § 10 WpÜG vorgenommen wurde. Der gesetzgeberische Wille geht also dahin, eine Spezialität nur in Bezug auf die Entscheidung anzunehmen und eine generelle Anwendbarkeit des § 15 WpHG im Vorfeld der Entscheidungsveröffentlichung zu bejahen.

---

605 *Larenz*, Methodenlehre der Rechtswissenschaft (6. Aufl. 1991), S. 328.
606 Begr. RegE. WpÜG, BT-Drucks. 14/7034, S. 40.
607 Begr. RegE. WpÜG, BT-Drucks. 14/7034, S. 40, 41; *Hirte*, in: KölnKomm z. WpÜG, § 10 Rn. 102, der darauf hinweist, dass diese Eckdaten unabhängig von der reinen Entscheidung ein entsprechendes Kursbeeinflussungspotential aufweisen müssen, um eine Publizitätspflicht auszulösen.
608 *Hirte*, in: KölnKomm z. WpÜG, § 10 Rn. 109; Anders *Wackerbarth*, in: MünchKomm z. AktG, § 10 WpÜG Rn. 81, der den gesetzgeberischen Willen dahingehend interpretiert, dass eine Ad-hoc-Publizität des Bieters nach § 15 WpHG im Zusammenhang mit öffentlichen Angeboten insgesamt ausgeschlossen sei. Der Bieter dürfe und müsse neben der Veröffentlichung der Angebotsunterlage nur eine Veröffentlichung nach § 10 WpÜG vornehmen.

d) Teleologische Interpretation

Die telelogische Interpretation hat sich am Sinn und Zweck einer Vorschrift zu orientieren. Die ratio legis des § 10 Abs. 6 WpÜG kann jedoch nicht ohne Berücksichtigung des Regelungszwecks der Entscheidungsveröffentlichung gesehen werden. Mit der Entscheidungsveröffentlichung soll neben dem Anstoß des Angebotsverfahrens eine frühzeitige Information der Marktteilnehmer über marktrelevante Daten sichergestellt werden, um das Ausnutzen von Spezialwissen zu verhindern.[609] Sie dient damit ihrer Funktion nach der Prävention von Insidergeschäften. Werden vor der Entscheidungsveröffentlichung Verhandlungen mit der Zielgesellschaft geführt und wesentliche Vorbereitungen getroffen, die die Durchführung des Angebotsverfahrens sicherstellen sollen, können diese für sich betrachtet im Falle ihres öffentlichen Bekanntwerdens ein erhebliches Kursbeeinflussungspotential sowohl für die Wertpapiere der Zielgesellschaft als auch für die Wertpapiere des Bieters aufweisen. Der reine Plan, in Zukunft ein Angebotsverfahren durchzuführen und ein öffentliches Angebot abzugeben, stellt daher eine Insiderinformation dar.[610] Wenn aber eine sichere Prävention von Insidergeschäften im Rahmen eines Angebotsverfahrens sichergestellt werden soll, so muss ein ausreichender Schutz der Marktintegrität schon im Vorfeld dieses Verfahrens hergestellt werden. Ansonsten entstände eine nicht hinnehmbare Schutzlücke im Gesetz.[611]

Unter Heranziehung des Regelungszwecks der Entscheidungsveröffentlichung kann eine Ausweitung des § 10 Abs. 6 WpÜG auf Umstände im Vorfeld des Angebotsverfahrens nicht vorgenommen werden. Eine derartige Betrachtungsweise liefe darauf

[609] Begr. RegE. WpÜG, BT-Drucks. 14/7034, S. 39.

[610] Für die Eigenschaft des Plans zur Abgabe eines Erwerbs- und Übernahmeangebots als Insidertatsache: *Assmann*, in: Assmann/Schneider, WpHG (4. Aufl. 2006), § 13 Rn. 29; *Assmann/Cramer*, in: Assmann/Schneider, WpHG (3. Aufl. 2003), § 14 Rn. 81; *Hopt*, in: Schimansky/Bunte/Lwowski, Bankrechts-Handbuch, § 107 Rn. 60; *Wittich*, in: von Rosen/Seifert, Die Übernahme börsennotierter Unternehmen, S. 377, 381, 382.

[611] Werden aber Verhandlungen mit der Zielgesellschaft geführt, ist also die Zielgesellschaft in die Angebotsvorbereitung involviert, kann eine Publizitätspflicht nur von dieser verlangt werden, ebenso wie die Verpflichtung, den Kreis der an diesen Verhandlungen beteiligten Personen in ein Insiderverzeichnis nach § 15b WpHG aufzunehmen. Eine den Bieter bei dessen unterstellter Emittenteneigenschaft treffende ergänzende Publizitätspflicht aus § 15 WpHG würde diesen in nicht unerheblicher Weise in seiner Entscheidungsvorbereitung beeinflussen.

hinaus, den Anwendungsbereich des § 15 WpHG in unzulässiger Weise zu beeinträchtigen und den Kapitalmarkt der Gefahr von Insidergeschäften auszusetzen, die im Ergebnis zu einer Beeinträchtigung der Anlegergleichbehandlung und der Funktionsfähigkeit des Kapitalmarktes führen würde. Dadurch käme es nicht nur zu einer Beeinträchtigung der Markteffizienz. Auch unter dem Gesichtspunkt der Enttäuschung des Anlegervertrauens durch drohende Insidergeschäfte wäre eine Funktionsbeeinträchtigung zu konstatieren. Unter Heranziehung der ratio der Entscheidungsveröffentlichung kann der Sinn und Zweck der des § 10 Abs. 6 WpÜG allein darin gesehen werden, einzig die Entscheidung von der Veröffentlichungspflicht nach § 15 WpHG auszunehmen und diese allein dem Regelungsregime des § 10 WpÜG zu unterstellen. Eine Ausdehnung dieser Spezialität auf das Vorfeld der Entscheidung ist damit nicht verbunden und würde im krassen Gegensatz zu den vom Gesetz verfolgten Zielen stehen.

e) Ergebnis

Die Auslegung des § 10 Abs. 6 WpÜG kommt zu dem Ergebnis, dass dieser eine Sperrwirkung nur dort entfaltet, wo es aufgrund der Entscheidungsveröffentlichung bei unterstellter Anwendbarkeit des § 15 WpHG zu einer doppelten, inhaltsgleichen Veröffentlichung kommen würde. Die Beschränkung der Spezialität des § 10 WpÜG gegenüber § 15 WpHG kommt nur in Bezug auf die Entscheidung des Bieters in Betracht.[612] Eine über diesen Zeitpunkt hinausgehende Spezialität, insbesondere eine Erstreckung auf das zeitliche Vorfeld der Entscheidung, ist nicht bezweckt und würde eine unzulässige Überdehnung des Wortlauts darstellen, der im Ergebnis zu einer Beeinträchtigung der Marktintegrität führen würde. Der Bieter unterliegt daher generell einer ergänzenden Publizitätspflicht nach § 15 WpHG im Vorfeld der Entscheidungsveröffentlichung, soweit eine Insiderinformation gegeben ist, die ihn unmittelbar betrifft.

---

[612] *Assmann*, in: Assmann/Schneider, WpHG (4. Aufl. 2006), § 15 Rn. 75.

III. Kein Entgegenstehen des Verbots der Vorveröffentlichung nach § 10 Abs. 3 Satz 3 WpÜG

Der ergänzenden Veröffentlichungsverpflichtung des Bieters nach § 15 WpHG könnte die Regelung des § 10 Abs. 3 Satz 3 WpÜG entgegenstehen, nach der eine Veröffentlichung in anderer Weise als durch § 10 Abs. 3 WpÜG vorgegeben nicht vor der Veröffentlichung nach Satz 1 vorgenommen werden darf. Damit werden Veröffentlichungen auf anderen Veröffentlichungswegen als den durch Satz 1 Vorgegebenen untersagt, um eine Einheitlichkeit der Veröffentlichungswege zu gewährleisten.[613] Die auf den Vorbereitungshandlungen beruhenden Insiderinformationen sollen nicht anderen Personen zugänglich gemacht werden, die dieses Spezialwissen ausnutzen könnten.[614] Konkret bedeutet dies, dass vor der Veröffentlichung der Entscheidung auf der Internetseite des Bieters oder in einem weit verbreiteten elektronischen Informationsverbreitungssystem eine Veröffentlichung der Entscheidung in anderer Weise nicht erfolgen soll. Dieses Verbot der Vorabveröffentlichung bezieht sich seinem eindeutigen Wortlaut nach jedoch lediglich auf die Entscheidung des Bieters. Die vom Bieter im Stadium vor der Entscheidungsveröffentlichung bestehenden Umstände werden davon nicht erfasst. Eine ergänzende Publizitätspflicht des Bieters vor der endgültigen Endscheidungsveröffentlichung ist durch das Verbot der Vorabveröffentlichung nicht gesperrt, weil sie gerade zu einer Prävention von Insidergeschäften beiträgt. Das Vorabveröffentlichungsverbot gilt daher nicht während der die Entscheidung vorbereitenden Planungsphase.[615]

IV. Der Inlandsemittent von Finanzinstrumenten als Adressat der Veröffentlichungspflicht nach § 15 WpHG

1. Inlandsemittent von Finanzinstrumenten an einem organisierten Markt

---

[613] Begr. RegE. WpÜG, BT-Drucks. 14/7034, S. 40; *Hirte*, in: KölnKomm z. WpÜG, § 10 Rn. 73; *Thoma/Stöcker*, in: Baums/Thoma, WpÜG, § 10 Rn. 127.

[614] *Oechsler*, in: Ehricke/Ekkenga/Oechsler, WpÜG, § 10 Rn. 22.

[615] *Wackerbarth*, in: MünchKomm z. AktG, § 10 WpÜG, Rn. 70; I.E. ebenso *Brandi/Süßmann*, AG 2004, S. 642, 653, allerdings mit der Begründung, dass § 10 Abs. 3 Satz 3 WpÜG nach der Marktmissbrauchsrichtlinie richtlinienkonform auszulegen sei.

Die Ad-hoc-Publizitätspflicht richtet sich an Inlandsemittenten, deren Finanzinstrumente zumindest zum Handel an einem inländischen organisierten Markt zugelassen sind oder für die eine solche Zulassung beantragt wurde. Damit entspricht § 15 WpHG der Vorgabe des Art. 9 Abs. 1 u. 3 der Marktmissbrauchsrichtlinie, wonach die Richtlinie für jedes Finanzinstrument gilt, welches zum Handel auf einem geregelten Markt in mindestens einem Mitgliedstaat zugelassen ist oder für das ein entsprechender Antrag auf Zulassung auf einem solchen Markt gestellt wurde. Eine Veröffentlichungspflicht soll gerade dann nicht bestehen, wenn die Zulassung zu einem geregelten Markt nicht beantragt wurde oder der Emittent eine solche noch nicht erhalten hat. Dabei gelten als Inlandsemittenten nicht nur solche, deren satzungsmäßiger Sitz im Inland besteht, sondern auch ausländische Emittenten, deren Finanzinstrumente ausschließlich zum Handel an einem inländischen organisierten Markt zugelassen sind und deren Herkunftsstaat die Bundesrepublik Deutschland ist. Der Begriff des Emittenten ist zwar nicht gesetzlich definiert, doch kann er grundsätzlich nur als diejenige Person verstanden werden, welche durch die Ausgabe von Wertpapieren Rechte gegen sich gewährt.[616] Im Falle der Ausgabe von die Mitgliedschaft verkörpernden Aktien ist dies die Aktiengesellschaft oder die Kommanditgesellschaft auf Aktien als juristische Person selbst. Gleiches gilt für die Europäische Gesellschaft.

a) Die Zulassung zu einem inländischen organisierten Markt

Die Veröffentlichungspflicht richtet sich an Emittenten von Finanzinstrumenten, die an einem organisierten Markt im Inland zugelassen[617] sind. Gleiches gilt, sofern die Zulassung lediglich beantragt wurde.[618] Nach § 2 Abs. 5 WpHG[619] ist ein organisierter

---

[616] *Struck*, Ad-hoc-Publizitätspflicht zum Schutz der Anleger, S. 106.

[617] Unter der Zulassung von Wertpapieren ist ein formalisiertes Marktzugangsverfahren zu verstehen, das nur auf Antrag des Emittenten eingeleitet und durch Erlass eines Verwaltungsakts durch den Rechtsträger der Börse als Beliehenen abgeschlossen wird, vgl. *Schwark*, BörsG (2. Aufl. 1994), § 36 Rn. 1; Dazu *v. Rosen*, in: Assmann/Schütze, Handbuch des Kapitalanlagerechts, § 2 Rdn. 134. Die Zulassung ist zu trennen von dem Begriff der Börsennotierung, womit die Verlautbarung desjenigen Preises bezeichnet wird, zu dem zuletzt an der Börse ein Geschäft über die Wertpapiere abgeschlossen wurde. Die Notierung setzt daher die Handelsaufnahme hinsichtlich der Finanzinstrumente voraus, auf die der Emittent mit der Zulassung einen Rechtsanspruch hat.

[618] *Nietsch*, BB 2005, S. 785.

Markt im Sinne des Wertpapierhandelsgesetzes ein Markt, der von staatlich anerkannten Stellen geregelt und überwacht wird, regelmäßig stattfindet und für das Publikum unmittelbar oder mittelbar zugänglich ist. Damit richtet sich in Deutschland die Ad-hoc-Publizitätspflicht allein an Emittenten, deren Aktien zum amtlichen Handel i.S.d. §§ 30 ff. BörsG oder am geregelten Markt i.S.v. §§ 49 ff. BörsG zugelassen sind, denn nur diese Handelssegmente erfüllen die Voraussetzungen des § 2 Abs. 5 WpHG.[620]

b) Der Ausschluss des Freiverkehrs

Mit der Einschränkung der Veröffentlichungspflicht auf den organisierten Markt ist ein Ausschluss des Freiverkehrs verbunden. Der Freiverkehr ist im Gegensatz zum amtlichen und geregelten Markt ein Marktsegment, welches privatrechtlich organisiert und allein durch Richtlinien reglementiert ist, die jede deutsche Wertpapierbörse selbst festlegen kann.[621] Der Freiverkehr ist daher im Gegensatz zu den Insiderhandelsverboten von einer Ad-hoc-Publizitätspflicht ausgenommen[622], weil eine Regelung und Überwachung durch staatlich anerkannte Stellen nicht besteht.

Nach der europarechtlichen Vorgabe des Art. 9 Abs. 3 der Marktmissbrauchsrichtlinie soll eine Publizitätspflicht allein dann bestehen, wenn die Zulassung zu einem „geregelten Markt" beantragt oder erhalten wurde. Weil der Begriff des geregelten Marktes

---

[619] Eingefügt durch die 6. KWG – Novelle (Gesetz zur Umsetzung von EG-Richtlinien zur Harmonisierung bank- und wertpapieraufsichtsrechtlicher Vorschriften vom 22.10.1997, BGBl. I 1997, S. 2518.).

[620] *Assmann*, in: Assmann/Schneider, WpHG (4. Aufl. 2006), § 15 Rn. 43.

[621] *Harrer/Müller*, WM 2006, S. 653, 554. Zu beachten ist, dass die Einbeziehung in den Freiverkehr ohne Zustimmung des Emittenten durch ein qualifiziertes Kreditinstitut beantragt werden kann. Aufgrund dieser Sachlage begründete der Gesetzgeber die Ausklammerung der im Freiverkehr notierten Wertpapiere aus der Ad-hoc-Publizitätspflicht damit, dass eine derartige Veröffentlichungspflicht nicht bestehen solle, soweit die Wertpapiere gegen den Willen der Emittenten in den Freiverkehr einbezogen worden seien, vgl. Begr. RegE. 2. FFG, BT-Drucks. 12/6679, S. 76.

[622] So auch Emittentenleitfaden der BaFin, S. 39. Zur Kritik an der Ausklammerung des Freiverkehrs aus dem sachlichen Anwendungsbereich der Ad-hoc-Publizität vgl. *Hopt*, ZHR 159 (1995), S. 135, 151; *ders.*, in: Hadding/Hopt/Schimansky, 2. FFG, S. 3, 22; *Burgard*, ZHR 162 (1998), S. 51, 58; *Möllers*, AG 1999, S. 433, 436; *Fülbier*, Regulierung der Ad-hoc-Publizität, S. 238 ff.; *Gehrt*, Die neue Ad-hoc-Publizität, S. 117 ff.; *v. Klitzing*, Die Ad-hoc-Publizität, S. 65; *Struck*, Ad-hoc-Publizitätspflicht zum Schutz der Anleger, S. 113 f. Die Ausklammerung des Freiverkehrs zutreffend begrüßend *Kümpel*, Bank- und Kapitalmarktrecht (3. Aufl. 2004), Rn. 16.229 f.; *ders.*, in: Assmann/Schneider, WpHG (2. Aufl. 1999), § 15 Rn. 31; *Caspari*, ZGR 1994, S. 530; 534; *Kleinmann*, Ausgestaltung der Ad-hoc-Publizität, S. 232 f.; *Ekkenga*, ZGR 1999, S. 165, 178.

schon in den §§ 49 ff. BörsG verwendet wird entschloss sich der deutsche Gesetzgeber, bei der Umsetzung der europäischen Vorgaben in Bezug auf den dort verwendeten Begriff des geregelten Marktes denjenigen des organisierten Marktes zu verwenden.[623] Nach Art. 1 Nr. 4 der Marktmissbrauchsrichtlinie hat sich die Bestimmung des „geregelten Marktes" an der Begriffsbestimmung des Artikels 1 Nr. 13 der Wertpapierdienstleistungsrichtlinie 93/22/EWG zu orientieren, nach dessen Legaldefinition ein geregelter Markt ein solcher ist, der [...] regelmäßig funktioniert und dadurch gekennzeichnet ist, dass die Funktionsbedingungen des Marktes, die Bedingungen für den Zugang zum Markt sowie [...] die in dieser Richtlinie festgelegten Bedingungen für die Zulassung zur Notierung und [...] die Bedingungen, die diese Finanzinstrumente erfüllen müssen, um tatsächlich auf dem Markt gehandelt werden zu können, durch Bestimmungen festgelegt sind, die von den zuständigen Behörden erlassen oder genehmigt wurden. Der Markt muss als geregelter Markt in das Verzeichnis der geregelten Märkte nach Art. 16 der Wertpapierdienstleistungsrichtlinie 93/22/EWG aufgenommen worden sein. Tatsächlich ist der deutsche Freiverkehr nicht in dieses Verzeichnis aufgenommen worden.[624] Gegen die Übereinstimmung der deutschen Umsetzung mit der europarechtlichen Vorgabe ist eingewandt worden, dass die europäische Begriffsbestimmung zum geregelten Markt eine Reglementierung und Überwachung durch staatlich anerkannte Stellen sowie den Zugang des Publikums nicht mehr voraussetze.[625] Tatsächlich knüpft die Begriffsbestimmung des Art. 1 Nr. 13 Wertpapierdienstleistungsrichtlinie an eine Aufnahme in das Verzeichnis der geregelten Märkte aber an, die für den Freiverkehr nicht erfolgt ist. Auch ein Vergleich mit der neueren Begriffsbestimmung in Art. 4 Abs. 1 Nr. 14 der Wertpapierdienstleistungsrichtlinie 2004/39/EG führt hier zu keinem anderen Ergebnis, die den geregelten Markt als ein von einem Marktbetreiber betriebenes und/oder verwaltetes multilaterales System definiert, das die Interessen einer Vielzahl Dritter am Kauf und Verkauf von Finanzin-

---

[623] Gesetz zur Umsetzung von EG-Richtlinien zur Harmonisierung bank- und wertpapieraufsichtsrechtlicher Vorschriften, BT-Drucks. 13/7142, S. 103.

[624] Vgl. mit Anmerkungen versehende Übersicht über die geregelten Märkte und einzelstaatliche Rechtsvorschriften zur Umsetzung der entsprechenden Anforderungen der Wertpapierdienstleistungsrichtlinie (93/22/EWG), Abl. C 38/07 v. 22.02.2007.

[625] *Büche*, Pflicht zur Ad-hoc-Publizität, S. 277. Anders noch die Bestimmung des Wertpapierbegriffs in Art. 1 Nr. 2 Insiderrichtlinie 89/592/EWG, der nur solche Wertpapiere erfasste, die zum Handel auf einem Markt zugelassen sind, der von staatlich anerkannten Stellen reglementiert und überwacht wird, regelmäßig stattfindet und der Öffentlichkeit direkt oder indirekt zugänglich ist.

strumenten innerhalb des Systems und nach seinen nichtdiskretionären Regeln in einer Weise zusammenführt oder das Zusammenführen fördert, die zu einem Vertrag in Bezug auf Finanzinstrumente führt, die gemäß den Regeln und/oder den Systemen des Marktes zum Handel zugelassen wurden, sowie eine Zulassung erhalten hat und ordnungsgemäß und gemäß den Bestimmungen des Titels III funktioniert. Auch nach dieser Begriffsbestimmung bedarf ein geregelter Markt einer Zulassung durch einen Mitgliedstaat[626], die auch hier für keinen der an den einzelnen Börsenplätzen geführten Freiverkehre erfolgt ist. Ohne auf die Kritik an einer Ausklammerung des Freiverkehrs aus dem sachlichen Anwendungsbereich der Ad-hoc-Publizität eingehen zu wollen[627] verbleibt einzig die Feststellung, dass eine Eintragung des Freiverkehrs in der Verzeichnis der geregelten Märkte bisher unterblieben ist und eine Ad-hoc-Publizität allein dann besteht, sofern eine Zulassung zum amtlichen Handel oder geregelten Markt vorliegt.

2. Finanzinstrumente

Der Emittent ist dann zu einer Veröffentlichung verpflichtet, soweit er Finanzinstrumente an einem organisierten Markt emittiert hat. Die Veröffentlichungspflicht des § 15 Abs. 1 Satz 1 WpHG stellt damit ebenso wie der Insiderpapierbegriff des § 12 WpHG auf den Begriff des Finanzinstruments ab. Der Begriff des Finanzinstruments ist in § 2 Abs. 2b WpHG legaldefiniert, wobei die Definition auf die Begriffsbestimmungen zu Wertpapieren, Geldmarktinstrumenten, Derivaten und Rechten auf die Zeichnung von Wertpapieren in den anderen Absätzen des § 2 WpHG verweist.

Wertpapiere sind nach § 2 Abs. 1 WpHG Aktien, Zertifikate, die Aktien vertreten, Schuldverschreibungen[628], Genussscheine, Optionsscheine und andere Wertpapiere,

---

[626] Nach Art. 36 Abs. 1 Wertpapierdienstleistungsrichtlinie 2004/39/EG sind die Mitgliedstaaten dazu befugt, Handelssysteme als geregelte Märkte zuzulassen, sofern diese die Anforderungen der Art. 36 ff. Wertpapierdienstleistungsrichtlinie erfüllen.

[627] Ausführlich *Büche*, Pflicht zur Ad-hoc-Publizität, S. 276 ff.

[628] Mit der Erfassung von Schuldverschreibungen werden auch Emittenten erfasst, die nicht allein aufgrund ihrer Rechtsform die Ausgabe von Gesellschaftsanteilen voraussetzen. Die Emission von Schuldverschreibungen ist jeder juristischen als auch natürlichen Person möglich. Daher kann grundsätzlich auch eine GmbH oder eine öffentlich-rechtliche Körperschaft als Emittent gelten, soweit von ihm umlauffähige Wertpapiere ausgegeben werden.

die mit Aktien oder Schuldverschreibungen vergleichbar sind, soweit sie an einem Markt gehandelt werden können.[629] Als Aktien anzusehen sind sowohl Inhaberaktien, Namensaktien und vinkulierte Namensaktien.[630] Eine Unterscheidung nach der Aktiengattung, also danach, ob es sich um Stammaktien oder Vorzugsaktien ohne Stimmrecht handelt, ist nicht erforderlich, da beide Aktiengattungen börsenfähig sind. Der Wertpapierbegriff des WpHG deckt sich insofern mit demjenigen des § 2 Abs. 2 WpÜG.

Als besonderes Finanzinstrument ist das Derivat[631] oder auch Finanztermingeschäft hervorzuheben. Derivate sind von einem Basiswert abgeleitete Finanzprodukte, deren Marktwert immer von dem ihnen zugrunde liegenden Bezugsgegenstand abhängt. Ein Derivat verbrieft in der Regel das Recht, zu einem bestimmten zukünftigen Zeitpunkt die entsprechend vereinbarten Leistungen auszutauschen. Darin liegt der Unterschied zwischen einem Kassageschäft, bei dem die Erfüllung des eines Wertpapierkaufvertrages bei dessen Abschluss vorgenommen wird, und einem Termingeschäft, dessen Erfüllung für die Zukunft vereinbart wird. Die wohl häufigste Form des Derivats ist die Kaufs- oder Verkaufsoption[632], bei der der Erwerber das Recht erwirbt, zu einem zukünftigen Zeitpunkt eine festgelegte Menge von Wertpapieren zu erwerben oder zu veräußern (sog. *Put*- oder *Call-Option*). Dabei steht dem Erwerber allein das Recht des Erwerbes zu, nicht jedoch eine dahingehende Verpflichtung, so dass es ihm grundsätzlich möglich ist, das verbriefte Recht nicht auszuüben und verfallen zu lassen. Sie können daher auch als reine Sicherungsgeschäfte abgeschlossen werden, um sich gegen Preisschwankungen des Basiswerts abzusichern. Wichtig ist aber zu sehen, dass

---

[629] Wertpapiere sind dann zum Handel auf einem Markt geeignet, wenn sie zirkulationsfähig und austauschbar sind, vgl. Begr. RegE. 2. FFG, BT-Drucks. 12/6679, S. 39. Die Austauschbarkeit eines Wertpapiers ist dann gegeben, wenn diese gegenseitig vertretbar sind und aufgrund ihrer Gleichartigkeit im Verkehr nach ihrer Zahl oder Stück bestimmt werden können (§ 91 BGB). Die Zirkulationsfähigkeit setzt eine Verbriefung des entsprechenden Rechts nicht voraus, ist aber dann ausgeschlossen, wenn das verkörperte Recht allein durch schriftliche Abtretung nach § 398 BGB übertragen werden kann, vgl. *Assmann*, in: Assmann/Schneider, WpHG (3. Aufl. 2003), § 2 Rn. 10; *Struck*, Ad-hoc-Publizitätspflicht zum Schutz der Anleger, S. 104.

[630] *Assmann*, in: Assmann/Schneider, WpHG, § 2 Rn. 12; *Struck*, Ad-hoc-Publizität zum Schutz der Anleger, S. 103.

[631] Von lat. derivare = ableiten.

[632] In Abgrenzung zum Festgeschäft (future), bei dem eine feste Vereinbarung hinsichtlich der Durchführung des Vertrages vorliegt, vgl. zur Abgrenzung von Festgeschäften und Optionen *Kümpel*, Bank- und Kapitalmarktrecht (3. Aufl. 2004), Rn. 14.134; *Assmann*, in: Assmann/Schneider, WpHG (4. Aufl. 2006), § 2 Rn. 29; *Einsele*, Bank- und Kapitalmarktrecht, S. 392.

dem verbrieften Recht ein eigener Wert innewohnt, was das Derivat selbst fungibel und damit handelbar macht. Dieser Wert ist jedoch in besonderer Weise von dem Wert des Bezugsgegenstandes abhängig. Kommt es bspw. zu einer erheblichen Kursveränderung bei einem als Basiswert gehandelten Wertpapier, so wird sich dies auch auf den Wert des Derivates auswirken.[633] So kann bspw. eine Kursveränderung des Basiswerts nach oben den Inhaber des Derivats dazu bringen, von einer Ausübung des ihm zustehenden Verkaufsrechts zu einem festgelegten Preis abzusehen. Umgekehrt wird dieser bei einem Kaufrecht von einem Erwerb Abstand nehmen, wenn der vereinbarte Preis unter dem zum Optionszeitpunkt bestehenden Marktwert liegt. Um eine schnellstmögliche Information der Marktteilnehmer auch an den Terminmärkten sicherzustellen werden auch diese von der Ad-hoc-Publizität ihrem sachlichen Anwendungsbereich nach erfasst. Der Adressat der Veröffentlichungspflicht ist im Falle von Wertpapieren als Basiswert allein der Emittent des entsprechenden Wertpapiers. Hervorzuheben ist, dass der Emittent des Finanzinstruments, auf das sich das Derivat bezieht, meist nicht gleichzusetzen ist mit dem Emittenten des Derivats, also in der Regel Banken und Finanzdienstleistungsinstitute. Weil aber die Veröffentlichungspflicht bereits durch den Emittenten des Finanzinstruments wahrgenommen wird, wird eine ausreichende Markteffizienz durch dessen Veröffentlichung hergestellt, weil die veröffentlichte Information durch die Veröffentlichung des Emittenten umgehend in den gehandelten Wert des Derivates einfließen kann. Es bedarf daher keiner gesonderten Veröffentlichung durch den Emittenten des Derivats.

3. Zusammenfassung

Die ergänzende Publizitätspflicht des Bieters trifft diesen allein dann, wenn von ihm Finanzinstrumente ausgegeben wurden, die zum amtlichen Handel oder zum geregelten Markt zugelassen wurden oder für die er eine solche Zulassung beantragt hat. Die Emittenteneigenschaft hängt damit maßgeblich von dessen Börsenfähigkeit ab, so dass

[633] So sind vom Insiderpapierbegriff nach § 12 Satz 1 Nr. 1 WpHG auch solche Finanzinstrumente umfasst, deren Preis unmittelbar oder mittelbar von anderen Finanzinstrumenten abhängt. Damit ist genau die bei Derivaten bestehende Sachlage angesprochen. Vgl. zur verstärkten Transaktionstätigkeit an den Derivatemärkten im Vorfeld der Veröffentlichung von Insiderinformationen *BaFin*, Jahresbericht 2006, S. 164 f.

ein Einschränkung dahingehend vorgenommen werden kann, dass eine Publizitätspflicht allein dann besteht, sofern der Bieter in der Rechtsform der Aktiengesellschaft, Kommanditgesellschaft auf Aktien oder der Europäischen Gesellschaft besteht. Die Pflicht zur Veröffentlichung besteht ab dem Zeitpunkt des Zulassungsantrags. Die Vornahme der Veröffentlichung und dauernde Überwachung von potentiell publizitätspflichtigen Umständen liegt dabei im Pflichtenkreis der zuständigen Geschäftsführungen.

V. Schutzlücke bei nicht börsennotierten Bietern

1. Die Problematik der Ungleichbehandlung

Soweit der Sinn und Zweck der Veröffentlichungspflichten aus § 10 WpÜG und § 15 WpHG auch in der Prävention von Insidergeschäften zu sehen ist, kommt es im Bereich der Phase bis zur endgültigen Entscheidung des Bieters zu einer Schutzlücke.[634] Eine ergänzende Publizitätspflicht des Bieters nach § 15 WpHG kommt nämlich allein dann in Betracht, wenn es sich bei diesem um einen Emittenten von Wertpapieren handelt, die an einem inländischen organisierten Markt zugelassen sind.[635] Damit geht allerdings eine Privilegierung der nicht börsennotierten Bieter einher. Diese kommen gar nicht in die Gefahr, den Kapitalmarkt mit Informationen versorgen zu müssen, deren Veröffentlichung den Angebotsprozess möglicherweise gefährden oder sogar verhindern könnte. Diese Ungleichbehandlung von Bietern verschiedener Rechtsform erscheint auf den ersten Blick in ihrer Wirkung nicht gerechtfertigt. Warum eine bessere Informationsversorgung des Kapitalmarkts hinsichtlich des Angebots nur deswegen erfolgen soll, weil es sich bei dem Bieter ebenfalls um einen am Kapitalmarkt tätigen Emittenten handelt, erscheint nicht konsequent. Zum anderen scheint dieses Ergebnis die Missbrauchsgefahr zu steigern, denn sofern der Emittent eine gesteigerte Veröffentlichungspflicht erkennt, könnte er sich einer nicht börsennotierten Tochtergesellschaft bedienen und diese zur Abgabe eines Angebots veranlassen, so dass es dem Kapitalmarkt möglicherweise verborgen bleiben könnte, wer hinter dem öffentli-

---

[634] *Hager*, Die wertpapierangebotsrechtliche Vorankündigung, S. 184 ff.
[635] *Geibel*, in: Geibel/Süßmann, WpÜG, § 10 Rn. 110; *Hirte*, in: KölnKomm z. WpÜG, § 10 Rn. 101.

chen Angebot steht und von welchem es wirtschaftlich ausgeht. Diese Schutzlücke entsteht insbesondere bei feindlichen Angeboten, bei denen die Zielgesellschaft in die Angebotsvorbereitungen nicht involviert ist.

Für eine Ungleichbehandlung zwischen Bietern ohne Börsenzulassung und solchen mit einer solchen Zulassung sprechen aber folgende Gründe: Der Emittent als börsennotiertes Unternehmen unterliegt einer verstärkten Informations- und Veröffentlichungspflicht allein aus dem Umstand heraus, dass er selbst ein börsennotiertes Unternehmen ist. Diese Informations- und Veröffentlichungspflichten sollen wie vorstehend angemerkt dazu beitragen, dass der Kapitalmarkt über ausreichend Informationen verfügt, um einen gerechten Preis der vom Emittenten ausgegebenen Wertpapiere erstellen zu können (Markteffizienz). Mit der Börsennotierung muss sich der Emittent daher generell darauf einstellen, einer verstärkten Informationspflicht zu unterliegen, weil allein in Bezug auf die von ihm emittierten Finanzinstrumente die Gefahr von Insidergeschäften droht. Denn der Angebotsprozess, welcher mit der Veröffentlichung der Entscheidung beginnt, kann ein erhebliches Kursbeeinflussungspotential auch in Bezug auf die Wertpapiere des Bieters haben.[636] Eine ergänzende Publizitätspflicht nach § 15 WpHG ist allein dann gerechtfertigt, sofern eine den Bieter unmittelbar betreffende Insiderinformation vorliegt. Eine Ungleichbehandlung von Bietern unterschiedlicher Rechtsform und eine Unterscheidung danach, ob ihre Werte an einem organisierten Markt zugelassen sind, erscheint unter diesem Gesichtspunkt gerechtfertigt.

2. Die Möglichkeit einer ergänzenden Publizität neben § 15 WpHG

a) Keine analoge Anwendung des § 15 WpHG

Diese Schutzlücke kann allein durch eine analoge Anwendung des § 15 WpHG nicht geschlossen werden. Zwar findet im Vorfeld der Entscheidungsveröffentlichung eine grundsätzliche Ergänzung der wertpapierübernahmerechtlichen Vorschriften durch andere kapitalmarktrechtliche Regelungen statt. Doch kann § 15 WpHG nicht die mit der vorverlagerten Publizität zu erzielende Wirkung haben. Während § 10 WpÜG mit

---

636 A.A. *v. Klitzing*, Die Ad-hoc-Publizität, S. 105, 107.

der Statuierung einer Veröffentlichungspflicht der Entscheidung des Bieters ein grundsätzlich bestehendes Kursbeeinflussungspotential für die Wertpapiere der Zielgesellschaft zugesteht, muss bei § 15 WpHG dieses Kursbeeinflussungspotential für den Publizitätsverpflichteten bestehen. Aus seiner Sicht muss der zu veröffentlichende Umstand für seine von ihm emittierten Finanzinstrumente so erheblich sein, dass eine Veröffentlichung angezeigt ist, um ein unzulässiges Ausnutzen von Kursschwankungen durch Insiderwissen zu verhindern. Der Bieter hat aber gerade keine Wertpapiere emittiert, auf die sich ein Kursbeeinflussungspotential beziehen könnte. Es fehlt daher an einer vergleichbaren Interessenlage für eine insoweit zu erwägende Analogie.

b) Marktverzerrungspublizität aufgrund angestrebter Marktteilnahme

Kapitalmarktrechtliche Publizität gründet auf der Annahme, dass sie dann entsteht, wenn entweder eine Marktteilnahme angestrebt wird (Markteintrittspublizität) oder eine solche bereits besteht (Marktteilnahmepublizität).[637] Das Erfordernis einer Marktverzerrungspublizität im Vorfeld der Entscheidung des Bieters kann allein damit begründet werden, dass der Bieter sich bereits zu diesem Zeitpunkt im Stadium eines Markteintritts oder einer Marktteilnahme befindet. Der Begriff der Marktteilnahme würde extrem ausgedehnt, würde er bereits Handlungen umfassen, die ein Agieren auf dem Kapitalmarkt lediglich ins Auge fassen und dieses vorbereiten. Eine derart extreme Auslegung kann mit der kapitalmarktrechtlichen Publizität generell nicht gewollt sein. Marktteilnahmepublizität soll allein als diejenige Publizität verstanden werden, die die Marktteilnehmer über die laufende Inanspruchnahme des Marktes durch ein Unternehmen informiert.[638] Diese Definition unterstellt können die im Zusammenhang mit öffentlichen Angeboten bestehenden Publizitätspflichten eher der Markteintrittspublizität als der Marktteilnahmepublizität zugeordnet werden, weil sie die Kapitalmarktteilnehmer allein über einen kurzen Zeitraum hinweg über das Angebotsverfahren informieren soll. Zwar wird durch die Entscheidungsveröffentlichung die Marktteilnahmepublizität der Zielgesellschaft als Emittent ergänzt. Doch wird sie insgesamt eher der Markteintrittspublizität zuzuordnen sein. Der Gesetzgeber legt seinerseits

[637] *Merkt*, Unternehmenspublizität, S. 353 ff.
[638] *Merkt*, Unternehmenspublizität, S. 372.

selbst fest, wann er einen kapitalmarktrelevanten Markteintritt für gegeben hält. Im Bereich der Primärmarktpublizität ist dies der vor der Handelsaufnahme zu erstellende Wertpapierprospekt. Der Emittent ist hier zu einer Publizität allein deshalb verpflichtet, weil er eine Teilnahme am Kapitalmarkt ins Auge fasst und diese Teilnahme eine ausreichende Information des kapitalbereitstellenden Publikums erfordert. Für den Bereich der öffentlichen Angebote hat der Gesetzgeber sich für eine Markteintrittspublizität erst für den Moment entschieden, indem auf Seiten des Bieters eine endgültige Entscheidung des Bieters vorliegt. Einen anderweitigen Willen hat er nicht erkennen lassen, obwohl ihm dies durch eine entsprechende Kodifikation auf europäischer Ebene in der Übernahmerichtlinie als auch auf nationaler Ebene mit dem Übernahmerichtlinienumsetzungsgesetz möglich gewesen wäre. Damit liegt eine zeitliche Vorverlagerung der Publizitätspflicht anders als im Bereich der Primärmarktpublizität vor. Während dort eine Publizität erst mit der Billigung des Wertpapierprospektes beginnt[639], ist das Angebotsverfahren neben der Veröffentlichung der Angebotsunterlage durch die Entscheidungsveröffentlichung entscheidend transparenter. Die gesteigerte Transparenz resultiert dabei aus der Tatsache, dass die Zielgesellschaft bereits eine Marktteilnahme vollzieht und sich die Publizitätsanforderung allein deswegen ergibt, weil ansonsten der Markt in seinen Funktionen gefährdet werden könnte. Damit ist aber eine Marktverzerrungspublizität gestützt auf § 3 Abs. 5 WpÜG im Vorfeld der Entscheidungsveröffentlichung nicht vereinbar, weil sich der Gesetzgeber ansonsten dieser Problematik durch eine gesetzliche Regelung gestellt hätte.

c) Vergleich mit der Beteiligungstransparenz nach den §§ 21 ff. WpHG

Dieses Ergebnis lässt sich auch durch einen Vergleich mit der Veröffentlichungspflicht bei Veränderungen des Stimmrechtsanteils an börsennotierten Gesellschaften stützen. Auch im Bereich der Beteiligungstransparenz gilt eine Veröffentlichungspflicht allein dann, wenn sich der dingliche Erwerbsakt in Bezug auf die stimmberechtigten Wert-

[639] Die Veröffentlichungspflicht des § 14 WpPG knüpft an die Billigung des Wertpapierprospekts durch die Bundesanstalt an. Dabei wird die erforderliche Publizität durch die Veröffentlichung des Prospektes selbst als auch durch die Hinweisbekanntmachung nach § 14 Abs. 3 Satz 2 WpPG hergestellt, der sicherstellt, dass die Erwerbsinteressenten Kenntnis darüber erhalten, wie der Prospekt veröffentlicht wurde und wo er erhältlich ist.

papiere vollzogen hat.[640] Die vorher getroffenen Verpflichtungsgeschäfte bleiben dabei außer Betracht. Daraus kann generell gefolgert werden, dass eine Marktteilnahme ein aktives, nach außen getretenes und wahrnehmbares Verhalten fordert und rein voluntative Umstände wie die Entscheidungsvorbereitung nicht veröffentlichungspflichtig sind. Würde etwas anderes gelten, müsste der Beteiligungserwerber nicht nur die bedeutenden Stimmrechtsänderungen der Gesellschaft im Rahmen des § 21 WpHG mitteilen, sondern bereits seine Absicht, in Zukunft eine derartige Investition vorzunehmen, was wiederum von der börsennotierten Gesellschaft zu veröffentlichen wäre. Ein anderes Ergebnis ist allein dann gerechtfertigt, wenn es sich bei dem Erwerber seinerseits um ein börsennotiertes Unternehmen handelt und der Erwerb ein entsprechendes Kursbeeinflussungspotential aufweist.[641] Damit werden zwar Paketerwerbe im Vorfeld von öffentlichen Angeboten publik, nicht jedoch die mit diesen Erwerben verfolgten Absichten. In der Durchführung einer Erwerbsabsicht kann im Übrigen nicht ein unzulässiges Verwenden einer Insiderinformation gesehen werden.[642] Zwar findet eine Berücksichtigung von voluntativen Umständen in Form von Absichten, Plänen und Erwartungen bei der Verpflichtung zur unverzüglichen Veröffentlichung von Insiderinformationen statt, die ein erhebliches Kursbeeinflussungspotential aufweisen.[643] Doch hat hier bereits eine Markteintritt durch die Emission der Wertpapiere des Emittenten stattgefunden. Die Publizitätspflicht resultiert hier aus der bereits bestehenden Börsennotierung des Verpflichteten.

---

[640] *Cahn*, AG 1997, S. 502, 507 f.; *Kümpel*, Bank- und Kapitalmarktrecht (3. Aufl. 2004), Rn. 16.485 ff.; *BaFin*, Muster einer Mitteilung und Veröffentlichung gem. §§ 21 ff. WpHG v. 14.03.2007 (Hinweise zum Mitteilungsmuster); a.A. *Schneider*, in: Assmann/Schneider, WpHG (4. Aufl. 2006), § 21 Rdnr. 41a, auf die damit einhergehende Beeinträchtigung der erforderlichen Transparenz hinweisend, die ein anlegergefährdendes Anschleichen an das börsennotierte Unternehmen ermögliche. Ein publizitätspflichtiger Erwerb liege damit schon mit dem Abschluss des Verpflichtungsgeschäfts vor.

[641] Zur Ergänzungsfunktion der Ad-hoc-Publizität gegenüber der Beteiligungstransparenz vgl. oben unter Kapitel 1 C III 4.

[642] Erwägungsgrund 30 der Marktmissbrauchsrichtlinie.

[643] Voluntative Umstände sind grundsätzlich in der Lage, einen veröffentlichungspflichtigen Umstand darzustellen, soweit ihnen ein erhebliches Kursbeeinflussungspotential zuzusprechen ist. Die unmittelbare Betroffenheit des Veröffentlichungspflichtigen ergibt sich hier bereits daraus, dass diese Umstände aus seiner unmittelbaren Sphäre stammen, weil sie von ihm selbst in die Welt gesetzt wurden.

VI. Ergebnis

Die Ad-hoc-Publizität des § 15 WpHG ist grundsätzlich in der Lage, die wertpapierangebotsbezogenen Veröffentlichungspflichten vor der Entscheidung des Bieters zu ergänzen. Die damit bewirkte Publizität des Bieters ist durch die Regelung des § 10 Abs. 6 WpÜG nicht gesperrt, weil die Auslegung dieser Norm dazu führt, dass mit ihr allein die Möglichkeit einer Doppelpublizität verhindert werden soll. Die Ergänzungsfunktion des § 15 WpHG von Seiten des Bieters kann jedoch nur dann erfüllt werden, sofern dieser in den personellen Anwendungsbereich der Ad-hoc-Publizität fällt. Damit kommt es zwar zu einer Lücke im Publizitätsregime. Dieses ist jedoch allein deswegen gerechtfertigt, weil sich der Gesetzgeber mit der Regelung des § 10 WpÜG dafür entschieden hat, einen Markteintritt des Bieters erst mit dessen Entscheidung über die Abgabe eines Angebots anzunehmen. Denn allein eine angestrebte Marktteilnahme kann eine kapitalmarktrechtliche Veröffentlichungspflicht begründen. Die mit der Einschränkung auf Emittenten entstehende Schutzlücke kann des Weiteren auch nicht durch eine Marktverzerrungspublizität auf der Grundlage des § 3 Abs. 5 WpÜG geschlossen werden. Diese hat allein Ausstrahlungswirkung auf das mit der Entscheidungsveröffentlichung angestoßene Angebotsverfahren. Der Zeitraum davor wird von ihr nicht erfasst. Kommt es aufgrund von Gerüchten im Vorfeld der Entscheidungsveröffentlichung zu Kursschwankungen in Bezug auf die Wertpapiere der Zielgesellschaft, so sind diese hinzunehmen, sofern nicht besondere Umstände ein Tätigwerden des Emittenten rechtfertigen. Mit der Unterstreichung des gesetzgeberischen Willens, einen veröffentlichungspflichtigen Markteintritt allein mit der Entscheidung des Bieters anzunehmen, lässt sich auch die Forderung nach einer Marktverzerrungspublizität im Vorfeld der Entscheidung *de lege ferenda* nicht stützen.

C. Die Voraussetzungen einer ergänzenden Ad-hoc-Publizität des Bieters nach § 15 Abs. 1 Satz 1 WpHG

I. Aufbau und Struktur des § 15 Abs. 1 Satz 1 WpHG

In Umsetzung von Art. 6 Abs. 1 der Marktmissbrauchsrichtlinie statuiert § 15 Abs. 1 Satz 1 WpHG die insiderrechtlich relevante Veröffentlichungspflicht, welche den Inlandsemittenten von Finanzinstrumenten dazu verpflichtet, Insiderinformationen, die ihn unmittelbar betreffen, unverzüglich zu veröffentlichen. Damit knüpft § 15 Abs. 1 Satz 1 WpHG zunächst an den in § 13 WpHG definierten Begriff der „Insiderinformation" an, dessen erfasster Kreis durch das Erfordernis der unmittelbaren Betroffenheit des Emittenten eingegrenzt wird. Insiderinformationen, die den Emittenten unmittelbar betreffen, liegen nach § 15 Abs. 1 Satz 2 WpHG insbesondere dann vor, wenn sich die Insiderinformation auf Umstände bezieht, die im Tätigkeitsbereich des Emittenten eingetreten sind. Neugefasst ist die Möglichkeit eines eigenständigen Aufschubs der Veröffentlichung nach § 15 Abs. 3 WpHG, die es dem Emittenten in die Hand legt, selbst über einen Aufschub der Veröffentlichung zu entscheiden, soweit die Voraussetzungen des § 15 Abs. 3 Satz 1 WpHG vorliegen. In § 15 Abs. 4 WpHG finden sich die der Veröffentlichung vorangehenden Mitteilungspflichten, die den Emittenten gegenüber der Bundesanstalt und der Geschäftsführung des organisierten Marktes, an dem die Finanzinstrumente zum Handel zugelassen sind, vor der Veröffentlichung der Insiderinformation treffen. Die Vorabmitteilung gegenüber den Börsengeschäftsführungen soll diesen ebenso wie die Mitteilung nach § 10 Abs. 2 Satz 1 Nr. 1 u. 2 WpÜG eine Entscheidung über eine mögliche Aussetzung des Handels ermöglichen.

Die Frage, welchen notwendigen Inhalt und welche Form eine Veröffentlichung nach § 15 Abs. 1 Satz 1 WpHG aufweisen muss, wird durch die Vorschrift selbst nicht geklärt. Diesbezüglich ist das Bundesministerium der Finanzen der durch § 15 Abs. 7 Satz 1 WpHG eingeräumten Ermächtigung, nähere Bestimmungen über die Art und Form der durch § 15 WpHG normierten Veröffentlichungs- und Mitteilungspflichten zu erlassen, durch den Erlass der Wertpapierhandelsanzeige- und Insiderverzeichnisverordnung (WpAIV)[644] nachgekommen. Die WpAIV legt in Abschnitt 3 den Inhalt und die Art der Veröffentlichung fest, bestimmt in den §§ 6 und 7 WpAIV, wann berechtigte Interessen des Emittenten einen Aufschub der Veröffentlichung nach § 15 Abs. 3 WpHG rechtfertigen und die Gewährleistung der Vertraulichkeit während der Befreiung von der Veröffentlichungspflicht vorliegt und bestimmt den Inhalt der Mitteilungen, die der Emittent im Rahmen des § 15 Abs. 4 WpHG an die Geschäftsführung des organisierten Markts und die Bundesanstalt zu übermitteln hat.

II. Die Voraussetzungen einer den Emittenten unmittelbar betreffenden Insiderinformation i.S.d. § 15 Abs. 1 Satz 1 WpHG

1. Der Begriff der Insiderinformation nach § 13 Abs. 1 Satz 1 WpHG

Die Ad-hoc-Publizitätspflicht des Emittenten setzt eine diesen unmittelbar betreffende Insiderinformation voraus. Der Begriff der Insiderinformation ist in § 13 Abs. 1 Satz 1 WpHG legaldefiniert, so dass eine Veröffentlichungspflicht nur dann besteht, wenn auch die Voraussetzungen des § 13 WpHG vorliegen. Durch die Änderung des § 13 WpHG durch das AnSVG wird nicht mehr auf den Begriff der Insidertatsache abgestellt, sondern auf denjenigen der Insiderinformation, welcher die zentrale Bedeutung innerhalb der insiderrechtlichen Regelungen einnimmt. Die Neufassung des § 13 WpHG hat jedoch nicht nur sprachliche Änderungen zur Folge. Die Definition des Begriffs der Insiderinformation in § 13 Abs. 1 WpHG führt auch inhaltlich zu einer Ausweitung sowohl der Reichweite des Insiderhandelsverbots[645] als auch der Publizitätspflicht nach § 15 WpHG. § 13 Abs. 1 Satz 1 WpHG dient dabei der Umsetzung von Art. 1 Abs. 1 der Marktmissbrauchsrichtlinie, wonach eine Insiderinformation eine nicht öffentlich bekannte präzise Information darstellt, die direkt oder indirekt einen oder mehrere Emittenten von Finanzinstrumenten oder ein oder mehrere Finanzinstrumente betrifft und die, wenn sie öffentlich bekannt würde, geeignet wäre, den Kurs

[644] Verordnung zur Konkretisierung von Anzeige-, Mitteilungs- und Veröffentlichungspflichten sowie der Pflicht zur Führung von Insiderverzeichnissen nach dem Wertpapierhandelsgesetz (Wertpapierhandelsanzeige- und Insiderverzeichnisverordnung – WpAIV) vom 13. Dezember 2004 (BGBl. I, S. 3376), geändert durch Art. 2 des Gesetzes vom 05. Januar 2007 (BGBl. I, S. 10).

[645] *Assmann*, in: Assmann/Schneider, WpHG (4. Aufl. 2006), § 13 Rn. 4.

dieser Finanzinstrumente oder den Kurs sich darauf beziehender derivativer Finanzinstrumente erheblich zu beeinflussen. Der deutsche Gesetzgeber hat diese Definition nahezu wortgleich in deutsches Recht transformiert. Nach der Definition der Insiderinformation in § 13 Abs. 1 Satz 1 WpHG legt § 13 Abs. 1 Satz 2 WpHG fest, dass eine Eignung zur Beeinflussung des Börsen- oder Marktpreises dann gegeben ist, wenn ein verständiger Anleger die Information bei seiner Anlageentscheidung berücksichtigen würde. § 13 Abs. 1 Satz 3 WpHG bestimmt, dass als Umstände auch solche in Betracht kommen, bei denen mit hinreichender Wahrscheinlichkeit davon ausgegangen werden kann, dass sie in Zukunft eintreten werden. Der Prüfung der Frage, ob eine Veröffentlichungspflicht nach § 15 Abs. 1 Satz 1 WpHG besteht, hat immer die Frage voranzustehen, ob auch eine Insiderinformation i.S.d. § 13 WpHG vorliegt. Diese allein kann eine Veröffentlichungspflicht begründen, auch wenn der von ihr erfasst Kreis an Informationen durch das weitere Merkmal der unmittelbaren Betroffenheit des Emittenten eingeschränkt wird.

a) Konkrete Information als Anknüpfungspunkt

aa) Der Begriff der konkreten Information

Anders als in Art. 1 Nr. 1 der Marktmissbrauchsrichtlinie, der hinsichtlich der Bestimmung einer Insiderinformation von einer präzisen Information spricht, wird in § 13 Abs. 1 Satz 1 WpHG vom Vorliegen von „konkreten Umständen“ gesprochen, wobei diese rein sprachliche Differenzierung keinerlei Auswirkungen auf den Anwendungsbereich und dessen Umfang hat und die beiden Begriffe synonym verwendet werden können.[646] Nach Art. 1 Abs. 1 der Durchführungsrichtlinie 2003/124/EG ist eine Information dann als präzise anzusehen, wenn „damit eine Reihe von Umständen gemeint ist, die bereits existieren oder bei denen man mit hinreichender Wahrscheinlichkeit davon ausgehen kann, dass sie in Zukunft existieren werden, oder ein Ereignis, das bereits eingetreten ist oder mit hinreichender Wahrscheinlichkeit in der Zukunft eintreten wird, und diese Information darüber hinaus spezifisch genug ist, dass sie ei-

[646] *Büche*, Pflicht zur Ad-hoc-Publizität, S. 283; *Assmann*, in: Assmann/Schneider, WpHG (4. Aufl. 2006), § 13 Rn. 6.

nen Schluss auf die mögliche Auswirkung dieser Reihe von Umständen oder dieses Ereignisses auf die Kurse von Finanzinstrumenten oder damit verbundenen derivativen Finanzinstrumenten zulässt". Die präzise Information kann sich damit sowohl auf bereits eingetretene Umstände als auch auf erst in der Zukunft zu erwartende Ereignisse beziehen, wobei jedoch die gegenwärtige Sachlage auf die hinreichende Eintrittswahrscheinlichkeit des zukünftigen Umstands hindeuten muss. Mit der Erfassung einer Reihe von Umständen werden auch die sog. Gesamttatsachen[647] erfasst, die sich dadurch auszeichnen, dass sie zwar unabhängig voneinander eintreten, in ihrer Gesamtheit jedoch dazu geeignet sind, den Kurs der emittierten Finanzinstrumente erheblich zu beeinflussen.

Die Bundesanstalt versucht selbst den Begriff der konkreten Information zu bestimmen. Nach Ansicht der BaFin[648] ist eine Information dann konkret, wenn sie so bestimmt ist, dass sie eine hinreichende Grundlage für eine Einschätzung über den zukünftigen Verlauf des Börsen- oder Marktpreises eines Insiderpapiers bilden kann. Damit besitzt die konkrete Information zwei Voraussetzungen, nämlich ihre Bestimmtheit, so dass sich die Marktteilnehmer auf ihr Bestehen oder zukünftigen Eintritt verlassen können[649], sowie ihre Relevanz für den Kurs des entsprechenden Wertpapiers.[650]

---

[647] Mit dem Begriff der Gesamttatsache ist die Sachlage gemeint, dass einem einzelnen Ereignis keine Qualität als Insiderinformation zukommt, weil es für sich betrachtet keine Auswirkungen auf die Geschäftsentwicklung eines Unternehmens hat und damit keine Eignung zur erheblichen Kursbeeinflussung besitzt. Diese Eignung kommt ihm erst mit dem Auftreten weiterer, gleich gelagerter Einzeltatsachen zu, die im Zusammenspiel eine Auswirkung auf den allgemeinen Geschäftsverlauf oder die Vermögens- oder Finanzlage des Emittenten haben. Bspw. kann die Stornierung eines einzigen Auftrags für den Auftragnehmer keine erheblichen Auswirkungen haben, anders ist es jedoch, wenn mehrere Kunden ihre Aufträge stornieren und es somit zu einem erheblichen Gewinneinbruch kommt. Eine Gesamttatsache ist demnach eine Bündelung von Einzeltatsachen, die erst im gemeinsamen Auftreten die für eine Insiderinformation erforderliche Kurserheblichkeit aufweisen, vgl. *Burgard*, ZHR 162 (1998), S. 51, 74 f.; *Braun*, in: Möllers/Rotter, Ad-hoc-Publizität, § 8 Rdnr. 32.

[648] Emittentenleitfaden der BaFin, S. 19.

[649] *Büche*, Pflicht zur Ad-hoc-Publizität, S. 171.

[650] Durchführungsrichtlinie 2003/124/EG, Empf. CESR, CESR /02.089d, S. 8 (Nr. 19).

(1) Die Bestimmtheit der Insiderinformation

Die Bestimmtheit der Information erfordert, dass ihr Aussagegehalt überprüfbar ist. Dies ist in Bezug auf bereits eingetretene Umstände dann der Fall, wenn der Eintritt tatsächlich erfolgt ist und damit bewiesen werden kann.[651] Die Überprüfbarkeit einer Information ist dann in Frage gestellt, wenn bestimmt werden soll, ob subjektive Einschätzungen wie Werturteile und Prognosen für sich genommen eine Insiderinformation darstellen können. Die Bundesanstalt[652] stellt bei der Bestimmung des Begriffs des konkreten Umstands auf den früher verwendeten Begriff der Insidertatsache ab, also auf alle der äußeren Wahrnehmung[653] zugänglichen Geschehnisse oder Zustände der Außenwelt (sog. äußere Tatsachen) und des menschlichen Innenlebens (sog. innere oder voluntative Tatsachen)[654], worunter auch überprüfbare[655] *Werturteile, Einschätzungen, Absichten, Prognosen und Gerüchte* fallen sollen.[656] Nach einer vereinzelt vertretenen Ansicht können subjektive Einschätzungen für sich allein nicht als präzise Information aufgefasst werden. Etwas anderes könne nur dann gelten, wenn in der subjektiven Einschätzung präzise Informationen mitgeteilt werden, die einen Tatsachenkern enthielten.[657] Dem ist aber entgegenzuhalten, dass dem Begriff der „Umstände" deutlich zu entnehmen ist, dass er sich von dem früher verwendeten Begriff der Tatsache unterscheidet und er nicht nur Informationen über Tatsachen, sondern auch Informationen über Umstände erfasst, die nicht zwingend Tatsachen sein müssen.[658] Zu den konkreten Informationen gehören demnach also auch überprüfbare Werturteile und

[651] Durchführungsrichtlinie 2003/124/EG, Empf. CESR, CESR /02.089d, S. 8 (Nr. 20).
[652] Emittentenleitfaden der BaFin, S. 19.
[653] Der äußeren Wahrnehmung zugänglich wird definiert als alles, was in die Wirklichkeit getreten und daher einem Beweis zugänglich ist, vgl. zur alten Rechtslage *Burgard*, ZHR 162 (1998), S. 51, 63; *v. Klitzing*, Die Ad-hoc-Publizität, S. 74, 75; *Gehrt*, Die neue Ad-hoc-Publizität, S. 120, 121; *Assmann*, in: Assmann/Schneider, WpHG (3. Aufl. 2003), § 13 Rn. 33a.
[654] *Pananis*, WM 1997, S. 460, 462; *Braun*, in: Möllers/Rotter, Ad-hoc-Publizität, § 8 Rn. 20 ff.
[655] Vgl. *v. Klitzing*, Die Ad-hoc-Publizität, S. 78 ff., der zutreffend darauf hinweist, dass es auf die Rechtswirksamkeit einer Tatsache nicht ankommen könne, weil es dadurch den Präventionszweck beeinträchtigen würde, indem der Zeitpunkt der Veröffentlichungspflicht so weit nach hinten verschoben würde, dass die Ad-hoc-Publizität oftmals zu spät komme. Auf die Rechtswirksamkeit ebenso verzichtend *Burgard*, ZHR 162 (1998), S. 51, 68.
[656] Emittentenleitfaden der BaFin, S. 19; *Assmann*, in: Assmann/Schneider, WpHG (4. Aufl. 2006), § 15 Rn. 20; *Schäfer*, in: Schäfer/Hamann, Kapitalmarktgesetze, § 13 WpHG Rn. 9 ff. Kritisch dazu *Fischer*, Insiderrecht und Kapitalmarktkommunikation, S. 106 ff.
[657] *Büche*, Pflicht zur Ad-hoc-Publizität, S. 174.
[658] *Assmann*, in: Assmann/Schneider, WpHG, § 13 Rn. 6.

Prognosen, sowie ebenfalls eine interne Unternehmensplanung.[659] Diese waren auch nach dem bisherigen Recht als Tatsachen einzuordnen, soweit sie ein erhebliches Kursbeeinflussungspotential[660] aufwiesen oder deren Verwirklichung als in hohem Maße wahrscheinlich angesehen werden konnte. Dabei wurde zurecht erkannt, dass zwar etwas in der Zukunft Liegendes nicht vom Tatsachenbegriff erfasst werden könne, sich jedoch die Absicht, etwas in der Zukunft liegendes tun zu wollen, als Tatsache darstellt, auch wenn die Herbeiführung des Anvisierten noch ungewiss sei und durch mehrere Umstände verhindert werden könne.[661] Mit der Erstreckung des Begriffs der präzisen Information auf in der Zukunft eintretende Ereignisse werden Pläne und Absichten, ihre Kursrelevanz unterstellt, in den Begriff der Insiderinformationen einbezogen. Dabei muss ihr alleiniges Bestehen nicht das erhebliche Kursbeeinflussungspotential aufweisen. Vielmehr genügt es, wenn das in der Zukunft liegende Ereignis dieses Erfordernis erfüllt, was dann der Fall ist, wenn der Eintritt hinreichend wahrscheinlich ist. Dass es im Rahmen dieser Pläne zum Eintritt von Umständen kommen kann, die ihre Durchführung verhindern oder erheblich erschweren können, ist für das Vorliegen einer präzisen Information unerheblich.[662]

(2) Die Relevanz für den Kurs der Insiderpapiere

Die Relevanz für den Kurs des Insiderpapiers spielt auch im Rahmen der Qualifizierung eines präzisen Umstands eine Rolle.[663] Diese Relevanz für den Kurs ist jedoch nicht mit der Eignung zur erheblichen Kursbeeinflussung zu verwechseln. Ein präziser Umstand liegt erst dann vor, wenn die Information spezifisch genug ist, um eine Aussage über ihre Kursrelevanz für ein Insiderpapier zu erlauben.[664] Diese Kursrelevanz liegt auch bei Informationen vor, die den Emittenten nur mittelbar betreffen. Von diesen mittelbaren Informationen werden sog. Marktinformationen, die einzelne Bran-

---

[659] *Braun*, in: Möllers/Rotter, Ad-hoc-Publizität, § 7 Rn. 15; *Möllers*, WM 2005, S. 1393, 1394.
[660] Zur Kritik an der Einbeziehung des Kursbeeinflussungspotentials in den Tatsachenbegriff *Assmann*, in: Assmann/Schneider, WpHG (3. Aufl. 2003), § 13 Rn. 36.
[661] *Federlin*, Informationsflüsse, S. 38.
[662] Durchführungsrichtlinie 2003/124/EG, Empf. CESR, CESR /02.089d, S. 8 (Nr. 20).
[663] Begr. RegE. AnSVG, BT-Drucks. 15/3174, S. 34.
[664] Durchführungsrichtlinie 2003/124/EG, Empf. CESR, CESR /02.089d, S. 8 (Nr. 19); *Assmann*, in: Assmann/Schneider, WpHG (4. Aufl. 2006), § 13 Rn. 8.

chen oder Marktverhältnisse betreffen, nicht erfasst[665], weil sie den Kapitalmarkt in seiner Gesamtheit betreffen und eine spezifische Kursrelevanz in Bezug auf einzelne Finanzinstrumente nicht aufweisen. Eine Ausnahme soll allein dann gelten, wenn derartige Marktinformationen spezifisch genug sind, um sich ein Urteil über die Auswirkungen auf den Kurs des entsprechenden Insiderpapiers zu erlauben.[666] Eine Information erlaubt dann ein Urteil über die Kursrelevanz, wenn es entweder einen verständigen Anleger potentiell in die Lage versetzt, eine risikolose Investitionsentscheidung zu treffen oder die Information sofort vom Kapitalmarkt verwertet wird.[667] Mit dem Merkmal der Kursrelevanz wird dadurch allein ein Ausschluss derjenigen Umstände aus dem Kreis der Insiderinformationen bewirkt, deren Bestehen keine Auswirkungen auf den Kurs der Wertpapiere erwarten lässt, weil sich nicht konkret voraussagen lässt, inwiefern die Kurse davon betroffen sind.

bb) Das Vorliegen einer konkreten Information bei hinreichender Wahrscheinlichkeit des Eintritts eines zukünftigen Ereignisses, § 13 Abs. 1 Satz 3 WpHG

In Umsetzung der Definition in Art. 1 Nr. 1 der Marktmissbrauchsrichtlinie 2003/6/EG wird in § 13 Abs. 1 Satz 3 WpHG klargestellt, dass als konkrete Umstände auch solche in Betracht kommen, bei denen mit hinreichender Wahrscheinlichkeit davon ausgegangen werden kann, dass sie in Zukunft eintreten werden. Dies spielt bei angebotsvorbereitenden Maßnahmen im Vorfeld der Entscheidungsveröffentlichung eine ganz entscheidende Rolle, sofern sich aus ihrem Vorliegen die hinreichende Wahrscheinlichkeit einer positiven Entscheidung des Bieters ableiten lässt. Dies stellt allerdings keine Neuerung dar. Vielmehr wurde schon zum alten Recht vertreten, dass zukünftige Ereignisse Tatsachenqualität besitzen könnten, soweit diese auf gegenwärtigen Umständen wie Plänen oder Absichten aufbauten.[668] Lediglich erforderlich für die Einstufung als Insidertatsache war, dass der jeweilige Umstand geeignet erschien, den Kurs

---

[665] *Assmann*, in: Assmann/Schneider, WpHG (4. Aufl. 2006), § 13 Rn. 9.
[666] *Assmann*, in: Assmann/Schneider, WpHG (4. Aufl. 2006), § 13 Rn. 9.
[667] Durchführungsrichtlinie 2003/124/EG, Empf. CESR, CESR /02.089d, S. 9 (Nr. 20).
[668] *Assmann*, in: Assmann/Schneider, WpHG (3. Aufl. 2003), § 13 Rn. 33b, 36a; *Schwark*, in: Schwark, Kapitalmarktrechtskommentar (3. Aufl. 2003), § 13 Rn. 32; *Hopt*, in: Schimansky/Bunte/Lwowski, Bankrechts-Handbuch (2. Aufl. 2001), § 107 Rn. 21; *Cahn*, ZHR 162 (1998), S. 1, 15; a.A. *Pananis*, WM 1997, S. 460, 462.

der betroffenen Wertpapiere erheblich zu beeinflussen[669], wobei sich das Kursbeeinflussungspotential aus der Realisierungswahrscheinlichkeit ergeben sollte.[670] Dabei fanden sich unterschiedliche Versuche, den erforderlichen Wahrscheinlichkeitsgrad eines zukünftigen Umstands für die Einordnung als Insidertatsache zu konkretisieren. Insgesamt reichte die Meinungslage von einer *hohen*[671] oder *ganz überwiegenden*[672] Wahrscheinlichkeit bis zu einer bloß *überwiegenden Wahrscheinlichkeit.*[673] Welcher dieser Konkretisierungsversuche der Gesetzgeber sich anschließen wollte, hat er nicht zu erkennen gegeben. Denn weder der europäische noch der deutsche Gesetzgeber haben die Frage beantwortet, was unter einer *„hinreichenden Wahrscheinlichkeit“* zu verstehen ist, so dass dieser Rechtsbegriff schon während den Konsultationen auf europäischer Ebene als zu unbestimmt kritisiert wurde.[674] Die Bundesanstalt bestimmt, dass für eine hinreichende Wahrscheinlichkeit konkrete Anhaltspunkte vorliegen müssten, die den Eintritt des Umstands voraussehbar erscheinen lassen. Eine mit an Sicherheit grenzende Wahrscheinlichkeit sei nicht erforderlich.[675] Der Begriff gewinnt dadurch freilich nicht an Kontur, denn unklar bleibt auch hier, welche Anforderungen an die konkreten Anhaltspunkte zu stellen sind und wie sich die Abstufungen zwischen einer hinreichenden oder schon mit an Sicherheit grenzenden Wahrscheinlichkeit darstellen. Vorgeschlagen wurde unter Bezugnahme auf vorhergehende Entwürfe zur Durchführungsrichtlinie 2003/124/EG, in denen sich die Formulierung fand *„bei denen man vernünftigerweise davon ausgehen kann, dass sie existieren werden“*, dass der Eintritt eines Ereignisses als „hinreichend wahrscheinlich“ zu beurteilen sei, wenn er vernünftigerweise erwartet werden könne. Dies sei dann der Fall, wenn ein rationaler

---

[669] *Assmann*, in: Assmann/Schneider, WpHG (3. Aufl. 2003), § 13 Rn. 33b; *Schwark*, in: Schwark, Kapitalmarktrechtskommentar (3. Aufl. 2003), § 13 Rn. 33; *Pananis*, WM 1997, S. 460, 462; anders *Cahn*, ZHR 162 (1998), S. 1, 14 ff.; *Braun*, in: Möllers/Rotter, Ad-hoc-Publizität, § 8 Rn. 78 ff.

[670] *Pananis*, WM 1997, S. 460, 462.

[671] *Kümpel*, AG 1997, S. 66, 68; *Caspari*, in: Baetge, Insiderrecht und Ad-hoc-Publizität, S. 65, 77.

[672] *Pananis*, WM 1997, S. 460, 464.

[673] *Fürhoff/Wölk*, WM 1997, S. 449, 453; OLG Düsseldorf, Urt. v. 06.07.2004, ZIP 2004, S. 2042, 2043: „(Das Kursbeeinflussungspotential) ist im Falle eines derart einschneidenden Ereignisses wie der angestrebten Übernahme im Zweifel danach zu beurteilen, ob – und wenn ja, ab welchem Stand der Verhandlungen – aus der Sicht des Anlegers die Übernahme *wahrscheinlich war, also mehr für als gegen* einen erfolgreichen Abschluss sprach.“; a.A. *Burgard*, ZHR 162 (1998), S. 51, 68, das Wahrscheinlichkeitskriterium insgesamt ablehnend, weil dadurch eine nicht justiziable Prognoseentscheidung vorausgesetzt würde; *Cahn*, ZHR 162 (1998), S. 1, 14 f.; *Happ/Semler*, ZGR 1998, S. 116, 130 f.

[674] Durchführungs-Richtlinie 2003/124/EG, Feedback Statement CESR, CESR 02/287b, S. 7 (Nr. 24 f.).

[675] Emittentenleitfaden der BaFin, S. 20.

Marktteilnehmer sie in seine Anlageentscheidung einbeziehen würde.[676] Dieses subjektive Verständnis entspricht demjenigen, welches bei der Bestimmung eines Kursbeeinflussungspotentials im Rahmen des § 13 Abs. 1 Satz 2 WpHG angewandt wird. *Assmann*[677] entnimmt den Formulierungen der BaFin die Aussage, dass eine bloß überwiegende Wahrscheinlichkeit – also eine höhere Wahrscheinlichkeit des Eintritts als des Nichteintritts - nicht als „hinreichende Wahrscheinlichkeit" angesehen werden könne, denn unter Berücksichtigung eines subjektiven Ansatzes sei von einem verständigen Anleger nicht zu erwarten, dass er eine Investitionsentscheidung auf der Grundlage eines Umstands treffen wird, der nur mit bloß überwiegender Wahrscheinlichkeit zu erwarten sei. Vielmehr müsse eine *hohe Wahrscheinlichkeit* verlangt werden, denn erst dann könne ein zukünftiges Ereignis mit einem bereits existierenden Umstands gleichgesetzt werden. *Assmann* stützt seine Argumentation dabei auf den Zweck des Insiderrechts, nämlich die Gewährleistung der informationellen Chancengleichheit der Marktteilnehmer. Soweit sich ein Marktteilnehmer unter Zugrundelegung einer Information über Umstände, die nicht eine hohe Eintrittswahrscheinlichkeit aufweisen würden, zu Wertpapiergeschäften hinreißen lassen würde, würde dies allein spekulatives Handeln darstellen, zu welchem sich ein verständiger Anleger ohnehin nicht verleiten lassen würde.

Unter Zugrundelegung des dargestellten Bestimmungsversuchs lässt sich die Aussage treffen, dass bei der Bestimmung der hinreichenden Eintrittswahrscheinlichkeit auf gegenwärtige Umstände abgestellt werden muss. Diese müssen ein erhebliches Kursbeeinflussungspotential aufweisen. Auf eine Konkretisierung der hinreichenden Wahrscheinlichkeit kann damit verzichtet werden. Nicht entscheidend ist, ob eine hohe oder überwiegende Wahrscheinlichkeit gegeben ist. Die hinreichende Eintrittswahrscheinlichkeit ist allein dann zu bejahen, wenn die gegenwärtigen Umstände, die auf den Abschluss in der Zukunft hindeuten, den Wert der Wertpapiere des Emittenten erheblich beeinflussen können.[678] Damit spielt die Bestimmung der hinreichenden Wahrscheinlichkeit nicht auf der Ebene der Bestimmung eines Umstands als präzise Information,

[676] *Büche*, Pflicht zur Ad-hoc-Publizität, S. 175.
[677] *Assmann*, in: Assmann/Schneider, WpHG, § 13 Rn. 25.
[678] I.E. ebenso *Cahn*, ZHR 162 (1998), S. 1, 14; *Schwark*, in: Schwark, Kapitalmarktrechtskommentar, § 13 WpHG Rn. 33.

sondern auf der Ebene des Kursbeeinflussungspotentials eine Rolle.[679] Liegen auf Seiten des Bieters Umstände vor, welche auf den Eintritt des Angebots und die Durchführung des Angebotsverfahrens hindeuten, so beurteilt sich die hinreichende Eintrittswahrscheinlichkeit anhand ihres Kursbeeinflussungspotentials.

cc) Gerüchte als konkrete Information

(1) Gerücht als Insiderinformation

Der Kapitalmarkt zeichnet sich dadurch aus, dass die auf ihm getroffenen Investitionsentscheidungen nicht allein auf der Grundlage überprüfbarer Informationen getroffen werden, sondern die an ihm agierenden Marktteilnehmer auch auf solche Informationen reagieren, die nicht aus der Sphäre des Emittenten stammen oder durch sonstige überprüfbare Bewertungen, Statistiken oder Erhebungen gestützt werden. Vielmehr findet auch eine verstärkte Reaktion bei der Verbreitung von Gerüchten statt.[680] Gerade in der angebotsvorbereitenden Planungsphase stellt sich die Frage, ob dem Bieter eine Veröffentlichungspflicht dann aufzuerlegen ist, wenn sich am Kapitalmarkt Gerüchte über seine Angebotsabsichten verbreitet haben. Die Einordnung eines Gerüchts als präzise Information bereitet deswegen Probleme, weil dessen Wahrheitsgehalt für den Marktteilnehmer nicht überprüfbar ist. Nach einem Urteil des Hessischen Verwaltungsgerichtshofs[681] handelt es sich bei einem Gerücht nicht um die Aussage eines einzelnen zu einem bestimmten Gegenstand oder das Wissen einzelner zu einem bestimmten Gegenstand oder das Wissen einzelner über bestimmte Tatsachen, sondern

[679] Diese Ansicht deckt sich auch mit der im US-amerikanischen Recht geltenden *probality/magnitude-Formel*, nach welcher es für die Wesentlichkeit einer Information auf das Verhältnis zwischen Eintrittswahrscheinlichkeit (propability) und Bedeutung des Ereignisses für das Unternehmen (magnitude) ankommt, vgl. SEC v. Texas Sulphur Co., 401F 2d 833 (2nd Cir. 1968); Basic Inc. v. Levinson, 485 U.S. 224, 232 (1988), wo der Supreme Court Unternehmen, die Verhandlungen über eine beabsichtigte Unternehmensübernahme führen, dazu verpflichtet sieht, jederzeit die Wahrscheinlichkeit einer tatsächlichen Übernahme und deren Bedeutung für das Unternehmen zu bewerten, um einer daraus folgenden Veröffentlichungspflicht nachkommen zu können. Vgl. dazu *Gruson/Wiegmann*, AG 1995, S. 173, 178 f. Die Eignung von zukünftigen Ereignissen als konkret publizitätspflichtige Umstände wird dabei vorausgesetzt, so dass die Eintrittswahrscheinlichkeit nur noch auf der Ebene der Kurserheblichkeit eine Rolle spielt.

[680] So auch *Assmann*, in: Assmann/Schneider, WpHG (3. Aufl. 2003), § 13 Rn. 34b; *Cahn*, Der Konzern 2005, S. 5, 7, die zutreffend feststellen, dass Gerüchte ebenso wie feststehende Tatsachen ein erhebliches Kursbeeinflussungspotential aufweisen.

[681] Hessischer VGH, Beschluss v. 16.03.1998 – 8 TZ 98/98, AG 1998, S. 436, 438.

um ein umlaufendes inhaltsgleiches Gerede, das auf Vermutungen, Meinungen und/oder auf dem Wissen einzelner beruhen kann, seine diesbezüglichen Quellen aber nicht erkennen lässt. Das Gerücht als solches zeichnet sich somit dadurch aus, dass ihm eine eigene Qualität als objektiv vorliegender Umstand nicht zuzusprechen ist. Vielmehr zeichnet es sich gerade dadurch aus, dass ihm eine bestimmte Unsicherheit über das tatsächliche Bestehen der darin erhobenen Aussagen innewohnt. Einem Gerücht sei trotz dieser bestehenden Unsicherheit die Qualität einer Insidertatsache zuzusprechen. Auch ein Gerücht über ein bevorstehendes Übernahmeangebot könne als Insidertatsache angesehen werden, da auch Gerüchte der äußeren Wahrnehmung zugängliche, verifizierbare Geschehnisse oder Zustände darstellen könnten. Insbesondere aufgrund ihrer Wahrnehmung durch das Publikum, welches Gerüchte wie Tatsachen aufnehme, komme es allein darauf an, ob diesen Gerüchten auch eine Kurserheblichkeit unterstellt werden könne.[682]

(2) Das Verhalten des Marktes bei Gerüchten

Soweit sich am Kapitalmarkt Gerüchte verbreiten, welche sich auf den Emittenten oder die von ihm emittierten Wertpapiere beziehen, stellt sich die Frage, inwiefern der Emittent diese als Insiderinformation anzusehen hat und ob er möglicherweise gezwungen ist, zu diesen Gerüchten im Rahmen einer Ad-hoc-Veröffentlichung Stellung zu nehmen. Dabei ist auch die Situation zu berücksichtigen, dass der Emittent in den meisten Fällen für das Aufkommen von Gerüchten keine Veranlassung gegeben hat, diese also nicht selbst an den Kapitalmarkt herangetragen hat, sondern vielmehr Dritte für sein Entstehen verantwortlich sind. Der Emittent könnte demnach durch das Verhalten Dritter zu einer Veröffentlichung gezwungen sein, die ihm möglicherweise schadet. Auf der anderen Seite entsteht durch entsprechende Gerüchte die Gefahr von Irritationen am Kapitalmarkt. Diesem Umstand trägt auch Art. 1 Abs. 2 lit. c) der Marktmissbrauchsrichtlinie Rechnung, der das Verbreiten von Gerüchten sowie falscher oder irreführender Nachrichten als Marktmanipulation einstuft. Während einige Marktteilnehmer aufgrund nicht bestehender Vertrauenswürdigkeit der Informationsquelle von einer Investitionshandlung absehen, könnten andere Marktteilnehmer gera-

[682] Hessischer VGH, Beschluss v. 16.03.1998 – 8 TZ 98/98, AG 1998, S. 436, 440.

de aufgrund der bestehenden Unsicherheit über den Wahrheitsgehalt zu Investitionen neigen, um möglicherweise eintretende Kursschwankungen auszunutzen. Zwar ist ein solches Verhalten nicht grundsätzlich schädlich, weil Spekulationen an den Kapitalmärkten grundsätzlich eine wichtige Funktion für die Börse zukommt.[683] Ob es sich allerdings tatsächlich um ein reines Gerücht handelt, ist immer aus der Perspektive des einzelnen Marktteilnehmers zu beurteilen. Für diesen wird es sich dann um ein bloßes Gerücht handeln, wenn sein Wahrheitsgehalt für ihn nicht überprüfbar ist und die Vertrauenswürdigkeit der Informationsquelle in Frage steht. Etwas anderes gilt dann, wenn ihm Informationen zur Verfügung stehen, die den Wahrheitsgehalt des Gerüchts unterstreichen und ihm damit im Vergleich zu anderen Marktteilnehmern einen Wissensvorsprung einräumen. Die Präventivfunktion der Veröffentlichungspflicht hervorhebend stellt sich damit die Frage, inwiefern der Emittent zu einem Gerücht Stellung zu nehmen hat, soweit diesem Gerücht Tatsachen zugrunde liegen, die für sich genommen überprüfbar sind.

(3) Gesetzgeberische Klarstellung

In Übereinstimmung mit den Empfehlungen des Komitees der europäischen Wertpapieraufsichtsbehörden (CESR) zur Durchführungsrichtlinie 2003/124/EG[684] stellt die Gesetzesbegründung zum Anlegerschutzverbesserungsgesetz klar, dass bloße Gerüchte keinen konkreten Umstand darstellen[685], welcher als Insiderinformation qualifiziert werden könnte. Vielmehr müssten konkrete Tatsachen vorliegen, die den Eintritt eines Ereignisses oder Umstandes voraussehbar erscheinen ließen. Dies sei bei einem bloßen Gerücht nicht der Fall. Darin übereinstimmend geht die Bundesanstalt davon aus, dass Gerüchte, die einen wahren Tatsachenkern enthalten, ebenfalls eine Insiderinformation darstellen können, soweit dem entsprechenden Gerücht ein Kursbeeinflussungspotential innewohnt.[686] Insofern sei jedoch eine Einzelfallprüfung angezeigt, wobei die

[683] *Grunewald*, ZBB 1990, S. 128, 132.
[684] CESR's advice on Level 2 Implementing Measure for the proposed Market Abuse Directive, December 2002, Tz. 20.
[685] Begr. RegE. AnSVG, BT-Drucks. 15/3174, S. 34.
[686] Emittentenleitfaden der BaFin, S. 20. Zur Unterscheidung zwischen einem Gerücht und der diesem zugrunde liegenden Tatsache nach alter Rechtslage *Braun*, in: Möllers/Rotter, Ad-hoc-Publizität, § 8 Rn. 11 ff.; *Gehrt*, Die neue Ad-hoc-Publizität, S. 122; *Sangiovanni*, Ad-hoc-Publizität, S. 59; *Ass-*

Quelle des Gerüchts, die ihm zugrunde liegenden nachprüfbaren Fakten sowie die Verfassung der Märkte im Allgemeinen und des Handelssegments des Insiderpapiers maßgeblich seien.[687] Allein diese Einzelfallprüfung läuft aber auf eine Trennung zwischen dem Gerücht und dem diesem Gerücht zugrundeliegenden nachprüfbaren Fakten hinaus. Dieser Ansatz stimmt auch mit dem in der Informationsökonomie verwendeten Begriff der Information überein, welcher eine Information als objektives Wissen über die Welt definiert. Geht man von dieser Definition aus, kann es sich bei einem Gerücht niemals um objektives Wissen handeln, sondern immer nur um eine Vermutung, welche gerade durch eine erhebliche Unsicherheit hinsichtlich der ihm zugrundeliegenden Umstände geprägt ist. Sollen aber durch die insiderrechtliche Veröffentlichungspflicht Informationsasymmetrien abgebaut werden, also allein Informationen zwischen dem Emittenten und den übrigen Kapitalmarktteilnehmern ausgetauscht werden, kann eine solche Pflicht bei am Kapitalmarkt bestehenden Gerüchten nicht bestehen.

(4) Übereinstimmung mit der Rechtsfigur des verständigen Anlegers

Fraglich ist, ob dies mit der Bestimmung in Art. 1 Abs. 2 der Durchführungsrichtlinie 2003/124/EG und der Bestimmung in § 13 Abs. 1 Satz 2 WpHG in Einklang steht, welche beide klarstellen, dass eine Insiderinformation eine Information meint, welche ein verständiger Anleger aus der ex ante - Sicht des Veröffentlichungspflichtigen bei seiner Anlageentscheidung berücksichtigen würde. Dieser könnte sich aufgrund des Aufkommens eines Gerüchts dazu veranlasst sehen, der dem Gerücht innewohnenden Information eine hinreichende Eintrittswahrscheinlichkeit zuzusprechen und somit ein entsprechendes Kursbeeinflussungspotential begründen. Weil sich aber Gerüchte in der Regel auf den Eintritt eines Umstandes in der Zukunft beziehen, stellt sich die Frage, wie zukünftige Umstände mit einer hinreichenden Eintrittswahrscheinlichkeit und bloße Gerüchte voneinander zu unterscheiden sind. Gerüchten kann generell die Eig-

mann, in: Assmann/Schneider, WpHG (3. Aufl. 2003), § 13 Rn. 33d, 34b, mit dem Hinweis darauf, dass der Markt auch dann mit Kursausschlägen auf Nachrichten reagiere, wenn der der Tatsache zugrunde liegende Wahrheitsgehalt unsicher sei. Die Nachricht müsse allerdings eine erhebliche Kursbeeinflussung auslösen können. Dagegen *Hopt*, ZHR 159 (1995), S. 135, 153.

[687] Emittentenleitfaden der BaFin , S. 20.

nung zur Kursbeeinflussung nicht abgesprochen werden.[688] Dafür spricht das bereits angesprochene Verhalten des Marktes, welcher potentiell auf das Entstehen eines Gerüchtes sofort reagiert und dieses in den Wertpapierpreis einfließen lässt. Insoweit kann zwar auch unter Zugrundelegung eines verständigen Anlegers zuerst angenommen werden, dieser reagiere nicht allein auf der Grundlage von Gerüchten. Doch wird auch dieser wissen, dass der restliche Markt auf das Gerücht reagiert und somit sein Verhalten danach ausrichten.[689] Hinsichtlich der Abgrenzung dürfte auch nicht auf eine vermeintliche Eintrittswahrscheinlichkeit abgestellt werden, da Gerüchten auch bereits eingetretene Umstände zugrunde liegen könnten, welche selbst nicht die Voraussetzungen des § 13 Abs. 1 Satz 3 WpHG erfüllen könnten.[690] Insoweit wird vorgeschlagen, Gerüchte von zukünftigen Ereignissen anhand der Merkmale der Genauigkeit des Inhalts und der Zuverlässigkeit der Informationsquelle über Vorhaben und Pläne abzugrenzen.[691] Diese Vorgehensweise würde auch mit den Vorschlägen des CESR übereinstimmen, wonach eine Information dann einen erheblichen Effekt auf den Preis der in Frage stehenden Wertpapiere habe, wenn es sich um eine Information handelt, die ein verständiger Anleger unter den gegebenen Umständen bei seiner Investitionsentscheidung berücksichtigen würde. Unter den vier Faktoren, die der Emittent nach Ansicht des Komitees hinsichtlich der Voraussage eines erheblichen Kursbeeinflussungspotentials berücksichtigen sollte[692], findet sich auch die Vertrauenswürdigkeit der Informationsquelle. Soweit die Informationsquelle als nicht vertrauenswürdig zu qualifizieren sei, ist ein Kursbeeinflussungspotential zu verneinen. Danach stellt ein Gerücht zwar einen konkreten Umstand dar, sein Kursbeeinflussungspotential ist allerdings nicht gegeben, so dass es sich bei einem Gerücht nicht um eine Insiderinformation handelt, die der Emittent nach § 15 WpHG veröffentlichen müsste.

In Übereinstimmung mit der klaren gesetzgeberischen Wertung und den Empfehlungen der CESR stellen Gerüchte für sich betrachtet keinen konkreten Umstand dar, der eine Insiderinformation darstellen könnte. Davon losgelöst kann aber ein Gerücht dann

[688] *Assmann*, in: Assmann/Schneider, WpHG (3. Aufl. 2003), § 13 Rn. 34b.
[689] *Cahn*, Der Konzern 2005, S. 5, 7.
[690] *Cahn*, Der Konzern 2005, S. 5, 7.
[691] *Cahn*, ZHR 162 (1998), S. 1, 14 ff.; *ders.*, Der Konzern 2005, S. 5, 7;
[692] Durchführungsrichtlinie 2003/124/EG, Empf. CESR, CESR/02.089d, S. 10 (Nr. 27).

zu einer Veröffentlichungspflicht führen, sofern es auf einem kursrelevanten Umstand basiert, der für sich betrachtet die Qualität einer Insiderinformation besitzt. Der Emittent ist aber bei Vorliegen einer ihn unmittelbar betreffenden Insiderinformation ohnehin zu einer Veröffentlichung gezwungen, soweit die Voraussetzungen der Aufschubmöglichkeit nach § 15 Abs. 3 Satz 1 WpHG nicht vorliegen. Ein aufkommendes Gerücht kann daher allein eine Auswirkung auf den Zeitraum haben, für welchen der Emittent einen Aufschub der Veröffentlichung vorgenommen hat. Treten am Kapitalmarkt Gerüchte über das Bestehen von Insiderinformationen auf, so wird der Emittent gezwungen sein, die Gewährleistung der Vertraulichkeit zu überprüfen und zu einer Veröffentlichung dann gezwungen sein, wenn das Gerücht aus seiner Sphäre stammt.

(5) Zusammenfassung und Auswirkung auf die Veröffentlichungspflicht des Bieters

Zusammenfassend kann ein Gerücht dann zu einer Veröffentlichungspflicht des Emittenten nach § 15 WpHG führen, wenn die dem Gerücht tatsächlich zugrunde liegenden Informationen ein erhebliches Kursbeeinflussungspotential aufweisen, und eine Aufschubmöglichkeit für den Emittenten nach § 15 Abs. 3 Satz 1 WpHG nicht besteht, weil die Vertraulichkeit der Insiderinformation nicht mehr gewährleistet werden kann.[693] Stammen die Gerüchte nicht aus der Sphäre des Emittenten, kann also die Vertraulichkeit der Information gewährleistet werden, so wird ein Gerücht den Emittenten nicht daran hindern, die Veröffentlichung weiter aufzuschieben, bis die Voraussetzungen des § 15 Abs. 3 Satz 1 WpHG nicht mehr vorliegen. Innerhalb dieses Befreiungszeitraumes ist es dem Emittenten verwehrt, Erklärungen abzugeben, die das Bestehen der Insiderinformation bestreiten. Ein entsprechendes Verhalten würde zu einer Irreführung der Öffentlichkeit und damit zu einem Wiederaufleben der Veröffentlichungspflicht führen. Der Emittent ist vielmehr, soweit er sich für einen Aufschub der Veröffentlichung entschieden hat, dazu verpflichtet, keine Stellungnahmen in Bezug auf das Gerücht abzugeben (sog. *no comment policy*).[694]

---

693 *Merkner/Sustmann*, NZG 2005, S. 729, 731.
694 Emittentenleitfaden der BaFin, S. 56.

Treten in der Phase vor der Veröffentlichung der Entscheidung des Bieters Gerüchte am Markt auf, die sich auf die durch den Bieter vorgenommenen Vorbereitungen des Angebotsverfahrens beziehen, ist dieser dazu gezwungen zu prüfen, ob die Quelle des Gerüchts über Insiderinformationen verfügt, die zu Insidergeschäften ausgenutzt werden könnten.[695] Stellt der Bieter fest, dass dem Gerücht ein so wesentlicher Konkretisierungsgrad innewohnt, dass davon ausgegangen werden kann, dass Insiderwissen nach außen gedrungen ist, wird dem Bieter nicht die Möglichkeit zuzusprechen sein, eine vorzeitige Veröffentlichung durch eine erneute Aufschubentscheidung zu verhindern. Er ist vielmehr zu einer unverzüglichen Veröffentlichung der bereits bestehenden Vorbereitungen verpflichtet. Kommt er dagegen zu dem Ergebnis, dass das Gerücht nicht aus seiner Sphäre stammt, sondern vielmehr Ausdruck einer allgemeinen Markterwartung ist, darf er keinesfalls eine dem Gerücht widersprechende Erklärung abgeben noch sich in sonstiger Weise zu dem Gerücht äußern. Ist der Emittent unter den beschriebenen Voraussetzungen zu einer klarstellenden Veröffentlichung in der Phase vor der Entscheidungsveröffentlichung gezwungen, muss die Veröffentlichung die Information enthalten, dass sich der Bieter in einer Planungs- und Prüfungsphase befindet, eine endgültige Entscheidung über die Durchführung eines Angebotsverfahrens jedoch noch nicht getroffen wurde und der Emittent die bestehende Phase als kurserheblich einstuft.

dd) Konkrete Information bei mehrstufigen Entscheidungsprozessen, gestreckten Sachverhalten und laufenden Verhandlungen

Wie bei der Festlegung des Vorliegens einer Entscheidung festgestellt[696] hat das AnSVG die bis zu seinem Inkrafttreten bestehende Streitfrage entschieden, wann eine präzise Information bei mehrstufigen Entscheidungsprozessen und gestreckten Sachverhalten vorliegt. Entgegen der vormals h.M. ist durch einen Umkehrschluss aus der

[695] Nicht ausreichend sind reine Marktgerüchte, der Bieter strebe ein Angebotsverfahren an, vgl. *Hopt*, ZGR 2002, S. 333, 347; *ders.*, ZHR 159 (1995), S. 135, 153; *Wackerbarth*, in: MünchKomm z. AktG, § 10 WpÜG Rn. 83, der eine Veröffentlichungspflicht bei Gerüchten nur dann annimmt, wenn die entsprechenden Gerüchte aus der Sphäre des Bieters stammen. Zur generellen Veröffentlichungspflicht bei aus der Sphäre des Emittenten stammenden Gerüchten vgl. *Hopt*, ZHR 159 (1995), S. 135, 153; *Geibel*, in: Geibel/Süßmann, WpÜG, § 10 Rn. 114.
[696] Vgl. die Darstellung oben unter Kapitel 2 A IV 1 b) bb) (1) (d).

gesetzlich eingeräumten Befreiungsmöglichkeit des Emittenten nach § 15 Abs. 3 WpHG und der Einräumung eines berechtigten Interesses an einem Aufschub durch § 6 Satz 2 Nr. 2 WpAIV zu schließen, dass eine präzise Information bei jedem Einzelschritt sowohl eines mehrstufigen Entscheidungsprozesses als auch eines gestreckten Sachverhalts vorliegt. Auch wenn dem Emittenten bei diesen Schritten durch das Gesetz ein berechtigtes Interesse an einem Aufschub der Veröffentlichung bis zum Abschluss des Prozesses zugesprochen wird, hat der Emittent trotzdem zu berücksichtigen, dass er bis zum endgültigen Abschluss die Voraussetzungen des Befreiungstatbestandes zu erfüllen hat und jeder einzelne Entscheidungsschritt eine präzise Information darstellt, die bei unterstelltem Kursbeeinflussungspotential die Qualität einer Insiderinformation besitzt. Eine konkrete Information liegt daher in jeder Stufe der Entscheidungsvorbereitung, wenn sie spezifisch genug ist, um ein Urteil über deren Kursrelevanz bilden zu können. Selbiges hat für laufende Verhandlungen zu gelten. Auch hier wird dem Emittenten durch § 6 Satz 2 Nr. 1 WpAIV ein berechtigtes Interesse an einem Aufschub der Veröffentlichung eingeräumt, was den Einzelschritten des Verhandlungsprozesses grundsätzlich den Charakter einer konkreten Insiderinformation zuspricht. Doch gilt auch hier die Einschränkung, dass dem jeweiligen Verfahrensstand ein erhebliches Kursbeeinflussungspotential zueigen sein muss, um eine Insiderinformation darzustellen.

b) Fehlende öffentliche Bekanntheit der Information

Eine Insiderinformation zeichnet sich in besonderer Weise durch ihre fehlende öffentliche Bekanntheit aus. Gerade ihre fehlende öffentliche Bekanntheit begründet ihren Charakter als Insiderinformation. Denn Insider sind allein dann in der Lage, eine Insiderinformation auszunutzen, soweit diese noch nicht Eingang in den Wertpapierkurs gefunden hat. Der Gesetzgeber des AnSVG hat jedoch darauf verzichtet zu bestimmen, wann eine Information als öffentlich bekannt anzusehen ist. Obwohl der Ausschuss für Wirtschaft und Währung bei der Erarbeitung der Marktmissbrauchsrichtlinie den Vorschlag unterbreitete, den Begriff der fehlenden öffentlichen Bekanntheit zu präzisieren[697], hat die Marktmissbrauchsrichtlinie auf eine entsprechende Klärung verzichtet. Auch die entsprechenden Durchführungsrichtlinien verzichten auf eine Begriffsbestimmung.

aa) Umstrittene Bestimmung der fehlenden öffentlichen Bekanntheit

Schon zum alten Recht war umstritten, wann eine Information als nicht öffentlich bekannt einzustufen sei. Die Börsenzulassungsrichtlinie 79/279/EWG stellte bei der Bestimmung des Begriffs darauf ab, ob die Tatsache der breiten Öffentlichkeit bekannt sei.[698] So legte Art. 17 Abs. 1 der Börsenzulassungsrichtlinie 79/279/EWG fest, dass neue Tatsachen der breiten Öffentlichkeit bekannt sind, wenn „*die Informationen (...) in einer oder mehreren Zeitungen mit einer Verbreitung im gesamten Staatsgebiet (...) oder durch andere von den zuständigen Stellen anerkannte gleichwertige Mittel zugänglich gemacht werden*". Daraus wurde geschlossen, dass es zu einem Ausschluss der fehlenden öffentlichen Bekanntheit nur dann kommen könne, wenn eine unbestimmte Anzahl von Personen die bloße Möglichkeit der Kenntnisnahme habe.[699] Der deutsche Gesetzgeber verzichtete jedoch bei der Umsetzung der Börsenzulassungsrichtlinie[700] in § 15 Abs. 3 WpHG a.F. darauf, eine Unterrichtung der breiten Öffentlichkeit sicherzustellen. Vielmehr genügte nach § 15 Abs. 3 Satz 1 Nr. 2 WpHG a.F. die Veröffentlichung über ein elektronisch betriebenes Informationsverbreitungssystem, das bei Kreditinstituten, nach § 53 Abs. 1 Satz 1 des Gesetzes über das Kreditwesen tätigen Unternehmen, anderen Unternehmen, die ihren Sitz im Inland haben und an einer inländischen Börse zur Teilnahme am Handel zugelassen sind, und Versicherungsunternehmen weit verbreitet ist.

[697] Marktmissbrauchsrichtlinie, Gemeinsamer Standpunkt des Rats, ABl. C 228 E. v. 25.09.2002, S. 19, 30.
[698] *Assmann*, AG 1994, S. 237, 252.
[699] Begr. RegE. 2. FFG, BT-Drucks. 12/6679, S. 49; *Braun*, in: Möllers/Rotter, Ad-hoc-Publizität, § 8 Rn. 41; *Gehrt*, Die neue Ad-hoc-Publizität, S. 134; *Kümpel*, in: Assmann/Schneider, WpHG (2. Aufl. 1999), § 15 Rn. 42.
[700] Die Pflicht, die Information der breiten Öffentlichkeit zugänglich zu machen, findet sich in Schema C Ziff. 5 lit. a der Börsenzulassungsrichtlinie. Dazu *Möllers*, ZGR 1997, S. 334, 358.

bb) Das Konzept der Bereichsöffentlichkeit

Im Zusammenhang mit der Auslegung der EG-Insiderrichtlinie[701] wurde vertreten, dass eine Insidertatsache nur dann als öffentlich bekannt anzusehen sei, sofern sie über Massenmedien verbreitet wurde[702] und der *breiten Öffentlichkeit* dadurch zur Kenntnis gelangt sei.[703] Nach anderer Ansicht reichte es für das Erfordernis der Öffentlichkeit einer Tatsache aus, wenn zumindest eine *breitere Öffentlichkeit* hergestellt wurde, woraus sich das Konzept der sog. *Bereichsöffentlichkeit* entwickelte. Nach dem Konzept der Bereichsöffentlichkeit wurde eine Insidertatsache dann als öffentlich bekannt angesehen, wenn es einer unbestimmten Anzahl von Personen aus dem Kreis der professionellen Marktteilnehmer möglich war, von der Insidertatsache Kenntnis zu nehmen[704], so dass die Information der breiten Öffentlichkeit nicht notwendig war. Vielmehr war nach diesem Konzept die Möglichkeit der Kenntnisnahme durch die professionellen Handelsteilnehmer ausreichend.[705] Soweit diese von der Insiderinformation Kenntnis erlangen würden, würden die Insiderinformationen umgehend in die Marktpreise einfließen, womit die Möglichkeit entfiele, die fehlende öffentliche Bekanntheit durch gegen die Chancengleichheit der Marktteilnehmer verstoßende Transaktionen zu verstoßen.[706] Dabei liege die Kenntnisnahmemöglichkeit einer unbestimmten Zahl von Personen dann vor, wenn die Information gemäß den börsen- und insiderrechtlichen Anforderungen an die Publikation des Zwischenberichts veröffentlicht wurde.[707]

---

[701] Richtlinie 89/592/EWG des Rates v. 13.11.1989 zur Koordinierung der Vorschriften betreffend Insider-Geschäfte, ABl. Nr. L 334 v. 18.11.1989, S. 30 ff.

[702] *Schödermeier/Wallach*, EuZW 1990, S. 122, 123; *Fürhoff*, Kapitalmarktrechtliche Ad hoc-Publizität, S. 164.

[703] Schema C Zifffer 5 a) der Börsenzulassungsrichtlinie.

[704] Begr. RegE. 2. FFG, BT-Drucks. 12/6679, S. 46; *Caspari*, in: Baetge, Insiderrecht und Ad-hoc-Publizität, S. 65, 69 f.; *ders.*, ZGR 1994, S. 530, 539; *Assmann*, ZGR 1994, S. 494, 510 ff.; *Claussen*, Insiderhandelsverbot und Ad-hoc-Publizität, Rn. 32 f.; *Schäfer*, in: Schäfer, WpHG, BörsG mit BörsZulV, VerkProspG mit VerkProspV, § 13 WpHG Rn. 47 ff.; *Schlittgen*, Die Ad-hoc-Publizität, S. 88 ff.; *Kümpel*, WM 1994, S. 2137, 2138; *Eichele*, WM 1997, S. 501, 507 f.; *Dreyling/Schäfer*, Insiderrecht und Ad-hoc-Publizität, Rn. 83; *Schwark*, in: Schwark, Kapitalmarktrechtskommentar (3. Aufl. 2003), § 13 WpHG, Rn. 37; *Kümpel*, Bank- und Kapitalmarktrecht (2. Aufl. 2000), Rn. 16.107 f.

[705] Begr. RegE. 2. FFG, BT-Drucks. 12/6679, S. 46; *Assmann*, in: Assmann/Schneider, WpHG (2. Aufl. 1999), § 13 Rdn. 42 ff.; *ders.*, ZGR 1994, S. 511, der den Adressatenkreis der Ad-hoc-Publizität nicht in einem breiten Anlegerpublikum, sondern in den Marktteilnehmern sieht.

[706] *Kümpel*, WM 1997, S. 2137, 2138.

[707] Begr. RegE. 2. FFG, BT-Drucks. 12/6679, S. 46; *Assmann*, AG 1994, S. 242, 251; *ders.*, in: Assmann/Schneider, WpHG (2. Aufl. 1999), § 13 Rn. 43; *Kümpel*, Bank- und Kapitalmarktrecht (1. Aufl. 1995), Rn. 14.116; *Krauel*, Insiderhandel, S. 257.

Gegen dieses Konzept der Bereichsöffentlichkeit wurde vorgebracht, dass bei der Bestimmung, ob eine Tatsache „öffentlich bekannt" i.S.d. § 15 Abs. 1 Satz 1 WpHG sei, nicht darauf abgestellt werden dürfe, ob eine Veröffentlichung nach § 15 Abs. 3 Satz 1 Nr. 2 WpHG a.F. vorgenommen worden ist. Vielmehr sei entscheidend, ob die Tatsache einer breiten Öffentlichkeit bekannt sei.[708] Das Konzept der Bereichsöffentlichkeit verstoße nicht nur gegen europäisches Recht, da gerade die Börsenzulassungsrichtlinie auf die Information einer breiten Öffentlichkeit abstelle[709] und eine Anwendung des Konzepts der Bereichsöffentlichkeit damit gegen das Gebot richtlinienkonformer Auslegung verstoße.[710] Auch liege mit der Beschränkung auf die Information der professionellen Marktteilnehmer ein Verstoß gegen den kapitalmarktrechtlichen Grundsatz der informationellen Gleichbehandlung der gesamten Marktteilnehmer.[711] Die Beschränkung auf die Bereichsöffentlichkeit führe darüber hinaus auch zu einer Verzerrung des kapitalmarktrechtlichen Haftungssystems.[712] So treffe den Emittenten von Wertpapieren eine Prospekthaftung nach § 45 Abs. 2 Nr. 4 BörsG a.F. dann nicht, wenn er rechtzeitig eine Berichtigung per Ad-hoc-Mitteilung vornehme. Der Adressat eines Börsenprospekts sei jedoch jeder potentielle Erwerber von Wertpapieren und damit auch der nichtprofessionelle Kleinanleger.[713] Der Adressat eines Börsenprospekts könne aber nicht vom Adressaten einer Prospektberichtigung unterschieden werden, so dass auch der Adressat einer Prospektberichtigung jeder potentielle Erwerber von Wertpapieren und damit die breite Öffentlichkeit sei.[714]

---

[708] *Assmann*, AG 1994, S. 196, 237, 252; *Hopt*, ZHR 159 (1995), S. 135, 153; *Braun*, in: Möllers/Rotter, Ad-hoc-Publizität, § 8 Rn. 43.
[709] Art. 17 Abs. 1 Börsenzulassungsrichtlinie 79/279/EWG.
[710] Vgl. *Möllers*, ZGR 1997, S. 334, 359; *Gehrt*, Die neue Ad-hoc-Publizität, S. 201; zusammenfassend *v. Klitzing*, Die Ad-hoc-Publizität, S. 96 f.
[711] *v. Rosen*, Die Bank 1995, S. 9, 12.
[712] OLG München, Urt. V. 1.10.2002, ZIP 2002, S. 1989, 1990 („Infomatec II"):"Die objektive Unrichtigkeit (einer) Ad-hoc-Mitteilung kann nach Ansicht des Senats nicht dadurch in Frage gestellt werden, dass bezüglich des Adressatenkreises derartiger Mitteilungen differenziert wird. [...] Ad-hoc-Mitteilungen richten sich in der Tat an alle tatsächlichen oder potenziellen Anleger, für die sie wegen der zukünftigen Entwicklung ihrer Anlageentscheidung von besonderer Bedeutung sind."
[713] *Möllers/Leisch*, BKR 2001, S. 78, 79 ff.
[714] *Braun*, in: Möllers/Rotter, Ad-hoc-Publizität, § 8 Rn. 43.

cc) Die fehlende öffentliche Bekanntheit nach Inkrafttreten des AnSVG

Auch nach Erlass der Marktmissbrauchsrichtlinie wird das Konzept der Bereichsöffentlichkeit angezweifelt.[715] Der auf der Grundlage des Art. 6 Abs. 10 der Marktmissbrauchsrichtlinie erlassene Art. 2 Abs. 4 der Durchführungsrichtlinie 2003/124/EG stelle ausdrücklich klar, dass die Herstellung der sog. Bereichsöffentlichkeit nicht ausreiche.[716] Nach Art. 2 Abs. 4 der Durchführungsrichtlinie haben die Mitgliedstaaten sicherzustellen, dass die Emittenten in einem ausreichenden Maße dafür Sorge tragen, dass die Veröffentlichung einer Insiderinformation an das Publikum so zeitgleich wie möglich *für alle Anlegerkategorien* in den Mitgliedstaaten erfolgt, in denen diese Emittenten die Zulassung ihrer Finanzinstrumente zum Handel auf einem geregelten Markt beantragt oder bereits erhalten haben. Damit spricht sich die Durchführungsrichtlinie ausdrücklich gegen die Begrenzung der zu informierenden Öffentlichkeit auf professionelle Marktteilnehmer aus.

Trotzdem wird vereinzelt an dem Konzept der Bereichsöffentlichkeit festgehalten. Weder den europäischen Vorgaben noch dem Anlegerschutzverbesserungsgesetz seien Anhaltspunkte zu entnehmen, die einer Beibehaltung des Konzepts der Bereichsöffentlichkeit entgegenstehen würden.[717] Dabei wird auch auf die Ausführungen der Bundesanstalt in dem von ihr veröffentlichten Emittentenleitfaden abgestellt. Deren Ausführungen sind jedoch widersprüchlich. Denn der Emittentenleitfaden stellt zunächst fest, dass eine Insiderinformation dann öffentlich bekannt ist, „*wenn sie einem breiten Anlegerpublikum und damit einer unbestimmten Zahl von Personen zugänglich gemacht wurde*".[718] Dann aber führt der Emittentenleitfaden aus, dass durch eine derartige Veröffentlichung jeder interessierte Marktteilnehmer die Möglichkeit haben müsse, „*von der Insiderinformation Kenntnis zu nehmen (Bereichsöffentlichkeit), so dass die informationelle Chancengleichheit nicht beeinträchtigt werde*". Die Bundesanstalt stellt damit zunächst fest, dass die Information des breiten Anlegerpublikums beabsichtigt sei, um dies in einem zweiten Schritt mit einem Verweis auf die Bereichsöf-

[715] So ausdrücklich: *Büche*, Pflicht zur Ad-hoc-Publizität, S. 188.
[716] *Büche*, Pflicht zur Ad-hoc-Publizität, S. 188.
[717] *Assmann*, in: Assmann/Schneider, WpHG, § 13 Rn. 36; *Claussen/Florian*, AG 2005, S. 745, 749.
[718] Emittentenleitfaden der BaFin, S. 20.

fentlichkeit zu konterkarieren. Die Ausführungen des Emittentenleitfades sind jedoch in ihrem Gesamtzusammenhang dahingehend zu deuten, dass sich die Veröffentlichung nicht nur an die Bereichsöffentlichkeit zu wenden hat, sondern darüber hinaus an jeden Marktteilnehmer adressiert ist. Dies wird schon dadurch deutlich, dass sie die Veröffentlichung der Insiderinformation allein in einem nur in bestimmten Kreisen einschlägigen Börseninformationsdienst als nicht ausreichend betrachtet[719], um die Voraussetzungen einer Insiderinformation zu beseitigen.

Dieses Verständnis steht im Übrigen im Einklang mit der Art und Weise der Veröffentlichung, welche in § 5 Abs. 1 WpAIV geregelt wurde und die Veröffentlichung sowohl auf der Internetseite des Emittenten (§ 5 Abs. 1 Nr. 2 WpAIV) als auch in einem elektronisch betriebenen Informationsverbreitungssystem (§ 5 Abs. 1 Nr. 1 WpAIV) vorschreibt. Mit der Veröffentlichung auf der Internetseite des Emittenten wird nicht allein die Information der professionellen Marktteilnehmer, sondern aller Anlegerkategorien sichergestellt.[720] Darüber hinaus wäre es auch mit dem Schutzzweck der Ad-hoc-Publizität unvereinbar, allein auf die Information der professionellen Kapitalmarktteilnehmer abzustellen.[721] In Übereinstimmung mit *Fülbier*[722] sollten daher als primäre Adressaten der Ad-hoc-Publizität alle Kapitalmarktteilnehmer angesehen werden, welche als alle auf dem Kapitalmarkt agierenden Wirtschaftssubjekte zu verstehen sind, unabhängig davon, ob die Marktteilnahme professionell oder im privaten Rahmen erfolgt. Das Konzept der Bereichsöffentlichkeit ist damit zu verwerfen. Eine Unterscheidung nach den unterschiedlichen Anlegerkategorien ist auch nicht hilfreich, denn auch wenn durch eine Informierung der professionellen Marktteilnehmer die Information umgehend in den Wertpapierpreis einfließen wird, kann dies nicht das Anliegen des Gesetzgebers sein. In Übereinstimmung mit dem Gesetzgeber des 2. FFG[723] sollte vielmehr eine öffentliche Bekanntheit allein dann angenommen werden, wenn der entsprechende Umstand im Wege einer Pflichtveröffentlichung durch den Emittenten veröffentlicht wurde, wobei es keinen Unterschied machen soll, ob diese

[719] Emittentenleitfaden der BaFin, S. 21.
[720] Begründung des BMF zur WpAIV v. Dezember 2004 zu § 5 Abs. 1 Nr. 2 WpAIV; *Cahn/Götz*, AG 2007, S. 221, 227.
[721] Zum individuellen Anlegerschutz der Ad-hoc-Publizität vgl. oben unter § 3 III 2.
[722] *Fülbier*, Regulierung der Ad-hoc-Publizität, S. 28.
[723] Begr. RegE. 2. FFG, BT-Drucks. 12/6679, S. 46.

Veröffentlichungspflicht aus der börsenrechtlichen Regelpublizität entspringt oder schon aus § 15 WpHG resultiert.[724] Anders formuliert ist eine öffentliche Bekanntheit dann zu verneinen, wenn der entsprechende Umstand keinen Eingang in den Wertpapierpreis der entsprechenden Finanzinstrumente gefunden hat und damit die Informationseffizienz des Marktes nicht hergestellt wurde.

dd) Fehlende öffentliche Bekanntheit bei Veröffentlichung unter Umgehung der Formvorschriften des § 15 WpHG

Richtigerweise ist eine Information dann als öffentlich bekannt anzusehen, wenn sie durch den Emittenten nach den Vorgaben des § 15 WpHG veröffentlicht wurde.[725] Fraglich aber ist, ob eine Insiderinformation auch dann als öffentlich bekannt angesehen werden kann, wenn sie von diesem nicht nach § 15 WpHG veröffentlich wurde, sondern auf anderem Wege an die Öffentlichkeit gelangt ist. Daraus resultiert die Frage, ob der Emittent auch dann noch der Ad-hoc-Publizitätspflicht unterliegt, wenn er bereits eine anderweitige Veröffentlichung vorgenommen hat.

Der Emittentenleitfaden führt hierzu aus, dass hinsichtlich der öffentlichen Bekanntheit die Bekanntgabe der Information im Rahmen von Hauptversammlungen[726] oder Pressekonferenzen nicht ausreichend sei.[727] In keinem dieser Fälle sei gewährleistet, dass die Insiderinformation zeitgleich der *Bereichsöffentlichkeit* bekannt werde.[728] Ei-

---

[724] *Möllers/Leisch*, NZG 2003, S. 115, die eine öffentliche Bekanntheit auch dann bejahen, wenn die Information einen Publizitätsgrad erreicht habe, der auch durch das durch § 15 WpHG vorgegebene Veröffentlichungsverfahren hergestellt werde.

[725] *Büche*, Pflicht zur Ad-hoc-Publizität, S. 188.

[726] So ist auch anerkannt, dass die Auskunftserteilung im Rahmen von Hauptversammlungen an die Aktionäre nach § 131 Abs. 1 AktG nicht zu einer öffentlichen Bekanntheit der Insiderinformation führt, siehe dazu: *Hopt*, in: Schimansky/Bunte/Lwowski, Bankrechts-Handbuch, § 107 Rn. 22; *Kümpel*, WM 1994, S. 2137, 2138; *Schäfer*, in: Schäfer, WpHG, BörsG mit BörsZulV, VerkProspG mit VerkProspV, § 13 WpHG Rn. 49; *Schwark*, in: Schwark, Kapitalmarktrechtskommentar (3. Aufl. 2004), § 13 WpHG Rn. 39; *Eichele*, WM 1997, S. 501, 508; *Assmann*, in: Assmann/Schneider, WpHG (2. Aufl. 1999), § 13 Rn. 47; *Braun*, in: Möllers/Rotter, Ad-hoc-Publizität, § 8 Rn. 46.

[727] Emittentenleitfaden der BaFin, S. 21; *Claussen/Florian*, AG 2005, S. 745, 749; *Eichele*, WM 1997, S. 501, 508.

[728] Emittentenleitfaden der BaFin, S. 21. Differenzierend *Schneider, Sven H.*, NZG 2005, S. 702, 706, der gerade bei Hauptversammlungen von börsennotierten Gesellschaften davon ausgeht, dass durch die entsprechende Anwesenheit von Journalisten eine schnelle Informationsweitergabe an den Kapitalmarkt erfolge.

ne hinreichende öffentliche Bekanntheit soll auch dann nicht vorliegen, wenn der Emittent Analysten einlädt und diese über die entsprechende Information unterrichtet.[729] Damit bleibt zunächst festzuhalten, dass die öffentliche Bekanntheit einer Information dann nicht vorliegt, wenn sie nicht im Wege der vom Emittenten zu erbringenden Regel- oder Anlasspublizität veröffentlicht wurde und damit keine Möglichkeit bestand, diese Information in den Wertpapierpreis einfließen zu lassen. Der Emittent ist damit zu einer erneuten Veröffentlichung nach den nunmehr einzuhaltenden Veröffentlichungsmodalitäten des § 15 WpHG und der §§ 3a ff. WpAIV verpflichtet. Kommt es im Rahmen von Pressekonferenzen, Analystengesprächen oder der Kommunikation mit Aktionären dazu, dass der Bieter seine Angebotsabsichten offenbart, so ist eine Herstellung der Öffentlichkeit zu verneinen. Der Bieter wird vielmehr zu einer zeitgleichen Veröffentlichung aufgrund der selektiven Weitergabe einer Insiderinformation nach § 15 Abs. 1 Satz 4 WpHG[730] verpflichtet sein.

Fraglich ist aber auch, ob eine Insiderinformation dann als öffentlich bekannt angesehen werden kann, wenn sie ohne Zutun des Emittenten veröffentlicht wurde. Soweit die Insiderinformation nicht durch den Emittenten veröffentlicht wurde, könnte sie bis zu einer Veröffentlichung als reines Gerücht qualifiziert werden, weil die fehlende Überprüfbarkeit und die Vertrauenswürdigkeit der Informationsquelle der Einstufung als präzise Information entgegenstehen. Wird die Information durch einen dem Emittenten unbekannten Dritten verbreitet, wird eine Veröffentlichungspflicht des Emittenten somit nur dann anzunehmen sein, wenn ihm die Möglichkeit eines Aufschubs der Veröffentlichung nicht zur Verfügung steht. Anders liegen die Dinge, wenn dem Emittenten der Informierende bekannt ist. Erfolgt bspw. eine Ad-hoc-Veröffentlichung der Zielgesellschaft im Rahmen der Vorbereitungshandlungen des Angebots und nennt die Zielgesellschaft dabei den Namen des potentiellen Bieters, ist zwar die Insiderinformation der Vorbereitungsmaßnahmen an die Öffentlichkeit gelangt, so dass sie generell in die Wertpapierpreise einfließen kann. Doch soll die Ad-hoc-Veröffentlichung neben der reinen Publizität hinsichtlich der vorliegenden Insiderinformation dem Kapital-

---

[729] *Assmann*, in: Assmann/Schneider, WpHG, § 13 Rn. 39.
[730] Zur Veröffentlichungspflicht bei selektiver Weitergabe einer Insiderinformation vgl. unten unter Kapitel 2 D.

markt vermitteln, dass der Bieter als Emittent die Insiderinformation für sich selbst als kursbeeinflussend betrachtet.[731] Der Bieter wird in diesem Fall zu einer ergänzenden Publizität schon im Vorfeld der Entscheidung verpflichtet. Die Möglichkeit einer Selbstbefreiung von dieser Veröffentlichungspflicht kommt allein deswegen nicht in Betracht, weil die Gewährleistung der Vertraulichkeit schon nicht vorliegt.

ee) Zusammenfassung

Die öffentliche Bekanntheit eines Umstands ist allein dann zu bejahen, wenn dieser im Rahmen der vom Emittenten zu erfüllenden Publizität Eingang in den Kurs der gehandelten Finanzinstrumente gefunden hat. Dies wird in der Regel allein dann anzunehmen sein, wenn der Emittent seiner Veröffentlichungspflicht aus § 15 Abs. 1 Satz 1 WpHG nachgekommen ist. Eine Veröffentlichungspflicht besteht auch dann, wenn der Umstand zuvor auf anderem Wege als nach § 15 WpHG vorgesehen veröffentlicht wurde. Dabei ist es unerheblich, ob diese Vorabveröffentlichung auf der Veranlassung des Emittenten oder derjenigen eines Dritten beruht, denn mit der Veröffentlichungspflicht des § 15 WpHG soll der Emittent den Kapitalmarktteilnehmern seine Einschätzung mitteilen, dass er den konkreten Umstand als für sich selbst kurserheblich einstuft.

c) Das Kursbeeinflussungspotential der Insiderinformation

Die den Emittenten oder seine von ihm emittierten Insiderpapiere betreffende Information muss in der Lage sein, den Kurs der Insiderpapiere im Falle ihres öffentlichen Bekanntwerdens erheblich zu beeinflussen. Dieses Tatbestandsmerkmal ist nicht neu und war schon im alten Recht enthalten. Die neue Tatsache, die im Tätigkeitsbereich des Emittenten eingetreten und noch nicht öffentlich bekannt ist und möglicherweise Auswirkungen auf die Vermögens- oder Finanzlage oder den allgemeinen Geschäftsverlauf hat, musste gerade wegen dieser Auswirkungen geeignet sein, den Börsenpreis

[731] Anders Emittentenleitfaden der BaFin, S. 20 f., die es für unerheblich hält, wer die Insiderinformation bekannt gemacht hat. Es spiele keine Rolle, ob der Emittent die Insiderinformation im Rahmen einer Ad-hoc-Meldung nach § 15 WpHG bekannt gegeben habe oder diese auf sonstige Weise der Öffentlichkeit zugänglich gemacht wurde.

erheblich zu beeinflussen. Dabei soll das Merkmal der Erheblichkeit sicherstellen, dass nicht jeder neue Umstand, dem ein Kursbeeinflussungspotential innewohnt, auch als Insiderinformation anzusehen ist. Hinsichtlich seiner präventiven Zweckrichtung sollen von der generellen Qualifizierung als Insiderinformation solche Umstände ausgenommen werden, bei denen die Verwertung der nicht öffentlich bekannten Information in Form eines Insidergeschäfts von vornherein keinen nennenswerten wirtschaftlichen Vorteil verspricht, und damit kein Anreiz zur Verwendung dieser Information im Rahmen von Insidergeschäften besteht[732], weil erhebliche Kursdifferenzen im Falle der Veröffentlichung der Information nicht eintreten werden. Es bezweckt damit den Ausschluss von Bagatellfällen.[733]

Der Emittent ist damit gezwungen, aus den ihm zur Verfügung stehenden Informationen eine fundierte Prognose darüber anzustellen, ob die Information geeignet ist, den Kurs des Insiderpapiers erheblich zu beeinflussen.[734] Der Emittent muss dabei eine ex ante – Betrachtung vorzunehmen. Ob eine wesentliche Veränderung des Kurses tatsächlich eintritt, ist unerheblich.[735] Es kommt allein darauf an, ob der Emittent unter Zugrundelegung der ihm ex ante zur Verfügung stehenden Informationen davon ausgehen durfte, dass der zu veröffentlichende Umstand ein entsprechendes Kursbeeinflussungspotential aufweist.

---

[732] So Emittentenleitfaden der BaFin, S. 22, *Assmann*, in: Assmann/Schneider, WpHG, § 13 Rn. 51; *Schäfer*, in: Schäfer/Hamann, Kapitalmarktgesetze, § 13 WpHG Rn. 53.

[733] Begr. RegE. 2.FFG, BT-Drucks. 12/6679, S. 46 f.; *Assmann*, ZGR 1994, S. 494, 514; *ders.*, AG 1997, S. 50, 58; *Cahn*, ZHR 162 (1998), S. 1, 16; *Fischer*, Insiderrecht und Kapitalmarktkommunikation, S. 130; *Assmann*, in: Assmann/Schneider, WpHG (4. Aufl. 2006), § 13 Rn. 51, 66; *Schäfer*, in: Schäfer/Hamann, Kapitalmarktgesetze, § 13 WpHG Rn. 53.

[734] So schon zur alten Rechtslage *Braun*, in: Möllers/Rotter, Ad-hoc-Publizität, § 8 Rn. 100; *Caspari*, in: Baetge, Insiderrecht und Ad-hoc-Publizität, S. 65, 72; *Assmann*, ZGR 1994, S. 494, 514; *Assmann*, in: Assmann/Schneider, WpHG (3. Aufl. 2003), § 13 Rn. 65b; *Büche*, Pflicht zur Ad-hoc-Publizität, S. 109. Kritik an dem Erfordernis einer ex ante – Prognose äußernd *Hirte*, in: Hadding/Hopt/Schimansky, 2. FFG, S. 47, 77.

[735] *Claussen*, Insiderhandelsverbot und Ad-hoc-Publizität, Rn. 34; *Büche*, Pflicht zur Ad-hoc-Publizität, S. 192; *Assmann*, in: Assmann/Schneider, WpHG, § 13 Rn. 63; Emittentenleitfaden der BaFin, S. 22.

aa) Die Eignung zu erheblichen Kursbeeinflussung

Die Beurteilung, wann einem Umstand ein erhebliches Kursbeeinflussungspotential zuzusprechen ist, unterlag vor dem AnSVG unterschiedlicher Ansichten. Der deutsche Gesetzgeber äußerte sich lediglich dahingehend,[736] dass die Eignung zur erheblichen Kursbeeinflussung aus der Sicht des Emittenten im Einzelfall unter Zugrundelegung der allgemeinen Lebenserfahrung beurteilt werden solle. Der Emittent habe sich die notwendige Sachkunde zu verschaffen, die ihn in die Lage versetze, eine sachgerechte Beurteilung vorzunehmen. Der Regierungsentwurf[737] erwog dabei, auf diejenigen Schwellenwerte zurückzugreifen, welche einen Kursmakler dazu verpflichten, aufgrund vorliegender Aufträge vorhersehbare Abweichungen zwischen dem gegenwärtigen und zum erwartenden Kurs mit Plus- und Minusankündigungen zu kennzeichnen.[738] Aufgrund der damit eingetretenen Unsicherheit über die Voraussetzungen eines erheblichen Kursbeeinflussungspotentials wurde neben dem DVFA/SG-Ergebnis zur Berechung des Jahresergebnisses pro Aktie als Anhaltspunkt[739] von einer weit verbreiteten Meinung vorgeschlagen, für die Erheblichkeit der Kursbeeinflussung Richtwerte in Prozent vorzugeben. Ein entsprechendes erhebliches Kursbeeinflussungspotential sollte dann gegeben sein, soweit die zu erwartende Kursveränderung bei Aktien mindestens 5% betragen würde.[740] Gegen eine prozentuale Festlegung von Richtwerten wurde allerdings vorgebracht, dass diese den Marktverhältnissen nicht gerecht würden, denn soweit die Veröffentlichung einer Tatsache für das entsprechende Wertpapier ein erhebliches Kursbeeinflussungspotential aufweise, müsse dies nicht notwendigerweise

[736] Begr. RegE, 2. FFG, BT-Drucks. 12/6679, S. 48.
[737] Begr. RegE, 2. FFG, BT-Drucks. 12/6679, S. 47.
[738] Zustimmend *Hopt*, ZHR 159 (1995), S. 135, 154 Fn. 80; *Assmann*, ZGR 1994, S. 494, 515; *Caspari*, ZGR 1994, S. 530, 540 f.; *Weber*, BB 1995, S. 157, 164.
[739] *Loistl*, Die Bank 1995, S. 232, 235; *Schleifer/Kliemt*, DB 1995, S. 2214, 2216. Ablehnend gegenüber diesem Ansatz *v. Klitzing*, Ad-hoc-Publizität, S. 145 f.; *Fischer*, Insiderrecht und Kapitalmarktkommunikation, S. 122 f.
[740] *Assmann*, AG 1994, S. 237, 244; *ders.*, ZGR 1994, S. 494, 515; *Caspari*, ZGR 1994, S. 530, 540 f.; *Claussen*, ZBB 1992, S. 267, 277 ff.; *Hopt*, ZHR 159 (1995), S. 135, 154 f.; *Immenga*, ZBB 1995, S. 197, 203. Dem Tatbestandsmerkmal im Rahmen der nach § 15 WpHG bestehenden Veröffentlichungspflicht jegliche Bedeutung absprechend *Pellens/Fülbier*, in: Baetge, Insiderrecht und Ad-hoc-Publizität, S. 23, 46 f.; *Ekkenga*, ZGR 1999, S. 165, 172 f.; dagegen *Dreyling/Schäfer*, Insiderrecht und Ad-hoc-Publizität, Rn. 412, unter Verweis auf die fehlende Vereinbarkeit mit dem strafrechtserweiternden Analogieverbot nach Art. 103 GG.

auch für andere Wertpapiere gelten.[741] Die Kursveränderung und ihre Höhe würden von weiteren maßgeblichen Faktoren abhängen, auch und gerade von der generellen Volatilität (Schwankungsbreite)[742] des betroffenen Wertpapiers. Soweit sich die Marktenge eines Wertpapiers von der Marktenge vergleichbarer Wertpapiere unterscheide, könnte die gleiche Nachricht unterschiedliche Auswirkungen auf den Kursverlauf haben und damit ein unterschiedliches Kursbeeinflussungspotential aufweisen.[743] Eine 5%ige Abweichung könne keinen Aufschluss darüber geben, ob die Kursveränderung auch erheblich sei, da es darüber hinaus auch auf den Kursschwankungsbereich des Wertpapiers ankomme.[744] Auch könne es dem Emittenten nicht zugemutet werden, präzise Prognosen darüber zu erstellen, in welchem Umfang sich der Börsenkurs verändern wird. Aus eben jenem Grund ist auch eine Festlegung auf die von Kursmaklern festzulegenden Plus- oder Minuszeichen abzulehnen und können wenn überhaupt nur als reine Orientierungshilfe herangezogen werden.[745] So haben sich auch die Empfehlungen des CESR aufgrund der nicht einheitlich gegebenen Faktoren, denen ein Finanzinstrument bei der Bestimmung seines Kurses unterliegt, gegen eine prozentuale Festlegung von Schwellenwerten ausgesprochen.[746]

---

741 *Braun*, in: Möllers/Rotter, Ad-hoc-Publizität, § 8 Rn. 102; *Geibel*, in: Schäfer, WpHG, BörsG mit BörsZulV, VerkProspG mit VerkProspV, § 15 WpHG Rdn. 101 ff. Vorsichtig *Claussen*, Insiderhandelsverbot und Insiderrecht, Rn. 35, der auf eine erforderliche Unterscheidung nach der Marktbreite eines Wertpapiers hinweist und eine Berücksichtigung der normalen Schwankungen des entsprechenden Wertpapiers berücksichtigen will. Gegen dieses Argument *Hopt*, ZHR 159 (1995), S. 135, 154 f., der eine Ad-hoc-Publizitätspflicht nach deren Sinn und Zweck nur bei bestehender Marktrelevanz der Veränderung annimmt, wenn es sich also lohne zu kaufen oder verkaufen.

742 *v. Klitzing*, Ad-hoc-Publizität, S. 136; *BAWe*, Jahresbericht 1995, S. 19: „Bei Wertpapieren mit hoher Volatilität sind Schwankungen von 5 % und mehr nichts Ungewöhnliches, während bei den stark gehandelten Aktien schon Schwankungen von 2-3 % erheblich sein können. Das BAWe geht daher davon aus, dass Preisbewegungen, die die übliche Volatilität des konkreten Wertes zuzüglich eines geringen Toleranzwertes überschreiten, als erheblich zu gelten haben.“; *Schäfer*, in: Schäfer/Hamann, Kapitalmarktgesetze, § 13 WpHG Rn. 56; *Kümpel*, WM 1996, S. 653, 656. I.E. ebenso *Tippach*, Insider-Handelsverbot, S. 123 f.

743 *Kümpel*, WM 1994, S. 2137, 2141; *Claussen*, ZBB 1992, S. 267, 278; *Schwark*, ZBB 1996, S. 261, 263; *Loesche*, WM 1998, S. 1848, 1852.

744 *Loesche*, WM 1998, S. 1848, 1852.

745 *Tippach*, Insider-Handelsverbot, S. 128 f.; *v. Klitzing*, Ad-hoc-Publizität, S. 139.

746 Durchführungsrichtlinie 2003/124/EG, Empf. CESR/02.089d, S. 9, 10 (Nr. 24): "Regarding the various factors that can be taken into consideration, it becomes quite clear that *fixed thresholds* of price movements or quantitative criteria alone *are not a suitable means of determining the significance of a price movement. Even differentiation according to markets, market segments or different groups of financial instruments (bonds, securities, derivatives) would not provide satisfactory results. Even within such groups there are too many differences and individualities as to justify a common rate of price movement for all cases. Moreover, the various markets and market segments in member states are not comparable and are often too different, making the set-up of EU-wide common thresholds impossible. In trying to meet the Directive's goal to create a common framework and to enhance con-*

Andere Stimmen wiederum erwogen eine funktionsbezogene Auslegung und hielten eine Tatsache dann dazu geeignet, den Börsenpreis der Wertpapiere zu beeinflussen, wenn ein vernünftiger Investor, hätte er von der Tatsache Kenntnis, die fraglichen Wertpapiere kaufen oder verkaufen würde.[747] Das Kursbeeinflussungspotential solle davon abhängen, welcher Kauf- oder Verkaufsanreiz von einer Insiderinformation ausgeht für einen rational handelnden Anleger.[748] Dabei müsse zwischen der im Tätigkeitsbereich des Emittenten eingetretenen Tatsache und der Eignung zur Beeinflussung des Börsenpreises eine Kausalität dahingehend vorliegen, dass letztere gerade wegen der Auswirkungen auf die Vermögens- oder Finanzlage oder den allgemeinen Geschäftsverlauf des Emittenten eintrete.[749] Diese Ansicht stimmte mit dem US- amerikanischen „Materiality" – Grundsatz überein, nach welchem eine Tatsache nur dann als wesentlich anzusehen ist, wenn eine hinreichende Wahrscheinlichkeit dafür besteht, dass ein vernünftiger Aktionär (*reasonable investor*) die Tatsache als bedeutend einstufen und sie in seine Anlageentscheidung einbeziehen würde.[750] Vereinzelt wurde aus dem Umstand, dass der Kapitalmarkt entscheidend durch die Tätigkeit von institutionellen Anlegern, sonstigen Großanlegern und Banken geprägt werde, der Schluss gezogen, dass die Frage der Kurserheblichkeit einer Tatsache aus der Sicht des Berufshandels zu beantworten sei.[751] Mit der Klarstellung in § 13 Abs. 1 Satz 2 WpHG ist der Gesetzgeber dieser subjektiven Sichtweise gefolgt.

---

formity in all member states, the development of common rules or guidelines on the evaluation of the likelihood of a significant effect on prices seems to be preferable".

[747] *Hopt*, ZHR 159 (1995), S. 135, 155; *Kümpel*, in: Assmann/Schneider, WpHG (2. Aufl. 1999), § 15 Rdn. 69b; *ders.*, WM 1996, S. 653, 656, allerdings auf den Insider abstellend; *Geibel*, in: Schäfer, WpHG, BörsG mit BörsZulV, VerProspG mit VerkProspV, § 15 WpHG Rdn. 103; *Braun*, in: Möllers/Rotter, Ad-hoc-Publizität, § 8 Rn. 103; OLG Düsseldorf, Urt. v. 06.07.2004, AG 2005, S. 44, 45, welches feststellt, dass die Kurserheblichkeit anhand objektiver Kriterien aus der Sicht eines verständigen und börsenkundigen, also mit den Gegebenheiten und Gesetzmäßigkeiten des Kapitalmarkts vertrauten Anlegers beurteilt.

[748] *Hopt*, ZHR 159 (1995), S. 135, 155; *Cahn*, ZHR 162 (1998), S. 1, 18; *Fürhoff/Wölk*, WM 1997, S. 449, 455; *Kümpel*, WM 1996, S. 653, 656; *Schwark*, in: Schwark, Kapitalmarktrechtskommentar (3. Aufl. 2004), § 13 WpHG Rn. 59.

[749] *Fürhoff/Wölk*, WM 1997, S. 449, 452; *v. Klitzing*, Ad-hoc-Publizität, S. 150 f.; *Dreyling/Schäfer*, Insiderrecht und Ad-hoc-Publizität, Rdnr. 423 ff., 425. Das Erfordernis einer Kausalität ablehnend *Burgard*, ZHR 162 (1998), S. 51, 59 f.

[750] TSC Industies, Inc. v. Northway, Inc., 426 U.S. 438, 449, 96 S.Ct. 2126, 2132, 48 L.Ed.2d 757 (1976); *Baums*, ZHR 167 (2003), S. 139, 148; *Schulte*, in: Möllers/Rotter, Ad-hoc-Publizität, § 6 Rdn. 71.

[751] *Gehrt*, Die neue Ad-hoc-Publizität, S. 162, abstellend auf den objektiven und vernünftigen, mit allen Umständen des Kapitalmarktes bestens vertrauten Investor. Damit zusammenhängend vertrat die Staatsanwaltschaft Frankfurt a.M. in Bezug auf die „Insiderverantwortlichkeit von Kursmaklern" die

bb) Die Konkretisierung durch § 13 Abs. 1 Satz 2 WpHG und der Begriff des „verständigen Anlegers"

Nach § 13 Abs. 1 Satz 2 WpHG ist ein erhebliches Kursbeeinflussungspotential dann gegeben, wenn ein verständiger Anleger[752] die Information bei seiner Anlageentscheidung berücksichtigen würde. Auf die Fixierung bestimmter Schwellenwerte zur Festlegung der Kurserheblichkeit wurde bewusst verzichtet.[753]

Die Rechtsfigur des verständigen Anlegers geht auf die Vorgaben des europäischen Gesetzgebers zurück. Nach Art. 1 Abs. 2 der Durchführungsrichtlinie 2003/124/EG ist unter einer Insiderinformation, die im Falle ihres öffentlichen Bekanntwerdens geeignet wäre, den Kurs dieser Finanzinstrumente oder den Kurs damit verbundener derivativer Finanzinstrumente spürbar zu beeinflussen, eine Information zu verstehen, die ein verständiger Anleger wahrscheinlich als Teil der Grundlage seiner Anlageentscheidung nutzen würde. Dabei hat die Prüfung der Frage, ob ein verständiger Investor einen bestimmten Sachverhalt oder ein bestimmtes Ereignis im Rahmen seiner Investitionsentscheidung berücksichtigt hätte, anhand der ex ante vorliegenden Informationen zu erfolgen.[754]

Ansicht, dass eine Kurserheblichkeit der Insidertatsache schon dann gegeben sei, wenn ein kleiner, aber sicherer Gewinn mit einem Insidergeschäft erzielt werden könne, vgl. *Assmann*, WM 1996, S. 1337, 1342; *v. Klitzing*, Ad-hoc-Publizität, S. 146; *Büche*, Pflicht zur Ad-hoc-Publizität, S. 112. Zutreffend weist *Assmann* jedoch darauf hin, dass die Eignung zur erheblichen Kursbeeinflussung und die Eignung einer Tatsache zur Erzielung eines Gewinns gänzlich verschiedene Ansatzpunkte darstellen und dieser Gedanke damit nicht auf die Ad-hoc-Publizität übertragen werden kann, vgl. *Assmann*, WM 1996, S. 1337, 1342; Zustimmend *v. Klitzing*, Ad-hoc-Publizität, S. 146.

752 *Bürgers*, BKR 2004, S. 424, 425. Die Rechtsfigur des verständigen Anlegers spielt auch bei dem Verbot der Kurs- und Marktpreismanipulation nach § 20a WpHG eine Rolle. Nach § 20a Abs. 1 Satz 1 Nr. 1 WpHG ist es verboten, unrichtige oder irreführende Angaben über Umstände zu machen, die für die Bewertung eines Finanzinstruments erheblich sind, oder solche Umstände entgegen bestehenden Rechtsvorschriften zu verschweigen [...]. Nach § 2 Abs. 1 der MaKonV sind bewertungserhebliche Umstände dabei solche, die ein verständiger Anleger bei seiner Anlageentscheidung berücksichtigen würde. Das Zusammenspiel von Insiderrecht und dem Verbot der Marktmanipulation wird auch durch § 2 Abs. 2 WpHG verdeutlicht, welcher klarstellt, dass Insiderinformationen, die nach § 15 Abs. 1 Satz 1 WpHG, sowie Entscheidungen und Kontrollerwerbe, die nach § 10 oder § 35 WpÜG zu veröffentlichen sind, regelmäßig als bewertungserhebliche Umstände im Sinne des Abs. 1 gelten.

753 Begr. RegE. AnSVG, BT-Drucks. 15/3174, S. 34.

754 Durchführungsrichtlinie 2003/124/EG v. 22.12.2003, Erster Erwägungsgrund, ABl. L 339/70 v. 24.12.2003

Unklar ist, wie der Maßstab des verständigen Anlegers zu interpretieren ist. Aufgrund der eher allgemein gehaltenen Formulierung des deutschen Gesetzgebers zum 2. FFG, dass hinsichtlich der Kurserheblichkeit einer möglichen Insidertatsache auf die allgemeine Lebenserfahrung abzustellen sei, hatten Konkretisierungsversuche zum Maßstab des verständigen Anlegers geführt, welchen das Kapitalmarktrecht schon im Rahmen der Prospekthaftung[755] und die strafrechtliche Literatur im Rahmen des Kapitalanlagebetrugs (§ 264a StGB)[756] kannte. Auch im Rahmen des Verbots der Kurs- und Marktpreismanipulation nach § 20a WpHG wird hinsichtlich der Bestimmung, wann ein Umstand für die Bewertung eines Finanzinstruments erheblich im Sinne des § 20a Abs. 1 Satz 1 Nr. 1 WpHG ist, auf den verständigen Anleger abgestellt.[757]

Die Empfehlungen des Komitees der europäischen Aufsichtsbehörden (CESR) zur Durchführungsrichtlinie 2003/124/EG sehen in einem verständigen Anleger eine rational denkende und handelnde Person.[758] Wer damit genau bezeichnet sein soll bleibt auch nach dieser Bestimmung im Unklaren.[759] Vorgeschlagen wird, unter einem verständigen Anleger „einen verständigen, mit den Marktgegebenheiten vertrauten (börsenkundigen) und mit der Kenntnis aller verfügbaren Informationen ausgestatteten Anleger" zu verstehen.[760] Der Anleger müsse über eine ausreichende Kenntnis hin-

[755] BGH, ZIP 1982, S. 923, 924 = NJW 1982, S. 2823, 2824 („aufmerksamer Leser ohne überdurchschnittliches Fachwissen"); *Schwark*, in: Schwark, Kapitalmarktrechtskommentar (3. Aufl. 2004), § 45 BörsG Rdnr. 18; OLG Frankfurt a.M., WM 1994, S. 291, 295; OLG Düsseldorf, WM 1984, S. 586, 592 („durchschnittlicher Anleger"); OLG Frankfurt a.M., AG 2005, S. 851, 852 („aufmerksamer Leser und durchschnittlicher Anleger").

[756] Begr. RegE. 2. WiKG, BT-Drucks. 10/318, S. 24 („verständiger, durchschnittlich vorsichtiger Anleger"); BGHSt 30, 285, 293 (zu § 265b StGB); BGH, Urt. v. 12.05.2005, NJW 2005, S. 2242, 2244 f. = NStZ 2005, S. 568; *Wohlers*, in: MünchKomm z. StGB, § 264a Rn. 43; *Lackner/Kühl*, StGB (26. Aufl. 2007), § 264a Rn. 13, unter Verweis auf die zivilrechtliche Rechtsprechung zur Prospekthaftung bei der genaueren Auslegung; *Cramer*, in: Schönke/Schröder, StGB (27. Aufl. 2006), § 264a Rn. 32, der aufgrund der bestehenden Unterschiede zwischen den einzelnen Anlageformen hinsichtlich ihres bestehenden Risikos nicht auf den verständigen, durchschnittlichen Anleger abstellt, sondern die Erwartungen des Kapitalmarkts hinsichtlich des jeweils angebotenen Anlagewerts für maßgeblich erachtet. *Arzt/Weber*, Strafrecht BT, § 21 Rn. 86, mit Kritik an der fehlenden Bestimmtheit (Art. 103 Abs. 2 GG), der allein durch eine außerstrafrechtliche Umschreibung abgeholfen werden könne.

[757] Zur Rechtslage nach dem AnSVG: Emittentenleitfaden der BaFin, S. 90; *Hellgardt*, ZIP 2005, S. 2000, 2002.

[758] Durchführungsrichtlinie 2003/124/EG, Empf. CESR, CESR/02.089d, S. 10 (Fn. 1).

[759] Vgl. auch die dahingehende Kritik bei *Assmann*, in: Assmann/Schneider, WpHG (4. Aufl. 2006), § 13 Rn. 57.

[760] *Assmann*, in: Assmann/Schneider, WpHG, § 13 Rn. 58.

sichtlich der Verhältnisse am Kapitalmarkt verfügen.[761] Die Bestimmung des verständigen Anlegers als einer mit den Marktgegebenheiten und –gesetzlichkeiten vertrauten Person geht jedoch auf die im Rahmen des Börsenprospekts geführte Diskussion zurück, welche Anforderungen an einen Prospekt zu stellen sind, um diesen für einen verständigen Anleger verständlich abzufassen. Zwar wird einem Vergleich mit der primärmarktrechtlichen Publizitätspflicht entgegengehalten, dass im Rahmen des Insiderrechts die Rechtsfigur des verständigen Anlegers anders als im Prospektrecht darüber entscheiden soll, ob eine dem Emittenten obliegende Pflicht besteht[762] und nicht darüber, wie eine bereits bestehende Pflicht zu erfüllen ist. Doch kann dieser Ansicht entgegengehalten werden, dass auch im Bereich der Primärmarktpublizität, nämlich in Bezug auf das Bestehen einer Nachtragspflicht nach § 16 WpPG, auf die Rechtsfigur des verständigen Anlegers abgestellt wird, der darüber entscheidet, ob ein bewertungserheblicher Umstand nach der Billigung des Wertpapierprospektes eingetreten ist, der einen Nachtrag erforderlich macht. Der verständige Anleger entscheidet damit auch dort über das Bestehen einer Publizitätspflicht. Einem vergleichenden Blick steht das genannte Argument damit nicht entgegenstehen.

(1) Der Vergleich mit der Primärmarktpublizität

Die erforderliche Information der Kapitalmarktteilnehmer wird im Bereich der Primärmarktpublizität durch den vom Emittenten zu erstellenden Wertpapierprospekt sichergestellt, der einer Billigung durch die Bundesanstalt und einer darauf folgenden Veröffentlichung bedarf. Dabei hat die Prospektrichtlinie ebenso wie die erst in jüngster Zeit ergangenen kapitalmarktrelevanten europäischen Richtlinien den Anlegerschutz als generelles Ziel vor Augen.[763] Dieser Anlegerschutz[764] soll durch eine aus-

---

[761] Vgl. *Gehrt*, Die neue Ad-hoc-Publizität, S. 162, der auf den „objektiven und vernünftigen, mit allen Umständen des Kapitalmarktes bestens vertrauten Investor“ abstellt.
[762] *Veil*, ZBB 2006, S. 162, 163.
[763] Erwägungsgründe 10 und 18 der Prospektrichtlinie 2003/71/EG.
[764] Die Klärung der Frage, welchen Anleger die Primärmarktpublizität im Blick hat, kann dabei durch eine Anschauung der vom Wertpapierprospektgesetz i.V.m. der Prospektverordnung geforderten Pflichtangaben beantwortet werden. So wird vorgeschlagen, den Wertpapierprospekt in seine unterschiedlichen Bestandteile aufzuteilen und die verschiedenen Abschnitte bestimmten Anlegerkategorien zuzuordnen. So seien beispielsweise die Zusammenfassung des Prospekts als auch die Beschreibung der Risikofaktoren und der Geschäftstätigkeit Bereiche, die der Information des durchschnittlichen Privatanlegers dienten. Die an die Wertpapierprospekt anzuhängenden Jahresabschlüsse sowie

reichende Information im Rahmen von Börsengängen sichergestellt werden, insbesondere indem sie in Verbindung mit der Verordnung der Kommission zur Durchführung der Prospektrichtlinie[765] Bestimmungen aufstellt, die die Erstellung, Billigung und Verbreitung eines Wertpapierprospekts regeln. Die Prospektpublizität soll den Anlegern ein fundiertes Urteil über den Emittenten ermöglichen, § 5 Abs. 1 WpPG.[766] Soweit der Emittent gegen diese Grundsatz verstößt und der Wertpapierprospekt unrichtige oder unvollständige Angaben enthält, löst er die sich aus § 44 Abs. 1 BörsG ergebende Börsenprospekthaftung aus. Neben dem generellen Grundsatz aus § 5 WpPG besteht für den Emittenten eine Nachtragspflicht nach § 16 WpPG. Eine Nachtragspflicht nach § 16 Abs. 1 WpPG besteht zunächst dann, wenn nach der Billigung des Wertpapierprospekts ein *wichtiger neuer Umstand* eintritt oder eine im Prospekt enthaltene Angabe nachträglich unrichtig wird. Dabei soll sich die Beurteilung, inwieweit ein Umstand oder eine Änderung als wichtig im Sinne der Vorschrift einzustufen ist, nach dem Maßstab des § 5 Abs. 1 Satz 1 WpPG richten.[767] Demnach kommt es darauf an, ob der neue Umstand oder die von der Änderung betroffene Angabe die Einschätzung des Publikums hinsichtlich des Emittenten oder der angebotenen Wertpapiere beeinflussen kann. Hinsichtlich der Frage, wann eine Angabe im Prospekt unrichtig

---

die so genannte *management discussion and analysis* würden sich demgegenüber ausschließlich an professionelle Investoren richten, vgl. *Wienecke*, NZG 2005, S. 109, 111. Eine derartige Sichtweise widerspricht jedoch dem Sinn und Zweck der wertpapierprospektrechtlichen Vorschriften. Denn das Gesetz erkennt, dass sich ein öffentliches Angebot von Wertpapieren an unterschiedliche Anlegergruppen richten kann. So unterscheidet es insbesondere dort zwischen den unterschiedlichen Anlegerkategorien, wo es Angebote, die sich ausschließlich an professionelle Anleger richten, der generellen Prospektpflicht entzieht und für diese Sonderregeln ausweist. Im Übrigen weist das Gesetz in § 5 Abs. 2 Satz 3 Nr. 1 WpPG der Zusammenfassung die bloße Funktion einer Einführung zum Prospekt zu. Sie stellt keine zusammenfassende Darstellung dar. Vielmehr ist in der Einführung darauf hinzuweisen, dass der Anleger seine Entscheidung zur Anlage in die betreffenden Wertpapiere auf die Prüfung des gesamten Prospekts stützen sollte, § 5 Abs. 2 Satz 3 Nr. 2 WpPG. Die Aufteilung der Bestandteile in solche für professionelle Anleger und solche für Kleinanleger widerspricht damit dem Gesetzeszweck und kann eine unterschiedliche Deutung des Begriffs des verständigen Anlegers nicht stützen. Der Begriff des verständigen Anlegers ist vielmehr im Bereich der Primärmarktpublizität einheitlich auszulegen.

[765] Verordnung (EG) Nr. 809/2004 der Kommission vom 29. April 2004 zur Umsetzung der Richtlinie 2003/71/EG des Europäischen Parlaments und des Rates betreffend die in Prospekten enthaltenen Informationen sowie das Format, die Aufnahme von Informationen mittels Verweis und die Veröffentlichung solcher Prospekte und die Verbreitung von Werbung, Amtsblatt Nr. L 149 vom 30/04/2004 S. 0001 - 0137, berichtigte Fassung, Amtsblatt Nr. L 215 vom 16.06.2004, S. 3 ff.

[766] Vgl. auch Art. 5 Abs. 1 der Prospektrichtlinie 2003/71/EG.

[767] Begr. RegE., BT-Drucks. 15/4999, S. 36.

oder unvollständig ist, hat sich in der Literatur eine h.M.[768] etabliert, die den für die Beantwortung dieser Frage erforderlichen Beurteilungsmaßstab im verständigen Anleger (Prospektleser) erblickt. Als wesentliche Angaben in einem Prospekt sollen dabei solche Angaben zu qualifizieren sein, welche für die Anlageentscheidung eines verständigen Prospektlesers erheblich sind.[769]

Hinsichtlich der Klärung der Frage, welche Anforderungen an einen verständigen Prospektleser zu stellen sind, hat sich der BGH in einer grundlegenden Entscheidung dahingehend geäußert, dass der verständige Anleger auch in der Lage sein müsse, Bilanzen zu lesen, auch wenn der durchschnittliche Anleger nicht unbedingt mit der in eingeweihten Kreisen gebräuchlichen Schlüsselsprache vertraut sein müsse.[770] Die Erheblichkeit eines Umstands sei diesbezüglich aus der Sicht eines aufmerksamen Lesers ohne überdurchschnittliches Fachwissen zu beurteilen.[771] Weil aber die Primärmarktpublizität schon auf der Ebene der Verpflichtung zur Erstellung eines Prospekts danach unterscheidet, ob sich das Angebot an professionelle Marktteilnehmer („qualifizierte Anleger" i.S.d. § 2 Nr. 6 WpPG) oder an andere Anlegergruppen richtet und dem Emittenten die Möglichkeit einräumt, von der Erstellung eines Prospekts abzusehen, sofern sich das Angebot ausschließlich an qualifizierte Anleger richtet, kann auf der Ebene der Bestimmung des verständigen Anlegers nicht noch einmal unterscheiden werden, welche Anlegerkategorie damit gemeint sein soll. Die Primärmarktpublizität spricht daher dafür, den verständigen Anleger nicht einer bestimmten Anlegerkategorie zuzuordnen, sondern diesen vielmehr anhand objektiver Maßstäbe unter Berücksichtigung der Besonderheiten des Einzelfalls zu bestimmen. Dabei sollten die vom BGH aufgestellten Anforderungen an den durchschnittlichen Prospektleser wei-

---

[768] *Schwark*, in: Schwark, Kapitalmarktrechtskommentar (3. Aufl. 2004), § 45 BörsG Rn. 24; *Hamann*, in: Schäfer/Hamann, Kapitalmarktgesetze, §§ 44, 45 BörsG Rdn. 190.

[769] *Schwark*, in: Schwark, Kapitalmarktrechtskommentar (3. Aufl. 2003), § 45 BörsG Rn. 24; OLG Frankfurt a.M., Urt. v. 19.07.2005 – 5 U 182/03, AG 2005, S. 851, 852.

[770] BGH, Urt. v. 12.07.1982 – II ZR 175/81, ZIP 1982, S. 923 = NJW 1982, S. 2823, 2824 [Beton & Monierbau]: „Entscheidend ist […] der Gesamteindruck auf einen durchschnittlichen Anleger, der zwar eine Bilanz zu lesen versteht, aber nicht unbedingt mit der in eingeweihten Kreisen gebräuchlichen Schlüsselsprache vertraut zu sein braucht."

[771] BGH, Urt. V. 12.07.1982 – II ZR 175/81, ZIP 1982, S. 923 = NJW 1982, S. 2823, 2824; ihm folgend OLG Frankfurt a.M., Urt. V. 19.07.2005, AG 2005, S. 851, 852. Vgl. auch *Fleischer*, Gutachten F z. 64. DJT 2002, S. F 44 f., der einen „Grundstock an Vorwissen und ein Mindestmaß an Deutungsdiligenz" beim Zielpublikum voraussetzt.

terhin Geltung beanspruchen. Bei der Beurteilung der Erheblichkeit kann es damit nicht darauf ankommen, ob diese lediglich durch das Fachpublikum wahrgenommen werde, sondern vielmehr darum, ob sich diese auch für den aufmerksamen Prospektleser ohne weiteres ergibt und sich aus ihr eine andere Beurteilung hinsichtlich der angebotenen Wertpapiere resultiert. Die Erheblichkeit gründet damit hier auf der Veränderung des Gesamteindrucks für einen objektiven Marktteilnehmer.

(2) Der verständige Anleger im Rahmen der Sekundärmarktpublizität

Im Rahmen der Sekundärmarktpublizität wird hinsichtlich der Konkretisierung des Begriffs des „verständigen Anlegers" vorgeschlagen, diesen in Anlehnung an den Begriff der Bereichsöffentlichkeit zu bestimmen.[772] Soweit die fehlende öffentliche Bekanntheit als Voraussetzung einer Insiderinformation durch die Herstellung der Bereichsöffentlichkeit verneint werden könne, müsse es sich bei dem in Frage stehenden Anleger um einen Anleger handeln, welcher Teil der Bereichsöffentlichkeit sei. Ein verständiger Anleger sei daher derjenige Anleger, welcher typischerweise elektronisch betriebene Informationsverbreitungssysteme nutze[773], so dass der Kleinanleger aus diesem Kreis heraus falle und nur der professionelle Marktteilnehmer erfasst sei.

Gegen die Annahme, bei dem verständigen Anleger handele es sich um einen professionellen Marktteilnehmer ist vorgebracht worden, dass diese immer in der Lage wären, auch anspruchvolle Informationen zu analysieren und deren Auswirkungen auf die Kurse richtig einzuschätzen. Soweit diese als Maßstab für den verständigen Anleger herangezogen würden, wäre zwar aufgrund der dann erfolgenden Vielzahl von Ad-hoc-Veröffentlichungen eine hohe Markttransparenz garantiert. Diese erfordere jedoch vom Emittenten einen hohen Aufwand und die Hinzuziehung von externem Rat, was zu hohen Kosten auf Seiten des Emittenten führen würde.[774] Im Gegenzug bestände jedoch die Gefahr einer Einengung der Ad-hoc-Publizität und damit einer Gefährdung der Markttransparenz, soweit man lediglich den sog. Kleinanleger als Wertungskriteri-

[772] *Schäfer*, in: Schäfer/Hamann, Kapitalmarktgesetze, § 13 WpHG Rn. 50.
[773] *Schäfer*, in: Schäfer/Hamann, Kapitalmarktgesetze, § 13 WpHG Rn. 50.
[774] *Büche*, Pflicht zur Ad-hoc-Publizität, S. 192.

um heranzöge, denn dieser besitze in der Regel nicht die nötige fachliche Kompetenz, die Auswirkungen einer Information überhaupt einschätzen zu können.[775] Damit müsse sich der verständige Anleger zwischen beiden Anlegergruppen bewegen, um dem Sinn und Zweck der Ad-hoc-Publizität gerecht zu werden.

Richtigerweise hat der Bestimmungsversuch losgelöst von den bestehenden Anlegerkategorien zu erfolgen. Nicht hilfreich ist es, die Publizitätspflicht aus der Sicht nur einer Gruppe der Kapitalmarktteilnehmer zu bestimmen. Sie würde den Emittenten damit der Gefahr aussetzen, sich über die Voraussetzungen der Veröffentlichungspflicht zu irren, weil er nicht erkennen kann, wie die Information durch den entsprechenden Anlegerkreis bewertet wird. Er selbst wird regelmäßig nicht zum Kreis der professionellen Marktteilnehmer zählen. Gegen die Eingrenzung auf eine bestimmte Anlegerkategorie sprechen auch die unterschiedlichen Risiken, welche mit einer Anlage eingegangen werden. Bei einer Kapitalanlage kann es sich sowohl um eine kurzfristige Investition mit Spekulationscharakter als auch um eine langfristige Wertsicherungsanlage handeln.[776] Dem Emittenten ist es gar nicht möglich, die mit einer Anlage verfolgten Zwecke zu ergründen. Folglich kann er auch nicht erkennen, für welche Anlegerkategorie eine Information als bewertungserheblicher Umstand eingestuft werden kann. Während der risikofreudige Anleger eher den gegenwärtigen Kurs im Blick hat und im Hinblick auf diesen kurzentschlossene Anlageentscheidungen trifft, wird der eher längerfristig investierende Anleger mit Blick auf die Kursveränderung eines längeren Zeitraums handeln. Die Bestimmung des verständigen Anlegers anhand einer homogen handelnden Anlegergruppe ist daher unmöglich, weil eine derartige Homogenität nicht besteht. Gerade weil der Bestimmungsversuch Auswirkungen auf das Verbot der Marktmanipulation nach § 20a WpHG hat, der hinsichtlich seines Strafnormcharakters (§ 38 Abs. 2 WpHG) eine entsprechende Bestimmtheit (Art. 103 Abs. 2 GG) verlangt, ist eine objektive, von den Anlegerkategorien losgelöste Bestimmung angezeigt.[777]

---

[775] *Büche*, Pflicht zur Ad-hoc-Publizität, S. 193.

[776] *Cramer*, in: Schönke/Schröder, StGB (26. Aufl. 2001), § 264a Rn. 32.

[777] Im Aktienrecht findet sich die Rechtsfigur des objektiv urteilenden Aktionärs. Nach § 243 Abs. 4 Satz 1 AktG kann ein Hauptversammlungsbeschluss wegen unrichtiger, unvollständiger oder verweigerter Erteilung von Informationen nur dann angefochten werden, wenn ein objektiv urteilender Akti-

Vielmehr ist die Rechtsfigur des verständigen Anlegers anhand objektiver Umstände zu bestimmen, ohne dass sie ein enges Verhältnis zu einer bestimmten Anlegerkategorie aufweist. Nur dadurch wird der Emittent in die Lage versetzt, seine Veröffentlichungspflicht an einem objektiven Maßstab ausrichten zu können.[778] Wenn aber dieser Maßstab ein objektiver sein soll, ist es richtig, in Übereinstimmung mit der börsenprospektrechtlichen Rechtsprechung in ihm eine rational denkende, aufmerksame Person zu sehen,[779] die über einen durchschnittlichen Kenntnisstand hinsichtlich der bestehenden Marktgegebenheiten verfügt.[780] Sein Verhalten ist rational, weil es auf die Erzielung einer Rendite ausgerichtet ist, das heißt auf eine Wertsteigerung des investierten Kapitals.[781] Wesentlich ist, welche Angaben unter den normalen Umständen unter Berücksichtigung von Art und Inhalt der Kapitalanlage für die Investitionsentscheidung von Bedeutung sind[782], wobei sich bei der Bestimmung, welche Umstände als anlageerheblich einzustufen sind, eine Orientierung an den übrigen kapitalmarktrechtlichen Regelungen und sonstigen Rechtsvorschriften empfiehlt.[783] Dabei ist das Kriterium der Rationalität nicht dahingehend auszulegen, dass darunter nur vernünftiges und auf sicherer Informationsgrundlage beruhendes Anlageverhalten verstanden wird. Der Emittent ist im Rahmen seiner nach § 15 WpHG bestehenden Veröffentlichungspflicht dazu verpflichtet, eine Prognose über die Kurserheblichkeit der Information anzustellen. Diese Prognose muss sich nicht nur ein einem objektiven Maßstab orientieren, sondern auch eine Nachvollziehbarkeit der Bewertung erkennen lassen. Eine solche Nachvollziehbarkeit der Bewertung wäre praktisch unmöglich, müsste der Emittent auch irrationales Verhalten in seine Bewertung mit einfließen lassen.

---

onär die Erteilung der Information als wesentliche Voraussetzung für die sachgerechte Wahrnehmung seiner Teilnahme- und Mitgliedschaftsrechte angesehen hätte. Dabei ist der objektiv urteilende Aktionär ein vernünftiger und im wohlverstandenen Unternehmensinteresse handelnder Aktionär, der keine kurzfristigen Ziele verfolge, sondern an der langfristigen Ertrags- und Wettbewerbsfähigkeit seiner Gesellschaft interessiert ist, vgl. Begr. RegE. UMAG, BT-Drucks. 15/5092, S. 26.

[778] *Büche*, Pflicht zur Ad-hoc-Publizität, S. 193.

[779] *Büche*, Pflicht zur Ad-hoc-Publizität, S. 192.

[780] *Gehrt*, Die neue Ad-hoc-Publizität, S. 162; *Assmann*, in: Assmann/Schneider, WpHG (4. Aufl. 2006), § 13 Rn. 58. Ähnlich OLG Düsseldorf, ZIP 2004, S. 2042, 2043: „(Die Kurserheblichkeit) ist anhand objektiver Kriterien aus der Sicht eines verständigen und börsenkundigen, also mit den Gegebenheiten und Gesetzmäßigkeiten des Kapitalmarkts vertrauten Anlegers zu beurteilen [...].“

[781] *Veil*, ZBB 2006, S. 162, 163.

[782] *Tröndle/Fischer*, StGB (52. Aufl. 2004), § 264a Rn. 16; *Wohlers*, in: MünchKomm z. StGB, § 264a Rn. 43.

[783] OLG Frankfurt, Urt. v. 14.02.2003, NJW 2003, S. 1258, 1259; *Wohlers*, in: MünchKomm z. StGB, § 264a Rn. 45.

Dabei hat die Prognose des Emittenten hinsichtlich der zu erwartenden Anlageentscheidung des verständigen Anlegers sowohl die erwartete Tragweite des Umstands im Lichte der Gesamttätigkeit des Emittenten, die Relevanz der Information in Bezug auf die preisbildenden Faktoren, die Vertrauenswürdigkeit der Informationsquelle als auch alle Marktvariablen zu berücksichtigen, die das entsprechende Finanzinstrument beeinflussen.[784] Unter Zugrundelegung dieser zu berücksichtigenden Umstände ist der Emittent dazu verpflichtet zu prüfen, ob die gleiche Information in der Vergangenheit bereits erhebliches Kursbeeinflussungspotential besaß, bereits existierende Analysen und Prognosen die Kurserheblichkeit einer derartigen Information indizieren oder der Emittent selbst vergleichbare Umstände in der Vergangenheit als Insiderinformation behandelt hat.[785] Soweit eine dieser Voraussetzungen vorliegt, besteht eine widerlegbare Vermutung für ein entsprechend vorliegendes erhebliches Kursbeeinflussungspotential.

(3) Die ex ante – Prognose des Emittenten und die Renditeerwartung der Kapitalanleger

Dem Emittenten obliegt beim Vorliegen eines Umstandes die ex ante Prognose hinsichtlich der Frage, ob dieser Umstand im Falle seines öffentlichen Bekanntwerdens von einem verständigen Anleger zur Grundlage einer Anlageentscheidung gemacht werden könnte.[786] Definiert man den verständigen Anleger losgelöst von den bestehenden Anlegerkategorien objektiv als einen durchschnittlichen, rational handelnden Anleger, der über durchschnittliche Börsenkenntnisse verfügt, dann stellt sich die Frage, wann dies der Fall sein wird, um dem Emittenten eine hinreichend sichere Prognose über die Kurserheblichkeit zu ermöglichen.

Der Börsen- oder Marktpreis ist dabei als der jeweils am organisierten Markt gebildete Börsenpreis zu verstehen, und entspricht dem durch Angebot und Nachfrage entste-

---

[784] Durchführungsrichtlinie 2002/124/EG, Empf. CESR 02.089d, S. 10 (Nr. 27).
[785] Durchführungsrichtlinie 2003/124/EG, Empf. CESR 02.089d, S. 10 f. (Nr. 28); Kritik an der fehlenden Bestimmtheit dieser Kriterien im Rahmen einer rechtssicheren Auslegung äußernd *Büche*, Pflicht zur Ad-hoc-Publizität, S. 195.
[786] *Assmann*, AG 1997, S. 50, 58.

henden Gleichgewichtspreis. Eine Kursbeeinflussung ist demnach dann anzunehmen, wenn ein Marktteilnehmer nach dem öffentlichen Bekanntwerden der Insiderinformation sein Kauf- oder Verkaufsangebot ändern würde.[787] Dabei entspricht der Börsenpreis dem Unternehmenswert des Emittenten abzüglich des ihm zur Verfügung stehenden Fremdkapitals. Wenn aber der Börsenpreis dem Unternehmenswert des Emittenten entspricht, dann liegt eine Eignung zur Beeinflussung dieses Börsenpreises dann vor, wenn sich aus dem Umstand eine Änderung des Unternehmenswertes ergibt. Dabei bestehen unterschiedliche Methoden zur Bestimmung des Unternehmenswertes. Hervorzuheben sind dabei sowohl die *Ertragswertmethode* (Discounted Cash Flow – Methode)[788] als auch die *Economic Value Added – Methode.*[789] Bei der Ertragswertmethode werden die Erträge der Unternehmung bis zu einem gewissen Zeitpunkt in der Zukunft prognostiziert. Nach dem Ablauf dieses Zeitraums wird von diesem prognostizierten Ertrag der tatsächlich erwirtschaftete Ertrag abgezogen und zur Grundlage einer erneuten Prognose gemacht (Discounted Cash Flow).[790] Der Wert eines Unternehmensanteils beurteilt sich dabei an dem in der Zukunft zu erwartenden Ertragsüberschuss, den die Gesellschaft erwirtschaften wird. Die Rendite ergibt sich dabei aus der Wertsteigerung der Anlage, die mit den Opportunitätskosten abdiskontiert werden. Die Economic Value Added – Methode gründet dagegen auf der Annahme, dass das Unternehmen nur dann einen zusätzlichen Wert für seine Aktionäre schafft, wenn es während eines bestimmten Zeitraums eine Rendite auf das eingesetzte Kapital erzielt, die die Kapitalkosten der Gesellschaft übersteigt. Dabei sind die Kapitalkosten vom Nettogewinn abzuziehen, um den Mehrwert einer Investition zu berechnen. Kann das Unternehmen hier einen Überschuss erwirtschaften, führt dies dazu, dass das Unternehmen mehr Unternehmenswert schafft, je mehr Kapital ihm zugefügt wird. Damit

[787] *Vaupel*, WM 1999, S. 521, 522.

[788] Die Rechtsprechung hat das DCF-Verfahren als gültiger Maßstab einer Unternehmensbewertung anerkannt, vgl. BVerfG, Beschl. v. 27.04.1999, ZIP 1999, S. 1436, 1441 (DAT/Altana), dabei darauf hinweisend, dass bei einer Unternehmensbewertung der Kurswert der von der bewerteten Gesellschaft begebenen Aktien nicht außer Betracht bleiben darf.

[789] Keine Berücksichtigung soll hier die Vergleichswertmethode finden, deren Problem darin besteht, dass sich der aus ihr ergebende Unternehmenswert immer nur ein relativer sein kann, weil die Bewertung eines Unternehmens immer mit der Bewertung eines anderen, vergleichbaren Unternehmens verglichen wird. Vgl. zur Economic Value Added Methode insg. *Böcking/Nowak*, Der Finanzbetrieb 1999, S. 281 ff.

[790] *Brealey/Myers*, Principles of Corporate Finance, S. 63 ff.; *Klein/Coffee*, Business Organisation and Finance, S. 303 ff.

wird die reine Wertschöpfung durch die Unternehmung zur Bewertungsgrundlage. Der Unternehmenswert errechnet sich durch eine Addition dieser Wertschöpfungen für den einzelnen Unternehmensanteil (Economic Value Added).[791]

Beide Methoden der Unternehmensbewertung gründen damit auf der Annahme, dass der Unternehmenswert maßgeblich von der zu erwartenden Rendite für den Eigenkapitalgeber abhängt (*Shareholder Value – Ansatz*). Dieser wird nur dann bereit sein, der Unternehmung Eigenkapital zur Verfügung zu stellen, sofern sich damit eine angemessene Rendite erwirtschaften lässt. Diese Rendite besteht sowohl aus den Ertragsausschüttungen in Form einer Dividende als auch aus der Wertsteigerung seiner Anlage.[792] Wenn sich aber der Unternehmenswert und damit der Börsenpreis maßgeblich an der zu erwartenden Rendite orientieren, dann sind Umstände nur dann geeignet, den Kurs eines Wertpapiers maßgeblich zu beeinflussen, wenn die Erwartungen der Anleger hinsichtlich der zukünftig zu erwartenden Rendite durch sie beeinflusst werden. Zur Ermittlung der von den Anlegern erwarteten Rendite bietet sich das *Capital Asset Pricing Model* an.[793] Die Grundaussage dieses Modells besteht darin, dass die erwartete Rendite einer Anlage maßgeblich von dem mit der Kapitalanlage eingegangenen Risiko abhängt.[794] Je höher sich das Risiko einer solchen Anlage darstellt, desto höher muss die Renditeerwartung des Anlegers sein, weil in dieser eine entsprechende, das eingegangene Risiko belohnende Risikoprämie enthalten sein muss. Der aus der Anlage resultierende Mehrertrag kann dabei als Vergütung für das mit der Anlage eingegangene Risiko verstanden werden. Diese Risikoprämie ergibt sich aus dem Unterschiedsbetrag zwischen der erwarteten Rendite einer risikofreien Anlageform und der erwarteten Rendite einer Anlage mit einem vergleichbaren Risiko. Dabei unterliegt die Unternehmung einem zweifachen Risiko: Zum einen dem allgemeinen Marktrisiko, dem die Marktteilnehmer aufgrund ihrer Marktteilnahme insgesamt unterliegen, als

---

[791] Zur Anwendung der Economic Value Added – Methode zur Bestimmung der Ad-hoc-Publizitätspflicht *Wirth*, Auslösung der Ad-hoc-Publizität, S. 182 ff.

[792] *Merkt*, Unternehmenspublizität, S. 396.

[793] Ablehnend gegenüber kapitalmarkttheoretischen Modellen hinsichtlich der Preisbestimmung von Wertpapieren *v. Klitzing*, Ad-hoc-Publizität, S. 129 f.

[794] Dazu *Sharpe*, „Capital Asset Prices: A Theory of Market Equilibrium under Conditions of Risk“, Journal of Finance 19, 1964, pp. 425-442; *Lintner*, “Security Prices, Risk, and Maximal Gains from Diversification”, Journal of Finance 20, 1965, pp. 587-615; *Wang*, Asset Pricing with Conditioning Information, Journal of Finance 58, 2003, pp. 161-196.

auch einem unternehmensspezifischen Risiko, welches aufgrund der konkreten Unternehmung in diesem speziellen Wirtschaftszweig oder der verfolgten Geschäftspraxis besteht. Die Risikoprämie hat dabei bei der vom Anleger erwarteten Rendite eine Berücksichtigung zu finden, will man dem von ihm eingegangenen unternehmensspezifischen Risiko Rechnung tragen. Der Emittent ist daher dazu gezwungen, einen Vergleich mit den in seinem Geschäftsbereich tätigen Unternehmen anzustellen und die bei diesen zu beobachtende Wertentwicklung mit der eigenen zu vergleichen. Es kann auch von einem Vergleich der aufgrund der Wertentwicklung zu erwartenden Risikoprämie gesprochen werden. Führen Umstände bei dem Emittenten dazu, dass dieser im Vergleich zu anderen Unternehmen Einwirkungen auf die Wertentwicklung unterliegt, die bei diesen nicht vorzufinden sind, so werden diese dann als kurserheblich zu gelten haben, soweit die Risikoprämie vergleichsweise niedrig oder hoch einzustufen ist.

Zusammenfassend ist ein Kursbeeinflussungspotential aus der Sicht des Emittenten dann gegeben, wenn der eingetretene Umstand dazu geeignet ist, auf die zukünftig erwartete Rendite einzuwirken, wobei sich diese Beeinflussung sowohl auf die Wertentwicklung des Wertpapiers an sich oder auf die künftig auszuschüttenden Dividenden beziehen kann. Wenn aber die Beeinflussung der erwarteten Rendite als jede Beeinflussung des von der Unternehmung geschaffenen Mehrwerts umschrieben werden kann, dann wird, weil es sich bei den vom Emittenten begebenen Finanzinstrumenten immer um risikobehaftete Anlageformen handelt, jede Beeinträchtigung der den Anlegern zu gewährenden Risikoprämie ein erhebliches Kursbeeinflussungspotential bewirken. Es kann daher keine Differenzierung danach vorgenommen werden, ob durch die Veröffentlichung eine kurzfristige Kursschwankung eintritt oder die Auswirkungen auf den Kurs über einen längeren Zeitraum entstehen. Wichtig ist allein die Beeinträchtigung der Renditeerwatung. Ist der Umstand aus der Sicht des rational handelnden, durchschnittlich informierten Anlegers dazu geeignet, eine Auswirkung auf die von ihm erwartete Risikoprämie und die zu dieser hinzu zu addierenden Rendite einer risikolosen Anlage zu haben, dann liegt ein erhebliches Kursbeeinflussungspotential vor.

cc) Das Kursbeeinflussungspotential bei laufenden Verhandlungen und mehrstufigen Entscheidungsprozessen bei der Vorbereitung von öffentlichen Angeboten

Unter Heranziehung der oben gewonnenen Erkenntnisse stellt sich die Frage, wann bei Vorbereitungshandlungen in Bezug auf Unternehmensübernahmen ein erhebliches Kursbeeinflussungspotential anzunehmen ist. Dadurch, dass der Entscheidung per se ein erhebliches Kursbeeinflussungspotential zukommt, kann bei jedem Vorbereitungsschritt danach gefragt werden, ob dieser konkret auf die hinreichende Wahrscheinlichkeit einer positiven Entscheidung hindeutet. Es muss also nicht danach gefragt werden, ob dem einzelnen Schritt für sich ein erhebliches Kursbeeinflussungspotential innewohnt. Dieses wird ihm damit zuteil, dass er die hinreichende Eintrittswahrscheinlichkeit indiziert. Zwar hat sich der Gesetzgeber mit der Einräumung einer Befreiungsmöglichkeit bei laufenden Verhandlungen und mehrstufigen Entscheidungsprozessen dafür ausgesprochen, bei jedem einzelnen Entwicklungsschritt einen konkreten Umstand anzunehmen, der für sich betrachtet einer Veröffentlichungspflicht unterliegen kann. Es stellt sich jedoch die Frage, wann diesem Umstand bei der Vorbereitung von öffentlichen Angeboten auch ein insoweit erforderliches erhebliches Kursbeeinflussungspotential innewohnt und damit auf die hinreichende Wahrscheinlichkeit der Entscheidung hindeutet.

(1) Freundliche Angebotsverfahren

Im Rahmen von öffentlichen Angebotsverfahren könnte ein erhebliches Kursbeeinflussungspotential schon dann angenommen werden, wenn der Bieter mit der Zielgesellschaft in das Stadium der Vorbereitung tritt und mit der Zielgesellschaft Vereinbarungen über die Einhaltung der Vertraulichkeit trifft. In der Praxis ist es üblich, im Stadium der Vorgespräche über die Durchführung einer solchen Transaktion sog. Absichtserklärungen abzuschließen, die den gemeinsamen Willen der beteiligten Parteien zusammenfassen und den weiteren Verlauf der Verhandlungen festlegen *(Memorandum of Understanding)*. Insbesondere ist von Bedeutung, dass die vertrauliche Behandlung der angestrebten Transaktion vereinbart wird. Daneben kann auch der Erwerber zur Unterzeichnung einer Erklärung herangezogen werden, in welcher sein ernsthafter Erwerbswille zum Ausdruck kommt (sog. *Letter of Intent*).

Der Beginn der Vorgespräche zwischen Bieter und Zielgesellschaft wird in der Regel nicht ausreichend sein, ein erhebliches Kursbeeinflussungspotential zu begründen. Dies wird auch von der Bundesanstalt so gesehen, die die Entscheidung des Bieters zur Aufnahme von Gesprächen mit der Zielgesellschaft als reine Vorbereitungshandlungen einstuft, ohne ein entsprechendes Kursbeeinflussungspotential aufzuweisen.[795] Dieses Stadium ist in der Regel ein Ereignis, dass durch so viele Ungewissheiten hinsichtlich der Durchführung der Transaktion geprägt ist, dass sich aus ihm für den rational handelnden Anleger keine Handlungsmotivation im Hinblick auf eine Investition ergibt. Etwas anderes gilt allein dann, wenn sich die beteiligten Parteien im Rahmen einer solchen Vereinbarung auf die Durchführung einer Due Diligence geeinigt haben, worin sich der ernsthafte Wille der Verhandlungspartner zur Erzielung einer Einigung manifestiert hat.[796] Wichtig ist hierbei, den genauen Inhalt der Absichtserklärung zu berücksichtigen. Grundsätzlich lässt sich einer solchen Vereinbarung nicht der eindeutige Wille entnehmen, sich hinsichtlich der Durchführung des Verfahrens binden zu wollen. Soweit sich allerdings aus der Sicht eines objektiven Dritten der Vereinbarung der eindeutige Wille entnehmen lässt, das Verfahren durchzuführen, so wird der verständige Anleger diese Information bei seiner Anlageentscheidung schon allein deswegen berücksichtigen, weil sie einen hinreichenden Schluss auf die Durchführung des Angebotsverfahrens erlaubt.[797]

Entsprechend stellt sich die Frage, ob ein erhebliches Kursbeeinflussungspotential auch der vom Bieter durchgeführten Unternehmensbewertung zu attestieren ist. Der Bieter hat aufgrund der hohen finanziellen Bedeutung des angestrebten Vorhabens ein

[795] Emittentenleitfaden der BaFin, S. 51. Zustimmend *Hemeling*, ZHR 169 (2005), S. 274, 285.
[796] *Merkner/Sustmann*, NZG 2005, S. 729, 735. Allgemein zum letter of intent *Schmitz*, in: Triebel, Mergers & Acquisitions, S. 227, 242.
[797] A.A. *Brandi/Süßmann*, AG 2004, S. 642, 655, die die hinreichende Wahrscheinlichkeit eines bevorstehenden Angebots beim Abschluss eines *letter of intent* oder der Gestattung einer *due diligence* verneinen und eine Ad-hoc-Veröffentlichungspflicht der Zielgesellschaft ausschließen.

herausragendes Interesse an einer der Entscheidung vorhergehenden[798] Unternehmensbewertung der Zielgesellschaft. Die Zielgesellschaft wird daher schon im eigenen Interesse gehalten sein, dem Bieter ausreichende Informationen über die Zielgesellschaft zur Verfügung zu stellen, um diese Unternehmensbewertung vornehmen zu können (*due diligence*). Erst diese wird es dem Bieter erlauben einzuschätzen, welche wirtschaftlichen Möglichkeiten und Risiken sich aus der Unternehmenstransaktion für ihn ergeben. Zwar kann in diesem Stadium eine generelle Aussage darüber, ob das Verfahren tatsächlich durchgeführt wird, nicht getroffen werden. Der Vorstandsbeschluss der Zielgesellschaft hinsichtlich der Zulassung einer Due Diligence stellt damit grundsätzlich keine veröffentlichungspflichtige Insiderinformation i.S.d. § 15 WpHG dar.[799] Doch gilt es danach zu differenzieren, ob mit der Unternehmensbewertung die Frage geklärt werden soll, ob das Angebotsverfahren durchgeführt wird oder nicht oder ob lediglich die den Aktionären der Zielgesellschaft anzubietende Gegenleistung bestimmt werden soll. Ist letzteres der Fall, so wird der Beginn der Due Diligence auf die hinreichende Wahrscheinlichkeit der Angebotsunterbreitung hindeuten und damit ein entsprechendes Kursbeeinflussungspotential des Vorbereitungsschrittes zu bejahen sein. Damit liegt eine Insiderinformation mit erheblichem Kursbeeinflussungspotential dann vor, wenn sich der Wille der Parteien zur Durchführung der Transaktion in ausreichendem Maße manifestiert hat und der rational handelnde Anleger aus dieser Konkretisierung den Schluss ziehen kann, dass eine hinreichende Eintrittswahrscheinlichkeit vorliegt.

(2) Feindliche Angebotsverfahren

Bei feindlichen Angebotsverfahren stellt sich die Frage der Kurserheblichkeit von laufenden Verhandlungen nicht, weil diese zwischen Bieter und Zielgesellschaft gerade nicht stattfinden. Die die Entscheidung des Vorstands vorbereitenden Schritte sind jedoch als mehrstufige Entscheidungsverfahren anzusehen, weil sich ihre Vorbereitung regelmäßig durch mehrere Entscheidungen auf unterschiedlichen Ebenen innerhalb der

[798] *Thiel*, in: Semler/Volhard, Handbuch Unternehmensübernahmen, § 32 Rn. 98; *Liekefett*, Due Diligence bei M&A-Transaktionen, S. 33.
[799] *Linker/Zinger*, NZG 2002, S. 497, 501.

Gesellschaft vollzieht. Bei mehrstufigen Entscheidungen ist wie bereits angemerkt eine Prüfung der Kurserheblichkeit auf jeder Stufe des mehrstufigen Entscheidungsschritts erforderlich. Sowohl auf der Ebene der Entscheidung des Vorstands als auch auf der Ebene des zustimmenden oder ablehnenden Votums des Aufsichtsrats hat daher eine Untersuchung der eventuell bestehenden Veröffentlichungspflicht stattzufinden.

Fraglich ist nur, ob selbiges für die die Entscheidung des Vorstands vorbereitenden Maßnahmen zu gelten hat. Die Mitarbeiter des Bieters werden in der Regel die Vorstandsentscheidung vorbereiten, die Mitglieder des Vorstands schon im Vorfeld unterrichten und beraten und damit entscheidende Weichenstellungen in Bezug auf die spätere Entscheidung vornehmen. Weil sich diese entscheidungsvorbereitenden Maßnahmen für die später vorgenommene Entscheidung als so wesentlich darstellen, ist schon auf dieser Ebene zu prüfen, ob mit den vorgenommenen Bewertungen und Darstellungen, Meinungen und Prognosen, Beratungen und Entscheidungen auf der Ebene der die Vorstandsmitglieder beratenden Mitarbeiter ein so konkretisiertes Umfeld entsteht, dass die Entscheidung des Vorstands voraussehbar erscheint.[800]

Verdichten sich die für oder gegen die Durchführung des Angebotsverfahrens sprechenden Argumente, so dass aus objektiver Sicht nur noch eine einzige richtige Entscheidung des Vorstands in Betracht kommt, so wird schon in diesem Stadium ein Umstand vorliegen, den der rational handelnde Anleger in seine Anlageentscheidung mit einfließen lassen würde, denn aus ihm kann die hinreichende Eintrittswahrscheinlichkeit hinsichtlich der vom Vorstand zu treffenden Entscheidung geschlossen werden. Damit liegt schon vor der Vorstandsentscheidung eine Insiderinformation vor, die der Emittent beim Bestehen der Befreiungsvoraussetzungen in § 15 Abs. 3 Satz 1 WpHG erst mit dem Abschluss des mehrstufigen Entscheidungsprozesses veröffentlichen muss.

---

[800] Das Kursbeeinflussungspotential von unternehmensinternen Plänen und Absichten auf der dem Vorstand vorgelagerten Fachebene verneinend *Schwark*, in: Schwark, Kapitalmarktrechtskommentar, § 13 WpHG Rn. 52.

Selbiges gilt für die Beauftragung von Dritten, für den Bieter im Vorfeld der Entscheidung Wertpapiere der Zielgesellschaft zu erwerben (*Warehousing*). Dieses wird der Bieter nur dann in die Wege leiten, sofern für ihn die Vornahme des Angebotsverfahrens so sicher erscheint, dass er eine negative Entscheidung nicht mehr in Betracht zieht. Der Bieter strebt mit der Beauftragung des Dritten die Sicherung einer erfolgreichen Durchführung des Angebotsverfahrens an. Er will schon im Vorfeld des Angebotsverfahrens sicherstellen, dass er eine gewisse Menge an Gesellschaftsanteilen erwirbt. Dies wird für ihn dann noch nicht relevant, wenn eine hinreichende Gewissheit nicht vorliegt. Der verständige Anleger wird deswegen allein aufgrund der Beauftragung eines Dritten, für den Bieter Wertpapiere der Zielgesellschaft zu erwerben, um die erfolgreiche Durchführung des Angebotsverfahrens zu sichern, auf die hinreichende Wahrscheinlichkeit einer positiven Entscheidung des Bieters schließen. Dem Warehousing kommt insofern ein erhebliches Kursbeeinflussungspotential zu. Dies gilt nicht nur für die Beauftragung, sondern auch für den dinglichen Erwerb der Wertpapiere durch den Dritten.

dd) Zusammenfassung

Das Kursbeeinflussungspotential eines Umstands bestimmt sich anhand der Rechtsfigur des verständigen Anlegers. Dieser muss die entsprechende Information zum Teil einer gedachten Investitionsentscheidung machen. Soweit er dies tut, ist die erforderliche Erheblichkeit der Kursbeeinflussung gegeben. Dabei hat sich die Rechtsfigur nicht an einer bestimmten Anlegerkategorie zu orientieren, also nicht an den Erwartungen eines professionellen Anlegers oder eines Kleinanlegers. Der verständige Anleger ist vielmehr objektiv zu sehen als eine rational denkende, aufmerksame Person, die über eine durchschnittlichen Kenntnisstand hinsichtlich der Marktgegebenheiten verfügt. Für den Emittenten bedeutet diese Objektivierung ein hohes Maß an Rechtssicherheit in Bezug auf sein Veröffentlichungsverhalten, weil damit die von ihm vorzunehmende ex ante – Prognose nicht an festen und kaum vorhersehbaren Schwellenwerten auszurichten ist, sondern sich an objektiven Merkmalen orientiert, die für ihn leichter zu bestimmen sind. Weil aber das Kursbeeinflussungspotential als Beeinträchtigung der zu erwartenden Rendite als Ausdruck der Steigerung des Unternehmenswertes verstanden werden muss liegt ein Kursbeeinflussungspotential dann vor, wenn mit dem entsprechenden Umstand eine erhebliche Einwirkung auf den Unternehmenswert und damit auf die erwartete Rendite einer Anlage zu erwarten ist.

Das Kursbeeinflussungspotential von Umständen, welche sich vor der Entscheidung des Bieters ereignen und damit lediglich entscheidungsvorbereitenden Charakter haben, hat sich an eben diesen objektiven Kriterien zu orientieren. Dabei muss aus dem entsprechenden Umstand selbst die Kurserheblichkeit resultieren oder sein Bestehen muss für die hinreichende Wahrscheinlichkeit der zukünftigen Durchführung des Angebotsverfahrens sprechen. Einigen sich bei einer freundlichen Übernahme Bieter und Zielgesellschaft im Rahmen eines sog. *letter of intent* auf die Durchführung, so dass aus ihm der erkennbare Wille der Vertragparteien hervorgeht, das Verfahren durchzuführen, so wird ein entsprechendes Kursbeeinflussungspotential aufgrund der hinreichenden Eintrittswahrscheinlichkeit zu bejahen sein. Selbiges muss für den Abschluss einer Unternehmensbewertung gelten, die eine positive Entscheidung des Bieters vorzeichnet. Nicht ausreichend ist die reine Vereinbarung und Durchführung einer solchen Unternehmensbewertung. Für feindliche Übernahmen, bei denen eine Abstimmung zwischen Bieter und Zielgesellschaft nicht stattfindet, wird eine hinreichende Eintrittswahrscheinlichkeit schon dann anzunehmen sein, wenn die die Entscheidung vorbereitenden Maßnahmen darauf hindeuten, dass der Vorstand sich für eine Durchführung entscheidet, weil die die Entscheidung begründenden positiven Umstände überwiegen.

2. Die Unmittelbare Betroffenheit des Emittenten durch die Insiderinformation

Der Emittent muss von der Insiderinformation unmittelbar betroffen sein, um einer Ad-hoc-Publizitätspflicht zu unterliegen. Auf eine unmittelbare Betroffenheit der von ihm emittierten Finanzinstrumente kommt es nicht an,[801] auch wenn eine diesbezügli-

[801] *Struck*, Ad-hoc-Publizität zum Schutz der Anleger, S. 134; *Büche*, Pflicht zur Ad-hoc-Publizität, S. 180; a.A. *Ziemons*, NZG 2004, S. 537, 541; *Simon*, Der Konzern 2005, S. 13, 15; *Assmann*, in: Assmann/Schneider, WpHG (4. Aufl. 2006), § 15 Rn. 56, die einen unmittelbaren Emittentenbezug immer dann annehmen, wenn sich eine Insiderinformation unmittelbar auf den Emittenten selbst oder dessen Finanzinstrumente bezieht. Sowohl der Wortlaut des § 15 Abs. 1 Satz 1 WpHG als auch dessen Vor-

che Trennung in den meisten Fällen nicht möglich sein wird, weil durch das gleiche Ereignis sowohl der Emittent als auch die von ihm emittierten Finanzinstrumente unmittelbar betroffen sein werden. § 15 Abs. 1 Satz 2 WpHG stellt klar, dass eine unmittelbare Betroffenheit des Emittenten insbesondere dann vorliegt, wenn sie sich auf Umstände bezieht, die in seinem Tätigkeitsbereich eingetreten sind. Diese Formulierung war im alten Recht schon in § 15 Abs. 1 WpHG a.F. enthalten, dort jedoch nicht als Regelbeispiel, sondern als Tatbestandsvoraussetzung. Damit sollten all diejenigen Tatsachen erfasst sein, die der Unternehmenssphäre des Emittenten zuzurechnen waren.[802] Mit der Aufgabe des generellen Erfordernisses eines Eintritts der Insiderinformation im Tätigkeitsbereich des Emittenten kommt es zu einer erheblichen Ausweitung[803] der zu publizierenden Insiderinformationen. Der Emittent ist nun im Gegensatz zum alten Recht auch zur Veröffentlichung von sog. unternehmensexternen Daten verpflichtet, bei denen eine unmittelbare Betroffenheit des Emittenten durch von außen auf ihn einwirkende Umstände besteht. Die Veröffentlichungspflicht des Emittenten wird gleichfalls durch das Merkmal der unmittelbaren Betroffenheit in seinem Umfang beschränkt. Denn der Emittent hat nur eine Teilmenge[804] derjenigen Insiderinformationen zu veröffentlichen, die von § 13 WpHG erfasst werden[805], weil eine Insiderinformation auch dann vorliegen kann, wenn diese den Emittenten lediglich mittelbar betrifft.[806] Bei der Bestimmung der zu veröffentlichenden Umstände ist es damit erforderlich, die den Emittenten nur mittelbar betreffenden Insiderinformationen von denjenigen zu trennen, die ihn unmittelbar betreffen. Das Merkmal der unmittelbaren

---

gabe in Art. 6 Abs. 1 Marktmissbrauchsrichtlinie sprechen gegen eine derartige Auslegung. Gegen die eigenständige Bedeutung der Insiderpapierbezogenheit für die Qualifizierung einer Insiderinformation *Assmann*, AG 1994, S. 237, 243; *ders.*, in: Assmann/Schneider, WpHG, § 13 Rn. 46; *Kümpel*, Bank- und Kapitalmarktrecht (3. Aufl. 2004), Rn. 16.88; *Schäfer*, in: Schäfer/Hamann, Kapitalmarktgesetze, § 13 WpHG Rn. 45; *Weber*, BB 1995, S. 157, 163; *Hopt*, ZGR 1991, S. 17, 31 f.

[802] *v. Klitzing*, Ad-hoc-Publizität, S. 102; *Kümpel/Assmann*, in: Assmann/Schneider, WpHG (3. Aufl. 2003), § 15 Rn. 44 („Emittentenbezug").

[803] *Assmann*, in: Assmann/Schneider, WpHG (4. Aufl. 2006), § 15 Rn. 52.

[804] *Simon*, Der Konzern 2005, S. 13, 14.

[805] Durchführungsrichtlinie 2003/124/EG, Empf. CESR, CESR/02.089d, S. 11 (Nr. 32); *Büche*, Pflicht zur Ad-hoc-Publizität, S. 180.

[806] Das Erfordernis einer Trennung zwischen den Emittenten unmittelbar und lediglich mittelbar betreffenden Insiderinformationen ergibt sich aus dem Zusammenspiel zwischen Art. 1 Nr. 1 und Art. 6 Abs. 1 der Marktmissbrauchsrichtlinie. Während die Begriffsdefinition der Insiderinformation in Art. 1 Nr. 1 sowohl auf den direkten als auch den indirekten Emittentenbezug abstellt, stellt Art. 6 Abs. 1 Marktmissbrauchsrichtlinie das Erfordernis eines unmittelbaren Emittentenbezugs für das Entstehen einer Veröffentlichungspflicht auf.

Betroffenheit steht in einem engen Zusammenhang mit der für eine Insiderinformation nötigen Emittentenbezogenheit der Insiderinformation. Darüber hinaus muss dieser Emittentenbezug ein unmittelbarer sein. Der Annahme einer unmittelbaren Betroffenheit hat daher immer die Prüfung voranzugehen, ob ein ausreichender Emittenten- oder Insiderpapierbezug besteht, der dann danach zu unterscheiden ist, ob ihm die Qualität einer mittelbaren oder unmittelbaren Betroffenheit zuzusprechen ist.

a) Das Vorliegen eines Emittentenbezugs als Voraussetzung einer Insiderinformation

Eine Insiderinformation setzt voraus, dass der ihr zugrunde liegende Umstand einen hinreichenden Bezug zum Emittenten aufweist. Unklar ist, wann ein solcher Emittentenbezug vorliegt. Die Marktmissbrauchsrichtlinie[807] weist lediglich darauf hin, dass der Emittenten- oder Insiderpapierbezug ein direkter als auch indirekter sein kann.[808] Eine mittelbare Betroffenheit sei bereits dann gegeben, wenn die Information zwar nicht im Tätigkeitsbereich des Emittenten eingetreten sei, sie jedoch den Prozess der Preisbildung und –entwicklung der an einem organisierten Markt gehandelten Insiderpapiere als solchen erheblich beeinflussen könne.[809] Doch auch nach diesem Hinweis ist die genaue Deutung des Tatbestandsmerkmals unklar. Während nach einer Ansicht[810] als emittentenbezogen solche Information anzusehen sind, welche sich auf interne Vorgänge des Unternehmens beziehen oder die Beziehung des Unternehmens zu seiner Umwelt betreffen, sind nach anderer Ansicht[811] die umweltbezogenen Beziehungen aus dieser Begriffsbestimmung auszuklammern und ist ein Emittentenbezug nur dann anzunehmen, soweit sich die Informationen auf betriebsinterne Vorgänge beziehen. Richtigerweise müssen zu den emittentenbezogenen Informationen auch solche gehören, die nicht unternehmensintern, sondern auch unternehmensexternen

---

[807] Art. 1 Abs. 1 Nr. 1 Satz 1 der Marktmissbrauchsrichtlinie.

[808] Ebenso Begr. RegE. AnSVG, BT-Drucks. 15/3174, S. 33, die darauf hinweist, dass der insoweit erforderliche Emittenten- oder Insiderpapierbezug sowohl ein unmittelbarer als auch ein mittelbarer sein kann.

[809] Begr. RegE. AnSVG, BT-Drucks. 15/3174, S. 33.

[810] *Assmann*, in: Assmann/Schneider, WpHG, § 13 Rn. 48; *Caspari*, ZGR 1994, S. 530, 539; *Fischer*, Insiderrecht und Kapitalmarktkommunikation, S. 116.

[811] *Tippach*, WM 1993, S. 1269, 1271; *Dreyling/Schäfer*, Insiderrecht und Ad-hoc-Publizität, Rn. 88, der einen Emittentenbezug immer dann bejaht, wenn die Tatsache im Bereich des Emittenten eingetreten ist und ihre Auswirkungen das rechtliche oder wirtschaftliche Schicksal des Emittenten zum Gegenstand haben.

Ursprungs sind.[812] Eine Beschränkung auf betriebsinterne Vorgänge würde den Tatbestand zu sehr einengen. Auch umweltbezogene Informationen sind grundsätzlich in der Lage, im Falle ihres öffentlichen Bekanntwerdens den Kurs der emittierten Wertpapiere zu beeinflussen, so bspw. bei der Stornierung von großen Aufträgen oder eines wesentlichen Teils der dem Unternehmen erteilten Aufträge. Diese Vorgänge würden durch eine Beschränkung auf unternehmensinterne Vorgänge nicht erfasst, obwohl ihre Kenntnis zweifelsohne durch Insidergeschäfte ausgenutzt werden könnte.

Von den rein emittentenbezogenen Umständen sind die insiderpapierbezogenen Umstände zu trennen, welche ebenfalls die Qualität einer Insiderinformation besitzen können. Zu den insiderpapierbezogenen Informationen sollen solche gehören, die ein höheres Maß an Spezifizität zu einem oder mehreren Wertpapieren haben als zu anderen Finanzinstrumenten.[813] Um eine wirkliche Abgrenzung zum Emittentenbezug zu erreichen ist es erforderlich, diese Spezifität genauer auszuleuchten. Wenn aber wie vorstehend dargestellt emittentenbezogene Informationen sich auf interne Vorgänge des Unternehmens und dessen Verhältnisse zur Umwelt beziehen, dann kann es sich bei insiderpapierbezogenen Informationen nur um solche handeln, die in ihrer Eigenschaft nicht auf unternehmensinternen Vorgängen beruhen, sondern einzig und allein auf einer Veränderung der Marktsituation der Wertpapiere. Vorgeschlagen wird beispielsweise, Kapitalmaßnahmen sowie damit einhergehende Vorgänge wie Bezugsrechtsausschlüsse, die Änderung von Dividendensätzen[814], höchstrichterliche Urteile über die rechtlichen Verhältnisse an Wertpapieren oder bedeutende Veränderungen über die Zusammensetzung des Aktionärskreises[815] als spezifisch insiderpapierbezogen zu klassifizieren.[816] Doch auch hier erscheint die nötige Trennschärfe zwischen Emittenten- und Insiderpapierbezug nicht gewonnen. Vielmehr wird nicht klar, ob bei einer Kapitalmaßnahme wie einer Kapitalerhöhung ohne Bezugsrechtsausschluss diese rein wertpapierbezogen ist, da auch sie auf unternehmensinternen Entscheidungsprozessen beruht. Natürlich wirken sich Kapitalerhöhungen und damit verbundene Neu-

---

[812] So *Schäfer*, in: Schäfer/Hamann, Kapitalmarktgesetze, § 13 WpHG Rn. 43.
[813] *Assmann*, in: Assmann/Schneider, WpHG, § 13 Rn. 49.
[814] *Schäfer*, in: Schäfer/Hamann, Kapitalmarktgesetze, § 13 WpHG Rn. 44.
[815] *Assmann*, in: Assmann/Schneider, WpHG, § 13 Rn. 49.
[816] *Caspari*, ZGR 1994, S. 540, der das Merkmal der Insiderpapierbezogenheit so deutet, dass darunter alle Informationen fallen, die den Kapitalmarkt betreffen.

emissionen auf den Aktienkurs aus und haben damit den erforderlichen Insiderpapierbezug. Diese Annahmen würden allerdings dazu führen, dass die Kapitalmaßnahmen gänzlich auf zwei Säulen stehen und sowohl als emittentenbezogen als auch als wertpapierbezogen zu qualifizieren sind. Aufgrund dieser Tatsache wird ebenso vorgetragen, dass keine Informationen vorstellbar seien, die einen Insiderpapierbezug aufweisen, ohne gleichzeitig den Emittenten zu berühren.[817]

Ungeachtet dieser Kritik bleibt festzustellen, dass der Umstand für sich betrachtet eine spezielle Beziehung zum Emittenten aufweisen muss. Diese spezielle Beziehung besteht dann, wenn der Umstand aus der Sphäre des Emittenten stammt oder von außen auf diesen einwirkt, und eine gleichzeitige Betroffenheit des Kapitalmarktes nicht gegeben ist. Die Art der Betroffenheit des Emittenten oder der von ihm emittierten Wertpapiere ist dabei auf der Ebene der Bestimmung des Vorliegens einer Insiderinformation nicht erheblich. Sie wird erst dort relevant, wo eine Unterscheidung zwischen mittelbarer und unmittelbarer Betroffenheit des Emittenten im Rahmen der Ad-hoc-Veröffentlichungspflicht nötig ist.

b) Die Unterscheidung von mittelbarer und unmittelbarer Betroffenheit

Mit der Einschränkung der Ad-hoc-Publizität auf Insiderinformationen, die den Emittenten unmittelbar betreffen, muss eine Unterscheidung dahingehend vorgenommen werden, wann eine Insiderinformation den Emittenten mittelbar oder unmittelbar betrifft. Fraglich ist, welchem Zweck eine derartige Unterscheidung nach dem gesetzgeberischen Willen dienen soll. Ein mittelbares Betroffensein soll bspw. dann vorliegen, wenn die Information an einem organisierten Markt, an dem das betroffene Finanzinstrument gehandelt wird, den Prozess der Preisbildung und –entwicklung als solchen erheblich beeinflussen kann, obwohl das zugrunde liegende Ereignis nicht im Tätigkeitsbereich des Emittenten eingetreten ist.[818] Mit der Unterscheidung solle vermieden werden, dem Emittenten die Pflicht aufzuerlegen, Sachverhalte wie Zinssätze, Wech-

[817] *Assmann*, in: Assmann/Schneider, WpHG, § 13 Rn. 47.
[818] Begr. RegE. AnSVG, BT-Drucks. 15/3174, S. 33.

selkurse und die Wertentwicklung von Rohstoffderivaten zu veröffentlichen.[819] Schon zum alten Recht wurde vertreten, dass mit Hilfe der Einschränkung der Ad-hoc-Publizitätspflicht auf im Tätigkeitsbereich des Emittenten eingetretene Tatsachen sog. *Marktdaten* ausgeklammert werden sollten, die sich auf mehrere Emittenten oder den gesamten Kapitalmarkt bezögen,[820] da ihnen lediglich ein mittelbarer Emittentenbezug zuzusprechen sei.

Das Komitee der Europäischen Wertpapieraufsichtsbehörden (CESR) hat eine Liste aufgestellt, die diejenigen Ereignisse erfasst, die den Emittenten unmittelbar betreffen sollen.[821] Die BaFin ist diesen Vorschlägen in ihrem Emittentenleitfaden im Wesentlichen gefolgt.[822] Neben dem Erwerb oder der Veräußerung von wesentlichen Beteiligungen sollen dazu auch Übernahme-, Abfindungs- oder Kaufangebote gehören. Die Auflistung von den Emittenten potentiell unmittelbar betreffenden Insiderinformation trägt zu einer Bestimmung der ihn nur mittelbar betreffenden Insiderinformation jedoch nur begrenzt bei, auch wenn sie dem Emittenten eine zuverlässige Richtschnur in Bezug auf die aufgeführten Fallbeispiele an die Hand gibt. Wenn aber die unmittelbare Betroffenheit dann angenommen werden kann, wenn die Information im Tätigkeitsbereich des Emittenten eingetreten ist oder von außen auf diesen mit einem speziellen Emittentenbezug einwirkt, ohne von ihm veranlasst worden zu sein, dann kann es sich bei diesen den Emittenten nur mittelbar betreffenden Informationen nur um solche handeln, die sich auf einen anderen Dritten unmittelbar beziehen und dies eine besondere Auswirkung auf den Emittenten hat, weil dieser in einem speziellen Verhältnis zu diesem Dritten steht. So wird die Insolvenz eines für den Emittenten wichtigen Abnehmers oder Lieferanten regelmäßig Auswirkungen auf den Geschäftsgang des Emit-

[819] *Büche*, Pflicht zur Ad-hoc-Publizität, S. 182.
[820] *Kümpel/Assmann*, in: Assmann/Schneider, WpHG (3. Aufl. 2003), § 15 Rn. 45; *ders.*, AG 1997, S. 66, 67; *v. Klitzing*, Die Ad-hoc-Publizität, S. 102, 103; *Fürhoff*, Kapitalmarktrechtliche Ad hoc-Publizität, S. 164; *Zimmer*, in: Schwark, Kapitalmarktrechtskommentar, § 15 WpHG Rn. 45. Zur Ausklammerung von allg. Marktdaten auch nach neuer Rechtslage: *Möllers*, ZBB 2003, S. 390, 392; *Grimme/v. Buttlar*, WM 2003, S. 903, 906; *Ziemons*, NZG 2004, S. 537, 541; *Büche*, Pflicht zur Ad-hoc-Publizität, S. 182; *Assmann*, in: Assmann/Schneider, WpHG (4. Aufl. 2006), § 15 Rn. 64; Emittentenleitfaden der BaFin, S. 40; *Kuthe*, ZIP 2004, S. 883, 885 ; *Tollkühn*, ZIP 2004, S. 2215, 2216; *Harbarth*, ZIP 2005, S. 1898, 1903; *Simon*, Der Konzern 2005, S. 13, 17.
[821] Durchführungsrichtlinie 2003/124/EG, Empf. CESR, CESR/02.089d, S. 12 f. (Nr. 15).
[822] Vgl. Emittentenleitfaden der BaFin, S. 43, 44.

tenten haben.[823] Selbiges muss für gleichartige Ereignisse bei konzernverbundenen Gesellschaften gelten.

aa) Im Tätigkeitsbereich des Emittenten eingetretene Insiderinformationen, § 15 Abs. 1 Satz 2 WpHG

Eine unmittelbare Betroffenheit des Emittenten ist nach dem Regelbeispiel des § 15 Abs. 1 Satz 2 WpHG immer dann gegeben, wenn die Insiderinformation im Tätigkeitsbereich des Emittenten eingetreten ist. Wann die zu veröffentlichende Information sich auf Umstände bezieht, die im Tätigkeitsbereich des Emittenten eingetreten sind, ist jedoch nicht definiert. Auch hat der Gesetzgeber zum 2. FFG darauf verzichtet, eine genauere Bestimmung vorzunehmen noch sich zum Tatbestandsmerkmal des Tätigkeitsbereichs des Emittenten geäußert.[824]

Als im Tätigkeitsbereich des Emittenten eingetretene Tatsachen wurden zunächst diejenigen Umstände angesehen, die sich als unmittelbare Folge der unternehmerischen Tätigkeit darstellen, sog. *unternehmensinterne Tatsachen.*[825] Erforderlich war daher ein Bezug zur unternehmerischen Sphäre des Emittenten.[826] Dazu sollten vor allem diejenigen Entscheidungen zählen, die innerhalb der Unternehmensleitung des Emittenten getroffen worden waren[827] oder so wesentlich gefördert waren, dass eine Irreführung der Öffentlichkeit durch eine Veröffentlichung nicht zu befürchten war[828], so bspw. bei personellen Veränderungen in Schlüsselpositionen.[829] Davon ausgenommen sollten Veränderungen in der Aktionärsstruktur[830] als auch die Kenntniserlangung von

[823] *Simon*, Der Konzern 2005, S. 13, 17, eine unmittelbare Betroffenheit des Emittenten bei unternehmensexternen Umständen dann annehmend, wenn sie einen speziellen Bezug zum Emittenten aufweisen, weil ihre Auswirkungen den Emittenten ganz speziell betreffen.
[824] Vgl. Begr. RegE. 2. FFG, BT-Drucks. 12/6679, S. 48.
[825] *Zimmer*, in: Schwark, Kapitalmarktrechtskommentar, § 15 WpHG Rn. 46; *BAWe/Deutsche Börse AG* (Hrsg.), Leitfaden: Insiderhandelsverbote und Ad-hoc-Publizität (2. Aufl. 1998), S. 34 f.
[826] *Braun*, in: Möllers/Rotter, Ad-hoc-Publizität, § 8 Rn. 50.
[827] *Burgard*, ZHR 162 (1998), S. 51, 59; *Hopt*, ZHR 159 (1995), S. 135, 153; *Pananis*, WM 1997, S. 460, 461; *Struck*, Ad-hoc-Publizität zum Schutz der Anleger, S. 125 ff.
[828] *Hopt*, ZHR 159 (1995), S. 135, 152; *Pananis*, WM 1997, S. 460, 461.
[829] *Burgard*, ZHR 162 (1998), S. 51, 64; *Gehrt*, Die neue Ad-hoc-Publizität, S. 151; *Loistl*, Die Bank 1995, S. 232, 235.
[830] *Deutsche Börse AG*, WM 1994, S. 2038, 2048; a.A. *Gehrt*, Die neue Ad-hoc-Publizität, S. 140, 141, der dem Tätigkeitsbereich des Emittenten auch den Markt für dessen Wertpapiere zuweist. Ab-

Übernahmeangeboten Dritter[831] sein. Nach anderer Ansicht sollten zu den vom Emittenten zu veröffentlichenden Informationen auch solche gehören, die von außen auf den Emittenten einwirken und einen notwendigen spezifischen Emittentenbezug aufweisen, sog. *unternehmensexterne Tatsachen*[832], auf die der Emittent allerdings keinen Einfluss nehmen könne.[833] Die Abgrenzung dieser unternehmensexternen Umstände gegenüber allgemeinen Marktdaten sollte über das Erfordernis des spezifischen Emittentenbezugs erreicht werden.[834] Unklar und umstritten war jedoch, wann ein ausreichender spezifischer Emittentenbezug gegeben sei, wobei vertreten wurde, dass ein solcher schon dann vorliegen sollte, soweit der Umstand eine speziell individuelle Beziehung zum Emittenten aufweise.[835] Diese Ansicht stellt jedoch eine zu weitgehende Auslegung des Begriffs des Tätigkeitsbereichs dar, weil sie die Grenze zwischen den Emittenten mittelbar oder unmittelbar betreffenden Informationen verwischt. Der Tätigkeitsbereich sollte auf unternehmensinterne Vorgänge beschränkt bleiben, deren Eintritt durch ein dem Emittenten zurechenbares Verhalten gesteuert wurde und sich damit als Ergebnis der eigenen unternehmerischen Tätigkeit darstellt. Zu den nach neuem Recht zu veröffentlichenden Insiderinformationen gehören demnach diejenigen Vorgänge, die Maßnahmen der Geschäftsführung oder Akte anderer Organe darstellen.[836] Dadurch, dass auch zukünftige Ereignisse, die mit hinreichender Wahrscheinlichkeit eintreten werden, eine Insiderinformation darstellen können, ist eine Betroffenheit des Emittenten auch dann gegeben, wenn das entsprechende Ereignis erst in der Zukunft im Tätigkeitsbereich des Emittenten eintritt.[837]

---

lehnend *Struck*, Ad-hoc-Publizitätspflicht zum Schutz der Anleger, S. 127, 128, der den Tätigkeitsbereich des Emittenten nicht betroffen sieht, soweit dieser keine eigene Geschäftstätigkeit entfaltet habe.

[831] *Burgard*, ZHR 162 (1998), S. 51, 59; *Hopt*, ZHR 159 (1995), S. 135, 153, Fn. 87; *Schander/Lucas*, DB 1997, S. 2109, 2112; *Fürhoff/Wölk*, WM 1997, S. 449, 452; *Assmann*, ZGR 2002, S. 697, 714 f.; *Kümpel/Assmann*, in: Assmann/Schneider, WpHG (3. Aufl. 2003), § 15 Rn. 46 ff.

[832] *Zimmer*, in: Schwark, Kapitalmarktrechtskommentar, § 15 WpHG Rn. 47; *Geibel*, in: Schäfer, WpHG, BörsG mit BörsZulV, VerkProspG mit VerkProspV, § 15 WpHG Rn. 38.

[833] *Caspari*, in: Baetge, Insiderrecht und Ad-hoc-Publizitätspflicht, S. 65, 71; *Gehrt*, Die neue Ad-hoc-Publizität, S. 140 f.

[834] *Caspari*, in: Baetge, Insiderrecht und Ad-hoc-Publizitätspflicht, S. 65, 71.

[835] *Gehrt*, Die neue Ad-hoc-Publizität, S. 138 f., 229, der den Tätigkeitsbereich des Emittenten bereits dann als betroffen ansieht, wenn es sich um externe Umstände handelt, die nur einen einzigen Emittenten betreffen. Dazu sollen seiner Ansicht nach Veränderungen in der Aktionärsstruktur und die Kontrolle über das Unternehmen, angetragene Übernahmenangebote, die Zerstörung von Betriebsanlagen durch Naturgewalt oder die Gewalt Dritter sowie bestehende und plötzlich bekannt gewordene Altlasten zählen.

[836] *Assmann*, in: Assmann/Schneider, WpHG, § 15 Rn. 59.

[837] *Büche*, Pflicht zur Ad-hoc-Publizität, S. 181.

Weil aber auch Pläne und Absichten als voluntative Tatsachen weiterhin als konkrete Umstände einzustufen sind[838], werden diese als im Tätigkeitsbereich des Emittenten eingetreten anzusehen sein. Soweit also ein Emittent die Abgabe eines öffentlichen Angebots anstrebt und mit den dafür erforderlichen Vorbereitungshandlungen beginnt, handelt es sich bei diesen um im Tätigkeitsbereich des Emittenten eingetretene Umstände, die ihn unmittelbar betreffen. Dazu gehören sowohl Gespräche mit der Zielgesellschaft, der Abschluss entsprechender Vereinbarungen als auch die Erkenntnisgewinnung im Rahmen der vom Bieter durchgeführten Due Diligence. Gleiches muss für die die Vorbereitungsphase abschließende Entscheidung gelten, die ebenfalls einen im Tätigkeitsbereich des Emittenten Umstand darstellt, der allein deshalb nicht veröffentlicht zu werden braucht, weil seine öffentliche Bekanntheit durch die Entscheidungsveröffentlichung nach § 10 Abs. 1 WpÜG sichergestellt ist.

bb) Von außen kommende Insiderinformationen

Damit, dass § 15 Abs. 1 Satz 2 WpHG die im Tätigkeitsbereich des Emittenten eingetretenen Insiderinformationen besonders benennt, stellt der Gesetzgeber klar, dass unternehmensinterne Insiderinformationen[839] als solche immer einer Ad-hoc-Publizitätspflicht unterfallen und den Emittenten unmittelbar betreffen. Mit der Abstufung von einem Tatbestandsmerkmal zu einem Regelbeispiel ist der alte Streit, ob auch sog. unternehmensexterne Umstände den Emittenten unmittelbar betreffen können, entschieden worden. Der Emittent ist nun auch zur Veröffentlichung von unternehmensexternen, also von außen kommenden Insiderinformationen verpflichtet, soweit ihn diese unmittelbar betreffen.[840] Die Besonderheit der Veröffentlichungspflicht bei unternehmensexternen Umständen besteht jedoch darin, dass eine asymmetrische Informationsverteilung zwischen dem Emittenten und den übrigen Marktteilnehmern in der Regel nicht vorliegt, weil der Emittent regelmäßig keine Kenntnis von Umständen hat, die nicht auf einer eigenen unternehmerischen Tätigkeit basieren und gleich-

[838] *Braun*, in: Möllers/Rotter, Ad-hoc-Publizität, § 8 Rn. 51.
[839] Zur Abgrenzung des Begriffspaars von unternehmensinternen und unternehmensexternen Informationen siehe *Simon*, Der Konzern 2005, S. 13, 14.
[840] Begr. RegE. AnSVG, BT-Drucks. 15/3174, S. 35; *Assmann*, in: Assmann/Schneider, WpHG (4. Aufl. 2006), § 15 Rn. 63.

zeitig nicht öffentlich bekannt sind. Zwar knüpft die Veröffentlichungspflicht des § 15 Abs. 1 Satz 1 WpHG nicht an die Kenntnis des Emittenten von dem betreffenden Umstand an, sondern an das reine Bestehen einer den Emittenten unmittelbar betreffenden Insiderinformation, doch ist die Kenntnis notwendigerweise eine Bedingung für ein Tätigwerden des Emittenten.[841] Fraglich ist nur, wann von außen kommende, nicht im Tätigkeitsbereich des Emittenten eingetretene und damit unternehmensexterne Insiderinformationen den Emittenten unmittelbar betreffen.

Die Literatur nimmt bei der konkreten Bestimmung eine Abgrenzung vor. Eine von außen kommende, jedoch den Emittenten nur mittelbar betreffende Insiderinformation läge bei Umständen und Ereignissen vor, welche zu den allgemeinen Marktdaten[842] zu rechnen seien und die für jeden Teilnehmer des Kapitalmarkts maßgeblichen Wirtschafts- und Wettbewerbsverhältnisse bestimmen.[843] Allgemeine Marktdaten werden in der Regel den Kapitalmarktteilnehmern gleichzeitig bekannt, so dass ihnen praktisch nie die Eigenschaft zukommt, als Grundlage von Insidergeschäften dienen zu können. Dem Emittenten kann daher nicht die Pflicht auferlegt werden, den übrigen Markteilnehmern Informationen zu Verfügung zu stellen, die diese sich jederzeit selbst beschaffen können.[844] Die für die Ad-hoc-Publizität erforderliche asymmetrische Informationsverteilung zwischen dem Emittenten und den übrigen Kapitalmarktteilnehmern liegt hier gerade nicht vor. Andere Bestimmungsversuche sehen den Emittenten bei von außen kommenden Insiderinformationen dann als unmittelbar betroffen an, wenn diese den Emittenten ausschließlich oder doch maßgeblich betreffen.[845] Dies sei insbesondere dann der Fall, wenn der entsprechende Umstand vom Emittenten mit den Instrumenten der Rechnungslegung zu veröffentlichen sei.[846] Dazu sollen vor allem die hinreichende Wahrscheinlichkeit der Ausübung von speziellen Aktionärsrechten sowie

[841] *Büche*, Pflicht zur Ad-hoc-Publizität, S. 184, der zutreffend darauf hinweist, dass die Kenntnis des Emittenten dort eine Berücksichtigung zu finden hat, wo die Unverzüglichkeit der Veröffentlichung in Frage steht.
[842] Zur Ausklammerung von allgemeinen Marktdaten schon nach alter Rechtslage *Kümpel*, AG 1997, S. 66, 67; *v. Klitzing*, Die Ad-hoc-Publizität, S. 102, 103.
[843] *Assmann*, in: Assmann/Schneider, WpHG, § 15 Rn. 64; *Grimme/v. Buttlar*, WM 2003, S. 901, 906; *Bürgers*, BKR 2004, S. 424, 426; *Tollkühn*, ZIP 2004, S. 2215, 2216; *Kuthe*, ZIP 2004, S. 883, 885; *Ziemons*, NZG 2004, S. 537, 541; *Harbarth*, ZIP 2005, S. 1898, 1903.
[844] *Büche*, Pflicht zur Ad-hoc-Publizität, S. 182.
[845] *Assmann*, in: Assmann/Schneider, WpHG (4. Aufl. 2006), § 15 Rn. 68.
[846] *Büche*, Pflicht zur Ad-hoc-Publizität, S. 185.

bedeutende Behördenentscheidungen oder die Veränderung von externen Ratings gehören.[847] Doch kann nicht allein auf eine Parallele zu den Instrumenten der Rechnungslegung abgestellt werden, weil damit nur langfristige, endgültige Sachverhalte erfasst würden. Nicht erfasst wären Entwicklungen, die lediglich zu kurzfristigen Kursschwankungen führen, weil sie keinen Abschluss finden und damit nicht von der Regelpublizität benannt werden müssten. Eine unmittelbare Betroffenheit muss sich jedoch auch für den Moment bestimmen lassen, für den eine solche Endgültigkeit nicht vorliegt, weil er nur von kurzer Dauer ist.

Unter Zugrundelegung der zur alten Rechtslage geführten Diskussion, dass unternehmensexterne Umstände auch dann vom Emittenten zu veröffentlichen sind, sofern diese einen spezifischen Emittentenbezug aufweisen, kann eine unmittelbare Betroffenheit des Emittenten bei von außen kommenden Insiderinformationen bejaht werden, soweit diese andere Emittenten nicht tangieren oder doch so unwesentlich für diese sind, dass von einer Betroffenheit nicht gesprochen werden kann. Ansonsten würde eine zu starke Annäherung an die von der Veröffentlichungspflicht nicht erfassten allgemeinen Marktdaten bewirkt. Dabei kann auch die zur unmittelbaren Betroffenheit des Klägers im Verwaltungsprozess und der Verfassungsbeschwerde bestehende Meinungslage herangezogen werden. Eine unmittelbare Betroffenheit im Rahmen einer Verfassungsbeschwerde wird dann verneint, sofern erst auf einer Rechtsgrundlage beruhende Folgemaßnahmen einen Eingriff in die subjektive Rechtsstellung des Beschwerdeführers darstellen[848] und der angegriffene Rechtsakt damit erst eines Vollzuges bedarf, um eine Rechtsverletzung zu begründen. Bei einer Verfassungsbeschwerde gegen ein Gesetz ist eine unmittelbare Betroffenheit des Beschwerdeführers in seinen Grundrechten dann gegeben, wenn das Gesetz seine Rechtsstellung ohne Zwischenschaltung eines Vollzugsaktes verändert.[849] Übertragen auf die unmittelbare Betroffenheit des Emittenten liegt diese dann vor, wenn der Umstand zu einer Veränderung seiner Vermögens- oder Finanzlage oder seines allgemeinen Geschäftsverlaufs führt und diese direkt aus diesem Umstand resultiert. Diese Veränderung darf nicht auf ei-

[847] *Assmann*, in: Assmann/Schneider, WpHG (4. Aufl. 2006), § 15 Rn. 68 f.
[848] *Schenke*, Verwaltungsprozessrecht (8. Aufl. 2002), S. 155.
[849] BVerfGE 78, 350, 355; 77, 308, 326; 72, 39, 43; 64, 323, 350; 53, 366, 389; 70, 35, 50 f.

nem diesem Umstand nachfolgenden Zwischenschritt beruhen oder sich als Reflexwirkung[850] darstellen. Daraus rechtfertigt sich die Einschränkung des speziellen Emittentenbezugs auf den Emittenten konkret-individuell betreffende Umstände. Eine solche konkret-individuelle Betroffenheit ist bspw. dann zu verneinen, wenn sich ein Umstand lediglich auf das Marktumfeld auswirkt, in welchem der Emittent tätig ist, und damit alle an diesem Markt tätigen Unternehmen von ihm betroffen sind, so dass eine Betroffenheit des Emittenten allein aufgrund der vorangegangenen Betroffenheit des Marktes besteht.

cc) Die unmittelbare Betroffenheit des Bieters im Vorfeld der Entscheidung bei von außen kommenden Insiderinformationen

Unter Zugrundelegung der Erkenntnis, dass eine unmittelbare Betroffenheit nicht allein dann gegeben ist, wenn sich ein Umstand als Ergebnis eigener unternehmerischer Tätigkeit darstellt, kann eine unmittelbare Betroffenheit des Bieters auch bei von außen auf ihn einwirkenden Umständen gegeben sein. Dies ist insbesondere dann der Fall, wenn die Zielgesellschaft in Bezug auf das angestrebte Angebotsverfahren tätig wird. Davon einbezogen sind alle Abwehrmaßnahmen, die diese im Vorfeld der Entscheidung trifft, als auch konkurrierende Vorbereitungen Dritter, sofern beide geeignet sind, die Durchführung des Angebots zu beeinträchtigen oder ganz zu verhindern. In gleicher Weise gehören dazu auch Gerichts- oder Behördenentscheidungen, die einen ganz erheblichen Einfluss auf die Zielgesellschaft haben und das Angebot unattraktiv für den Bieter machen. Dies kann bspw. dann der Fall sein, wenn der Zielgesellschaft eine bestimmte Tätigkeit untersagt oder durch hohe Auflagen eingeschränkt wird. Gleiches wird für Entscheidungen der Kartellbehörden gelten. Die unmittelbare Betroffenheit resultiert auch hier aus der Tatsache, dass mit der Entstehung der entsprechenden Umstände das Angebot als solches beeinträchtigt ist.

---

[850] Zur bloß mittelbaren Betroffenheit eines Verfassungsbeschwerdeführers bei einer Reflexwirkung einer Norm vgl. BVerfGE 78, 350, 354.

c) Die unmittelbare Betroffenheit von Konzernunternehmen und daraus folgende Veröffentlichungspflicht

aa) Das Vorliegen einer unmittelbaren Betroffenheit im Konzern

Weil in § 15 WpHG im Gegensatz zu anderen Regelungen des WpHG keinerlei Hinweis auf Konzernsachverhalte zu finden ist[851], stellt sich die Frage einer unmittelbaren Betroffenheit des Emittenten bei Fallkonstellationen, bei denen eine Insiderinformation ein mit dem Emittenten konzernverbundenes Unternehmen unmittelbar betrifft. Dabei ist insbesondere fraglich, ob auch Gesellschaften zu einer Veröffentlichung verpflichtet sein könnten, sofern sie mit dem Bieter in einem Konzern verbunden sind. Dabei ist darauf hinzuweisen, dass aufgrund einer fehlenden Konzernklausel eine Veröffentlichungspflicht nur bei der rechtlich selbstständigen Person[852] angenommen werden kann[853], soweit dem in Frage stehenden Umstand ein erhebliches Kursbeeinflussungspotential zuzusprechen ist. Der Konzern als rechtliches Gebilde ohne eigene Rechtspersönlichkeit[854] kann selbst nicht Verpflichteter der kapitalmarktrechtlichen Veröffentlichungspflicht sein. Daraus resultiert aber die Frage, wann eine unmittelbare Betroffenheit der in einem Konzern verbundenen Unternehmen vorliegt.

Trotz der nach alter Rechtslage bestehenden Beschränkung der Ad-hoc-Publizitätspflicht auf im Tätigkeitsbereich des Emittenten eingetretene Umstände waren bei Tochterunternehmen eingetretene Umstände nach einigen Stimmen in der Lite-

---

[851] Darauf hinweisend *Hopt*, ZHR 159 (1995), S. 135, 151 (Fn. 65); *Burgard*, ZHR 162 (1998), S. 51, 58; *Assmann*, in: Assmann/Schneider, WpHG (4. Aufl. 2006), § 15 Rn. 49; *Sangiovanni*, Ad-hoc-Publizität, S. 77; *Nicodem*, Doppellisting und Anlegerschutz, S. 128; *Thieme*, Die Ad-hoc-Publizität und ihre Konzerndimension, S. 164 ff., der daraus schließt, dass der Gesetzgeber auf eine diesbezügliche Regelung explizit verzichtet hat. Zur Ausgrenzung von Konzernsachverhalten hätte er jedoch den Tatbestand der Ad-hoc-Publizität durch eine Konzernklausel begrenzen müssen. Auch *v. Klitzing*, Die Ad-hoc-Publizität, S. 108, der darauf hinweist, dass sich aus dem Gesetzeswortlaut nicht entnehmen lasse, ob mit der Merkmal „im Tätigkeitsbereich des Emittenten" auch der Tätigkeitsbereich des Konzerns erfasst sei.

[852] Dies ist schon Teil der gesetzlichen Definition des verbundenen Unternehmens in § 15 AktG.

[853] *Hommelhoff/Hopt/Lutter*, Konzernrecht und Kapitalmarktrecht, S. 58.

[854] *Hommelhoff*, Die Konzernleitungspflicht, S. 10 ff.

ratur von der Muttergesellschaft zu veröffentlichen.[855] Denn soweit sich bei einem mit dem Emittenten in einem Konzern verbundenen Unternehmen Umstände ergaben, welche in ihrem Ausmaß eine erhebliche Auswirkung auf die Vermögens- und Finanzlage des Emittenten haben konnten, so galten sie gleichermaßen als im Tätigkeitsbereich des Emittenten eingetreten. Nach einigen Stimmen sollte dies auch dann gelten, wenn außergewöhnliche Entwicklungen bei einem in Beteiligungsbesitz stehenden Unternehmen eingetreten waren, welche den Ertrag der Beteiligung erheblich beeinflussen konnten.[856]

Andere Stimmen stellten auf den beherrschenden Einfluss des Emittenten ab. Die Tätigkeit von anderen Unternehmen sollte dann in den Tätigkeitsbereich des Emittenten fallen, wenn ihm die Mehrheit der Stimmrechte zustehe, er die Mehrheit der Mitglieder der Unternehmensleitung stellen könne oder er auf das Unternehmen einen beherrschenden Einfluss[857] aufgrund eines Beherrschungsvertrages oder einer Satzungsbestimmung ausübe.[858] Im Umkehrschluss sollten daher auch Entwicklungen im Geschäftsbereich des herrschenden Unternehmens eine Veröffentlichungspflicht des beherrschten Emittenten auslösen[859], soweit das herrschende Unternehmen die Voraus-

---

[855] *Zimmer*, in: Schwark, Kapitalmarktrechtskommentar, § 15 WpHG Rn. 44; *Braun*, in: Möllers/Rotter, Ad-hoc-Publizität, § 8 Rn. 62, der den Eintritt einer Tatsache im Tätigkeitsbereich des Tochterunternehmens mit dem Eintritt im Tätigkeitsbereich der Muttergesellschaft gleichstellt.

[856] *Tippach*, Insider-Handelsverbot, S. 146.

[857] Vgl. *Geibel*, in: Schäfer, WpHG, BörsG mit BörsZulV, VerkProspG mit VerkProspV, § 15 WpHG Rn. 45; *Struck*, Ad-hoc-Publizitätspflicht zum Schutz der Anleger, S. 132, der zum Tätigkeitsbereich des Emittenten nur Unternehmen zählt, auf die der Emittent einen beherrschenden Einfluss ausüben könne. Für diese Sicht spreche vor allem der systematische Zusammenhang mit der Primärmarktpublizität als auch mit der Regelpublizität, welche den Emittenten dazu verpflichteten, Angaben auch über solche Unternehmen zu machen, die er im Sinne des § 290 Abs. 2 HGB beherrsche. Bei fehlendem beherrschenden Einfluss des Emittenten bestehe eine Veröffentlichungspflicht nicht. Die folge allein schon daraus, dass der Emittent aufgrund des fehlenden Einflusses eine richtige, vollständige und zeitnahe Unterrichtung des Börsenpublikums nicht sicherstellen könne.

[858] Für diese an § 290 Abs. 2 HGB orientierte handelsrechtliche Konzernabgrenzung: *Cahn*, ZHR 162 (1998), S. 1, 30 f.; *Fürhoff/Wölk*, WM 1997, S. 449, 451. Andere orientieren sich an der aktienrechtlichen Regelung in §§ 17 ff. AktG, vgl. *Burgard*, ZHR 162 (1998), S. 51, 95; *Gehrt*, Die neue Ad-hoc-Publizität, S. 142, der eine Veröffentlichungspflicht auch bei Entwicklungen in einem Unternehmen annimmt, an dem der Emittent eine reine Finanzbeteiligung hält; so auch *v. Klitzing*, Die Ad-hoc-Publizität, S. 109.

[859] *Fülbier*, Regulierung der Ad-hoc-Publizität, S. 254 ff.; *Cahn*, ZHR 162 (1998), S. 1, 31; *Singhof*, ZGR 2001, S. 146, 152; offengelassen bei *Burgard*, ZHR 162 (1998), S. 51, 95 f.; ablehnend *Geibel*, in: Schäfer, WpHG, BörsG mit BörsZulV, VerkProspG mit VerkProspV, § 15 WpHG Rn. 45; *Braun*, in: Möllers/Rotter, Ad-hoc-Publizität, § 8 Rn. 65; *Thieme*, Ad-hoc-Publizität und ihre Konzerndimension, S. 247 ff., der Tatsachen, die der Muttergesellschaft entstammen, nicht dem Tätigkeitsbereich der Tochtergesellschaft zurechnen will, weil diese auf diese Tatsachen keinen Einfluss nehmen könne.

setzungen des § 15 WpHG erfüllte.[860] Dabei wurde die Ergänzungsfunktion der Ad-hoc-Publizität gegenüber der Regelpublizität hervorgehoben und die Ansicht vertreten, dass Ereignisse bei Tochterunternehmen immer dann der Ad-hoc-Veröffentlichungspflicht unterlägen, wenn sie von der konzernrechtlichen Regelpublizität erfasst würden.[861] Der Tätigkeitsbereich des Mutterunternehmens werde durch den von §§ 294, 296 HGB vorgegebenen Konsolidierungskreis der verbundenen Unternehmen eingegrenzt.[862]

Mit der Ausweitung der Publizitätspflicht des § 15 WpHG auf unternehmensexterne Umstände ist es damit auch bei Konzernsachverhalten zu einer Erweiterung der insoweit zu publizierenden Insiderinformationen gekommen. Generell ist damit eine unmittelbare Betroffenheit des Emittenten bei bedeutenden Ereignissen innerhalb des Konzernverbundes zu attestieren[863], weil eine Einschränkung auf die im Tätigkeitsbereich des Emittenten eingetretenen Umstände nicht mehr besteht und eine unmittelbare Betroffenheit des Emittenten durch von außen auf ihn einwirkende Umstände möglich ist. Es wird dahingehend vorgeschlagen, eine unmittelbare Betroffenheit bei Konzernsachverhalten dann anzunehmen, wenn die bei anderen Konzerngesellschaften gleich welcher Art – also Tochter-, Mutter- oder Schwestergesellschaften – eingetretenen Umstände sich auch auf die Vermögens-, Finanz- oder Ertragslage bzw. den allgemeinen Geschäftsverlauf des Emittenten auswirken oder den Wert seiner Finanzinstrumente beeinflussen können.[864] Damit ist aber nichts anderes gesagt als dass für den Emittenten die Voraussetzungen einer Insiderinformation vorliegen müssen, nament-

---

860 *Kümpel/Assmann*, in: Assmann/Schneider, WpHG (3. Aufl. 2003), § 15 Rn. 44; *Hommelhoff/Hopt/Lutter*, Konzernrecht und Kapitalmarktrecht, S. 58, 59.

861 *Kümpel/Assmann,* in: Assmann/Schneider, WpHG (3. Aufl. 2003), § 15 Rn. 44; *Geib*el, in: Schäfer, WpHG, BörsG mit BörsZulV, VerkProspG mit VerkProspV, § 15 WpHG, Rn. 45; *Gehrt*, Die neue Ad-hoc-Publizität, S. 142; *Fülbier*, Regulierung der Ad-hoc-Publizität, S. 250 ff.; *v. Klitzing*, Ad-hoc-Publizität, S. 108 f.; *Fürhoff*, Kapitalmarktrechtliche Ad-hoc-Publizität, S. 165 f.; *Fürhoff/Wölk*, WM 1997, S. 449, 451 f.; *Cahn*, ZHR 162 (1998), S. 1, 31. Dagegen *Thieme*, Ad-hoc-Publizität und ihre Konzerndimension, S. 164 ff., 210 ff., der ergänzend eine Kenntnis bzw. Kenntnisnahmemöglichkeit der Muttergesellschaft hinsichtlich der Information fordert, um eine Veröffentlichungspflicht auszulösen.

862 *Hommelhoff/Hopt/Lutter*, Konzernrecht und Kapitalmarktrecht, S. 31, 59.

863 *Assmann*, in: Assmann/Schneider, WpHG (4. Aufl. 2006), § 15 Rn. 72; Beachte auch *Spindler/Speier*, BB 2005, S. 2034, die erwägen, eine Veröffentlichungspflicht der börsennotierten Tochtergesellschaft dann zu verneinen, soweit die ebenfalls börsennotierte Muttergesellschaft ihrer Veröffentlichungspflicht nachgekommen ist. Die Erwägung wird von ihnen allerdings i.E. verworfen.

864 *Kuthe*, ZIP 2004, S. 883, 885; *Simon*, Der Konzern 2005, S. 13, 17.

lich der Emittenten- oder Insiderpapierbezug und das erhebliche Kursbeeinflussungspotential der Information. Eine Qualifizierung derart, wann eine unmittelbare Betroffenheit des Emittenten bei Konzernsachverhalten angenommen werden kann, wird dadurch nicht erreicht.

Zunächst ist festzuhalten, dass der Tätigkeitsbereich des Mutterunternehmens nicht zu weit ausgelegt werden kann. Umstände, die im Tätigkeitsbereich der Tochterunternehmen eingetreten sind, sind nicht automatisch im Tätigkeitsbereich des Mutterunternehmens eingetreten.[865] Eine solche Interpretation liefe nicht nur auf eine zu weitgehende Auslegung des Begriffs des Tätigkeitsbereichs hinaus, sondern würde im Ergebnis auch zu einer mit dem Sinn und Zweck der Ad-hoc-Veröffentlichungspflicht nicht zu vereinbarenden Veröffentlichungstätigkeit führen. Denn würde jede im Tätigkeitsbereich einer Tochtergesellschaft eingetretene Insiderinformation gleichzeitig dem Tätigkeitsbereich der diese beherrschenden Muttergesellschaft zugeordnet, käme es zu einer den Kapitalmarkt irritierenden Doppelpublizität hinsichtlich ein und desselben Umstands. Der Tätigkeitsbereich muss daher auf die unternehmensinternen Umstände beschränkt bleiben, um eine klare Abgrenzung zu den von außen kommenden Insiderinformationen leisten zu können.

Die unmittelbare Betroffenheit eines Unternehmens bei Umständen, die auf einer Tätigkeit von mit ihm in einem Konzern verbundenen Gesellschaften beruhen, kann damit nur dann angenommen werden, wenn diese konkret-individuell betroffen sind. Dies wird regelmäßig dann der Fall sein, wenn der Umstand unmittelbar auf die Geschäftstätigkeit des Unternehmens einwirkt, indem es das Verhältnis zwischen den beiden Gesellschaften modifiziert oder eine solche Veränderung aufgrund des Eintritts zu erwarten ist. Dies ist bei einem öffentlichen Angebot, das von einer konzernzugehörigen Gesellschaft angestrebt wird, nicht immer der Fall. Eine sichere Abgrenzung zum Tatbestandsmerkmal der erheblichen Kursbeeinflussung gestaltet sich hier

[865] So aber *Figiel*, Die Weitergabe von Insiderinformationen, S. 164 f.; *Schneider, Uwe H.*, Informationspflichten und Informationssystemeinrichtungspflichten, S. 139, die beide eine extensive Auslegung des Begriffs des „Tätigkeitsbereichs" vornehmen und zum Tätigkeitsbereich eines Emittenten auch solche Umstände zählen, die in seinem Einflussbereich eingetreten sind. Auf dieses Erfordernis verzichtend *Singhof*, ZGR 2001, S. 146, 152.

schwierig. Zu berücksichtigen ist in diesem Zusammenhang, welche wirtschaftlichen Motive hinter dem angestrebten Beteiligungserwerb stehen. Will der Bieter hier allein eine bestimmte Stimmrechtshöhe erreichen, um sich ein entsprechendes Stimmengewicht in der Hauptversammlung zu sichern, dann wird damit nicht allein eine unmittelbare Betroffenheit des Konzernunternehmens anzunehmen sein, sofern nicht auf die Geschäftsführung eingewirkt wird. Anders ist dies, wenn mit dem Angebot eine darauf folgende Umstrukturierung des Konzerns unmittelbar verbunden ist. Denn sofern die Konzerngesellschaft von dieser Umstrukturierung erfasst sein wird ist bereits mit den Angebotsabsichten des Bieters eine unmittelbare Betroffenheit zu bejahen, weil auf die Umstrukturierung folgen wird.

bb) Ergänzende Publizitätspflicht von konzernverbundenen Gesellschaften nach § 15 Abs. 1 Satz 1 WpHG in Bezug auf die Entscheidung zur Abgabe eines öffentlichen Angebots

Für die Bestimmung des Adressaten der Veröffentlichungspflicht aus § 10 Abs. 1 Satz 1 WpÜG soll es nicht darauf ankommen, von wem ein Angebot wirtschaftlich ausgeht, sondern allein darauf, wer es formell durchführt. Es gilt gerade kein materieller Bieterbegriff.[866] Neben der Bestimmung des Bieters stellt sich die Frage, inwieweit konzernbeteiligte Unternehmen, die nach dem formellen Bieterbegriff nicht als Bieter anzusehen sind, von denen aber die Entscheidung wirtschaftlich ausgeht, einer möglichen Ad-hoc-Publizitätspflicht nach § 15 Abs. 1 Satz 1 WpHG unterliegen. Denn die Entscheidung eines konzernbeteiligten Unternehmens, ein freiwilliges Erwerbs- oder Übernahmeangebot abzugeben, ist grundsätzlich in der Lage, den Börsen- oder Marktpreis der Aktien des börsennotierten Mutterunternehmens erheblich zu beeinflussen.[867] Daneben stellt sich die Frage, ob nicht die Weisung des herrschenden Unternehmens für sich betrachtet eine Insiderinformation darstellt, die nach § 15 WpHG einer eigenständigen Veröffentlichungspflicht unterliegt, gerade auch unter dem Gesichtspunkt, dass der Weisung durch das beherrschte Unternehmen in der Regel gefolgt wird und

[866] Vgl. die dahingehenden Erläuterungen oben unter Kapitel 2 A IV 1 d).
[867] *Hopt*, ZGR 2002, S. 333, 348.

damit mit deren Erteilung die Durchführung des Angebotsverfahrens hinreichend sicher ist.

Soweit konzerninterne Absprachen und Vorbereitungen in Bezug auf die Abgabe des Angebots getroffen werden, könnte daher eine Publizitätspflicht des Mutterunternehmens anzunehmen sein, soweit eine hinreichende Wahrscheinlichkeit des Eintritts der Entscheidung zu bejahen ist. Gegen eine ergänzende Publizitätspflicht wird allerdings vorgebracht, dass nach dem Regelungszweck des Gesetzes und insbesondere dem Rechtsgedanken des § 10 Abs. 6 WpÜG das Konzernunternehmen nicht dazu gezwungen werden dürfe, mit einer entsprechenden Veröffentlichung nach § 15 WpHG an den Kapitalmarkt heranzutreten, soweit eine entsprechende Veröffentlichung des Bieters nach § 10 WpÜG noch nicht vorliege.[868] Für diese Auffassung würde insbesondere der Gedanke sprechen, dass der Regelung des § 10 WpÜG eine *verfahrenseröffnende Funktion* zukomme und dem Bieter das Recht zuzugestehen sei, als erster eine entsprechende Veröffentlichung vorzunehmen, um diesen nicht einem Druck auszusetzen, welcher ein ordnungsgemäßes Angebotsverfahren beeinträchtigen könnte. Dies sei allein schon deswegen angezeigt, weil dem Bieter aufgrund der Regelung des § 14 Abs. 1 WpÜG nur eine relativ kurze Zeit zur Erstellung und Veröffentlichung der Angebotsunterlage zur Verfügung stünde und eine Veröffentlichung nach § 15 WpHG den Bieter unzulässig unter Druck setzen würde.

Gegen dieses Argument spricht jedoch, dass einzig die Entscheidungsveröffentlichung durch den Bieter nach § 10 WpÜG die vierwöchige Erstellungs- und Veröffentlichungsfrist einsetzen lässt. Einer andersartigen Veröffentlichung kommt diese Funktion nicht zu. Deswegen wird ein unzulässiger Druck auf den Bieter durch eine ergänzende Publizität nicht ausgelöst. Der Bieter ist vielmehr unter wirtschaftlichen Gesichtspunkten zu einer dann schnell erfolgenden Entscheidungsveröffentlichung angehalten, weil sich die den Aktionären der Zielgesellschaft angebotene Gegenleistung nach § 5 WpÜG-AngVO an dem durchschnittlichen Kurs der letzten drei Monate vor der Entscheidungsveröffentlichung zu orientieren hat und in diesen Zeitraum auch die durch die ergänzende Veröffentlichung ausgelösten Kursbewegungen Eingang in die

---

[868] *Oechsler*, in: Ehricke/Ekkenga/Oechsler, WpÜG, § 10 Rn. 27; *Hopt*, ZGR 2002, S. 333, 349.

Bestimmung der Gegenleistung fänden. Entscheidender scheint das Argument, dass dem mit dem Bieter in einem Konzernverhältnis stehenden Unternehmen die Möglichkeit eines Aufschubs der Veröffentlichung nach § 15 Abs. 3 WpHG offen steht.[869]

Diese Erwägungen allein können eine generell nach § 15 Abs. 1 Satz 1 WpHG bestehende Veröffentlichungspflicht jedoch nicht außer Kraft setzen. Diese Erwägungen müssen vielmehr auf der Ebene einer möglichen Befreiung von der Veröffentlichungspflicht im Rahmen des berechtigten Interesses des Emittenten an einem Aufschub eine Rolle spielen. Den börsennotierten, mit dem Bieter innerhalb eines Konzerns verbundenen Unternehmen obliegt mit der Entscheidungsveröffentlichung die Pflicht, diese ebenfalls nach § 15 WpHG zu publizieren, soweit dessen Voraussetzungen vorliegen und eine Aufschubmöglichkeit nach § 15 Abs. 3 Satz 1 WpHG nicht in Betracht kommt.

cc) Die Möglichkeit einer konzernweiten Vertretung durch die Muttergesellschaft

Soweit also eine konzernweite Veröffentlichungspflicht bei Konzernsachverhalten grundsätzlich bejaht wird, stellt sich die Frage, ob eine Veröffentlichungspflicht der Tochtergesellschaft dann verneint werden kann, soweit die ebenfalls börsennotierte Muttergesellschaft selbst als Emittent nach § 15 Abs. 1 Satz 1 WpHG publizitätspflichtig ist[870] und ihrer Veröffentlichungspflicht nachkommt. Diese Erwägung wird in der Literatur weitestgehend abgelehnt.[871] Hinsichtlich dieser Überlegung findet sich eine Parallele zu den Mitteilungs- und Veröffentlichungspflichten bei bedeutenden Veränderungen des Stimmrechtsanteils nach den §§ 21 ff. WpHG. Nach § 24 WpHG kann die Mitteilungspflicht einer konzernzugehörigen Tochtergesellschaft gegenüber der börsennotierten Gesellschaft, auf deren stimmrechtsberechtigenden Wertpapiere sich die Beteiligungsveränderung bezieht, von der Muttergesellschaft erfüllt werden.

---

[869] Zum Vorliegen von berechtigen Interessen als Voraussetzung der Befreiung von einer Veröffentlichungspflicht nach § 15 Abs. 3 WpHG siehe unten unter Kapitel 2 E II 2 b).

[870] *Spindler/Speier*, BB 2005, S. 2034.

[871] *Assmann*, in: Assmann/Schneider, WpHG, § 15 Rn. 72; *Figiel*, Die Weitergabe von Insiderinformationen, S. 166 f.; vgl. zur alten Rechtslage auch *Braun*, in: Möllers/Rotter, Ad-hoc-Publizität, § 8 Rn. 64; *Cahn*, ZHR 162 (1998), S. 1, 31, der bei einer beiderseitigen Börsennotierung von Mutter- und Tochtergesellschaft auch eine doppelte Veröffentlichungspflicht annimmt und eine Befreiung von dieser in entsprechender Anwendung des § 24 WpHG als nicht sachgerecht zurückweist.

Zwar kann gegen eine entsprechende Überlegung vorgebracht werden, dass der Gesetzgeber mit der Schaffung des § 24 WpHG gleichsam eine entsprechende Regelung zur Ad-hoc-Publizität hätte einfügen können und dies ersichtlich nicht getan hat. Doch kann der Regelung der generelle Gedanke entnommen werden, dass bei kapitalmarktrechtlichen Mitteilungs- und Veröffentlichungspflichten die generelle Möglichkeit einer Vertretung der konzernzugehörigen Gesellschaften durch die Muttergesellschaft möglich erscheint[872], soweit mit der Erfüllung der kapitalmarktrechtlichen Publizitätsvorschriften eine ausreichende Kapitalmarkttransparenz geschaffen wird. Mit der Einräumung der generellen Möglichkeit einer Vertretung des veröffentlichungspflichtigen Emittenten kommt es nicht zu einer Einwirkung auf die Funktionsschutzziele der Ad-hoc-Publizität. Die einmalige, sowohl im eigenen Namen als auch im fremden Namen vorgenommene Veröffentlichung trägt vielmehr dazu bei, den Kapitalmarkt nicht mit doppelten und damit zweckfremden Veröffentlichungen zu überfrachten und die operationale Funktionsfähigkeit des Kapitalmarkts zu fördern, welche durch unnötige Mehrfachveröffentlichungen beeinträchtigt würde. Dem Argument, eine derartige „Konzernveröffentlichung“ habe den Nachteil, dass die an dem Tochterunternehmen interessierten Kapitalmarktteilnehmer der Gefahr unterlägen, die publizierten Daten zu übersehen[873], kann entgegengehalten werden, dass dies durch eine ausreichende Hervorhebung der betroffenen Unternehmen vermieden werden kann. Eine Beeinträchtigung der kapitalmarktrechtlichen Transparenz geht mit einer Konzernveröffentlichung nicht denklogisch einher. Der Muttergesellschaft ist damit die Möglichkeit einzuräumen, eine Konzernveröffentlichung durch Vertretung der von ihr beherrschten Konzernunternehmen vorzunehmen.

---

[872] Anders *v. Klitzing*, Die Ad-hoc-Publizität, S. 108; *Figiel*, Die Weitergabe von Insiderinformationen, S. 167, die den Zweck der Veröffentlichungspflicht des Emittenten auch darin sehen, dass dem Kapitalmarkt mit der Veröffentlichung mitgeteilt wird, dass der betreffende Umstand aus der Sicht des Emittenten von erheblicher Bedeutung ist.

[873] So *Figiel*, Die Weitergabe von Insiderinformationen, S. 167.

III. Die Berichtigungs- und Aktualisierungspflicht aus § 15 Abs. 1 Satz 1 und Abs. 2 Satz 2 WpHG

1. Generelle Voraussetzungen

Nach § 15 Abs. 2 Satz 2 WpHG obliegt es dem Emittenten, unwahre Informationen, die nach § 15 Abs. 1 Satz 1 WpHG veröffentlicht wurden, unverzüglich[874] in einer entsprechenden Veröffentlichung nach § 15 Abs. 1 Satz 1 WpHG zu berichtigen, auch wenn dessen Voraussetzungen nicht vorliegen. Die *Berichtigungspflicht*[875] ist als solche nicht neu und war schon im früheren § 15 Abs. 1 Satz 4 WpHG a.F. enthalten. Unwahre Informationen werden vereinzelt als solche Angaben behandelt, die an sich oder aufgrund ihrer falschen Bekanntmachung nicht der Wahrheit entsprechen.[876] Der Gesetzgeber bestimmt eine Berichtigungspflicht unabhängig davon, ob die übrigen Voraussetzungen des § 15 Abs. 1 Satz 1 WpHG vorliegen, und stellt damit klar, dass es sich bei dem zu berichtigenden Umstand nicht um eine Insiderinformation handeln muss, durch die der Emittent unmittelbar betroffen ist. § 15 Abs. 2 Satz 2 WpHG stellt daher wie nach alter Rechtslage[877] eine neben § 15 Abs. 1 Satz 1 WpHG selbstständige Ad-hoc-Publizitätspflicht dar.

---

[874] Auch hier ist unverzüglich i.S.d. § 121 Abs. 1 Satz 1 BGB zu verstehen. Dies wird allein deshalb angemerkt, da es sich bei der Berichtigungspflicht um eine neben § 15 Abs. 1 Satz 1 WpHG selbstständig stehende Veröffentlichungspflicht handelt.

[875] Die Unterlassung einer Berichtigung nach § 15 Abs. 2 Satz 2 WpHG stellt keine Ordnungswidrigkeit nach § 39 WpHG dar. Nach § 39 Abs. 2 Nr. 5 lit. a WpHG liegt eine bußgeldbewehrte Ordnungswidrigkeit jedoch auch dann vor, wenn die nach § 15 Abs. 1 WpHG erforderliche Veröffentlichung nicht richtig vornimmt. Als eine Veröffentlichung, die nicht richtig erfolgt, wird wohl auch diejenige anzusehen sein, welche unwahre Informationen enthält, so dass der Emittent einem Bußgeld nur dann entgehen kann, wenn er eine Berichtigungsveröffentlichung nach § 15 Abs. 2 Satz 2 WpHG vornimmt. Der Verstoß gegen die Berichtigungspflicht als solche soll selbst keine Ordnungswidrigkeit darstellen, so dass allenfalls verwaltungsrechtliche Maßnahmen der BaFin in Betracht kämen, vgl. *Assmann*, in: Assmann/Schneider, WpHG, § 15 Rn. 188; *Grimme/v. Buttlar*, WM 2003, S. 901, 904, darauf hinweisend, dass eine Berichtigungspflicht auch dann gegeben ist, wenn die zu berichtigenden Umstände selbst kein Kursbeeinflussungspotential aufweisen würden.

[876] *Assmann*, in: Assmann/Schneider, WpHG, § 15 Rn. 189; *Grimme/v. Buttlar*, WM 2003, S. 901, 904; Zur alten Rechtslage: *Zimmer*, in: Schwark, Kapitalmarktrechtskommentar, § 15 WpHG Rn. 160, wonach (unter Zugrundelegung der damals bestehenden Rechtslage) berichtigungspflichtig solche unzutreffenden Tatsachenbehauptungen sind, welche in einer früheren Ad-hoc-Meldung aufgestellt worden seien.

[877] Vgl. *Zimmer*, in: Schwark, Kapitalmarktrechtskommentar, § 15 WpHG Rn. 159, der eine Berichtigungspflicht auch dann als gegeben ansieht, wenn die Öffentlichkeit bereits Kenntnis von der Unrichtigkeit der früheren Ad-hoc-Meldung hat.

Mit der Erweiterung des Tatbestands des § 13 Abs. 1 Satz 1 WpHG und der Einführung des Begriffs der Insiderinformation geht auch eine Ausweitung der Berichtigungspflicht des Emittenten einher. Wie bereits erläutert ist der Begriff der Insiderinformation in dem Sinne zu verstehen, dass dieser sich auf Umstände bezieht, die nicht zwingend Tatsachen sein müssen.[878] Dadurch, dass dem Emittenten auch eine Ad-hoc-Publizitätspflicht obliegt, soweit ihn überprüfbare Werturteile oder Prognosen unmittelbar betreffen, geht auch eine diesbezügliche Berichtigungspflicht einher, welche dann eintritt, soweit diese Werturteile oder Prognosen falsch dargestellt wurden.

Mit der Feststellung einer Berichtigungspflicht des Emittenten ist die Frage unbeantwortet, ob diese auch für solche Informationen gelten soll, die einer späteren Änderung unterliegen. Eine entsprechende *Aktualisierungspflicht* in Bezug auf bereits veröffentlichte Ad-hoc-Mitteilungen wird aus § 4 Abs. 2 WpAIV geschlossen[879], denn dieser sieht eine Aktualisierungspflicht dann vor, wenn wegen einer erheblichen Veränderung der bereits veröffentlichten Information erneut eine Veröffentlichung nach § 15 Abs. 1 Satz 1 WpHG zu erfolgen hat. Der Begriff der Erheblichkeit sollte in Anlehnung an § 13 Abs. 1 Satz 2 WpHG und die Kurserheblichkeit einer Insiderinformation ausgelegt werden und in dem Sinne verstanden werden, dass eine Aktualisierungspflicht nur dann besteht, soweit es sich um eine Veränderung handelt, die der verständige Anleger bei seiner Anlageentscheidung berücksichtigen würde.[880] Doch hat diese Auslegungsfrage nur beschränkten Aussagewert, da nach verbreiteter Ansicht die übrigen Voraussetzungen des § 15 Abs. 1 Satz 1 WpHG ohnehin vorliegen müssen, also auch alle Voraussetzungen einer Insiderinformation nach § 13 Abs. 1 Satz 1 WpHG.[881] Dass die Voraussetzungen des § 15 Abs. 1 Satz 1 WpHG bei der Aktualisierungspflicht anders als bei der Berichtigungspflicht vorliegen müssen, kann auch aus dem Willen des Verordnungsgebers geschlossen werden. Denn dieser verpflichtet den Emittenten im Falle einer Aktualisierung nach § 4 Abs. 2 Nr. 4 i.V.m. Abs. 1 Satz 1 Nr.

---

[878] Begr. RegE. AnSVG, BT-Drucks. 15/3174, S. 33; *Assmann*, in: Assmann/Schneider, WpHG (4. Aufl. 2006), § 13 Rn. 6.

[879] *Assmann*, in: Assmann/Schneider, WpHG (4. Aufl. 2006), § 15 Rn. 183; Emittentenleitfaden der BaFin, S. 59, 60.

[880] So auch der Emittentenleitfaden der BaFin, S. 59, 60: *„Die BaFin geht davon aus, dass eine Aktualisierung nur dann zu erfolgen hat, wenn der Aktualisierung ein erhebliches Preisbeeinflussungspotenzial zukommt.“*

[881] *Assmann*, in: Assmann/Schneider, WpHG (4. Aufl. 2006), § 15 Rn. 183.

5 bis 7 WpAIV nicht nur das Datum des Eintritts der der Information zugrunde liegenden Umstände anzugeben, sondern sowohl eine kurze Erklärung zu unmittelbaren Betroffenheit des Emittenten durch die neue Information als auch eine Erklärung zum Kursbeeinflussungspotential der neuen Information abzugeben. Der Verordnungsgeber sieht damit selbst die beiden wesentlichen Voraussetzungen der Ad-hoc-Publizitätspflicht, nämlich das Kursbeeinflussungspotential als auch die unmittelbare Betroffenheit des Emittenten, als erforderlich an.

Der wesentliche Unterschied zwischen der Berichtigungs- und der Aktualisierungspflicht des Emittenten besteht folglich darin, dass eine Berichtigungspflicht unabhängig von der Frage besteht, ob der wahre zu veröffentliche Umstand für sich die Erfordernisse des § 15 Abs. 1 Satz 1 WpHG erfüllt, während eine Aktualisierungspflicht nur dann gegeben ist, wenn es sich um eine Insiderinformation handelt, die den Emittenten unmittelbar betrifft. Beiden muss eine Veröffentlichung nach § 15 WpHG vorangegangen sein.

2. Die Berichtigungs- und Aktualisierungspflicht des Bieters im Vorfeld der Entscheidungsveröffentlichung

Damit unterliegt auch der Bieter allein dann einer Aktualisierungs- und Veröffentlichungspflicht, wenn er im Vorfeld der Entscheidungsveröffentlichung zu einer Ad-hoc-Veröffentlichung gezwungen war und die in dieser Veröffentlichung enthaltenen Angaben von Anfang an unrichtig waren oder einer späteren Änderung unterliegen. Dabei kann sowohl die Aufgabe der eigenen Absicht hinsichtlich der Abgabe des Angebots als auch der Abbruch der Verhandlungen mit der Zielgesellschaft einer Veröffentlichungspflicht unterliegen, sofern diese ein entsprechendes Kursbeeinflussungspotential aufweisen. Ein solches ist aber in der Regel zu bejahen, denn sofern der Absicht ein Kursbeeinflussungspotential unterstellt wird, muss dies auch für den gegenläufigen Willensakt gelten (*actus contrarius* – Gedanke). Eine Aktualisierungspflicht des Emittenten ist auch dann anzunehmen, wenn bei einem Abbruch von Verhandlungen mit der Zielgesellschaft einer Veröffentlichung bereits durch diese erfolgt ist, denn soweit mit der Veröffentlichung auch die Einschätzung des Emittenten hinsichtlich des

Kursbeeinflussungspotentials in Bezug auf die eigenen Finanzinstrumente vermittelt werden soll, kann dies nur durch eine eigene Veröffentlichung erfolgen.

IV. Art und Weise der Veröffentlichung unter Berücksichtigung der Konkretisierung durch die Wertpapierhandelsanzeige- und Insiderverzeichnisverordnung (WpAIV)

Die Art und Weise der Veröffentlichung wird durch die Vorgaben der WpAIV konkretisiert. Die Verordnung regelt in ihrem Abschnitt 3 die Veröffentlichung und Mitteilung von Insiderinformationen. Hinsichtlich der Art der Veröffentlichung der Insiderinformation bestimmt § 5 Abs. 1 Nr. 1 WpAIV, dass diese in deutscher Sprache[882] über ein elektronisch betriebenes Informationsverbreitungssystem, das bei Kreditinstituten, nach § 53 Abs. 1 Satz 1 des Kreditwesengesetzes tätigen Unternehmen, anderen Unternehmen, die ihren Sitz im Inland haben und an einer inländischen Börse zur Teilnahme am Handel zugelassen sind, und Versicherungsunternehmen weit verbreitet sind, zu erfolgen hat. Dies ist in Deutschland die Deutsche Gesellschaft für Ad-hoc-Publizität mbH (DGAP). Damit wird entsprechend der Vorgabe nach § 3a Abs. 1 WpAIV gewährleistet, dass die Information Medien zugeleitet wird, die für eine Verbreitung in der gesamten Europäischen Union und in den übrigen Vertragsstaaten des Abkommens über den Europäischen Wirtschaftsraum sorgen. Neben der Veröffentlichung über mehrere solcher Informationsverbreitungssysteme wird die Ad-hoc-Information an verschiedene Nachrichtenagenturen weitergegeben. Darüber hinaus hat der Emittent die Veröffentlichung nach § 5 Abs. 1 Nr. 2 WpAIV im Internet unter der Adresse des Emittenten, sofern er über eine solche verfügt, für die Dauer von mindestens einem Monat zur Verfügung zu stellen, wobei die Hauptseite einen deutlich erkennbaren Hinweis auf eine Seite mit Informationen für Anleger zu enthalten hat, unter welcher die Veröffentlichung leicht aufzufinden sein muss.

[882] Nach der Sonderregelung des § 3b Abs. 1 WpAIV kann es Emittenten mit Sitz im Ausland gestattet werden, ihre Veröffentlichung ausschließlich in englischer Sprache vorzunehmen, wenn dadurch eine ausreichende Unterrichtung der Öffentlichkeit nicht gefährdet erscheint.

V. Die Unverzüglichkeit der Informationsveröffentlichung

Die Veröffentlichung der Insiderinformation muss durch den Emittenten unverzüglich erfolgen. Unverzüglich ist auch hier in Anlehnung an die Legaldefinition in § 121 Abs. 1 Satz 1 BGB als ein Handeln ohne schuldhaftes Zögern zu verstehen. Dabei sollte dem Emittenten die Möglichkeit eingeräumt werden, die Voraussetzungen einer Ad-hoc-Publizitätspflicht zu prüfen.[883] Dies ist allein schon deswegen angezeigt, weil eine ex ante Prognose über die Kurserheblichkeit der Information durch den Emittenten erfolgen muss. Der Zeitraum, innerhalb dessen diese Prognose stattfindet, wird ein schuldhaftes Zögern nicht begründen. Auch wird dem Emittenten die Prüfung der Frage einzuräumen sein, ob ihm die Möglichkeit einer Selbstbefreiung verbleibt, also ob ihm berechtigte Interessen an einem Aufschub der Veröffentlichung zustehen, die Vertraulichkeit der Insiderinformation gewährleistet ist und eine Irreführung der Öffentlichkeit nicht zu erwarten ist. Eine mit dem Eintritt des Umstands zeitgleiche Veröffentlichung kann somit nicht verlangt werden. Eine Veröffentlichung ohne schuldhaftes Zögern wird daher dann anzunehmen sein, wenn die Veröffentlichung vorgenommen wird, nachdem der Emittent die Kurserheblichkeit der Information bejaht hat, diese als ihn unmittelbar betreffend erkennt und er feststellt, dass ihm die Möglichkeit einer Selbstbefreiung nicht offen steht.

Handelt es sich bei dem Emittenten um eine Aktiengesellschaft, so ist der Vorstand grundsätzlich gegenüber der Gesellschaft zur Erfüllung der Veröffentlichungspflicht über § 93 AktG verpflichtet.[884] Selbiges gilt für die geschäftsführenden Komplementäre einer Kommanditgesellschaft auf Aktien. Dabei kann die Überwachung und Feststellung einer Veröffentlichungspflicht grundsätzlich auf ein einzelnes Vorstandsmitglied delegiert werden. Bei der Befolgung der mit § 15 WpHG festgelegten Publizität handelt es sich nicht um eine grundsätzliche, bedeutende und ressortübergreifende Frage, die dem Kernbereich der Leitungsentscheidungen entspringt. Sie ist vielmehr Teil der Geschäftsführung, die nicht zwingend als Gesamtgeschäftsführung ausgestaltet sein muss. Zusammenfassend fällt damit die Veröffentlichungspflicht des Emittenten in die Geschäftsführungsbefugnis des Vorstands und

[883] *Fülbier*, Regulierung der Ad-hoc-Publizität, S. 54 f.
[884] *Peltzer*, in: Semler/Peltzer, Arbeitshandbuch für Vorstandsmitglieder, § 9 Rn. 64.

ist daher von diesem auszuführen oder im Falle einer Delegation zu überwachen. Gleiches gilt für die geschäftsführungsbefugten Komplementäre einer Kommanditgesellschaft auf Aktien.

VI. Zusammenfassung

Die generelle Möglichkeit einer ergänzenden Publizitätspflicht des Bieters bejahend lässt sich die Feststellung treffen, dass ihn aufgrund der Novellierung der wertpapierhandelsrechtlichen Ad-hoc-Publizität eine Veröffentlichungspflicht schon zu einem äußerst frühen Zeitpunkt treffen kann. Dies nicht allein deshalb, weil mit der Aufgabe des Begriffs der Insidertatsache zugunsten des weiter gefassten Begriffs der Insiderinformation eine Ausweitung des insiderrechtlichen Tatbestandes erfolgt ist, sondern auch gerade auch aus der Gefahr heraus, dass das Publizitätsverhalten anderer mit ihm in Verbindung stehender Gesellschaften ihn zu einer Veröffentlichung zwingen kann, die einer Entscheidungsveröffentlichung vorauszugehen hat. Diese Gefahr besteht nicht nur bei einer Veröffentlichung der Zielgesellschaft, sondern auch dann, wenn ein mit dem Bieter in einem Konzernverhältnis stehendes Unternehmen eine Veröffentlichung vornimmt und dem Bieter die Möglichkeit nimmt, bis zur endgültigen Entscheidung die Unterrichtung der Marktteilnehmer aufzuschieben. Der Bieter unterliegt einer Veröffentlichungspflicht dann, wenn eine Insiderinformation ihn unmittelbar betrifft. Das Kursbeeinflussungspotential von entscheidungsvorbereitenden Umständen ist dann gegeben, wenn aus ihrem Vorliegen auf die hinreichende Eintrittswahrscheinlichkeit geschlossen werden kann. Dies ist dann der Fall, wenn eine positive Entscheidung der Geschäftsführung als allein rationale Entscheidung in Betracht kommt. Weil aber damit eine insgesamt äußerst weitgehende Veröffentlichungspflicht des Bieters zu konstatieren ist, stellt sich die Frage, inwiefern ihm die Möglichkeit einer Befreiung von dieser Verpflichtung offensteht und welche Voraussetzungen diese hat, denn ebenso wie durch § 10 Abs. 1 Satz 3 WpÜG wird durch § 15 Abs. 3 WpHG ein Ausgleich zwischen dem Informationsbefürfnis des Kapitalmarkts und den Geheimhaltungsinteressen des Emittenten dahingehend geschaffen, dass dem Emittenten ein Aufschub seiner Veröffentlichung dann möglich ist, sofern er ein berechtigtes Interesse daran hat, die Vertraulichkeit der Information gewährleistet werden kann und eine Irreführung der Öffentlichkeit nicht zu befürchten ist.

D. Die Ad-hoc-Publizität bei der Weitergabe von Insiderinformationen

Der Bieter ist bei der Vorbereitung von öffentlichen Angeboten regelmäßig auf die Beratung durch unternehmensfremde Spezialisten, so insbesondere durch Rechtsanwälte, Unternehmensberater und Investmentbanken, angewiesen Auch kann dem Bieter daran gelegen sein, schon im Vorfeld der Entscheidung über die Durchführung die Finanzierung durch Finanzdienstleistungsunternehmen sicherzustellen, was eine Informationsweitergabe hinsichtlich der angestrebten Maßgabe gegenüber potentiellen Fremdkapitalgebern erforderlich macht. Mit der Neufassung der Ad-hoc-Publizität im WpHG hat der Gesetzgeber in § 15 Abs. 1 Satz 3 WpHG[885] eine Regelung eingefügt, die dem Emittenten oder einer im Auftrag des Emittenten oder für dessen Rechnung handelnden Person die Verpflichtung auferlegt, eine Insiderinformation zeitgleich zu veröffentlichen, soweit diese einem anderen mitgeteilt oder zugänglich gemacht wurde, und dieser andere nicht zur Vertraulichkeit verpflichtet ist. Dabei wird von § 15 Abs. 1 Satz 4 WpHG die wissentliche Weitergabe erfasst, während nach § 15 Abs. 1 Satz 5 WpHG eine Veröffentlichungspflicht dann entsteht, soweit die Mitteilung oder Zugänglichmachung unwissentlich erfolgte. Mit der Veröffentlichung soll gewährleistet werden, dass Dritte von Insiderinformationen grundsätzlich nicht zu einem früheren Zeitpunkt als die Öffentlichkeit erfahren[886] und sichert damit die informationelle Chancengleichheit der Marktteilnehmer.[887]

I. Die Rechtslage vor dem Anlegerschutzverbesserungsgesetz

Eine Pflicht zur Veröffentlichung von Insiderinformationen bei deren selektiver Weitergabe war dem bisherigen Gesetzestext fremd. Zwar lag vor den Änderungen durch das Anlegerschutzverbesserungsgesetz keine vergleichbare gesetzliche Regelung vor, doch schloss das BAWe aus dem Verbot der Weitergabe von Insiderinformationen

[885] In Umsetzung der Vorgabe durch Art. 6 Abs. 3 Unterabs. 1 u. 2 der Marktmissbrauchsrichtlinie; neugefasst durch Art. 1 Nr. 6 b) cc) des Transparenzrichtlinie-Umsetzungsgesetzes.

[886] Begr. RegE. AnSVG, BT-Drucks. 15/3174, S. 35; ebenso Erläuterung der Kommission zu Art. 6 der Marktmissbrauchsrichtlinie, abgedr. in ZBB 2002, S. 144, 152: „ Diese Regelung soll sicherstellen, dass dann, wenn im Zuge der normalen Geschäftstätigkeit i.S.d. Art. 2 und 3 eine selektive Weitergabe von Informationen erfolgt, diese Informationen vollständig und tatsächlich dem Publikum bekannt gegeben werden.“.

[887] *Koch*, BB 2005, S. 267, 272; *Assmann*, in: Assmann/Schneider, WpHG, § 15 Rn. 110.

eine daraus automatisch folgende Veröffentlichungspflicht für den Emittenten. Das BAWe ging davon aus, dass im Fall der Weitergabe von Insiderinformationen im Rahmen von Analystengesprächen eine gleichzeitige Veröffentlichung dieser Informationen über die Nachrichtenagenturen erfolgen müsse.[888] Auch in der Literatur war anerkannt[889], dass eine unbefugte Weitergabe von Insiderinformationen zu deren Veröffentlichung verpflichtete. Dabei sollte die Veröffentlichungspflicht aus dem Verhältnis der Ad-hoc-Publizität zum insiderrechtlichen Weitergabeverbot aus § 14 Abs. 1 Nr. 2 WpHG a.F. resultieren.[890] Soweit eine Insiderinformation unbefugt weitergegeben wurde, sollte deren missbräuchliche Verwendung durch eine schnellstmögliche Veröffentlichung unmöglich gemacht werden. Sowohl das Weitergabeverbot als auch die Veröffentlichungspflicht beruhten dabei auf dem Merkmal der fehlenden Befugnis zur Weitergabe. Eine Veröffentlichung konnte demnach dann unterbleiben, soweit die Weitergabe der Insiderinformation befugt erfolgte, was insbesondere dann angenommen wurde, wenn die Information an eine den Emittenten beratende Rechtsanwaltskanzlei oder eine Investmentbank weitergegeben wurde.[891]

II. Voraussetzungen der Publizitätspflicht nach § 15 Abs. 1 Satz 4 WpHG

1. Die Adressaten der Veröffentlichungspflicht

a) Der Emittent als Veröffentlichungspflichtiger

Wie bei der Ad-hoc-Publizitätspflicht nach § 15 Abs. 1 Satz 1 WpHG gilt die Veröffentlichungspflicht zunächst für Inlandsemittenten, deren Wertpapiere an einem organisierten Markt zugelassen sind.[892] Zwar wird in § 15 Abs. 1 Satz 4 WpHG nur von einem Emittenten gesprochen und die Beschränkung auf einen organisierten Markt nicht gesetzlich angesprochen. Doch kann aus der Beschränkung des sachlichen An-

---

[888] *BAWe*, Jahresbericht 1996, S. 19.
[889] *Hirte*, in: Hadding/Hopt/Schimansky, 2. FFG, S. 47, 59; *Kümpel*, Bank- und Kapitalmarktrecht (3. Aufl. 2004), Rn. 16.181 ff.;
[890] *v. Falkenhausen/Widder*, BB 2005, S. 225.
[891] *Hopt*, in: Schimansky/Bunte/Lwowski, Bankrechtshandbuch (2. Aufl. 2001), § 107 Rn. 45; *Lenenbach*, Kapitalmarkt- und Börsenrecht, Rn. 10.54.
[892] *Leuering*, NZG 2005, S. 12.

wendungsbereichs der Marktmissbrauchsrichtlinie auf die zum Handel an einem geregelten Markt zugelassenen Finanzinstrumente eine gleiche Beschränkung für die Publizität aufgrund der Weitergabe der Insiderinformation geschlossen werden.[893] Der sachliche Anwendungsbereich der Vorschrift erstreckt sich daher auf den amtlichen und den geregelten Markt der deutschen Börsen; der Freiverkehr wird von ihr nicht erfasst. Gleiches gilt unter Heranziehung der Kollisionsnorm des § 1 Abs. 2 WpHG.[894] Danach sind die Vorschriften der Insiderüberwachung auch anzuwenden auf Handlungen und Unterlassungen, die im Ausland vorgenommen werden, sofern sie Finanzinstrumente betreffen, die an einer inländischen Börse gehandelt werden. Damit sind nicht nur Inlandsemittenten von einer Veröffentlichungspflicht betroffen, sondern alle Emittenten mit einer Börsenzulassung im Inland. Im Gegensatz zur Veröffentlichungspflicht nach § 15 Abs. 1 Satz 1 WpHG besteht hier die Publizitätspflicht auch für ausländische Emittenten, deren Finanzinstrumente sowohl im Inland als auch im Ausland zum Handel an einem geregelten Markt zugelassen sind. Unerheblich ist daneben, wo die Weitergabe der Insiderinformation erfolgt.

b) Im Auftrag oder auf Rechnung des Emittenten handelnde Person

Neben dem Emittenten obliegt auch einer im Auftrag oder auf Rechnung des Emittenten handelnden Person die Ad-hoc-Publizitätspflicht aufgrund der selektiven Weitergabe der Insiderinformation. Als eine im Auftrag des Emittenten handelnde Person soll nicht nur derjenige angesehen werden, welchem der Emittent einen rechtsverbindlichen Auftrag i.S.d. § 662 BGB erteilt habe[895], sondern jede auf Veranlassung des E-

[893] *Schneider/v. Buttlar*, ZIP 2004, S. 1621, 1623; *Leuering*, NZG 2005, S. 12, 13; *Assmann*, in: Assmann/Schneider, WpHG (4. Aufl. 2006), § 15 Rn. 112.

[894] In Umsetzung von Art. 10 lit. a der Marktmissbrauchsrichtlinie wurde § 1 Abs. 2 WpHG geschaffen. Nach Art. 10 lit. a der Marktmissbrauchsrichtlinie sind die durch die Richtlinie ausgesprochenen Ge- und Verbote von den Mitgliedstaaten auf Handlungen anzuwenden, die in ihrem Hoheitsgebiet oder im Ausland vorgenommen werden und Finanzinstrumente betreffen, die zum Handel auf einem in ihrem Hoheitsgebiet belegenen oder betriebenen geregelten Markt zugelassen sind oder für die ein entsprechender Antrag auf Zulassung zum Handel auf einem solchen Markt gestellt wurde. Im Unterschied zu Art. 10 lit. b der Marktmissbrauchsrichtlinie wird der Anwendungsbereich auf Handlungen, die Auswirkungen auf inländische geregelte Märkte haben, beschränkt.

[895] *Leuering*, NZG 2005, S. 12, 13, der sich zwar gegen das Erfordernis eines Auftrags ausspricht, doch eine vertragliche Beziehung zum Geschäftsherrn fordert, welche auftragstypische Elemente wie ein grundsätzliches Weisungsrecht des Geschäftsherrn und einen Aufwendungsersatzanspruch des Beauftragten aufweise.

mittenten handelnde Person.[896] Ebenso wird erwogen, die im Auftrag oder auf Rechnung des Emittenten handelnde Person im Gleichlauf mit der Pflicht zur Führung eines Insiderverzeichnisses zu bestimmen[897] und denjenigen Personenkreis als erfasst anzusehen, welcher nach § 15b WpHG neben dem Emittenten zur Führung eines Insiderverzeichnisses verpflichtet ist.[898] Dazu sollen auch im Ausland ansässige Personen gehören, soweit sie für einen Emittenten tätig sind, dessen Wertpapiere im Inland zum Handel an einem organisierten Markt zugelassen sind oder eine solche Zulassung beantragt wurde.[899]

Der weite personelle Anwendungsbereich führt dazu, dass die den Bieter beratenden Experten ebenso zu einer Veröffentlichung gezwungen sein können, sofern diese die Information weitergeben und die Vertraulichkeit der Insiderinformation nicht gewährleistet ist. Problematisch ist in diesem Zusammenhang, dass eine Veröffentlichung nicht nur dem Willen des Bieters widersprechen kann, sondern die Beteiligten regelmäßig zur Geheimhaltung verpflichtet sind und eine Veröffentlichung diesem Geheimhaltungsgebot zuwider läuft. Der Rechtsanwalt ist im Rahmen seiner Tätigkeit ebenso zur Geheimhaltung der ihm anvertrauten Insiderinformationen verpflichtet wie der Mitarbeiter der das Angebot finanzierenden Bank. Deren Pflicht zur Geheimhaltung reicht jedoch nur so weit, wie der rechtliche Rahmen dies zulässt. Eine Verletzung der Geheimhaltungspflicht kann in einer Veröffentlichung von Insiderinformationen dann nicht angenommen werden, wenn die im Auftrag des Emittenten handelnde Person so von der fehlenden Vertraulichkeit der Insiderinformation überzeugt ist, dass ihm eine Veröffentlichung unter sorgsamer Abwägung der ihm zur Verfügung stehenden Mittel als die einzig verbleibende Möglichkeit erscheint. Werden den Beratern des Bieters Wertpapiergeschäfte ihrer Mitarbeiter bekannt, die den Anschein erwecken, in

[896] *Assmann*, in: Assmann/Schneider, WpHG (4. Aufl. 2006), § 15 Rn. 112.
[897] *Leuering*, NZG 2005, S. 12, 13; *Assmann*, in: Assmann/Schneider, WpHG (4. Aufl. 2006), § 15 Rn. 112.
[898] Neben dem Emittenten sind auch in dessen Auftrag oder für dessen Rechnung handelnde Personen zur Führung von Insiderverzeichnissen nach § 15b WpHG verpflichtet, soweit diese für den Emittenten tätig sind und bestimmungsgemäß Zugang zu Insiderinformationen haben. Nach § 15b Abs. 1 Satz 4 WpHG sollen zu den im Auftrag oder für Rechnung des Emittenten handelnden Personen nicht die in § 323 Abs. 1 Satz 1 HGB Genannten zählen. Dazu gehören der den Jahresabschluss und den Lagebericht einer mittelgroßen oder großen Kapitalgesellschaft prüfende Abschlussprüfer, seine Gehilfen und die bei der Prüfung mitwirkenden gesetzlichen Vertreter einer Prüfungsgesellschaft.
[899] *Leuring*, NZG 2005, S. 12, 13.

Kenntnis von Insiderinformationen vorgenommen worden zu sein, so wird diese Voraussetzung vorliegen.

2. Die befugte Weitergabe einer Insiderinformation

a) Das subjektive Element bei der Weitergabe einer Insiderinformation

Die Veröffentlichungspflicht setzt wie im Verbotstatbestand des § 14 Abs. 1 Nr. 2 WpHG die Mitteilung oder Zugänglichmachung einer Insiderinformation voraus. Die Begriffe können daher in gleicher Weise ausgelegt werden.[900] Eine Insiderinformation wird einem anderen mitgeteilt, wenn sie zum Gegenstand einer Kommunikation ihm gegenüber gemacht und dadurch unmittelbar weitergegeben wird.[901] Ein Zugänglichmachen liegt dann vor, wenn der Insider die Voraussetzungen dafür schafft, die dem Dritten die Kenntnisnahme von der Insiderinformation ermöglichen, ohne dass die Insiderinformation selbst mitgeteilt wird.[902] Aus der bestehenden Veröffentlichungsverpflichtung auch bei unwissentlicher Weitergabe nach § 15 Abs. 1 Satz 5 WpHG wird geschlossen, dass ein insofern in Betracht kommender Weitergabewille nicht erforderlich sei.[903] und auch ein versehentliches oder unbewusstes Mitteilen oder Zugänglichmachen die Veröffentlichungspflicht auslöse. Dem widersprechend wird im Rahmen des § 15 Abs. 1 Satz 4 WpHG ein Wissens- und Wollenselement auf der Seite des Weitergebenden verlangt.[904] Gerade aufgrund des Bestehens des § 15 Abs. 1 Satz 5 WpHG könne von § 15 Abs. 1 Satz 4 WpHG allein die wissentliche Bekanntgabe erfasst sein, wobei sich das Wissen des Weitergebenden sowohl auf die Weitergabe als auch auf die Qualität des entsprechenden Umstands als Insiderinformation erstrecken müsse. Die versehentliche Weitergabe könne daher keine Veröffentlichungspflicht nach § 15 Abs. 1 Satz 4 WpHG auslösen. Diese Ansicht überzeugt allein schon deshalb, weil bei einem Verzicht auf das subjektive Element der Weitergabe der Anwendungsbereich der Vorschrift des § 15 Abs. 1 Satz 5 WpHG ausgehöhlt würde. Würde

[900] *Leuering*, NZG 2005, S. 12, 14; *Widder/Gallert*, NZG 2006, S. 451, 452.
[901] Emittentenleitfaden der BaFin, S. 31.
[902] *Assmann*, in: Assmann/Schneider, WpHG (4. Aufl. 2006), § 14 Rn. 66.
[903] *Simon*, Der Konzern 2005, S. 13, 18; *Widder/Gallert*, NZG 2006, S. 451, 452.
[904] *Assmann*, in: Assmann/Schneider, WpHG (4. Aufl. 2006), § 15 Rn. 115.

eine versehentliche, unabsichtliche Weitergabe der Insiderinformation schon von Satz 4 erfasst, wäre nicht ersichtlich, was unter einer unwissentlichen Weitergabe nach § 15 Abs. 1 Satz 5 WpHG zu verstehen ist. Auch wäre es dem Weitergebenden nicht möglich, bei einer von ihm nicht bewusst wahrgenommenen Weitergabe eine zeitgleiche Veröffentlichung vorzunehmen, so dass er bei dieser immer der Gefahr unterliegt, eine Ordnungswidrigkeit nach § 39 Abs. 2 Nr. 5 lit. a WpHG zu begehen. Die Weitergabe muss demnach im Rahmen des § 15 Abs. 1 Satz 4 WpHG mit Wissen und Wollen des Weitergebenden erfolgen, um eine entsprechende zeitgleiche Veröffentlichungspflicht auszulösen. Der Anwendungsbereich ist somit auf die vorsätzliche Weitergabe beschränkt.

b) Die Qualität der Insiderinformation

Wie die Veröffentlichungspflicht nach § 15 Abs. 1 Satz 1 WpHG knüpft § 15 Abs. 1 Satz 4 WpHG an das Vorliegen einer Insiderinformation an. Ein reines Geschäftsgeheimnis ist daher nicht ausreichend, um eine Veröffentlichungspflicht entstehen zu lassen.[905] Eine solchermaßen bestehende Veröffentlichungspflicht würde börsennotierte Unternehmen erheblich beeinträchtigen und deren Geschäftschancen im Wettbewerb erheblich verkürzen. Fraglich erscheint, ob die Veröffentlichungspflicht auch hinsichtlich solcher Insiderinformationen gilt, die den Emittenten nur mittelbar betreffen. So wird vertreten, dass im Gegensatz zu § 15 Abs. 1 Satz 1 WpHG der Gesetzgeber in § 15 Abs.1 Satz 3 u. 4 WpHG eine Unterscheidung zwischen Informationen, die den Emittenten mittelbar oder unmittelbar betreffen, nicht vorgenommen habe, so dass nach beiden Vorschriften auch solche Insiderinformationen zu veröffentlichen seien,

[905] Was unter einem Geschäftsgeheimnis zu verstehen ist, kann unter Rückgriff auf § 404 Abs. 1 AktG ermittelt werden. Die nach § 404 Abs. 1 AktG drohende Sanktion richtet sich danach, ob es sich bei dem Unternehmen um eine börsennotierte oder nicht börsennotierte Gesellschaft handelt. Während bei einer nicht börsennotierten Gesellschaft eine Freiheitsstrafe von bis zu einem Jahr droht, besteht bei börsennotierten Gesellschaften ein Strafrahmen von bis zu zwei Jahren. Fraglich ist, wie der Begriff der börsennotierten Gesellschaft zu bestimmen ist. Da aber im Aktiengesetz häufig bei der Bestimmung des Begriffs auf die Legaldefinition in § 21 Abs. 2 WpHG verwiesen wird, so bspw. in §§ 20 Abs. 8, 21 Abs. 5 AktG, wird auch hier nichts anderes gelten können, als dass als börsennotierte Aktiengesellschaften inländische Gesellschaften zu gelten haben, deren Aktien zum Handel an einem organisierten Markt in einem Mitgliedstaat der Europäischen Union oder in einem anderen Vertragsstaat des Abkommens über den Europäischen Wirtschaftsraum zugelassen sind. Aufgrund der Beschränkung auf den amtlichen und den geregelten Markt sind davon Gesellschaften ausgenommen, deren Wertpapiere ausschließlich im Freiverkehr gehandelt werden.

die den Emittenten lediglich mittelbar betreffen.[906] Andere sehen eine Veröffentlichungspflicht nur bei den Emittenten unmittelbar betreffenden Insiderinformationen.[907]

Zwar spricht für eine Beschränkung auf den Emittenten unmittelbar betreffende Insiderinformationen der systematische Zusammenhang im Rahmen des § 15 WpHG. Für eine Veröffentlichungspflicht auch bei den Emittenten nur mittelbar betreffenden Insiderinformationen spricht jedoch sowohl der Wortlaut der Vorschrift, der eine Differenzierung nach der Qualität der Insiderinformation nicht vornimmt, als auch das Verhältnis zur regulären Veröffentlichungspflicht nach § 15 Abs. 1 Satz 1 WpHG, welche den Emittenten ohnehin zur Veröffentlichung von ihn unmittelbar betreffenden Insiderinformationen verpflichtet. Mit der Beschränkung auf den Emittenten nur unmittelbar betreffenden Insiderinformationen würde die Vorschrift des § 15 Abs. 1 Satz 3 WpHG eine Veröffentlichungspflicht lediglich für die im Auftrag oder auf Rechnung des Emittenten tätigen Personen vorsehen. Der personelle Anwendungsbereich der Vorschrift würde damit nicht unerheblich verkürzt, würde man ihn lediglich bei einer unmittelbaren Betroffenheit des Emittenten als eröffnet ansehen. Ein solches Verständnis entspricht auch dem Sinn und Zweck der Vorschrift, die auf eine informationelle Chancengleichheit der Marktteilnehmer hinsichtlich sämtlicher bestehender Insiderinformationen ausgerichtet ist, ungeachtet des Umstands, ob sie den Emittenten mittelbar oder unmittelbar betreffen. Der Präventionscharakter der Vorschrift in Bezug auf Insidergeschäfte lässt eine derartige Einschränkung nicht zu. Wenn sie ein wirksames Mittel zur Verhinderung von Insidergeschäften sein soll, muss sich ihr sachlicher Anwendungsbereich somit auf sämtliche Insiderinformationen erstrecken.

---

[906] *Leuering*, NZG 2005, S. 12, 14; *Büche*, Pflicht zur Ad-hoc-Publizität, S. 204; *Simon*, Der Konzern 2005, S. 13, 18, der insoweit auf die Vorgaben in Art. 6 Abs. 3 Unterabs. 1 der Marktmissbrauchsrichtlinie verweist, jedoch darauf hinweist, dass Insiderinformationen, die den Emittenten nur mittelbar betreffen und der Öffentlichkeit dennoch nicht bekannt sind, nur schwer vorstellbar seien und eine absolute Ausnahme darstellen würden.

[907] *Assmann*, in: Assmann/Schneider, WpHG, § 15 Rn. 114.

c) Im Rahmen der Befugnis weitergegebene Insiderinformation

Die Weitergabe muss im Rahmen der Befugnis des Informationsgebers erfolgen. Bei der Konkretisierung des Begriffs der Befugnis gibt die Marktmissbrauchsrichtlinie in Art. 6 Abs. 3 eine Stütze indem sie bestimmt, dass die Informationsweitergabe durch den Informierenden im normalen Rahmen der Ausübung seiner Arbeit oder seines Berufs oder der Erfüllung seiner Aufgaben im Sinne von Art. 3 lit. a der Marktmissbrauchsrichtlinie erfolgen müsse. Mit dem Verweis auf Art. 3 lit. a der Marktmissbrauchsrichtlinie wird ein Gleichlauf der beiden Bestimmungen hergestellt, was eine gleichartige Auslegung der Tatbestandsmerkmale ermöglicht. Hinsichtlich des normalen Rahmens, in dem sich die Informationsweitergabe abspielen muss, ist eine Interessenabwägung dahingehend vorzunehmen, ob schützenswerte Interessen des Emittenten an einer Nichtveröffentlichung die Interessen des Kapitalmarkts an einer unverzüglichen Veröffentlichung überwiegen.[908]

Wichtig ist zu sehen, dass nur die befugte, also nicht gegen § 14 Abs. 1 Nr. 2 WpHG verstoßende Informationsweitergabe in den Anwendungsbereich der Veröffentlichungspflicht nach § 15 Abs. 1 Satz 4 WpHG fällt und beide Vorschriften sich nicht flankieren.[909] Eine Veröffentlichungspflicht bei einem Verstoß gegen § 14 Abs. 1 Nr. 2 WpHG ist mit § 15 Abs. 1 Satz 4 WpHG nicht bezweckt.[910] Diese besteht ohnehin schon nach § 15 Abs. 1 Satz 1 WpHG. Denn soweit eine den Emittenten unmittelbar betreffende Insiderinformation besteht hat der Emittent zwar die Möglichkeit sich von seiner Veröffentlichungspflicht nach § 15 Abs. 3 Satz 1 WpHG zu befreien und eine Veröffentlichung aufzuschieben, doch entfällt diese Möglichkeit bei einer unbefugten Weitergabe, weil in diesem Fall die Gewährleistung der Vertraulichkeit der Insiderinformation nicht mehr gegeben ist. Bei einem Verstoß gegen § 14 Abs. 1 Nr. 2 WpHG kommt es daher schon zu einer Unterrichtung der übrigen Kapitalmarktteilnehmer über § 15 Abs. 1 Satz 1 WpHG. Der Vorschrift des § 15 Abs.1 Satz 4 WpHG ebenso wie der Vorschrift des § 15 Abs. 3 Satz 1 WpHG kommt somit eine Befreiungswir-

[908] *Büche*, Pflicht zur Ad-hoc-Publizität, S. 204.

[909] *Leuering*, NZG 2005, S. 12, 17; *Simon*, Der Konzern 2005, S. 13, 18.

[910] A.A. *v. Falkenhausen/Widder*, BB 2005, S. 225, 227 f.; *Widder/Gallert*, NZG 2006, 451, 452 f.

kung zu. Die den Emittenten unmittelbar betreffende Insiderinformation ist dann nicht zu veröffentlichen, wenn der Informationsempfänger zur Vertraulichkeit verpflichtet ist.

Soweit derjenige, der im Auftrag oder für Rechnung des Emittenten tätig ist und eine Insiderinformation unbefugt weitergibt, verstößt zwar gegen das Weitergabeverbot des § 14 Abs. 1 Nr. 2 WpHG. Doch obliegt ihm in diesem Fall keine Veröffentlichungspflicht. Die Veröffentlichungspflicht trifft in diesem Fall ebenfalls den Emittenten. Denn soweit die Informationsweitergabe unbefugt erfolgte, liegen die Voraussetzungen der Befreiungsmöglichkeit nach § 15 Abs. 3 Satz 1 WpHG nicht mehr vor, was den Emittenten zu einer unverzüglichen Veröffentlichung zwingt.

d) Die Weitergabe von Insiderinformationen im Vorfeld der Entscheidungsveröffentlichung und Veröffentlichungspflicht des Bieters

aa) Due Diligence

Grundsätzlich besteht die Möglichkeit, dass dem Bieter aufgrund der Durchführung einer Due Diligence Insiderinformationen bekannt werden, die aus der Sphäre der Zielgesellschaft stammen. Mit der Bereitstellung von bewertungserheblichen Unterlagen und der generellen Einräumung eines umfassenden Erkundigungsrechts stellt die Zielgesellschaft dem Bieter diese Daten so zur Verfügung, dass von einer sicheren Kenntnisnahmemöglichkeit durch den Bieter ausgegangen werden kann. Die Zielgesellschaft wird in einem solchen Fall sicherzustellen haben, dass der Bieter zur Vertraulichkeit der Insiderinformation rechtlich verpflichtet ist, um einer Veröffentlichungspflicht nach § 15 Abs. 1 Satz 4 WpHG zu entgehen.

Auf der anderen Seite stellt sich die Frage einer Veröffentlichungspflicht des Bieters aufgrund der Kenntniserlangung von Informationen, die aus der Sphäre der Zielgesellschaft stammen. Der Bieter ist weder im Auftrag der Zielgesellschaft noch für deren Rechnung tätig. Der Bieter handelt allein aufgrund der Verfolgung eigener Interessen. Werden dem Bieter daher im Wege einer Due Diligence Prüfung Unternehmensinterna der Zielgesellschaft bekannt, welchen die Qualität einer Insiderinformation zukommt, so trifft ihn eine daraus folgende Veröffentlichungspflicht bei der Weitergabe dieser Insiderinformationen nicht, weil er vom personellen Anwendungsbereich der Vorschrift nicht erfasst ist. Zwar unterliegt der Bieter mit der Kenntniserlangung dem Weitergabeverbot des § 14 Abs. 1 Nr. 2 WpHG, soweit die aus einer Due Diligence gewonnenen Insiderinformationen an den Bieter beratende Dritte weitergegeben werden, wird darin keine unbefugte Weitergabe zu sehen sein, sofern durch den Bieter die Vertraulichkeit der Informationen gewahrt ist und die Informationen allein zum Zwecke einer angemessenen Unternehmensbewertung verwendet werden.[911] Im Übrigen kann in der sich anschließenden Abgabe eines öffentlichen Angebots kein Verstoß gegen das Insiderhandelsverbot gesehen werden, denn sofern die Zielgesellschaft dem Bieter Zugang zu Insiderinformationen gewährt, die der Bieter im Rahmen seiner Angebotsvorbereitung verwendet, ist darin keine unbefugte Verwendung von Insiderinformation zu sehen.[912] Die Zielgesellschaft ist daneben in jedem Fall zu einer Veröffentlichung schon nach § 15 Abs. 1 Satz 1 WpHG verpflichtet, sofern die Gewährleistung der Vertraulichkeit und das Bestehen von berechtigten Interessen einen Aufschub der Veröffentlichung nicht gestatten. Damit wird die informationelle Chancengleichheit der Marktteilnehmer in Bezug auf Insiderinformationen gewahrt.

bb) Warehousing und Finanzierungsgespräche mit Banken

Die Möglichkeit einer Veröffentlichungspflicht aufgrund der befugten Weitergabe einer Insiderinformation ergibt sich auch bei Finanzierungsgesprächen, bei dem der Bieter einen Dritten anweist, Wertpapiere im Vorfeld der Angebotsunterbreitung zu erwerben, um ein Gelingen des Angebotsverfahrens und ein Erreichen der angestrebten Beteiligungshöhe zu sichern. Mit der Beautragung ist notwendigerweise die Weitergabe der eigenen Angebotsabsicht und damit die Übermittlung einer Insiderinformation verbunden. Der Bieter würde allerdings nur dann der Gefahr einer Veröffentlichungspflicht nach § 15 Abs. 1 Satz 4 WpHG unterfallen, sofern ein solches Vorgehen als

[911] Emittentenleitfaden der BaFin, S. 31, die Weitergabe von Insiderinformationen im Rahmen einer Due Diligence-Prüfung als befugt betrachtend, sofern dies zur Absicherung der Erwerbsabsicht bei Paket- oder Kontrollerwerben erforderlich ist.
[912] Erwägungsgrund 29 der Marktmissbrauchsrichtlinie.

befugt angesehen werden kann. Unter Zugrundelegung der europäischen Vorgabe des Art. 6 Abs. 3 der Marktmissbrauchsrichtlinie, der eine Befugnis zur Weitergabe dann bejaht, wenn der Informationsempfänger dies zur Erfüllung seiner Aufgaben benötigt, wird eine solche Vorgehensweise als befugt anzusehen sein, sofern er selbst nicht durch eigenständige Markttransaktionen diese Information nutzt. Der beauftragte Dritte wird damit in die Lage versetzt, das für ihn selbst eingegangene Risiko abschätzen zu können als auch eine Wertermittlung in Bezug auf die angestrebte Transaktion vorzunehmen. Er wird ansonsten nicht bereit sein, ohne Kenntnis des wirtschaftlichen Hintergrunds einen entsprechenden Voraberwerb durchzuführen. Will der Bieter damit schon im Stadium der Planungsphase eine Durchführung sicherstellen, und ist er dabei auf die Liquiditätsausstattung eines Dritten angewiesen, so wird er gar nicht umhinkommen, seine Angebotsabsicht diesem Dritten weiterzugeben. Die Interessen des Bieters an einer Nichtveröffentlichung überwiegen hier auch das Interesse des Kapitalmarkts an einer unverzüglichen Veröffentlichung, weil ansonsten fremdfinanzierte öffentliche Angebote erheblich beeinträchtigt würden[913] und dies mit den insiderrechtlichen Veröffentlichungspflichten nicht bezweckt sein kann. Wenn aber dieser Informationsweitergabe als befugt zu betrachten ist, dann wird der Bieter sicherstellen müssen, dass der Informationsempfänger zur Vertraulichkeit verpflichtet ist, um ein missbräuchliches Ausnutzen zu verhindern.

3. Befreiung von der Veröffentlichungspflicht bei rechtlicher Verpflichtung des Informationsempfängers zur Vertraulichkeit

a) Gesetzliche Vertraulichkeitsverpflichtungen

Eine Veröffentlichungsverpflichtung im Falle der befugten Weitergabe von Insiderinformationen besteht dann nicht, wenn der Informationsempfänger rechtlich zur Vertraulichkeit verpflichtet ist. Nach den Ausführungen der Marktmissbrauchsrichtlinie kann die Vertraulichkeitsverpflichtung dabei auf Rechts- oder Verwaltungsvorschrif-

---

[913] Darauf hinweisend *Hopt*, ZGR 2002, S. 333, 339.

ten[914], einer Satzung oder einem Vertrag beruhen.[915] Wichtig ist zu beachten, dass die Vertraulichkeitsverpflichtung verbindlich ist[916], wobei hervorgehoben wird, dass eine derartige Vertraulichkeitsverpflichtung nicht nur bei deren ausdrücklicher Vereinbarung[917] vorliegt, sondern auch den vertraglichen Nebenpflichten i.S.d. § 241 Abs. 2 BGB entspringen kann.[918] Dies erscheint jedoch zweifelhaft. Wenn der Gesetzgeber davon spricht, dass allein eine besondere Vertraulichkeit eine Veröffentlichungspflicht nicht entstehen lässt[919], kann dies allein darauf hindeuten, dass der Weitergebende dem Empfänger der Information die Bedeutung der Information zu erläutern hat und diesen durch eine besondere Vereinbarung zur Vertraulichkeit verpflichtet. Denn die besondere Vertraulichkeit kann der Weitergebende allein dann gewährleisten, wenn er sich von der dahingehenden Kenntnis des Empfängers überzeugt hat und davon ausgehen kann, dass der Empfänger dieser Vereinbarung nicht zuwider handeln wird.

Die rechtliche Verpflichtung des Empfängers zur Vertraulichkeit kann sich dabei sowohl aus dem Gesetz als auch aus einem Vertrag ergeben. Zu den gesetzlichen Vertraulichkeitsverpflichtungen werden insbesondere die Vertraulichkeitsgebote der Rechtsanwälte (§ 43a Abs. 2 BRAO), Wirtschaftsprüfer (§ 43 Abs. 1 Satz 1 WPO) und diejenigen der Steuerberater (§ 57 Abs. 1 Satz 1 StBerG) gezählt.[920] Neben den Vertraulichkeitsverpflichtungen von durch den Emittenten eingeschaltete Personenkreise bestehen auch für diejenigen Personen, welche bestimmungsgemäß mit Insiderinformationen aufgrund ihrer hoheitlichen Tätigkeit in Berührung kommen, besondere Ver-

---

[914] Der Gesetzgeber nennt beispielhaft die Vertraulichkeitsverpflichtungen von Rechtsanwälten und Wirtschaftsprüfern, vgl. Begr. RegE. AnSVG, BT-Drucks. 15/3175, S. 35.

[915] Art. 6 Abs. 3 Unterabs. 2 der Marktmissbrauchsrichtlinie; vgl. auch Emittentenleitfaden der BaFin, S. 46, der ausführt, dass sowohl vertragliche als auch gesetzliche Verpflichtungen zur Vertraulichkeit genügen, die Vereinbarung einer Vertragsstrafe jedoch nicht erforderlich sei.

[916] *Widder/Gallert*, NZG 2006, S. 451, 453.

[917] Für eine Beschränkung auf ausdrücklich vereinbarte Vertraulichkeitsverpflichtungen: *Kuthe*, ZIP 2004, S. 883, 885; zustimmend *Holzborn/Israel*, WM 2004, S. 1948, 1952 Fn. 68; *Büche*, Pflicht zur Ad-hoc-Publizität, S. 205, der eine ausdrücklich vereinbarte Vertraulichkeitsverpflichtung dann verlangt, wenn der Informationsempfänger nicht schon wegen seines Berufs gesetzlich zur Vertraulichkeit verpflichtet ist.

[918] *Simon*, Der Konzern 2005, S. 13, 19; *Leuering*, NZG 2005, S. 12, 16, mit der Erstreckung auch auf vorvertragliche Nebenpflichten.

[919] Begr. RegE. AnSVG, BT-Drucks. 15/3174, S. 35.

[920] *Rodewald/Tüxen*, BB 2004, S. 2249, 2250; *Büche*, Pflicht zur Ad-hoc-Publizität, S. 205; *Assmann*, in: Assmann/Schneider, WpHG (4. Aufl. 2006), § 15 Rn. 120. Vgl. auch Begr. RegE. AnSVG, BT-Drucks. 15/3174, S. 35.

traulichkeitsverpflichtungen, so für die Beamten der Bundesanstalt für Finanzdienstleistungsaufsicht (§ 9 KWG, § 8 WpHG, § 9 WpÜG), die bei der Börse und bei der Börsenaufsicht tätigen Personen (§ 7 BörsG) und die generelle Vertraulichkeitsverpflichtung von Beamten (§§ 61 ff. BBG, § 39 BRRG) und Richtern (§§ 43, 45 Abs. 1 DRiG).[921]

b) Das insiderrechtliche Weitergabeverbot aus § 14 Abs. 1 Nr. 2 WpHG als Vertraulichkeitsverpflichtung

In der Literatur ist die Frage aufgeworfen worden[922], ob sich aus dem insiderrechtlichen Weitergabeverbot des § 14 Abs. 1 Nr. 2 WpHG eine gesetzliche Vertraulichkeitsverpflichtung des Informationsempfängers ergibt, die eine Veröffentlichungspflicht des Informationsweitergebenden verhindert. Richtig ist, dass der Informationsempfänger mit der Erlangung der Kenntnis dem Weitergabeverbot des § 14 Abs. 1 Nr. 2 WpHG unterliegt.[923] Als Insider ist es ihm daher verwehrt, einem Dritten die Insiderinformation mitzuteilen oder zugänglich zu machen, soweit diese Weitergabe unbefugt erfolgt. Daraus wird geschlossen, dass der Informationsempfänger immer über § 14 Abs. 1 Nr. 2 WpHG einer rechtlichen Vertraulichkeitsverpflichtung unterliege.[924] Gegen eine solche Sicht ist das Argument erhoben worden, dass bei einem derartigen Verständnis der Anwendungsbereich der Vorschrift vollkommen ausgehöhlt werde. Würde das Weitergabeverbot des § 14 Abs. 1 Nr. 2 WpHG als gesetzliche Vertraulichkeitsverpflichtung ausreichen, würde jedermann vom Ausnahmetatbestand des § 15 Abs. 1 Satz 4 WpHG erfasst und das Erfordernis einer Vertraulichkeitsverpflichtung wertlos. Damit würde der gesamten Vorschrift des § 15 Abs. 1 Satz 3 WpHG der

[921] *Assmann*, in: Assmann/Schneider, WpHG (4. Aufl. 2006), § 15 Rn. 120.

[922] *Leuering*, NZG 2005, S. 12, 15.

[923] Im Gegensatz zur alten Rechtslage kommt es bei der Bestimmung desjenigen, der einem Weitergabeverbot nach § 14 Abs. 1 Nr. 2 WpHG unterliegt, nicht mehr darauf an, ob es sich um einen Primär- oder Sekundärinsider handelt. Diese Unterscheidung findet nur noch Bedeutung auf der Rechtsfolgenseite im Rahmen der §§ 38, 39 WpHG. Während ein Verstoß gegen das Weitergabeverbot für Sekundärinsider nach § 39 Abs. 2 Nr. 3 WpHG eine Ordnungswidrigkeit darstellt, ist für Primärinsider über § 38 Abs. 1 Nr. 2 WpHG i.V.m. § 39 Abs. 2 Nr. 3 WpHG ein Strafrahmen von bis zu 5 Jahren Freiheitsstrafe vorgesehen.

[924] *Simon*, Der Konzern, S. 13, 19; *Widder/Gallert*, NZG 2006, S. 451, 453, die daraus schlussfolgern, dass der Ausnahmetatbestand des § 15 Abs. 1 Satz 3 WpHG bei einem derartigen Verständnis immer erfüllt sei und der Veröffentlichungspflicht daher jeder praktische Anwendungsbereich fehle.

Zweck entzogen, da eine Veröffentlichungspflicht niemals in Betracht käme. Um den Anwendungsbereich der Vorschrift daher nicht unzulässig auszuhöhlen sei das Weitergabeverbot daher nicht als Verpflichtung zur Vertraulichkeit zu verstehen und könne daher eine Veröffentlichungspflicht nach § 15 Abs. 1 Satz 4 WpHG nicht verhindern.[925]

Diese Argumentation überzeugt. Tatsächlich würde bei einem anderen Verständnis eine Veröffentlichungspflicht niemals entstehen, was dem Sinn und Zweck der Vorschrift nicht entsprechen kann. Zwar kann dem entgegengehalten werden, dass es neben der Vereinbarung einer Vertragsstrafe wohl kein wirksameres Mittel gibt, die Vertraulichkeit zu gewährleisten, als diese durch eine strafrechtliche Sanktionsnorm sicherzustellen. Doch würde damit genau diejenige Publizität verhindert, die genau bei der selektiven Weitergabe von Insiderinformationen hergestellt werden soll. Wenn aber die Veröffentlichungspflicht dazu führen soll, dass Dritte grundsätzlich nicht zu einem früheren Zeitpunkt als die Öffentlichkeit von Insiderinformationen erfahren sollen, kann eine Einschränkung dieser Zielrichtung nur dann zweckmäßig sein, wenn zwischen dem Informationsempfänger und dem Weitergebenden eine besondere Vertraulichkeitsverpflichtung vereinbart wurde. Erst diese rechtfertigt einen Eingriff in die informationelle Chancengleichheit, weil der Weitergebende hier davon ausgehen kann, dass die Information nicht weitergegeben und zu unzulässigen Insidergeschäften benutzt wird. Das Weitergabeverbot des § 14 Abs. 1 Nr. 2 WpHG kann damit nicht als ausreichende Vertraulichkeitsvereinbarung angesehen werden.

[925] *Leuering*, NZG 2005, S. 12, 15, der darauf hinweist, dass die Gesetzesbegründung (Begr. RegE. AnSVG, BT-Drucks. 15/3174, S. 35) von einer „*Verpflichtung zur besonderen Vertraulichkeit*" spricht, welche bei dem Weitergabeverbot des § 14 Abs. 1 Nr. 2 WpHG nicht angenommen werden könne; a.A. *Assmann*, in: Assmann/Schneider, WpHG (4. Aufl. 2006), § 15, Rn. 118 f.; *Widder/Gallert*, NZG 2006, S. 451, 453, die eine Beschränkung auf besondere Vertraulichkeitspflichten dem Wortlaut nicht entnehmen können und aufgrund des Charakters des § 15 Abs. 1 Satz 3 WpHG als Ordnungswidrigkeitentatbestand über § 39 Abs. 2 Nr. 5 lit. a WpHG ein dahingehendes Verständnis einen Verstoß gegen § 3 OWiG darstellen würde, wonach eine über die Grenzen des Wortlauts hinausgehende Auslegung des Gesetzes zu Lasten des Täters unzulässig ist.

c) Die Gewährleistung der Vertraulichkeit beim Informationsaustausch innerhalb des Konzerns

Fraglich ist wie sich die spezielle Veröffentlichungspflicht aus § 15 Abs. 1 Satz 4 WpHG auf die Informationsweitergabe innerhalb eines Konzerns auswirkt. Das Gesetz spricht in § 15 Abs. 1 Satz 4 WpHG von einer Informationsweitergabe an einen anderen, was grundsätzlich dafür spricht, dass die Information ein von dem Informierenden losgelöstes Rechtssubjekt erreichen muss. Daher ergeben sich bei Konzernlagen Probleme, gerade aufgrund des Erfordernisses eines Informationsaustauschs innerhalb des Konzerns zur Ermöglichung einer angemessenen Konzernleitung und –überwachung sowie der Wahrnehmung der Rechte der einzelnen Konzernunternehmen.[926] Es fragt sich, unter welchen Voraussetzungen Insiderinformationen an Mutter-, Tochter- oder Schwestergesellschaften weitergegeben werden dürfen, ohne auf der einen Seite gegen das strafbewehrte Verbot des § 14 Abs. 1 Nr. 2 WpHG zu verstoßen, und darüber hinaus nicht einer Veröffentlichungspflicht nach § 15 Abs. 1 Satz 3 WpHG zu unterliegen.

aa) Informationsfluss innerhalb des Konzerns als Ausfluss der Konzernleitungspflicht

Der Vorstand einer AG ist im Rahmen der ihm obliegenden Konzernleitungspflicht im faktischen Konzern[927] dazu verpflichtet[928], sich alle nötigen Informationen über die im Konzern verbundenen Unternehmen zu beschaffen, um der ihm obliegenden Geschäftsführungspflicht aus § 76 AktG nachkommen zu können. Diese Informationspflicht findet eine besondere Ausprägung in dem Recht des Aufsichtsrats nach § 90 Abs. 3 Satz 1 AktG, vom Vorstand jederzeit einen Bericht über die rechtlichen und geschäftlichen Beziehungen zu verbundenen Unternehmen sowie geschäftliche Vorgänge bei diesen Unternehmen verlangen zu können, die auf die Lage der Gesellschaft

[926] *Schneider, Uwe H.*, in: FS Wiedemann (2002), S. 1255, 1256.

[927] *Hommelhoff*, Konzernleitungspflicht, S. 43 ff.; *Mertens*, in: KölnKomm z. AktG, § 76 Rdnr. 54; Ablehnend gegenüber einer derart intensiven Konzernleitungspflicht *Mülbert*, Aktiengesellschaft, Unternehmensgruppe und Kapitalmarkt, S. 29 ff.; *Kort*, in: GroßKomm z. AktG, § 76 Rn. 145; *Hüffer*, AktG (7. Aufl. 2006), § 76 Rn. 17, unter Hinweis auf die §§ 311 ff. AktG, die der Einflussnahmemöglichkeit bei faktischen Konzernen deutliche Grenzen ziehen.

[928] Gleiches hat für den Vertragskonzern zu gelten, vgl. *Schneider, Sven H.*, Informationspflichten und Informationssystemeinrichtungspflichten, S. 146 f. („Beteiligungsbesitzbetreuungspflicht").

von erheblichem Einfluss sein können. Die dafür erforderlichen Informationen hat sich der Vorstand der Konzernobergesellschaft zu beschaffen.[929] Denn diese Geschäftsführungspflicht erfasst auch die Pflicht der Konzernleitung, durch das Sammeln von Informationen sich eine hinreichende Kenntnis der wesentlichen Umstände bei den abhängigen Gesellschaften zu verschaffen, um so mehr noch, als es dem Vorstand der Konzernobergesellschaft obliegt, die Richtlinien der Konzernpolitik festzulegen und alle Maßnahmen, die für den Gesamtkonzern von wesentlicher Bedeutung sind, hinsichtlich ihrer Tragweite auf die Belange der Konzerngesellschaften abzustimmen.[930] Die Selbstinformation der Geschäftsführung mit Informationen ist dabei als Ausfluss der organschaftlichen Stellung zu sehen.[931] Weil aber mit der Sorgfaltspflicht des Vorstands einer AG mit der Informationsbereitstellungspflicht der Geschäftsführung einer Tochtergesellschaft korreliert kann in einer solchen Informationsweitergabe keine unbefugte Mitteilung i.S.d. § 14 Abs. 1 Nr. 2 WpHG gesehen werden.[932]

bb) Die Weitergabe von Angebotsabsichten innerhalb des Konzerns

Eine befugte Weitergabe ist auch darin zu sehen, dass ein konzernverbundenes Unternehmen eigene Angebotsabsichten den anderen Konzerngesellschaften mitteilt. Die Weitergabe kann dahingehend erfolgen, dass eine Tochtergesellschaft der Konzernobergesellschaft ihre Absicht mitteilt, in Zukunft ein öffentliches Übernahmeangebot abzugeben oder zum Zwecke der eigenen Sanierung selbst Gegenstand eines solchen Angebots sein wird. Zum anderen kann die Konzernobergesellschaft ein Interesse daran haben, selbst ein öffentliches Angebot in Bezug auf die Tochtergesellschaft ab-

---

[929] *Krieger*, in: Münch Hdb. GesR, Band 4 (2. Aufl. 1999), § 69 Rn. 29.

[930] Teilweise wird der Anspruch auf die Weitergabe von Informationen aus § 294 Abs. 3 HGB gefolgert, vgl. *Burgard*, ZHR 162 (1998), S. 51, 96; *Semler*, Leitung und Überwachung der Aktiengesellschaft, S. 173 ff.; *Menke*, NZG 2004, S. 697. Ablehnend *Singhof*, ZGR 2001, S. 146, 156; *Figiel*, Die Weitergabe von Insiderinformationen, S. 35 ff., 38; *Schneider, Sven H.*, Informationspflichten und Informationssystemeinrichtungspflichten, S. 151.

[931] *Hopt*, in: GroßKomm z. AktG, § 93 Rn. 84; *Schneider, Uwe H.*, Informationspflichten und Informationssystemeinrichtungspflichten, S. 85; *Figiel*, Die Weitergabe von Insiderinformationen, S. 52.

[932] So ist auch die Informationsweitergabe im Konzern in Bezug auf die nicht entgegenstehende Verschwiegenheitspflicht des Vorstands nach § 93 Abs. 1 Satz 3 AktG als berechtigt einzustufen, sofern sie der einheitlichen Leitung der beherrschten Gesellschaft dient, vgl. *Hopt*, in: GroßKomm z. AktG, § 93 Rn. 214.

zugeben und im Vorfeld der Entscheidung über das Angebot eine Due Diligence[933] durchführen, bei der der Tochtergesellschaft die Absichten der Konzernmutter bekannt werden oder Insiderinformationen allein aufgrund der durchgeführten Due Diligence an die Muttergesellschaft weitergegeben werden.

In beiden Fällen stellt sich jedoch nicht die Frage der Befugnis zur Weitergabe[934], sondern allein die Frage einer hinreichenden Verpflichtung zur Vertraulichkeit des Informationsempfängers.[935] Eine solche Gewährleistung der Vertraulichkeit könnte sich aus der Verschwiegenheitspflicht des Vorstands in Bezug auf Geheimnisse der Gesellschaft nach § 93 Abs. 1 Satz 3 AktG ergeben, sofern dieser auf die Informationsweitergabe innerhalb eines Konzerns Anwendung finden kann. Die Verschwiegenheitspflicht der Vorstandsmitglieder nach § 93 Abs. 1 Satz 3 AktG bestimmt, dass diese über vertrauliche Angaben und Geheimnisse der Gesellschaft, namentlich Betriebs- oder Geschäftsgeheimnisse, die ihnen durch ihre Tätigkeit im Vorstand bekanntgeworden sind, Stillschweigen zu bewahren haben. Während vertrauliche Angaben alle Informationen sein können, die dem Vorstandsmitglied aufgrund seiner Eigenschaft bekannt geworden sind[936], sind Geheimnisse der Gesellschaft als alle Tatsachen zu definieren, die nicht offenkundig sind und nach geäußertem oder aus Gesellschaftsinteresse ableitbarem mutmaßlichem Willen der AG auch nicht offenkundig werden sollen, sofern ein objektives Geheimhaltungsbedürfnis besteht.[937] Dazu sind grundsätzlich auch Insiderinformationen zu zählen, auch wenn nicht jede Insiderinformation ein Geschäftsgeheimnis darstellt.

Erfolgt eine Weitergabe von Angebotsabsichten im Konzern, so hat der Informationsempfänger zunächst zu prüfen, ob diese für ihn selbst eine Insiderinformation darstellt.

---

[933] Zur Durchführung einer Due Diligence im Konzern und deren Besonderheiten: *Schneider, Uwe H.*, Informationspflichten und Informationssystemeinrichtungspflichten, S. 184 ff.

[934] *Schneider, Uwe H.*, Informationspflichten und Informationssystemeinrichtungspflichten, S. 117, die interne Weitergabe einer Information immer dann für zulässig erachtend, wenn eine solche zum Wohle des Unternehmens geboten erscheint.

[935] Eine Ausnahme gilt nach § 311 AktG für den Vertragskonzern, der eine Informationsweitergabe von unten nach oben nur unter bestimmten Voraussetzungen zulässt.

[936] *Hüffer*, AktG (7. Aufl. 2006), § 93 Rn. 7.

[937] BGHZ 64, 325, 329; *Hopt*, in: GroßKomm z. AktG, § 93 Rn. 191; *Wiesner*, in: Münch Hdb. GesR, Band 4 (2. Aufl. 1999), § 25 Rn. 39; *Hüffer*, AktG (7. Aufl. 2006), § 93 Rn. 7.

Ist dies nicht der Fall, unterliegt er einen Veröffentlichungspflicht nach § 15 Abs. 1 Satz 1 WpHG also nicht, wird die Vertraulichkeit durch die grundsätzlich bestehende Geheimhaltungspflicht der Geschäftsführung gewährleistet. Denn hier besteht ein offenkundiges Geheimhaltungsbedürfnis der konzernzugehörigen Gesellschaft, deren Gesellschaftsinteresse im Konzerninteresse[938] seinen Niederschlag findet und bis zur Entscheidungsveröffentlichung andauert.

4. Zeitgleichheit von Mitteilung und Veröffentlichung

Soweit die Voraussetzungen des § 15 Abs. 1 Satz 4 WpHG erfüllt sind, also eine Informationsweitergabe vorliegt und der Informationsempfänger keiner Vertraulichkeitsverpflichtung unterliegt, ist die Insiderinformation gleichzeitig mit der Weitergabe zu veröffentlichen. Der Emittent oder die in seinem Auftrag oder für seine Rechnung handelnden Personen haben also die notwendigen Vorkehrungen im Vorfeld der Weitergabe zu treffen, um eine zeitgleiche Information der Öffentlichkeit sicherzustellen.[939] Die Veröffentlichung muss genau zu dem Zeitpunkt erfolgen, in dem die Mitteilung oder das Zugänglichmachen erfolgt.

Dabei ist jedoch umstritten, wer die Veröffentlichung vorzunehmen hat. Soweit die Weitergabe durch eine im Auftrag oder für Rechnung des Emittenten handelnde Person vorgenommen werde, sei eine Veröffentlichung sowohl durch die weitergebende Person als auch durch den Emittenten vorzunehmen, um dem Ziel des Gesetzes, auf schnellstem Wege Markttransparenz herzustellen, am ehesten zu entsprechen.[940] Andere sehen primär den Weitergebenden als verpflichtet an, die zeitgleiche Veröffentlichung vorzunehmen.[941] Die letztgenannte Ansicht überzeugt aufgrund der größeren Sachnähe des Weitergebenden. Eine doppelte Veröffentlichung trägt auch nicht in jedem Fall zu der angestrebten Markttransparenz bei. Sie ist eher geeignet, die Marktteilnehmer zu verwirren oder mit nicht erforderlichen Informationen zu überfrachten.

---

938 Zum Konzerninteresse als berechtigtes Interesse im Rahmen der Selbstbefreiungsmöglichkeit vgl. unten unter Kapitel 2 E II 2 b) gg).
939 *Assmann*, in: Assmann/Schneider, WpHG (4. Aufl. 2006), § 15 Rn. 121.
940 *Büche*, Pflicht zur Ad-hoc-Publizität, S. 204.
941 *Rodewald/Tüxen*, BB 2004, S. 2249, 2252.

Es erscheint ausreichend, wenn die Veröffentlichung der Insiderinformation bei der Weitergabe durch eine Person erfolgt. Um eine zeitgleiche Veröffentlichung zu ermöglichen, sollte der Weitergebende daher auch allein der Veröffentlichungspflicht unterliegen.

III. Die unwissentliche Weitergabe einer Insiderinformation i.S.d. § 15 Abs. 1 Satz 5 WpHG und Pflicht zur unverzüglichen Nachholung

Im Gegensatz zu § 15 Abs. 1 Satz 4 WpHG besteht nach § 15 Abs. 1 Satz 5 WpHG eine Pflicht zur Veröffentlichung von Insiderinformationen auch dann, wenn diese unwissentlich an Dritte weitergegeben werden. Die Veröffentlichung ist in diesem Fall unverzüglich nachzuholen. Aufgrund des bereits erwähnten notwendigen subjektiven Elements bei der Weitergabe einer Insiderinformation wird eine Insiderinformation dann unwissentlich weitergeben, wenn der Weitergebende entweder nicht weiß dass er eine Insiderinformation einem anderen mitteilt oder zugänglich macht oder wenn er die Qualität als Insiderinformation gänzlich verkennt.[942] Gleiches soll darüber hinaus dann gelten, wenn die Mitteilung oder Zugänglichmachung nicht willentlich erfolgt.[943] Denn auch hier besteht die Gefahr einer unzulässigen Ausnutzung von Spezialwissen. Zwar könnte gegen ein solches Verständnis der Regelungszweck sprechen, der nur die Informationsweitergabe im Rahmen der normalen Geschäftstätigkeit erfasst sehen will.[944] Doch will der Gesetzgeber mit der Veröffentlichungspflicht grundsätzlich verhindern, dass Dritte nicht zu einem früheren Zeitpunkt als die Öffentlichkeit von Insiderinformationen Kenntnis erlangen.[945] Die Gefährdung der informationellen Chan-

[942] *Assmann*, in: Assmann/Schneider, WpHG (4. Aufl. 2006), § 15 Rn. 123.

[943] *Assmann*, in: Assmann/Schneider, WpHG (4. Aufl. 2006), § 15 Rn. 123, der jedoch das Wissenselement mit dem Wollenselement gleichsetzt. Derjenige, der einem anderen eine Insiderinformation mitteile oder zugänglich mache, handele danach dann ohne einen entsprechenden Willen, wenn er entweder in Unkenntnis der Weitergabe oder in Unkenntnis der Eigenschaft als Insiderinformation tätig werde. Die Veröffentlichungspflicht soll jedoch auch dann bestehen, wenn der Weitergebende die Weitergabe und die Eigenschaft als Insiderinformation zwar kennt, jedoch zur Mitteilung oder zum Zugänglichmachen gezwungen wird. Denn ansonsten obläge ihm eine zeitgleiche Veröffentlichungspflicht, die er – eine entsprechende Zwangslage vorausgesetzt – im Zweifel nicht erfüllen kann. Es ist daher auch bei der nicht willentlichen Weitergabe gerecht, lediglich eine Nachholungspflicht des Emittenten oder der in seinem Auftrag oder auf seine Rechnung handelnden Person anzunehmen.

[944] Erläuterung der Kommission zu Art. 6 der Marktmissbrauchsrichtlinie, abgedr. in ZBB 2002, S. 144, 152.

[945] Begr. RegE. AnSVG, BT-Drucks. 15/3174, S. 35.

cengleichheit der Marktteilnehmer ist bei der nicht gewollten Weitergabe gleichermaßen gegeben wie bei der wissentlichen Weitergabe. Der Anwendungsbereich der Vorschrift ist also dann eröffnet, wenn die Informationsweitergabe entweder ohne das Wissen des Weitergebenden oder gegen dessen Willen erfolgt. In beiden Fällen ist die Veröffentlichung unverzüglich, unter Beachtung der Vorgaben des §§ 4 Abs. 1, 5 WpAIV, nachzuholen.

IV. Zusammenfassung der Ergebnisse

Neben der Ad-hoc-Publizitätspflicht des Emittenten nach § 15 Abs. 1 Satz 1 WpHG verpflichtet § 15 Abs. 1 Satz 4 WpHG sowohl den Emittenten als auch in seinem Auftrag oder für seine Rechnung tätige Personen Insiderinformationen bei deren befugter Weitergabe zeitgleich zu veröffentlichen, sofern der Empfänger der Insiderinformation nicht rechtlich zur Vertraulichkeit verpflichtet ist. Für den Bieter, der sich im Stadium der Angebotsvorbereitung meist der Hilfe von beratenden Dritten bedient, bedeutet dies, dass er grundsätzlich auf deren Vertraulichkeitsverpflichtung zu achten hat, um einer Veröffentlichungspflicht hinsichtlich der diesen mitgeteilten Insiderinformationen zu entgehen. Bei der Beauftragung von Rechtsanwälten, Wirtschaftsprüfern und begleitenden Banken ergibt sich eine solche Vertraulichkeitsverpflichtung schon nach den einschlägigen gesetzlichen Bestimmungen. Selbst wenn der Bieter mit Personen in Kontakt tritt, die einer solchen gesetzlichen Vertraulichkeitsverpflichtung nicht unterliegen, wie bspw. beratende Werbeagenturen, unterliegt er einer Veröffentlichungspflicht nicht, wenn dem Vertragspartner die vertrauliche Behandlung der Insiderinformation als ausdrücklich vereinbarte vertragliche Nebenpflicht obliegt. Gleiches hat dann zu gelten, wenn dem Bieter Insiderinformationen mit Bezug zur Zielgesellschaft aufgrund einer durchgeführten due diligence bekannt werden und er diese an die ihn beratenden Dritten weitergibt. Die Gefahr einer vorzeitigen Veröffentlichung besteht jedoch besonders bei einer Weitergabe von Insiderinformationen durch die im Auftrag oder für Rechnung des Bieters handelnden Personen. Diese können einer Veröffentlichungspflicht dann unterliegen, sofern sie eine Insiderinformation zwar befugt weitergeben, der Empfänger jedoch nicht zur Vertraulichkeit verpflichtet ist. Dies wird dann der Fall sein, wenn diese es versäumen, dem Empfänger der Information die Bedeutung der Information zu erläutern und diesen auf die erforderliche Vertraulichkeit der Information hinzuweisen.

E. Der Befreiungstatbestand des § 15 Abs. 3 WpHG und Aufschubmöglichkeit für den Bieter als Emittenten

I. Die Änderungen durch das Anlegerschutzverbesserungsgesetz hin zu einem System der Legalausnahme

Während bisher die Aufsichtsbehörde entscheiden musste, ob sie den Emittenten von der Ad-hoc-Publizitätspflicht befreien konnte[946], soweit dieser berechtigte Interessen an einer Befreiung vorweisen konnte, darf nach § 15 Abs. 3 Satz 1 WpHG der Emittent nun die Bekanntgabe von Insiderinformationen auf eigene Verantwortung aufschieben, wenn dies der Schutz seiner berechtigten Interessen erfordert, keine Irreführung der Öffentlichkeit zu befürchten ist und der Emittent die Vertraulichkeit der Insiderinformation gewährleisten kann. Das Vorliegen dieser Voraussetzungen haben die Emittenten selbstständig und in eigener Verantwortung zu prüfen. Während es auf der einen Seite zu einer Ausweitung der ad-hoc zu publizierenden Umstände gekommen ist und die Ad-hoc-Veröffentlichungspflicht nun zu einem äußerst frühen Zeitpunkt einsetzt[947], ist es auf der anderen Seite zu einer Erleichterung der Befreiung von der Veröffentlichungspflicht gekommen.[948] Die Möglichkeit dieser Selbstbefreiung überträgt den Emittenten mehr Eigenverantwortung bei der Entscheidung über die Veröffentlichung sensibler Insiderinformationen.[949] Mit der Flexibilisierung der Befreiungsmöglichkeit unterliegt der Emittent jedoch auch dem erhöhten Risiko einer Falscheinschätzung, nicht zuletzt wegen der durch eine fehlerhafte Selbstbefreiung drohenden Rechtsfolgen, zu denen neben potentiellen Schadensersatzforderungen von Aktionären auch die Androhung eines Bußgeldes nach § 39 Abs. 2 Nr. 5 lit. a WpHG zählt.[950]

---

[946] Vgl. zum Antragserfordernis nach alter Rechtslage: *Wilga*, in: Möllers/Rotter, Ad-hoc-Publizität, § 9 Rn. 10, S. 205 ff.
[947] *Möllers*, WM 2005, S. 1393; *Schneider, Uwe H./Gilfrich*, BB 2007, S. 53 („Schwere Entscheidungskonflikte").
[948] *Merkner/Sustmann*, NZG 2005, S. 729, 735.
[949] Begr. RegE. AnSVG, BT-Drucks. 15/3174, S. 35.
[950] Auf die aus einer unterlassen Veröffentlichung resultierenden Rechtsfolgen hinweisend *Simon*, Der Konzern 2005, S. 13, 19; *Schneider, Sven H.*, BB 2005, S. 897, 901; *Schneider, Uwe H./Gilfrich*, BB 2007, S. 53.

II. Voraussetzungen und Sinn und Zweck des Befreiungstatbestandes

1. Der Sinn und Zweck der Befreiungsmöglichkeit

Die Selbstbefreiungsmöglichkeit nach § 15 Abs. 3 Satz 1 WpHG geht auf den insoweit fast wortgleichen Art. 6 Abs. 2 Satz 1 der Marktmissbrauchsrichtlinie zurück, wobei der deutsche Gesetzgeber auf die Umsetzung der nach Art. 6 Abs. 2 Satz 2 der Marktmissbrauchsrichtlinie[951] gegebenen Möglichkeit verzichtet hat, eine Regelung ins Gesetz einzufügen, welche den Emittenten verpflichtet hätte, die Entscheidung zum Aufschub der Veröffentlichung der zuständigen Behörde unverzüglich mitzuteilen.

Mit der Einräumung einer Selbstbefreiungsmöglichkeit soll ein Ausgleich zwischen den berechtigten Interessen des Emittenten und denjenigen des Kapitalmarkts hergestellt werden. Während der Emittent unter Umständen ein Interesse daran hat, sensible Informationen zunächst geheim zu halten, um sie dann bei einem Wegfall dieser Interessen zu veröffentlichen[952], hat der Kapitalmarkt ein Interesse an einer ausreichenden, umfassenden und zeitnahen Veröffentlichung der den Emittenten betreffenden Informationen. Der Wortlaut des Gesetzes trägt diesem Interessenausgleich und der damit einhergehenden erforderlichen Interessenabwägung durch den Emittenten Rechnung, in dem es dem Emittenten nur dann eine Befreiungsmöglichkeit einräumt, wenn dieser berechtigte Interessen an einem Aufschub hat. Zwar bestanden schon zur alten Rechtslage Zweifel an der Existenzberechtigung einer Befreiungsmöglichkeit[953], insbesondere deshalb, weil mit einem Aufschub der Veröffentlichung am Kapitalmarkt Preise zustande kämen, die nicht alle verfügbaren Informationen enthalten würden. Mit der Befreiung von der Veröffentlichungspflicht gehe daher immer auch eine Irreführung der Öffentlichkeit einher.[954] Richtig ist, dass für den Zeitraum der Befreiung am Kapitalmarkt ein falscher Preis hinsichtlich der vom Emittenten emittierten Finanzinstrumente gebildet wird und damit die Kapitalmarkteffizienz eingeschränkt wird. Stünde

[951] Art. 68 Abs. 1 Unterabschnitt 2 der Transparenzrichtlinie 2001/34/EG sah noch vor, die Entscheidung über den Aufschub der Veröffentlichung in die Hände der zuständigen Behörde zu legen.
[952] Zu den Geheimhaltungsinteressen des Emittenten siehe *Wilga*, in: Möllers/Rotter, Ad-hoc-Publizität, § 9 Rn. 1 ff., S. 203 ff.
[953] *Zimmer*, in: *Schwark*, Kapitalmarktrechtskommentar, (3. Aufl. 2004), § 15 WpHG Rn. 130.
[954] Darauf hinweisend *Simon*, Der Konzern 2005, S. 13, 20.

dem Emittenten jedoch nicht die Möglichkeit offen, eine Befreiung von der Veröffentlichungspflicht zu erwirken, wären von ihm gerade bei sich entwickelnden Sachverhalten äußerst frühzeitige Veröffentlichungen zu verlangen, die im Falle ihres endgültigen Abschlusses nochmals zu veröffentlichen wären. Der Kapitalmarkt würde mit einer derartigen Veröffentlichungspraxis eher mit Informationen überfrachtet als dass er im Sinne der Informationseffizienz einen realistischen Wertpapierpreis bilden könnte. Eine an den Abschluss von sich entwickelnden Sachverhalten anknüpfende Veröffentlichung würde im Übrigen immer bestehen, ganz gleich in welcher Weise der Ausgang stattgefunden hat.

Gegen die generelle Beeinträchtigung der kapitalmarktrechtlichen Informationseffizienz kann ebenso das Argument erhoben werden, dem Emittenten mit der Selbstbefreiungsmöglichkeit die Erfüllung seiner Veröffentlichungspflicht zu erleichtern, sofern seine Finanzinstrumente in mehreren Mitgliedstaaten zum Handel an einem geregelten Markt zugelassen sind. Ihm die Möglichkeit in die Hand zu geben, selbst über einen Aufschub zu entscheiden, ermögliche es ihm, einen schnellen und unkomplizierten Aufschub einheitlich in allen Mitgliedstaaten zu erwirken.[955] Zwar müsse sich der Emittent durch die eigenverantwortliche ex ante Entscheidung verstärkt darum bemühen, den Rat von Experten einzuholen, um eine sachgerechte Entscheidung treffen zu können und nicht der Gefahr einer Fehleinschätzung zu unterliegen.[956] Doch falle es dem Emittenten als Sachnäherem leichter, eine umfassende Beurteilung des Sachverhalts vorzunehmen, was der zuständigen Behörde nur nach einem größeren Zeitaufwand möglich sei, da sie sich zunächst mit den Besonderheiten des Sachverhalts vertraut machen müsse.[957] Damit führe die Einführung einer Selbstbefreiungsmöglichkeit im Ergebnis zu einer höheren Informationseffizienz und damit einer insgesamt höheren Markttransparenz.[958]

---

[955] *Struck*, Ad-hoc-Publizitätspflicht zum Schutz der Anleger, S. 146; *Büche*, Pflicht zur Ad-hoc-Publizität, S. 213.
[956] *Gehrt*, Die neue Ad-hoc-Publizität, S. 168 f., zu den insoweit schon vor der Marktmissbrauchsrichtlinie bestehenden Selbstbefreiungsmöglichkeiten nach amerikanischem und französischem Recht.
[957] *Fürhoff*, AG 2003, S. 80, 85.
[958] *Büche*, Pflicht zur Ad-hoc-Publizität, S. 213.

2. Das berechtigte Interesse des Emittenten an einem Aufschub

Die erste Voraussetzung der Selbstbefreiungsmöglichkeit ist ein berechtigtes Interesse des Emittenten an einem Aufschub der Veröffentlichung. Eine Selbstbefreiung setzt voraus, dass eine vorzeitige Veröffentlichung grundsätzlich geeignet ist[959], seine berechtigten Interessen zu schaden. Der europäische hat ebenso wie der deutsche Gesetzgeber davon abgesehen, den unbestimmten Rechtsbegriff des berechtigten Interesses weiter zu konkretisieren. In Umsetzung der europäischen Vorgaben nennt der deutsche Gesetzgeber lediglich die Gefährdung laufender Verhandlungen und mehrstufige Entscheidungsprozesse, bei denen davon ausgegangen werden kann, dass die Interessen des Emittenten an einem Aufschub die Interessen des Kapitalmarkts an einer zeitnahen Information überwiegen. Neben der näheren Betrachtung dieser nicht abschließenden Regelbeispiele muss eine genauere Bestimmung dahingehend vorgenommen werden, was mit den berechtigten Interessen des Emittenten gemeint ist. Es stellt sich damit die Frage, welche Interessen des Emittenten gemeint sind und welche Anforderungen an diese zu stellen sind.

a) Die Regelbeispiele der Gefährdung laufender Verhandlungen und mehrstufigen Entscheidungsprozesse

Zuallererst nennt das Gesetz als Voraussetzung für die Befreiung von der Pflicht zur Veröffentlichung den Schutz der berechtigten Interessen des Emittenten. Art. 3 Abs. 1 der Durchführungsrichtlinie 2003/124/EG nennt nicht abschließende[960] Fallbeispiele für berechtigte Interessen des Emittenten an einem Aufschub der Ad-hoc-Veröffentlichung, die der deutsche Gesetzgeber nahezu wortgleich in der Gesetzesbegründung zu § 15 Abs. 3 WpHG[961] sowie in § 6 WpAIV übernommen hat. Danach liegen berechtigte Interessen des Emittenten insbesondere in zwei Fällen vor: Zum einen, wenn das Ergebnis oder der Gang laufender Verhandlungen über Geschäftsin-

[959] In richtlinienkonformer Auslegung dieses Tatbestandsmerkmals und unter Zugrundelegung von Art. 6 Abs. 2 der Markmissbrauchsrichtlinie, der die Selbstbefreiungsmöglichkeit dann einräumt, wenn die Bekanntgabe den berechtigten Interessen schaden könnte, ist die Eignung zur Schädigung der Interessen ausreichend, vgl. *Schneider*, BB 2005, S. 897, 898.

[960] *Ziemons*, NZG 2004, S. 537, 542.

[961] Begr. RegE. AnSVG, BT-Drucks. 15/3174, S. 35.

halte, die geeignet wären, im Fall ihres öffentlichen Bekanntwerdens den Börsen- oder Marktpreis erheblich zu beeinflussen, durch die Veröffentlichung wahrscheinlich erheblich beeinträchtigt würden und eine Veröffentlichung die Interessen der Anleger ernsthaft gefährden würde. Zum anderen dann, wenn durch das Geschäftsführungsorgan des Emittenten abgeschlossene Verträge oder andere getroffene Entscheidungen zusammen mit der Ankündigung bekannt gegeben werden müssten, dass eine für die Wirksamkeit der Maßnahme erforderliche Zustimmung eines anderen Organs des Emittenten noch aussteht, und dies die sachgerechte Bewertung der Information durch das Publikum gefährden würde.[962] Mit dem Verzicht auf eine präzise Definition der berechtigten Interessen des Emittenten sollte der Vorschrift nicht die nötige Flexibilität genommen werden, um nicht der Gefahr zu unterliegen, dass neue andersartige Sachverhalte nicht erfasst sind.[963]

aa) Gefährdung laufender Verhandlungen

Wie bereits ausgeführt wurden zur alten Rechtslage laufende Verhandlungen über eine Unternehmenstransaktion mangels ausreichender Konkretisierung mehrheitlich nicht als Insidertatsache angesehen. Eine solche wurde von der überwiegenden Meinung erst dann angenommen, wenn die Vereinbarung endgültig unterzeichnet war oder die Verhandlungen einen negativen Abschluss gefunden hatten.[964] Nunmehr stellen laufende Verhandlungen bereits dann einen konkreten Umstand dar, wenn mit hinreichender Wahrscheinlichkeit damit zu rechnen ist, dass es zu einem Vertragsabschluss kommt und damit das für eine Insiderinformation erforderliche Kursbeeinflussungspotential vorliegt. Damit muss jede Stufe der laufenden Verhandlung auf ein entsprechendes Kursbeeinflussungspotential hin überprüft werden. Aufgrund des Gleichlaufs der hinreichenden Wahrscheinlichkeit mit dem erforderlichen Kursbeeinflussungspotentials einer Insiderinformation ist eine derartige hinreichende Wahrscheinlichkeit dann gegeben, wenn der gegenwärtige Stand der Verhandlungen einen rationalen Anleger da-

[962] *Veith*, NZG 2005, S. 254, 255.
[963] Durchführungsrichtlinie 2003/124/EG, Feedback Statement CESR, CESR/02-287b, S. 20; Empf. CESR, CESR/02.089d, S. 23 (Nr. 68).
[964] Vgl. die Darstellung der Meinungslage zum Vorliegen einer Ad-hoc-Publizitätspflicht bei mehrstufigen Entscheidungsprozessen unter Kapitel 2 A IV b) bb) (1).

zu veranlassen würde, ihn zur Grundlage einer Investitionsentscheidung zu machen. Die hinreichende Wahrscheinlichkeit des Eintritts des Umstands bestimmt sich objektiv nach den Umständen des Einzelfalls. Dabei sind bloße Vorgespräche oder der Abschluss einer Geheimhaltungsvereinbarung als noch zu vage angesehen, um den Tatbestand einer „präzisen Information" zu erfüllen. Dagegen könne sich die Information dann ausreichend konkretisiert haben, wenn sich die Parteien in einem *Letter of Intent* oder einem *Memorandum of Understanding* auf die Grundzüge einer Transaktion geeinigt haben.[965] Stehe zum Beispiel eine umfangreiche *Due Diligence* oder eine Bewertung des Zielunternehmens noch aus, sei die Durchführung der Transaktion unter Umständen noch nicht hinreichend sicher, um den für eine Insiderinformation erforderlichen Konkretisierungsgrad erreicht zu haben.[966] Der Abschluss von laufenden Verhandlungen wird dann als hinreichend sicher einzustufen sein, wenn bei den beteiligten Parteien auf der Ebene der Geschäftsführung ein Abrücken vom beabsichtigten Vorhaben nicht mehr in Betracht kommt, weil die positiven Argumente für eine Durchführung überwiegen. Doch wird eine hinreichende Eintrittswahrscheinlichkeit schon dann vorliegen, wenn die den Vorstand beratenden Mitarbeiter und externen Berater die Durchführung des angestrebten Vertragsschlusses so entscheidend vorangebracht haben, dass eine Zustimmung durch das entscheidungsbefugte Gesellschaftsorgan eine reine Formsache darstellt. Damit kann eine hinreichende Eintrittswahrscheinlichkeit schon vor dem Vorstandsbeschluss einer Aktiengesellschaft vorliegen. Weil aber damit eine extreme Vorverlagerung von veröffentlichungspflichtigen Umständen verbunden ist, muss der Emittent, um in den Genuss der Befreiungsmöglichkeit zu kommen, schon bei Beginn der Verhandlungen eine entsprechende Aufschubentscheidung treffen und für die Voraussetzungen des Befreiungstatbestandes, insbesondere die Vertraulichkeit der Insiderinformation, sorgen.

Eine vorzeitige Veröffentlichung muss in der Lage sein, die Interessen der Anleger ernsthaft zu gefährden. Auch wenn sich dieses Erfordernis hinsichtlich der Vorgabe durch Art. 3 Abs. 1 lit a. der Durchführungsrichtlinie 2003/124/EG aus der Erläuterung zum Aufschub der Veröffentlichung bei Sanierungsbemühungen ergibt, kann es

[965] Siehe Emittentenleitfaden der BaFin, S. 52.
[966] *Veith*, NZG 2005, S. 254, 256.

als allgemeine Voraussetzung verstanden werden. Denn nicht nur bei Sanierungsmaßnahmen besteht die generelle Gefahr, sich auf vorschnell veröffentlichte Informationen zu verlassen und auf deren Grundlage Investitionen vorzunehmen, um später bei einem Abbruch der Verhandlungen enttäuscht zu werden und einen Vermögensnachteil in Form eines Kursverlustes zu erleiden.[967] Damit wird auch dem Vorwurf einer zu frühzeitigen Unterrichtung der Marktteilnehmer und der damit einhergehenden Gefahr einer *Hüh- und Hott-Publizität* der Boden entzogen, denn insoweit wird bereits durch § 6 Satz 2 Nr. 1 WpAIV zum Ausdruck gebracht, dass zwar mit jedem Entwicklungsschritt ein insiderrechtlich relevanter Tatbestand vorliegt, eine Veröffentlichung aber gerade darum unterbleiben darf, weil eine Veröffentlichung die Interessen der Anleger ernsthaft gefährden würde. Deutlicher noch kommt dies in § 6 Satz 2 Nr. 2 WpAIV zum Ausdruck, der bei mehrstufigen Entscheidungsprozessen ein berechtigtes Interesse des Emittenten dann bejaht, wenn eine vorzeitige Veröffentlichung die sachgerechte Bewertung der Information durch das Publikum gefährden würde. Zu einer Beeinträchtigung der Funktionsfähigkeit des Kapitalmarktes durch die Förderung des Misstrauens der Marktteilnehmer[968] kommt es somit nicht.

Wenn also der Bieter mit der Zielgesellschaft in Verhandlungen tritt und mit dieser einen gemeinsamen Plan zur Durchführung eines öffentlichen Angebotsverfahrens abspricht, so wird bereits in dieser Phase des freundlichen Angebotsverfahrens eine Insiderinformation anzunehmen sein, von deren Veröffentlichung sich der Bieter selbst befreien kann, soweit die übrigen Voraussetzungen des § 15 Abs. 3 Satz 1 WpHG vorliegen. Mit dem vom Gesetzgeber vorgegebenen Regelbeispiel hat dieser zu erkennen gegeben, dass bereits mit Beginn der Verhandlungen eine Insiderinformation vorliegen kann. Auf die hinreichende Eintrittswahrscheinlichkeit der endgültigen Realisierung des Vorhabens kommt es folglich nicht an. Das bedeutet aber auch, dass der Bieter schon jetzt dazu verpflichtet ist, die Vertraulichkeit der Insiderinformation zu gewährleisten und eine Irreführung der Öffentlichkeit nicht zu befürchten ist. Soweit der Bie-

[967] A.A. mit der Einschränkung des Tatbestandsmerkmals auf Sanierungsfälle: *Möllers*, WM 2005, S. 1393, 1396.
[968] So *Happ/Semler*, ZGR 1998, S. 116, 123.

ter diese Voraussetzungen nicht erfüllen kann ist er dazu verpflichtet, den bisherigen Stand der Verhandlungen zu veröffentlichen.

bb) Mehrstufige Entscheidungsprozesse

Bei gestreckten Entscheidungsprozessen zwischen Vorstand und Aufsichtsrat geht es um einen von der Willensbildung der Organe abhängigen voluntativ gestreckten Sachverhalt. Auch hier war in der Vergangenheit versucht worden, den Zeitpunkt der Pflicht zur unverzüglichen Veröffentlichung bei mehrstufigen Entscheidungsprozessen weiter zu konkretisieren. Die Gesetzesbegründung zu § 15 Abs. 3 WpHG zeigt nunmehr deutlich, dass grundsätzlich bereits dann eine publizitätspflichtige Insiderinformation vorliegt, wenn zwar das Leitungsorgan des Emittenten eine Entscheidung getroffen hat, eine Zustimmung des Aufsichtsorgans aber noch aussteht.[969] In diesem Fall kann der Emittent jedoch die Veröffentlichung verzögern, wenn zu befürchten steht, dass die Veröffentlichung unter Hinweis auf die fehlende Zustimmung eines weiteren Organs des Emittenten die Anleger dazu verleiten würde, sich verfrüht auf die Information zu verlassen.[970] Im Unterschied zur bisherigen Rechtslage ist damit jetzt jede einzelne Stufe eines mehrstufigen Entscheidungsprozesses ein konkreter Umstand, dessen unterstelltes Kursbeeinflussungspotential nur dann nicht zu einer unverzüglichen Veröffentlichungspflicht führt, wenn die Voraussetzungen der Befreiung nach § 15 Abs. 3 Satz 1 WpHG vorliegen.

Dazu erklärt die BaFin in ihrem Emittentenleitfaden, dass bei mehrstufigen Entscheidungsprozessen die endgültige Entscheidung nicht mehr abgewartet werden dürfe. Dass der Umstand mit hinreichender Wahrscheinlichkeit eintritt, dürfte in aller Regel spätestens mit der Entscheidung des Vorstands der Fall sein.[971] Handelt es sich bei dem Bieter um einen Emittenten, so wird diesem eine Befreiung bis zur Zustimmung des Aufsichtsrats auf der Grundlage einer analogen Anwendung des § 10 Abs. 1 Satz 3

---

[969] *Ziemons*, NZG 2004, S. 537, 541; *Simon*, Der Konzern 2005, S. 13, 15; *Möllers*, WM 2005, S. 1393, 1394.
[970] Begr. RegE. AnSVG, BT-Drucks. 15/3174, S. 35.
[971] Emittentenleitfaden der BaFin, S. 49.

WpÜG[972] einzuräumen sein. Eine Befreiungsmöglichkeit nach § 15 Abs. 3 WpHG wird dem Bieter nur bis zum Vorstandsbeschluss einzuräumen sein, weil mit diesem eine Entscheidung vorliegt, deren Veröffentlichung allein nach Maßgabe des § 10 Abs. 1 Satz 3 WpÜG aufgeschoben werden kann.

b) Das generelle Interesse des Emittenten an einem Aufschub der Ad-hoc-Veröffentlichung

aa) Fehlende Definition des Begriffs des berechtigten Interesses

Auch wenn von Seiten des Gesetzgebers darauf verzichtet wurde, eine präzise Definition[973] dessen vorzunehmen, was als berechtigtes Interesse des Emittenten an einem Aufschub seiner Veröffentlichungspflicht anzusehen ist[974], ist es doch unumgänglich, eine genauere Bestimmung dieses unbestimmten Rechtsbegriffs vorzunehmen. Zwar finden sich in der Literatur vereinzelt Stellungnahmen, die ein berechtigtes Interesse des Emittenten dann annehmen, wenn unternehmerische Ziele oder Entwicklungen durch die Veröffentlichung vereitelt, gefährdet oder erheblich beeinträchtigt würden.[975] Doch auch eine Fallgruppenbildung wird nicht geeignet sein, die Prüfung der Voraussetzung so vorzunehmen, wie es das Risiko einer Fehleinschätzung und die damit einhergehenden Rechtsfolgen verlangen.

Der Bestimmungsversuch gestaltet sich nicht unproblematisch, wie ein Vergleich mit der gesellschaftsrechtlichen Diskussion zur Bestimmung des sog. Unternehmens- oder Gesellschaftsinteresses zeigt. Diese Problematik eines Bestimmungsversuchs resultiert zum einen daraus, dass bei einer börsennotierten Gesellschaft kein automatischer Gleichlauf der unterschiedlichen Interessengruppen vorliegen muss, sondern die Gesellschaft gerade von institutionellen Konflikten zwischen einzelnen Interessengrup-

[972] Dazu oben unter Kapitel 2 A IV 1 bb) (4) (b).

[973] Vgl. Durchführungsrichtlinie 2003/124/EG, Empf. CESR, CESR/02-089d, S. 23 (Nr. 68): „Eine Definition dieses Rechtsbegriffs müsste extrem genau sein, um einer Ausweitung des Anwendungsbereichs der Vorschrift vorzubeugen".

[974] Vgl. Durchführungsrichtlinie 2003/124/EG, Feedback Statement CESR, CESR/02-287b, S. 20.

[975] *Simon*, Der Konzern 2005, S. 13, 19; *Veith*, NZG 2005, S. 254, 257.

pen beherrscht sein kann.[976] Auf der anderen Seite stellt sich die Frage, ob es ein über den einzelnen Partikularinteressen bestehendes Interesse der Gesellschaft selbst gibt, welches als Anknüpfungspunkt heranzuziehen ist. Auch können die Interessen innerhalb der beteiligten Interessengruppen divergieren. Während einige Aktionäre an einem schnellen Profit und einer hohen Dividende interessiert sein können, könnten andere Aktionäre ein Interesse an einem länger andauernden Investment haben und ihre Anlage entsprechend ausrichten. Aufgrund dieser potenziellen Interessengegensätze lässt sich ein alleiniges Abstellen auf die Aktionärsinteressen nicht rechtfertigen. Die Konkretisierung des berechtigten Interesses bereitet allein aufgrund dieser Sachlage erhebliche Schwierigkeiten.

bb) Das generelle Erfordernis einer Interessenabwägung

Das alleinige Bestehen von Interessen des Emittenten an einem Aufschub ist nicht ausreichend, um diesen zu einer Selbstbefreiung zu legitimieren. Vielmehr ist es erforderlich, eine Interessenabwägung zwischen den Interessen des Emittenten und denjenigen des Kapitalmarkts an einer unverzüglichen Veröffentlichung vorzunehmen und berechtige Interessen an einem Aufschub erst dann anzunehmen, wenn die Interessen des Kapitalmarktes hinter denjenigen des Emittenten zurückstehen.[977] Interessen von dritten Personen an einer verzögerten Veröffentlichung sollen dabei keine Berücksichtigung innerhalb der Interessenabwägung finden.[978]

Zwar war zur alten Rechtslage umstritten, ob eine Interessenabwägung im Rahmen des behördlichen Beurteilungsermessens[979] erforderlich ist oder nicht allein schon das Bestehen von Interessen des Emittenten einen Aufschub rechtfertigt. Dabei beriefen sich die Gegner einer Interessenabwägung auf den Wortlaut des § 15 Abs. 1 Satz 5 WpHG a.F., welcher im Gegensatz zum früheren § 44a Abs. 1 Satz 3 BörsG a.F. eine Berück-

[976] *Kübler/Assmann*, Gesellschaftsrecht (6. Aufl. 2006), § 14 III S. 176.
[977] *Simon*, Der Konzern 2005, S. 13, 19; *Veith*, NZG 2005, S. 256, 257; *Assmann*, in: Assmann/Schneider, WpHG (4. Aufl. 2006), § 15 Rn. 155 ff.; *Cahn/Götz*, AG 2007, S. 221, 223.
[978] *Assmann*, in: Assmann/Schneider, WpHG (4. Aufl. 2006), § 15 Rn. 157.
[979] Zur Interessenabwägung im Rahmen des behördlichen Beurteilungsermessens *Fülbier*, Regulierung der Ad-hoc-Publizität, S. 57 f.

sichtigung der Interessen des Publikums nicht ausdrücklich vorsah.[980] Der Gesetzgeber[981] als auch der Emittentenleitfaden der BaFin[982] schließen sich jedoch der Gegenansicht[983] an und sehen eine Abwägung der berechtigten Interessen des Emittenten gegenüber den Interessen des Kapitalmarkts ausdrücklich vor. Der Emittentenleitfaden führt dahingehend aus, dass eine unzulässige oder unterlassene Interessenabwägung, welche im Ergebnis zu einem Aufschub der Veröffentlichung geführt hat, die Rechtsfolgen der §§ 37b, 39 Abs. 2 Nr. 5 lit. a WpHG auslöst. Daher wird dem Emittenten geraten, eine Interessenabwägung vorzunehmen und dabei insbesondere die Intention der kapitalmarktrechtlichen Publizitätspflichten zu beachten.[984] Die Kapitalmarktteilnehmer haben ein vorrangiges Interesse an der Markteffizienz des Kapitalmarktes und damit an der unverzüglichen Verarbeitung der die gehandelten Wertpapiere beeinflussenden Informationen. Die Veröffentlichung soll die Informationseffizienz des Kapitalmarktes fördern.[985] Dieses Informationsbedürfnis tritt dort zurück, wo eine unverzügliche Informationsversorgung zu Irritationen führt, weil die veröffentlichten Umstände Änderungen unterliegen können, die zu erneuter Publizität verpflichten würden. Damit ist diejenige Situation gemeint, in der ein Umstand veröffentlicht wird, und aufgrund späterer Veränderungen eine neue Veröffentlichung vorgenommen werden muss, die die zuvor Ergangene revidiert oder modifiziert. Die Kapitalmarktteilnehmer unterliegen hier der Gefahr, im Vertrauen auf die erste Veröffentlichung zu handeln und ihr Investitionsverhalten danach ausrichten, ohne sich des Risikos einer späteren Änderung bewusst zu sein. Der Emittent ist damit zwar grundsätzlich in der Position, die Möglichkeit einer Irreführung der Marktteilnehmer durch eine Veröffentlichung einzuschätzen. Es müssen aber gerade neben den weiteren Voraussetzungen des § 15

---

[980] *Assmann*, AG 1994, S. 196, 206; *ders.*, ZGR 1994, S. 494, 528; *Hirte*, in: Hadding/Hopt/Schimansky, 2. FFG, S. 47, 50.

[981] § 6 Satz 1 WpAIV, wonach berechtigte Interessen des Emittenten dann vorliegen, wenn die Interessen des Emittenten an einer Geheimhaltung der Information die Interessen des Kapitalmarktes [...] überwiegen.

[982] Emittentenleitfaden der BaFin, S. 55.

[983] *Hopt*, ZHR 159 (1995), S.135, 157; *Fürhoff/Wölk*, WM 1997, S. 449, 458, die das Erfordernis einer Interessenabwägung schon aus dem Gesetzeszweck ableiten; *Gehrt*, Die neue Ad-hoc-Publizität, S. 166; *Kümpel*, in: Assmann/Schneider, WpHG (2. Aufl. 1999), § 15 Rn. 79 ff.; *v. Klitzing*, Die Ad-hoc-Publizität, S. 170, 171.

[984] *Veith*, NZG 2005, S. 254, 257.

[985] *Cahn/Götz*, AG 2007, S. 221, 223.

Abs. 3 Satz 1 WpHG auf seiner Seite berechtigte Interessen vorliegen, die einen Aufschub rechtfertigen.

cc) Bisherige Bestimmungsversuche

Bisherige Definitionsversuche zur Befreiung von der Veröffentlichungspflicht nach § 15 Abs. 1 Satz 5 WpHG a.F. orientierten sich zum Teil an dem Auskunftsverweigerungsrecht des Vorstands in der Hauptversammlung nach § 131 Abs. 3 Satz 1 Nr. 1 AktG, wonach der Vorstand die von einem Aktionär geforderte Auskunft dann verweigern darf, wenn die Erteilung der Auskunft nach vernünftiger kaufmännischer Beurteilung geeignet ist, der Gesellschaft oder einem verbundenen Unternehmen einen nicht unerheblichen Nachteil zuzufügen. Dabei wird ein unerheblicher Nachteil als ein Schaden oder eine Beeinträchtigung von Interessen der Gesellschaft von einigem Gewicht angesehen[986], wobei die Erteilung der begehrten Auskunft den Nachteil nicht unmittelbar herbeiführen muss, sondern die generelle Eignung zur Nachteilszufügung ausreicht.[987] Der Vorstand ist dabei daran gehalten, die Vor- und Nachteile einer Auskunftsverweigerung für die Gesellschaft abzuwägen.[988] Unter Heranziehung dieses Bestimmungsversuchs ständen berechtigte Interessen des Emittenten einer Veröffentlichung dann entgegen, wenn die Veröffentlichung der Insiderinformation nach vernünftiger kaufmännischer Beurteilung dazu geeignet ist, dem Emittenten einen Schaden oder ein Beeinträchtigung von einigem Gewicht zuzufügen.[989] Dies sei insbesondere dann der Fall, wenn es um die Existenz des Emittenten gehe.[990]

Andere Definitionsversuche versuchen, sich an öffentlich-rechtlichen Vorschriften bei der Bestimmung des Begriffs des berechtigten Interesses zu orientieren, so namentlich

---

[986] *Hüffer*, AktG (7. Aufl. 2006), § 131 Rn. 24; *Kubis*, in: MünchKomm z. AktG (2. Aufl. 2004), § 131 Rn. 100.

[987] *Decher*, in: GroßKomm AktG (4. Aufl. 2001), § 131 Rdn. 297.

[988] *Hüffer*, AktG (7. Aufl. 2006), § 131 Rn. 27; *Kubis*, in: MünchKomm z. AktG (2. Aufl. 2004), § 131 Rn. 99; *Zöllner*, in: KölnKomm z. AktG, § 131 Rn. 34.

[989] *BAWe/Deutsche Börse AG* (Hrsg.), Leitfaden: Insiderhandelsverbote und Ad-hoc-Publizität (2. Aufl. 1998), S. 45 f. *Gehrt*, Die neue Ad-hoc-Publizität, S. 165; *Dreyling/Schäfer*, Insiderrecht und Ad-hoc-Publizität, Rdn. 484; *Wilga*, in: Möllers/Rotter, Ad-hoc-Publizität, § 9 Rn. 14, S. 207; *Sangiovanni*, Ad-hoc-Publizität, S. 150.

[990] *Ekkenga*, ZGR 1999, S. 165, 201; *Sangiovanni*, Ad-hoc-Publizität, S. 150.

an den Vorschriften der §§ 43 Abs. 1, 113 Abs. 1 Satz 4 VwGO, §§ 29 Abs. 2, 37 Abs. 2 Satz 2 VwVfG. Danach könnten die berechtigten Interessen des Emittenten als alle nach vernünftigen Erwägungen unter Berücksichtigung gesetzlicher Regelungen oder allgemeinen Rechtsgrundsätzen anzuerkennenden schutzwürdigen Interessen rechtlicher, wirtschaftlicher oder auch ideeller Natur definiert werden.[991]

Neben diesen Definitionsversuchen gibt es den Vorschlag, die berechtigten Interessen im Rahmen einer Zwei-Stufen-Lösung zu ermitteln. Auf der ersten Stufe sollen die generellen Interessen als alle Beweggründe des Emittenten verstanden werden, die die Notwendigkeit einer Nichtveröffentlichung indizieren könnten, um auf einer zweiten Stufe zwischen den Interessen des Emittenten und denjenigen des Kapitalmarktes abzuwägen.[992] Die damit angesprochene, aber ohnehin notwendige Interessenabwägung[993] kann einen Definitionsversuch jedoch nicht ersetzen.

dd) Das Gesellschafts- und Unternehmensinteresse im Aktienrecht

Der Bestimmungsversuch hat sich zunächst an der zum Aktienrecht geführten Diskussion zu Geltung und Umfang eines allgemeinen Gesellschafts- oder Unternehmensinteresses als Leitmaxime der Führungs- und Aufsichtsorgane einer Aktiengesellschaft zu orientieren. Sowohl die Rechtsprechung des Bundesverfassungsgerichts[994] als auch diejenige des Bundesgerichtshofs[995] gehen in Übereinstimmung mit der überwiegenden Ansicht in der Literatur[996] und den Empfehlungen des *Deutschen Corporate Go-*

---

[991] *v. Klitzing*, Die Ad-hoc-Publizität, S. 168; zur Definition des berechtigten Interesses im Verwaltungsrecht, siehe: *Kopp/Schenke*, VwGO, § 43 Rn. 23; *Schenke*, Verwaltungsprozessrecht (8. Aufl. 2002), Rn. 571.
[992] *Wilga*, in: Möllers/Rotter, Ad-hoc-Publizität, § 9 Rdn. 17, S. 208 ff.
[993] Vgl. die obigen Ausführungen unter Kapitel 2 E II 2 b) bb).
[994] BVerfGE 50, 290, 374 („Die Angehörigen der Vertretungsorgane haben ihre Funktionen ungeachtet etwaiger persönlicher Konflikte oder Interessenkonflikte im Interesse des Unternehmens wahrzunehmen.").
[995] BGHZ 36, 296, 306; 71, 40, 44; 136, 133, 139; 125, 239, 244: *Gesellschaftsinteresse*; BGHZ 64, 325, 329: *Unternehmensinteresse* (im Hinblick auf die Verschwiegenheitspflicht der Aufsichtsratsmitglieder).
[996] *Mertens*, in: KölnKomm z. AktG, § 76 Rn. 16; *Hüffer*, AktG (7. Aufl. 2006), § 76 Rn. 15; *Hoffmann-Becking*, in: Hoffmann-Becking, Handbuch des Gesellschaftsrechts, Band 4, § 19 Rn. 19; *Drygala*, ZIP 2001, S. 1861, 1865; *Kuhner*, ZGR 2004, S. 244, 246. Die Rechtsverbindlichkeit des Unternehmensinteresses als Leitmaxime ablehnend *Mülbert*, ZGR 1997, S. 129, 156; *Wiedemann*, Gesellschaftsrecht, Band I, S. 625 ff.; *Zöllner*, AG 2003, S. 2, 8; *Fleischer*, AG 2001, S. 171, 177.

vernance Kodex[997] von einer Pflichtenbindung des Vorstands als auch des Aufsichtsrats[998] an das Gesellschafts- oder Unternehmensinteresse aus. Hinsichtlich der durch das UMAG[999] Gesetz gewordenen *Business Judgement Rule* spielt der Charakter des Unternehmensinteresses als Leitmaxime auch im Rahmen der Sorgfaltspflicht des Vorstands eine Rolle. Denn nach § 93 Abs. 1 Satz 2 AktG liegt eine Verletzung dieser organschaftlichen Sorgfaltspflicht dann nicht vor, wenn das Vorstandsmitglied bei einer unternehmerischen Entscheidung vernünftigerweise annehmen durfte, auf der Grundlage angemessener Information zum Wohle der Gesellschaft zu handeln.[1000]

Die Präzisierung des Gesellschafts- oder Unternehmensinteresses ist jedoch problematisch. Dabei stellt sich konkret die Frage, ob es sich bei diesem Begriff um eine Zusammenfassung individueller Interessen an der Gesellschaft handelt, ob der Gesellschaft ein überindividuelles Interesse zuzusprechen ist, das Leistungsorgan ausschließlich die Interessen der Anteilseigner zu berücksichtigen hat oder auch diejenigen anderer, mit der Gesellschaft verbundener Interessengruppen (sog. *stakeholder*). Dabei ist eine Trennung der Begriffe Gesellschafts- und Unternehmensinteresse aufgrund der Identifikation von Unternehmen und juristischer Person bei einer Aktiengesellschaft nicht angezeigt.[1001]

---

[997] Schon in der Präambel des Corporate Governance Kodex wird der Begriff des Unternehmensinteresses benutzt. Dort heißt es, dass die von den Aktionären gewählten Anteilseignervertreter und die Arbeitnehmervertreter gleichermaßen dem Unternehmensinteresse verpflichtet sind. Selbiges soll für den Vorstand gelten, der nach Nr. 4.1.1 an das Unternehmensinteresse gebunden und der Steigerung des nachhaltigen Unternehmenswertes verpflichtet ist. Im Zusammenhang mit Übernahmeangeboten sind Vorstand und Aufsichtsrat der Zielgesellschaft nach Nr. 3.7 bei ihren Entscheidungen an das beste Interesse der Aktionäre und das Unternehmensinteresse gebunden. Aufgrund der Bindung des Vorstands an das Unternehmensinteresse darf das Vorstandsmitglied bei seinen Entscheidungen keine persönlichen Interessen verfolgen und Geschäftschancen, die dem Unternehmen zustehen, nicht für sich selbst nutzen, Nr. 4.3.3. Selbiges gilt nach Nr. 5.5.1 für die Mitglieder des Aufsichtsrats.

[998] BVerfGE 34, 103, 112; BGHZ 64, 325, 331 (*Unternehmensinteresse*); BGHZ 135, 244, 255 (*Unternehmenswohl*).

[999] Gesetz zur Unternehmensintegrität und Modernisierung des Anfechtungsrechts (UMAG) v. 22.09.2005, BGBl. I, S. 2802.

[1000] Neben der organschaftlichen Sorgfaltspflicht sind die Vorstandsmitglieder auch aufgrund ihrer organschaftlichen Treuebindung gegenüber der Gesellschaft daran gehalten, das Unternehmensinteresse zu wahren. Aus dieser Treuebindung folgt die Verpflichtung der Vorstandsmitglieder, keine Eigeninteressen zu verfolgen, die den Interessen der Gesellschaft zuwiderlaufen sowie in allen Angelegenheiten, die das Unternehmensinteresse berühren, ausschließlich das Wohl der Gesellschaft im Auge zu behalten, vgl. *Hopt*, in: GroßKomm AktG, § 93 Rdnr. 144.

[1001] *Flume*, Die juristische Person, S. 59.

Im Hinblick auf den statuarisch festgelegten Gesellschaftszweck findet sich der Versuch, das Gesellschaftsinteresse zu definieren als alles, was den Bestand, die Funktionsfähigkeit und die Aufgabenerfüllung des Verbandes im Hinblick auf den mit ihm verfolgten Zweck begünstigt und gewährleistet.[1002] Losgelöst von den Interessen der einzelnen Verbandsmitglieder wird der Gesellschaft damit ein überindividuelles Interesse zugesprochen, das mit dem Interesse der Gesellschaftermehrheit nicht identisch zu sein braucht[1003], sondern sich allein an dem in der Satzung festgelegten Gesellschaftszweck orientiert. In Ergänzung dieses Bestimmungsversuchs wurde das Konzept des Unternehmensinteresses entwickelt, welches unter der Annahme einer ergänzenden Gemeinwohlverpflichtung der Leitungsorgane den Inhalt des Unternehmensinteresses als die Selbsterhaltung (Bestandserhaltung)[1004] und fortdauernde funktionsgerechte Erfüllung der Aufgaben des Unternehmens gegenüber Anteilseignern, Arbeitnehmern, Lieferanten, Abnehmern, Konsumenten, Staat und Gesellschaft versteht.[1005] Eine extreme Konkretisierung hat das Unternehmensinteresse durch die weitestgehend abgelehnte[1006] Rechtsfigur des „Unternehmens an sich" erfahren, dessen Grundlage die Annahme bildet, dass das Interesse des Unternehmens an sich als rechtlich eigenständig gegenüber den Interessen der beteiligten Interessengruppen wie gegenüber dem öffentlichen Interesse zu denken ist.[1007] Das Unternehmensinteresse ist danach nicht einfach die Summe der Individualinteressen, welche an der Gesellschaft bestehen. Das Unternehmensinteresse wird vielmehr vom Unternehmen selbst bestimmt, so dass das

---

[1002] *Zöllner*, in: KölnKomm z. AktG, Einl. Rn. 107; *Krämer*, Das Unternehmensinteresse als Verhaltensmaxime, S. 32 ff.; *Kuhner*, ZGR 2004, S. 244, 246.

[1003] *Kuhner*, ZGR 2004, S. 244, 246; *Junge*, FS Caemmerer, S. 547, 556.

[1004] *Wiedemann*, Gesellschaftsrecht, Bd. I, S. 626 (*Erhaltungsinteresse*). Ablehnend gegenüber einem solchen Erhaltungsinteresse als Grenze des Leitungsermessens *Hopt*, ZGR 1993, S. 534, 538.

[1005] *v. Werder*, in: Ringleb/Kremer/Lutter/v. Werder, Komm. z. Deutschen Corporate Governance Kodex, Rdn. 240; *Hueck/Windbichler*, Gesellschaftsrecht, § 23 Rn. 15, neben den Interessen der Aktionäre habe der Vorstand auch die Interessen der Arbeitnehmer der AG und der Allgemeinheit zu berücksichtigen. Vgl. auch *Hüffer*, AktG (7. Aufl. 2006), § 53a Rn. 3 – 10, der dem Unternehmensinteresse ein so starkes Gewicht beimisst, dass es dem Vorstand gestattet sein kann, vom aktienrechtlichen Gleichbehandlungsgrundsatz unter Beachtung des Willkürverbots im Unternehmensinteresse abzuweichen.

[1006] *Flume*, Die Juristische Person, S. 37 ff.; *Kübler/Assmann*, Gesellschaftsrecht (6. Aufl. 2006), S. 178; *Kuhner*, ZGR 2004, S. 244, 248 ff.; *Hüffer*, AktG (7. Aufl. 2006), § 76 Rn. 15; *Schüppen*, in: Haarmann/Schüppen, WpÜG (2. Aufl. 2005), § 3 Rn. 15.

[1007] *Rathenau*, Aktienwesen, S. 38 f.; *Teubner*, ZHR 149 (1984), S. 470, 472; *Schmidt-Leithoff*, Verantwortung der Unternehmensleitung, S. 132 ff.; Umfassend *Laux*, Die Lehre vom Unternehmen an sich. In diese Richtung auch *Böttcher*, Verpflichtung des Vorstands einer Aktiengesellschaft zur Durchführung einer Due Diligence, S. 66.

Unternehmen selbst zum Interessensubjekt wird.[1008] Soweit sich die Bestimmungsversuche gegen die Annahme eines überindividuellen Interesses stellen und vielmehr die Gesamtheit der Individualinteressen erfasst sehen, wird vorgeschlagen, bei konkurrierenden Interessen diese gegeneinander abzuwägen und im Wege einer praktischen Konkordanz zum Ausgleich zu bringen.[1009] Die Interessen der Anteilseigner seien in ein angemessenes Verhältnis zu den Interessen der Nichtanteilseigner zu setzen.[1010]

ee) Versuch einer Bestimmung des Begriffs des Unternehmensinteresses

(1) Die generelle Trennung von Individualinteressen und Funktionsschutz

Wie im Kapitalmarktrecht muss bei der Bestimmung des Unternehmensinteresses eine Trennung von in der Aktiengesellschaft bestehenden Individualinteressen und dem allgemeinen Interesse an einem Funktionsschutz der Institution Aktiengesellschaft vorgenommen werden.[1011] Beim aktienrechtlichen Funktionsschutz geht es um den Schutz und die Erhaltung von Funktionen der Aktiengesellschaft, die der Aktiengesellschaft zur Erhaltung ihrer Lebensfähigkeit und ihrer gesellschaftlichen Nützlichkeit dienen.[1012] Dieser Funktionsschutz wird vor allem in dem aktienrechtlichen Grundsatz der Satzungsstrenge nach § 23 Abs. 5 Satz 1 AktG erblickt, wonach die Satzung einer AG von den aktienrechtlichen Vorschriften nur dann abweichen kann, wenn dies ausdrücklich zugelassen ist. Der Sinn und Zweck dieser Vorschrift besteht darin, neben dem Schutzbedürfnis der individuellen Gläubiger und der Gesellschafter der Wirtschaftsordnung in ihrer Gesamtheit zu dienen, welche die Unternehmensfinanzierung durch den Kapitalmarkt gewährt.[1013] Dieses Schutzziel erkannte auch die Aktienrechtsreform von 1965.[1014] Zwar fehlt dem heutigen Aktienrecht eine vor der Aktienreform

---

[1008] *Raiser/Veil*, Recht der Kapitalgesellschaften (3. Aufl. 2001), S. 30, 141 f.

[1009] *Mertens*, in: KölnKomm z. AktG, § 76 Rn. 19, 22; *Hopt*, ZGR 1993, S. 534, 536; *Maier-Reimer*, ZHR 165 (2001), S. 258, 261.

[1010] Sog. Integrationsmodell, vgl. *Hopt*, ZGR 1993, S. 534, 536.

[1011] So auch *Bonin*, Leitung der Aktiengesellschaft, S. 332.

[1012] *Kübler/Assmann*, Gesellschaftsrecht (6. Aufl. 2006), S. 177.

[1013] *Kübler/Assmann*, Gesellschaftsrecht (6. Aufl. 2006), S. 177.

[1014] BT-Drucks. 04/171, S. 92 ff. Danach müsse ein Aktienrecht, welchen den Grundsätzen unserer Wirtschaftsverfassung entsprechen soll, von dem wirtschaftlichen Eigentum der Aktionäre an dem auf ihren Kapitalbeiträgen beruhenden Unternehmen ausgehen und dürfe das Mitsprache- und Kontrollrecht der Aktionäre nur so weit einschränken, als dies erforderlich sei, um die Funktionsfähigkeit und von 1965 noch in § 70 Abs. 1 AktG a.F. vorhandene Gemeinwohlklausel[1015], doch wird in Rechtsprechung und Literatur vertreten, dass diese durch die in Art. 14 Abs. 2 GG statuierte Sozialpflichtigkeit des Eigentums weiterhin Gültigkeit hat.[1016]

Der Funktionsschutz, den die Aktiengesellschaft genießt, wird auch in der Berücksichtigung von Interessen der Allgemeinheit deutlich. Dieses öffentliche Interesse[1017] kann in der Funktion der Aktiengesellschaft als wesentlicher Arbeitgeber gesehen werden, als Steuerzahler, oder einfach als wichtiger Faktor für das allgemeine Wirtschaftswachstum.[1018]

---

die Erreichung des Zweckes des Zusammenschlusses zu sichern, zu dem sich die Aktionäre freiwillig verbunden haben, sowie um die Wahrung übergeordneter wirtschafts- und gesellschaftspolitischer Ziele zu gewährleisten. Weiter führt die Gesetzesbegründung aus, dass es eine gesellschaftspolitische Aufgabe sei, immer weitere Schichten und Kreise unseres Volkes an dem Produktionsvermögen der Wirtschaft zu beteiligen und einer Massierung des Kapitals in den Händen weniger Personen entgegenzuwirken.

[1015] Nach der in § 70 Abs. 1 AktG a.F. enthaltenen Gemeinwohlklausel wurde der Vorstand dazu verpflichtet, die AG so zu leiten, wie es das Wohl des Betriebs und seiner Gefolgschaft und der gemeine Nutzen von Volk und Reich es fordern.

[1016] BVerfGE 14, 263, 282; *Kort*, in: GroßKomm AktG, § 76 Rdn. 60; *Mertens*, in: KölnKomm AktG, § 76 Rdn. 32; a.A. *Hefermehl*, in: Geßler/Hefermehl/Eckardt/Kropff, AktG II, § 76 Rdn. 19 ff.

[1017] Eine Berücksichtigung des öffentlichen Interesses findet auch im Rahmen der neuen sog. Prüferrichtlinie (Richtlinie 2006/43/EG des Europäischen Parlaments und des Rates vom 17.05.2006 über Abschlussprüfungen von Jahresabschlüssen und konsolidierten Abschlüssen, zur Änderung der Richtlinien 78/660/EWG und 83/349/EWG des Rates und zur Aufhebung der Richtlinie 84/253/EWG des Rates, Abl. EU L 157/87) statt. Nach den Vorgaben der Prüferrichtlinie müssen prüfungspflichtige Unternehmen des „öffentlichen Interesses" Prüfungsausschüsse („audit committees") einrichten, die der Verbesserung der Arbeit des Aufsichtsrats und seiner Unterstützung durch den Abschlussprüfer dienen sollen. Nach Art. 2 Nr. 13 der Prüferrichtlinie sind „Unternehmen von öffentlichem Interesse" Unternehmen, die unter das Recht eines Mitgliedstaats fallen und deren übertragbare Wertpapiere zum Handel auf einem geregelten Markt eines Mitgliedstaats im Sinne von Artikel 4 Abs. 1 Nr. 14 der Richtlinie 2004/39/EG zugelassen sind, Kreditinstitute im Sinne von Artikel 1 Nummer 1 der Richtlinie 2000/12/EG des Europäischen Parlaments und des Rates vom 20. März 2000 über die Aufnahme und Ausübung der Tätigkeit der Kreditinstitute und Versicherungsunternehmen im Sinne von Art. 2 Abs. 1 der Richtlinie 91/674/EWG. Die Mitgliedstaaten können auch andere Unternehmen zu Unternehmen von öffentlichem Interesse bestimmen, beispielsweise Unternehmen, die aufgrund der Art ihrer Tätigkeit, ihrer Größe oder der Zahl ihrer Beschäftigten von erheblicher öffentlicher Bedeutung sind.

[1018] Vgl. *Hens*, Vorstandspflichten bei feindlichen Übernahmeangeboten, S. 143. Dieses Allgemeininteresse erkennt das Aktiengesetz selbst an. So bestimmt § 38 Abs. 3 Nr. 2 AktG, dass wegen einer mangelhaften, fehlenden oder nichtigen Bestimmung der Satzung die Eintragung der Aktiengesellschaft in das Handelsregister nur dann vom Gericht abgelehnt werden kann, soweit diese Bestimmung, ihr Fehlen oder ihre Nichtigkeit Vorschriften verletzt, die ausschließlich oder überwiegend zum Schutz der Gläubiger der Gesellschaft oder sonst im öffentlichen Interesse gegeben sind. Fast wortgleich ist nach § 241 Nr. 3 AktG ein Hauptversammlungsbeschluss dann nichtig, wenn er mit dem Wesen der Aktiengesellschaft nicht zu vereinbaren ist oder durch seinen Inhalt Vorschriften verletzt, die ausschließlich oder überwiegend zum Schutz der Gläubiger der Gesellschaft oder sonst im öffentlichen Interesse gegeben sind.

Der Bestimmung des berechtigten Interesses hat jedoch eine Trennung von Individualinteressen und einem verbandsrechtlichen Funktionsschutz voranzustehen. Die Berücksichtigung von Allgemeininteressen kann ihre Grundlage allein im Funktionsschutz haben.[1019] Eine darüber hinausgehende Berücksichtigung im Rahmen des berechtigten Interesses erscheint zu weitgehend und würdigt in nicht ausreichendem Maße die Belange der Gesellschaft als privatrechtlicher Verband.[1020] Denn würde auch hier ein öffentliches Interesse in die Abwägung miteinbezogen werden müssen, käme es zu einer Beschränkung des Emittenten, die dem Funktionsschutz eher schaden würde als diesem zu dienen. Würde die Gesellschaft dazu verpflichtet, bei ihren Entscheidungen die Belange der Öffentlichkeit mit einzubeziehen, würden unpopuläre Maßnahmen niemals in Erwägung gezogen, die die Gesellschaft aber aus strategischen und insgesamt wirtschaftlichen Gründen durchführen müsste, um ihre Marktstellung zu erhalten oder auszubauen.[1021] Auch käme es zu einem ausufernden Ermessensspielraum des Vorstands, dessen Kontrolle durch die Aktionäre beeinträchtigt wäre.[1022] Die Interessen der Allgemeinheit können daher keine Berücksichtigung innerhalb der Bestimmung des Begriffs des Unternehmensinteresses finden. Etwas anderes kann in Übereinstimmung mit der Rechtssprechung des EuGH zur Problematik der Golden Shares[1023] allein dann gelten, wenn eine tatsächliche oder hinreichend schwere Gefährdung von Allgemeininteressen vorliegt, die ein Grundinteresse der Gesellschaft be-

---

[1019] Darin übereinstimmend *Semler*, in: Semler/Peltzer, Arbeitshandbuch für Vorstandsmitglieder, § 1 Rn. 119 ff., 122, der eine Unterscheidung zwischen Interessen *im* Unternehmen und Interessen *am* Unternehmen vornimmt und allein den Erstgenannten bei der Bestimmung der zu berücksichtigenden Interessen gelten lässt. Anders *Hemeling*, ZHR 169 (2005), S. 274, 291. Insgesamt gegen den fehlenden Aussagegehalt des Gemeinwohls als Anknüpfungspunkt *Wiedemann*, ZGR 1975, S. 385, 396 f.

[1020] A.A. *Möllers*, ZIP 2006, S. 1615, 1617.

[1021] Beispielhaft sei hier die Entlassung eines bedeutenden Teils der Arbeitnehmerschaft angesprochen, die die Gesellschaft allein deshalb durchführt, um rentabel und gewinnbringend wirtschaften zu können. Die Entlastung wirkt sich zwar wirtschaftlich positiv aus, doch wird sie von der Öffentlichkeit letztlich negativ wahrgenommen, weil sich eine Einengung der Sichtweise auf das Schicksal der Arbeitnehmer mit der Entlassung verbindet und die dadurch bewirkten positiven Effekte außer Acht gelassen werden.

[1022] *Kübler/Assmann*, Gesellschaftsrecht (6. Aufl. 2006), S. 182. So auch EuGH, NZG 2006, 942 Rdnr. 42 (Golden Share VI), der in politisch motivierten Entscheidungen generell die Gefahr sieht, dass ökonomische Rationalitätskriterien beiseite geschoben werden mit der Folge einer Benachteiligung der übrigen Aktionäre.

[1023] Zusammenfassung der bisherigen Rechtsprechung des EuGH zur Golden Share – Problematik bei *Oechsler*, NZG 2007, S. 161 ff.

rührt[1024] und damit eine Berücksichtigung dieses Allgemeininteresses gerechtfertigt ist. Dies wird jedoch nur in den seltensten Fällen der Fall sein.

(2) Das berechtigte Interesse des Emittenten an einem Aufschub der Veröffentlichung

Da neben der Bestimmung des Interesses des Emittenten eine Interessenabwägung mit den Interessen des Kapitalmarktes dahingehend stattzufinden hat, dass die Interessen des Emittenten an einer Geheimhaltung überwiegen, ist es angebracht, die Interessendefinition gleich an dieser Abwägung auszurichten.[1025] Die Interessen des Emittenten sind nur dann berechtigt, wenn diese gegenüber den Interessen des Kapitalmarkts an einer unverzüglichen und umfassenden Veröffentlichung überwiegen. Auch dies hat ein Definitionsversuch zu berücksichtigen.

Ein Bestimmungsversuch hat sich zunächst an dem gesellschaftsrechtlichen Begriff des Gesellschaftsinteresses zu orientieren, der vom teilweise synonym verwendeten Begriff des Unternehmensinteresses zu trennen ist. Wenig spricht hier dafür, allein auf ein überindividuelles, am Gesellschaftszweck orientiertes Bestands- und Erhaltungsinteresse als allein maßgebliche Richtschnur abzustellen. Dies nicht nur deshalb, weil seine Begründung äußerst fragwürdig erscheint, sondern allein aus dem einfachen Grund, dass sich in den allermeisten Fällen die Frage, ob eine unternehmerische Maßnahme gegen das Bestandsinteresse verstößt oder nicht, eben nicht stellt, weil die Maßnahme in ihrer Bedeutung und ihrem Ausmaß nicht die Kraft entfalten wird, um zu einem Risiko für die gesamte Unternehmung zu werden. Ein alleiniges Abstellen auf überindividuelle Interessen liefe damit leer[1026] und ist im vorgegebenen Rahmen untauglich, dem Vorstand als Leitmaxime dienen zu können. Die Bestandserhaltung ist bereits eine sich aus der Natur der Sache ergebende Verbandszielsetzung[1027] und kann daher kein taugliches Konkretisierungsmittel darstellen.

[1024] EuGH, Slg. I-4781 = NZG 2002, 628 (Elf Aquitaine/Golden Share II).

[1025] *Wilga*, in: Möllers/Rotter, Ad-hoc-Publizität, § 9 Rn. 16, 17.

[1026] Das Konzept einer überindividuellen, von konkreten Einzelinteressen abstrahierten Leitmaxime ebenso ablehnend *Richter*, in: Semler/Peltzer, Arbeitshandbuch für Vorstandsmitglieder, § 4 Rn. 30.

[1027] *Kuhner*, ZGR 2004, S. 244, 252.

Wenn aber ein überindividuelles Interesse des Emittenten keine Berücksichtigung finden kann, stellt sich die Frage nach einer Berücksichtigung von Interessen der mit der Gesellschaft verbundenen Parteien, was nicht ausschließlich die Gesellschafter oder Anteilseigner bezeichnet, sondern auch diejenigen, die mit der Gesellschaft in einem vertraglichen (Dauerschuld-) Verhältnis stehen. Der Bestimmung des die Leitmaxime der Geschäftsführung konkretisierenden Begriffs hat unter der Prämisse stattzufinden, dass die Unternehmensleitung und die Gesellschafter aufgrund der Trennung von Eigentum und Verfügungsgewalt in einem sog. *principal/agent-Verhältnis*[1028] zueinander stehen, die Unternehmensleitung daher wie ein Treuhänder das Kapital der Anteilseigner verwaltet und schon allein aufgrund dieses Verhältnisses zur Verfolgung der Interessen der Anteilseigner verpflichtet ist.[1029] Die ökonomische Delegationstheorie[1030] sieht den Vorstand aufgrund dieses Verhältnisses und dem ausreichenden Schutz anderer Interessengruppen durch vertragliche, deliktsrechtliche oder arbeitsrechtliche Regelungen dazu verpflichtet, ausschließlich die Interessen der Gesellschafter zu verfolgen.[1031] Dies entspricht auch dem Shareholder Value – Ansatz, der den Marktwertbeitrag von Projekten und Strategiemaßnahmen mit den Methoden der Investitionsrechnung misst und der finanzielle Nutzen einer Maßnahme für die Eigenkapitalgeber bewertet wird.[1032] Für den Kapitalanleger muss sich aus der Tätigkeit des Unternehmens eine Marktwertmaximierung ergeben. Für eine alleinige Ausrichtung an den Interessen der Anteilseigner spricht darüber hinaus das von diesen eingegangene Risiko, dem sie in einem verstärkten Maße unterliegen, als dass ihnen keine vertragsrechtlichen Ansprüche auf eine Gewinnbeteiligung gegen die Gesellschaft zustehen. Ihnen steht eine Gewinnbeteiligung erst dann zu, wenn die Ansprüche der übrigen Stakeholder befriedigt wurden. Dieses implizite Vertragsverhältnis rechtfertigt es, aufgrund der engen Verflechtung der Gesellschafter mit dem Schicksal der Gesellschaft eine alleinige Ausrichtung auf deren Interessen als Leitmaxime festzusetzen. Die an der Gesellschaft

[1028] Vgl. dazu die Darstellung unter Kapitel 1 C III 1 b) cc).
[1029] *Wiedemann*, Gesellschaftsrecht I, S. 298.
[1030] *Macho-Stadler/Peres-Castrillo*, An Introduction to the Economics of Information (2. Aufl. 2001), S. 17 ff.
[1031] *Easterbrook/Fischel*, The Economic Structure of Corporate Law (4. Aufl. 1998), S. 36 ff.; *Kuhner*, ZGR 2004, S. 244, 254; a.A. *Mertens*, FS Lange, S. 561.
[1032] *Kuhner*, ZGR 2004, S. 244, 254. Zum Shareholder-Value Ansatz aus rechtlicher Sicht *Mülbert*, ZGR 1997, S. 129, 131 ff.; *v. Werder*, ZGR 1998, S. 69 ff.

bestehenden Interessen sind nicht gleichrangig.[1033] Vielmehr wird eine vorrangige Berücksichtigung der Aktionärsinteressen immer dann gerechtfertigt sein, wenn sich dies als angemessen aus der Sicht eines ordentlichen und gewissenhaften Geschäftsleiters darstellt.[1034]

Diese Ansicht wird vor allem durch die Orientierung des Emittenten am Kapitalmarkt unterstrichen. Die Bewertung eines Unternehmens und seiner Unternehmensleitung erfolgt vor allem durch die am Kapitalmarkt agierenden Anleger. Diese werden nur dann bereit sein, ihr Kapital in das Unternehmen zu investieren, wenn die dabei zu erwartende Rendite mindestens so groß ist wie die Durchschnittsrendite für Kapitalanlagen mit einem vergleichbaren Risiko. Wenn aber das Unternehmen gerade aufgrund seiner Börsennotierung auf die Finanzierung durch den Kapitalmarkt angewiesen ist, die Bewertung durch den Kapitalmarkt aufgrund dieser Situation von entscheidender Bedeutung ist für die Tätigkeit der Unternehmung, so kann die Leistung eines börsennotierten Unternehmens ihre Tätigkeit allein danach ausrichten, ob die Kapitalmarktanleger diese Tätigkeit positiv honorieren werden.[1035]

Gegen eine alleinige Ausrichtung an den Anteilseignerinteressen wird vorgebracht, es bestände ein Konflikt zwischen dem Interesse der juristischen Person an einer nachhaltigen Förderung des Unternehmensgegenstandes und den Vermögensbelangen der Aktionäre, was zu substanzgefährdenden Ausschüttungsforderungen führen könnte.[1036] Die Aktionäre werden jedoch solange ein Interesse an der Weiterführung der Unternehmung haben, wie dieses die Kapitalkosten deckt und rentabel ist. Damit wird es im eigenen Interesse der Gesellschafter nicht zu Dividendenausschüttungen kommen, die die Gesellschaft in ihrer Substanz gefährden könnten und ihre Zukunft in Frage stellen

---

[1033] *v. Werder*, ZGR 1998, S. 69, 79.

[1034] *Mertens*, in: KölnKomm z. AktG, § 76 Rn. 32; *Hüffer*, AktG (7. Aufl. 2006), § 76 Rn. 12 ff.; *v. Werder*, ZGR 1998, S. 69, 79. A.A. *Ringleb*, in: Ringleb/Kremer/Lutter/v.Werder, Komm. z. Deutschen Corporate Governance Kodex, Rdnr. 422.

[1035] Damit soll nicht gemeint sein, dass den Unternehmen nicht mehr die Möglichkeit offenstehen soll, Risiken im Rahmen ihrer unternehmerischen Tätigkeit einzugehen. Gerade dies kann auch aus der Sicht der Anleger nicht gewollt sein, weil sich mit der Eliminierung von Risiken eine automatische Verkürzung der Renditeerwartungen verbindet, welche ja gerade als Handlungsanreize für die Anleger von besonderer Bedeutung sind.

[1036] *Mertens*, in: KölnKomm z. AktG, § 76 Rn. 25.

könnten. Das an der Gesellschaft unterschiedliche Interessegruppen mit im Einzelfall konfligierenden Interessen bestehen wird zwar nicht bestritten, doch kann dies keinen Einfluss auf die Leitmaxime des Vorstands haben.[1037] Vorrangig hat die Gesellschaft ein Interesse an einer nachhaltigen Rentabilität.[1038] Damit obliegt es dem Vorstand, sich vorrangig an den Gesellschafterinteressen zu orientieren und auf eine nachhaltige Wertsteigerung der von diesen gehaltenen Gesellschaftsanteilen hinzuwirken. Zwar kann daraus nicht gefolgert werden, dass zu jedem Zeitpunkt eine Steigerung des Kurses der gehandelten Wertpapiere als Richtschnur zu gelten hat.[1039] Der Vorstand ist vielmehr gehalten, die Rentabilität der Gesellschaft für einen längerfristigen Zeitraum und damit nachhaltig zu sichern.

Nach allem bleibt festzuhalten, dass der Vorstand im Rahmen des berechtigten Interesses eine Abwägung dahingehend vorzunehmen hat, welche Interessen der Anteilseigner einer Veröffentlichung entgegenstehen könnten. Die Interessen weiterer an der Gesellschaft verbundener Interessengruppen sind bei der Bestimmung des berechtigten Interesses außer Betracht zu lassen.

Bei der Interessenabwägung darf nicht übersehen werden, dass der Ad-hoc-Publizität allein aufgrund ihres Regelungszwecks, nämlich in der Herstellung von Markttransparenz und der Verhinderung von Insidergeschäften zur Stärkung der Integrität des Kapitalmarktes und der Chancengleichheit der an ihm agierenden Teilnehmer, ein äußerst starkes Gewicht zuzumessen ist. Dies wird mit dem weiteren Gebot der Vermeidung von Marktverzerrungen in § 15 Abs. 3 Satz 1 WpHG noch einmal ausdrücklich unterstrichen. Auch soll mit der so gewonnenen Transparenz die Allokationsfunktion des Kapitalmarktes gestärkt werden, so dass das zu investierende Kapital dorthin gelangt, wo es am rentabelsten eingesetzt wird und die höchste Rendite erwirtschaftet. Genau dies ist auch das Interesse der Anleger. Sie haben ein gesteigertes Interesse an einer

[1037] I.E. ebenso *Richter*, in: Semler/Peltzer, Arbeitshandbuch für Vorstandsmitglieder, § 4 Rn. 29.
[1038] *Kort*, in: GroßKomm z. AktG, § 76 Rn. 52; *Wiedemann*, Gesellschaftsrecht, Band I, S. 627 f., der darauf hinweist, dass ein umfassender Schutz der Arbeitnehmer durch das individuelle und kollektive Arbeitsrecht gewährleistet ist, während ein Kapitalschutz allein durch das Gesellschaftsrecht erfolgen kann. Auch *Schmidt/Spindler*, FS Kübler, S. 515, 535 ff., die auf S. 540 darauf hinweisen, dass zwischen der Ausrichtung an einer langfristigen Gewinnmaximierung und dem Shareholder Value – Ansatz kein Unterschied bestehe.
[1039] *Kort*, in: GroßKomm z. AktG, § 76 Rn. 54.

Wertsteigerung ihrer Wertpapiere, einem möglichst hohen Gewinn und damit an einer Dividende, die über oder auf einer Stufe mit den Marktverhältnissen steht. Damit kommt es aber nicht zu einem Interessegegensatz, sondern zu einem Interessegleichlauf. Sowohl die kapitalmarktrechtlichen Funktionsschutzziele als auch die potentiellen und aktuellen Anleger haben das Ziel einer individuellen Wohlfahrtssteigerung. Ein möglichst hoher Gewinn und die Rentabilität einer Anlage werden aber für den durchschnittlichen Anleger nur dann zu erreichen sein, wenn zunächst der aktuelle Wertpapierpreis den wahren Wert eines Wertpapiers widerspiegelt, was er nur dann tun wird, wenn der Kapitalmarkt in ausreichender Weise mit Informationen versorgt wird und Markteffizienz hergestellt wird. Zwar wird durch einen Aufschub der Veröffentlichung diese Preiswahrheit nicht hergestellt, sondern verhindert. Doch ist die vorherige, auf unvollständigen Informationen beruhende Investitionstätigkeit reine Spekulation. Auch wenn diese nicht von vornherein eine unerwünschte Erscheinung des Marktgeschehens darstellt, muss doch das rationale Investitionsverhalten geschützt werden. Rationales Investitionsverhalten wird aber immer nur auf der Grundlage vollständiger Information möglich sein. Wenn aber der Emittent zu einem äußerst frühen Zeitpunkt zur Publizität verpflichtet ist, könnten die Anleger dazu neigen, auf der Grundlage dieser Information und damit aufgrund reiner Spekulation ihr Anlageverhalten auszurichten und damit auf einer nicht hinreichenden Tatsachengrundlage. Dieses Schutzziel unterstreicht auch die Regelung des § 6 Satz 1 Nr. 2 WpAIV, der einen Aufschub der Veröffentlichung dann für gerechtfertigt hält, wenn durch die frühzeitige Veröffentlichung eine nicht sachgerechte Bewertung durch das Börsenpublikum droht. Die berechtigten Interessen schützen damit die nicht auf Spekulation beruhenden Investitionstätigkeiten, sondern allein eine rationale, vollständig informierte Anlageentscheidung. Diese allein ist in der Lage, eine rentable und gewinnorientierte Anlage einzuleiten.

Damit kann allgemein formuliert werden, dass das Interesse des Emittenten dann das Interesse des Kapitalmarkts überwiegt und als berechtigt gilt, wenn mit der unverzüglichen Veröffentlichung eine Beeinträchtigung mit so schwerwiegenden Folgen für den Emittenten und seine Aktionäre verbunden wäre, dass diese mit dem Schutzzweck kapitalmarktrechtlicher Publizität nicht mehr zu vereinbaren ist. Dies ist dann der Fall, wenn unter Verzicht auf die Aufschubmöglichkeit und der damit einhergehenden Beeinträchtigung irrationalen Anlageentscheidungen Vorschub geleistet wird und damit der Kapitalmarkt auf lange Sicht in seiner Allokationsfunktion beeinträchtigt wird, weil das Anlegerpublikum sich aufgrund entgangener Renditemöglichkeiten oder einer zu großen Risikoaversion anderen Anlageformen zuwenden wird.

ff) Die berechtigten Interessen des Bieters

Der Bieter hat ein vorrangiges Interesse daran, die mit der Übernahme der Zielgesellschaft angestrebten Synergieeffekte zu verwirklichen und diese rentabel zu nutzen. Daneben kann ihm daran gelegen sein, durch das öffentliche Angebot die eigene Machtposition auszubauen (*empire building*). In beiden Fällen ist dem Bieter aber vor allem daran gelegen, das öffentliche Angebot unter möglichst günstigen Umständen durchzuführen, also vor allem an einem angemessenen Gegenleistungsangebot. Gerade dies wird nicht gewährleistet sein, wenn es im Vorfeld der Entscheidungsveröffentlichung zu Gerüchten über das anvisierte Angebot gekommen ist oder er sogar zu einer Veröffentlichung gezwungen sein könnte, die im Ergebnis zu einem über dem wahren Wert der Wertpapiere der Zielgesellschaft liegenden Wertpapierpreis kommt, den er im Rahmen der Bestimmung der Gegenleistung zu berücksichtigen hat. Das berechtigte Interesse des Bieters als Emittent liegt augenscheinlich auf der Hand. Soweit also eine generell bestehende, vor der Entscheidungsveröffentlichung liegende Veröffentlichungspflicht des Bieters nach § 15 WpHG angenommen wird, besteht immer auch ein berechtigtes Interesse seiner Aktionäre daran, diese Veröffentlichung bis zur Veröffentlichung der Entscheidung nach § 10 WpÜG aufzuschieben. Diese Wertung kann auch der Regelung des § 10 Abs. 6 WpÜG entnommen werden[1040], soweit diese einen Ausschluss der Ad-hoc-Veröffentlichungspflicht nach § 15 WpHG für die Entscheidung zur Abgabe eines öffentlichen Angebots bestimmt. Andere vertreten die Ansicht, dass schon mit der Veröffentlichungspflicht des Bieters nach § 10 WpÜG die gesetzliche Wertung zum Ausdruck komme, dass die Interessen des Bieters an einer Geheimhaltung bis zur Entscheidungsveröffentlichung schützenswert seien.[1041] Beides ist rich-

[1040] *Merkner/Sustmann*, NZG 2005, S. 729, 736.
[1041] *Hager*, Die wertpapierangebotsrechtliche Vorankündigung, S. 176.

tig. Die Gesellschaft hat bis zur endgültigen Veröffentlichung der Entscheidung des Vorstands ein vorrangiges Interesse daran, das Angebotsverfahren ordnungsgemäß vorbereiten zu können und nicht durch eine frühzeitige Veröffentlichung der Angebotsabsichten eine Verteuerung der den Aktionären der Zielgesellschaft zu gewährenden Gegenleistung gezwungen zu sein. Dieses Interesse wird dann als berechtigt zu gelten haben, wenn mit dem Angebot und dem daran anknüpfenden Beteiligungserwerb eine Rentabilitätssteigerung für den Bieter verbunden ist. Dem Bieter ist damit bis zur Veröffentlichungsverpflichtung aufgrund der von der Geschäftsführung getroffenen positiven Entscheidung nach § 10 WpÜG zu einem Aufschub der Veröffentlichung von Insiderinformationen, die sich aufgrund der Vorbereitungen beim Bieter einstellen, berechtigt.

gg) Berechtigtes Interesse des Emittenten im Konzern

Die Bestimmung des berechtigten Interesses bereitet dort Schwierigkeiten, wo der Emittent Teil eines Konzernverbandes ist. Zwar wird im Konzernrecht der Begriff des Unternehmensinteresses nicht ausdrücklich verwendet, doch lassen sich auch dort Regelungen finden, die die Belange der beteiligten Rechtsträger im Blick haben.[1042] Diese Regelungen sollen jedoch meist der Gefahr begegnen, dass die Verwaltung einer abhängigen AG nicht mehr allein die Interessen der Aktionäre wahrnimmt, sondern überwiegend oder nur noch die Belange der Mehrheit und damit die Interessen des herrschenden Unternehmens berücksichtigt.[1043] Gerade weil sich in § 15 Abs. 3 Satz 1 WpHG anders als in § 131 Abs. 3 Satz 1 Nr. 1 AktG kein Hinweis auf die Berücksichtigung von Interessen konzernverbundener Unternehmen findet stellt sich die Frage, ob im Rahmen des berechtigten Interesses auch Konzerninteressen Berücksichtigung finden dürfen. Neben der Frage der Berücksichtigung von Interessen des Gesamtkon-

[1042] So kann das herrschende Unternehmen nach § 308 Abs. 1 Satz 2 AktG dem Vorstand der beherrschten Gesellschaft auch solche Weisungen erteilen, die für die Gesellschaft nachteilig sind, wenn sie den Belangen des herrschenden Unternehmens oder der mit ihm und der Gesellschaft konzernverbundenen Unternehmen dienen. Der Vorstand der abhängigen Gesellschaft ist nur dann berechtigt, einer Weisung des herrschenden Unternehmens nicht zu folgen, soweit sie offensichtlich nicht den Belangen des herrschenden Unternehmens dient, § 308 Abs. 2 Satz 2 AktG.

[1043] *Kübler/Assmann*, Gesellschaftsrecht (6. Aufl. 2006), § 29 I 4, S. 416.

zerns stellt sich die Frage einer Berücksichtigung von Interessen anderer konzernbeteiligter Unternehmen.

(1) Die Einzelinteressen der beteiligten Gesellschaften als Grundlage

Hinsichtlich der Frage, wie die Sachlage zu beurteilen ist, wenn die Interessenlage bei konzernverbundenen Gesellschaften nicht gleichermaßen besteht, sondern vielmehr die Situation besteht, dass ein berechtigtes Interesse an einem Aufschub der Veröffentlichung nur bei einer der Gesellschaften vorliegt, finden sich verschiedene Lösungsvorschläge, die eine Lösung auf der Grundlage der einzelnen Individualinteressen vornehmen. So wird vorgeschlagen, beim Vorliegen eines berechtigten Interesses auf der Ebene einer Tochtergesellschaft eine Befreiungsmöglichkeit des Mutterunternehmens dadurch zu erreichen, dass die Muttergesellschaft selbst durch eine Veröffentlichung Gefahr läuft, gesellschaftsrechtliche Geheimhaltungspflichten zu verletzen.[1044] Die Möglichkeit einer Befreiung besteht daher hier allein aufgrund der Geheimhaltungsverpflichtung der Muttergesellschaft. Andere sahen dagegen die Möglichkeit einer analogen Anwendung des § 15 Abs. 1 Satz 5 WpHG a.F. in Bezug auf die Muttergesellschaft, welche kein eigenes Befreiungsinteresse vorweisen konnte, da es nicht gerechtfertigt sei, unter Umgehung der berechtigen Interessen der Tochtergesellschaft eine Veröffentlichung allein deswegen herbeizuführen, weil es sich bei dieser um ein Konzernunternehmen handele.[1045]

(2) Die Berücksichtigung eines (Gesamt-)Konzerninteresses

Mehr noch als die Berücksichtigung der Individualinteressen der einzelnen konzernverbundenen Gesellschaften ist ein Abstellen auf das Konzerninteresse angezeigt. Sofern es sich bei der Konzernobergesellschaft um eine Aktiengesellschaft handelt, ist deren Vorstand auf das Unternehmensinteresse seiner Gesellschaft verpflichtet. Der

---

[1044] *Singhof*, ZGR 2001, S. 146, 164 f. Ablehnend *Thieme*, Ad-hoc-Publizität und ihre Konzerndimension, S. 261 f., der zutreffend darauf hinweist, dass von einer Verletzung der Geheimhaltungspflicht niemals gesprochen werden könne, sofern die Insiderinformation Teil der Sphäre der Muttergesellschaft geworden sei.
[1045] *Cahn*, ZHR 162 (1998), S. 1, 32 f.

Vorstand einer Konzernobergesellschaft hat darüber hinaus seine Tätigkeit an den Interessen des Konzerns auszurichten.[1046] Der daran anknüpfenden Kritik, dadurch käme es zu einer Beeinträchtigung der Konzernobergesellschaft, weil deren Unternehmensinteresse immer hinter das Konzerninteresse zurücktreten würde[1047], kann nicht entsprochen werden, denn insoweit lässt sich ein Interessegegensatz nicht konstatieren. Die Interessen der Konzernobergesellschaft mit denjenigen des Gesamtkonzerns sind vielmehr gleichzusetzen.[1048] Die Konzernobergesellschaft hat gerade ein besonderes Interesse an einer Förderung des Gesamtkonzerns und der in ihm vereinigten einzelnen Gesellschaften. Ein Interessenkonflikt kann allein dann angenommen werden, wenn die Interessen der einzelnen Gesellschaften kollidieren, wenn also die Interessen eines Unternehmens unter Abwägung mit den Interessen eines konzernverbundenen Unternehmens zurückzustehen haben. Auch hier wird aber eine Interessenabwägung auf der Ebene der Konzernspitze vorzunehmen sein.

Auch wenn der Konzern über keine eigene Rechtspersönlichkeit verfügt ist es angezeigt ihm eigene Interessen zuzusprechen, die von den Interessen der am Unternehmen beteiligten Rechtsträger zu trennen sind[1049], also gerade keine Aggregation von Einzelinteressen darstellen. Diese Überlegung kann auf den Grundgedanken des § 308 AktG gestützt werden, der die Weisungsmacht des herrschenden Unternehmens auf Weisungen beschränkt, die den Belangen des herrschenden Unternehmens oder der mit ihm und der Gesellschaft konzernverbundenen Unternehmen dienen.[1050]

Hinsichtlich der Berücksichtigung von Konzerninteressen wird vertreten, dass diese auch als Interessen des Emittenten selbst gelten könnten, da die Konzernzugehörigkeit des Emittenten in diesem Fall Teil seiner wirtschaftlichen und finanziellen Lage

---

[1046] Zur Berücksichtigung des Konzerninteresses bei der Leitungsbefugnis des Vorstands *Kort*, in: GroßKomm z. AktG, § 76 Rn. 142. Ablehnend gegenüber der Geltung eines Konzerninteresses *Hoffmann-Becking*, ZHR 159 (1995), S. 325, 329 ff.

[1047] So *Figiel*, Weitergabe von Insiderinformationen in Aktienkonzernen, S. 48 f.

[1048] *Semler*, Leitung und Überwachung der Aktiengesellschaft (2. Aufl. 1996), S. 221. Zwischen den Interessen des herrschenden Unternehmens und dem Konzerninteresse unterscheidend *Kort*, in: Groß-Komm z. AktG, § 76 Rn. 142. Die Geschäftsführung des herrschenden Unternehmens habe allein das Konzerninteresse zu befolgen.

[1049] *Semler*, Leitung und Überwachung der Aktiengesellschaft (2. Aufl. 1996), S. 221.

[1050] So *Semler*, Leitung und Überwachung der Aktiengesellschaft (2. Aufl. 1996), S. 220.

sei.[1051] Der Emittent habe ein unmittelbar eigenes Interesse an der Gesamtverfassung des Konzerns und seiner Mitglieder, so dass ein berechtigtes Interesse auch dann gegeben sei, wenn dieses zwar nicht unmittelbar beim Emittenten liege, ein anderes Konzernunternehmen allerdings dieses Interesse ins Feld führen könnte. Mit der Anerkennung eines Konzerninteresses im Rahmen der Befreiungsmöglichkeit kommt es somit nicht zu dem bei der Berücksichtigung der Einzelinteressen entstehenden Konflikt aufgrund der potentiell unterschiedlich zu beurteilenden Veröffentlichungspflicht. Mit der Anerkennung von Konzerninteressen hat jeder konzernverbundene Emittent die Möglichkeit, die berechtigen Interessen anderer konzernverbundener Gesellschaften zu berücksichtigen und eine Veröffentlichung bei deren Bestehen nicht vornehmen.

Mit der Konzernzugehörigkeit kommt es daher nicht nur zu einer Zuweisung von publizitätspflichtigen Insiderinformationen im Rahmen der unmittelbaren Betroffenheit, sondern auch zu einer Zuweisung von Interessen von konzernverbundenen Unternehmen und des Konzerninteresses in seiner Gesamtheit, welches einen Aufschub der Veröffentlichung rechtfertigen kann.

(3) Konzerninteresse und öffentliche Angebote

Soweit es also vorzugswürdig erscheint bei einer konzernverbundenen Gesellschaft neben den Einzelinteressen der Konzerngesellschaften auch die Konzerninteressen zu berücksichtigen stellt sich die Frage, welche Auswirkungen dies bei öffentlichen Angeboten hat, die von einem konzernverbundenen Unternehmen ausgehen oder dieses betreffen. Wird nun ein öffentliches Angebot von einem konzernverbundenen Unternehmen angestrebt, werden diejenigen Konzerngesellschaften, die aufgrund dieser Absichten eine sie selbst unmittelbar betreffende Insiderinformation erkennen und daher zu einer unverzüglichen Information des Kapitalmarktes verpflichtet sind, einen Aufschub der Veröffentlichung allein deswegen vornehmen können, weil das Interesse des Bieters an einem Aufschub bei dessen Konzernverbundenheit zu einem Konzerninte-

[1051] *Spindler/Speier*, BB 2005, S. 2031, 2033; *Assmann*, in: Assmann/Schneider, WpHG (4. Aufl. 2006), § 15 Rn. 157.

resse wird und die anderen Konzerngesellschaften dieses Interesse im Rahmen ihrer Veröffentlichungspflicht berücksichtigen dürfen. Das berechtigte Interesse des Bieters an einem Aufschub wird damit zu einem berechtigten Interesse des Konzerns und damit aller konzernverbundener Gesellschaften.

hh) Zusammenfassung der Ergebnisse

Das Interesse des Emittenten hat sich an dem in der gesellschaftsrechtlichen Bestimmung des Gesellschaftsinteresses zu orientieren und ist allein aktionärsbezogen zu interpretieren. Das berechtigte Interesse des Emittenten an einem Aufschub der Veröffentlichung ist dann gegeben, wenn mit der unverzüglichen Veröffentlichung eine Beeinträchtigung mit so schwerwiegenden Folgen für den Emittenten und seine Aktionäre verbunden wäre, dass diese mit dem Schutzzweck kapitalmarktrechtlicher Publizität nicht mehr zu vereinbaren ist und ein Verzicht auf die Aufschubmöglichkeit den Kapitalmarkt in seiner Allokationsfunktion beeinträchtigen würde, weil das Anlegerpublikum sich aufgrund entgangener Renditemöglichkeiten oder einer zu großen Risikoaversion anderen Anlageformen zuwenden wird. Dem Bieter wird bis zu seiner Entscheidungsveröffentlichung ein berechtigtes Interesse an einem Aufschub der Veröffentlichung zuzusprechen sein. Er hat bei der Entscheidungsveröffentlichung jedoch der Bundesanstalt die Gründe für einen Aufschub darzulegen und ihr den Zeitpunkt seiner Entscheidung mitzuteilen. Konzerninteressen sind immer auch als Interessen des Emittenten zu verstehen, so dass dem Emittenten immer auch die Möglichkeit offensteht, nicht unmittelbar bei ihm selbst aber bei anderen Konzernunternehmen liegende Interessen ins Feld zu führen, soweit diese einen Aufschub rechtfertigen.

3. Keine Irreführung der Öffentlichkeit durch die aufgeschobene Veröffentlichung

a) Der Begriff der Irreführung der Öffentlichkeit

§ 15 Abs. 3 Satz 1 WpHG verlangt für eine Befreiung, dass durch einen Aufschub der Veröffentlichung keine Irreführung der Öffentlichkeit zu befürchten ist. Wann dies der Fall sein kann, wird in den verschiedenen Durchführungsrichtlinien und in der WpAIV nicht weiter konkretisiert. Hervorgehoben wird, dass mit dem Aufschub der Veröffentlichung zwar immer eine Irreführung der Öffentlichkeit einhergehe, da diese nicht rechtzeitig über eine marktrelevante Information unterrichtet werde.[1052] Ein dahingehendes Verständnis des Begriffs ließe allerdings die Befreiungsmöglichkeit leer laufen, so dass weitere Umstände hinzutreten müssen, um eine Irreführung der Öffentlichkeit anzunehmen.[1053] Es lässt sich daher die generelle Aussage treffen, dass allein das Hervorrufen von Marktverzerrungen durch die Selbstbefreiung nicht ausreichend ist, um die Selbstbefreiungsmöglichkeit zu beschränken.

Der Begriff der Irreführung bedarf daher einer genaueren Erläuterung. In der Literatur wird vorgeschlagen, zwischen positiven und negativen Informationen zu differenzieren und das Verschweigen von negativen Nachrichten eher als irreführend zu erachten.[1054] Würde die Veröffentlichung einer eher positiven Information aufgeschoben, so würde dies in den meisten Fällen wohl nicht als irreführend betrachtet werden können.[1055] Wird aber die Veröffentlichung einer eher negativen Information aufgeschoben, um bspw. laufende Finanzierungs- oder Sanierungsverhandlungen nicht zu gefährden, läge darin eine Irreführung der Öffentlichkeit.[1056] Der Emittent müsse in einer solchen Sachlage eine Prognose über die hinreichende Wahrscheinlichkeit des Eintritts oder des Nichteintritts anstellen und darüber hinaus prognostizieren, inwiefern sich dies auf den Kurs der Aktien auswirken könnte. Doch könnte auch in einem solchen Fall nicht garantiert werden, dass der Emittent nicht doch wegen des Unterlassens einer rechtzeitigen Ad-hoc-Veröffentlichung zivilrechtlich haftbar gemacht wird.[1057]

Gegen die Abgrenzung von negativen und positiven Umständen ist vorgebracht worden, dass es dem Emittenten oft nicht möglich sei vorauszusehen, ob die Insiderinformation durch das Anlegerpublikum positiv oder negativ bewertet wird.[1058] Auch wenn man eine derartige Abgrenzung erwägen würde, könne nicht bestritten werden, dass

[1052] *Simon*, Der Konzern 2005, S. 13, 20; *Veith*, NZG 2005, S. 254, 257;
[1053] *Assmann*, in: Assmann/Schneider, WpHG (4. Aufl. 2006), § 15 Rn. 159.
[1054] *Ziemons*, NZG 2004, S. 537, 543.
[1055] *Brandi/Süßmann*, AG 2004, S. 642, 650.
[1056] *Ziemons*, NZG 2004, S. 537, 543.
[1057] *Ziemons*, NZG 2004, S. 537, 543.
[1058] *Möllers*, WM 2005, S. 1393, 1396, der in Fn. 46 als Bespiel das Ausscheiden eines Vorstandsvorsitzenden anführt.

auch bei der unterlassenen Veröffentlichung von positiven Nachrichten ein „unzutreffender“ Kurs gebildet würde.[1059] Daher könne von einer Irreführung der Öffentlichkeit nur dann gesprochen werden, wenn dem Emittenten eine Verantwortung aus vorangegangenem Tun obliegt, etwa weil er im Vorfeld eine der jetzigen Insiderinformation widersprechende Meldung am Markt verbreitet hat.[1060] Für eine Irreführung der Öffentlichkeit sei jedes extreme Fehlverhalten des Marktes erforderlich, welches unter Berücksichtigung der mit der Veröffentlichung der Insiderinformation verbundenen Nachteile schlechterdings unhaltbar erscheine.[1061] Auch die BaFin[1062] schließt sich dieser Auffassung an und bestimmt, dass der Emittent während des Befreiungszeitraums aktiv keine Signale setzen dürfe, die zu der noch nicht veröffentlichten Insiderinformation in Widerspruch stehen würden.

Andere Stimmen versuchen, die Irreführung der Öffentlichkeit dahingehend zu konkretisieren, dass die Selbstbefreiung selbst die Marktteilnehmer zu einer Investitionshandlung veranlassen muss, weil diese die Veröffentlichung der Insiderinformation antizipieren und im Vertrauen auf die unterlassene Veröffentlichung handeln.[1063] Diese Ansicht vermag deswegen nicht zu überzeugen, da sie im Ergebnis zu einer Einschränkung der Selbstbefreiungsmöglichkeit durch allgemeine Markterwartungen führen würde. Der Emittent kann jedoch diese Markterwartungen außer durch nach außen erkennbares Tun oder Unterlassen nicht beeinflussen. Ihm die Möglichkeit der Selbstbefreiung durch Markterwartungen zu entziehen hieße, ihm die Verantwortung für etwas aufzuerlegen, was er selbst nicht steuern kann. Daher vermag allein die Ansicht zu überzeugen, die eine Irreführung der Öffentlichkeit dann annimmt, wenn sich der Emittent hinsichtlich seiner von ihm verbreiteten Informationen widersprüchlich verhält und ihm daher aufgrund seiner bisherigen Veröffentlichung eine Verantwortung dafür obliegt, dass der Kapitalmarkt auch jetzt über die insoweit bestehenden Insiderinformationen informiert wird.

[1059] *Simon*, Der Konzern 2005, S. 13, 20; *Möllers*, WM 2005, S. 1393, 1396; *Harbarth*, ZIP 2005, S. 1898, 1905; *Veith*, NZG 2005, S. 254, 257.

[1060] *Simon*, Der Konzern 2005, S. 13, 20; *Assmann*, in: Assmann/Schneider, WpHG (4. Aufl. 2006), § 15 Rn. 160; *Schneider, Uwe H.*, BB 2005, S. 897, 899, der allerdings konstatiert, dass diese Voraussetzung nur in den seltensten Fällen erfüllt sein wird.

[1061] *Schneider, Uwe H.*, BB 2005, S. 897, 899.

[1062] Emittentenleitfaden der BaFin, S. 56.

[1063] *Büche*, Pflicht zur Ad-hoc-Publizität, S. 222.

b) Die Beschränkung der Selbstbefreiungsmöglichkeit durch Gerüchte

Ein Gerücht als solches ist aufgrund der fehlenden Eigenschaft als Insiderinformation nicht geeignet, den Emittenten zu einer Ad-hoc-Veröffentlichung zu zwingen.[1064] Die von Dritten an den Kapitalmarkt gebrachten Gerüchte können für sich betrachtet keine Publizitätspflicht des Emittenten auslösen.[1065] Der Emittent muss jedoch auch davon absehen, zu ihnen öffentlich Stellung zu nehmen, soweit den Gerüchten eine entsprechende Tatsachengrundlage zugrunde liegt. Ansonsten unterläge der Emittent der Gefahr, mit seiner Veröffentlichung die Öffentlichkeit in die Irre zu führen.[1066] Es wird insofern auch von einer diesbezüglich anzuratenden „*no comment policy*" gesprochen.[1067] Davon zu trennen ist die Frage, wie es sich auswirkt, wenn das Gerücht durch Indiskretionen aus der Sphäre des Emittenten selbst an den Kapitalmarkt herangetragen wird und damit die Situation entsteht, dass die Vertraulichkeit der Insiderinformation nicht mehr gewährleistet ist. Der Emittent muss in diesem Fall von einer Selbstbefreiung absehen und die Insiderinformation ad-hoc veröffentlichen[1068], da die Voraussetzungen einer Selbstbefreiung, insbesondere die Gewährleistung der Vertraulichkeit, nicht mehr vorliegen. Der Emittent ist daher gehalten, im Rahmen von vertraulichen Transaktionen den Kreis der involvierten Personen gering zu halten; es wird insofern auch der Abschluss von Vertraulichkeitsvereinbarungen geraten.[1069] Damit ist aber grundsätzlich festzuhalten, dass eine Beschränkung der Selbstbefreiungsmöglichkeit durch aufkommende Gerüchte am Kapitalmarkt nur dann in Betracht kommt, so-

---

[1064] Begr. RegE. AnSVG, BT-Drucks. 15/3174, S. 34; *Hopt*, ZHR 159 (1995), S. 135, 153; *Fürhoff/Wölk*, WM 1997, S. 449, 455. Eine Ausnahme soll dann gelten, wenn die Gerüchte aus der Sphäre des Emittenten stammen, vgl. *Hopt*, in: Baetge, Insiderrecht und Ad-hoc-Publizität, S. 146; *Geibel*, in: Schäfer, WpHG, BörsG mit BörsZulV, VerkProspG mit VerkProspV, § 15 WpHG Rn. 34; *Gehrt*, Die neue Ad-hoc-Publizität, S. 122 f.; *Geibel*, in: Geibel/Süßmann, WpÜG, § 10 Rn. 114; Differenzierend *Zimmer*, in: Schwark, Kapitalmarktrechtskommentar (3. Aufl. 2003), § 15 WpHG Rn. 33, der eine Unterscheidung danach vornimmt, ob die in den Gerüchten gemachten Aussagen zutreffen. Soweit diese Aussagen tatsächlich zutreffen solle eine Veröffentlichungspflicht dann vorliegen, wenn die übrigen Voraussetzungen des § 15 WpHG vorlägen, was allerdings bei sich im Fluss befindlichen Entwicklungen nie der Fall sei, weil eine Auswirkung auf die Lage der Gesellschaft zu verneinen sei.

[1065] Begr. RegE. AnSVG, BT-Drucks. 15/3174, S. 34; *Möllers*, WM 2005, S. 1393, 1397; *Diekmann/Sustmann*, NZG 2004, S. 929, 935; a.A. *Kuthe*, ZIP 2004, S. 883, 885; *Spindler*, NJW 2004, S. 3449, 3452.

[1066] *Möllers*, WM 2005, S. 1393, 1397; Emittentenleitfaden der BaFin, S. 56.

[1067] *Diekmann/Sustmann*, NZG 2004, S. 929, 935; *Assmann*, in: Assmann/Schneider, WpHG (4. Aufl. 2006), § 15 Rn. 170; Emittentenleitfaden der BaFin, S. 56.

[1068] *Möllers*, WM 2005, S. 1393, 1397.

[1069] *Kuthe*, ZIP 2004, S. 883, 885.

weit die Gerüchte selbst aus dem Kreis des Emittenten stammen und darauf hindeuten, dass er selbst nicht die Vertraulichkeit der Insiderinformation gewährleisten kann. Lediglich von dritter Seite gestreute Gerüchte haben eine derartige Beschränkungsmöglichkeit nicht.[1070]

Damit ist aber nicht die Frage geklärt, wann der Emittent davon ausgehen muss, dass Gerüchte am Kapitalmarkt aus seinem Wirkungskreis stammen. Dem Emittenten verbleibt hier einzig die Möglichkeit zu prüfen, wie konkret die bestehenden Gerüchte sind und Einzelheiten der Vorbereitungsmaßnahmen bekannt geworden sind, die einem aussenstehenden Dritten nicht bekannt sein können. Weisen die umlaufenden Gerüchte einen solchen Konkretisierungsgrad auf, wird für den Emittenten die unwiderlegbare Vermutung bestehen, dass die Gerüchte aus seinem Wirkungskreis stammen und eine entsprechende Veröffentlichung hinsichtlich der bereits bestehenden Vorbereitungsmaßnahmen vornehmen müssen.

4. Gewährleistung der Vertraulichkeit

a) Die Voraussetzungen der Gewährleistung der Vertraulichkeit

Der Emittent muss als dritte Voraussetzung der Selbstbefreiungsmöglichkeit die Vertraulichkeit der Insiderinformation gewährleisten können.[1071] Dabei werden die Voraussetzungen, welche an die Gewährleistung der Vertraulichkeit gestellt werden, durch Art. 3 Abs. 2 der Durchführungsrichtlinie 2003/124/EG, § 7 WpAIV und die Gesetzesbegründung zu § 15 Abs. 3 WpHG weiter konkretisiert. Der Emittent ist danach dazu verpflichtet, den Zugang zur Insiderinformation zu kontrollieren. Für eine wirksame Kontrolle müssen drei Voraussetzungen erfüllt sein, damit die Vertraulichkeit gewährleistet ist: Der Emittent muss (i) wirksame Vorkehrungen treffen, um zu verhindern, dass andere Personen als solche, deren Zugang zu der Insiderinformation für die Wahrnehmung ihrer Aufgaben unerlässlich ist, Zugang zu dieser Information er-

---

1070 Emittentenleitfaden der BaFin, S. 56.

1071 Auf die besondere Bedeutung der Gewährleistung der Vertraulichkeit hinweisend *Dreyling*, Der Konzern 2006, S. 1, 3.

langen. Des Weiteren (ii) hat der Emittent dafür Sorge zu tragen, dass jede Person, die Zugang zu der Insiderinformation hat, sich der daraus ergebenden Pflichten und der Sanktionen bewusst ist, die im Falle einer missbräuchlichen Verwendung bzw. bei einer nicht rechtmäßigen Verbreitung derartiger Informationen verhängt werden können[1072]. Zuletzt (iii) muss der Emittent Maßnahmen ergriffen haben, die eine unmittelbare Bekanntgabe der Insiderinformation für den Fall garantieren, dass der Emittent nicht mehr in der Lage ist, die Vertraulichkeit der Insiderinformation zu gewährleisten. Das zweite Erfordernis ergibt sich nicht selbst aus § 7 WpAIV, sondern aus § 15b Abs. 1 Satz 3 WpHG und geht zurück auf die Vorgabe durch Art. 3 Abs. 2 lit. b der Durchführungsrichtlinie 2003/124/EG. Der Emittent oder in seinem Auftrag oder für seine Rechnung handelnde Personen haben nach § 15b Abs. 1 Satz 1 WpHG Verzeichnisse über solche Personen zu führen, die für sie tätig sind und bestimmungsgemäß Zugang zu Insiderinformationen haben. An die Pflicht zur Führung von Insiderverzeichnissen ist die generelle Verpflichtung des Emittenten geknüpft, die in diesen Verzeichnissen geführten Personen über die rechtlichen Pflichten, die sich aus dem Zugang zu Insiderinformationen ergeben, sowie über die Rechtfolgen von Verstößen aufzuklären. Damit wirkt die Pflicht zur Führung von Insiderverzeichnissen und die daran anknüpfenden, ebenfalls in § 15b WpHG enthaltenen Pflichten auf die Selbstbefreiungsmöglichkeit zurück.

Fraglich ist, ob der Abschluss einer Vertraulichkeitsvereinbarung im Rahmen von Verhandlungen den Emittenten dazu berechtigt, die Veröffentlichung dieser Verhandlungen aufzuschieben. Dagegen wird vorgebracht, dass es dann im Belieben des Emittenten stünde, die Voraussetzungen für einen Aufschub der Veröffentlichung durch Abschluss einer vertraglichen Vereinbarung herbeizuführen.[1073] Gegen die zuletzt genannte Ansicht spricht jedoch, dass es sich bei der Gewährleistung der Vertraulichkeit um die einzige Voraussetzung des Befreiungstatbestandes handelt, die der Emittent selbst herbeiführen kann. Alle übrigen Voraussetzungen können gerade nicht von ihm selbst herbeigeführt werden. Dem Emittenten nicht die Möglichkeit des Abschlusses

---

[1072] Dieses Erfordernis findet sich nicht in § 7 WpAIV, wird aber in Art. 3 Abs. 2 lit. b Durchführungsrichtlinie 2003/124/EG aufgezählt.
[1073] *Veith*, NZG 2005, S. 254, 256.

von Vertraulichkeitsvereinbarungen einzuräumen würde dessen berechtigten Interessen in nicht hinnehmbarer Weise missachten. Die Gewährleistung der Vertraulichkeit ist daher auch bei Vertraulichkeitsvereinbarungen im Rahmen von Verhandlungen gegeben. Wird eine solche Vertraulichkeitsvereinbarung verletzt, ist der Emittent zu einer unverzüglichen Veröffentlichung verpflichtet.

b) Gewährleistung der Vertraulichkeit und Weitergabe der Insiderinformation

aa) Die Gewährleistung der Vertraulichkeit und das insiderrechtliche Weitergabeverbot aus § 14 Abs. 1 Nr. 2 WpHG

Welche Auswirkungen eine Informationsweitergabe auf die Gewährleistung der Vertraulichkeit hat ist sowohl mit Blick auf das insiderrechtliche Weitergabeverbot als auch mit Blick auf die Veröffentlichungspflicht bei befugter Weitergabe zu beantworten. Soweit eine Insiderinformation unter Verstoß gegen das insiderrechtliche Weitergabeverbot aus § 14 Abs. 1 Nr. 2 WpHG weitergegeben wurde, liegt darin unstreitig ein Indiz dafür, dass die Vertraulichkeit der Insiderinformation nicht mehr gewährleistet ist.[1074] Denn wenn eine Insiderinformation einem anderen unbefugt mitgeteilt oder zugänglich gemacht wurde, haben die durch den Emittenten zu erfolgenden Maßnahmen gegen einen unbefugten Zugang zu der Insiderinformation keinen Erfolg gehabt. Die durch den Wegfall der Selbstbefreiungsvoraussetzung einsetzende Veröffentlichungspflicht folgt nicht schon aus § 15 Abs. 1 Satz 3 WpHG, der eine Informationsweitergabe im Rahmen der Befugnis des Handelnden voraussetzt, sondern allein aus § 15 Abs. 1 Satz 1 WpHG. Eine Abgrenzung beider Tatbestände erfolgt daher über das Merkmal der Befugnis. Die Weitergabe von Insiderinformationen erfolgt nach einer gängigen Definition dann befugt, wenn sie zur Erfüllung der Aufgaben des Empfängers erforderlich ist[1075] und im üblichen Rahmen bei Ausübung der Arbeit oder des Berufs oder in Erfüllung von Aufgaben des Insiders für den Emittenten geschieht.[1076] Dabei soll jedoch nicht entscheidend sein, ob der Empfänger der Information einem

[1074] *Simon*, Der Konzern 2005, S. 13, 21.
[1075] Art. 3 lit. a EG-Insiderrichtlinie 89/529/EG; *Assmann/Cramer*, in: Assmann/Schneider, WpHG (3. Aufl. 2003), § 14 Rn. 48.
[1076] Emittentenleitfaden der BaFin, S. 31.

gesetzlichen oder vertraglichen Verschwiegenheitsgebot unterliegt.[1077] Wichtig ist allein, dass die Vertraulichkeit dann nicht mehr gewährleistet ist, wenn dem Emittenten Umstände bekannt werden, die auf die Vornahme von Insidergeschäften hindeuten, ganz gleich welcher der drei Tatbestände des § 14 WpHG erfüllt wird. Der Emittent ist in diesem Fall zu einer sofortigen Veröffentlichung verpflichtet, um ein weiteres Ausnutzen von Spezialwissen zu unterbinden.

bb) Die Anwendbarkeit der Befreiungsmöglichkeit auf die Publizitätspflicht nach § 15 Abs. 1 Satz 4 WpHG

Fraglich erscheint, ob die Befreiungsmöglichkeit aus § 15 Abs. 3 Satz 1 WpHG auch auf die Publizitätspflicht nach § 15 Abs. 1 Satz 4 WpHG Anwendung findet, also dann, wenn jemand als Emittent oder als eine Person, die in dessen Auftrag oder auf dessen Rechnung handelt, im Rahmen seiner Befugnis einem anderen Insiderinformationen mitteilt oder zugänglich macht und der Empfänger rechtlich nicht zur Vertraulichkeit verpflichtet ist.

Die Veröffentlichungspflicht des § 15 Abs. 1 Satz 4 WpHG geht zurück auf Art. 6 Abs. 3 Unterabsatz 1 der Marktmissbrauchsrichtlinie 2003/6/EG. Nach Art. 6 Abs. 3 Unterabsatz 2 der Marktmissbrauchsrichtlinie soll eine Veröffentlichungspflicht jedoch dann nicht bestehen, wenn der Informationsempfänger zur Vertraulichkeit verpflichtet ist, wobei es nicht darauf ankommen soll, ob sich diese Vertraulichkeitsverpflichtung aus Rechts- oder Verwaltungsvorschriften, einer Satzung oder einem Vertrag ergibt. Auf diese Regelung nimmt Art. 3 Abs. 2 Satz 2 lit. c der Durchführungsrichtlinie 2003/124/EG Bezug, indem er den Emittenten hinsichtlich der Gewährleistung der Vertraulichkeit zur Ergreifung von Maßnahmen auffordert, die ihm eine unverzügliche Veröffentlichung der Insiderinformation für den Fall ermöglichen sollen, dass die Vertraulichkeit der Insiderinformation unbeschadet der Regelung des Art. 6 Abs. 3 Unterabsatz 2 der Marktmissbrauchsrichtlinie nicht mehr gewährleistet werden kann.

[1077] Emittentenleitfaden der BaFin, S. 31.

Daraus wird geschlossen, dass die Befreiungsmöglichkeit durch die Weitergabe der Insiderinformation nicht ausgeschlossen ist, wenn der Informationsempfänger zur Vertraulichkeit verpflichtet sei.[1078] Diese Vertraulichkeitsverpflichtung ergäbe sich bei Angestellten des Emittenten schon aus dem Anstellungsverhältnis, so dass sich die Frage eines Ausschlusses der Selbstbefreiungsmöglichkeit bei einer Informationsweitergabe innerhalb des Emittenten nicht stellt.[1079] Gegen diese Ansicht ist vorgebracht worden, dass § 15 Abs. 1 Satz 4 WpHG ohnehin nur dann gelte, wenn ein Unternehmensexterner Zugang zu der Insiderinformation erhält.[1080] Für die Informationsweitergabe innerhalb des Emittenten sei die Verweisung des Art. 3 Abs. 2 Satz 2 lit. c der Durchführungsrichtlinie daher bedeutungslos.[1081] Zum anderen verkenne die vorgenannte Ansicht den Sinn und Zweck der Verweisung. Denn mit ihr habe der Gesetzgeber nur zum Ausdruck bringen wollen, dass die Gewährleistung der Vertraulichkeit auch dann noch gegeben sein kann, wenn die Insiderinformation an einen unternehmensexternen, zur Verschwiegenheit Verpflichteten weitergegeben worden ist.[1082]

Hinsichtlich der Erstreckung der Befreiungsmöglichkeit auf die Veröffentlichungspflicht bei selektiver Weitergabe der Insiderinformation hat eine Abgrenzung zwischen der Veröffentlichungspflicht nach § 15 Abs. 1 Satz 1 WpHG und derjenigen des § 15 Abs. 1 Satz 4 WpHG zu erfolgen. Die Veröffentlichungspflicht des § 15 Abs. 1 Satz 1 WpHG setzt an das Auftreten einer Insiderinformation an, die den Emittenten unmittelbar betrifft. Dagegen knüpft die Veröffentlichungspflicht des § 15 Abs. 1 Satz 4 WpHG an die Weitergabe der Insiderinformation an. Die zweite Veröffentlichungspflicht setzt also bereits das Bestehen einer Insiderinformation voraus, die allein deswegen nicht der Öffentlichkeit bekannt gemacht wurde, weil sie einer Selbstbefreiungsentscheidung des Emittenten unterliegt. Die Weitergabe einer den Emittenten unmittelbar betreffenden Insiderinformation kann daher allein im Selbstbefreiungszeitraum stattfinden. Damit stellt sich aber nie die Frage, ob die Selbstbefreiungsmöglichkeit auch auf die befugte Informationsweitergabe anzuwenden ist. Die Veröffentli-

---

[1078] *Simon*, Der Konzern 2005, S. 13, 21.
[1079] *Simon*, Der Konzern 2005, S. 13, 21.
[1080] *Schneider, Uwe H.*, BB 2005, S. 897, 900.
[1081] *Schneider, Uwe H.*, BB 2005, S. 897, 900.
[1082] *Schneider, Uwe H.*, BB 2005, S. 897, 900.

chungspflicht bei der befugten Informationsweitergabe setzt indes voraus, dass der Empfänger nicht zur Vertraulichkeit verpflichtet ist. Der Emittent ist in diesem Fall schon aus § 15 Abs. 1 Satz 1 WpHG zur Veröffentlichung verpflichtet, weil er die Gewährleistung der Vertraulichkeit der Information in diesem Fall nicht mehr sicherstellen kann. Anders ist die Sachlage zu beurteilen, sofern die weitergegebenen Insiderinformationen den Emittenten lediglich mittelbar betreffen. Dabei nimmt § 15 Abs. 3 Satz 1 WpHG lediglich Bezug auf § 15 Abs. 1 Satz 1 WpHG, die nach Abs. 1 Satz 4 WpHG bestehende Veröffentlichungspflicht wird von seinem sachlichen Anwendungsbereich daher gar nicht erfasst. Die Frage einer generellen Anwendbarkeit der Befreiungsmöglichkeit auf die Informationsweitergabe nach § 15 Abs. 1 Satz 4 WpHG stellt sich daher nicht.[1083]

5. Aufschubentscheidung des Vorstands als Abschluss der Interessenabwägung und Voraussetzung der Selbstbefreiung

Neben dem Bestimmungsversuch der einzelnen Tatbestandsvoraussetzungen stellt sich die Frage, ob neben ihrem Bestehen eine Entscheidung des Emittenten zu verlangen ist oder die Rechtsfolge mit dem Vorliegen der Voraussetzungen automatisch eintritt. § 15 Abs. 3 Satz 4 WpHG ordnet an, dass der Emittent der Bundesanstalt sowohl die Gründe für die Befreiung als auch den Zeitpunkt der Entscheidung vor der Nachholung der Veröffentlichungspflicht mitzuteilen hat. Allein der Wortlaut spricht daher schon von einer insoweit vorzunehmenden Entscheidung des Emittenten. Die Notwendigkeit einer unternehmerischen Entscheidung[1084] über einen Aufschub spiegelt sich auch in der Anordnung der BaFin[1085] wider, die den Emittenten dazu verpflichtet sieht, eigenverantwortlich zu prüfen, ob sein Interesse an einem Aufschub das Interesse des

[1083] I.E. ebenso *Assmann*, in: Assmann/Schneider, WpHG (4. Aufl. 2006), § 15 Rn. 121; *Büche*, Pflicht zur Ad-hoc-Publizität, S. 205. Nicht richtig erscheint es, ein fehlendes Interesse des Emittenten an einer Geheimhaltung aufgrund der ohnehin nach außen gedrungenen Insiderinformation anzunehmen, so aber *Rodewald/Tüxen*, BB 2004, S. 2249, 2250; *Büche*, Pflicht zur Ad-hoc-Publizität, S. 205. Wenn man eine Argumentation auf der Ebene der berechtigten Interessen führen möchte, so wird wohl eher zu vertreten sein, dass eine Interessenabwägung vorzunehmen wäre, welche aufgrund der Gefahr von Insidergeschäften und einer Beeinträchtigung der Marktintegrität zu einem Interessenvorrang des Kapitalmarkts an einer umfassenden und unverzüglichen Unterrichtung kommen würde.

[1084] Zur Qualifikation der Befreiungsentscheidung als unternehmerische Entscheidung i.S.d. § 93 AktG *Schneider*, BB 2005, S. 897, 900.

[1085] Emittentenleitfaden der BaFin, S. 53.

Kapitalmarkts an einer eigenverantwortlichen und zeitnahen Veröffentlichung überwiegt.[1086] Dabei fällt die Aufschubentscheidung des Emittenten in den Zuständigkeitsbereich des Vorstands, weil diesem ohnehin aus § 93 AktG die Verpflichtung gegenüber der Gesellschaft obliegt, die sich aus § 15 WpHG ergebende Veröffentlichungspflicht zu erfüllen. Das Erfordernis einer Entscheidung des Emittenten ergibt sich daher sowohl aus dem Wortlaut des § 15 Abs. 3 WpHG als auch der Voraussetzung des berechtigten Interesses selbst, denn dieses setzt eine Interessenabwägung voraus, auf die eine Entscheidung zugunsten des Emittenten denklogisch folgen muss. Die Befreiung von der Veröffentlichungspflicht setzt daher nicht automatisch ein, sondern bedarf eines die Voraussetzungen des Befreiungstatbestandes bejahenden Beschlusses des Vorstands, der allerdings ohne eine Verschiebung der Verantwortlichkeit herbeizuführen auf ein einzelnes Vorstandsmitglied oder dem Vorstand untergeordnete Mitarbeiter delegiert werden kann.[1087]

III. Nachholung der Veröffentlichung und Mitteilung an die BaFin

1. Die generelle Pflicht zur Nachholung der Veröffentlichung

Nach § 15 Abs. 3 Satz 2 WpHG ist die Veröffentlichung der Insiderinformation unverzüglich nachzuholen. Auch hier meint der Gesetzgeber mit unverzüglich eine Veröffentlichung ohne schuldhaftes Zögern i.S.d. § 121 Abs. 1 Satz 1 BGB. Eine Veröffentlichungs- und Nachholungspflicht nach § 15 Abs. 3 Satz 2 WpHG wird immer dann anzunehmen sein, wenn die Tatbestandsvoraussetzungen des Befreiungstatbestands weggefallen sind.[1088] Der Emittent ist aufgrund dieser Sachlage dazu gezwungen, je-

---

[1086] *Schneider, Uwe H./Gilfrich*, BB 2007, S. 53, 55.

[1087] Auch wenn der Vorstand grundsätzlich die Möglichkeit hat, die Erfüllung der kapitalmarktrechtlichen Pflichten der Gesellschaft auf die Mitarbeiter des Unternehmens zu delegieren, trifft ihn die Verantwortlichkeit für die Erfüllung, vgl. *Semler*, Leitung und Überwachung der Aktiengesellschaft (2. Aufl. 1996), S. 19; *Assmann*, in: Assmann/Schneider, WpHG (4. Aufl. 2006), § 15 Rn. 294; *Schneider, Uwe H./Gilfrich*, BB 2007, S. 53, 55. Da aber die Übertragung der Pflicht auf Mitarbeiter des Unternehmens den Vorstand nicht von seiner Verantwortung nach § 130 OWiG entbinden kann, trifft ihn diesbezüglich eine Führungs- und Überwachungspflicht, vgl. *Schneider, Uwe H./Gilfrich*, BB 2007, S. 53, 55. Gegen die Möglichkeit einer Delegation der Ad-hoc-Publizitätspflicht auf untere Führungsebenen *Möllers/Leisch*, WM 2001, S. 1648, 1652; *Braun*, in: Möllers/Rotter, Ad-hoc-Publizität, § 8 Rn. 49.

[1088] *Assmann*, in: Assmann/Schneider, WpHG (4. Aufl. 2006), § 15 Rn. 166.

derzeit das Vorliegen der Voraussetzungen der Befreiung zu prüfen[1089], um den öffentlich-rechtlichen Sanktionen und den möglicherweise bestehenden zivilrechtlichen Haftungsansprüchen zu entgehen. Dies kann also zum einen dann der Fall sein, wenn der Emittent kein berechtigtes Interesse mehr an einem Aufschub der Veröffentlichung hat. Ein berechtigtes Interesse wird dann nicht mehr anzunehmen sein, wenn es entweder ganz entfällt oder wenn die Interessen des Kapitalmarkts an einer unverzüglichen Veröffentlichung überwiegen. Soweit eine Irreführung der Öffentlichkeit zu befürchten steht oder die Vertraulichkeit der Insiderinformation nicht mehr gewährleistet werden kann, ist der Emittent ebenfalls zur Nachholung der Veröffentlichung verpflichtet.

2. Die Nachholungspflicht bei einer Änderung oder nachträglichem Wegfall der zu veröffentlichenden Umstände

Mit der generellen Nachholungspflicht stellt sich die Frage des Gegenstands der nun vorzunehmenden Veröffentlichung, denn die nicht veröffentlichte Insiderinformation kann während des Aufschubs der Veröffentlichung Änderungen unterliegen, die sich neben dem zu veröffentlichenden Umstand auch auf die Voraussetzungen einer Insiderinformation auswirken können. Die Frage stellt sich dahingehend, ob hinsichtlich des zu veröffentlichenden Sachverhalts auf den Zeitpunkt des Entstehens der Insiderinformation abzustellen ist und damit auf den Zeitpunkt der Befreiungsentscheidung des Emittenten oder auf den Zeitpunkt des Wegfalls der Suspendierungsvoraussetzungen.[1090] Der Beantwortung dieser Frage muss folgende Annahme vorausgehen: Das Kursbeeinflussungspotential einer Insiderinformation kann sich im Laufe des Aufschubs der Veröffentlichungspflicht verändern, es kann auch zu einem vollkommenen Wegfall des Kursbeeinflussungspotentials kommen. Es wird insoweit vorgetragen, dass bei einem Abbruch von Verhandlungen über eine geplante Unternehmenstransaktion keine Insiderinformation mehr vorliege, soweit der Kapitalmarkt nicht mit einer solchen gerechnet habe.[1091] Richtigerweise ist bei einem Wegfall der Aufschubvoraus-

---

[1089] Begründung des Bundesministeriums der Finanzen zur WpAIV (Dezember 2004), S. 11; *Kuthe*, ZIP 2004, S. 883, 885; *Tollkühn*, ZIP 2004, S. 2215, 2219.
[1090] Im letztgenannten Sinne: Emittentenleitfaden der BaFin, S. 53, welcher vorsieht, dass die Insiderinformation in ihrer zum Veröffentlichungszeitpunkt aktuellen Fassung zu veröffentlichen ist.
[1091] *Kuthe*, ZIP 2004, S. 883, 886; *Veith*, NZG 2005, S. 254, 258.

setzungen auf den zum Zeitpunkt des Wegfalls bestehenden Umstand abzustellen. Der Kapitalmarkt hat ein vorrangiges Informationsbedürfnis hinsichtlich des gegenwärtig bestehenden Umstands. Der Emittent hat jedoch zu prüfen, ob die Voraussetzungen einer Insiderinformation noch vorliegen. Soweit dies nicht der Fall ist, liegt keine Veröffentlichungspflicht vor und die Möglichkeit einer Selbstbefreiung wird bedeutungslos. Der vorgenannten Ansicht lässt sich entgegenhalten, dass eine gescheiterte Unternehmenstransaktion eine Kursbewegung indizieren kann, auch wenn der Kapitalmarkt nicht mit ihr gerechnet hat, denn der verständige Anleger wird auch diese Information dazu nutzen, eine mögliche oder bereits getätigte Investition zu überdenken und damit auch diese Information in seine Anlageentscheidung mit einbeziehen. Denn das Scheitern kann auch für zukünftige Sachverhalte eine Indizwirkung haben.

Neben dieser generellen Kritik ist vorgebracht worden, dass mit dem Abstellen auf den Zeitpunkt des Wegfalls der Befreiungsvoraussetzungen eine mögliche und vom Gesetzgeber auch gewollte Kontrollmöglichkeit durch die Bundesanstalt gefährdet würde. Denn soweit der Emittent darauf verwiesen wird, eine Insiderinformation nur dann zu veröffentlichen, wenn deren Voraussetzungen auch noch im Zeitpunkt des Wegfalls der Befreiungsvoraussetzungen vorliegen müssen, würde die Bundesanstalt unter Umständen niemals über den vorgelegenen kurserheblichen Umstand unterrichtet.[1092] Doch habe der Gesetzgeber selbst mit dem Verzicht auf die, nach der Marktmissbrauchsrichtlinie insoweit mögliche, vorherige Unterrichtung der Bundesanstalt zum Zeitpunkt der Entscheidung über den Aufschub dieses Ergebnis in Kauf genommen.[1093]

Die Pflicht zur Nachholung der Veröffentlichung besteht daher auch dann, wenn es zu einem nachträglichen Wegfall des ad-hoc-publizitätspflichtigen Umstands gekommen ist. So können die Bestrebungen zur Fusion zweier Unternehmen oder Integrationsmaßnahmen innerhalb eines Konzerns oder die bloßen Überlegungen zur Übernahme eines börsennotierten Unternehmens später wegfallen. Auch könnte die Überlegung,

---

[1092] *Veith*, NZG 2005, S. 254, 258; *Kuthe*, ZIP 2004, S. 883, 886, mit dem Hinweis auf die insoweit entstandene Unsicherheit.

[1093] *Veith*, NZG 2005, S. 254, 258; Emittentenleitfaden der BaFin, S. 53.

eine Unternehmensübernahme im Wege einer freundlichen Übernahme zu vollziehen, aufgrund der fehlenden Bereitschaft des Managements der Zielgesellschaft scheitern und dem Unternehmen eine Übernahme unmöglich machen oder so erschweren, dass es davon absieht. Die Veröffentlichung muss sich auf die zum Zeitpunkt des Wegfalls der Selbstbefreiungsvoraussetzungen bestehenden Umstände beziehen. Diese müssen für sich betrachtet eine Insiderinformation darstellen, auf die vergangenen Umstände zum Zeitpunkt der Entscheidung über einen Aufschub der Veröffentlichung kommt es somit nicht mehr an. Zwar kann dieses Ergebnis nicht damit begründet werden, dass mit der Nichtveröffentlichung bestehende oder geweckte Erwartungen nicht enttäuscht werden können und es daher an einer Kurserheblichkeit des entsprechenden Umstands fehlt.[1094] Der Bieter hat daher bei einem Wegfall der Angebotsabsicht im Vorfeld der endgültigen Entscheidung über ihre Durchführung zu prüfen, ob dieser Umstand an sich die Voraussetzungen einer Insiderinformation erfüllt, insbesondere ob ihm ein erhebliches Kursbeeinflussungspotential zukommt. Werden die Voraussetzungen einer Insiderinformation bejaht, hat der Bieter den Wegfall der Angebotsabsicht und die ihn begründenden Motive zu veröffentlichen.

3. Das Abrücken vom Plan zur Abgabe eines Angebots

Nicht gänzlich geklärt scheint die Frage, inwiefern ein Abrücken von einer Angebotsabsicht vor der Entscheidungsveröffentlichung[1095] publizitätspflichtig ist. Nach einer vereinzelt geäußerten Ansicht[1096] hat der Bieter die Entscheidung gegen die Abgabe eines öffentlichen Angebots nach § 15 WpHG zu veröffentlichen. Zutreffend ist, dass eine Spezialität des § 10 WpÜG gegenüber § 15 WpHG hier nicht vorliegt, da § 10 WpÜG nur die positive Entscheidung des Bieters für veröffentlichungspflichtig erklärt.[1097] Es käme daher allein eine Veröffentlichung im Wege des § 15 WpHG in Betracht. Gegen eine generell bestehende Veröffentlichungspflicht spricht jedoch der

---

[1094] So aber *Assmann*, in: Assmann/Schneider, WpHG (4. Aufl. 2006), § 15 Rn. 174; a.A. *Tollkühn*, ZIP 2004, S. 2215, 2220.

[1095] Zur Veröffentlichungspflicht bei schon vorgenommener Entscheidungsveröffentlichung vgl. oben Kapitel 2 A IV 2 c).

[1096] *Wackerbarth*, in: MünchKomm z. AktG, § 10 WpÜG Rn. 83; *Oechsler*, in: Ehricke/Ekkenga/Oechsler, WpÜG, § 10 Rn. 10, der eine Veröffentlichungspflicht je nach der Lage des Falles annehmen will.

[1097] *Hirte*, in: KölnKomm z. WpÜG, § 10 Rn. 109.

Sinn und Zweck der Ad-hoc-Publizität. Soweit diese auf der einen Seite der Prävention von Insidergeschäften, damit der Aufrechterhaltung des Vertrauens des Anlegerpublikums und der Marktintegrität dienen soll und auf der anderen Seite dazu beiträgt, die Funktionsfähigkeit des Kapitalmarktes aufrechtzuerhalten, können diese Funktionen bei einer Entscheidung gegen ein öffentliches Angebot nicht mehr erfüllt werden. Die Gefahr von Insidergeschäften besteht bei einer negativen Entscheidung nicht, weil bei einer Nichtveröffentlichung von Angebotsplänen keine Kursausschläge zu erwarten sind, die von Insidern ausgenutzt werden könnten. Auch handelt es sich bei ihr nicht um einen Umstand, der im Sinne der Markteffizienz im Wertpapierkurs sowohl des Bieters als auch der Zielgesellschaft enthalten sein muss. Etwas anderes gilt allein dann, wenn der Kapitalmarkt aufgrund von öffentlichen Äußerungen aus der Sphäre des Bieters oder der Zielgesellschaft[1098] die Abgabe eines öffentlichen Angebots erwartet.[1099] Allein hier muss zur Förderung der Markteffizienz und zur Vermeidung der Gefahr von Insidergeschäften eine Veröffentlichung nach § 15 WpHG erfolgen.

4. Die Nachholung der Veröffentlichungspflicht durch die Entscheidungsveröffentlichung des Bieters

Kommt der Bieter seiner Veröffentlichungsverpflichtung aus § 10 WpÜG nach, stellt sich die Frage, ob diese als Nachholung der Veröffentlichung i.S.d. § 15 Abs. 3 Satz 2 WpHG angesehen werden kann. Fallen die Gründe für einen Aufschub der Veröffentlichung weg lebt die Veröffentlichungspflicht des § 15 Abs. 1 Satz 1 WpHG wieder auf. Mit der Veröffentlichung wird dem zu veröffentlichenden Umstand die Qualität einer Insiderinformation genommen, denn mit der Veröffentlichung handelt es sich nicht mehr um einen nicht öffentlich bekannten Umstand, dessen Kenntnis durch Insidergeschäfte ausgenutzt werden könnte. Der Hauptzweck der nachträglichen Veröffentlichung kann daher ebenso gut durch eine Entscheidungsveröffentlichung nach §

[1098] Nicht ausreichend sind reine Marktgerüchte, der Bieter strebe ein Angebotsverfahren an, vgl. *Hopt*, ZGR 2002, S. 333, 347; *ders.*, ZHR 159 (1995), S. 135, 153; *Wackerbarth*, in: MünchKomm z. AktG, § 10 WpÜG Rn. 83, der eine Veröffentlichungspflicht bei Gerüchten nur dann annimmt, wenn die entsprechenden Gerüchte aus der Sphäre des Bieters stammen. Zur generellen Veröffentlichungspflicht bei aus der Sphäre des Emittenten stammenden Gerüchten vgl. *Hopt*, ZHR 159 (1995), S. 135, 153; *Geibel*, in: Geibel/Süßmann, WpÜG, § 10 Rn. 114.

[1099] So *Hirte*, in: KölnKomm z. WpÜG, § 10 Rn. 102; *Wackerbarth*, in: MünchKomm z. AktG, § 10 WpÜG, Rn. 83.

10 Abs. 1 Satz 1 WpÜG vorgenommen werden, indem sie die insoweit erforderliche Öffentlichkeit herstellt. Mit den Mitteilungspflichten gegenüber der Bundesanstalt und den Wertpapierbörsen, an denen die Wertpapiere und darauf bezogene Derivate des Bieters und der Zielgesellschaft gehandelt werden, wird auch der von § 15 Abs. 4 Satz 1 WpHG angestrebte Schutz hergestellt, indem insbesondere die Börsengeschäftsführungen über eine Aussetzung des Handels in den Wertpapieren beschließen können. Die endgültige Entscheidung kann daher als ausreichende Nachholung der Veröffentlichung i.S.d. § 15 Abs. 3 Satz 2 WpHG angesehen werden. In entsprechender Anwendung des § 4 Abs. 1 Nr. 3 WpAIV sollte die Veröffentlichung jedoch auch die internationale Wertpapierkennnummer des Bieters sowie die genaue Bezeichnung der Börse und des Handelssegments, zu welchem die Finanzinstrumente zugelassen sind, enthalten.[1100]

5. Mitteilung an die Bundesanstalt, § 15 Abs. 3 Satz 4 WpHG

a) Die generell bestehende Mitteilungspflicht gegenüber der Bundesanstalt

Aufgrund des Verweises durch § 15 Abs. 3 Satz 3 WpHG auf § 15 Abs. 4 WpHG hat der Emittent vor der Veröffentlichung sowohl der Geschäftsführung der organisierten Märkte, an denen seine Finanzinstrumente als auch auf diese bezogene Derivate gehandelt werden, als auch der BaFin die Veröffentlichung mitzuteilen. Dabei hat der Emittent nach § 15 Abs. 3 Satz 4 WpHG der Bundesanstalt die Gründe für die Befreiung zusammen mit der Mitteilung nach Abs. 4 Satz 1 WpHG unter Angabe des Zeitpunktes der Entscheidung über den Aufschub der Veröffentlichung mitzuteilen. Von der in Art. 6 Abs. 2 Satz 2 der Marktmissbrauchsrichtlinie vorgesehenen Ermächtigung der Mitgliedstaaten, den Emittenten eine Pflicht zur unverzüglichen Unterrichtung der zuständigen Behörde von der Entscheidung über den Aufschub der Veröffent-

[1100] Dabei sollte die Veröffentlichung jedoch nicht entsprechend § 4 Abs. 1 Nr. 1 WpAIV die Überschrift „Ad-hoc-Meldung nach § 15 WpHG" enthalten, sondern vielmehr mit der Überschrift „Entscheidungsveröffentlichung nach § 10 WpÜG" beginnen. Aus ihr wird hinreichend deutlich, dass es sich um eine wesentliche Veröffentlichung handelt. Ebenso kann darauf verzichtet werden, auf das Kursbeeinflussungspotential einzugehen. Dieses wird schon allein durch die Überschrift deutlich.

lichung vorzuschreiben[1101], hat der deutsche Gesetzgeber keinen Gebrauch gemacht.[1102] Der Inhalt der Mitteilung an die BaFin wird durch § 8 Abs. 5 WpAIV konkretisiert. Danach hat die Mitteilung neben den Gründen für die Befreiung von der Veröffentlichungspflicht (§ 8 Abs. 5 Nr. 1 WpAIV) den Zeitpunkt der Entscheidung über den Aufschub der Veröffentlichung, die Termine, an denen der Fortbestand der Gründe überprüft wurde, den Zeitpunkt der Entscheidung über die Nachholung der Veröffentlichung und der Mitteilung (§ 8 Abs. 5 Nr. 2 lit. a WpAIV) sowie die Vor- und Familiennahmen sowie die Geschäftsanschriften und Rufnummern aller an der Entscheidung zum Aufschub der Veröffentlichung beteiligten Personen zu enthalten (§ 8 Abs. 5 Nr. 2 lit. b WpAIV). Dabei sollte die Begründung der Befreiung es der Bundesanstalt ermöglichen, sowohl die Interessenabwägung und die Gründe für die Annahme des berechtigten Interesses auf Seiten des Emittenten nachzuvollziehen.[1103] Aus dem Umfang der Mitteilungspflicht wird ersichtlich, dass dem Emittenten während des Aufschubs der Veröffentlichung eine erhebliche Dokumentationspflicht unterliegt, um seiner späteren Mitteilungspflicht ordnungsgemäß nachkommen zu können.[1104] Unter Bezugnahme auf den Sinn und Zweck der Neuregelung, nämlich der Deregulierung der Überwachung der Veröffentlichungspflichten und der Entlastung der Bundesanstalt, erscheinen die vorgenannten Anforderungen an die Mitteilung an die BaFin jedoch nicht zweckgemäß. Denn soweit der Emittent all diesen Anforderungen entspricht und die entsprechende Mitteilung an die Bundesanstalt übermittelt, kommt es nur zu einer nachträglichen Überprüfung der Befreiungsvoraussetzungen, die in ihrem Umfang der im alten Recht vorgesehenen vorherigen Prüfung in ihrem Umfang nicht nachsteht. Die Anforderungen, die der Verordnungsgeber mit der Schaffung des § 8 WpAIV an die Mitteilungspflicht des Emittenten stellt, stehen daher in einem starken

[1101] Siehe dazu: *Büche*, Pflicht zur Ad-hoc-Publizität, S. 224, der den Zweck der insoweit ermöglichten Mitteilungspflicht darin sieht, die Behörde allein über die Aufschubentscheidung in Kenntnis zu setzen, nicht jedoch in einer ex ante – Kontrolle der Befreiungsvoraussetzungen.

[1102] Siehe Begr. RegE. AnSVG, BT-Drucks. 15/3174, S. 35, mit dem Hinweis darauf, dass der Bundesanstalt ansonsten eine Pflicht zur Missstandsaufsicht nach § 4 WpHG hinsichtlich aller getroffenen Aufschubentscheidungen obläge, was im Ergebnis der bisherigen Befreiungsprüfung entsprechen würde und damit dem Zweck der Neuregelung, zu Deregulierung beizutragen und den Prüfungsaufwand der Bundesanstalt zu reduzieren, zuwiderlaufen würde.

[1103] Emittentenleitfaden der BaFin, S. 54.

[1104] Emittentenleitfaden der BaFin, S. 64, der insoweit bestimmt, dass eine Dokumentationspflicht auch dadurch begründet wird, dass der Emittent sicherstellen muss, dass sowohl die Mitteilung als auch die Veröffentlichung der Insiderinformation und die Mitteilung der Befreiung unverzüglich erfolgen können.

Gegensatz zu dem vom Gesetzgeber des Anlegerschutzverbesserungsgesetzes verfolgten Zweck.

b) Die Mitteilungspflicht des Bieters vor der Entscheidungsveröffentlichung

Wenn aber die Entscheidungsveröffentlichung als nachgeholte Veröffentlichung i.S.d. § 15 Abs. 3 Satz 2 WpHG angesehen werden kann, stellt sich die Frage, ob der Bieter ebenso verpflichtet ist, der Bundesanstalt zusammen mit der Mitteilung der Information vor deren Veröffentlichung die Gründe für einen Aufschub der Veröffentlichung mitzuteilen. Der Sinn und Zweck der Mitteilung der Befreiungsgründe liegt darin begründet, der Bundesanstalt die Möglichkeit einer nachträglichen Marktaufsicht zu geben. Denn mit der Mitteilung des Zeitpunkts der Befreiungsentscheidung und den vom Emittenten unternommenen Maßnahmen zur Unterbindung von Insidergeschäften kann die Bundesanstalt im Nachhinein überprüfen, ob es nicht doch zu einem Ausnutzen von Spezialwissen gekommen ist und dieses gegebenenfalls verfolgen. Auch kann die Bundesanstalt überprüfen, ob die Voraussetzungen des Befreiungstatbestandes vorgelegen haben und ein ordnungsgemäßer Aufschub der Veröffentlichung vorgenommen wurde. Die Aufsichtstätigkeit der Bundesanstalt würde daher beeinträchtigt, würde der Bieter lediglich zu einer Veröffentlichung der Entscheidung, nicht jedoch zu einer Mitteilung gegenüber der Bundesanstalt über den vorgenommen Aufschub der Veröffentlichung verpflichtet. Um die Aufsichtstätigkeit nicht zu beeinträchtigen ist es daher angezeigt, im Falle eines vor der Entscheidungsveröffentlichung vorgenommenen Aufschubs der Veröffentlichung von kursrelevanten Insiderinformationen eine Unterrichtungspflicht des Bieters gegenüber der Bundesanstalt nach Maßgabe des § 15 Abs. 3 Satz 4 WpHG anzunehmen. Dem Bieter ist daher anzuraten, eine ausreichende Dokumentation der vorbereitenden Maßnahmen zu führen und insbesondere den Zeitpunkt der Aufschubentscheidung festzuhalten, um der Bundesanstalt eine adäquate Marktaufsicht zu ermöglichen.

IV. Die Rechtsfolgen einer fehlerhaften Selbstbefreiung

Soweit die Voraussetzungen des § 15 Abs. 3 WpHG nicht vorliegen und sich der Emittent fehlerhaft befreit, liegt eine Verletzung der Veröffentlichungspflicht aus § 15 Abs. 1 Satz 1 WpHG mit den sich daraus ergebenden Rechtsfolgen vor. Das Gleiche gilt dann, wenn der Emittent während einer zunächst ordnungsgemäßen Befreiung den Wegfall der Befreiungsvoraussetzungen nicht bemerkt und der daraus resultierenden Veröffentlichungspflicht nicht unverzüglich nachkommt.[1105]

Daraus folgt neben der bußgeldbewährten Ordnungswidrigkeit nach § 39 Abs. 1 Nr. 5 lit. a WpHG und der unter Umständen bestehenden Strafrechtssanktion des § 20a Abs. 1 Satz 1 Nr. 1 WpHG[1106] die Gefahr einer zivilrechtlichen Haftung nach § 37b Abs. 1 WpHG, soweit dem Anspruchsteller durch die Unterlassung der Veröffentlichung ein Schaden entstanden ist. Eine Haftung nach § 37b WpHG kommt jedoch nach § 37b Abs. 2 WpHG nur dann in Betracht, soweit die fehlerhafte Selbstbefreiung auf Vorsatz oder grober Fahrlässigkeit beruhte. Es wird insofern erwogen, einen Verschuldensausschluss dadurch zu erreichen, indem die während des Befreiungszeitraums vorzunehmende Dokumentation von kapitalmarktrechtlich qualifizierten Rechtsberatern vorgenommen wird.[1107]

V. Zusammenfassung der Ergebnisse

Dem Bieter ist die generelle Möglichkeit einer Selbstbefreiung von seiner nach § 15 Abs. 1 Satz 1 WpHG bestehenden Veröffentlichungspflicht bis zur Vorstandsentscheidung einzuräumen. Das dazu erforderliche berechtigte Interesse gründet auf dem Interesse seiner Aktionäre, dass die Durchführung des öffentlichen Angebots zu einer Steigerung der zu erwartenden Rendite führt. Das berechtigte Interesse eines Emittenten an einem Aufschub der Veröffentlichung hat sich immer an den Interessen seiner

[1105] *Schneider, Sven H.*, BB 2005, S. 897, 902; *Schneider, Uwe H./Gilfrich*, BB 2007, S. 53.
[1106] Nach § 2 Abs. 2 WpHG gelten nach § 15 Abs. 1 Satz 1 WpHG zu veröffentlichende Insiderinformationen regelmäßig als bewertungserhebliche Umstände, deren Verschweigen nach § 20a Abs. 1 Satz 1 Nr. 1 WpHG verboten ist.
[1107] *Schneider, Sven H.*, BB 2005, S. 897, 902.

Aktionäre zu orientieren. Allein deren Renditeerwartungen können einen Aufschub rechtfertigen. Diese Renditeerwartung würde jedoch beeinträchtigt, würde vor der Entscheidungsveröffentlichung eine Veröffentlichung vorgenommen werden müssen. Denn diese würde einen umgehenden Kursausschlag der Wertpapiere der Zielgesellschaft bewirken, was zu einer Verteuerung des Angebots führen würde. Die Berücksichtigung anderer Interessengruppen ist dementsprechend nicht angezeigt.

Ist der Emittent mit anderen Gesellschaften in einem Konzern verbunden, steht ihm die Möglichkeit offen, deren Interessen bei seiner Aufschubentscheidung zu berücksichtigen. Dabei kommt dem Konzerninteresse eine Befreiungswirkung zu.

Der Bieter hat bis zur Veröffentlichung der Entscheidung jedoch dafür zu sorgen, dass eine Irreführung der Öffentlichkeit nicht zu befürchten ist. Diese Gefahr besteht in besonderer Weise bei aufkommenden Gerüchten am Kapitalmarkt. Soweit diese entstehen, hat der Bieter zu prüfen, ob sie aus seiner Sphäre stammen, wobei er sich daran orientieren kann, wie konkret die Gerüchte sind. Stammen die Gerüchte aus seiner Sphäre, ist er zu einer unverzüglichen Veröffentlichung der bestehenden Informationen gezwungen. Diese können sich allein auf eine Umschreibung der vorgenommenen Schritte beschränken, so bspw. den Abschluss von Vertraulichkeitsvereinbarungen, die Durchführung einer Unternehmensbewertung, eine Erklärung, ob das angestrebte Angebotsverfahren mit der Verwaltung der Zielgesellschaft abgesprochen wurde oder ob es sich um ein unkoordiniertes Angebot handelt und darauf, welche Absichten mit dem Angebot verfolgt werden. Das Erfordernis einer solch umfassenden Veröffentlichung ergibt sich aus der ansonsten weiterhin bestehenden Gefahr des missbräuchlichen Ausnutzens dieser Informationen und der Manipulation des Marktes. Aufgrund dieser Gefahr hat der Bieter die Vertraulichkeit der Informationen während des Befreiungszeitraums zu gewährleisten. Ist der Bieter in der Lage, diese Voraussetzungen bis zum Vorliegen einer Entscheidung nach § 10 WpÜG zu erfüllen, so wird in der Entscheidungsveröffentlichung eine hinreichende Nachholung der Veröffentlichung zu sehen sein, auch wenn der Bieter gegenüber der BaFin dazu verpflichtet ist darzulegen, wann seine Aufschubentscheidung getroffen wurde und welche Interessen diesen Aufschub rechtfertigten.

Kapitel 3: Die Veröffentlichungspflicht der Zielgesellschaft

A. Die Möglichkeit einer Publizitätspflicht der Zielgesellschaft

Neben der Beantwortung der Frage, wann der Bieter einer Ad-hoc-Publizitätspflicht sowohl aus § 10 WpÜG als auch aus § 15 WpHG unterliegt, stellt sich die Frage, ob die Zielgesellschaft ebenfalls Veröffentlichungspflichten aus § 15 WpHG in Bezug auf die Angebotssituation treffen. Diese Frage stellt sich verstärkt in der Phase vor der Veröffentlichung der Entscheidung durch den Bieter. Ebenso wie bei der Veröffentlichungspflicht des Bieters ist jedoch fraglich, wie sich die Regelung des § 10 Abs. 6 WpÜG auf die Ad-hoc-Publizitätspflicht der Zielgesellschaft auswirkt und ob sie geeignet ist, eine potentielle Veröffentlichungspflicht zu sperren.

I. Die Diskussion zur alten Rechtslage

Eine mögliche Veröffentlichungspflicht der Zielgesellschaft wurde zur vor dem Anlegerschutzverbesserungsgesetz bestehenden Rechtslage unterschiedlich beurteilt. Nach einer von *Hopt*[1108] vertretenen Ansicht wird der Zweck des § 10 Abs. 6 WpÜG nur dann vollständig erreicht, wenn der Anwendungsbereich der Vorschrift auch auf die Zielgesellschaft ausgedehnt wird. Soweit eine Ad-hoc-Publizitätspflicht der Zielgesellschaft angenommen werden könne, sei diesbezüglich den Besonderheiten der Übernahmesituation Rechnung zu tragen. Solange der Bieter seine Entscheidung noch nicht nach § 10 WpÜG veröffentlicht habe, komme auch eine Veröffentlichungspflicht der Zielgesellschaft nach § 15 WpHG nicht in Betracht.[1109] Dies gelte sogar dann, wenn mit einem Angebot des Bieters zu rechnen sei oder am Kapitalmarkt diesbezügliche Spekulationen aufgetreten seien.[1110] Eine Ad-hoc-Publizitätspflicht der Zielgesellschaft komme nur in Ausnahmefällen in Betracht. Von anderen wird diese Ansicht ebenfalls vertreten, allerdings gründet sich ihre Auffassung auf anderen Argumenten.

[1108] *Hopt*, ZGR 2002, S. 333, 345, 346.

[1109] *Geibel*, in: Geibel/Süßmann, WpÜG, § 10 Rn. 116; *Oechsler*, in Ehricke/Ekkenga/Oechsler, WpÜG, § 10 Rn. 27; *Assmann*, in: Assmann/Pötzsch/Schneider, WpÜG, § 10 Rn. 77; *Hirte*, in: Köln-Komm z. WpÜG, § 10 Rn. 99; *Thoma/Stöcker*, in: Baums/Thoma, WpÜG, § 10 Rn. 148.

[1110] *Hopt*, ZGR 2002, S. 333, 346, 347.

Das öffentliche Angebot sei vom Bieter veranlasst, was diesem grundsätzlich die Verantwortlichkeit für die Publizität zuweise. Die Zielgesellschaft unterliege daher grundsätzlich keiner Veröffentlichungsverantwortlichkeit. Soweit die Zielgesellschaft aber zum Entstehen der publizitätspflichtigen Tatsachen beigetragen habe – so bei freundlichen Übernahmen – entstehe auch bei der Zielgesellschaft eine Publizitätspflicht.[1111]

Andere Stimmen unterscheiden hinsichtlich der Publizitätspflicht der Zielgesellschaft danach, ob es sich um ein freundliches oder ein feindliches Angebot handelt. Grundsätzlich handele es sich bei einem an die Aktionäre der Zielgesellschaft abgegebenen Angebot nicht um eine im Tätigkeitsbereich der Zielgesellschaft eingetretene Tatsache, die eine Ad-hoc-Publizitätspflicht auslösen könnte.[1112] Dies gelte vor allem dann, wenn es sich um ein feindliches Angebot handele.[1113] Die Zielgesellschaft würde erst durch die Vorankündigung von den Absichten des Bieters erfahren, so dass eine Publizitätspflicht ohnehin ausscheide. Soweit es sich allerdings um eine freundliche Übernahme handeln würde, dem Angebot also intensive Verhandlungen zwischen Bieter und Zielgesellschaft vorangegangen seien und das Angebotsverfahren auch auf einem Tätigwerden der Zielgesellschaft beruhe, sei eine Ad-hoc-Publizitätspflicht der Zielgesellschaft zu bejahen, da die Tatsache hier im Tätigkeitsbereich des Emittenten eingetreten sei.[1114] Gegen eine derartige Unterscheidung wendeten sich Stimmen im Schrift-

---

[1111] *Oechsler*, in: Ehricke/Ekkenga/Oechsler, § 10 Rn. 27; *Hopt*, ZGR 2002, S. 333, 347, der im Falle einer freundlichen Übernahme von einer Publizitätspflicht der Zielgesellschaft dann ausgeht, wenn der Bieter seinerseits nicht tätig geworden ist und hinsichtlich der Übernahmeverhandlungen Indiskretionen an die Öffentlichkeit gelangt sind.

[1112] *BAWE*, Schreiben vom 26.04.2002, abgedruckt in NZG 2002, S. 563, 564; *Assmann*, ZGR 2002, S. 697, 714; *Kümpel*, in: Assmann/Schneider, WpHG (2. Aufl. 1999), § 15 Rn.40a; *ders.*, AG 1997, S. 66, 67; *Fürhoff/Wölk*, WM 1997, S. 449, 452; *Schander/Lucas*, DB 1997, S. 2109, 2112; *Geibel*, in: Schäfer, WpHG, BörsG mit BörsZulV, VerkProspG mit VerkProspV, § 15 WpHG Rn. 41 ff.; *ders.*, in: Geibel/Süßmann, WpÜG, § 10 Rn. 115; *Hopt*, FS Lutter, S. 1361, 1397; *Steinmayer/Häger*, WpÜG, § 10 Rn. 49; *Wittich*, in: v. Rosen/Seifert, Die Übernahme börsennotierter Unternehmen, S. 377, 385 f.; *v. Klitzing*, Die Ad-hoc-Publizität, S. 107. A.A. *Fürhoff*, Kapitalmarktrechtliche Ad-hoc-Publizität, S. 168, mit dem Verweis auf den insoweit vorliegenden Emittentenbezug.

[1113] *Kümpel*, in: Assmann/Schneider, WpHG (2. Aufl. 1999), § 15 Rn. 40a; *Geibel*, in: Geibel/Süßmann, WpÜG, § 10 Rn. 115; *ders.*, in: Schäfer, WpHG, BörsG, VerkProspG, § 15 WpHG Rn. 41; *Hirte/Schander*, in: von Rosen/Seifert, Die Übernahme börsennotierter Unternehmen, S. 341, 368; *Schander/Lucas*, DB 1997, S. 2109, 2112; *Steinmeyer/Häger*, WpÜG, § 10 Rn. 49; *Fürhoff/Wölk*, WM 1997, S. 449, 452; *Hirte*, in: KölnKomm z. WpÜG, § 10 Rn. 103. Eine Differenzierung zwischen freundlichen und feindlichen Angeboten ablehnend *Hager*, Die wertpapierangebotsrechtliche Vorankündigung, S. 176 f.

[1114] *Hirte*, in: KölnKomm WpÜG, § 10 Rn. 103; *Hopt*, ZHR 159 (1995), S. 135, 153 (Fn. 75); *ders.* ZGR 2002, S. 333, 347; *Caspari*, in: Baetge, Insiderrecht und Ad-hoc-Publizität, S. 65, 77; anders tum, die den Bereich der öffentlichen Angebote nicht insiderrechtlich, sondern als spezifisch übernahmeangebotsrechtlich ausgestaltet sehen wollten.[1115] Mit der Bejahung einer Ad-hoc-Publizitätspflicht der Zielgesellschaft würden freundliche Übernahmeangebote in ihrer Vorbereitung erheblich gefährdet, wenn der Bieter mit einer Veröffentlichung der Zielgesellschaft von möglicherweise sensiblen Daten rechnen müsste.[1116] Zu diesen Daten könnten der Stand der Verhandlungen, möglicherweise bereits bestehende Modalitäten hinsichtlich der Abwicklung des Angebots oder bereits aufgrund der durchgeführten Due Diligence gewonnene Unternehmensdaten gehören. Anders als diese Stimmen wurde versucht, eine Veröffentlichungspflicht der Zielgesellschaft nur dann anzunehmen, soweit sich eine Lücke im Schutzsystem des Insiderrechts ergäbe, die eine Veröffentlichungspflicht rechtfertigen könne.[1117] Doch könne eine solche aufgrund der bestehenden Insiderhandelsverbote nicht konstatiert werden. Vielmehr sei eine *de lege ferenda* zu fordernde Marktverzerrungspublizität im Stadium vor der Entscheidungsveröffentlichung zu fordern.

II. Streitentscheidung auf der Grundlage des neuen § 15 Abs. 1 Satz 1 WpHG

1. Wegfall des Erfordernisses eines im Tätigkeitsbereich des Emittenten eingetretenen Umstands

Die Ad-hoc-Publizitätspflicht würde die Zielgesellschaft grundsätzlich nur dann treffen, wenn eine Insiderinformation vorliegt, und diese die Zielgesellschaft unmittelbar betrifft. Dass die Insiderinformation im Tätigkeitsbereich des Emittenten eingetreten sein muss, um eine Veröffentlichungspflicht nach § 15 WpHG zu begründen, ist kein Erfordernis mehr, vielmehr nur noch ein Regelbeispiel für die von § 15 WpHG geforderte unmittelbare Betroffenheit des Emittenten. Es kann daher im Folgenden nicht mehr allein auf das Argument abgestellt werden, eine Publizitätspflicht der Zielgesell-

Fürhoff/Wölk, WM 1997, S. 449, 452; *Geibel*, in: Geibel/Süßmann, WpÜG, § 10 Rn. 116; *Happ/Semler*, ZGR 1998, S. 116, 140; *Steinmeyer/Häger*, WpÜG, § 10 Rn. 50; *Gehrt*, Die neue Ad-hoc-Publizität, S. 139 f., den erweiterten Tätigkeitsbereich des Emittenten als immer betroffen ansehend.

[1115] *Geibel*, in: Geibel/Süßmann, WpÜG, § 10 Rn. 116; *ders.*, in: Schäfer, WpHG, BörsG mit BörsZulV, VerkProspG mit VerkProspV, § 15 WpHG Rn. 43; *Fürhoff/Wölk*, WM 1997, S. 449, 452.

[1116] *Geibel*, in: Geibel/Süßmann, WpÜG, § 10 Rn. 116.

[1117] *Hager*, Die wertpapierangebotsrechtliche Vorankündigung, S. 178 ff.

schaft nach § 15 WpHG komme allein dann in Betracht, wenn sie selbst zu der Entstehung der Angebotssituation beigetragen habe. Denn infolge der Neuregelung werden von § 15 WpHG auch solche Insiderinformationen erfasst, die nicht im Tätigkeitsbereich des Emittenten entstanden sind, sondern wie bei unkoordinierten öffentlichen Angeboten von außen auf den Emittenten einwirken und nicht seiner eigenen unternehmerischen Sphäre entstammen[1118], jedoch einen ausreichenden spezifischen Emittentenbezug aufweisen. Dieser spezifische Emittentenbezug bei einem von außen kommenden Ereignis ist dann gegeben, wenn die Zielgesellschaft so konkret-individuell von diesem betroffen ist und ein weiterer Zwischenschritt für die unmittelbare Betroffenheit nicht mehr erforderlich ist. Dies ist insbesondere bei einer anstehenden Veränderung der Aktionärsstruktur, insbesondere bei einem zukünftigen Kontrollerwerb, der Fall. Die Zielgesellschaft ist damit durch die Vorbereitungen des Bieters sowohl bei freundlichen als auch bei feindlichen Angeboten unmittelbar betroffen, was eine Veröffentlichungspflicht bei unterstelltem Kursbeeinflussungspotential indiziert.

2. Keine Spezialität der angebotsbezogenen Publizitätspflichten im Vorfeld der Entscheidungsveröffentlichung

Da aber damit nichts anderes gesagt ist als dass sowohl bei feindlichen als auch bei freundlichen Angeboten die Zielgesellschaft unmittelbar betreffende Insiderinformationen vorliegen können, die die Zielgesellschaft bei deren Kenntnis zu einer Veröffentlichung nach § 15 Abs. 1 Satz 1 WpHG zwingen, kann eine Lösung des Problems indes nur über eine Klärung des Verhältnisses der verschiedenen kapitalmarktrechtlichen Veröffentlichungspflichten erfolgen.

So wird vereinzelt vorgetragen, zwischen generellen und speziellen Veröffentlichungspflichten zu unterscheiden. Eine Überlagerung kapitalmarktrechtlicher Publizitätspflichten sei dadurch zu vermeiden, dass man sonderkapitalmarktrechtliche Rege-

---

[1118] *Assmann*, in: Assmann/Schneider, WpHG (4. Aufl. 2006), § 15 Rn. 55; *Pütz*, Kapitalmarktrechtliche Aktionärsinformation, S. 73.

lungen als das betreffende Regelungsfeld abschließend betrachtet.[1119] Soweit es zu einer Regelungskonkurrenz komme, sei den spezialgesetzlichen Regelungen der Vorrang einzuräumen. Die Veröffentlichungspflichten bei öffentlichen Angeboten seien daher kein insiderrechtliches, sondern ein speziell übernahmerechtliches Problem.[1120] Dieser Ansicht folgend käme es in Bezug auf die Publizitätspflicht der Zielgesellschaft zu einem Anwendungsvorrang des § 10 WpÜG, der eine Publizitätspflicht der Zielgesellschaft ausschließen würde.

Die Bundesanstalt hat sich indes dieser Ansicht nicht angeschlossen. Ihrer Meinung nach stehen die Veröffentlichungs- und Mitteilungspflichten nicht in einem spezialgesetzlichen Konkurrenzverhältnis zur Ad-hoc-Publizitätspflicht. Weder sei ihnen ein Vorrang einzuräumen noch könnten diese die Ad-hoc-Publizität ersetzen. Der Emittent habe jederzeit zusätzlich zu prüfen, ob hinsichtlich des zugrunde liegenden Sachverhalts eine Insiderinformation vorliegt, die einer Veröffentlichungspflicht nach § 15 WpHG unterliegt.[1121] Die Bundesanstalt geht darüber hinaus davon aus, dass die Pflicht zur unverzüglichen Veröffentlichung nach § 15 WpHG selbst dann anzunehmen sei, wenn die spezialgesetzliche Regelung eine andere Veröffentlichungsfrist gesetzt habe.[1122] Dabei ist aber zu beachten, dass in Bezug auf die Zielgesellschaft zwischen beiden Veröffentlichungspflichten keine Spezialität im Sinne einer Normenkonkurrenz besteht. Während die übernamerechtliche Regelung eine unverzügliche Unterrichtung durch den Bieter sicherstellen will, kommt es bei der insiderrechtlichen Publizität auf eine Unterrichtung durch den Emittenten, hier die Zielgesellschaft, an. Es kommt daher nur beim Bieter, sofern dieser ebenfalls Emittent ist, zu einer Überlagerung der erfassten Normbereiche, so dass von einer grundsätzlichen Spezialität des § 10 WpÜG gegenüber § 15 WpHG nicht gesprochen werden kann. Dabei hat sich die Auslegung der speziell die Zielgesellschaft treffenden Veröffentlichungspflicht an den Vorgaben der Marktmissbrauchsrichtlinie zu orientieren, soweit diese vorgibt, dass die

[1119] *Assmann*, in: Assmann/Pötzsch/Schneider, WpÜG, § 10 Rn. 79; *ders.*, ZGR 2002, S. 697, 713 ff. Anders *Assmann/Cramer*, in: Assmann/Schneider, WpHG (3. Aufl. 2003), § 14 Rn. 80a, die der Meinung sind, dass die insiderrechtliche Beurteilung von Angebotssachverhalten schon zu einem früheren Zeitpunkt einsetzen muss, als es das WpÜG in seiner übernahmerechtlichen Hinsicht tut.

[1120] *Fürhoff/Wölk*, WM 1997, S. 449, 452; *Geibel*, in: Geibel/Süßmann, WpÜG, § 10 Rn. 116.

[1121] Emittentenleitfaden der BaFin, S. 46, 47.

[1122] Emittentenleitfaden der BaFin, S. 46, 47.

Auslegung der Richtlinie den Anforderungen an eine wirksame Regelung entsprechen muss, die die Interessen der Inhaber von übertragbaren Wertpapieren schützt, wenn die Gesellschaft Gegenstand eines öffentlichen Übernahmeangebots oder eines anderen Vorschlags für einen Kontrollwechsel ist.[1123]

III. Ergebnis

Die Vorschrift des § 10 Abs. 6 WpÜG entfaltet für die Veröffentlichungspflicht der Zielgesellschaft keine Sperrwirkung. Die Zielgesellschaft unterliegt daher einer potentiellen Veröffentlichungspflicht nach § 15 Abs. 1 Satz 1 WpHG, soweit der Bieter in die Phase der Entscheidungsvorbereitung eingetreten ist. Diese Veröffentlichungspflicht wird auch nicht durch einen spezialgesetzlichen Vorrang der angebotsspezifischen Veröffentlichungspflichten verdrängt. Zwar hat die Zielgesellschaft gerade bei freundlichen Angeboten ein eigenes Interesse an einem äußerst späten Bekanntwerden der angebotsbezogenen Umstände, um einen Erfolg des Angebots nicht zu verhindern oder zu beeinträchtigen, doch kann dieses Interesse im Rahmen der Befreiungsmöglichkeit nach § 15 Abs. 3 Satz 1 WpHG Berücksichtigung finden. Es stellt sich folglich die Frage, wann konkret eine Veröffentlichungspflicht der Zielgesellschaft angenommen werden kann, und unter welchen Voraussetzungen eine Befreiung von dieser Veröffentlichungspflicht für die Zielgesellschaft möglich ist.

[1123] Erwägungsgrund 18 der Marktmissbrauchsrichtlinie 2003/6/EG.

B. Die Voraussetzungen einer Veröffentlichungspflicht der Zielgesellschaft nach § 15 WpHG

Die Vorschrift des § 10 Abs. 6 WpÜG entfaltet wie oben dargestellt keine Sperrwirkung für die Anwendung des § 15 WpHG auf die Zielgesellschaft und die damit verbundene Veröffentlichungspflicht. Diese Annahme vorausgesetzt muss dann jedoch geklärt werden, wann die Voraussetzungen einer Veröffentlichungspflicht der Zielgesellschaft vorliegen. Es geht genauer darum, wann eine Insiderinformation vorliegt (Erste Voraussetzung), die die Zielgesellschaft als Emittenten unmittelbar betrifft (Zweite Voraussetzung). Daneben stellt sich die Frage, inwiefern der Zielgesellschaft eine Befreiungsmöglichkeit nach § 15 Abs. 3 Satz 1 WpHG zur Verfügung steht. Besondere Beachtung bei der Klärung der Frage, wann eine Veröffentlichungspflicht auf Seiten der Zielgesellschaft besteht, ist dabei dem 28. Erwägungsgrund der Marktmissbrauchsrichtlinie zu schenken, welcher die Auslegung und Umsetzung der Richtlinie an die Bedingung knüpft, dass sie den Anforderungen für eine wirksame Regulierung entsprechen, die die Interessen der Inhaber übertragbarer Wertpapiere, die Stimmrechte in einer Gesellschaft verleihen [...] , schützt, wenn die Gesellschaft Gegenstand eines öffentlichen Übernahmeangebots oder eines anderes Vorschlags für einen Kontrollwechsel ist. Die weiteren Ausführungen haben sich an dieser Vorgabe zu orientieren.

I. Einschränkung der erfassten Zielgesellschaften

Die Veröffentlichungspflicht von Zielgesellschaften nach § 15 Abs. 1 Satz 1 WpHG gilt nicht für alle vom WpÜG erfassten Zielgesellschaften gleichermaßen. Die wertpapierhandelsrechtliche Ad-hoc-Publizität kommt allein dann zur Anwendung, soweit die Zielgesellschaft Finanzinstrumente emittiert hat, die an einem inländischen organisierten Markt zugelassen sind. Damit werden inländische Zielgesellschaften nicht erfasst, deren Aktien zum Handel an einem geregelten Markt ausschließlich in einem anderen Mitgliedstaat zugelassen sind.[1124] Dagegen sind jedoch ausländische Zielgesellschaften erfasst, deren Wertpapiere im Inland zugelassen sind, auf die zwar die

[1124] § 2 Abs. 7 Nr. 1 WpHG.

Regelungen des WpÜG keine Anwendung finden, die aber über die inländische Börsenzulassung als Anknüpfungspunkt den wertpapierhandelsrechtlichen Regelungen unterliegen.[1125] Die Veröffentlichungspflicht trifft daher nicht jede Zielgesellschaft gleichermaßen. Vielmehr muss eine Unterscheidung danach vorgenommen werden, ob die von der Zielgesellschaft emittierten Finanzinstrumente zum Handel an einem inländischen organisierten Markt zugelassen sind. Ist dies nicht der Fall, kommt auch eine ergänzende Veröffentlichungspflicht nicht in Betracht.

II. Das Vorliegen einer Insiderinformation

Eine Veröffentlichungspflicht des Emittenten setzt das Bestehen einer Insiderinformation voraus, also einen konkreten, nicht öffentlichen Umstand, der sich auf den Emittenten von Insiderpapieren oder auf die Insiderpapiere selbst bezieht und der geeignet ist, im Falle seines öffentlichen Bekanntwerdens den Börsen- oder Marktpreis der Insiderpapiere erheblich zu beeinflussen. Die Insiderinformation muss die Zielgesellschaft darüber hinaus unmittelbar betreffen. Wann dies der Fall ist, hängt vom Einzelfall ab. Bei der genauen Bestimmung einer Publizitätspflicht der Zielgesellschaft ist es zweckmäßig zwischen dem Vorliegen der Entscheidung des Bieters und dem diese Entscheidung vorbereitenden Stadium zu unterscheiden.

1. Die Entscheidung des Bieters als publizitätspflichtige Insiderinformation

Die Zielgesellschaft könnte zu einer ergänzenden Publizitätspflicht nach § 15 WpHG verpflichtet sein, auch wenn der Bieter seiner Veröffentlichungspflicht nach § 10 Abs. 1 Satz 1 WpÜG nachgekommen ist oder diese Veröffentlichung unmittelbar bevorsteht. Eine solche Veröffentlichungspflicht wäre jedoch dann nach § 10 Abs. 6 WpÜG ausgeschlossen, wenn es dadurch zu einer inhaltsgleichen Veröffentlichung kommen würde. Mit der Pflicht zur Entscheidungsveröffentlichung hat sich der Gesetzgeber dafür entschieden, der Entscheidung grundsätzlich die Qualität einer Insiderinformation zuzusprechen.[1126] Mit der Entscheidungsveröffentlichung nimmt der Bieter dem

[1125] § 2 Abs. 7 Nr. 2 WpHG.
[1126] *Noack*, in: Schwark, Kapitalmarktrechtskommentar, § 10 WpÜG Rn. 5.

Umstand, ein öffentliches Angebot abzugeben, jedoch die Qualität einer Insiderinformation, weil mit der Entscheidungsveröffentlichung die öffentliche Bekanntheit in ausreichendem Maße hergestellt wird. Für eine Unterrichtung der Kapitalmarktteilnehmer darüber, dass der Emittent den Umstand selbst als kurserheblich einstuft, besteht aufgrund der vorgegebenen gesetzlichen Regelung kein Bedürfnis mehr. Es besteht daher von vornherein keine Veröffentlichungsverpflichtung der Zielgesellschaft, soweit der Bieter seine Entscheidung veröffentlicht hat.

2. Entscheidungsvorbereitende Maßnahmen als Insiderinformationen

Eine ergänzende Publizitätspflicht der Zielgesellschaft käme nach dem oben Gesagten daher nur dann in Betracht, wenn die Entscheidungsveröffentlichung noch nicht vorgenommen wurde. Weil aber dem reinen Plan zur Abgabe eines öffentlichen Angebots grundsätzlich die Qualität einer Insiderinformation zuzusprechen ist[1127], die die Zielgesellschaft darüber hinaus unmittelbar betrifft, unterliegt die Zielgesellschaft der Adhoc-Publizitätspflicht nach § 15 WpHG. Dies wird insbesondere dann der Fall sein, wenn sich die Angebotsabsicht des Bieters so verdichtet hat, dass von einer hinreichenden Eintrittswahrscheinlichkeit der Entscheidung ausgegangen werden kann.

Auch wenn die Ad-hoc-Veröffentlichungspflicht allein an den objektiven Eintritt eines Umstands anknüpft und eine subjektive Komponente gerade nicht erforderlich ist[1128], setzt eine entsprechende Veröffentlichungspflicht der Zielgesellschaft zunächst deren positive Kenntnis[1129] hinsichtlich der entsprechenden Insiderinformation voraus. Denn wenn Publizität der Übertragung von Informationen dienen soll, um dem Anlegerpublikum das Treffen einer rationalen Anlageentscheidung zu ermöglichen, dann muss sich aus der Sicht des Emittenten ein entsprechender Umstand auch als Information

[1127] *Hopt*, in: Schimansky/Bunte/Lwowski, Bankrechts-Handbuch (2. Aufl. 2001), § 107 Rdn. 60; *Wittich*, in: v. Rosen/Seifert, Übernahme börsennotierter Unternehmen, S. 377, 382; *Assmann*, ZGR 2002, S. 697, 701.

[1128] *Braun*, in: Möllers/Rotter, Ad-hoc-Publizität, § 8 Rn. 47.

[1129] Die Kenntnis von einer Insidertatsache war zum alten Recht Teil der gesetzlichen Definition des Insiders in § 13 Abs. 1 WpHG a.F. Davon sollte nur die positive Kenntnis erfasst sein, die nur dann vorliegen sollte, wenn der Insider davon ausgehen musste, dass es sich bei der entsprechenden Tatsache um einen wahren Umstand handelt, vgl. *Assmann*, in: Assmann/Schneider, WpHG (3. Aufl. 2003), § 13 Rn. 72a.

darstellen. Legt man hierbei die betriebswirtschaftliche Definition der Information zugrunde, wonach eine Information als objektives Wissen über die Welt zu verstehen ist[1130], dann kann sich eine Publizitätspflicht allein dann ergeben, wenn der Verpflichtete über dieses objektive Wissen verfügt. Die positive Kenntnis richtet sich nach den allgemeinen Bestimmungen über Wissenszurechnungen.[1131] Die Regelung des § 166 BGB ist hier sinngemäß anwendbar, so dass das Wissen von gesetzlichen und organschaftlichen Vertretern oder rechtsgeschäftlichen Vertretern der Zielgesellschaft dieser zuzurechnen ist. Das Wissen sonstiger Hilfspersonen allein ist nicht ausreichend. Die Zielgesellschaft ist somit nur dann zu einer entsprechenden Veröffentlichung verpflichtet, wenn ihre gesetzlichen oder organschaftlichen Vertreter von den Angebotsplänen des Bieters Kenntnis haben und ihr diese Kenntnis zugerechnet wird. Die erforderliche Kenntnis wird ihr nur dann zugerechnet werden können, soweit das Angebotsverfahren zwischen Bieter und Zielgesellschaft koordiniert wird und von einem freundlichen Verfahren gesprochen werden kann. Handelt es sich dagegen um den Versuch einer feindlichen Übernahme, kann nicht davon ausgegangen werden, dass die Vertreter der Zielgesellschaft über eine solchermaßen geforderte Kenntnis verfügen, so dass eine Publizitätspflicht der Zielgesellschaft generell nur dann angenommen werden kann, wenn die Zielgesellschaft in die Vorbereitung des Angebotsverfahrens involviert ist.[1132]

Wie auch bei der ergänzenden Veröffentlichungspflicht des Bieters sind von einer Veröffentlichungspflicht der Zielgesellschaft Gerüchte grundsätzlich ausgenommen, da dem Gerücht als solchem die Eigenschaft als konkreter, publizitätspflichtiger Umstand nicht zukommt.[1133] Die Zielgesellschaft ist nicht dazu verpflichtet, am Kapitalmarkt entstandene Gerüchte zu kommentieren[1134], es sei denn, diese beruhen auf tatsächlich vorliegenden Insiderinformationen, die ohnehin einer Veröffentlichungspflicht unterliegen, deren Veröffentlichung jedoch von der Zielgesellschaft nach § 15

[1130] Vgl. dazu die Darstellung oben unter Kapitel 1 C II 2.
[1131] Zur Wissenszurechnung bei der Mitteilungspflicht nach § 21 WpHG siehe *Opitz*, in: Schäfer/Hamann, Kapitalmarktgesetze, § 21 WpHG, Rn. 26.
[1132] Vgl. auch *Wackerbarth*, in: MünchKomm z. AktG, § 10 WpÜG Rn. 17, der die Pflicht des Bieters zur Entscheidungsveröffentlichung bei freundlichen Übernahmen von der Ad-hoc-Publizitätspflicht der Zielgesellschaft nach § 15 WpHG überlagert sieht.
[1133] Vgl. oben unter Kapitel 2 C II 1 a) cc).
[1134] *Hopt*, ZGR 2002, S. 333, 347.

Abs. 3 Satz 1 WpHG aufgeschoben wurde. Kann die Zielgesellschaft ausschließen, dass das Auftreten von Gerüchten nicht aus ihrer Sphäre stammt, und ist sie damit für die dadurch entstandenen Irritationen am Kapitalmarkt nicht verantwortlich, dann wird ihr weiterhin die Möglichkeit zuzugestehen sein, die diesen Gerüchten zugrunde liegenden Insiderinformationen bis zur Entscheidungsveröffentlichung des Bieters aufzuschieben.

Fraglich ist, ob dies auch dann gilt, wenn die Informationen aus der Sphäre des Bieters stammen, der Bieter damit zwar grundsätzlich einer Veröffentlichungspflicht unterliegt, er dieser Pflicht jedoch nicht nachkommt. Der Zielgesellschaft wird auch hier eine Veröffentlichungspflicht aufzuerlegen sein, da sie insoweit für das Entstehen der Insiderinformation bei einer koordinierten Angebotsvorbereitung gleichwohl verantwortlich ist und aus ihrer Sicht die Vertraulichkeit der Information nicht mehr gewährleistet werden kann. Kommt es damit zu Gerüchten, die aus der Sphäre des Bieters stammen, wird auch die Zielgesellschaft zu einer entsprechenden Veröffentlichung gezwungen sein.

III. Die unmittelbare Betroffenheit der Zielgesellschaft als zweite Voraussetzung

1. Die unmittelbare Betroffenheit der Zielgesellschaft

Die Zielgesellschaft unterliegt einer Ad-hoc-Publizitätspflicht nur bei einer sie unmittelbar betreffenden Insiderinformation. Zwar stellt § 15 Abs. 1 Satz 2 WpHG klar, dass eine unmittelbare Betroffenheit des Emittenten insbesondere dann vorliegt, wenn die Insiderinformation im Tätigkeitsbereich des Emittenten eingetreten ist. Damit ist eine unmittelbare Betroffenheit der Zielgesellschaft bei allen Umständen zu bejahen, die auch ihrer eigenen unternehmerischen Sphäre entstammen. Dies ist dann der Fall, wenn die Angebotsvorbereitungen zwischen der Zielgesellschaft und dem Bieter abgestimmt werden, denn dann beruhen diese auf einer eigenen unternehmerischen Tätigkeit.

Entscheidender ist der Gesichtspunkt, dass mit der Neuregelung auch solche Insiderinformationen erfasst werden, die von außen auf den Emittenten einwirken, also gerade nicht in seinem Tätigkeitsbereich eingetreten sind und nicht seiner eigenen unternehmerischen Sphäre entstammen.[1135] Eine unmittelbare Betroffenheit bei von außen kommenden, unternehmensexternen Umständen ist allein dann zu bejahen, wenn dieser Umstand einen spezifischen Emittentenbezug aufweist, welcher dann bejaht wird, wenn ein Angebot zur Übernahme gegenüber der Zielgesellschaft abgegeben wird oder ein Großaktionär der Zielgesellschaft mitteilt, ein Squeeze Out – Verfahren durchführen zu wollen.[1136] Fraglich bleibt jedoch, was der Gesetzgeber mit der Übermittlung eines Übernahmeangebots meint, weil darunter sowohl die Übermittlung der Entscheidung zur Abgabe eines solchen Angebots gemeint sein könnte als auch die konkrete Übermittlung der Angebotsunterlage. Der Gesetzgeber bleibt eine diesbezügliche Klärung schuldig.

Viel wesentlicher ist aber, dass eine unmittelbare Betroffenheit dann vorliegt, wenn von außen auf den Emittenten einwirkende Umstände diesen so konkret-individuell betreffen, dass ein ausreichender spezifischer Emittentenbezug vorliegt. Sowohl die Entscheidung des Bieters zur Abgabe eines öffentlichen Angebots als auch die diese Entscheidung vorbereitenden Maßnahmen haben einen solchen speziellen Bezug zum Emittenten[1137], dass von einer unmittelbaren Betroffenheit der Zielgesellschaft unproblematisch gesprochen werden kann. Die Voraussetzungen sind hier die gleichen wie beim Bieter.

2. Die unmittelbare Betroffenheit bei einer konzernzugehörigen Zielgesellschaft

Die unmittelbare Betroffenheit der Zielgesellschaft könnte zu einer unmittelbaren Betroffenheit der mit ihr in einem Konzern verbundenen Gesellschaften führen. Zwar

---

[1135] Zur alten Rechtslage wurde teilweise vertreten, dass es sich bei feindlichen öffentlichen Übernahmeangeboten um allgemeine Marktdaten handele, die nicht im Tätigkeitsbereich der Zielgesellschaft eingetreten seien, vgl. *Kümpel*, in: Assmann/Schneider, WpHG (2. Aufl. 1999), § 15 Rn. 40a, so dass eine entsprechende Veröffentlichungspflicht der Zielgesellschaft nach § 15 WpHG nicht bestehe.

[1136] Begr. RegE. AnSVG, BT-Drucks. 15/3174, S. 35; Emittentenleitfaden der BaFin, S. 40.

[1137] Die Angebotsabsichten des Bieters sind zwar auf die Wertpapiere der Zielgesellschaft gerichtet, die Veröffentlichungspflicht des § 15 Abs. 1 Satz 1 WpHG verlangt allerdings eine unmittelbare Betroffenheit des Emittenten.

wird hier vertreten, dass der Zielgesellschaft grundsätzlich vorrangig die Möglichkeit einzuräumen sei, eine Mitteilung zum öffentlichen Angebot zu veröffentlichen.[1138] Doch wird die Einräumung dieser Möglichkeit über eine Befreiung von der Veröffentlichungspflicht erreicht[1139], was im Umkehrschluss die grundsätzliche Veröffentlichungspflicht von konzerzugehörigen Gesellschaften indiziert. Durch den von außen auf die Zielgesellschaft einwirkenden Umstand, der sich speziell auf diese bezieht, kommt es notwendigerweise zu einer Berührung der mit der Zielgesellschaft verbundenen Unternehmen. Diese werden allein aufgrund ihrer Konzernzugehörigkeit von dem Angebot konkret betroffen. In Abgrenzung zu den eine Gesellschaft nur mittelbar betreffenden Marktdaten wird der unmittelbare Emittentenbezug allein über die Konzernzugehörigkeit hergestellt. Die Betroffenheit ergibt sich nicht aus der Börsennotierung allein oder dem gesamtwirtschaftlichen Umfeld, sondern explizit aufgrund der sehr engen Verbindung mit der von dem Angebot betroffenen Gesellschaft. Steht ein Emittent mit einer von dem öffentlichen Angebot betroffenen Zielgesellschaft in einem Konzernverhältnis, stellt sich damit nicht die Frage, ob eine unmittelbare Betroffenheit ebenfalls auf seiner Seite vorliegt, sondern ob dieser Umstand so wesentlich ist, dass mit ihm ein erhebliches Kursbeeinflussungspotential hinsichtlich der emittierten Wertpapiere verbunden ist. Kann diese Frage bejaht werden, weil der Emittent bspw. eine bedeutende Beteiligung an der Zielgesellschaft hält, auf die sich die Durchführung des Angebotsverfahrens erheblich wertsteigernd auswirken würde, oder allein aufgrund der geschäftlichen Verbindung, die durch den Einstieg eines strategisch handelnden Investors eine neue Grundlage erfährt, so wird eine grundsätzlich bestehende Veröffentlichungspflicht bestehen. Diese kann zwar durch die Möglichkeit einer Befreiung nach § 15 Abs. 3 WpHG aufgeschoben werden, gerade dann, wenn die Interessen des Konzerns eine solche Befreiung rechtfertigen oder berechtigte Interessen des Emittenten selbst vorliegen. Eine von der Zielgesellschaft vorgenommene Veröffentlichung wird den Emittenten jedoch nicht von seiner Veröffentlichungspflicht entbinden. Zwar handelt es sich dann bei dem konkreten Umstand um eine bereits öffentliche

[1138] *Hopt*, ZGR 2002, S. 333, 349.

[1139] *Hopt*, ZGR 2002, S. 333, 349, der hervorhebt, dass die nach alter Rechtslage bestehende Befreiungsmöglichkeit zwar nur von den berechtigten Interessen des Emittenten spreche, bei zeitlich konkurrierenden Veröffentlichungspflichten aber eine teleologische Auslegung dahingehend angezeigt sei, dass dabei auch die Interessen anderer Emittenten berücksichtigt werden könnten.

Tatsache, doch soll mit einer entsprechenden Veröffentlichung auch die Ansicht des Emittenten zum Ausdruck kommen, dass er diesen Umstand als für sich erheblich kursbeeinflussend einstuft.

Wichtig bleibt zu sehen, dass Entwicklungen in einem konzernverbundenen Unternehmen auch die anderen Konzerngesellschaften zu einer Veröffentlichung verpflichten können, soweit diese Entwicklungen für die einzelnen Gesellschaften die Qualität einer Insiderinformation haben und es sich bei ihnen um Emittenten handelt, deren Wertpapiere an einem organisierten Markt zugelassen sind. Es stellt sich allein die Frage, wann ein für die Veröffentlichungspflicht erforderliches Kursbeeinflussungspotential vorliegt. Die unmittelbare Betroffenheit eines anderen Konzernunternehmens resultiert dabei nicht automatisch aus der unmittelbaren Betroffenheit desjenigen Unternehmens, bei dem der Umstand eingetreten ist oder von außen auf diesen einwirkt. Hier muss eine genaue Abgrenzung zwischen den Emittenten unmittelbar und nur mittelbar betreffenden Umständen vorgenommen werden.

Richtet sich ein öffentliches Angebot an eine Tochtergesellschaft, so wird eine unmittelbare Betroffenheit der Muttergesellschaft dann anzunehmen sein, soweit der betreffende Umstand auch von ihrer konzernrechtlichen Regelpublizität erfasst wird. Dies wird vor allem dann der Fall sein, wenn es aufgrund des Angebots zu einer erheblichen Wertsteigerung des an der Tochtergesellschaft gehaltenen Anteils gekommen ist. Damit einhergehend wird eine unmittelbare Betroffenheit schon dann angenommen werden können, wenn diese Wertsteigerung mit hinreichender Sicherheit in der Zukunft eintreten wird.

Anders ist die Lage bei einer Tochtergesellschaft zu beurteilen, sofern sich die Angebotsabsichten des Bieters auf die sie beherrschende Gesellschaft beziehen. Eine unmittelbare Betroffenheit der Tochtergesellschaft wird hier allein dann bejaht werden können, sofern die Durchführung des Angebotsverfahrens und die danach zu erwartende Einwirkung des Emittenten auf die Geschäftsführung der Muttergesellschaft so erhebliche Auswirkungen auf den Geschäftsbetrieb zwischen Mutter- und Tochtergesellschaft haben, dass schon zum vor dem Angebotsverfahren bestehenden Zeitpunkt die hinreichende Wahrscheinlichkeit dafür besteht, dass das Angebotsverfahren auch Auswirkungen auf den allgemeinen Geschäftsverlauf und die Vermögens- und Finanzlage des Tochterunternehmens hat. Dies wird bspw. dann der Fall sein, wenn der Bieter mit dem Angebotsverfahren den Erwerb der Kontrolle über die Muttergesellschaft und eine daran anschließende Zerschlagung der bestehenden Konzernstrukturen wie bspw. Abspaltungen anstrebt. Selbiges muss dann gelten, wenn mit dem Kontrollerweb eine Sanierung des Konzerns beabsichtigt ist und mit dem zukünftigen Erwerb auch für die Tochtergesellschaft eine wirtschaftliche Genesung verbunden sein wird. Auch hier ist eine Veröffentlichungspflicht der Tochtergesellschaft allein dann anzunehmen, sofern ihr neben den Angebotsabsichten des Bieters auch die mit dem Angebot verfolgten unternehmerischen Ziele bekannt werden. Strebt der Bieter dagegen einzig den Erwerb einer kontrollierenden Mehrheit an, ohne auf die Verhältnisse innerhalb des Konzerns einwirken zu wollen, so wird eine unmittelbare Betroffenheit der Tochtergesellschaft zu verneinen sein, was eine Veröffentlichungspflicht ausschließt.

3. Die unmittelbare Betroffenheit bei Veränderungen in der Aktionärsstruktur

Wie schon zur alten Rechtslage stellt sich die Frage, ob Veränderungen der Aktionärsstruktur als Tatsachen im Tätigkeitsbereich des Emittenten zu qualifizieren sind. Während von einigen Stimmen[1140] die Veränderung der Aktionärsstruktur als Tatsache mit einem ausreichenden Emittentenbezug angesehen wurde, wurde ihr diese Qualifikation von anderen[1141] nicht zugesprochen.

Mit der Einbeziehung von unternehmensexternen Umständen in den Kreis der zu publizierenden Umstände ist es damit auch hier zu einer Ausweitung gekommen. Zum neuen Recht wird insoweit von der Literatur vorgeschlagen, auch von außen kommende Informationen über wahrscheinliche oder schon eingetretene Veränderungen der Aktionärsstruktur als den Emittenten unmittelbar betreffend anzusehen.[1142] Andere

---

[1140] *Gehrt*, Die neue Ad-hoc-Publizität, S. 139 f.

[1141] *Claussen*, Insiderhandelsverbot und Ad-hoc-Publizität, Rn. 102; *Geibel*, in: Schäfer, WpHG, BörsG mit BörsZulV, VerkProspG mit VerkProspV § 15 WpHG, Rn. 39.

[1142] *Assmann*, in: Assmann/Schneider, WpHG (4. Aufl. 2006), § 15 Rn. 70; *Kuthe*, ZIP 2004, S. 883, 885; *Bürgers*, BKR 2004, S. 424, 426.

Stimmen verneinen einen unmittelbaren Einfluss von Veränderungen der Aktionärsstruktur auf die zukünftige Vermögens- und Finanzlage oder den allgemeinen Geschäftsverlauf des Emittenten[1143] und halten eine darauf bezogene Veröffentlichung des Emittenten für nicht erforderlich.

Wichtig ist zunächst zu sehen, dass die generelle Anwendbarkeit der Ad-hoc-Publizitätspflicht nicht durch eine eventuell bestehende Spezialität der Regelungen zur Beteiligungstransparenz ausgeschlossen ist.[1144] Das Erfordernis der unmittelbaren Betroffenheit ist hier dadurch erfüllt, dass es sich zwar um einen Umstand handelt, der gerade nicht auf einer Tätigkeit des Unternehmens beruht sondern unternehmensexternen Ursprungs ist, der Emittent von ihm allerdings konkret-individuell betroffen ist. Gerade aufgrund des den Beteiligten eingeräumten Zeitraums bis zur endgültigen Veröffentlichung von bedeutenden Stimmrechtsänderungen stellt die Ad-hoc-Publizität eine rechtzeitige, weil unverzügliche Information der Kapitalmarktteilnehmer sicher. Wenn aber diese Spezialität nicht besteht, der Ad-hoc-Publizität im Bereich der Veränderung von bedeutenden Beteiligungen vielmehr eine Ergänzungsfunktion zukommt, dann sollte eine Veröffentlichungspflicht nach § 15 WpHG nicht daran anknüpfen, ob der Emittent von der Veränderung unmittelbar betroffen ist, sondern daran, ob dieser Veränderung ein erhebliches Kursbeeinflussungspotential innewohnt. Dieses sollte bei der Berührung der in § 21 WpHG genannten Schwellenwerte immer der Fall sein. Soweit der Bieter im Vorfeld der Entscheidung Wertpapiere der Zielgesellschaft erwirbt könnte er damit eine Veröffentlichungspflicht der Zielgesellschaft auslösen, sofern die durch § 21 WpHG vorgegebenen Schwellenwerte berührt werden. Die Stimmrechtsmitteilung muss dabei lediglich auf den vorgenommenen Anteilserwerb eingehen, nicht auf die mit dem Anteilserwerb verfolgte Absicht, ein in der Zu-

---

[1143] *Brandi/Süßmann*, AG 2004, S. 642, 656 f., die jedoch eine Unterscheidung danach vornehmen, welche Absichten mit dem Aktienerwerb verfolgt werden. Eine unmittelbare Betroffenheit des Emittenten soll allein dann vorliegen, wenn der Anteilserwerb einem Kontrollwechsel vergleichbare Auswirkungen auf die Vermögens- oder Finanzlage oder den Geschäftsverlauf oder die Geschäftspolitik des Emittenten haben wird. Bei einer reinen Finanzbeteiligung lägen diese Erfordernisse nicht vor, so dass eine unmittelbare Betroffenheit zu verneinen sei.

[1144] Veränderungen in der Aktionärsstruktur werden, soweit es sich um erhebliche Veränderungen handelt, von den Publizitätsvorschriften der §§ 21 ff. WpHG mit der Beschränkung auf börsennotierte Unternehmen sowie der §§ 20 ff. AktG erfasst. Der Gesetzgeber hat sich damit ohnehin dafür entschieden, derartige Veränderungen in der Aktionärsstruktur für publizitätspflichtig zu erklären.

kunft liegendes Angebotsverfahren vorzubereiten. Werden die Schwellenwerte dagegen nicht berührt, wird eine Mitteilung an die Gesellschaft nicht erforderlich, eine Kenntniserlangung der Zielgesellschaft im Falle einer unkoordinierten Vorbereitung eines Angebotsverfahrens nicht möglich und eine Veröffentlichung damit nicht erforderlich. Eine Veröffentlichung ist in einem solchen Falle vor allem deshalb nicht angezeigt, weil der Kapitalmarkt kein Interesse an einer derartigen Information hat. Zwar soll mit den Stimmrechtsmitteilungen ein unbemerktes Heranschleichen des Bieters an die Zielgesellschaft verhindert werden[1145], doch liegt im Falle eines unterhalb der benannten Schwellenwerte vorgenommenen Anteilserwerbs ein solches Anschleichen nicht vor, weil es in seiner Auswirkung kaum erheblich sein dürfte. Festzuhalten bleibt, dass die Zielgesellschaft bei Veränderungen hinsichtlich ihrer Aktionärsstruktur unmittelbar betroffen ist, weil sich dieser unternehmensexterne Umstand konkret-individuell auf den Emittenten bezieht, und dieser Umstand dann zu einer Veröffentlichungspflicht führt, sofern die in § 21 WpHG vorgegebenen Schwellenwerte berührt werden, weil allein dann ein erhebliches Kursbeeinflussungspotential hinsichtlich der Veränderung angenommen werden kann. Dabei ist nicht wie bei den Stimmrechtsmitteilungen nach den §§ 21 ff. WpHG auf den dinglichen Erwerb der die Stimmrechte verkörpernden Wertpapiere abzustellen. Vielmehr sollte der Abschluss des Verpflichtungsgeschäfts für maßgeblich erachtet werden, weil aus seinem Bestehen die hinreichende Wahrscheinlichkeit der dinglichen Übertragung auf den Erwerber geschlossen werden kann. Die Veröffentlichungspflicht besteht damit bspw. schon dann, wenn der Erwerber einen Festpreis- oder Optionsvertrag abschließt und dieser Vertrag dem Bieter das Recht einräumt, in der Zukunft eine bestimmte Menge von Wertpapieren der Zielgesellschaft zu erwerben.

[1145] *Opitz*, in: Schäfer/Hamann, Kapitalmarktgesetze, Vor §§ 21 WpHG Rn. 9; *Schneider*, in: Assmann/Schneider, WpHG (4. Aufl. 2006), Vor § 21 Rn. 13.

IV. Das erforderliche Kursbeeinflussungspotential und Fallkonstellationen

1. Freundliche Angebotsverfahren

Das Vorliegen von Insiderinformation im Vorfeld der Entscheidungsveröffentlichung hat sich grundsätzlich an einer Trennung zwischen koordinierten und unkoordinierten Angebotsverfahren auszurichten. Während bei feindlichen Angeboten eine Kenntnisnahmemöglichkeit der Zielgesellschaft regelmäßig erst mit der Entscheidungsveröffentlichung vorliegt, wird diese bei freundlichen Angeboten auf den Zeitpunkt der ersten Kontaktanbahnung und Konkretisierung der von beiden Parteien verfolgten Ziele vorverlagert. Die erste Voraussetzung einer Insiderinformation ist das Vorliegen eines konkreten Umstands. Dieser wird auch in inneren Tatsachen gesehen, die sich als reine Absichten oder Prognosen darstellen und noch nicht konkret in der Außenwelt in Erscheinung getreten sind.[1146] Soweit also die betroffenen Parteien eine Angebotsabsicht formulieren, ohne sich hierzu konkret zu binden oder einen genauen Plan über den Ablauf des Verfahrens zu formulieren, wird darin bereits ein konkreter Umstand zu erblicken sein. Neben dem Erfordernis des Emittentenbezugs und der fehlenden öffentlichen Bekanntheit stellt sich die praktisch wichtigste Frage, ab wann einem solchen Plan oder der Absicht zur Durchführung des Vorhabens ein für die Insiderinformation erforderliches erhebliches Kursbeeinflussungspotential vorliegt. Anders formuliert müsste festgestellt werden, ab wann der verständige Anleger diesen Plan zur Grundlage einer eigenen Investitionsentscheidung machen könnte.

Ein erhebliches Kursbeeinflussungspotential wurde dann bejaht, wenn der eingetretene Umstand dazu geeignet ist, auf die zukünftig zu erwartende Rendite einzuwirken. Die erwartete Rendite lässt sich objektiv anhand des Capital Asset Pricing Models ermitteln, demzufolge die erwartete Rendite spiegelbildlich zum mit der Anlage eingegangenen Risiko steht. Ein Kursbeeinflussungspotential wird hier wie beim Bieter erst dann zu bejahen sein, wenn die positive Entscheidung des Bieters hinsichtlich der

[1146] Zu den sog. inneren Tatsachen als Insiderinformationen vgl. die Darstellung oben unter Kapitel 2 C II 1 a) aa) (1).

Durchführung des Angebotsverfahrens hinreichend wahrscheinlich ist. Gleiches hat für die negative Entscheidung des Bieters zu gelten.

Allein der Umstand, dass die Zielgesellschaft mit dem Bieter in eine Phase eintritt, in der die Durchführung eines Angebotsverfahrens vorbereitet wird, kann für sich betrachtet nicht als Anknüpfungspunkt einer eventuell bestehenden Veröffentlichungspflicht herangezogen werden, ungeachtet der wirtschaftlichen Situation der Zielgesellschaft. Gegen die hinreichende Wahrscheinlichkeit der Verfahrensdurchführung spricht hier der äußerst frühe Zeitpunkt. Dem Bieter wird zunächst daran gelegen sein, eine umfassende Unternehmensbewertung im Rahmen einer Due Diligence vorzunehmen, um zu erwartende Synergieeffekte bestimmbar zu machen oder die Möglichkeiten einer zu erwartenden Rendite auszuloten. Das Bestehen dieser vielen Unsicherheitsfaktoren wird dem verständigen Anleger eher das Gefühl vermitteln, von einer jetzigen Investitionsentscheidung abzusehen und eine Investition erst dann vorzunehmen, wenn sich die Vorbereitungshandlungen hinreichend konkretisiert haben. Von der Vereinbarung einer Due Diligence und der damit im Zusammenhang stehenden Vertraulichkeitsvereinbarungen kann ein hinreichender Schluss auf die zukünftig zu erwartende Rendite und damit die hinreichende Wahrscheinlichkeit einer Entscheidung des Bieters nicht geschlossen werden. Der Eintritt des Umstands, hier die Durchführung des Angebotsverfahrens, wird dann als hinreichend wahrscheinlich anzusehen sein, wenn die Sicherheit über die Durchführung die bestehenden Unsicherheiten überwiegt. Dieses erst zu dem Zeitpunkt anzunehmen, zu dem der Bieter seine Entscheidung über die Durchführung veröffentlicht, ist nicht nur deswegen zu verwerfen, weil dem Bieter auch nach der Entscheidungsveröffentlichung noch die Möglichkeit eines Rückzugs verbleibt, was eine Durchführungsunsicherheit indiziert, sondern auch deshalb, weil dieser Zeitpunkt die Ernsthaftigkeit und Endgültigkeit der Angebotsabsicht voraussetzt, was im vorbereitenden Stadium nicht der Fall ist, obwohl eine hinreichende Eintrittswahrscheinlichkeit schon allein aus ökonomischen Gründen gegeben ist. Will man also eine Regelungslücke hinsichtlich der Prävention von potentiellen Insidergeschäften vermeiden, muss das Vorliegen eines erheblichen Kursbeeinflussungspotentials dann bejaht werden, wenn eine Entscheidung des Bieters hinreichend wahrscheinlich ist, was bereits dann der Fall ist, wenn die ökonomischen Gründe für oder gegen eine Durchführung sprechen, auch wenn eine endgültige Entscheidung des Vorstands noch aussteht. Dies wird regelmäßig dann der Fall sein, wenn bei einem freundlichen Angebotsverfahren die Unternehmensbewertung abgeschlossen ist.

2. Feindliche Angebotsverfahren

Die Zielgesellschaft trifft grundsätzlich keine Kommentierungspflicht hinsichtlich der Entscheidung des Bieters, wenn diese mit der Zielgesellschaft nicht vorbereitet wurde. Eine Kommentierungspflicht der Geschäftsführung der Zielgesellschaft findet sich allein in der Stellungnahmepflicht von Vorstand und Aufsichtsrat nach § 27 WpÜG hinsichtlich der Angebotsunterlage. Eine Ad-hoc-Veröffentlichungspflicht allein deshalb zu bejahen, weil mit dieser die Ansicht der Gesellschaft über die Kurserheblichkeit des veröffentlichten Umstands ausdrücken soll, ist nicht angezeigt, so dass ein Ausschluss der Veröffentlichungspflicht nicht allein auf § 10 Abs. 6 WpÜG, sondern vor allem deshalb zu bejahen ist, weil dem Umstand die Eigenschaft als Insiderinformation aufgrund seiner öffentlichen Bekanntheit gerade nicht zukommt. Gerade weil eine Kenntnisnahmemöglichkeit vor der Entscheidungsveröffentlichung nicht gegeben ist, ist auch hier eine Veröffentlichungspflicht in der Planungsphase nicht zu konstatieren.[1147] Der Zielgesellschaft verbleibt damit keine Möglichkeit, das Kursbeeinflussungspotential entscheidungsvorbereitender Maßnahmen abschätzen zu können. Eine Veröffentlichung ohne konkrete Kenntnis würde eine Irreführung der Marktteilnehmer bewirken, weil sich diese auf den insofern veröffentlichten Umstand verlassen werden und zur Grundlage ihres Anlageverhaltens machen werden. Gerade dies soll aber mit der Ad-hoc-Publizitätspflicht verhindert werden. Auch wenn die Abgabe eines feindlichen Angebots als hinreichend sicher erscheint und damit ein erhebliches Kursbeeinflussungspotential der Zielgesellschaft zu bejahen ist, kann dies aus der Sicht der Zielgesellschaft niemals ausreichend verifiziert werden, weil ein Kontakt mit dem Bieter gerade nicht besteht. Eine Veröffentlichungspflicht der Zielgesellschaft würde vielmehr dazu führen, dieser eine Kommentierungspflicht in Bezug auf aufgekommene Gerüchte zuzuweisen. Die Zielgesellschaft würde durch eine solche Veröffentlichungspraxis auch der Gefahr unterliegen, sich potentiell schadensersatzpflichtig nach

[1147] A.A. *Brandi/Süßmann*, AG 2004, S. 642, 654.

§ 37c WpHG zu machen, indem sie dem Vorwurf ausgesetzt werden könnte, unwahre Insiderinformationen nach § 15 WpHG veröffentlicht zu haben. Weil die Zielgesellschaft zu diesem Zeitpunkt nicht hinreichend sicher beurteilen kann, ob die Angebotsabsichten des Bieters wirklich bestehen, ist eine Veröffentlichungspflicht nicht zu bejahen. Auch ist nicht ersichtlich, welche Information eine solche Veröffentlichung enthalten sollte. Die Gesellschaft könnte lediglich an den Umstand anknüpften, von den Angebotsabsichten des Bieters Kenntnis erhalten zu haben, dass sich diese auf die Zielgesellschaft trotz fehlender Koordinierung unmittelbar beziehen, jedoch eine endgültige Entscheidung auf Seiten des Bieters noch nicht vorliegt. Ist mit den kapitalmarktrechtlichen Veröffentlichungspflichten der Schutz eines rationalen Anlageverhaltens angestrebt, würde sich eine derartige Veröffentlichung eher als irreführend darstellen, weil der rationale Anleger ihr die hinreichende Verlässlichkeit hinsichtlich ihres Aussagegehalts nicht zusprechen würde. Die Zielgesellschaft trifft daher bei feindlichen Angeboten weder eine Veröffentlichungspflicht aufgrund der getroffenen Entscheidung des Bieters noch aufgrund der noch nicht veröffentlichen Angebotsabsichten des Bieters.

3. Abwehrmaßnahmen im Vorfeld der Entscheidungsveröffentlichung und Publizitätspflicht der Zielgesellschaft

a) Das Kursbeeinflussungspotential bei übernahmeverhindernden Maßnahmen

Die Zielgesellschaft könnte zu einer Veröffentlichungspflicht im Vorfeld der Entscheidungsveröffentlichung verpflichtet sein, wenn sie Abwehrmaßnahmen gegen ein zu erwartendes Angebot vornimmt und diese Maßnahmen die Eigenschaft einer Insiderinformation aufweisen. Dies wäre dann der Fall, wenn mit ihnen ein Scheitern der Angebotspläne hinreichend wahrscheinlich würde. Neben der primären Frage des Bestehens einer Veröffentlichungspflicht stellt sich die Frage, ob die Zielgesellschaft in die Veröffentlichung ihre Absicht aufnehmen muss, im Rahmen der Vorbeugung eines feindlichen Übernahmeangebots zu handeln.

Als potentiell übernahmeverhindernde Maßnahmen kommt die Ausgabe von Aktien, der Erwerb eigener Aktien in größerem Umfang, Verkauf von für den Bieter wesentlichen Teilen des Betriebsvermögens (*crown jewels*)[1148] sowie die Erzeugung von kartellrechtlichen oder vergleichbaren Problemen in Betracht.[1149] Auch die Vornahme einer Ad-hoc-Veröffentlichung, mit der ein feindliches Angebot veröffentlicht wird, stellt sich als eine solche Abwehrmaßnahme dar, weil sie potentiell geeignet ist, im Falle ihrer Veröffentlichung vor der Entscheidung des Bieters zu einer Verteuerung des Angebotsverfahrens zu führen.[1150]

Selbst wenn die Zielgesellschaft von den Angebotsabsichten des Bieters erfährt und entsprechende Abwehrmaßnahmen trifft, die diese Absichten vereiteln sollen, entscheidet ihre Motivation nicht über das die Veröffentlichungspflicht begründende Kursbeeinflussungspotential. Dieses ist vielmehr anhand der einzelnen Maßnahme zu bestimmen. Führt die Gesellschaft eine Kapitalerhöhung in erheblichem Umfang durch oder erwirbt sie eigene Aktien über den Kapitalmarkt, um zu einer Verhinderung des Angebotsverfahrens beizutragen, so muss jede einzelne dieser Maßnahmen ein entsprechendes Kursbeeinflussungspotential aufweisen, um eine Veröffentlichungspflicht begründen zu können. Dass sich dieses Verhalten als Reaktion auf die Gefahr einer bevorstehenden Übernahme darstellt, ist in diesem Zusammenhang unerheblich. Ansonsten entstünde wiederum die Situation, dass die Zielgesellschaft die Absichten des Bieters kommentieren würde, obwohl sich diese als reine Gerüchte darstellen und noch nicht in Form der Entscheidung des Bieters in hinreichend sicherer Weise konkretisiert haben. Die Ad-hoc-Publizität bezieht daher bei präventiven Maßnahmen auf die einzelne Maßnahme, ohne im Zusammenhang mit dem feindlichen Angebot betrachtet zu stehen.

[1148] Vgl. dazu *Pötzsch/Möller*, WM 2000, Sonderbeilage Nr. 2, S. 3, 26 f.; *Stumpf*, Das deutsche Übernahmerecht, S. 207 ff.; *Schrell*, in: Triebel, Mergers & Acquisitions, S. 295, 308; *Wagner*, Standstill Agreements bei feindlichen Übernahmen, S. 235.

[1149] Begr. RegE. WpÜG, BT-Drucks. 14/7034, S. 57 f. Beachte auch *Hemeling*, ZHR 169 (2005), S. 274, 292, ebenfalls die Nichtzulassung einer Due Diligence als grundsätzlich übernahmeverhindernd einstufend.

[1150] *Brandi/Süßmann*, AG 2004, S. 642, 654.

b) Sonderfall: Standstill und Lock-up Agreements

Einen Sonderfall potentieller Abwehrmaßnahmen stellen sog. *Standstill* und *Lock up – Agreements* dar. Bei einem Standstill Agreement (Stillhalteabkommen) versucht die Zielgesellschaft, einen (Groß-)Aktionär durch einen Vertrag von seiner Absicht, die Gesellschaft zu übernehmen, abzubringen. Mit dem Abschluss eines solchen Vertrages sind meist negative Effekte auf den Kurswert der gehandelten Anteile verbunden. Denn die Geschäftsführung gibt damit zu erkennen, dass sie einer Übernahme grundsätzlich ablehnend gegenübersteht. Gleichzeitig wird mit einer solchen Vereinbarung dem Kapitalmarkt eine unterschiedliche Behandlung der Aktionäre signalisiert.[1151] Wenn aber dieses Kursbeeinflussungspotential schon objektiv vorliegt, so wird der Zielgesellschaft die Pflicht aufzuerlegen sein, den Abschluss eines solchen Stillhalteabkommens zu veröffentlichen. Gleiches hat für sog. Lock-up Agreements (Haltevereinbarungen) zu gelten. Diese Vereinbarungen werden zwischen Zielgesellschaft und Aktionär geschlossen und verpflichten den Aktionär zum Halten seiner Beteiligung, um eine drohende Übernahme abzuwehren.[1152] Mit einem solchen Verhalten gibt die Geschäftsführung der Zielgesellschaft zu erkennen, dass sie einer potentiellen Übernahme ablehnend gegenübersteht. Auch hier wird aus der Sicht des verständigen Anlegers ein Kursbeeinflussungspotential zu bejahen sein. Es ist deswegen auch hier das Vorliegen einer Insiderinformation zu bejahen, die aufgrund ihres Eintritts im Tätigkeitsbereich des Emittenten einer Veröffentlichungspflicht nach § 15 WpHG unterliegt.

4. Abrücken des Bieters vom Plan zur Abgabe eines Angebots nach der Entscheidungsveröffentlichung

Der Bieter ist grundsätzlich dazu verpflichtet, in analoger Anwendung des § 10 Abs. 1 i.V.m. Abs. 3 WpÜG eine Veröffentlichung der Aufgabe seines Plans zur Abgabe ei-

[1151] Zu den Auswirkungen von Standstill Agreements auf den Börsenwert vgl. *Wagner*, Standstill Agreements bei feindlichen Übernahmen, S. 54 ff.
[1152] *Höhn*, Ausgewählte Probleme bei Lock-up Agreements, S. 3.

nes Angebots nach bereits erfolgter Entscheidungsveröffentlichung vorzunehmen.[1153] Diese Verpflichtung ist unverzüglich nach seiner Entscheidung über die Aufgabe zu veröffentlichen. Die Aufgabe des Plans zur Abgabe eines Angebots stellt eine Insiderinformation dar. Es handelt sich bei ihr um einen nicht öffentlich bekannten Umstand, der ein erhebliches Kursbeeinflussungspotential allein deshalb besitzt, weil die potentiellen und aktuellen Anleger im Vertrauen auf die Entscheidungsveröffentlichung ihr Investitionsverhalten ausgerichtet haben und nun dieses Vertrauen enttäuscht wurde.

Für die Zielgesellschaft stellt dieser Umstand eine Insiderinformation dar, die sie unmittelbar betrifft. Die Zielgesellschaft ist daher ebenso grundsätzlich dazu verpflichtet, eine Veröffentlichung nach § 15 WpHG vorzunehmen, soweit sie von der Absicht des Bieters Kenntnis erlangt. Doch wird ihr die Pflicht dann nicht aufzuerlegen sein, soweit der Bieter seiner Veröffentlichungspflicht nachgekommen ist. Die mit der Publizität angestrebte Öffentlichkeit ist hier bereits hergestellt. Fraglich ist jedoch, wie sich die Veröffentlichungspflicht der Zielgesellschaft darstellt, wenn der Bieter eine Veröffentlichung unterlässt. Die Zielgesellschaft sollte hier trotz der insoweit bestehenden Spezialität des § 10 WpÜG eine Veröffentlichung nach § 15 WpHG vornehmen. Eine Veröffentlichung nach § 10 WpÜG kommt allein schon deswegen nicht in Betracht, weil sich der persönliche Anwendungsbereich der Vorschrift allein auf den Bieter erstreckt. Doch folgt eine Veröffentlichungspflicht nach § 15 WpHG aus dessen Regelungszweck. Mit der Veröffentlichung wird die Aufgabe der Angebotsabsichten in die Wertpapierpreise der vom Emittenten ausgegebenen Finanzinstrumente aufgenommen, was die insoweit erforderliche Markteffizienz herstellt. Zum anderen kommt es zu einer ausreichenden Prävention von Insidergeschäften, die sich im Vorfeld der Veröffentlichung durch den Bieter in Form von Wertpapierverkäufen einstellen könnten. Zwar kommt es im Rahmen der Veröffentlichung nach § 15 WpHG nicht zu einer unverzüglichen Information der Arbeitnehmerschaft, doch kann diese in ausreichendem Maße durch die innerbetriebliche Unternehmenskommunikation hergestellt werden. Eine Veröffentlichungspflicht der Zielgesellschaft bei einem Abrücken des Bieters von seinem Plan zur Durchführung eines öffentlichen Angebotsverfahrens kommt allein dann in Betracht, wenn die Zielgesellschaft von diesem Umstand Kenntnis erlangt und

[1153] Vgl. dazu die obige Darstellung unter Kapitel 2 A IV 2 c).

eine Veröffentlichung des Bieters nicht ersichtlich oder nicht zu erwarten ist. Eine Delegation der Veröffentlichungspflicht im Rahmen von freundlichen Angebotsverfahren ist dabei nicht möglich. Der Bieter kann sich seiner Veröffentlichungspflicht nicht durch Absprache mit dem Zielunternehmen entziehen. Ihm allein obliegt die primäre Veröffentlichungspflicht. Dies ist schon deswegen gerechtfertigt, weil er sachlich näher an der Entscheidung über die Aufgabeabsicht ist und eine Delegation einen zeitlichen Rahmen erzeugen würde, innerhalb dessen eine Prävention von Insidergeschäften nicht erfolgt.

V. Die Möglichkeit einer Selbstbefreiung der Zielgesellschaft von ihrer Veröffentlichungspflicht nach § 15 Abs. 3 Satz 1 WpHG

1. Die generelle Möglichkeit eines Aufschubs der Veröffentlichungspflicht

Ebenso wie für den Bieter stellt sich die Frage, ob der Zielgesellschaft die Möglichkeit eines Aufschubs der von ihr vorzunehmenden Veröffentlichungen bis zur Entscheidungsveröffentlichung durch den Bieter nach § 15 Abs. 3 Satz 1 WpHG offensteht. Die generelle Möglichkeit eines Aufschubs der Veröffentlichungspflicht durch die Zielgesellschaft besteht allein dann, wenn die Tatbestandsvoraussetzungen des § 15 Abs. 3 Satz 1 WpHG kontinuierlich während des Befreiungszeitraums vorliegen. Die Zielgesellschaft hat daher in der Vorangebots- und Angebotsphase regelmäßig zu überprüfen, ob dessen Voraussetzungen erfüllt sind. Von ihrer generell bestehenden Veröffentlichungspflicht kann sich die Zielgesellschaft auch nicht im Rahmen von Geheimhaltungsverpflichtungen gegenüber dem Bieter lösen. Ihre Marktteilnahme steht einer solchen Möglichkeit eindeutig entgegen.

2. Das Unternehmensinteresse im Übernahmerecht und die Interessenkonflikte von Mitgliedern der Verwaltung der Zielgesellschaft

Auch im Übernahmerecht erscheint das Gesellschaftsinteresse als Rechtsbegriff, so in § 3 Abs. 3 WpÜG durch die Bindung der Unternehmensleitung an das Unternehmensinteresse der Zielgesellschaft. Der Vorstand als auch der Aufsichtsrat der Zielgesellschaft sind danach daran gehalten, im Rahmen ihrer Tätigkeit alles zu unterlassen, was sich nachteilig auf das Unternehmen auswirken könnte.[1154] Bei bestehenden Interessenkonflikten ist den Interessen der Gesellschaft gegenüber eventuell bestehenden eigenen Interessen der Vorrang einzuräumen.[1155] Hinsichtlich der Konkretisierung des Interesses der Zielgesellschaft spricht sich der Gesetzgeber dafür aus, neben den Interessen der Aktionäre auch diejenigen der Arbeitnehmer sowie die Interessen der Gesellschaft zu berücksichtigen.[1156] Art. 3 Abs. 1 lit. c der Übernahmerichtlinie sieht das Leitungs- bzw. Verwaltungsorgan einer Zielgesellschaft als verpflichtet an, im Interesse der gesamten Gesellschaft zu handeln. Der Begriff des Gesellschaftsinteresses wird damit im Bereich des Übernahmerechts modifiziert, indem er nicht nur die Interessen der Aktionäre als schützenswert betrachtet, sondern darüber hinaus auch diejenigen der Arbeitnehmer berücksichtigt als auch ein Interesse der Gesellschaft als solches anerkennt, auch wenn es in besonderen Situationen zu einer Bevorzugung von bestimmten Partikularinteressen kommen kann.[1157] Er gleicht sich damit dem Begriff des Unternehmensinteresses an. Zwar kann eine zeitliche Vorverlagerung des Grundsatzes aus § 3 Abs. 3 WpÜG auf zeitlich vor der Entscheidung liegende Vorgänge grundsätzlich nicht vorgenommen werden. Die Bestimmung des Gesellschaftsinteresses im Vorfeld der Entscheidungsveröffentlichung hat sich damit vorrangig an den aktienrechtlichen Grundsätzen zu §§ 76, 93 AktG zu orientieren.[1158] Dennoch könnte der gesetzgeberische Wille bei der Konkretisierung der Interessen der Zielgesellschaft bei öffentlichen Angeboten Ausstrahlungswirkung auf deren berechtigte Interessen an einer Selbstbefreiung im Vorfeld der Entscheidungsveröffentlichung haben.

[1154] Zur aktienrechtlichen Treuepflicht der Vorstandsmitglieder *Hopt*, in: GroßKomm z. AktG, § 93 Rdnr. 144 ff.; *Mertens*, in: KölnKomm z. AktG, § 116 Rn. 27, § 93 Rn. 57. Eine besondere Ausprägung hat dieses Gebot mit dem Vereitelungsverbot des Vorstands nach § 33 Abs. 1 Satz 1 WpÜG erfahren. Der Vorstand ist nach der Veröffentlichung der Entscheidung zur Abgabe eines Angebots bis zur Veröffentlichung des Ergebnisses des Angebots nach § 23 Abs. 1 Satz 1 Nr. 2 WpÜG verpflichtet, keine Handlungen vorzunehmen, durch die der Erfolg des Angebots verhindert werden könnte. Diese Unterlassungspflicht soll nach § 33 Abs. 1 Satz 2 WpÜG nicht für solche Handlungen gelten, die auch ein ordentlicher und gewissenhafter Geschäftsleiter einer Gesellschaft, die nicht von einem Übernahmenangebot betroffen ist, vorgenommen hätte, für die Suche nach einem konkurrierenden Angebot sowie für Handlungen, denen der Aufsichtsrat der Zielgesellschaft zugestimmt hat.

[1155] BGH NJW 1980, S. 1629, 1630, für den besonderen Fall eines Doppelmandats als Aufsichtsratsmitglied; *Ulmer*, NJW 1980, S. 1603, 1605.

[1156] Begr. RegE. WpÜG, BT-Drucks. 14/7034, S. 35.

[1157] LG Düsseldorf, Urt. v. 22.07.2004, NJW 2004, S. 3275, 3277 („Mannesmann/Vodafone"); *Hemeling*, ZHR 169 (2005), S. 274, 291.

[1158] *Versteegen*, in: KölnKomm z. WpÜG, § 3 Rn. 36.

a) Die betroffenen Interessengruppen einer Zielgesellschaft bei öffentlichen Übernahmen

Bei öffentlichen Angeboten sind regelmäßig verschiedene Interessengruppen zu unterscheiden. Zu diesen Interessengruppen zählen zunächst die Aktionäre, die Verwaltung in Form von Vorstand und Aufsichtsrat, die Arbeitnehmer[1159] als auch die Gläubiger[1160] der Zielgesellschaft.[1161] Auch die Allgemeinheit kann als zu berücksichtigender Interessenträger angesehen werden.[1162] Die betroffenen Interessen sind dabei nicht homogen, sondern können differieren. Auch innerhalb dieser Interessengruppen können Divergenzen bestehen. Die Interessen der beteiligten Aktionäre müssen daher nicht notwendigerweise identisch sein.[1163] Besonders hervorzuheben sind dabei solche Aktionäre, die neben der reinen Gewinnerzielungsabsicht andere Zwecke verfolgen, so besonders bei bedeutenden Beteiligungen durch den Staat, die allein darauf ausgerichtet sind, auf die Mitarbeiterpolitik des Unternehmens Einfluss zu nehmen. Die unterschiedlichen Aktionärsinteressen können auch dort kumulieren, wo eine Beteiligung durch die Mitarbeiter der Gesellschaft[1164] besteht. Diese haben neben der Renditeerwartung in Bezug auf ihre Anlage ein hervorgehobenes Interesse an dem Erhalt ihrer Arbeitsplätze. Eine generelle Aussage dahingehend, welchem dieser unterschiedlichen

[1159] *Junge*, in: FS Caemmerer, S. 547, 550 f.; *Hopt*, ZHR 161 (1997), S. 368, 412. Eine besondere Betonung dieses Interesses muss deshalb erfolgen, weil mit der Übernahme häufig Entlassungen in Zusammenhang stehen, um die durch die Übernahme angestrebten Synergieeffekte zu realisieren, vgl. *Assmann/Bozenhardt*, in: Assmann/Basaldua Bozenhardt/Peltzer, Übernahmeangebote, S. 1, 16; *Dauner-Lieb*, DStR 2003, S. 555.

[1160] Die Gläubiger haben ein Interesse an der ordnungsgemäßen Erfüllung der Verbindlichkeiten der Gesellschaft gerichtet. Dazu gehört unter anderem auch eine ausreichende Finanzausstattung, die insbesondere dann beeinträchtigt erscheint, wenn die Übernahme im Wege eines sog. Leveraged Buy Out durchgeführt wird, die Übernahme also durch Mittel der übernommenen Gesellschaft finanziert wird.

[1161] *Bank*, Präventivmaßnahmen börsennotierter Gesellschaften zur Abwehr feindlicher Übernahmeversuche, S. 18 f.; *v. Falkenhausen*, NZG 2007, S. 97, 98; *Kübler*, in: Semler/Volhard, Arbeitshandbuch für Unternehmensübernahmen, § 3 Rn. 1.

[1162] *Hopt*, ZGR 1993, S. 534, 552 f., darauf hinweisend, dass die Berücksichtigung von Gemeinwohlbelangen den Vorstand nicht dazu ermächtigt, unter Verstoß gegen das Neutralitätsgebot auf die Zusammensetzung des Aktionärskreises einzuwirken.

[1163] *Raiser*, Recht der Kapitalgesellschaften (3. Aufl. 2001), § 13 Rn. 1; *Mai*, Aktionärsschutz und Minderheitenschutz, S. 163 f.; Wolf, AG 1998, S. 212, 216.

[1164] *Werner*, Probleme feindlicher Übernahmeangebote, S. 15; *Richter*, in: Semler/Volhard, Arbeitshandbuch für Unternehmensübernahmen, § 52 Rn. 19

Interessen der Vorrang einzuräumen ist, kann nicht getroffen werden.[1165] Eine Interessenabwägung hat jedoch insbesondere die konkreten Umstände des Übernahmeangebots ins Auge zu fassen.[1166]

b) Konkretisierung des Rechtsbegriffs auf der Ebene der Zielgesellschaft

Aufgrund der damit zu konstatierenden unterschiedlichen Interessengruppen stellt sich die Frage, wie der Rechtsbegriff des Gesellschaftsinteresses auf der Ebene der Zielgesellschaft zu konkretisieren ist. Dabei bietet sich ein Blick auf die generelle Verpflichtung der Leitungsorgane der Zielgesellschaft auf das Unternehmensinteresse und die damit einhergehende Vermeidung von Interessenkonflikten an. Daneben könnte sich die Bestimmung des Unternehmensinteresses im Rahmen eines öffentlichen Angebotsverfahrens auch an der Verpflichtung der Verwaltung der Zielgesellschaft orientieren, eine begründete Stellungnahme zum öffentlichen Angebot nach § 27 Abs. 1 WpÜG abzugeben. Gerade weil diese auch auf die angebotene Gegenleistung und deren Angemessenheit einzugehen habe liege die Überprüfung der Angemessenheit im Interesse der Zielgesellschaft.[1167]

aa) Die Trennung von formalen und materiellen Interessenkonflikten auf Seiten der Gesellschaftsorgane der Zielgesellschaft als Anknüpfungspunkt

Hinsichtlich der Verpflichtung der Leitungsorgane auf das Unternehmensinteresse wird eine Trennung zwischen formalen und materiellen Interessenkonflikten vorgenommen und ein Verstoß gegen die Verpflichtung auf das Unternehmensinteresse erst dann angenommen, wenn ein materieller Interessenkonflikt vorliegt. Ein rein formaler Interessenkonflikt eines Leitungsorgans liege dann vor, wenn ein Mitglied der Geschäftsführung des Bieters gleichzeitig ein Aufsichtsratsmandat bei der Zielgesellschaft innehabe, der Bieter mit der freundlichen Übernahme jedoch allein eine Sanie-

[1165] Ein vorrangiges Veräußerungsinteresse der Aktionäre der Zielgesellschaft verneinend: *Werner*, Probleme feindlicher Übernahmeangebote, S. 15; *Mai*, Aktionärsschutz und Minderheitenschutz, S. 164; *Wolf*, AG 1998, S. 212, 216; a.A. *Merkt*, ZHR 165 (2001), S. 224, 236 („Kapitalinteresse“).
[1166] Vgl. *Bank*, Präventivmaßnahmen börsennotierter Gesellschaften zur Abwehr feindlicher Übernahmeversuche, S. 20.
[1167] *Möllers*, ZIP 2006, S. 1615, 1617.

rung der Zielgesellschaft anstrebe.[1168] Dagegen komme ein materieller Interessenkonflikt bei einer feindlichen Übernahme dann in Betracht, soweit der Bieter nach erfolgter Übernahme eine Zerschlagung der Zielgesellschaft anstrebe[1169] oder mehrere Bieter unabhängig voneinander einen Erwerb der Zielgesellschaft anstreben.[1170]

Die Trennung zwischen formellen und materiellen Interessenkonflikten erscheint hier zweckmäßig und sollte bei der Bestimmung des berechtigten Interesses der Zielgesellschaft herangezogen werden. Zusätzlich sollte zwischen freundlichen und feindlichen Angeboten unterschieden werden. Die Aktionäre der Zielgesellschaft haben ein grundsätzliches Interesse an der Erzielung einer möglichst hohen Gegenleistung für die von der Zielgesellschaft emittierten Wertpapiere.[1171] Um dies zu erreichen kann ihr daran gelegen sein, dass sich mehrere Bieter finden, die jeweils konkurrierende Angebote abgeben. Das Gesetz sieht die Möglichkeit konkurrierender Angebote selbst vor.[1172] Auch kann sie versuchen, den Bieterwettbewerb selbst in Gang zu setzen, indem sie einen sog. weißen Ritter[1173] überredet, ein konkurrierendes Angebot abzugeben, von dem sich die Verwaltung der Zielgesellschaft bessere Chancen verspricht. Die Zielgesellschaft könnte diesem Bieterwettbewerb durch eine vorzeitige Veröffentlichung der bereits bestehenden Verhandlungen Vorschub leisten.

Auf der anderen Seite kann sie ein berechtigtes Interesse an einem Aufschub haben, wenn mit dem öffentlichen Angebot die Sanierung der Zielgesellschaft angestrebt ist. Würden entsprechende Angebotspläne frühzeitig veröffentlicht und noch vor der endgültigen Entscheidung des Bieters den Marktteilnehmern bekannt, könnte sich der Bieter zu einem Abbruch seiner Angebotsvorbereitungen veranlasst sehen, weil sich das Angebot durch die Veröffentlichung unverhältnismäßig verteuert hat oder er im Verhalten der Geschäftsführung der Zielgesellschaft eine Torpedierung seiner Bemühungen erblicken könnte.

1168 *Semler*, in: MünchKomm z. AktG, § 100 Rn. 188.

1169 Dagegen *Lange*, WM 2002, S. 1737, 1742, der sich darauf beruft, dass auch die Zerschlagung eines Unternehmens in seine Bestandteile sich oft wertsteigernd auswirke.

1170 *Semler*, in: MünchKomm z. AktG, § 100 Rn. 188.

1171 *Böttcher*, Verpflichtung des Vorstands einer Aktiengesellschaft zur Durchführung einer Due Diligence, S. 65.

1172 Vgl. § 22 WpÜG.

1173 Zur Informationsweitergabe an einen „weißen Ritter“ vgl. *Assmann*, ZGR 2002, S. 697, 706 f.

Damit ist eine formale Trennung zwischen den vom Bieter verfolgten Zielen nötig, um eine hinreichende Bestimmung der berechtigten Interessen der Zielgesellschaft vornehmen zu können. Geht es dem Bieter bei der Durchführung des Angebotsverfahrens darum, die Zielgesellschaft bei einer erfolgreichen Übernahme zu zerschlagen und ihre Geschäftsbereiche gewinnbringend weiterzuveräußern, wird man ein berechtigtes Interesse an einem Aufschub verneinen müssen. Die schutzwürdigen Interessen der Arbeitnehmer als auch der Aktionäre der Zielgesellschaft rechtfertigen eine solche Sichtweise. Handelt der Bieter dagegen im Interesse der Zielgesellschaft durch die Absicht einer lang andauernden Investition oder die Absicht einer Sanierung wird man ein berechtigtes Interesse der Zielgesellschaft im Vorfeld der Entscheidungsveröffentlichung bejahen müssen. Dies nicht nur deshalb, weil der Gesellschaft als solcher ein eigenes Bestandserhaltungsinteresse zuzusprechen ist, sondern vor allem auf Grund des Interesses der Aktionäre an einer Wertsteigerung ihrer eigenen Investition und der steigenden Rentabilität ihrer Unternehmung aufgrund der Sanierung. Diese Trennung zwischen den unterschiedlichen Absichten des Bieters ist schon deswegen zweckmäßig, weil eine Veröffentlichungspflicht der Zielgesellschaft ohnehin allein dann in Betracht kommt, wenn sie in die Angebotsvorbereitungen involviert ist und damit Kenntnis von den verfolgten Zielen des Bieters hat. Dass dieser natürlich grundsätzlich in der Lage ist, die Geschäftsführung über die von ihm tatsächlich verfolgten Ziele zu täuschen, kann einer solchen Bewertung nicht entgegenstehen. Wenn sich die berechtigten Interessen allein objektiv bestimmen lassen, kann eine Berücksichtigung individueller, nicht nach außen getretener Absichten nicht verlangt werden und würde, soweit dies doch verlangt wird, ein Ding der Unmöglichkeit darstellen.

bb) Keine Modifizierung der berechtigen Interessen durch § 3 Abs. 3 WpÜG

Die Verpflichtung der Gesellschaftsorgane einer Zielgesellschaft auf die Interessen der Gesellschaft nach § 3 Abs. 3 WpÜG kann keine Ausstrahlung auf die von der Zielgesellschaft vorzunehmende Abwägung haben. Zum einen spricht dagegen der Wortlaut der Vorschrift, der sich eindeutig auf den Zeitraum des Angebotsverfahrens beschränkt und damit keine unmittelbare Geltung für die Planungsphase beanspruchen kann. Zum anderen ist an dem Grundsatz festzuhalten, dass den allgemeinen übernahmerechtlichen Grundsätzen ein materieller Regelungscharakter fehlt, ihnen damit nicht die Funktion zukommt, zusätzliche Handlungsanweisungen an die Beteiligten eines Angebotsverfahrens zu stellen. Soweit aber der Gesetzgeber ausführt, dass die Unternehmensleitung neben den Aktionärsinteressen auch die Interessen der Arbeitnehmer sowie die Interessen der Gesellschaft als solche zu berücksichtigen hat, würde unter Zugrundelegung dieses Verständnisses ein Aufschub regelmäßig scheitern, da auch die Arbeitnehmer ein hinreichendes Interesse an einer frühzeitigen Information über angebotsvorbereitende Maßnahmen haben, insbesondere dann, wenn nach der Durchführung des Angebots ein Abbau von Arbeitsplätzen bei der Zielgesellschaft zu befürchten steht. Weil damit ein Aufschub der Veröffentlichung praktisch nie möglich wäre, weil die Interessen an einer unverzüglichen Veröffentlichung überwiegen, käme diesem übernahmerechtlichen Grundsatz nicht nur eine ermessensleitende Funktion zu, er würde faktisch eine Veröffentlichungspflicht begründen und einen Aufschub gänzlich unmöglich machen. Genau dies kann aber im Interesse der Funktionsfähigkeit des Kapitalmarktes nicht gewollt sein. Entsprechend der Vorgabe des 28. Erwägungsgrundes der Marktmissbrauchsrichtlinie, der bestimmt, dass eine Auslegung und Umsetzung dieser Richtlinie den Anforderungen für eine wirksame Regulierung entsprechen muss und die Interessen der Anteilsinhaber hinreichend schützt, sofern die Gesellschaft Gegenstand eines öffentlichen Angebots ist, kann daher auch hier allein die Prämisse gelten, dass hinsichtlich des berechtigten Interesses allein auf die Interessen der Aktionäre abzustellen ist.

3. Mögliche Verpflichtung der Zielgesellschaft zum Aufschub der Veröffentlichung

Der Zielgesellschaft steht die Möglichkeit einer Befreiung von ihrer Ad-hoc-Publizitätspflicht nur dann offen, wenn sie ein berechtigtes Interesse an einem Aufschub der Veröffentlichung vorweisen kann. Der Vorstand hat dabei die Interessen der Zielgesellschaft an einem Aufschub mit den Interessen des Kapitalmarkts an einer unverzüglichen Veröffentlichung abzuwägen sowie bei einer positiven Entscheidung über die Befreiung sowohl eine Irreführung der Öffentlichkeit zu vermeiden als auch die Vertraulichkeit der Insiderinformation zu gewährleisten. Dabei steht dem Vorstand hinsichtlich der Bestimmung der berechtigten Interessen ein Ermessensspielraum zu.

Aufgrund der nach § 3 Abs. 3 WpÜG bestehenden Verpflichtung des Vorstands der Zielgesellschaft, im Interesse der Zielgesellschaft zu handeln, stellt sich die Frage, ob der Vorstand möglicherweise dazu verpflichtet ist, eine eventuell nach § 15 WpHG bestehende Veröffentlichung aufzuschieben, oder es gerade im Interesse des Emittenten liegt, eine unverzügliche Veröffentlichung vorzunehmen, noch bevor der Bieter seine Entscheidung nach § 10 WpÜG veröffentlicht hat.

a) Aufschubverpflichtung aufgrund des allgemeinen Neutralitätsgebots

Eine solche Aufschubverpflichtung könnte sich aus dem allgemeinen Neutralitätsgebot des Vorstands ergeben. Zwar wirkt die grundsätzliche Neutralitätspflicht des Vorstands nach § 33 WpÜG erst ab der Entscheidungsveröffentlichung durch den Bieter. Die Neutralität der Vorstandsmitglieder bei Übernahmeangeboten im Vorfeld der Absichtsveröffentlichung wurde teilweise aus § 76 AktG abgeleitet[1174], der eine solche zeitliche Einschränkung nicht kennt und damit auch für das Stadium vor der Vorankündigung Bedeutung erlangen kann. Dabei wird eine allgemeine Neutralitätspflicht der Vorstandsmitglieder damit begründet, dass es dem Vorstand grundsätzlich verwehrt sei, auf die Zusammensetzung des Aktionärskreises Einfluss zu nehmen.[1175]

Die Entscheidung zum Aufschub der Veröffentlichung stellt eine unternehmerische Entscheidung dar. Der Emittent hat sich dabei allein an den berechtigten Interessen an einem Aufschub zu orientieren. Eine Verpflichtung zum Aufschub allein aufgrund der allgemeinen Neutralitätspflicht ist damit generell zu verneinen, weil mit einer Veröffentlichung nicht auf die Zusammensetzung des Aktionärskreises eingewirkt wird,

[1174] *Mertens*, in: KölnKomm z. AktG, § 76 Rn. 26; *Hopt*, in: GroßKomm z. AktG, § 93 Rn. 122 ff., auf die Leistungsfunktion des Vorstands hinweisend; *Hirte*, in: KölnKomm z. WpÜG, § 33 Rn. 27. Ablehnend gegenüber einer allgemeinen aktienrechtlichen Neutralitätspflicht: *Kort*, in: FS Lutter (2000), S. 1421, 1432 ff.; *Schwennicke*, in: Geibel/Süßmann, WpÜG, § 33 Rn. 13 f.; *Schlitt*, in: MünchKomm z. AktG (2. Aufl. 2004), § 33 WpÜG Rn. 53, 79; *Hüffer*, AktG (7. Aufl. 2006), § 76 Rn. 15d. Vgl. auch *Merkt*, ZHR 165 (2001), S. 224, 249, gegen die Ableitung des Neutralitätsgebots aus einem verbandsrechtlich begründeten Verbot der Einflussnahme auf den Aktionärskreis.

[1175] *Kort*, in: GroßKomm z. AktG, § 76 Rn. 100; *Ebenroth/Daum*, DB 1991, S. 1157, 1158; *Michalski*, AG 1997, S. 152, 159; OLG Celle, Urt. v. 19.07.2006, NZG 2006, S. 791. Ablehnend gegenüber einem allgemeinen Neutralitätsgebot im Vorfeld der Veröffentlichung des Angebots *Schlitt*, in: MünchKomm z. AktG (2. Aufl. 2004), § 33 WpÜG Rn. 53, 79; *Grunewald*, in: Baums/Thoma, WpÜG, § 33 Rn. 89; *Krause/Pötzsch*, in: Assmann/Pötzsch/Schneider, WpÜG, § 33 Rn. 245.

sondern vielmehr einer gesetzlichen Pflicht gefolgt wird, deren generelle Beachtung keinen Beurteilungsspielraum seitens des Emittenten zulässt. Damit kann aber auch die Entscheidung über den Aufschub keine Verletzung der Neutralitätspflicht darstellen. Der Zielgesellschaft ist allein ein Ermessensspielraum hinsichtlich der Frage einzuräumen, welche berechtigten Interessen einer Veröffentlichung entgegenstehen. Den Interessen kommt aber im Rahmen der Selbstbefreiungsmöglichkeit nicht die Funktion zu, verbindliche Handlungsanweisungen vorzugeben. Damit ist eine mögliche Verpflichtung der Zielgesellschaft zum Aufschub einer Ad-hoc-Veröffentlichung allein aufgrund der Neutralitätspflicht des Vorstands zu verneinen.

b) Aufschubverpflichtung aufgrund des allgemeinen Marktverzerrungsverbots nach § 3 Abs. 5 WpÜG

Die Zielgesellschaft könnte jedoch hinsichtlich des ihr zustehenden Ermessens bei der Beurteilung eines bestehenden berechtigten Interesses an einem Aufschub durch das Marktverzerrungsverbot des § 3 Abs. 5 WpÜG zu einer Aufschubentscheidung verpflichtet sein. Generell findet sich die Feststellung, dass der Bieter bis zur endgültigen Entscheidung zur Geheimhaltung seine Angebotsabsichten aufgrund des Marktverzerrungsverbots nach § 3 Abs. 5 WpÜG verpflichtet ist.[1176] Das Marktverzerrungsverbot richtet sich jedoch an alle an der Vorbereitung und der Durchführung des Angebotsverfahrens Beteiligten. Eine Marktverzerrung liegt nach Art. 3 Abs. 1 lit. d der Übernahmerichtlinie 2004/25/EG bei einer künstlichen Beeinflussung der Kurse bzw. einer Verfälschung des normalen Funktionierens der Märkte vor. Eine solche künstliche Beeinflussung der Kurse ist jedoch dann nicht gegeben, wenn die Zielgesellschaft einer potentiellen Veröffentlichungspflicht unterliegt, soweit die Voraussetzungen des Befreiungstatbestandes des § 15 Abs. 3 Satz 1 WpHG nicht vorliegen. Sicherlich wird die Zielgesellschaft ein Interesse daran haben, im Falle eines freundlichen Angebotsverfahrens die Entscheidung des Bieters abzuwarten und diesen nicht durch eine frühzeitige Veröffentlichung in dessen Vorbereitungsmaßnahmen zu beeinträchtigen. Eine frühzeitige Veröffentlichung kann jedoch von § 3 Abs. 5 WpÜG verbotene Marktverzerrung nicht darstellen. Die Veröffentlichung erfolgt ja gerade zur Herstellung der

[1176] *Santelmann/Steinhardt*, in: Steinmayer/Häger, WpÜG (2. Aufl. 2007), § 10 Rn. 8.

erforderlichen Markteffizienz. Zwar wird der Kapitalmarkt bei einer Veröffentlichung durch die Zielgesellschaft in entsprechender Weise auf diese Information reagieren, eine Verfälschung des normalen Funktionierens des Marktes ist darin aber nicht zu sehen, sofern die Zielgesellschaft lediglich den gegenwärtigen Sachstand umschreibt. Dem Marktverzerrungsverbot kann daher eine ermessensleitende oder ermesseneinschränkende Funktion nicht zugesprochen werden.

c) Zwischenergebnis

Weder das allgemeine Neutralitätsgebot des Vorstands nach das Marktverzerrungsverbot nach § 3 Abs. 5 WpÜG können eine Verpflichtung der Zielgesellschaft zum Aufschub einer Veröffentlichung nach § 15 Abs. 3 WpHG begründen. Der Vorstand ist vielmehr hinsichtlich der Beurteilung, welche Interessen einer Veröffentlichung entgegenstehen könnten, im Rahmen des ihm eingeräumten Ermessens frei. Auch in Bezug darauf hat das allgemeine Neutralitätsgebot keine ermessensleitende Funktion.

4. Die Pflicht zur Nachholung der Veröffentlichung und Mitteilungspflicht gegenüber der Bundesanstalt

Hat sich die Zielgesellschaft aufgrund des Bestehens von eigenen berechtigten Interessen zu einem Aufschub der Veröffentlichung entschieden so obliegt ihr eine unverzügliche Nachholungspflicht in Bezug auf die Veröffentlichung (§ 15 Abs. 3 Satz 2 WpHG) sowie eine Mitteilungspflicht gegenüber der Bundesanstalt hinsichtlich des Zeitpunkts und der Gründe für die Aufschubentscheidung (§ 15 Abs. 3 Satz 4 WpHG). Diese Nachholungspflicht soll wie die primäre Veröffentlichungspflicht des § 15 Abs. 1 Satz 1 WpHG die insoweit erforderliche Markteffizienz herstellen und die Kapitalmarktteilnehmer über bewertungserhebliche Umstände informieren. Diese werden jedoch schon durch die Entscheidungsveröffentlichung des Bieters über die Angebotsvorbereitungen in Kenntnis gesetzt. Die Entscheidungsveröffentlichung macht damit eine erneute Veröffentlichung von Seiten der Zielgesellschaft entbehrlich. Anders ist dies bei der Mitteilungspflicht gegenüber der Bundesanstalt. Die insoweit vorzunehmende Mitteilung soll es der Bundesanstalt ermöglichen nachträglich und in Kenntnis des maßgeblichen Zeitraums potentielle Insiderverstöße aufdecken und ahnden können. Der Zweck dieser Mitteilungspflicht kann daher durch die Entscheidungsveröffentlichung des Bieters nicht erfüllt werden, so dass sich zwar eine Veröffentlichung der Zielgesellschaft nicht zwingend ergibt, eine Mitteilung gegenüber der Bundesanstalt jedoch weiterhin erforderlich ist.

VI. Die Publizitätspflicht aufgrund der Weitergabe von Insiderinformationen nach § 15 Abs. 1 Satz 3 u. 4 WpHG durch die Zielgesellschaft

Neben dem Bieter unterliegt auch die Zielgesellschaft im Vorfeld der Entscheidungsveröffentlichung der Gefahr, Insiderinformationen an Dritte weiterzugeben, ohne die Vertraulichkeit der Informationen gewährleisten zu können. So kann sich die Zielgesellschaft während der Vorbereitungsmaßnahmen dazu veranlasst sehen, dem Bieter vertrauliche Insiderinformationen mitzuteilen, deren Geheimhaltung bisher im Interesse der Gesellschaft lag und dem Bieter im Rahmen seiner durchzuführenden Unternehmensanalyse eröffnet werden. Auch kann die Informationsweitergabe an einen Großaktionär angestrebt sein, der mit dem Bieter in Verkaufsverhandlungen in Bezug auf das von ihm gehaltene Aktienpaket steht und die Informationen im Rahmen der von ihm zu ermittelnden Gegenleistung benötigt. Daneben kann sich die Zielgesellschaft im Vorfeld der Entscheidung zur Suche nach einem konkurrierenden Bieter entscheiden und diesem Insiderinformationen mitteilen, die sie dem Bieter bereits zugänglich gemacht hat, um damit gleiche Ausgangsbedingungen zu schaffen. In all diesen Fallkonstellationen stellt sich die Frage, ob mit der Informationsweitergabe eine damit einhergehende Veröffentlichungspflicht der Zielgesellschaft aus § 15 Abs. 1 Satz 3 WpHG entsteht.

1. Informationsweitergabe an den potentiellen Bieter

Die Zielgesellschaft wird im Vorfeld der Entscheidung des Bieters in der Regel nicht umhin kommen, diesem vertraulichen Unternehmensdaten im Rahmen einer Due Diligence zur Verfügung zu stellen, gerade auch deshalb, weil die Geschäftsführung des

Bieters zur Durchführung einer Due Diligence verpflichtet ist.[1177] Dabei ist dem dahingehend entscheidungsbefugten[1178] Vorstand der Zielgesellschaft ein Ermessensspielraum hinsichtlich des Informationsumfangs einzuräumen.[1179] Die Entscheidung, in welchem Umfang dem Bieter Informationen zur Verfügung gestellt werden, steht damit im pflichtgemäßen Ermessen des Vorstands[1180], bei dem er das Interesse der Gesellschaft[1181] an einem Beteiligungserwerb des Bieters mit dem Geheimhaltungsinteresse abzuwägen hat. Bei diesen Unternehmensdaten kann es sich nicht nur lediglich um Geschäftsinterna oder –geheimnisse handeln, sondern auch um Insiderinformationen, deren Bekanntgabe eine erhebliche Kurseinwirkung mit sich bringen würde. Dabei wird die Zulässigkeit der Weitergabe von Insiderinformationen im Vorfeld von Unternehmenskäufen und dem Erwerb von Unternehmensbeteiligungen generell bejaht.[1182] Die Informationsweitergabe liegt hier im Interesse des Zielunternehmens, weil die Abgabe eines Angebots entscheidend von einer ausreichenden Informationsversorgung des Bieters abhängt. Ohne diese für den Bieter erforderliche Due Diligence wird es im Falle einer freundlichen Übernahme zu einer Angebotsentscheidung gar nicht erst kommen, so dass die an den Bieter weitergegebenen Insiderinformationen als be-

[1177] Zur Verpflichtung der Geschäftsführung des Bieters zur Durchführung einer Due Diligence vgl. oben unter Kapitel 2 A IV 1b) bb) (2).

[1178] Zur Zuständigkeit des Vorstands hinsichtlich der Entscheidung über die Durchführung der Due Diligence vgl. *Müller*, NJW 2000, S. 3452, 3455; *Ziemons*, AG 1999, S. 492, 494; *Fleischer*, ZIP 2002, S. 651 f.; *Meincke*, WM 1998, S. 749, 751 (einstimmiger Beschluss); *Schroeder*, DB 1997, S. 2161, 2163 (Mehrheitsbeschluss); *Böttcher*, Verpflichtung des Vorstands einer Aktiengesellschaft zur Durchführung einer Due Diligence, S. 52 ff.

[1179] *Fleischer*, ZIP 2002, S. 651, 652; *Hemeling*, ZHR 169 (2005), S. 274, 294; a. A. *Lutter*, ZIP 1997, S. 613, 617; *Ziemons*, AG 1999, S. 492, 495, die lediglich die Preisgabe selektiver Informationen für zulässig halten und eine darüber hinausgehende Informationspreisgabe als einen Verstoß gegen das Geheimhaltungsgebot des § 93 Abs. 1 Satz 3 AktG betrachten, weil ein das Geheimhaltungsinteresse überwiegendes Interesse der Zielgesellschaft nicht gegeben sei.

[1180] *Müller*, NJW 2000, S. 3452, 3454; *Hemeling*, ZHR 169 (2005), S. 274, 279.

[1181] Zur Bestimmung des maßgeblichen Unternehmensinteresses hinsichtlich der Zulassung einer Due Diligence vgl. *Böttcher*, Verpflichtung des Vorstands einer Aktiengesellschaft zur Durchführung einer Due Diligence, S. 60 ff. Bei der vom Vorstand vorzunehmenden Interessenabwägung hat dieser die Ernsthaftigkeit des Erwerbsinteresses, das Ausmaß und die Wahrscheinlichkeit der in Aussicht gestellten Vorteile und die Gefahr einer zweckwidrigen Verwertung der übermittelten Informationen zu berücksichtigen, vgl. *Schroeder*, DB 1997, S. 2161, 2163.

[1182] *Assmann*, ZGR 2002, S. 697, 708; *Hopt*, ZGR 2002, S. 222, 357; *ders.*, in: Schimansky/Bunte/Lwowski, Bankrechts-Handbuch, § 107 Rn. 61; *Schwark*, in: Schwark, Kapitalmarktrechtskommentar, § 14 Rn. 41; *Cahn*, Der Konzern 2005, S. 5, 8; *Assmann*, in: Assmann/Schneider, WpHG (4. Aufl. 2006), § 14 Rn. 88b; *Hasselbach*, NZG 2004, S. 1087 ff.; *Schneider*, DB 2005, S. 2678 ff.; *Möllers*, ZIP 2006, S. 1615, 1618. Auch Erwägungsgrund 29 der Marktmissbrauchsrichtlinie, der einen Zugang zu Insiderinformationen über eine andere Gesellschaft und deren Verwendung bei einem öffentlichen Übernahmeangebot mit dem Ziel, die Kontrolle über diese Unternehmen zu erwerben oder einen Zusammenschluss mit ihm vorzuschlagen, nicht als Insidergeschäfte einstuft.

fugt weitergegeben zu gelten haben. Um eine Veröffentlichungspflicht zu vermeiden hat die Zielgesellschaft mit dem Bieter eine besondere Vertraulichkeitsvereinbarung zu schließen. Die Vereinbarung muss dabei den Bieter darauf aufmerksam machen, dass ihm im Rahmen der zur Verfügung gestellten Daten Insiderinformationen Zugänglich gemacht werden könnten, die vertraulich zu behandeln sind und die in keiner Weise durch einen Verstoß gegen die Insiderhandelsverbote der § 14 Abs. 1 WpHG ausgenutzt werden dürfen. Insbesondere ist zu fordern, dass sich der Informationsempfänger dazu verpflichtet, die ihm zur Verfügung gestellten Informationen ausschließlich zu den in der Vereinbarung festgelegten Zwecken zu nutzen und nicht an Dritte weiterzugeben. Dieses Erfordernis folgt schon aus der Verschwiegenheitspflicht des Vorstands nach § 93 Abs. 1 Satz 3 AktG.[1183] Wird mit dem Bieter eine solche besondere Vertraulichkeitsvereinbarung geschlossen, kann die Zielgesellschaft die Vertraulichkeit der insofern weitergegebenen Insiderinformationen gewährleisten, was eine Veröffentlichungspflicht nach § 15 Abs. 1 Satz 3 WpHG nicht entstehen lässt. Gleiches hat dann zu gelten, sofern einem konkurrierenden Bieter Insiderinformationen mitgeteilt oder zugänglich gemacht werden.

2. Informationsweitergabe an den Veräußerer eines Aktienpaktes im Vorfeld der Entscheidung

Wie bereits angesprochen besteht auf Seiten des Bieters die Möglichkeit, ohne einen Verstoß gegen das Insiderhandelsverbot des § 14 Abs. 1 Nr. 1 WpHG vor der Entscheidung ein Aktienpaket zu erwerben, soweit dieser Erwerb dem Bieter die Durchführung des Angebotsverfahrens ermöglichen oder erleichtern soll und der Erwerb daher in Umsetzung der eigenen Übernahmeabsichten erfolgt.[1184] Der Veräußerer des Aktienpaketes kann aufgrund der mit dem Bieter zu führenden Verkaufsgespräche ein entsprechendes Interesse an einer ausreichenden Versorgung mit unternehmensbezogenen Informationen haben, um eine genauere Wertbestimmung seines Aktienpaketes

---

1183 *Hemeling*, ZHR 169 (2005), S. 274, 279.

1184 *Assmann/Cramer*, in: Assmann/Schneider, WpHG (2. Auf. 1999), § 14 Rdn. 81; *Assmann*, ZGR 2002, S. 697, 701 f.; *Wittich*, in: v. Rosen/Seifert, Übernahme börsennotierter Unternehmen, S. 377, 381; *Hopt*, in: FS Lutter, S. 1361, 1395; *ders.*, ZGR 1991, S. 17, 37 f.; *Schäfer*, in: Schäfer, WpHG, BörsG, VerkProspG, § 14 WpHG Rn. 74; *Brandi/Süßmann*, AG 2004, S. 642, 644; *Hager*, Die wertpapierangebotsrechtliche Vorankündigung, S. 178.

vornehmen zu können.[1185] Dabei wird teilweise gegen die Zulässigkeit einer Informationsweitergabe an den Veräußerer vorgebracht, dass dieser nicht anders behandelt werden dürfe als die übrigen Aktionäre der Gesellschaft, insbesondere eine Besserstellung gegenüber denjenigen Aktionären nicht erfolgen dürfe, die einen vergleichbaren Anteil nicht besitzen.[1186] Andere Stimmen vertreten, eine Informationsweitergabe durch das Zielunternehmen sei dann zulässig, wenn mit dem Geschäft eine unternehmerische Beteiligung angestrebt sei.[1187] Würde dem Aktionär eine Informationsweitergabe verweigert, führe dies zu einer faktischen Vinkulierung der von ihm gehaltenen Aktien, da ihm eine anderweitige Veräußerungsmöglichkeit nicht zur Verfügung stände.[1188] Die Zulässigkeit ergebe sich auch aus dem allgemeinen Interesse an einem funktionierenden Markt für Unternehmenskäufe. Aus dem Zusammenspiel von § 14 Abs. 1 Nr. 2 WpHG und der Veröffentlichungspflicht aus § 15 Abs. 1 Satz 3 WpHG hat sich eine Beurteilung der Zulässigkeit einer solchen Informationsweitergabe daran zu orientieren, ob die Weitergabe im Rahmen der Befugnis des Weitergebenden erfolgt und die Vertraulichkeit der Information gewährleistet ist. Dabei kann mit guten Gründen eine befugte Weitergabe dann bejaht werden, wenn sie im Interesse der Zielgesellschaft erfolgt.[1189] Denn auch der Zielgesellschaft kann ein entsprechendes Interesse an einem strategischen Partner mit einer unternehmerischen Beteiligung zuzusprechen sein, schon allein aufgrund der damit bewirkten Sicherheit in Bezug auf die Beteiligungsverhältnisse. Die Zielgesellschaft hat dabei allein die Vertraulichkeit der gewährten Informationen zu gewährleisten. Dabei hat sie den Veräußerer darauf hinzuweisen, dass es sich bei den konkreten Umständen um Insiderinformationen handelt, und diese Insiderinformationen nicht zu verbotenen Transaktionen ausgenutzt werden dürfen. Sie sollte dabei auf die in § 15b Abs. 1 WpHG verlangten Erfordernisse zu

---

[1185] Sehr weitgehend *Krömker*, NZG 2003, S. 418 ff., 423, der dem Aktionär einen Anspruch auf die Durchführung einer Due Diligence ab einer Beteiligungsquote von 5 % des Grundkapitals einräumt. Ablehnend *Hemeling*, ZHR 169 (2005), S. 274, 286 f.

[1186] *Schäfer*, in: Schäfer, WpHG, BörsG, VerkProspG, § 14 WpHG Rn. 64; *Weimann*, DStR 1998, S. 1556, 1561.

[1187] *Assmann*, AG 1997, S. 50, 56; *Ziemons*, AG 1999, S. 493, 498 f.

[1188] *Krömker*, Due Diligence, S. 91 ff.

[1189] So i.E. *Hasselbach*, NZG 2004, S. 1087, 1090; *Böttcher*, Die Verpflichtung des Vorstands einer Aktiengesellschaft zur Durchführung einer Due Diligence, S. 79 f., der darauf abstellt, dass eine befugte Weitergabe dann vorliegt, wenn die Weitergabe in Erfüllung der Aufgaben des Vorstands erfolgt und dies dann anzunehmen ist, wenn das Gesellschaftsinteresse an einem Anteilserwerb das Geheimhaltungsinteresse überwiegt.

erfüllen, auch wenn der Veräußerer nicht als im Auftrag oder auf Rechnung des Emittenten handelnd angesehen werden kann.

VII. Zusammenfassung der Ergebnisse

Die Zielgesellschaft ist ebenso wie der Bieter zu einem sehr frühen Zeitpunkt der Angebotsvorbereitungen zu einer Ad-hoc-Veröffentlichung verpflichtet. Dies gründet auf dem sehr weit gefassten Tatbestand der Veröffentlichungspflicht, die lediglich an das Vorliegen einer Insiderinformation anknüpft, von der die Zielgesellschaft unmittelbar betroffen ist. Dies gilt in besonderem Maße für koordinierte Angebotsvorbereitungen, die allein durch das Erfordernis eines Kursbeeinflussungspotentials eine Einschränkung erfahren. So wird wie für den Bieter die reine Durchführung einer Due Diligence sowie die daran anschließende Unternehmensbewertung keinen verständigen Anleger zu einer Investitionsentscheidung veranlassen. Dies wird nur unter außergewöhnlichen Umständen der Fall sein, so dann, wenn das Angebot der Sanierung der Zielgesellschaft dienen soll und mit dem Angebot eine erhebliche Umstrukturierung der Gesellschaft angestrebt wird. Soweit in es im Vorfeld bereits zu Spekulationen über das Erfordernis einer solchen Umstrukturierung oder des Eintritts eines sog. strategischen Partners gekommen ist, ein solcher jedoch lange nicht gefunden werden konnte, wird hier eine Ausnahme zu machen sein. In der Regel wird aber ein erhebliches Kursbeeinflussungspotential von Maßnahmen, die im Vorfeld der Entscheidungsveröffentlichung durch den Bieter getroffen werden, allein dann vorliegen, wenn mit ihnen die hinreichende Wahrscheinlichkeit einer positiven Entscheidung des Bieters bejaht werden kann.

Die Zielgesellschaft kann sich einer solch umfassenden Pflicht allein durch eine eigenverantwortliche Entscheidung im Rahmen des § 15 Abs. 3 Satz 1 WpHG entziehen, und auch nur dann, wenn dessen Voraussetzungen kumulativ vorliegen. Insbesondere hat sie hierbei stets darauf zu achten, dass die Vertraulichkeit der Insiderinformation für den Zeitraum des Aufschubs gewährleistet werden kann. Diese Vertraulichkeit wird dann nicht mehr gewährleistet sein, wenn konkrete Insiderinformationen in Bezug auf das Angebot an den Kapitalmarkt durchgedrungen sind und die Zielgesellschaft erkennt, dass diese Informationen nicht lediglich auf reinen Spekulationen oder Mutmaßungen beruhen. Ihr bleibt für diesen Fall einzig der Weg einer unverzüglichen Veröffentlichung, wobei es unerheblich ist, ob die Gerüchte aus der Sphäre des Bieters oder der eigenen Sphäre stammen.

Eine Verpflichtung der Zielgesellschaft zur Vornahme eines solchen Aufschubs kann weder dem allgemeinen Neutralitätsgebot noch dem Marktverzerrungsverbot des § 3 Abs. 5 WpÜG entnommen werden. Beiden Grundsätzen ist damit eine ermessensleitende Funktion nicht zuzusprechen. Die Aufschubentscheidung hat sich allein an den berechtigten Interessen des Emittenten zu orientieren, wobei auch hier auf das Regelbeispiel des § 6 Satz 2 Nr. 1 WpAIV hinzuweisen ist, welches dem Emittenten insbesondere dann ein berechtigtes Interesse an einem Aufschub zuspricht, sofern mit der Veröffentlichung das Ergebnis oder der Gang laufender Verhandlungen von der Veröffentlichung wahrscheinlich erheblich beeinträchtigt würden und damit gleichzeitig eine ernsthafte Gefährdung der Interessen der Anleger verbunden wäre. Dies wäre bei einer koordinierten Vorbereitung des Angebots sicherlich gegeben, da in dieser Phase die Geheimhaltung eine ganz gewichtige Rolle spielt, insbesondere aufgrund der Tatsache, dass der Bieter die von einer Veröffentlichung ausgehenden Kursbewegungen in die von ihm anzubietende Gegenleistung mit einfließen lassen müsste und es damit zu einer Verteuerung des Angebots kommen könnte. Diese Verteuerung läge nicht unter allen Umständen im Interesse der Aktionäre der Zielgesellschaft, da sie im Extremfall zu einer Verhinderung des Angebots beitragen und eine Sanierung der Gesellschaft oder den Beitritt eines strategischen Investors verhindern kann und damit wiederum einen negativen Effekt auf den Wertpapierpreis der emittierten Gesellschaftsanteile hat. Der Zielgesellschaft wird damit ein berechtigtes Interesse an einem Aufschub bis zur Vornahme der Entscheidungsveröffentlichung durch den Bieter zuzusprechen sein. Kommt der Bieter dieser Veröffentlichungspflicht nach, ist die Zielgesellschaft verpflichtet, der Bundesanstalt sowohl die Gründe für als auch den Zeitpunkt der Entscheidung über den Aufschub mitzuteilen. Die Bundesanstalt wird mit der Erfüllung der in § 15 Abs. 3 Satz 4 WpHG aufgestellten Anforderungen in die Lage versetzt, entsprechend ihrer Aufsichtsfunktion zu kontrollieren, ob es im Vorfeld der Entscheidungsveröffentlichung zu Insiderverstößen gekommen ist.

Kapitel 4: Zusammenfassende Schlussbetrachtung

Mit der Marktmissbrauchsrichtlinie und dem ihrer Umsetzung dienenden Anlegerschutzverbesserungsgesetz ist es zu einer Veränderung hinsichtlich der Veröffentlichungspflicht des Bieters und der Zielgesellschaft sowohl in Bezug auf das Vorliegen einer Entscheidung als auch hinsichtlich der diese vorbereitenden Entwicklungsschritte gekommen. Diese Veränderungen sind nicht zuletzt auf eine entscheidende Erweiterung derjenigen Informationen zurückzuführen, die von der Ad-hoc-Veröffentlichungspflicht erfasst werden. Sie stehen auch in einem direkten Zusammenhang mit der Entwicklung der Ad-hoc-Publizität von einer rein funktionsschützenden zu einer vor allem individualschützenden Handlungspflicht börsennotierter Unternehmen. Zwar hat sich dieser Wandel vor allem durch die Einführung von spezialgesetzlichen Haftungsansprüchen geschädigter Anleger durch die §§ 37b, 37c WpHG vollzogen, die einen Schadensersatzanspruch dann begründen, sofern Anleger sich auf die Richtigkeit, Vollständigkeit und Vollumfänglichkeit der vorgenommenen Veröffentlichungen bei der Vornahme ihrer Wertpapiere verlassen haben. Der Wandel hat seinen Ausdruck aber auch in den speziellen tatbestandlichen Voraussetzungen der Veröffentlichungspflicht gefunden. So wird bei der Voraussetzung einer erheblichen Kursbeeinflussung allein auf den Verständnishorizont eines verständigen Anlegers abgestellt. Allein sein Anlageverhalten bestimmt über das Vorliegen einer Insiderinformation. Darin kommt zum Ausdruck, dass es im Rahmen des Kursbeeinflussungspotentials entscheidend darauf ankommt, wie der einzelne Anleger einen entsprechenden Umstand einschätzt. Für den verständigen, objektiven Anleger kommt es bei einer Veröffentlichung allein darauf an, ob mit dem veröffentlichten Umstand eine Einwirkung auf seine Renditeerwartung verbunden ist.

Mit der beschriebenen Veränderung der wertpapierhandelsrechtlichen Ad-hoc-Publizität hat nicht nur eine Neubeurteilung zusätzlicher Veröffentlichungspflichten zu erfolgen. In gleicher Weise kommt es zu einer Neubeurteilung des Vorliegens einer Entscheidung. Zunächst hat sich mit der gesetzlichen Änderung bei der Bestimmung, wann bei einem mehrstufigen Entscheidungsprozess ein konkreter, grundsätzlich veröffentlichungspflichtiger Umstand vorliegt, der Begriff der Entscheidung geändert.

Entgegen der vormals h.M. ist aus einem Umkehrschluss aus der Befreiungsmöglichkeit des Emittenten zu schließen, dass bei jedem Entwicklungsschritt eines mehrstufigen Entscheidungsprozesses ein konkreter Umstand vorliegt, der einer Veröffentlichungspflicht unterliegt, sofern ihm ein erhebliches Kursbeeinflussungspotential zuzusprechen ist. Weil aber der Gesetzgeber bei der Schaffung des § 10 WpÜG darauf hingewiesen hat, dass bei der Bestimmung des Vorliegens einer Entscheidung bei Gesellschaften auf die zu § 15 WpHG geführte Diskussion zurückzugreifen sei, ist bei einer Aktiengesellschaft eine Entscheidung schon mit dem Vorstandsbeschluss anzunehmen, auch wenn dieser noch der Zustimmung durch den Aufsichtsrat bedarf. Allein dieses Ergebnis entspricht der insiderrechtlichen Funktion der Entscheidungsveröffentlichung. Der Emittent hat neben der Möglichkeit, seine Entscheidung unter die Bedingung der Zustimmung des Aufsichtsrats zu stellen, ebenfalls die Möglichkeit, bei der Bundesanstalt in entsprechender Anwendung des § 10 Abs. 1 Satz 3 WpÜG einen Befreiungsantrag dahingehend zu stellen, eine Veröffentlichung erst nach erfolgter Zustimmung des Aufsichtsrats vornehmen zu können. Dabei hat er zu beachten, dass am Kapitalmarkt keine Marktverzerrungen entstehen. Lehnt der Aufsichtsrat die Durchführung des Angebotsverfahrens ab, ist die bereits bestehende Entscheidung des Vorstands nicht mehr zu veröffentlichen. Eine Information der Kapitalmarktteilnehmer ist hier nicht nötig und würde auch nicht die mit der kapitalmarktrechtlichen Publizität verfolgte Markteffizienz herstellen.

Der Bieter hat daneben immer die Möglichkeit, seine Entscheidung unter einer Bedingung zu treffen. Diese Möglichkeit steht der Einstufung als Entscheidung nicht entgegen. Es ist ihm insofern zuzugestehen, seine Entscheidung unter einen Widerrufs- oder Rücktrittsvorbehalt zu stellen. Doch kann der Bieter seine Entscheidung allein dann unter eine Bedingung stellen, sofern diese nicht allein von ihm selbst herbeigeführt werden kann. Dies gilt auch für die noch ausstehende und erforderliche Zustimmung der Hauptversammlung.

Den Bieter trifft eine Veröffentlichungspflicht jedoch nicht allein beim Vorliegen einer Entscheidung. Sofern er als Inlandsemittent dem Anwendungsbereich der wertpapierhandelsrechtlichen Ad-hoc-Publizität des § 15 WpHG unterfällt, kann ihn eine Veröffentlichungspflicht schon dann treffen, sofern bestimmte Entwicklungsschritte auf die hinreichende Wahrscheinlichkeit der Entscheidung hindeuten. Diese ergänzende Publizitätspflicht ist durch § 10 Abs. 6 WpÜG auch nicht gesperrt, die allein der Gefahr einer Doppelpublizität vorbeugen und inhaltsgleiche Veröffentlichungen verhindern möchte. Eine darüber hinausgehende Marktverzerrungspublizität gibt es nicht.

Der Emittent hat dabei jedoch immer die Voraussetzungen der wertpapierhandelsrechtlichen Ad-hoc-Publizität zu beachten. Der konkrete Umstand muss eine ihn unmittelbar betreffende Insiderinformation darstellen. Entscheidend ist dabei das Kursbeeinflussungspotential des konkreten Umstands, welches allein dann gegeben ist, wenn ein verständiger Anleger diesen zur Grundlage einer Anlageentscheidung machen würde. Dieser verständige Anleger ist dabei als fiktiver Anleger zu begreifen, der nicht einer bestimmten Anlegerkategorie zugeordnet werden kann, sondern vielmehr objektiv zu bestimmen ist, um dem Emittenten eine hinreichende Sicherheit bei der Bestimmung einer ihn treffenden Veröffentlichungspflicht zu geben. Der objektive Anleger ist dabei als eine rational denkende, aufmerksame Person zu sehen, die über einen durchschnittlichen Kenntnisstand hinsichtlich der bestehenden Marktgegebenheiten verfügt. Dieser wird einen Umstand nur dann zur Grundlage einer Anlageentscheidung machen, sofern sich von ihm auf eine Änderung der zu erwartenden Rendite der Anlage schließen lässt. Auch dieses Kriterium ermöglicht es dem Emittenten sicher zu beurteilen, wann ein erhebliches Kursbeeinflussungspotential gegeben sein wird. Er ist am besten in der Lage die Auswirkung auf die Geschäftsentwicklung zu beurteilen. Die Einwirkung auf die Rendite muss daneben von einigem Gewicht sein und kann sich sowohl auf den Kurs der Wertpapiere als auch auf die zu erwartende Dividende beziehen.

Daneben muss der konkrete Umstand den Emittenten unmittelbar betreffen. Dies ist bei Vorbereitungshandlungen des Bieters stets der Fall, weil diese gerade aus seinem Tätigkeitsbereich stammen. Anders ist dies bei Umständen, die nicht aus seiner eigenen unternehmerischen Sphäre stammen. Dies ist bspw. dann der Fall, wenn eine mit dem Emittenten in einem Konzern verbundene Gesellschaft die Abgabe eines öffentlichen Angebots anstrebt und mit der Durchführung des Angebots und dessen Abschluss

Auswirkungen auf die Geschäftsentwicklung des Emittenten zu erwarten sind. Der Emittent wird in diesem Fall zu prüfen haben, ob ihn eine diesbezügliche Veröffentlichungspflicht trifft und ob nicht berechtigte Interessen seinerseits oder Interessen des Konzerns, die ebenfalls als berechtigte Interessen des Emittenten einzustufen sind, einen eigenverantwortlichen Aufschub der Veröffentlichung rechtfertigen.

Damit ist die grundsätzlich bestehende Möglichkeit des Emittenten angesprochen, die Veröffentlichung einer Insiderinformation so lange aufzuschieben, wie dieser berechtigte Interessen an einem Aufschub hat, eine Irreführung der Öffentlichkeit nicht zu erwarten ist und der Emittent die Vertraulichkeit der Insiderinformation gewährleisten kann. Der Bieter oder mit ihm in einem Konzern verbundene Unternehmen haben ein berechtigtes Interesse an einem Aufschub der Veröffentlichung dann, wenn mit dem angestrebten Angebotsverfahren eine entsprechende Renditesteigerung verbunden ist, die durch eine frühzeitige Veröffentlichung beeinträchtigt werden könnte. Der Begriff der berechtigten Interessen eines Emittenten hat sich dabei an diesen Renditeaussichten zu orientieren. Eine Berücksichtigung von weiteren Interessengruppen ist nicht angezeigt. Arbeitnehmerinteressen, die eine frühzeitige Veröffentlichung begründen könnten, sind demnach nicht zu berücksichtigen. Dabei ist insbesondere zu beachten, dass eine vor der Entscheidung vorgenommene Veröffentlichung Auswirkungen auf die den Aktionären der Zielgesellschaft anzubietende Gegenleistung haben kann, wenn es dadurch zu Kurssteigerungen kommt. Denn diese wären nach der Regelung des § 5 WpÜG-AngebotV vom Bieter zu berücksichtigen. Der Bieter ist damit immer berechtigt, einen eigenverantwortlichen Aufschub der Veröffentlichung bis zur endgültigen Entscheidung vorzunehmen, sofern die weiteren Voraussetzungen des Befreiungstatbestandes des § 15 Abs. 3 WpHG vorliegen.

Auch für die Zielgesellschaft ist es zu einer Ausweitung der ihr grundsätzlich obliegenden Veröffentlichungspflicht gekommen. Nach alter Rechtslage wurde eine ihr obliegende Publizitätspflicht bei unkoordinierten Angeboten im Vorfeld der Entscheidungsveröffentlichung verneint, da es sich bei den Angebotsabsichten um Umstände handelte, die nicht in ihrem Tätigkeitsbereich eingetreten waren. Durch den Wegfall des Erfordernisses eines Eintritts im Tätigkeitsbereich des Emittenten unterliegt die

Zielgesellschaft nun einer Publizitätspflicht auch dann, wenn die Angebotsvorbereitungen mit ihr nicht abgesprochen sind. Eine Publizitätspflicht ist bei ihr wie auf Seiten des Bieters durch die Regelung des § 10 Abs. 6 WpÜG ebenfalls nicht ausgeschlossen. Doch ist auch ihr ein Aufschub der Veröffentlichung unter den Voraussetzungen des § 15 Abs. 3 Satz 1 WpÜG möglich. Anders als bei der Aufschubentscheidung des Bieters unterliegt sie jedoch dabei der Verpflichtung, sowohl die Interessen der Anteilseigner als auch diejenigen ihrer Arbeitnehmer und der Gesellschaft zu berücksichtigen. Dies ergibt sich aus einem Zusammenspiel mit der Regelung des § 3 Abs. 3 WpÜG, der die Verwaltung der Zielgesellschaft dazu verpflichtet, während des Angebotsverfahrens im Interesse der Zielgesellschaft zu handeln. Auch wenn dieser lediglich die Phase nach der Entscheidungsveröffentlichung erfasst hat er darüber hinaus Auswirkungen auf die Handlungsmöglichkeiten der Zielgesellschaft. Anders als der Bieter, der sich ausschließlich an den Renditeerwartungen seiner Aktionäre auszurichten hat, hat die Zielgesellschaft die Angebotsabsichten des Bieters und die von ihm angestrebten Maßnahmen ins Auge zu fassen.

Literaturverzeichnis

Akerlof, The Market for „Lemons“. Quality, Uncertainty and Market Mechanism, Qu. J. of Econ. 84 (1970), S. 488 ff.

Assmann, Heinz Dieter / Basaldua, Nathalie / Bozenhardt, Friedrich / Peltzer, Martin, Übernahmeangebote, Zeitschrift für Unternehmens- und Gesellschaftsrecht, Sonderheft 9, Berlin/New York 1990.

Assmann, Heinz-Dieter / Pötzsch / Schneider, Wertpapiererwerbs- und Übernahmegesetz, 1. Aufl. 2005.

Assmann, Heinz-Dieter / Schneider, Uwe H., Wertpapierhandelsgesetz Kommentar, 4. neu bearbeitete und erweiterte Auflage 2006.

Assmann, Heinz-Dieter / Schneider, Uwe H., Wertpapierhandelsgesetz, 2. Auf. 1999.

Assmann, Heinz-Dieter / Schütze, Rolf A., Handbuch des Kapitalanlagerechts, 2. Aufl. München 1997.

Assmann, Heinz-Dieter, Ad hoc-Publizitätspflichten im Zuge von Enforcementverfahren zur Überprüfung der Rechnungslegung nach §§ 342b ff. HGB und §§ 37n ff. WpHG, in: AG 2006, S. 261 ff.

Assmann, Heinz-Dieter, Das künftige deutsche Insiderrecht (Teil I), in: AG 1994, S.196 ff.

Assmann, Heinz-Dieter, Das künftige deutsche Insiderrecht (Teil II), in: AG 1994, S. 237 ff.

Assmann, Heinz-Dieter, Das neue deutsche Insiderrecht, in: ZGR 1994, S. 494 ff.

Assmann, Heinz-Dieter, Die Haftung für die Richtigkeit und Vollständigkeit der Angebotsunterlage nach § 12 WpÜG, in: AG 2002, S. 114 ff.

Assmann, Heinz-Dieter, Konzeptionelle Grundlagen des Anlegerschutzes, in: ZBB 1989, S. 49 ff.

Assmann, Heinz-Dieter, Prospekthaftung als Haftung für die Verletzung kapitalmarktbezogener Informationsverkehrspflichten nach deutschem und US-amerikanischem Recht, Habilitationsschrift Frankfurt a.M. 1984.

Assmann, Heinz-Dieter, Übernahmeangebote im Gefüge des Kapitalmarktrechts, insbesondere im Lichte des Insiderrechts, der Ad hoc-Publizität und des Manipulationsverbots, in: ZGR 2002, S. 697 ff.

Bachmann, Gregor, Der Grundsatz der Gleichbehandlung im Kapitalmarktrecht, in: ZHR 170 (2006), S. 144 ff.

Baetge, Jörg (Hrsg.), Insiderrecht und Ad-hoc-Publizität – Was bedeuten die neuen Regelungen für Unternehmenspublizität und Finanzanalyse? – Vorträge und Diskussionen zum 11. Münsterischen Tagesgespräch des Münsteraner Gesprächskreises Rechnungslegung und Prüfung e.V. vom 05.Mai 1995.

Bank, Christian, Präventivmaßnahmen börsennotierter Gesellschaften zur Abwehr feindlicher Übernahmeversuche in Deutschland und Großbritannien. Eine rechtsvergleichende Untersuchung des deutschen und britischen Rechts unter Berücksichtigung der Europäischen Übernahmerichtlinie, Diss. Köln 2005.

Bästlein, Hanno M., Feindlichkeit öffentlicher Übernahmeangebote. Eine ökonomische Betrachtung von Ursachen und Auswirkungen unter besonderer Berücksichtigung der deutschen Situation, Diss. Freiburg 1997.

Baumbach, Adolf / Hopt, Klaus J., Handelsgesetzbuch Kommentar. Mit GmbH & Co., Handelsklauseln, Bank- und Börsenrecht, Transportrecht (ohne Seerecht) / erl. von Klaus J. Hopt. Begr. von Adolf Baumbach. Fortgef. bis zur 24. Aufl. von Konrad Duden. 29. Aufl. 1994.

Baumbach, Adolf / Hueck, Alfred, GmbH-Gesetz. Gesetz betreffend die Gesellschaften mit beschränkter Haftung, 18. Aufl. 2005.

Baums, Theodor / Cahn, Andreas, Die Umsetzung der Übernahmerichtlinie in Europa, Berlin 2006.

Baums, Theodor / Thoma, Georg F. (Hrsg.), Kommentar zum Wertpapiererwerbs- und Übernahmegesetz, Köln Stand: Mai 2004.

Baums, Theodor, Haftung wegen Falschinformation des Sekundärmarktes, in: ZHR 167 (2003), S. 139 ff.

BAWe/Deutsche Börse AG (Hrsg.), Leitfaden: Insiderhandelsverbote und Ad-hoc-Publizität, 2. Aufl. 1998.

Becker, Friedwart A. / Horn, Claus-Henrik, Ungeschriebene Aktionärsrechte nach Holzmüller und Gelatine, in: JuS 2005, S. 1067 ff.

Becker, Michael, Verwaltungskontrolle durch Gesellschafterrechte. Eine vergleichende Studie nach deutschem Verbandsrecht und dem amerikanischen Recht der corporation, Habil. Hamburg 1996.

Behrens, Thomas, Informationsnutzen im Aktienmarkt. Eine modelltheoretische Analyse und ein Simulationsansatz, Diss. Innsbruck 1996.

Behrens, Thomas, Rechtspolitische Grundsatzfragen zu einer Europäischen Regelung für Übernahmeangebote, in: ZGR 1975, S. 433 ff.

Berding, Benjamin, Anlegerschutz im deutschen, europäischen und US-amerikanischen Übernahmerecht, Diss. Köln 2005.

Berle, Adolf A. / Means, Gardiner C., The Modern Corporation and Private Property, 2. Aufl. 1999.

Bess, Eine europäische Regelung für Übernahmeangebote, AG 1976, S. 169 ff. (Teil I), S. 206 ff. (Teil II).

Binder, Jens-Hinrich / Broichhausen, Thomas, Entwicklungslinien und Perspektiven des europäischen Kapitalmarktrechts. Eine Bestandsaufnahme aus Anlass des „Weißbuchs zur Finanzdienstleistungspolitik für die Jahre 2005-2010, in: ZBB 2006, S. 85 ff.

Blättchen, Wolfgang / Wegen, Gerhard, Übernahme börsennotierter Unternehmen. Strategie, Unternehmensbewertung, rechtliche Rahmenbedingungen, Steuern und Finanzkommunikation, Stuttgart 2003.

Böcking, Hans-Joachim / Nowak, Karsten, Das Konzept des Economic Value Added, in: Der Finanzbetrieb 1999, S. 281.

Böttcher, Lars, Verpflichtung des Vorstandes einer Aktiengesellschaft zur Durchführung einer Due Diligence beim Beteiligungserwerb. Due Diligence als Verkehrssitte, Diss. Köln 2004.

Böttcher, Lars, Verpflichtung des Vorstands einer AG zur Durchführung einer Due Diligence, in: NZG 2005, S. 49 ff.

Brandi, Tim Oliver / Süßmann, Rainer, Neue Insiderregeln und Ad-hoc-Publizität – Folgen für Ablauf und Gestaltung von M&A-Transaktionen, in: AG 2004, S. 642 ff.

Brellochs, Michael, Publizität und Haftung von Aktiengesellschaften im System des Europäischen Kapitalmarktrechts, Diss. Köln 2004/2005.

Brondics, Klaus /Mark, Jürgen, Die Verletzung von Informationspflichten im amtlichen Markt nach der Reform des Börsengesetzes, in: AG 1989, S. 339 ff.

Brox, Hans, Allgemeiner Teil des BGB, 24., neubearbeitete Auflage 2000.

Büche, Christian, Die Pflicht zur Ad-hoc-Publizität als Baustein eines integeren Finanzmarkts. Die Vorgaben der Marktmissbrauchs-Richtlinie und ihre Umsetzung in § 15 WpHG, Diss. Augsburg. 2004/2005.

Burgard, Ulrich, Ad-hoc-Publizität bei gestreckten Sachverhalten und mehrstufigen Entscheidungsprozessen, in: ZHR 162 (1998), S. 51 ff.

Bürgers, Tobias, Das Anlegerschutzverbesserungsgesetz, in: BKR 2004, S. 424 ff.

Bydlinski, Franz, Juristische Methodenlehre und Rechtsbegriff, Zweite, ergänzte Auflage Wien 1991.

Cahn, Andreas / Götz, Jürgen, Ad-hoc-Publizität und Regelberichterstattung, in: AG 2007, S. 221 ff.

Cahn, Andreas / Senger, Michael, in: Das Gesetz zur Regelung von öffentlichen Angeboten zum Erwerb von Wertpapieren und von Unternehmensübernahmen, in: Finanzbetrieb 2002, S. 277

Cahn, Andreas, Das neue Insiderrecht, in: Der Konzern 2005, S. 5 ff.

Cahn, Andreas, Grenzen des Markt- und Anlegerschutzes durch das WpHG, in: ZHR 162 (1998), S. 1 ff.

Cahn, Andreas, Probleme der Mitteilungs- und Veröffentlichungspflichten nach dem WpHG bei Veränderungen des Stimmrechtsanteils an börsennotierten Gesellschaften, in: AG 1997, S. 502

Caspari, Karl-Burkhard, Anlegerschutz in Deutschland im Lichte der Brüsseler Richtlinien, in: NZG 2005, S. 98 ff.

Caspari, Karl-Burkhard, Das neue Insiderrecht, in: ZGR 1999, S. 530 ff.

Claussen, Carsten Peter / Florian, Ulrich, Der Emittentenleitfaden, in: AG 2005, S. 745 ff.

Claussen, Carsten Peter, Insiderhandelsverbot und Ad hoc-Publizität: Praktikerhinweise und –empfehlungen für Emittenten, Anleger, Banken, Wertpapierdienstleister und ihre Berater, Köln 1996.

Daum, Thomas, Die unkoordinierte Übername einer Aktiengesellschaft nach deutschem Recht, Diss. Konstanz 1993.

Diekmann, Hans / Sustmann, Marco, Gesetz zur Verbesserung des Anlegerschutzes (Anlegerschutzverbesserungsgesetz), in: NZG 2004, S. 929 ff.

Dreyling, Georg / Schäfer, Frank A., Insiderrecht und Ad-hoc-Publizität: Praxis und Entwicklungstendenzen, Köln 2001.

Dreyling, Georg, Ein Jahr Anlegerschutzverbesserungsgesetz – Erste Erfahrungen, in: Der Konzern 2006, S. 1 ff.

Easterbrook, Frank H. / Fischel, Daniel R., The Economic Structure of Corporate Law, 9. Aufl. 1998.

Ebenroth, Carsten Thomas / Daum, Thomas, Die Kompetenzen des Vorstands einer Aktiengesellschaft bei der Durchführung und Abwehr unkoordinierter Übernahmen (Teil I), DB 1991, 1105 ff.

Ehricke, Ulrich / Ekkenga, Jens / Oechsler, Jürgen, Wertpapiererwerbs- und Übernahmegesetz Kommentar, München 2003.

Eichele, Dorothee, Finanzanalysten und Wirtschaftsjournalisten als Primärinsider, in: WM 1997, S. 501 ff.

Einsele, Bank- und Kapitalmarktrecht: Nationale und internationale Bankgeschäfte, Kiel 2006.

Ekkenga, Jens / Kuntz, Grundzüge eines Kollisionsrechts für grenzüberschreitende Übernahmeangebote, in: WM 2004, S. 2427 ff.

Ekkenga, Jens, Die Ad-hoc-Publizität im System der Marktordnungen, in: ZGR 1999, S. 165 ff.

Ekkenga, Jens, Anlegerschutz Rechnungslegung und Kapitalmarkt : eine vergleichende Studie zum europäischen, deutschen und britischen Bilanz-, Gesellschafts- und Kapitalmarktrecht, Habil. Frankfurt 1994/1995.

Federlin, Philipp, Informationsflüsse in der Aktiengesellschaft im Spannungsverhältnis zum kapitalmarktrechtlichen Verbot der unbefugten Weitergabe von Insidertatsachen, Diss. Bonn 2004.

Figiel, Stephan, Die Weitergabe von Insiderinformationen in Aktienkonzernen. Das Verhältnis des Konzernrechts zum Kapitalmarktrecht, Diss. 2006.

Findeisen, Maximilian / Backhaus, Richard, Umfang und Anforderungen an die haftungsbegründende Kausalität bei der Haftung nach § 826 BGB für fehlerhafte Ad-hoc-Mitteilungen, in: WM 2007, S. 100 ff.

Fischel, Use of Modern Finance Theory in Securities Fraud Cases Involving Actively Traded Securities, 38 Bus. Law. 1, (1982).

Fischer, Julian, Insiderrecht und Kapitalmarktkommunikation unter besonderer Berücksichtigung des Rechtsrahmens für Finanzanalysten, Diss. Berlin 2003/2004.

Fischer, Thomas, Strafgesetzbuch und Nebengesetze, Kommentar, 52., neu bearbeitete Auflage 2004.

Fishman, Michael J. / Hagerty, Kathleen M., Insidertrading and the Efficiency of Stock Prices, in: the RAND Journal of Economics, Vol. 23, 1992, pp. 106-122.

Fleischer, Holger, Die „Business Judgement Rule“: Vom Richterrecht zur Kodifizierung, in: ZIP 2004, S. 685 ff.

Fleischer, Holger, Die „Business Judgment Rule“ im Spiegel von Rechtsvergleichung und Rechtsökonomie, in: Festschrift für Herbert Wiedemann, München 2002, S. 827 ff.

Fleischer, Holger, Zum Begriff des öffentlichen Angebots im Wertpapiererwerbs- und Übernahmegesetz, in: ZIP 2001, S. 1653 ff.

Flume, Werner, Allgemeiner Teil des Bürgerlichen Rechts. Band 1, Teil 2: Die juristische Person, Berlin/Heidelberg/New York 1983.

Fritsch, Michael / Wein, Thomas/ Ewers, Hans-Jürgen, Marktversagen und Wirtschaftspolitik. Mikroökonomische Grundlagen staatlichen Handelns (6. Aufl. 2005)

Fülbier, Uwe, Regulierung der Ad-hoc-Publizität. Ein Beitrag zur ökonomischen Analyse des Rechts, Diss. Münster 1998

Fürhoff, Jens / Wölk, Armin, Aktuelle Fragen zur Ad-hoc-Publizität, in: WM 1997, S. 449 ff.

Fürhoff, Jens, Kapitalmarktrechtliche Ad hoc-Publizität zur Vermeidung von Insiderkriminalität. Die Notwendigkeit einer kapitalmarktrechtlich orientierten Ad hoc-Publizitätsnorm zur Legitimation eines strafrechtlichen Insiderhandelsverbotes, Diss. Bayreuth 1999.

Gehrt, John Alexander, Die neue Ad-hoc-Publizität nach § 15 Wertpapierhandelsgesetz. Eine kritische Betrachtung im Vergleich zur französischen und angloamerikanischen Regelung, Diss. München 1997.

Geibel, Stephan / Süßmann, Rainer (Hrsg.), Wertpapiererwerbs- und Übernahmegesetz (WpÜG), Kommentar mit WpÜG-Angebotsverordnung und den geänderten Vorschriften in AktG, WpHG, KAGG, AuslInvestmG, KWG, VerkProspG, VerkProspVO, GKG und BRAGO, München 2002.

Geibel, Stephan / Süßmann, Rainer, Erwerbsangebote nach dem Wertpapiererwerbs- und Übernahmegesetz, in: BKR 2002, S. 52 ff.

Grimme, Leoni / v. Buttlar, Julia, Neue Entwicklungen in der Ad-hoc-Publizität – Vom Vierten. Finanzmarktförderungsgesetz zur Marktmissbrauchsrichtlinie, in: WM 2003, S. 903 ff.

Grundei, Jens / v. Werder, Axel, Die Angemessenheit der Informationsgrundlage als Anwendungsvoraussetzung der Business Judgement Rule, in: AG 2005, S. 825 ff.

Grundmann, Stefan / Möslein, Florian, Die Golden Shares Grundsatzentscheidungen des Europäischen Gerichtshofs, in: BKR 2002, S. 758 ff.

Grundmann, Stefan / Möslein, Florian, Die Goldene Aktie. Staatskontrollrechte im Europarecht und wirtschaftspolitische Bewertung, in: ZGR 2003, S. 317 ff.

Grundmann, Stefan / Schwintowski, Hans-Peter / Singer, Reinhard / Weber, Martin (Hrsg.), Anleger- und Funktionsschutz durch Kapitalmarktrecht. Symposium und Seminar zum 65. Geburtstag von Eberhard Schwark, Schriften zum Europäischen und internationalen Privat-, Bank- und Wirtschaftsrecht, Band 7, Berlin 2006.

Gruson, Michael / Wiegmann, William J., Die Ad-hoc-Publizitätspflicht nach amerikanischem Recht und die Auslegung von § 15 WpHG, in: AG 1995, S. 173 ff.

Haarmann, Wilhelm / Schüppen, Matthias (Hrsg.), Frankfurter Kommentar zum Wertpapiererwerbs- und Übernahmegesetz: Öffentliche Übernahmeangebote (WpÜG) und Ausschluss von Minderheitsaktionären (§§327a - f AktG), 2. Aufl., Frankfurt 2005.

Habersack, Matthias, Auf der Suche nach dem gerechten Preis – Überlegungen zu § 31 WpÜG, in: ZIP 2003, S. 1123 ff.

Habersack, Matthias, Europäisches Gesellschaftsrecht, 2. Aufl. 2003.

Hachenburg, Max (Begr.), Gesetz betreffend die Gesellschaft mit beschränkter Haftung (GmbHG), 8. Aufl. 1997.

Hadding, Walther / Hopt, Klaus J. / Schimansky, Herbert (Hrsg.), Das zweite Finanzmarktförderungsgesetz in der praktischen Umsetzung, Berlin 1996.

Hager, Martin G., Die wertpapierangebotsrechtliche Vorankündigung. Unter besonderer Berücksichtigung des kapitalmarktrechtlichen Informationsnormcharakters und des Rechtsvergleichs zum britischen und US-amerikanischen Recht, Diss. Mainz 2004.

Hahn, Hartmut, Übernahmerecht und Internationales Privatrecht. Zur Anwendung des WpÜG bei Übernahmen mit Auslandsbezug, in: RIW 2002, S. 741 ff.

Hahn, Stefan, Neue Ansätze im Anlegerschutz durch die Ad-hoc-Publizität des § 15 WpHG, Diss. Saarbrücken 2004.

Hamann, Uwe, Die Angebotsunterlage nach dem WpÜG – ein praxisorientierter Überblick,
ZIP 2001, S. 2249 ff.

Happ, Wilhelm / Semler, Johannes, Ad hoc-Publizität im Spannungsfeld von Gesellschaftsrecht und Anlegerschutz – Zum Begriff der „Tatsache" in § 15 WpHG bei mehrstufigen Entscheidungsprozessen, in: ZGR 1998, S. 116 ff.

Happ, Wilhelm, Zum Regierungsentwurf eines Wertpapierhandelsgesetzes, in: JZ 1994, S. 240 ff.

Harbarth, Stephan, Ad-hoc-Publizität beim Unternehmenskauf, in: ZIP 2005, S. 1898 ff.

Harbarth, Stephan, Die Stellungnahme des Vorstands und Aufsichtsrats zur Gegenleistung bei Übernahmeangeboten, in: ZIP 2004, S. 3 ff.

Harrer, Herbert / Müller, Roger, Die Renaissance des Freiverkehrs – Eine aktuelle Analyse mit internationalem Vergleich, in: WM 2006, S. 653 ff.

Hasselbach, Kai, Die Weitergabe von Insiderinformationen bei M&A-Transaktionen mit börsennotierten Aktiengesellschaften, in: NZG 2004, S. 1087 ff.

Heinze, Stephan, Europäisches Kapitalmarktrecht. Recht des Primärmarktes, Diss. Halle 1999.

Heiser, Kristian J., Interessenkonflikte in der Aktiengesellschaft und ihre Lösung am Beispiel des Zwangsangebots : das Spannungsfeld zwischen Unternehmer- und Anlegerinteressen ; ein Vorschlag zur Harmonisierung von Aktien- und Kapitalmarktrecht, Diss. Hamburg 1999.

Hellgardt, Alexander, Fehlerhafte Ad-hoc-Publizität als strafbare Marktmanipulation. Der Beweis von Taterfolg und Kausalität, in: ZIP 2005, S. 2000 ff.

Hemeling, Peter, Gesellschaftsrechtliche Fragen der Due Diligence beim Unternehmenskauf, in: ZHR 169 (2005), S. 274 ff.

Hens, Roland, Vorstandspflichten bei feindlichen Übernahmeangeboten. Eine rechtsvergleichende Untersuchung des US-amerikanischen Rechts, des deutschen Aktienrechts und des WpÜG, Diss. Köln 2002.

Henze, Hartwig, Leitungsverantwortung des Vorstands - Überwachungspflicht des Aufsichtsrats, in: BB 2000, S. 209 ff.

Hewicker, K.F. Johannes, Ad-hoc-Publizität: Haftung des Vorstands, Diss. Kiel 2005

Hilmer, Karsten, Die Übernahmerichtlinie und ihre Umsetzung in das deutsche Recht. Eine Analyse des Übernahmerichtlinie-Umsetzungsgesetzes, Diss. Saarbrücken 2006.

Hirte, Herbert (Hrsg.), Kölner Kommentar zum WpÜG. Mit AngebVO und §§ 327a – 327f AktG, Köln 2003.

Hoffmann-Becking, Michael (Hrsg.), Münchener Handbuch des Gesellschaftsrechts, Band 4: Aktiengesellschaft, 2. Aufl. 1999.

Hoffmann-Becking, Michael, Der Aufsichtsrat im Konzern, in: ZHR 159 (1995), S. 325 ff.

Höhn, Wolfgang, Ausgewählte Probleme bei Lock-up Agreements, Diss. Bayreuth 2003.

Holzborn, Timo / Israel, Alexander, Das Anlegerschutzverbesserungsgesetz – Die Veränderungen im WpHG, VerkProspG und BörsG und ihre Auswirkungen in der Praxis, in: WM 2004, S. 1948 ff.

Holzborn, Timo / Peschke, Thomas, Europäische Neutralitätspflicht und Übernahme Squeeze Out - Die Implementierung der Übernahmerichtlinie im WpÜG, in: BKR 2007, S. 101 ff.

Hommelhoff, Peter, /Hopt, Klaus J. / Lutter, Marcus, Konzernrecht und Kapitalmarktrecht, München 2001.

Hommelhoff, Peter, Anlegerinformationen im Aktien-, Bilanz- und Börsenrecht, in: ZGR 2000, S. 748 ff.

Hommelhoff, Peter, Die Konzernleitungspflicht. Zentrale Aspekte eines Konzernverfassungsrechts, Habil. Bochum 1982.

Hopt, Klaus J. / Voigt, Hans-Christoph (Hrsg.), Prospekt- und Kapitalmarktinformationshaftung: Recht und Reform in der Europäischen Union, der Schweiz und den USA, Tübingen 2005.

Hopt, Klaus J. / Wiedemann, Herbert (Hrsg.), Großkommentar zum Aktiengesetz, 4. Aufl. 2004
Band 1: Einleitung, §§ 1-53 AktG
(zit.: *Bearbeiter*, in: GroßKomm z. AktG)

Hopt, Klaus J., Aktionärskreis und Vorstandsneutralität, in: ZGR 1993, S. 534 ff.

Hopt, Klaus J., Der Kapitalanlegerschutz im Recht der Banken: gesellschafts-, bank- und börsenrechtliche Anforderungen an das Beratungs- und Verwaltungsverfahren der Kreditinstitute, Habil. München 1973.

Hopt, Klaus J., Europäisches und deutsches Insiderrecht, in: ZGR 1991, S. 17 ff.

Hopt, Klaus J., Gemeinsame Grundsätze der Corporate Governance in Europa? Überlegungen zum Einfluss der Wertpapiermärkte auf Unternehmen und ihre Regulierung und zum Zusammenwachsen von common law und civil law im Gesellschafts- und Kapitalmarktrecht, in: ZGR 2000, S. 779 ff.

Hopt, Klaus J., Grundsatz und Praxisprobleme nach dem Wertpapierhandelsgesetz, in: ZHR 159 (1995), S. 135 ff.

Hopt, Klaus J., Grundsatz- und Praxisprobleme nach dem WpÜG, in: ZHR 166 (2002), S. 383 ff.

Hopt, Klaus J., Ökonomische Theorie und Insiderrecht, in: AG 1995, S. 353 ff.

Hopt, Klaus J., Übernahmen, Geheimhaltung und Interessenkonflikte: Probleme für Vorstände, Aufsichtsräte und Banken, in: ZGR 2002, S. 333 ff.

Hopt, Klaus J., Verhaltenspflichten des Vorstands der Zielgesellschaft bei feindlichen Übernahmen – Zur aktien- und übernahmerechtlichen Rechtslage in Deutschland und Europa –, in: Deutsches und Europäisches Gesellschafts-, Konzern- und Kapitalmarktrecht, Festschrift für Marcus Lutter zum 70. Geburtstag, Hrsg. von Uwe H. Schneider u.a., zit.: Hopt, FS Lutter, Köln 2000, S. 1361 ff.

Hopt, Klaus J., Verhaltenspflichten des Vorstands der Zielgesellschaft bei feindlichen Übernahmen – Zur aktien- und übernahmerechtlichen Rechtslage in Deutschland und Europa, in: Festschrift für Marcus Lutter, S. 1361 ff.

Hopt, Klaus J., Vom Aktien- und Börsenrecht zum Kapitalmarktrecht, Teil 2: Die deutsche Entwicklung im internationalen Vergleich, in: ZHR 141 (1977), S. 389 ff.

Hueck, Götz / Windbichler, Christine, Gesellschaftsrecht. Ein Studienbuch, 20. Aufl. 2003.

Hüffer, Uwe, Aktiengesetz Kommentar, 7. Aufl. 2006.

Hüffer, Uwe, Das Leitungsermessen des Vorstands in der Aktiengesellschaft, in: Festschrift für Thomas Raiser (2005), S. 163 ff.

Ihrig, Hans-Christoph, Rechtsschutz Drittbetroffener im Übernahmerecht, in: ZHR 167 (2003), S. 315 ff.

Immenga, Frank A, Das neue Insiderrecht im Wertpapierhandelsgesetz, in: ZBB 1995, S. 197 ff.

Joecks, Wolfgang (Hrsg.), Münchener Kommentar zum Strafgesetzbuch. Band 4: §§ 263 – 358 StGB, §§ 1- 8, 105, 106 JGG, München 2006 (zit.: *Bearbeiter*, in: MünchKomm z. StGB).

Joecks, Wolfgang / Miebach, Klaus (Hrsg.), Münchener Kommentar zum Strafgesetzbuch. Band 4: §§ 263 – 358 StGB, §§ 1-8, 105, 106 JGG, München 2006.

Junge, Werner, Das Unternehmensinteresse, in: Festschrift für Ernst von Caemmerer (1978), S. 547 ff.

Keusch, Sven / Wankerl, Kerstin, Die Haftung der Aktiengesellschaft für fehlerhafte Kapitalmarktinformationen im Spannungsfeld zum Gebot der Kapitalerhaltung, in: BKR 2003, S. 744 ff.

Kiem, Roger / Kotthoff, Jost, Ad-hoc-Publizität bei mehrstufigen Entscheidungsprozessen, in: DB 1995, S. 1999 ff.

Kindler, Peter, Unternehmerisches Ermessen und Pflichtenbindung. Voraussetzungen und Geltendmachung der Vorstandshaftung in der Aktiengesellschaft, in: ZHR 162 (1998), S. 101 ff.

Kirchner, Christian / Ehricke, Ulrich, Funktionsdefizite des Übernahmekodex der Börsensachverständigenkommission, in: AG 1998, S. 105 ff.

Kirschhöfer, Christoph, Führung von Insiderverzeichnissen bei Emittenten und externen Dienstleistern, in: Der Konzern 2005, S. 22 ff.

Klein, William A. / Coffee, John C., Business Organization and Finance. Legal and economic principles, 9. Aufl. 2006.

Kleindiek, Detlef, Funktion und Geltungsanspruch des Pflichtangebots nach dem WpÜG, in: ZGR 2002, S. 546 ff.

Kleinmann, Niko J., Ausgestaltung der Ad-hoc-Publizität nach § 15 WpHG: Notwendigkeit nach einer segmentspezifischen Deregulierung, Diss. Hohenheim 1997.

Koch, Raphael, Die Auswirkungen des Wertpapiererwerbs- und Übernahmegesetzes (WpÜG) auf den Erwerb eigener Aktien, Diss. Münster, 2005

Koch, Stefan, Neuerungen im Insiderrecht und der Ad-hoc-Publizität, in: DB 2005, S. 267 ff.

Kopp, Ferdinand O. / Schenke, Wolf Rüdiger, Verwaltungsgerichtsordnung Kommentar, 14. Aufl. 2005.

Kort, Michael, Rechte und Pflichten des Vorstands der Zielgesellschaft bei Übernahmeversuchen, in: Festschrift für Marcus Lutter, S. 1421 ff.

Krämer, Hans Jörg, Das Unternehmensinteresse als Verhaltensmaxime der Leitungsorgane einer Aktiengesellschaft im Rahmen der Organhaftung in Abgrenzung zum Gesellschaftsinteresse und unter Berücksichtigung US-amerikanischer Rechtsprechung und Literatur, Diss. Bayreuth 2002.

Krauel, Wolfgang, Insiderhandel. Eine ökonomisch-theoretische und rechtsvergleichende Untersuchung, Diss. Hamburg 1998.

Krause, Hartmut, Das neue Übernahmerecht, in: NJW 2002, S. 705 ff.

Krause, Rüdiger, Ad-hoc-Publizität und haftungsrechtlicher Anlegerschutz, in: ZGR 2002, S. 799

Krömker, Michael, Der Anspruch des Paketaktionärs auf Informationsoffenbarung zum Zwecke der Due Diligence, in: NZG 2003, S. 418 ff.

Kropff, Bruno / Semler, Johannes (Hrsg.), Münchener Kommentar zum Aktiengesetz, 2. Aufl. 2001 (zit.: *Bearbeiter*, in: MünchKomm z. AktG).

Kübler, Friedrich / Assmann, Heinz-Dieter, Gesellschaftsrecht. Die privatrechtlichen Ordnungsstrukturen und Regelungsprobleme von Verbänden und Unternehmen, 6. Auflage, Heidelberg 2006.

Kübler, Friedrich, Gesellschaftsrecht. Die privatrechtlichen Ordnungsstrukturen und Regelungsprobleme von Verbänden und Unternehmen ; ein Lehrbuch für Juristen und Wirtschaftswissenschaftler, 5. Aufl. 1998.

Kühl, Kristian, Strafgesetzbuch Kommentar, 26., neu bearbeitete Auflage 2007.

Kuhner, Christoph, Unternehmensinteresse vs. Shareholder Value als Leitmaxime kapitalmarktorientierter Aktiengesellschaften, in: ZGR 2004, S. 244 ff.

Kümpel, Siegfried, Aktuelle Fragen der Ad-hoc-Publizität, in: AG 1997, S. 66 ff.

Kümpel, Siegfried, Bank- und Kapitalmarktrecht, 3. Auflage Köln 2004.

Kümpel, Siegfried, Insiderrecht und Ad hoc-Publizität aus Bankensicht, in: WM 1996, S. 653 ff.

Kuthe, Thorsten, Änderungen des Kapitalmarktrechts durch das Anlegerschutzverbesserungsgesetz, in: ZIP 2004, S. 883 ff.

Lange, Michael, Das Unternehmensinteresse der Zielgesellschaft und sein Einfluss auf die Rechtsstellung der die Übernahme fördernden Aufsichtsratsmitglieder, in: WM 2002, S. 1737 ff.

Larenz, Karl, Methodenlehre der Rechtswissenschaft, Sechste, neu bearbeitete Auflage 1991.

Laux, Frank, Die Lehre vom Unternehmen an sich : Walther Rathenau und die aktienrechtliche Diskussion in der Weimarer Republik, Diss. Bielefeld 1997.

Leisch, Franz Clemens, Informationspflichten nach § 31 WpHG. Rechtsnatur und Inhalt. Zur zivilrechtlichen Geltung einer Norm des Wirtschaftsrechts, Diss. Augsburg 2002.

Lenz, Jürgen / Behnke, Thorsten, Das WpÜG im Praxistest – Ein Jahr Angebotsverfahren unter der Regie des neuen Gesetzes, in: BKR 2003, S. 43 ff.

Leuering, Dieter, Die Ad-hoc-Pflicht auf Grund der Weitergabe von Insiderinformationen (§ 15 Abs. 1 Satz 3 WpHG), in: NZG 2005, S. 12 ff.

Liebscher, Thomas, Das Übernahmeverfahren nach dem neuen Übernahmegesetz, ZIP 2001, S. 853

Liekefett, Kai Haakon, Due Diligence bei M&A-Transaktionen. Voraussetzungen und Grenzen bei Börsengängen, Fusionen, Übernahmen, Beteiligungskäufen, Private Equity und Joint Ventures, Diss. Freiburg 2004.

Linker, Anja Celina / Zinger, Georg, Rechte und Pflichten der Organe einer Aktiengesellschaft bei der Weitergabe vertraulicher Unternehmensinformationen, in: NZG 2002, S. 497 ff.

Lintner, John, Security Prices, Risk, and Maximal Gains from Diversification, in: Journal of Finance 20, 1965, pp. 587-615.

Loesche, Marco, Die Erheblichkeit der Kursbeeinflussung in den Insiderhandelsverboten des Wertpapierhandelsgesetzes, in: WM 1998, S. 1849 ff.

Lohrer, Stefan, Unternehmenskontrolle und Übernahmerecht. Angriffs- und Verteidigungsstrategien von Aktiengesellschaften am Markt für Unternehmenskontrolle in den USA, Österreich und Deutschland unter besonderer Berücksichtigung des neuen Übernahmerechts, Diss. Hannover 2001.

Loistl, Otto, Empirisch fundierte Messung kursrelevanter Tatsachen, in: Die Bank 1995, S. 232 ff.

Lüßmann, Lars-Gerrit, Unternehmenskontrolle, Kapitalmärkte und Fair Value Accounting, Diss. Konstanz 2003.

Lutter, Marcus / Hommelhoff, Peter, GmbH-Gesetz, Kommentar, 16. Aufl. 2004.

Lutter, Marcus, Due Diligence des Erwerbers beim Kauf einer Beteiligung, in: ZIP 1997, S. 613 ff.

Lutter, Marcus, Haftung und Haftungsfreiräume des GmbH-Geschäftsführers, in: GmbHR 2000, S. 301 ff.

Mai, Johannes, Aktionärsschutz und Minderheitenschutz bei der Abwehr unkoordinierter Übernahmen börsennotierter Aktiengesellschaften. Verhinderung oder Kontrolle des Verlustes der Selbstständigkeit durch öffentliche Übernahmeangebote, Diss. Regensburg 2002.

Maier-Reimer, Georg, Verhaltenspflichten des Vorstands der Zielgesellschaft bei feindlichen Übernahmen, in: ZHR 165 (2001), S. 258 ff.

Marsch-Barner, Reinhard; Schäfer, Frank A. (Hrsg.), Handbuch börsennotierte AG. Aktien- und Kapitalmarktrecht, 1. Aufl. 2005.

Maul, Silja, Die EU-Übernahmerichtlinie - ausgewählte Fragen, in: NZG 2005, S. 151 ff.

Maul/Muffat-Jeandet, Die EU-Übernahmerichtlinie - Inhalt und Umsetzung in nationales Recht (Teil I), in: AG 2004, S. 221 ff.

Medicus, Dieter, Allgemeiner Teil des BGB. Ein Lehrbuch, 7. Aufl. 1997.

Meier-Schatz, Christian J., Managermacht und Marktkontrolle. Bemerkungen zur amerikanischen Debatte um Übernahmeangebot und Markt für Unternehmenskontrolle, in: ZHR 149 (1985), S. 76 ff.

Meier-Schatz, Christian J., Wirtschaftsrecht und Unternehmenspublizität. Zur wirtschaftsrechtlichen Regulierung von Unternehmen mittels Publizitätsnormen ; dargestellt anhand veröffentlichungspflichtiger finanzieller und gesellschaftsbezogener Rechnungslegungen, Habil Zürich 1988/89.

Meincke, Eberhard, Geheimhaltungspflichten im Wirtschaftsrecht (Obligation of Secracy in Commercial Law), in: WM 1998, S. 749 ff.

Menke, Thomas, Befugnis des Vorstands einer börsennotierten Aktiengesellschaft zur bevorzugten Information eines Aktionärspools, in: NZG 2004, S. 697 ff.

Merkner, Andreas / Sustmann, Marco, Insiderrecht und Ad-hoc-Publizität – Das Anlegerschutzverbesserungsgesetz „in der Fassung durch den Emittentenleitfaden der BaFin", in: NZG 2005, S. 729 ff.

Merkt, Hanno, Unternehmenspublizität. Offenlegung von Unternehmensdaten als Korrelat der Marktteilnahme, Tübingen 2001.

Merkt, Hanno, Verhaltenspflichten des Vorstands der Zielgesellschaft bei feindlichen Übernahmen, in: ZHR 165 (2001), S. 219 ff.

Meyer, Andreas, Änderungen im WpÜG durch die Umsetzung der EU-Übernahmerichtlinie, in: WM 2006, S. 1135 ff.

Michalski, Lutz, Abwehrmechanismen gegen unfreundliche Übernahmeangebote („unfriendly takeovers") nach deutschem Aktienrecht, in: AG 1997, S. 152 ff.

Möllers, M.J., Interessenkonflikte von Vertretern des Bieters bei Übernahme eines Aufsichtsratsmandats der Zielgesellschaft, in: ZIP 2006, S. 1615 ff.

Möllers, M.J., Kapitalmarkttauglichkeit des deutschen Gesellschaftsrechts. Kritik am sachlichen und persönlichen Anwendungsbereich der Novellierung von AktG und HGB im Bereich von Rechnungslegung, Corporate Governance und Transparenz, in: AG 1999, S. 433 ff.

Möllers, Thomas M.J. / Leisch, Franz Clemens, Die Haftung von Vorständen aus § 826 BGB gegenüber Anlegern wegen fehlerhafter Ad-hoc-Meldungen, in: WM 2001, S. 1648 ff.

Möllers, Thomas M.J. / Leisch, Franz Clemens, Offene Fragen zum Anwendungsbereich der §§ 37b und 37c WpHG, in: NZG 2003, S. 112 ff.

Möllers, Thomas M.J. / Leisch, Franz Clemens, Schadensersatzansprüche wegen fehlerhafter Ad-hoc-Mitteilungen, in: BKR 2001, S. 78 ff.

Möllers, Thomas M.J., Anlegerschutz durch Aktien- und Kapitalmarktrecht - Harmonisierungsmöglichkeiten nach geltendem und künftigem Recht, in: ZGR 1997, S. 334 ff.

Möllers, Thomas M.J., Das Europäische Kapitalmarktrecht im Umbruch, in: ZBB 2003, S. 390 ff.

Möllers, Thomas M.J., Insiderinformation und Befreiung von der Ad-hoc-Publizität nach § 15 Abs. 3 WpHG – Zur Neubeurteilung von mehrstufigen Entscheidungsprozessen durch das Anlegerschutzverbesserungsgesetz, in: WM 2005, S. 1393 ff.

Möllers, Thomas M.J., Verfahren, Pflichten und Haftung, insbesondere der Banken, bei Übernahmeangeboten, in: ZGR 2002, S. 664 ff.

Möllers, Thomas M.J.; Rotter, Klaus (Hrsg.), Ad-hoc-Publizität. Handbuch der Rechte und Pflichten von börsennotierten Unternehmen und Kapitalanlegern, München 2003.

Mörsdorf, Oliver, Die zivilrechtliche Verantwortlichkeit für Verstöße gegen die Ad-hoc-Publizitätspflicht gemäß § 15 WpHG, Diss. Köln 2004.

Mühle, Sabine, Das Wertpapiererwerbs- und Übernahmegesetz im Schnittfeld zwischen Gesellschafts- und Kapitalmarktrecht unter besonderer Berücksichtigung des ökonomischen Rahmenbezugs, Diss. Augsburg 2001.

Mülbert, Peter O. / Steup, Steffen, Emittentenhaftung für fehlerhafte Kapitalmarktinformation am Beispiel der fehlerhaften Regelpublizität – das System der Kapitalmarktinformationshaftung nach AnSVG und WpPG mit Ausblick auf die Transparenzrichtlinie, in: WM 2005, S. 1633 ff.

Mülbert, Peter O., Aktiengesellschaft, Unternehmensgruppe und Kapitalmarkt. Die Aktionärsrechte bei Bildung und Umbildung einer Unternehmensgruppe zwischen Verbands- und Anlegerschutzrecht, 2. Aufl. 1996, Habil. München 1994.

Mülbert, Peter O., Übernahmerecht zwischen Kapitalmarktrecht und Aktien(konzern)recht – die konzeptionelle Schwachstelle des RegE WpÜG, in: ZIP 2001, S. 1221 ff.

Mülbert, Peter O., Umsetzungsfragen der Übernahmerichtlinie – erheblicher Änderungsbedarf bei den heutigen Vorschriften des WpÜG, in: NZG 2004, S. 633 ff.

Müller, Klaus J., Gestattung der Due Diligence durch den Vorstand der Aktiengesellschaft, in: NJW 2000, S. 3452 ff.

Müller, Klaus-Peter, Gemeinsamer EU-Finanzmarkt. Ein Weg mit vielen Etappen, in: Die Bank 4.2007, S. 14 ff.

Nicodem, Damaris, Doppellisting und Anlegerschutz im amerikanischen und deutschen Recht am Beispiel der börsenrechtlichen Ad-hoc-Publizität, Diss. Berlin 2004.

Nietsch, Michael, Schadensersatzhaftung wegen Verstoßes gegen Ad-hoc-Publizitätspflichten nach dem Anlegerschutzverbesserungsgesetz, in: BB 2005, S. 785 ff.

Oechsler, Jürgen, Erlaubte Gestaltungen im Anwendungsbereich des Art. 56 I EG – Zugleich zur Entscheidung EuGH, NZG 2006, 942 – Golden Shares VI, in: NZG 2007, S. 161 ff.

Oechsler, Jürgen, Rechtsgeschäftliche Anwendungsprobleme bei öffentlichen Angeboten, in: ZIP 2003, S. 1330 ff.

Paefgen, Walter G., Die Gleichbehandlung beim Aktienrückerwerb im Schnittfeld von Gesellschafts- und Übernahmerecht, in: ZIP 2002, S. 1509 ff.

Paefgen, Walter G., Dogmatische Grundlagen, Anwendungsbereich und Formulierung einer Business Judgement Rule im künftigen UMAG, in: AG 2004, S. 245 ff.

Pananis, Panos, Zur Abgrenzung von Insidertatsache und ad-hoc-publizitätspflichtigem Sachverhalt bei mehrstufigen Entscheidungsprozessen, in: WM 1997, S. 460 ff.

Pawlowski, Hans-Martin, Methodenlehre für Juristen. Theorie der Norm und des Gesetzes, 3., überarbeitete und erweiterte Auflage, Heidelberg 1999.

Pellens, Bernhard / Fülbier, Rolf Uwe, Differenzierung der Rechnungslegungsregulierung nach Börsenzulassung, in: ZGR 2000, S. 572 ff.

Picot, Gerhard (Hrsg.), Handbuch Mergers & Acquisitions. Planung, Durchführung, Integration, 3. Aufl. Stuttgart 2005.

Picot, Gerhard, Neuregelungen für Unternehmensübernahmen – Übernahmegesetz (WpÜG) und Squeeze-Out (AktG), BFuP 2002, S. 433 ff.

Pötzsch, Thorsten / Möller, Andreas, Das künftige Übernahmerecht - Der Diskussionsentwurf des Bundesministeriums der Finanzen zu einem Gesetz zur Regelung von

Unternehmensübernahmen und der Gemeinsame Standpunkt des Rates zur europäischen Übernahmerichtlinie, in: WM 2000, Sonderbeilage Nr. 2.

Priester, Hans Joachim (Hrsg.), Münchener Handbuch des Gesellschaftsrechts, Band 3: Gesellschaft mit beschränkter Haftung, 2. Aufl. 2003.

Pütz, Dagmar, Funktion und Reichweite der aktien- und kapitalmarktrechtlichen Aktionärsinformation in Deutschland, Frankreich und England, Diss. Mainz 2005.

Raiser, Thomas, Recht der Kapitalgesellschaften. Ein Handbuch für Praxis und Wissenschaft ; Aktiengesellschaft, Kommanditgesellschaft auf Aktien, Gesellschaft mit beschränkter Haftung, Kapitalgesellschaft & Co.; Umwandlungsrecht, Konzernrecht, Internationales Gesellschaftsrecht, 3. Aufl. 2001.

Rathenau, Walter, Vom Aktienwesen. Eine geschäftliche Betrachtung, Frankfurt a.M. 1918.

Ringleb, Henrik-Michael / Kremer, Thomas / Lutter, Marcus / v. Werder, Axel, Kommentar zum Corporate Governance Kodex. Kodex-Kommentar, München 2003.

Rodewald, Jörg / Tüxen, Andreas, Neuregelung des Insiderrechts nach dem Anlegerschutzverbesserungsgesetz (AnSVG) – Neue Organisationsanforderungen für Emittenten und ihre Berater, in: BB 2004, S. 2249 ff.

Roth, Günther H. / Altmeppen, Holger, Gesetz betreffend die Gesellschaften mit beschränkter Haftung. Kommentar, 4. Aufl. 2003.

Roth, Markus, Unternehmerisches Ermessen und Haftung des Vorstands. Handlungsspielräume und Haftungsrisiken insbesondere in der wirtschaftlichen Krise, Diss. Hamburg 2000.

Rützel, Stefan, Der aktuelle Stand der Rechtsprechung zur Haftung bei Ad-hoc-Mitteilungen, in: AG 2003, S. 69 ff.

Sangiovanni, Valerio, Die Ad-hoc-Publizität im deutschen und italienischen Recht, Diss. Heidelberg 2001/2002.

Sauer, Knut, Haftung für Falschinformation des Sekundärmarktes, Diss. Frankfurt 2004.

Sauer, Knut, Kausalität und Schaden bei der Haftung für falsche Kapitalmarktinformation, in: ZBB 2005, S. 24 ff.

Schacht, Marc, Das Insiderhandelsverbot bei Öffentlichen Übernahmeangeboten. Eine rechtsvergleichende Untersuchung zur Reichweite des Insiderhandelsverbots bei besonderen Mitteln der Kontrollerlangung über Aktiengesellschaften in den USA und Deutschland, Diss. Freiburg 2001.

Schäfer, Frank A. / Hamann, Uwe, Kapitalmarktgesetze Wertpapierhandelsgesetz, Börsengesetz mit BörsZulV, Wertpapierprospektgesetz, Verkaufsprospektgesetz, Wertpapiererwerbs- und Übernahmegesetz. Losebl.-Ausgabe Stuttgart 2006 (zit.: *Bearbeiter*, in: Schäfer/Hamann, Kapitalmarktgesetze).

Schäfer, Frank A., Grundzüge des neuen Börsenrechts, in: ZIP 1987, S. 953 ff.

Schäfer, Frank A., Wertpapierhandelsgesetz, Börsengesetz mit BörsZulV, Verkaufsprospektgesetz mit VerkProspV, Kommentar, Stuttgart Berlin 1999.

Schenke, *Wolf-Rüdiger*, Verwaltungsprozessrecht, 8. Aufl. 2002.

Schimansky, Herbert / Bunte, Hermann / Lwowski, Hans-Jürgen, Bankrechts-Handbuch, 2. Aufl. 2001.

Schindera, Heiko, Die Kompetenzverteilung der Organe einer Aktiengesellschaft im Übernahmeverfahren (2002)

Schlitt, Michael / Schäfer, Susanne, Auswirkungen der Umsetzung der Transparenzrichtlinie und der Finanzmarktrichtlinie auf Aktein- und Equity-Linked-Emissionen, in: AG 2007, S. 227 ff.

Schlitt, Michael / Singhof, Bernd / Schäfer, Susanne, Aktuelle Rechtsfragen und neue Entwicklungen im Zusammenhang mit Börsengängen, in: BKR 2005, S. 251 ff.

Schlittgen, Volker, Die Ad-hoc-Publizität nach § 15 WpHG, Diss. Heidelberg 1999.

Schmidt-Leithoff, Christian, Verantwortung der Unternehmensleitung, Habil.-Schr. Freiburg 1986/87.

Schmolke, Ulrich, Der Lamfalussy-Prozess im Europäischen Kapitalmarktrecht – eine Zwischenbilanz, in: NZG 2005, S. 912 ff.

Schneider, Ingo, Unternehmenserwerb mit Informationen aus einer Due Diligence kein strafbarer Insiderhandel, in: DB 2005, S. 2678 ff.

Schneider, Sven H., Die Weitergabe von Insiderinformationen. Zum normativen Verhältnis der verschiedenen Formen der Informationsweitergabe, in: NZG 2005, S. 702 ff.

Schneider, Sven H., Informationspflichten und Informationssystemeinrichtungspflichten im Aktienkonzern. Überlegungen zu einem Unternehmensinformationsgesetzbuch, Diss. Mainz 2005.

Schneider, Sven H., Selbstbefreiung von der Pflicht zur Ad-hoc-Publizität, in: BB 2005, S. 897 ff.

Schneider, Uwe H. / Gilfrich, Stephanie Uta, Die Entscheidung des Emittenten über die Befreiung von der Ad-hoc-Publizitätspflicht, in: BB 2007, S. 53 ff.

Schönenberger, Andreas, Ökonomische Analyse der Notwendigkeit und Effizienz des börsengesetzlichen Haftungsregimes, Diss. Hamburg 1999.

Schönke, Adolf / Schröder, Horst (Hrsg.), Strafgesetzbuch Kommentar, 27., neu bearbeitete Auflage 2006.

Schörner, Peter, Gesetzliches Insiderhandelsverbot. Eine ordnungspolitische Analyse, Diss. Bochum 1990.

Schwark, Eberhard, Börsengesetz, 2. Aufl. München 1994.

Schwark, Eberhard, Kapitalmarktrechtskommentar. Börsengesetz mit Börsenzulassungsverordnung, Verkaufsprospektgesetz mit Verkaufsprospektverordnung, Wertpapierhandelsgesetz, Wertpapiererwerbs- und Übernahmegesetz, 3. Aufl. München 2004.

Seibt, Christoph / Heiser, Kristian J., Analyse des Übernahmerichtlinie-Umsetzungsgesetzes (Regierungsentwurf), in: AG 2006, S. 301 ff.

Seibt, Christoph H. / Heiser; Kristian J., Analyse der EU-Übernahmerichtlinie und Hinweise für eine Reform des deutschen Übernahmerechts, in: ZGR 2005, S. 200 ff.

Seitz, Jochen, Die Integration der europäischen Wertpapiermärkte und die Finanzmarktgesetzgebung, in: BKR 2002, S. 340 ff.

Semler, Johannes / Peltzer, Martin (Hrsg.), Arbeitshandbuch für Vorstandsmitglieder, München 2005

Semler, Johannes / Volhard, Rüdiger (Hrsg.), Arbeitshandbuch für Unternehmensübernahmen

Band 1: Unternehmensübernahme, Vorbereitung – Durchführung – Folgen – Ausgewählte Drittländer, München 2001;
Band 2: Das neue Übernahmerecht, München 2003.

Semler, Johannes, Leitung und Überwachung der Aktiengesellschaft, 2. Aufl. 1996.

Sharpe, Wiliam F., Capital Asset Prices: A Theory of Market Equilibrium under Conditions of Risk, in: Journal of Finance 19, 1964, pp. 425-442

Simon, Stefan, Die neue Ad-hoc-Publizität, in: Der Konzern 2005, S. 13 ff.

Spindler, Gerald / Speier, Torben, Die neue Ad-hoc-Publizität im Konzern, in: BB 2005, S. 2034 ff.

Steinmeyer, Roland / Häger, Michael, Kommentar zum Wertpapiererwerbs- und Übernahmegesetz mit Erläuterungen zum Minderheitenausschluss nach §§ 327a ff. AktG, Berlin 2002.

Steinmeyer, Roland / Häger, Michael, Wertpapiererwerbs- und Übernahmegesetz, Kommentar, 2. Aufl. 2007.

Stöcker, Mathias, Widerruf oder Rücktritt von Angebotsankündigungen, in: NZG 2003, S. 993 ff.

Struck, Christian, Ad-hoc-Publizitätspflicht zum Schutz der Anleger vor vermögensschädigendem Wertpapierhandel – Eine Untersuchung zu § 15 Wertpapierhandelsgesetz mit vergleichender Darstellung des US – Rechts, Diss. Bonn 2002.

Stumpf, Gerrit Hellmuth, Das deutsche Übernahmerecht. Eine differenzierte Analyse des WpÜG und des Minderheitsausschlusses nach §§ 327a ff. AktG, Köln 2004.

Teubner, Gunther, Unternehmensinteresse – das gesellschaftliche Interesse des Unternehmens „an sich"?, in: ZHR 149 (1984), S. 470 ff.

Thaeter, Ralf / Barth, Daniel, RefE eines Wertpapiererwerbs- und Übernahmegesetzes, in: NZG 2001, S. 545 ff.

Thaeter, Ralf / Brandi, Tim Oliver, Öffentliche Übernahmen. Recht und Praxis der Übernahme börsennotierter Unternehmen, München 2003.

Thieme, Jens, Die Ad-hoc-Publizität und ihre Konzerndimension. Eine deduktive Darstellung unter Berücksichtigung der US-amerikanischen Regelungssystematik, Diss. Darmstadt 2004.

Thoma, Georg F., Der neue Übernahmekodex der Börsensachverständigenkommission, in: ZIP 1996, S. 1725 ff.

Tippach, Stefan U., Das Insider-Handelsverbot und die besonderen Rechtspflichten der Banken, Diss. Bonn 1995.

Tollkühn, Oliver, Die Ad-hoc-Publizität nach dem Anlegerschutzverbesserungsgesetz, in: ZIP 2004, S. 2215 ff.

Triebel, Volker / Salger, Hanns-Christian (Hrsg.), Mergers & Acquisitions. Strategie, Steuern, Recht, Heidelberg 2004.

v. Bonin, Gregor, Die Leitung der Aktiengesellschaft zwischen Shareholder Value und Stakeholder-Interessen, Diss. Wien 2004.

v. Falkenhausen, Joachim Freiherr / Widder, Stefan, Die befugte Weitergabe von Insiderinformationen nach dem AnSVG, in: BB 2005, S. 225 ff.

v. Falkenhausen, Joachim Freiherr, Übernahmeprophylaxe – Die Pflichten des Vorstands der Zielgesellschaft, in: NZG 2007, S. 97 ff.

v. Hein, Jan, Zur Kodifikation des europäischen Übernahmekollisionsrechts, in: ZGR 2005, S. 528 ff.

v. Klitzing, Joachim, Die Ad-hoc-Publizität. Zwischen europäischer Vorgabe und nationaler Umsetzung und zwischen Kapitalmarktrecht und Gesellschaftsrecht, Diss. Halle-Wittenberg, 1999.

v. Rosen, Rüdiger / Seifert, Werner G., Die Übernahme börsennotierter Unternehmen, Schriften zum Kapitalmarkt Band 2, Eschborn 1999.

v. Rosen, Rüdiger, Zweites Finanzmarktförderungsgesetz und Privatanleger, in: Die Bank 1995, S. 9 ff.

Vaupel, Christoph F., Zum Tatbestandsmerkmal der erheblichen Kursbeeinflussung bei der Ad hoc Publizität, in: WM 1999, S. 521 ff.

Veil, Rüdiger, Die Ad-hoc-Publizitätshaftung im System kapitalmarktrechtlicher Informationshaftung, in: ZHR 167 (2003), S. 365 ff.

Veith, Alexander, Die Befreiung von der Ad-hoc-Publizitätspflicht nach § 15 Abs. 3 WpHG, in: NZG 2005, S. 254 ff.

Wackerbarth, Ulrich, Investorvertrauen und Corporate Governance, in: ZGR 2005, S. 686 ff.

Wagner, Jürgen, Aufsichtsgremien im Gesellschaftsrecht unter Einbeziehung des Rechts in der Schweiz und in Liechtenstein und unter besonderer Berücksichtigung des Gesetzes zur Kontrolle und Transparenz im Unternehmensbereich (KonTraG), Stuttgart 1998.

Wagner, Oliver, Standstill Agreements bei feindlichen Übernahmen nach US-amerikanischen und deutschen Recht, Diss. Osnabrück 1999.

Wang, Kevin Q., Asset Pricing with Conditioning Information, Journal of Finance 58, 2003, pp. 161-196.

Werner, Winfried, Probleme feindlicher Übernahmeangebote: Vortrag, gehalten vor der Juristischen Gesellschaft zu Berlin am 26. April 1989, Berlin 1989.

Widder, Stefan / Gallert, Jan, Ad-hoc-Publizität infolge der Weitergabe von Insiderinformationen – Sinn und Unsinn von § 15 Abs. 1 Satz 3, in: NZG 2006, S. 451 ff.

Wiedemann, Herbert, Auf der Suche nach den Strukturen der Aktiengesellschaft: the Anatomy of Corporate Law, in: ZGR 2006, S. 240 ff.

Wiedemann, Herbert, Gesellschaftsrecht, Band I, 5. Aufl. 1988.

Wieneke, Laurenz, Emissionspublizität – Praktische Anforderungen und rechtliche Grenzen, in: NZG 2005, S. 109 ff.

Wiesner, Peter M., Die neue Übernahmerichtlinie und die Folgen, ZIP 2004, S. 343 ff.

Winter, Martin / Harbarth, Stephan, Verhaltenspflichten von Vorstand und Aufsichtsrat der Zielgesellschaft bei feindlichen Übernahmeangeboten nach dem WpÜG, in: ZIP 2002, S. 1 ff.

Wirth, Jörn, Auslösung der Ad-hoc-Publizität auf der Basis des Economic Value Added, Diss. Hannover 2004.

Witt, Carl-Heinz, Regelmäßige „Wasserstandsmeldungen" - unverzichtbarer Bestandteil eines künftigen Übernahmegesetzes, in: NZG 2000, S. 809 ff.

Wittich, Georg, Erfahrungen mit der Ad-hoc-Publizität in Deutschland, in: AG 1997, S. 1 ff.

Zhang, Information uncertainty and stock returns, Journal of Finance, 2006, Vol. 61, p. 105 – 137.

Ziemons, Hildegard, Neurungen im Insiderrecht und bei der Ad-hoc-Publizität durch die Marktmissbrauchsrichtlinie und das Gesetz zur Verbesserung des Anlegerschutzes, in: NZG 2004, S. 537 ff.

Zimmer, Daniel, Internationales Gesellschaftsrecht. Das Kollisionsrecht der Gesellschaften und sein Verhältnis zum internationalen Kapitalmarktrecht und zum internationalen Unternehmensrecht, Habil.-Schr. Göttingen 1995.

Zinser, Alexander, Das neue Gesetz zur Regelung von öffentlichen Angeboten zum Erwerb von Wertpapieren und von Unternehmensübernahmen vom 1.1.2002, in: WM 2002, S. 15 ff.

Zöllner, Wolfgang (Hrsg.), Kölner Kommentar zum Aktiengesetz, Band 2: §§ 76 – 117 AktG, 2. Aufl. Köln 1996 (zit.: *Bearbeiter*, in: KölnKomm z. AktG).

Zöllner, Wolfgang, Unternehmensinnenrecht: Gibt es das?, in: AG 2003, S. 2 ff.

Zschocke, Christian O.; Schuster, Stephan (Hrsg.), Bad Homburger Handbuch zum Übernahmerecht, Heidelberg 2003.